The Analects of Confucius for Cultured

인류의 스승 공자의 모든 것

교양인의 논어

신동준 지음

미다스북스

화보로 보는 공자와 『논어』

위대한 학자이자
정치인이며 교육자였던
공자는 누구인가?

그리고
그의 가르침이 담긴 『논어』는
우리에게 무엇을 말하는가?

至聖孔子

名丘字仲尼山東
兗州府曲阜縣人

인류의 스승 공자

추운 겨울,
누추한 방에 단정히 앉아
반딧불 아래에서 정신을 집중하고 책을 읽어 나갔으며

더운 여름,
뜨거운 태양 아래에서 땀을 흘리면서
사람들에게 가르침을 베풀고

맑은 가을날,
천천히 강가를 거닐며 시원한 바람을 맞으면서
괴롭게 우주와 인생을 사색하고

따뜻한 봄날에는,
꽃밭에 앉아 시 구절과 음악의 이치를 연마했다.

유가의 성전, 중국 최초의 어록 『논어論語』

고대 중국의 사상가 공자의 가르침을 전하는
가장 확실한 문헌,

2,500여 년 동안 동양 사상을 지배한
공자의 말과 삶, 행적, 시대의 통찰을 담은 논어는
수천 년 동안 위대한 사상가들에 의해 읽히고, 전승되고,
다시 쓰이고, 또 읽히며
시대를 뛰어 넘어 지금까지도
마음의 양식으로, 영원한 멘토의 메시지로,
아름다운 인간 문명의 상으로 사랑받고 있다.

學而第一

此爲書之首篇。故所記多務本之意。乃入道之門。積德之基。學者之先務也。凡十六章。

子曰。學而時習之。不亦說乎。

說悅同。○學之爲言效也。人性皆善而覺有先後。後覺者必效先覺之所爲。乃可以明善而復其初也。習鳥數飛也。學之不已。如鳥數飛也。說喜意也。既學而又時時習之。則所學者熟而中心喜說。其進自不能已矣。程子曰。習重習也。時復思繹浹洽於中則說也。又曰。學者將以行之也。時習之則所學者在我。故說。謝氏曰。時習者無時而不習。坐如尸坐時習也。立如齊立時習也。

○程子曰學者在我故說。謝氏曰時習者無時而不習。坐如尸坐時習也。立如齊立時習也。

有朋自遠方來不亦樂乎

樂音洛。○朋同類也。

정원을 지나가며 '시경'과 '예기'를 가르치다

과정시례過庭詩禮

기원전 533년, 공자가 20세 때
부인 견관씨와의 사이에서 아들 공리孔鯉를 얻다. 자를 백어伯魚라고 했다.

-

자공의 제자인 진항陳亢이 공자의 아들 백어伯魚에게 물었다.
"그대는 또한 부친으로부터 '위정'과 관련해 뭔가 달리 들은 게 있소?"

백어가 대답했다.
"없습니다. 일찍이 홀로 서 계실 때 내가 종종걸음으로 뜰을 지나자
나에게 묻기를, '시詩를 배웠느냐?'라고 하여
대답하기를, '아직 못 배웠습니다!'라고 했습니다.
이에 이르기를, '시를 배우지 않으면 말을 할 수 없다!'고 하여
나는 물러나와 시를 배웠습니다.

다른 날에 또 홀로 서 계실 때
내가 종종걸음으로 뜰을 지나자 나에게 묻기를 '예禮를 배웠느냐?'라고 하여
대답하기를 '아직 못 배웠습니다!'라고 했습니다.
이에 이르기를 '예를 배우지 않으면 설 수 없다!'고 하여
나는 물러나와 배웠습니다."

- 「계씨」 제13장

담자와 공자의 만남

기원전 525년, 공자가 28세 때
담나라 군자 담자가 노나라를 방문했다.
공자가 가르침을 구해 고대 관직제도의 이름에 얽힌 유래를 배웠다.
공자가 사학을 열어 제자를 가르친 것이 이때를 전후해서라는 설이 있다.

-

담자는 담나라의 첫 번째 군주이다.

담자의 부모가 늙어 병을 앓았는데,
노루의 젖을 먹어야 치료가 되는 병이었다.
담자는 사슴으로 위장하여 노루 무리로 들어가 노루의 젖을 얻었다.

어느 날, 사냥꾼이 사슴 가죽을 걸친 담자를
사슴으로 착각하여 쏘아 죽이려고 했다.
담자는 황급히 일어나 사냥꾼에게 자초지종을 들려주었다.
사냥꾼은 그의 효성에 감복하며 그를 마을까지 호위해주었다.

후세 사람들이 그의 효심을 칭송하기 위해
이를 24효도 중 여섯 번째 효로 정하였다.

진소매의 〈24효도〉 중에서 〈녹유봉친(사슴의 젖으로 부모를 모시다)〉

공자가 제자들을 가르치다

행단강학 杏壇講學

기원전 523년, 공자가 30세 때
공자는 제자들을 가르치며
스승으로서 이름을 알리기 시작했다.
그는 제자들을 매우 엄하게 대했다.

-

공자가 말했다.
"후생後生, 즉 후배는 가히 두려워할 만한 존재다.
앞으로 활약할 자들이 지금의 우리만 못하다는 것을
어찌 알 수 있겠는가?"

- 「자한」 제22장

공자가 예와 악에 대해 묻다

기원전 519년, 공자가 34세 때
노 소공의 지원으로 주 왕조의 서울인 낙읍을 방문해
노담에게 예에 대해 물었고,
또 장홍에게 악에 대해 물었다고 한다.

-

공자가 말했다.
"사람으로서 어질지 않으면 예禮는 배워 어디에 쓰고,
사람으로서 어질지 않으면 악樂은 배워 어디에 쓰겠는가?"

- 「팔일」 제3장

〈공자성적도〉 중에서 〈문예노담(問禮老聃 - 노자를 찾아가 예를 묻다)〉

공자는 공실의 사구(司寇)가 돼
노정공과 제경공의 회맹을 보좌하여 노나라를 구제했다.

기원전498년, 공자가 55세 때
공자는 삼환의 힘을 약화시키기 위해
세 대부의 개인영지인 세 읍의 성벽을 허무는
'타삼도' 조치를 실시했으나 실패했다.

〈타삼도도墮三都圖〉

마침내 공자가 노나라를 떠나 천하유세에 나섰다.

- 「미자」 제4장

기원전 497년 봄,
제나라가 노나라에 미녀 80명과 좋은 말을 보냈다.
노나라 군신이 종일토록 환락에 빠져 정사를 돌보지 아니하므로
공자는 사직하고 노나라를 떠나 위나라로 갔다.

주유천하 周遊天下

공자는 교화를 위해 중국 천하를 떠돌았다.
수레를 타고 돌아다녔다는 뜻으로 철환천하轍環天下라고도 한다.

공자가 섭공과 올바른 정치에 대해 논하다

기원전 490년, 공자가 63세 때
공자가 채나라에서 섭 땅으로 가
섭공葉公 심제량과 정사에 대해 이야기 나눴다.

섭 땅에서는 날마다 백성들이 다른 나라로 떠나
세수가 줄어들고 있었다.

-

섭공葉公이 올바른 정사에 관해 묻자
공자가 이같이 대답했다.
"가까이 있는 자는 기뻐하게 만들고
먼 곳에 있는 자는 가까이 다가오도록 만드는 것이오.

(근자열近者說, 원자래遠者來)"

- 「자로」 제16장

장저걸닉우이경(長沮桀溺耦而耕)

장저와 걸닉이 짝을 지어 밭을 갈았다.
공자가 지나가다가 자로를 시켜 나루터를 묻게 했다.

......

걸닉이 말했다.
"도도하게 흐르는 물결처럼 천하가 모두 그렇게 흘러가는 법이오.
누가 이를 바꿀 수 있겠소?
그대는 사람을 피하는 선비를 따르느니
차라리 세상을 피하는 선비를 따르는 게 낫지 않겠소?"

그러고는 계속 장저와 함께 밭 가는 일을 멈추지 않았다.
자로가 돌아와 공자에게 이를 고하자 공자가 낙심하며 말했다.

"조수鳥獸와 어울려 살아갈 수는 없다.
내가 이 세상 사람들과 함께하지 않고 누구와 함께하겠는가?
천하에 도가 있다면 내가 너희들과 세상을 바꾸려고
시도하지도 않았을 것이다!"

– 「미자」 제6장

안회顔回

공자가 가장 아꼈던 제자, 안회

안회는 기원전 482년 41세의 젊은 나이로 죽는다.
공자는 안연의 요절을 안타까워했다.

-

"안회의 요절이 애석하다!
나는 그가 나아가는 것을 곁에서 지켜보기만 하고,
도중에 멈추는 것을 본 적이 없다."
– 「자한」 제20장

"초목 중에는 싹이 나고도 이삭이 패지 않거나
이삭은 팼으나 열매를 매지 못하는 경우가 있다."
– 「자한」 제21장

안연이 죽자 공자가 이같이 탄식했다.
"아, 하늘이 나를 버렸구나, 하늘이 나를 버렸구나!"
– 「선진」 제8장

공자묘(문묘)

기원전 479년 4월, 공자가 74세 때
누운 지 7일만에 죽었다.
사수 언덕에 안장되었다.

-

계로가 물었다.
"감히 죽음에 관해 묻고자 합니다."

공자가 대답했다.
"삶도 제대로 알지 못하는 처지인데,
어찌 죽음을 제대로 이해하는지
여부를 묻는 경지에 이를 수 있겠는가?"

- 「선진」 제11장

공자는 살아서보다
죽고 난 후에 얻은 명성과 영광이 무한하게 크다.

―

"『논어』에 나오는 여러 가르침과 지혜의 절반만 갖고도
능히 천하를 잘 다스릴 수 있다."
- 중국 송나라의 개국공신 조보趙普

"동양 전래의 고전 가운데 오직 『논어』만은
늘 안두案頭에 두고 평생 읽을 만한 가치가 있다."
- 조선의 사상가 다산 정약용

"『논어』「안연」의 '자신이 원하지 않는 바를 남에게 강요하지 말라'는 구절은
현대 윤리의 황금률黃金律이다!"
- 독일의 신학자 한스 킹

"서양의 기독교는 오직 '네가 원하는 바를 남에게 베풀라!'고
역설하는데 그친 데 반해
동양의 유교는 예양禮讓의 정신으로 나아갔다."
- 중국의 교수 뚜웨이밍

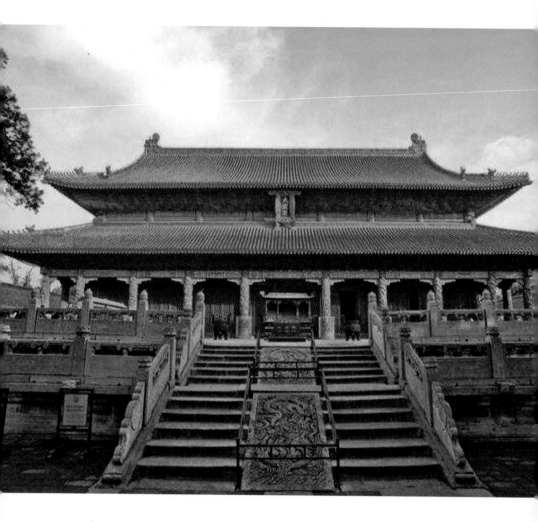

대성전 전경

-

공자묘^(문묘)의 정전으로 공자의 위패를 봉안한 대성전.
공자상이 모셔져 있고 제사를 지낸다. 중국 곡부^(취푸)에 있는 것이 가장 크다.

대성전 공자상

교양인의 논어 – 인류의 스승 공자의 모든 것

국제공자문화예술제

-

지금도 중국에서는 중국 역사에서 가장 막강한 영향을 끼친
공자를 성대하게 받들어 모신다.
공자의 고향인 곡부에서 매년 9월 26일부터 10월 10일까지 열린다.

머 리 말

–

우리나라를 포함해 중국과 일본 및 베트남 등 동아시아 4국에서 공자의 언행을 기록한 『논어論語』만큼 오랜 세월에 걸쳐 지속적으로 읽힌 책도 없을 것이다. 춘추시대 말기에 활약한 공자 사후 2,500여 년이 지난 21세기 현재까지도 『논어』는 수많은 사람들이 애독하는 최고의 인문학 교양서로 통한다. 특히 21세기 제4차 산업혁명시대에 들어와 중국을 비롯한 동아시아 4국에서 『논어』에 대한 관심이 급증하고 있어 이런 흐름이 더욱 가속화할 전망이다. 미중 무역전쟁으로 상징되는 제4차 산업혁명시대를 살아가는 사람들에게 『논어』를 관통하는 온고지신溫故知新의 지혜가 절실히 필요한 데 따른 것으로 보인다.

실제로 공자와 제자들의 언행을 기록한 『논어』는 후대인들에게 평생의 좌우명으로 삼을 만한 온갖 가르침과 난세를 슬기롭게 타개할 여러 지혜로 가득 차 있다. 송나라 개국공신 조보趙普는 송태조 조광윤趙匡胤 앞에서 『논어』에 나오는 여러 가르침과 지혜의 절반만 갖고도 능히 천하를 잘 다스릴 수 있다고 호언했으며, 조선조 정조 때 활약한 다산茶山 정약용丁若鏞은 『논어』 예찬론자였다. 1993년, 저명한 신학자 한스 킹Hans Küng은 미국 시카고에서 열린 세계종교회의에서 '세계윤리선언'을 통과시키며 『논어』를 언급했다. 또한 하버드대학 옌칭연구소 소장을 역임한 뚜웨이밍杜維明도 『논어』의 메시지를 역설한 적이 있다. 동서양을 막론하고 공자가 수천 년에 걸쳐 만세사표萬世師表로 칭송받게 된 배경과 역사를 『논어』에 고스란히 담았다고 판단하고 있는 것이다.

원래 공자는 신분세습의 봉건질서 하에서 오직 학덕學德을 연마한 군자君子만이 위정자가 될 자격이 있다며 신분세습의 타파를 꾀하는 혁명적인 생각을 갖고 있었다. 사상 최초로 사숙私塾을 열고 학덕을 연마해 위정자의 길로 접어들고자 하는 모든 사람을 제자로 받아들여 시서예악詩書藝樂을 가르쳤다. 서양에서 모든 사상의 원류로 여겨지는 플라톤이 기원전 387년에 '아카데미아'를 개설하고 제자들에게 문사철文史哲의 인문학을 가르친 것보다 무려 120여 년이나 앞선 일이다.

『논어』에는 공자가 가르친 '문사철'의 정수가 모두 담겨 있다. 『논어』가 수천 년 동안 '치국평천하 리더십'의 교과서로 활용된 배경도 여기에 있다. 객관적으로 볼 때 『논어』는 '문학'과 '철학' 및 '사학'의 성격을 고루 지니고 있다. 그럼에도 21세기 현재 각 대학에서는 대부분 『논어』를 문학의 일환으로만 여기고 있다. 일부 대학의 경우 대학원 수준에서 '정치사상' 강독의 텍스트로 삼고 있다. 그러나 역사와 철학을 하나로 녹인 정치사학政治史學의 관점에서 볼 때 이는 크게 잘못된 일이다. 공자가 활약한 춘추시대 말기의 시대 배경 및 실물정치에 뛰어들고자 한 공자의 정치 행보 등을 역사적으로 고찰하고자 할 때 『논어』보다 좋은 사료도 없다.

수천 년 동안 많은 사람들이 공자를 통상적인 인간이 아닌 성인聖人의 모습으로 오독誤讀했다. 더욱 심각한 것은 전한 초기 동중서董仲舒의 『춘추번로春秋繁露』가 빚어낸 '무당 공자'의 모습 이후 수천 년 동안 '무당 공자'의 모습이 널리 퍼지게 됐다. 이러한 낙인은 1970년대 중국의 문화대혁명을 지나 마오쩌둥이 죽고 덩샤오핑이 들어서면서 종식됐다. 이후 전 세계에 '공자학원孔子學院'이 우후죽순처럼 들어서고 있다.

이는 동아시아 3국의 현황에 대한 위기감이 그만큼 크다는 반증이기도 하다. 객관적으로 볼지라도 『논어』를 계속 '정치철학' 내지 '정치문학'의 영역으로 남겨둘 경우 춘추전국시대의 역사적 의미 내지 제자백가의 백가쟁명百家爭鳴 배경을 제대로 파악할 길이 없다. 『논어』가 그만큼 중요하다는 얘기다.

본서는 '정치사학'의 잣대로 『논어』를 분석한 최초의 저서이다. 중국의 역대 주석서 가운데 시기별로 한 획을 그은 대표적인 저서의 주석을 모두 반영했다. 삼국시대 위나라 하안何晏의 『논어집해論語集解』를 비롯해 남북조시대 남조 양나라 황간皇侃의 『논어의소論語義疏』, 북송 형병邢昺의 『논어주소論語注疏』, 남송 주희朱熹의 『논어집주論語集註』, 청나라 유보남劉寶楠과 유공면劉恭冕 부자의 『논어정의論語正義』 등이다.

18세기 일본에서 중국에서 나온 이들 주석서보다 훨씬 뛰어난 주석서가 등장했다. 주희의 해석을 배척하고 독자적인 주석을 시도한 '일본제왕학'의 비조 오규 소라이荻生徂徠다. 그는 『논어징論語徵』에서 기존의 성리학을 '억측에 근거한 허망한 설'로 치부하면서 공자 때의 역사문화 언어로 『논어』를 읽을 것을 주장했다. '고문사학古文辭學'이다. 그는 선진先秦 시대에 성립된 『시경詩經』과 『서경書經』, 『역경易經』, 『예기』, 『악기樂記』, 『춘추春秋』 등 육경六經에 입각해 『논어』를 주석해야만 공자가 말하고자 한 취지를 제대로 해석할 수 있다고 역설했다.

본서는 주요 대목마다 그가 『논어징』에서 독자적으로 시도한 주석을 빠짐없이 언급해놓았다. 중국 전래의 주석과 오규 소라이의 주석 이외에도 조선조 최고의 학자로 손꼽히는 다산의 『논어고금주論語古今註』 주석도 모두 점검했다. 한마디로 말해 본서는 공자 사후 21세기 현재에 이르기까지 수천 년에 걸친 동아시아 3국의 『논어』 관련 주석을 총망라한 셈이다.

　'정치사학'의 관점에서 볼 때 21세기 제4차 산업혁명시대를 슬기롭게 헤쳐나가기 위해서는 『논어』의 역대 주석을 토대로 『논어』를 새롭게 해석할 필요가 있다. 본서는 제4차 산업혁명시대에 부응하는 『논어』의 새로운 주석이 절실하다는 판단에서 나온 것이다. '철학' 내지 '문학'의 차원에서만 접근해온 구태의연한 해석방법을 과감히 떨쳐버리는 게 관건이다. 한반도의 현 상황이 위기일발危機一髮의 위험한 상황으로 치닫고 있기에 더욱 그렇다. 모쪼록 사상 최초로 '사학'의 관점에서 『논어』를 깊숙이 분석한 본서가 한국 주도의 한반도 통일을 조속히 이뤄 명실상부한 '동북아 허브 시대'를 열고자 하는 모든 사람에게 도움이 됐으면 하는 바람이다.

2019년 봄 학오재學吾齋에서 저자 쓰다.

일러두기

–

1. 본서는 북경대출판사北京大出版社가 지난 1999년에 펴낸 『십삼경주소十三經注疏』 가운데 『논어주소論語註疏』를 저본으로 삼아 완역한 것이다. 번역 과정에서 지난 2010년 이지형 성균관대 명예교수가 사암출판사에서 번역 출간한 정약용의 『논어고금주論語古今註』를 비롯해 이기동 성균관대 교수가 감수해 지난 2010년 소명출판사에서 번역 출간한 오규 소라이荻生徂徠의 『논어징論語徵』, 지난 2013년 도서출판 이산에서 번역 출간한 미야자키 이치사다宮崎市定의 『현대어역논어現代語譯論語』, 각 대학의 철학전공 교수 모임인 동양고전연구회가 지난 2016년 민음사에서 펴낸 『논어論語』를 많이 참조했다.

2. 본서의 편제는 기본적으로 지난 1992년 작고한 양보쥔楊伯峻의 『논어역주論語譯注』 분장分章 체제를 좇았다. 총 20편 500장이다. 제1편 「학이」 16장, 제2편 「위정」 24장, 제3편 「팔일」 26장, 제4편 「이인」 26장, 제5편 「공야장」 28장, 제6편 「옹야」 28장, 제7편 「술이」 37장, 제8편 「태백」 21장, 제9편 「자한」 30장, 제10편 「향당」 17장, 제11편 「선진」 25장, 제12편 「안연」 24장, 제13편 「자로」 30장, 제14편 「헌문」 47장, 제15편 「위령공」 42장, 제16편 「계씨」 14장, 제17편 「양화」 26장, 제18편 「미자」 11장, 제19편 「자장」 25장, 제20편 「요왈」 3장 등이 그것이다.

3. 본서는 사상 최초로 '정치사학'의 관점에서 공자와 그 제자들이 서로 주고받

은 공문孔門의 일화와 언행 등을 분석했다. 일목요연한 이해를 돕기 위해 500개 장 모두 한문 원문, 한글 해석, 종합 해설 등 3단계의 체제로 구성했다. 한문 원문과 한글 해석은 별색 상자 안에 넣어 종합 해설과 구분했다. 해당 편장篇章의 편제 배경 및 상호 관계는 기무라 에이이치木村英一의 분석을 주로 인용했다.

4. 한문 원문은 따로 한글 독음讀音을 달지 않았다. 다만 잘 사용되지 않거나 통상적인 음과 다르게 발음되는 등의 경우에 한해 종합 해설에서 그 배경 등을 자세히 설명해놓았다.

5. 한글 해석은 '정치사학'의 관점에서 볼 때 역대 주석 가운데 최상의 주석이라고 판단되는 것만을 선정했다. 구체적인 선정 배경은 종합 해설에서 상세히 언급해놓았다. 부득이한 경우가 아니면 의역은 거의 하지 않았다.

6. 『논어』로부터 나온 성어가 매우 많다. 흔히 쓰이는 온고지신溫故知新, 일이관지一以貫之 등을 포함하여 모두 2,000여 개에 달한다. 공학孔學의 핵심을 언급한 것들이다. 중국의 역대 고전은 물론 21세기 현재까지 동아시아3국 한·중·일에서 흔히 사용되고 있다. 그러나 대부분 번역서가 『논어』에서 나온 고사성어의 중요성을 간과하고 단순한 번역에 그치고 있다.

본서는 인구에 회자하거나 널리 활용할 필요가 있는 성어 혹은 구절을 한글 해석 속에 녹여 괄호 안에 그대로 노출시켰다. 독자들의 편의를 위해 한문도 함께 표시해놓았다. 혹여 한사성어로 인해 가독성可讀性이 떨어지지 않을까 우려하는 독자도 있을 것이나 오히려 한자 및 한문과 친숙해질 수 있을 것이다. 특히 『논어』에 근거한 고사성어의 배경과 의미 등을 자연스럽게 익힐 수 있는 점은 또 하나의 즐거움이 될 것이다.

7. 종합 해설은 『논어』 500개 장에 언급된 해당 구절의 의미 등에 관해 '정치사학'의 관점에서 종합적인 해석을 시도한 것이다. 먼저 앞 부분에서는 한문 원문 가운데 훈고적訓詁的 해석이 필요하다고 판단되는 한자의 뜻 혹은 구절에 대한 상세한 분석을 시도했다. 이어 해당 장절이 편제된 배경과 상호 관계 및 동아시아 3국의 역대 주석 등을 심도 있게 분석한 뒤 '정치사학'의 관점에서 타당성 여부를 논했다. 끝으로 해당 장에 소개된 일화 등이 나오게 된 배경 등을 정밀하게 추적했다. 일부 내용에서는 독자들의 이해를 돕기 위해 '기원전 몇 년' 등의 서력기원을 덧붙여 『논어』의 사서史書로서의 의미를 부각시켰다.

8. 본서의 내용 중에 고딕체로 제목을 달아 설명한 부분이 있다. 이는 종합 해설 뒤에 있으며 『교양인의 논어』 주석, 번역, 해설과 관련하여 읽어볼 만한 내용들이다.

목 차

—

제 1 편

학이 學而

-

Intro

학이學而

증자의 제자가 수록한 공자학당의 배움의 규칙(학규學規)

「학이」는 총 16장으로 이루어져 있다. 각 장의 내용은 매우 잡다해 학문과 효제, 군자, 정치 등 여러 사안이 두루 언급된다. 각 장의 순서도 반드시 어떤 필연적인 연계가 있지는 않다. 그러나 그렇다고 전혀 연관 없이 나열되어 있는 것은 아니다.

「학이」의 실제 편찬자는 증삼의 제자들이다. 2대 제자시대에는 증삼이 노나라 교학의 중심이었다. 「학이」는 증삼의 제자들이 공자의 '직계제자' 이래의 전승과 거기에 부가된 유자의 말 3개 구절을 채택하고, 스승인 증자의 말 2개 구절을 덧붙여 만든 것으로 짐작된다.

「학이」 16장 가운데 절반인 8개 장이 '자왈'로 시작하는 공문의 학규와 훈시로 되어 있다. 나머지 8개 장은 '유자왈' 3개 장, '증자왈' 2개 장, '자하왈'이 1개 장, '자금문왈' 1개 장, 자공과 공자의 문답 1개 장 등으로 이루어져 있다. 「학이」는 수장首章인 제1장과 말장末章인 제16장이 조응한다. 그 중간에 그와 내용적으로 부합하는 공자의 말을 담은 6개 장이 있다.

『논어』의 주요 부분은 일반적으로 볼 때 공문 사제師弟의 언행록으로 되어 있다. 「학이」도 예외가 아니다. 다만 「학이」는 공자가 만년에 연 공문의 교육 방침을 담고 있다는 데 그 특징이 있다. 『논어』의 최초의 편찬은 2대 제자 때에 노나라에서 이루어졌다. 2대 제자시대에 들어와서는 이를 문서 형식으로 명백히 하고자 했다. 「학이」는 바로 이런 의도에서 편찬된 것으로 짐작된다.

그러나 2대 제자시대의 전승傳承에는 공자의 말과 '직계제자'의 언행이 뒤섞여 있다. 서로 관련을 맺은 2~3개 장이 하나의 단위로 되어 존재하고 있었다. 편찬자는 '직계제자'의 언행이 이어진 공자의 말을 그대로 채용한 뒤 이를 연관되는 내용을 좇아 배치시켰다. 「학이」의 원형은 이같이 해서 형성된 것이다. 공자의 말 8개 장을 모으면 공문의 학칙에 가까운 성질을 띠고 있고, 각 장에 부수된 '직계제자'의 언행 8개 장은 이에 대한 참고자료 성격을 띠고 있는 것이다. 이 양자를 포함한 전체가 바로 「학이」라고 할 수 있다.

제 1 장

子曰, "學而時習之, 不亦說乎. 有朋自遠方來, 不亦樂乎. 人不知
而不慍, 不亦君子乎."

공자孔子가 이같이 말했다. "배우고 때때로 익히면(학이시습學而時習) 이 또
한 기쁘지 않겠는가(불역열호不亦說乎)? 붕우朋友가 먼 곳에서 찾아오면(자원
방래自遠方來) 이 또한 즐겁지 않겠는가(불역락호不亦樂乎)? 남이 알아주지 않
을지라도 성내지 않는다면(부지불온不知不慍) 이 또한 군자답지 않겠는가(불
역군자호不亦君子乎)?"

'학이시습지學而時習之' 구절을 두고 주희는 『논어집주論語集註』에서 성선설에
입각해서, "뒤에 깨닫는 자는 반드시 선각자의 하는 바를 본받아야 한다."라고 풀
이했다. 청대의 황식삼黃式三은 『논어후안論語後案』에서 '열說'을 철저하게 이해할
때 우러나오는 기쁨으로 해석했다. 그는 '열'이 통상 '설說'로 발음될 때의 의미와
관련이 있다고 주장했다. 이는 공문孔門의 기본 목표가 학자적 군자의 형성에 있
음을 시사한다.

'유붕자원방래有朋自遠方來' 구절의 '유有'는 '어떤 경우인 한'의 뜻으로 새기거나,
뒤에 나오는 구절을 모두 받는 '~의 경우가 있다'의 뜻으로 풀이할 수 있는데, 모
두 가능하다. '유붕有朋'을 두고 육덕명陸德明은 『경전석문經典釋文』에서 '우붕友朋'

으로 된 판본을 언급하면서 그같이 읽는 게 타당하다고 주장했다. 이에 대해 미야자키 이치사다宮崎市定는 『논어』에 붕우朋友 표현이 모두 8번 나오고 있음에도 이곳의 '유붕'을 붕우를 바꿔 표현한 '우붕'으로 해석해야 하는 이유를 이해할 수 없다고 반박했다. 그의 다음과 같은 해석은 설득력이 있다.

"이는 있는 그대로 '유붕有朋'으로 읽어야 문장이 살아난다. 당연히 올 터인 벗이 온 게 아니라 의외로 생각지도 않게 알지도 못하는 먼 곳에서 벗이 찾아왔기에 각별한 기쁨을 표하기 위해 '유붕'으로 표현한 것이다."

'불역열호不亦說乎'와 '불역낙호不亦樂乎'의 '열說'과 '낙樂'에 관해 정이천程伊川은 "'열'은 마음속에 있는 것이고, '낙'은 외면에 있는 것이다."라고 주장했다. 그러나 그는 마음속에 있는 것과 마음 밖에 있는 것의 구체적인 분류 기준에 대해서는 언급을 하지 않았다. 객관적으로 볼 때 굳이 '열'과 '낙'을 나눠볼 필요는 없다.

'인부지이불온人不知而不慍' 구절을 두고 정이천은 "'낙'은 '열'을 통해 얻는 것이니 '낙'이 아니면 군자라고 말할 수 없다."로 풀이했다. 원래 '학이시습지', '유붕자원방래', '인부지이불온'은 전체적으로 하나의 문장을 이루고 있으나 서로 이론적인 연관성은 없다. 3개의 사건을 하나로 모아 하나의 문장으로 만들어놓은 것일 뿐이다. 대략 각기 다른 시기에 나온 공자의 말을 누군가가 모아 하나의 문장으로 만들어낸 것일 가능성이 크다. 굳이 '열'과 '낙', '군자'의 관계를 점층적인 것으로 해석할 필요가 없는 것이다.

기무라 에이이치木村英一는 '불역열호', '불역낙호', '불역군자호'가 중첩된 것을 두고 젊은 학도들에게 학문을 하는 즐거움과 친구와 교제하는 즐거움, 세간의 경박한 평판에 동요되지 않는 자세를 권하기 위한 어법으로 보았다. '인부지이불온'

과 '불역군자호'는 공문의 교육 목적이 군자의 양성에 있고, 공문의 기본 과목이 진정한 위정자인 군자가 되기 위한 학문인 '위정학爲政學'임을 드러낸 것이다. 오규 소라이荻生徂徠의 다음과 같은 주석이 이를 뒷받침한다. "공자는 신분이 필부의 수준을 면하지 못했고, 나이 50세가 되어 천명을 안 뒤 「공야장」에 나오듯이 호학好學의 행보를 자부했다. 「술이」에서도 늘 배우면서 싫증을 내지 않는 학이불염學而不厭과 남을 가르치기를 게을리하지 않는 회인불권誨人不倦의 행보를 자칭했다. 「학이」편이 첫 편에 편제된 배경이다. 『순자荀子』의 첫 편이 「권학勸學」인 것도 이를 좇은 것이다."

오규 소라이는 공자의 학문인 공학孔學의 정맥이 맹자의 학문인 맹학孟學이 아닌 순자의 학문인 순학荀學으로 이어졌고, 공학의 핵심이 수신제가의 수신학修身學이 아니라 치국평천하의 위정학爲政學에 있다는 평소의 지론을 밝힌 것이다.

주희가 집대성한 성리학이 등장한 이래 21세기 현재에 이르기까지 조선의 다산茶山을 비롯해 수많은 학자들이 주희의 이론에 반박을 가했지만, 오규 소라이의 이런 주장을 뛰어넘는 창조적인 의견을 제시한 이가 없다. 지난 1996년에 작고한 전 도쿄대 법학부 정치학과 명예교수 마루야마 마사오丸山眞男는 『일본정치사상사』에서 '순학'에 뿌리를 둔 오규 소라이의 '일본제왕학'이 메이지 유신의 사상적 스승 역할을 한 후쿠자와 유기치福澤諭吉의 탈아입구론脫亞入歐論으로 연결됐다고 분석했다.

『논어』의 첫머리를 장식하고 있는 「학이」 제1장이 『순자』의 첫머리에 나오는 「권학」의 내용과 상통하고 있는 것을 보면, 일본이 베트남을 포함한 동아시아 4

국 가운데 유일하게 순학을 통해 메이지 유신에 성공한 배경을 대략 짐작할 수 있다. '군자왈君子曰'로 시작되는 「권학」의 첫 구절이 이를 뒷받침한다. "학문은 그치지 않아야 한다. 청색靑色은 남색藍色에서 취하나 남색보다 더 푸르다. 높은 산에 오르지 않으면 하늘이 높은 것을 알지 못하고, 깊은 계곡에 이르지 않으면 땅이 두터운 것을 알지 못하고, 옛 군왕의 유언遺言을 듣지 못하면 학문의 위대함을 알지 못한다. 학문은 선비가 되는 데서 시작해 성인이 되는 것으로 끝난다. 오랫동안 노력해야 비로소 그런 경지에 들어갈 수 있으니 학문이란 죽은 뒤에나 끝나는 법이다. 학문의 방법에는 끝이 있지만 그 뜻은 잠시라도 버려둘 수 없다. 학문을 하면 사람이 되고 학문을 버리면 짐승이 된다."

  학문을 깊이 연마해야만 비로소 진정한 군자君子의 모습을 갖춘 위정자가 될 수 있다고 언급한 것이다. 순자가 「권학」의 첫머리에서 「학이」 제1장에서 언급한 '학이시습學而時習'과 '자원방래自遠方來' 및 '부지불온不知不慍' 등 군자가 되기 위한 3대 조건을 '청출어람靑出於藍'으로 요약한 배경이 여기에 있다. 학문하는 기본 취지를 설명한 '청출어람'의 요체는 죽을 때까지 배움을 그치지 않는 데 있다.

제 2 장

有子曰, "其爲人也孝悌而好犯上者, 鮮矣. 不好犯上而好作亂者,
未之有也. 君子務本, 本立而道生. 孝悌也者, 其爲仁之本與."

유자有子, 즉 염유冉有가 말했다. "사람 됨(위인爲人)이 효성스럽고 공손한 태도를 취하면서 즐겨 윗사람을 거스르는(효제범상孝悌犯上) 자는 드물다. 즐겨 윗사람을 거스르면서 자주 난을 일으키지(범상작란犯上作亂) 않는 자는 없다. 군자가 근본에 힘쓰는 이유다. 근본이 서면 도가 생겨나는(본립도생本立道生) 이치가 여기에 있다. 효성스럽고 공손한 태도가 인의 근본이 되는(효제인본孝悌仁本) 이치가 그렇지 않은가?"

'위인爲人'은 사람의 됨됨이를 뜻한다. 주희는 '인'이란 사랑의 원리이고, 마음의 덕인 까닭에 '위인'은 곧 '행인行仁'과 같다고 풀이하면서 '효제'가 '행인'의 근본이라고 주장했다. 이에 관해 정이천은 '인'을 본성, '효제'를 용用으로 풀이하면서 "'인'은 사랑을 말하고, 사랑은 어버이를 사랑하는 것보다 더 큰 게 없다."라고 주장했다. '수제修齊'를 통한 '치평治平'을 강조한 데 따른 해석이다.

본래 가족 차원의 '효제'와 국가 차원의 '충국忠國'은 차원이 다른 것이다. '효제'와 '충국'이 밀접한 관련이 있기는 하나, '효제' 자체가 '충국'이 되는 것은 아니다. 오히려 '효제'를 지나치게 강조할 경우 '충국'이 소홀해질 수 있다는 점을 주의해야 한다. 개인적 의리와 공동체적 의리는 상충할 수 있기 때문이다. 공동체가 번영하기 위해서는 '효제'의 차원을 넘는 '충국'의 자세를 견지하는 게 필요하다.

제 3 장

子曰, "巧言令色, 鮮矣仁."

공자가 말했다. "말을 교묘하게 하고 얼굴빛을 꾸미는(교언영색巧言令色) 자 중에는 어진 사람이 드문 법이다."

주희는 '교언영색巧言令色'의 '교巧'를 '호好', '영令'을 '선善'으로 보아 '교언영색'을 "말을 아름답게 하고 얼굴빛을 좋게 하는 외면의 치장을 지극히 해 남을 기쁘게 하는 것"으로 풀이했다.

정이천은 이 장을 두고 "교언영색이 인이 아님을 안다면 곧 인을 아는 것이다."로 풀이했다. '선의인鮮矣仁'은 '인선의仁鮮矣'의 도치문이다.

제 4 장

曾子曰, "吾日三省吾身. 爲人謀而不忠乎, 與朋友交而不信乎, 傳不習乎."

증자曾子가 이같이 말했다. "나는 날마다 다음과 같이 3번에 걸쳐 스스로를 반성한다(삼성오신三省吾身). 첫째, 남을 위해 일을 꾀하면서 충실하지 못한(모이불충謀而不忠) 것은 아닌가? 벗과 사귀면서 성실하지 못한(교우불신友交不信) 것은 아닌가? 스승으로부터 배운 전수받은 학업을 제대로 익히지 못한(전불습傳不習) 것은 아닌가?"

주희는 자신의 마음을 다하는 것을 '충忠', 성실히 행하는 것을 '신信', 스승으로부터 전수받는 것을 '전傳', 자신의 몸에 익숙히 하는 것을 '습習'으로 간주해 '충신忠信'을 '전습傳習'의 근본으로 삼아야 한다고 점층적으로 해석했다.

그러나 이를 반드시 점층적으로 해석할 필요는 없다. 여기의 '전傳'은 '전하다'의 뜻으로 풀이하면 동사가 된다. 이 경우 '불습不習'이 목적어가 되어 '익히지 않은 것을 전하다'의 뜻이 된다. 이에 반해 '전'을 '전수받은 것'으로 풀이하면 명사가 된다. 문맥에 비춰 후자인 명사로 풀이하는 게 합리적이다.

제 5 장

子曰, "道千乘之國, 敬事而信, 節用而愛人, 使民以時."

공자가 말했다. "제후의 나라인 천승지국千乘之國을 다스릴 때는 일을 경건하면서도 미덥게 하고(경사이신敬事而信), 비용을 절약하고 백성을 사랑하며(절용애인節用愛人), 백성을 동원하면서 때에 맞게 하는(사민이시使民以時) 모습을 보여야 한다."

'천승지국千乘之國'은 1,000승乘의 병력을 지닌 중간급의 제후국을 가리킨다. 여기의 '도道'는 '치治'의 의미이다. 주희는 '경사敬事'와 '신信', '절용節用', '애인愛人', '시時' 등 5가지를 치국의 근본 요점으로 보았다. 북송대의 호인胡寅은 "이들 여러 덕목은 경敬을 주장으로 삼는다."라고 하였다. 이는 '거경궁리居敬窮理'의 성리학적 해석에 입각한 것이다. 그러나 공학孔學이 시종 인간학으로 일관하고 있는 점을 감안할 때 오히려 '애인'을 가장 중요한 덕목으로 보는 게 타당할 것이다.

공학의 궁극적인 목표는 군자의 완성이다. 군자는 학문과 인격도 일반 민중보다 뛰어난 위정자의 모습을 지녀야만 한다. 군자가 때를 얻은 경우는 당연히 정치에 참여해 정치의 원칙을 잘 지켜야 한다. 정치가 군자의 본업인 것이다. 여기의 '천승지국'은 공문에서 양성된 군자가 뜻을 얻어 정치에 참여하는 나라의 기준을 제시한 것이다. '천승지국'을 잘 다스리면 곧 천하를 뜻하는 '만승지국萬乘之國'도 얼마든지 다스릴 수 있는 것이다. '백승지국'에서 '만승지국'에 이르기까지 하나같이 치도治道를 이룰 수 있는 것은 어디까지나 '애민'에 있다고 보아야 한다.

子曰, "弟子入則孝, 出則弟, 謹而信, 汎愛衆而親仁. 行有餘力則以學文."

공자가 말했다. "젊은이인 제자弟子는 집에 들어오면 부모에게 효도하고 (입즉효入則孝), 밖에 나가면 어른을 공경하며(출즉제出則弟), 말을 삼가되 말을 하면 미덥게 하고(근이신謹而信), 널리 사람들을 사랑하며 어진 사람을 가까이(범애친인汎愛親仁) 해야 한다. 이처럼 몸소 실천하면서 여력이 있을 때 글을 배워야(여력학문餘力學文) 한다."

'제자弟子'는 통상 젊은이와 학생을 의미한다. 여기서는 젊은이를 지칭하는 뜻으로 사용됐다. 공자는 '효孝'와 '제弟', '근謹', '신信', '애愛', '친親', '문文' 등 7가지로 공문의 실천 덕목을 제시하고 있다. 전통적으로 이를 두고 「술이」에 나오는 문文·행行·충忠·신信과 연결시켜 진정한 위정자인 군자가 되기 위한 학문인 '위정학'의 상급 과정으로 해석했다. 이 장에 나오는 '문'을 「술이」의 '문', '효·제·애·친'을 「술이」의 '행', '근·신'을 「술이」의 '충·신'으로 해석한 것이다. 「술이」에 나오는 '문'을 시·서·예·악의 4과四科, '행'을 생활의 올바른 실천, '충·신'을 '문'·'행'의 기본자세를 의미하는 것으로 풀이한 결과다. 이런 해석은 전통적으로 주희가 이 장과 「술이」에 나오는 '문'을 4과와 육예六藝를 포함한 것으로 해석한 데서 비롯된 것이다. 정이천은 제자의 직분을 하고 힘이 남으면 글을 배우는 것이니, 그 직분을 닦지 않고 '문文'을 먼저 하는 것은 '치기治己'의 학문이 아니라고 주장했다. 덕행을 학문보다 우선시한 결과다. 그러나 이는 공자의 문하에서 얼마나 '학지學知'를 중시했는지 간과한 것이다. 당시 공문에서 군자의 완성을 위해 가르친 기본 교과목은 어디까지나 시·서·예·악의 4과였다. 이 장에 나오는 덕목과 「술이」의 '문·행·충·신'은 어디까지나 군자의 실천 덕목에 불과할 뿐이다. 이 장과 「술이」의 '문'은 호학好學하는 태도를 말하는 것이지 시·서·예·악의 4과를 의미하는 게 아니다.

제 7 장

子夏曰, "賢賢易色, 事父母能竭其力, 事君能致其身, 與朋友交言而有信. 雖曰'未學', 吾必謂之學矣."

자하子夏가 말했다. "여색을 좋아하는 마음(호색지심好色之心)을 현자를 현자로 대하는 마음(현현지심賢賢之心)으로 바꾸며(현현역색賢賢易色), 부모를 섬기면서 모든 힘을 다하며(사친갈력事親竭力), 군주를 섬기면서 그 몸을 바치며(사군치신事君致身), 벗과 사귀면서 언행에 믿음이 있어야(교우유신交友有信) 한다. 그러면 남들이 그를 두고 아직 배우지 못했다는 이유로 '미학未學' 운운할지라도 나는 반드시 그를 배운 바가 있는 '유학有學'이라고 말할 것이다."

'현현역색賢賢易色'의 '역易'과 관련해 공자의 10세손으로 한무제 때 활약한 공안국孔安國은 '호색지심'과 마찬가지로 호현好賢하는 것으로 풀이했다. 이에 관해 정이천程伊川은 현자를 보고 안색을 바꾸는 것으로 풀이했다. 그러나 황간皇侃은 『논어의소論語義疏』에서 '현현지심賢賢之心'을 '호색지심好色之心'과 바꾸는 것으로 풀이했고, 주희도 이를 좇았다. '현현역색'을 두고 동양고전연구회는 『논어』에서 청나라 도광제 때 활약한 송상봉宋翔鳳이 『기학재찰기機學齋札記』를 통해 『시경』 「관저關雎」에 나오는 부부의 윤리를 밝힌 것으로 풀이한 점을 근거로 '현현이색'으로 보았다. '이색易色'을 두고 용모를 가벼이 보며 중시하지 않는 것으로 풀이한 이유다.

그러나 전체 문맥에 비춰볼 때 '역색'으로 보는 게 타당하다. 본래 '호색지심'과 '현현지심'은 대상이 달라지는 데 따른 다양한 심리 상태를 말한다. '호색지심'은 '현현지심'과 달리 모든 사람이 고루 지니고 있는 것이다. 군자라고 해서 '호색지심'이 없을 리 없다.

그러나 군자는 '호색지심' 이외에도 '현현지심'을 지니고 있다. 군자의 '현현지심'은 '호색지심'과 대립되는 개념이 아니다. 군자라고 해서 반드시 '호색지심'을 근절하고 '현현지심'을 지녀야 하는 것은 아니다. 다만 군자일지라도 '호색지심'이 지나치게 강할 경우 '현현지심'이 소홀해질 수밖에 없다. 자하는 바로 이 점을 지적한 것이다. '현현역색'의 '역'은 바로 '호색지심'과 같은 마음으로 '호현'하는 것을 의미한다고 새기는 게 공학의 기본 취지에 부합한다.

『시경』

제 8 장

子曰, "君子不重則不威, 學則不固. 主忠信, 無友不如己者, 過則
勿憚改."

공자가 말했다. "군자는 중후하지 않으면 자태도 위엄이 없을 뿐만 아니
라 학문 또한 견고하지 못한(불위불고不威不固) 모습을 보이게 된다. 충성스
럽고 믿음직한 충신忠信을 위주로 행보하면서 자신보다 못한 자와 사귀지
않고(무우불여기無友不如己), 허물이 있으면 고치기를 거리끼지 않는(과물탄개
過勿憚改) 태도를 취해야 하는 이유다."

'학즉불고學則不固'의 '고固'를 두고 주희는 '견고堅固', 공안국은 '폐蔽', 정현은 '폐
색閉塞'으로 풀이했다. 이 장은 공문이 이상으로 삼고 있는 군자에 관한 구체적인
인간상을 제시하고 있다. 군자답기 위해서는 중후해야 하고, 고루하지 않기 위해
학식을 지녀야만 한다. 어떤 일에도 성실하게 임하여 필요 없는 자로 취급되지 말
아야 한다. 과오를 범하지 않는 용기와 겸양을 지녀야 한다.

제 9 장

曾子曰, "愼終追遠, 民德歸厚矣."

증자가 이같이 말했다. "부모의 상사喪事를 신중히 거행하며 먼 조상을 추
모하는(신종추원愼終追遠) 태도를 취하면 백성의 덕이 후한 곳으로 돌아가
는(민덕귀후民德歸厚) 풍속이 만들어진다."

주희는 '신종愼終'과 '추원追遠'을 각각 초상初喪에 그 예를 다하고, 제사에 정성
을 다하는 것으로 풀이했다. 상례喪禮와 제례祭禮를 중시한 유가의 기본 입장을
설명한 것이다. '민덕귀후民德歸厚'는 가장 가까운 부모에 대한 효성인 친친親親을
행하면 백성의 덕성이 두터워진다는 취지다.

제 1 0 장

子禽問於子貢曰, "夫子至於是邦也, 必聞其政. 求之與, 抑與之與."
子貢曰, "夫子, 溫良恭儉讓以得之. 夫子之求之也, 其諸異乎人之
求之與."

자금子禽, 즉 자공의 제자 진항陳亢이 스승인 자공에게 물었다. "공부자孔夫子는 어느 나라에 이르면 반드시 그 나라의 정사를 듣습니다. 이는 공부자가 그것을 구해서 그리 된 것입니까, 아니면 그 나라가 허락해서 그리 된 것입니까?"

자공이 이같이 대답했다. "그것은 공자가 온溫 · 량良 · 공恭 · 검儉 · 양讓의 덕행을 보임으로써 마침내 그리 된 것이다. 부자가 구하는 것은 다른 사람들이 구하는 것과 다르다."

'온溫 · 량良 · 공恭 · 검儉 · 양讓'은 온순하고, 선량하고, 공경스럽고, 검약하고, 겸손하다는 뜻이다. '자금'의 이름이 『사기』 「중니제자열전」에 나오지 않는다. 정현은 공자의 제자로 보았다. 주희는 공자의 제자와 자공의 제자라는 설 가운데 어느 게 타당한지 알 길이 없다고 말했다. 『논어』의 내용을 종합해볼 때 자공의 제자로 보는 게 타당하다.

이 장에서 자금이 말한 내용 가운데 '억여지抑與之' 구절의 '여與'를 두고 정현은 '공共', 주희는 '수授'로 풀이했다. 다산도 주희의 해석을 좇았다.

자공이 말한 내용 중 '온 · 량 · 공 · 검 · 양'의 구두점 끊기인 단구斷句 문제와 관련해 정현과 주희는 공자의 다섯 가지의 덕행을 지칭하는 것으로 풀이했다. 그러나 다산은 자공이 공자의 덕행으로 언급한 것은 '온 · 량 · 공 · 검' 등 4가지뿐이고, '양讓'은 아래 구절과 붙여 '양이득지讓以得之'로 읽어야 한다고 주장했다.

'기저其諸 ~ 여與'의 어법은 제나라의 방언이다. '저諸'는 '지어之於'의 축약형이다. 『춘추공양전』 「노환공 6년」조와 「노민공 원년」조에도 이런 어법이 나온다. 기무라 에이이치는 이 구절을 제나라에서 첨가 또는 윤색된 것으로 보았다.

제11장

子曰, "父在觀其志, 父沒觀其行, 三年無改於父之道, 可謂孝矣."

공자가 말했다. "부친의 생전에는 그 자식의 뜻을 살피고(부재관기지父在觀
其志), 사후에는 그 자식의 행동을 살펴야(몰관기행父沒觀其行) 한다.
사후에 적어도 3년 동안 부친이 일하던 방식을 고치지 않는다면(무개부도無
改父道) 가히 효자라고 이를 만하다."

몰후歿後는 사후死後의 뜻이다. 이 구절의 기본 취지를 두고 주희는 부친이 별세한 후에야 그 자식의 행동을 관찰할 수 있는 까닭에 반드시 3년 동안 부친의 도를 고치지 않아야만 진정한 효를 행하는 것이라고 주장했다.

'부지도父之道'의 '도道'를 다산은 정령政令의 시행 방식으로 풀이했다. 문맥상 부친이 일하던 방식으로 보는 게 합리적이다.

有子曰, "禮之用, 和爲貴. 先王之道斯爲美. 小大由之, 有所不行. 知和而和, 不以禮節之, 亦不可行也."

유자有子가 이같이 말했다. "예의 쓰임은 조화를 귀하게 여긴다. 선왕의 도(선왕지도先王之道)가 이를 아름답게 여긴 이유다. 크고 작은 일이 모두 여기서 비롯됐다. 그러나 때론 이런 방식이 통하지 않는다. 조화의 중요성만 알아 무조건 조화만 추구하면서(지화이화知和而和) 예로써 이를 절제하지(이례절지以禮節之) 않으면 역시 통하지 않을 것이다."

'소대유지小大由之'의 '소대小大'를 두고 형병邢昺은 크고 작은 모든 일, 다산은 '상하上下'와 같은 뜻으로 천자와 제후 및 대부 등을 가리킨다고 보았다. 대명사 '지之'를 두고 황간은 '화和', 형병은 '예禮', 다산은 '선왕지도'를 뜻한다고 보았다.

이 장은 『예기』에서 말하는 '예禮'와 '악樂'의 상호 관계를 요약해 표현해놓은 것이다. 이 장의 '화'는 '악'을 의미한다. '예'를 지나치게 강조하면 조화를 깨뜨릴 수 있고, '화' 즉 '악'을 지나치게 행하면 '예'가 무너질 소지가 크다는 사실을 지적하고 있다. '예'와 '악'을 상호 보완적으로 운용해야만 군신 관계를 비롯한 부자와 부부, 형제, 붕우 등 모든 인간관계를 원만하게 이룰 수 있다고 지적한 것이다. 공자가 '예'와 '악'을 '예악'으로 연칭連稱해서 부른 이유다.

이를 두고 주희는 '예'를 '천리天理의 절문節文'이자 '인사人事의 의칙儀則'으로 풀이했다. 주희의 이런 풀이는 '천리인욕설天理人欲說'에서 나온 것으로 공학의 본래 취지와는 다른 것이다. 공자가 말한 '예'는 상하좌우로 얽혀 있는 모든 인간관계 및 개인과 공동체 간의 관계를 규제하는 일체의 예절과 관행 등을 총칭한 개념으로 형이상학적인 '천리'와는 거리가 멀다.

제13장

有子曰, "信近於義, 言可復也. 恭近於禮, 遠恥辱也. 因不失其親, 亦可宗也."

유자가 이같이 말했다. "믿음이 의에 가까운(신근어의信近於義) 모습을 보이면 그 말을 실천할 수 있고, 공손함이 예에 가까운(공근어례恭近於禮) 모습을 보이면 치욕을 당하지 않는다. 따라서 의당 가까이해야 할 사람을 가까이 하면 또한 사람들의 존중을 받게 된다."

주희는 이 장에 나오는 '신信'을 약속을 뜻하는 '약신約信', '의義'를 일의 마땅함을 뜻하는 '사지의事之宜', '복復'을 말의 실천인 '천언踐言', '공恭'을 지극한 공경인 '치경致敬', '예禮'를 요약해놓은 전장典章인 '천리의 절문節文'으로 풀이했다.

또 그는 '인불실기친因不失其親'의 '인因'을 '의지함과 같은 것'으로 풀이했다. 이에 관해 공안국과 형병은 '친함과 같은 것', 다산은 접속사로 간주했다. 다산의 해석이 그럴 듯하다. 또 '역가종야亦可宗也'의 '종宗'을 두고 주희는 '주인', 공안국은 '경敬', 황간은 '중重', 양보쥔楊伯峻은 『논어역주論語譯注』에서 '믿을 만하다'의 뜻으로 풀이했다.

제 1 4 장

> 子曰, "君子食無求飽, 居無求安, 敏於事而慎於言, 就有道而正焉, 可謂好學也已."
>
> 공자가 말했다. "군자는 음식을 먹으며 배부름을 구하지 않고(식무구포食無求飽), 거처하며 편안함을 구하지 않으며(거무구안居無求安), 일을 민첩하게 행하며 말을 삼가고(민사신언敏事慎言), 도가 있는 곳으로 나아가며 행실을 바로 잡는(취도이정就道而正) 모습을 보여야 한다. 그래야만 가히 호학好學이라고 이를 만하다."

공자는 이 장에서 공문의 이상인 군자가 되기 위한 구체적인 방법론을 제시하고 있다. '식무구포千乘之國'와 '거무구안居無求安', '민사신언敏事慎言', '취도이정就道而正' 등 4가지가 바로 그 구체적인 실천 방안이다.

가위호학야이可謂好學也已'의 '호학好學'은 자신과 인간 및 세상에 대한 통찰을 연마하는 인문학 전반에 대한 고찰을 의미한다. 공자가 「옹야」 제2장에서 호학의 상징으로 안회顔回를 거론하며 노여움을 옮기지 않는 '불천노不遷怒'와 두 번 다시 잘못을 저지르지 않는 '불이과不貳過'를 논거로 든 게 그 증거다.

제15장

子貢曰, "貧而無諂, 富而無驕, 何如." 子曰, "可也, 未若貧而樂, 富而好禮者也." 子貢曰, "詩云, '如切如磋, 如琢如磨', 其斯之謂與." 子曰, "賜也, 始可與言詩已矣. 告諸往而知來者."

자공子貢이 스승인 공자에게 물었다. "가난해도 아첨하지 않고(빈이무첨貧而無諂) 부유해도 교만하지 않으면(부이무교富而無驕) 어찌 평가해야 합니까?" 공자가 대답했다. "가하다. 그러나 가난해도 아첨하지 않은 것은 가난해도 도를 즐기는(빈이락貧而樂) 것보다 못하고, 부유해도 교만하지 않은 것은 부유해도 예를 좋아하는(부이호례富而好禮) 것보다 못하다."
자공이 또 물었다. "『시경』「위풍衛風·기오淇奧」에서 자르는 듯 미는 듯하거나(여절여차如切如磋), 쪼는 듯 가는 듯함(여탁여마如琢如磨)을 언급했습니다. 바로 이 경우를 언급한 것입니까?"
공자가 크게 칭송했다. "시賜야말로 이제 함께 『시경』을 논할 만하다. 지나간 일을 말해주자 다가올 일을 아는(고왕지래告往知來)의 현명함을 지닌 게 그렇다!"

여기에 인용된 『시』의 '절차탁마切磋琢磨' 구절은 『시경』 「위풍 · 기오」에 나오는 내용이다. 주희는 〈절→차, 탁→마〉로 봐서 '절'과 '탁'이 이뤄져야 '차'와 '마'가 이뤄지는 것으로 해석했다. '절차탁마'를 굳이 점층적으로 해석할 필요는 없다. '절차탁마'는 뼈와 뿔, 옥, 돌을 다듬는 것으로 '위정학' 연마를 의미한다. 당시 자공은 공문의 '직계제자'들 가운데 가장 총명한 인물이었다. 그는 공자의 말을 듣고 그 뜻을 미리 헤아림으로써 공자로부터 "더불어 『시경』을 논할 만하다."는 칭송을 듣게 된 것이다.

제16장

子曰, "不患人之不己知, 患不知人也."

공자가 말했다. "군자는 자신의 뛰어난 점을 알아주지 않는다고(불기지不己知) 근심하지 말고, 남의 뛰어난 점을 알아주지 않는(부지인不知人) 자신의 옹졸함을 근심해야 한다."

공문의 최종 목표인 군자는 본질적으로 위정자가 되고자 하는 것이다. 그러나 당시 신분세습의 봉건질서가 그대로 남아 있었던 까닭에 세습귀족이 아니고는 실질적으로 위정자가 되는 길이 봉쇄되어 있었다. 공자는 머지않아 신분세습의 봉건질서를 대신하는 능력 본위의 새로운 통치질서가 도래할 것을 확신했다. 공문에서 '위정학'을 습득한 자들은 현실적인 장벽에 막혀 위정자가 되지 못할지라도 장차 새로운 세상이 도래하면 진정한 위정자가 될 사람들이었다. 당시 공자는 군자가 되고자 하는 제자들에게 타인의 '불기지不己知'를 염려하지 말고 자신의 '부지인不知人'을 걱정하며 끊임없이 군자의 학문을 연마하라고 독려한 것이다.

제 2 편

위정爲政

-

Intro

위정爲政

격언의 성격을 띤 공자의 말씀과 문답

「위정」은 노나라 공문 후학의 손에 의해 만들어진 것으로 보인다. 전체의 내용에 비춰 그 시기는 대략 '직계제자'의 시대를 지나기는 했으나 공자가 생존했을 당시의 기억이 아직 생생하던 때인 듯하다.

「위정」은 총 24개 장으로 구성되어 있다. '위정'이라는 편명은 제1장의 '위정이덕爲政以德'에서 나온 것이다. 제1장과 제3장, 제19장~제21장 등은 정치에 관한 이야기이다.

21장에도 '위정'이라는 말이 나온다. 그러나 '위정'이 「위정」 전체의 내용을 상징하는 것은 아니다. 각 장의 배열 또한 정연하지 못해 어떤 명확한 목적과 의도 하에 편집된 것으로 보기는 어렵다. 그러나 부분적으로는 서로 접하고 있는 몇 개의 장은 동일한 문제를 다루고 있거나 동일한 개념을 포함하고 있어 아무런 방침도 없는 잡찬雜纂이라고 말하기는 어렵다.

제 1 장

> 子曰, "爲政以德, 譬如北辰居其所, 而衆星共之."
>
> 공자가 말했다. "군왕의 치국평천하 행보인 위정爲政은 덕치德治를 기본으로 삼아야(위정이덕爲政以德) 한다. 이는 비유컨대 북극성(북신北辰)이 자신의 자리에 머물러 있는(북신거소北辰居所) 상황에서 여타 별들이 '북극성'을 중심으로 그 둘레를 도는(중성공지衆星共之) 현상과 같다."

'위정이덕爲政以德'을 미야자키 이치사다는 고어古語로 간주해 유덕한 군주가 정치를 펼치는 것으로 풀이했다. 여기의 '위정爲政'은 군왕으로 상징되는 1인자의 치국평천하 행보를 가리킨다.

'북신北辰'은 곧 북극성으로 성점星點이 없어 '신辰'이라고 한 것이다. '중성공지衆星共之'와 관련해 주희는 '공共'을 '향向'으로 간주해 뭇별들이 사면에서 북극성을 둘러싸고 귀향歸向하는 것으로 풀이했다. 덕치를 펼치면 무위無爲해도 천하가 돌아오는 것과 같다고 주장한 것이다.

후한 초기의 포함包咸은, "덕자德者의 무위는 마치 북신이 옮기지 않고 뭇별과 함께 하는 것과 같다."라고 했다. 형병邢昺은 『논어주소論語注疏』에서 "순박한 덕을 잃지 않고 무위청정無爲淸靜으로 교화하면 뭇별이 북신을 함께 높이듯이 정치가 선해진다."라고 풀이했다. 주희를 비롯한 대부분의 사람이 이를 '무위설無爲說'

로 해석한 셈이다. 다산은 한나라 이전의 전적典籍에 '무위설'이 없었다고 주장하면서 주희 등의 무위설을 정면으로 반박했다. 이어 '공'을 '동同'으로 보아 '북신'이 바른 자리에서 천주天樞를 돌면 뭇별들이 북신을 좇아 함께 도는 것을 뜻한다고 해석했다. 위정자가 스스로를 바르게 한 뒤에야 백성들이 그의 교화를 좇아 함께 움직이는 이치를 바로 북신에 비유한 게 다산의 주장이다. '정치사학'의 관점에서 볼 때 북극성이 붙박이처럼 머물러 있는 게 아니라 뭇별들과 함께 천추를 중심으로 도는 까닭에 위정자가 먼저 스스로를 바르게 해야 한다는 풀이가 돋보인다.

이 장에서는 공문에서 강조하는 위정자로서의 군자가 취해야 할 기본 입장이 설명되어 있다. 그것이 바로 '덕치주의德治主義'다. 보다 구체적으로 말하면 '예치주의禮治主義'를 뜻한다. 예치주의는 순자가 강조한 것이다. 흔히 공학의 적통을 이은 것으로 간주된 맹자는 '인의仁義'를 강조한 까닭에 '예치주의'보다 '의치주의義治主義'를 주장했다. 이는 공학의 '예치주의'와 다른 것이다.

'공맹학孔孟學'은 후대의 성리학자들이 만들어낸 말이다. 수신제가에 주안점을 둔 수신학修身學과 치국평천하에 방점을 찍은 위정학爲政學의 유기적 융합을 꾀한 공자의 학문, 즉 공학孔學의 기본 취지 가운데 절반만 맞춘 셈이다.

제2장

子曰, "詩三百, 一言以蔽之, 曰, '思無邪.'"

공자가 말했다. "『시경』 300편의 뜻을 한마디로 뭉뚱그려 표현하자면(일언이폐一言以蔽) 사념邪念 없이 내달린다(사무사思無邪)로 요약할 수 있다."

　'시삼백詩三百'은 『시경』에 수록된 시를 지칭하는 말이다. 현존 『시경』은 모두 311편이고 그 가운데 제목만 있는 게 6편이다. 이를 모두 뭉뚱그려 300편으로 표현한 것이다. '일언이폐지一言以蔽之'의 '폐蔽'는 뭉뚱그려 개괄한다는 뜻이다. '사무사思無邪' 앞의 '왈曰'을 두고 지난 1970년에 작고한 언어학자 배학해裴學海는 『고서허자집석古書虛字集釋』에서 '시是'의 용법과 같다고 했다. 사무사思無邪는 원래 사념 없이 달린다는 뜻이다. 이를 두고 형병은 『시경』「노송魯頌 · 경駉」에 나오는 표현이라고 했다. 현존하는 『시경』「노송 · 경」에 '사무사' 이외에도 끝없이 내달린다는 뜻의 사무강思無疆, 기약 없이 내달린다는 뜻의 사무기思無期 등의 표현이 나오는 점에 비춰 '사무사'는 사념 없이 마구 내달린다는 뜻으로 풀이할 수 있다.

　'사무사'의 해석과 관련해 '사'는 '아'라는 감탄사에 불과하며 이 대목은 말의 사육에 관한 시의 일절로 '아, 재난이 없도록 하소서.'라는 의미로 보는 견해도 있다. 유가경전의 영역英譯에 지대한 공헌을 한 레그Legge는 이를 전통적인 견해대로 영역하면서 '사'를 '생각하다'로 번역하는 것은 불합리하다고 주장했다.

　이 장에서는 공문의 교양 필수 과목인 『시』의 기본 정신을 말하고 있다. 『시』는 요즘의 문학으로, 시 · 서 · 예 · 악으로 불리는 4과의 기본이 되는 과목이기도 했다. 공자가 천하유세를 마치고 돌아온 뒤 개설한 공문에서 가르친 『시』는 현재 전해지는 『시경』의 체제와 거의 같다. 『시』의 교재만큼은 『서』와 『예』, 『악』 등 다른 교과목의 교재와 달리 당시에 이미 완벽한 체계를 갖췄다고 봐도 큰 무리가 없다.

제 3 장

> 子曰, "道之以政, 齊之以刑, 民免而無恥. 道之以德, 齊之以禮, 有恥且格."
>
> 공자가 말했다. "정령政令으로 인도하고(도지이정道之以政) 형벌로 가지런히 하면(제지이형齊之以刑) 백성들은 이를 면하려고만 하여 부끄러움을 모르게 된다(민면무치民免無恥). 그러나 덕으로 인도하고(도지이덕道之以德) 예제로 가지런히 하면(제지이례齊之以禮) 백성들은 수치羞恥를 알고 감화를 받게 된다(유치차격有恥且格)."

'도지이정道之以政'과 '도지이덕道之以德'의 '도道'는 인도할 '도導'의 뜻으로 사용된 것이다. '제지이형齊之以刑'과 '제지이례齊之以禮'의 '제齊'는 가지런히 한다는 뜻의 '정제整齊'라는 의미로 사용되었다. '유치차격有恥且格'의 '격格'을 주희는 『중용』의 '지어선至於善'을 근거로 선에 이르는 '지至', 하안과 황간은 '정正', 다산은 '감화感化'로 풀이했다. 이는 '감격感格'으로 풀이한 오규 소라이荻生徂徠의 해석을 좇은 것이다. 오규 소라이는 『서경』「우서虞書·대우모大禹謨」에 70일 만에 마침내 묘족苗族이 순임금의 덕치에 감복했다는 의미로 사용된 구절인 '칠순유묘격七旬有苗格'의 '격格'을 논거로 늘었다. 『서경』 등에서 '격格'이 '이르다'라는 뜻의 '지至' 또는 감화된다는 뜻의 '감격感格'의 의미로 사용된 경우가 있으나, 이는 지나치게 도학적이다. '정치사학'의 관점에서 볼 때 이 장은 기본적으로 '위정'의 기본 원칙을 언급했다. 정령과 형벌을 위주로 하는 '정치政治' 또는 '법치法治' 대신 '인정仁政'을 상징하는 '덕치德治' 또는 예법에 초점을 맞춘 '예치禮治'로 치국평천하에 임해야만 백성들도 예의염치禮義廉恥을 알게 된다는 취지이다. '예의염치'는 『관자管子』를 관통하는 키워드이다. 문맥 전체로 볼 때 여기의 '격格'은 우리말의 '틀' 또는 '풍도風度'의 의미로 사용된 인격人格 또는 품격品格의 의미로 해석하는 게 합리적이다. 이 경우 '격格'은 덕치 또는 예치로 치국평천하에 임해야만 백성 개개인의 품격 또는 백성 전체의 품격인 민격民格이 고양되어 예의염치를 아는 문화대국文化大國의 구성원이 될 수 있다는 의미가 된다.

춘추시대 당시 제환공을 도와 사상 첫 패업을 이룬 관중管仲은 저서 『관자』의 서문인 「목민牧民」에서 이같이 설파했다.

"백성을 다스리는 목민자牧民者는 반드시 사계절에 맞춰 농경에 힘쓰고, 곡물을 비축해놓은 창고를 잘 지켜야 한다. 국가의 재부財富가 풍족하면 먼 곳의 사람도 찾아오고, 땅이 모두 개간되면 백성이 안정된 생업에 종사하며 머물 곳을 찾게 된다. 창름倉廩이 가득해야 백성이 예절禮節을 알고, 의식衣食이 족해야 영욕榮辱을 알게 된다."

춘추시대를 제패한 제환공을 도운 관중

관중은 치국평천하 리더십의 비결을 언급하고 있다. 부국강병을 이룬 뒤 예의 염치를 아는 문화대국을 건설하는 것이다. 이는 하드웨어의 기반 위에 소프트웨어까지 석권해 천하를 호령하는 방안이다. 여기의 '목민자牧民者'는 곧 군주를 지칭하고, '창름倉廩'은 국고의 재물을 상징한다. 나라를 다스리는 요체로 곧 〈부민 → 부국강병 → 문화대국〉의 도식을 제시한 셈이다. 『관자』「형세해形勢解」는 그 이유를 이같이 설명해놓았다. "군주의 가장 큰 공적은 부국강병을 이루는 것이다. 나라가 부유하고 병사가 강하면 제후들이 그 위세를 두려워한다. 군주의 가장 큰 죄는 빈국약병貧國弱兵을 초래하는 것이다. 나라가 가난하고 병사가 약하면 출병해도 승리하지 못하고, 방어에 나서도 견고하지 못하다. 아무리 귀중한 보물을 보내며 이웃 나라를 섬길지라도 패망의 화를 면하지 못하게 된다."

부민이 이뤄져야 부국이 가능하고, 부국이 가능해야 강병이 실현될 수 있다는 논리다. 이는 난세를 타개하는 군주 리더십의 정수이다. 공자가 관중의 치국평천하 리더십을 극찬한 점에 비춰 이 장의 '격'은 예절과 영욕을 아는 문화대국의 민격民格을 이룰 수 있다는 취지에서 나온 것으로 보는 게 타당하다.

객관적으로 볼 때 이 장 역시 제1장과 마찬가지로 위정자로서의 군자가 취해야 할 기본 입장인 '예치주의'를 부연해 설명하고 있다. 정형政刑의 한계를 언급함으로써 내용적으로 예치의 기본 특징을 언급한 제1장과 상호 조응照應한다. 제1장과 제3장 모두 치술治術을 말하고 있다. '시삼백'을 말한 2장은 교양 과목으로서의 시·서·예·악을 의미한다.

제 4 장

子曰, "吾十有五而志于學, 三十而立, 四十而不惑, 五十而知天
命, 六十而耳順, 七十而從心所欲, 不踰矩."

공자가 말했다. "나는 15세에 학문에 뜻을 두고(지학志學), 30세에 예의를
알아 독자적으로 섰으며(이립而立), 40세에 사물을 판단할 때 의혹되지 않
고(불혹不惑), 50세에 천명을 알며(지천명知天命), 60세에 다른 사람의 말을
들으면 그 이치를 알아 귀에 거슬리지 않고(이순耳順), 70세에 마음이 내키
는 바대로 행할지라도 법도를 넘지 않는(종심從心) 모습을 보였다."

'지학志學'을 두고 주희는 마음이 지향하는 것, 황간은 마음에 두는 것으로 풀이
했다. '이립而立'을 두고 하안은 이루는 것이 있는 것으로 새겼다. '불혹不惑'을 두고
공안국은 의혹되지 않는 것, 주희는 사물의 이치를 알아 의혹되지 않는 것으로 새
겼다. '지명知命'을 두고 공안국은 천명의 시종始終을 아는 것, 주희는 사물의 당연
한 이치를 깨닫는 것, 다산은 상제의 뜻에 순종해 일관된 자체를 지니는 것, 평여
우란馮友蘭은 하늘이 자신에게 시킨 사명使命을 아는 것으로 풀이했다. '이순耳順'
을 두고 정현은 귀로 그 말씀을 듣고 그 은미한 뜻을 아는 것, 주희는 마음을 통해
어기는 바가 없는 것으로 해석했다.

여기서 말한 15세의 '지학志學'은 학문에 뜻을 두었다는 것을 말한다. 30세의 '이

립而立'은 머지않아 닥쳐올 새로운 세상에 부응하기 위한 학문을 찾아낼 것을 다짐하게 된 것을 의미한다. '이립'은 반드시 30세를 의미하는 게 아니다. 삼환三桓의 전횡을 피해 제나라로 유학을 갔을 당시인 30대 후반으로 보는 게 타당하다. 40세의 '불혹不惑' 역시 40대 중반으로 보는 게 합리적이다. 이는 제나라 유학을 마치고 노나라로 귀국할 당시 '위정학의 정립'을 자신의 평생 과업으로 삼게 됐다는 것을 밝힌 것이다. 50세의 '지명知命' 역시 삼환 제거에 실패한 뒤 천하유세를 떠나는 50대 후반의 심경을 밝힌 것이다. 60대의 '이순耳順' 또한 14년간에 걸친 천하유세를 마치고 노나라로 귀국하는 60대 후반의 상황을 언급한 것이다. 노나라로 귀국한 뒤 4년 반 동안의 70대 초반의 심경이 어떠한 경우에도 법도를 넘는 일이 없는 '불유구不踰矩'로 표현됐다. 마음이 내키는 바대로 행하는 '종심從心'과 동일한 뜻으로 사용된 것이다.

「위정」 제4장에서 보는 공자의 일생

「위정」 제4장은 공자가 자신의 일생을 술회한 것이다. 공자가 14년간에 걸친 천하유세를 마치고 노나라로 돌아왔을 때 나이는 이미 69세였다. 74세에 죽을 때까지 불과 4년 반 정도의 짧은 기간이었지만 공자는 시·서·예·악과 관련된 고전을 정리하며 헌신적으로 제자들을 길러냈다. 이때 자하와 증삼 등과 같은 뛰어난 후기제자들이 공문에 입문해 공자 사후에 공학을 전하는 데 결정적인 공헌을 하게 됐다. 이에 비춰 이 장에 나오는 공자의 술회는 대략 세상을 떠나기 1~2년 전에 한 것으로 짐작된다.

제 5 장

孟懿子問孝. 子曰, "無違." 樊遲御, 子告之曰, "孟孫問孝於我.
我對曰, '無違.'" 樊遲曰, "何謂也." 子曰, "生, 事之以禮. 死, 葬
之以禮, 祭之以禮."

맹의자孟懿子, 즉 중손하기仲孫何忌가 효에 관해 묻자 공자가 대답했다. "예
를 어기지 말아야 한다!"

'무위無違'의 '무無'는 금지 명령의 뜻을 지닌 '무毋' 또는 '물勿'의 의미로 사용됐
다. 예제 또는 도리를 어기지 말라는 뜻으로 부모의 명을 어기지 말라는 취지가
아니다. 제5장~제8장은 모두 '효'란 무엇인가에 관한 질문에 대한 공자의 대답으
로 하나의 장군章群을 이루고 있다.

'맹의자孟懿子 중손하기仲孫何忌'는 누구일까?

맹희자孟僖子 중손확仲孫貜의 아들로 부친의 유언에 따라 동모제인 남궁경숙南
宮敬叔 중손열仲孫說과 함께 공자의 제자가 된 인물이다. 『춘추좌전春秋左傳』「노
소공 7년」조에 자세한 내용이 나온다. 공자의 제자들 가운데 송나라 사마司馬 환
퇴桓魋의 동생인 사마우司馬牛와 더불어 가장 신분이 높았던 인물에 속했다.

제 6 장

孟武伯問孝. 子曰, "父母唯其疾之憂."

맹의자의 아들인 맹무백孟武伯 중손체仲孫彘가 효에 관해 묻자 공자가 대답했다. "부모는 오직 자식이 병들까 근심할(유질지우唯疾之憂) 뿐이다."

번지가 수레를 몰자 공자가 그에게 이같이 알려주었다. "맹의자가 나에게 효에 관해 묻기에 내가 대답하기를, '예를 어기지 말아야 한다'고 했다."

번지가 물었다. "무슨 말씀입니까?"

공자가 대답했다. "부모가 살아 계실 때는 예로써 섬기고(사지이례事之以禮), 돌아가신 뒤에는 예로써 장사 지내며(장지이례葬之以禮) 예로써 제사를 지낸다(제지이례祭之以禮)는 뜻이다."

'부모유기질지우父母唯其疾之憂' 구절을 두고 후한 말기의 마융馬融은 병이 들어 부모를 심려하게 만들지 않는 것만으로도 효도라는 취지로 풀이했다. '맹무백'은 맹의자 중손하기의 아들로 『춘추좌전』의 기록에 따르면 이름이 예洩와 체彘 두 가지로 나온다. 그가 공자의 제자로 있었는지 여부는 확실하지 않다. 고주古注는 "부모로 하여금 자식이 불의에 빠지는 것을 근심하지 않고, 오직 자신의 건강을 돌보도록 해야 효가 될 수 있다."라고 풀이했다. 이에 관해 주희는 "자식의 건강을 걱정하는 부모의 마음을 자신의 마음으로 삼아 스스로 몸을 지키는 게 효다."라고 풀이했다. 대략 같은 취지를 다르게 풀이한 셈이다.

제 7 장

子游問孝. 子曰, "今之孝者, 是謂能養. 至於犬馬, 皆能有養. 不
敬, 何以別乎."

자유子游, 즉 언언言偃이 효에 관해 묻자 공자가 대답했다. "지금의 효는 단
지 부모를 잘 봉양하는 것(능양能養)만을 가리킨다. 그러나 개와 말(견마犬
馬)도 사람의 필요에 의해 잘 길러준다(사양飼養). 만일 부모를 '봉양'하면서
공경심이 없으면 개와 말을 사육하는 '사양'과 무슨 차이가 있겠는가?"

'시위능양是謂能養'을 두고 청대 건륭제 때 활약한 왕인지王引之는 『경전석시經
傳釋詞』에서 '시是'는 지只의 뜻인 '지祇'와 같다고 했다. '양養'을 두고 주희는 견마
의 사육이 공양하는 일과 닮았다는 취지에서 '음식공봉飮食供奉'으로 풀이했다. 이
에 대해 다산은 곁에서 봉양하는 '시봉侍奉'을 뜻하는 것으로 보았다. 앞에 나오는
'능양能養'의 '양'은 시봉, '견마' 뒤에 나오는 '유양有養'의 '양'은 사양飼養, 즉 사육飼
育의 의미로 사용됐다.

제 8 장

子夏問孝. 子曰, "色難. 有事, 弟子服其勞. 有酒食, 先生饌, 曾是以爲孝乎."

자하가 효에 관해 묻자 공자가 대답했다. "효행 가운데 어려운 게 안색을 부드럽게 하여 부모를 섬기는 일(색난色難)이다. 일이 생기면 젊은이가 그 수고로움을 대신하고, 술과 음식(주식酒食)이 있을 때 어른이 먼저 드시는 것을 두고 일찍이 효라고 생각한 적이 있는가?"

'색난色難'을 두고 주희는 '부모를 섬길 때 얼굴빛을 온화하게 하는 어려움', 포함은 '부모의 안색을 살펴 행하는 것'으로 보았다. '주식酒食'의 '식食'을 '밥을 먹이다'의 '사飼'로 읽어야 한다는 주장이 있으나 이는 잘못이다. '식食'은 과거에 '밥'을 뜻하는 명사로 쓰일 때에 한해 '사'로 읽었으나 최근에는 '밥'뿐만 아니라 '모든 음식'을 통틀어 '식'으로 읽는 게 일반화됐다.

'선생찬先生饌'의 '선생先生'을 마융과 주희는 부형父兄으로 해석했다. '찬饌'을 마융은 음식, 다산은 진열陳列로 풀이했다. '증시曾是'의 '증曾'을 두고 양보쥔은 마침내라는 뜻인 '경竟', 황간과 주희는 일찍이라는 뜻인 '상嘗', 장보첸蔣伯潛은 설마라는 뜻인 '억기抑豈'로 풀이했다.

子曰, "吾與回言終日, 不違, 如愚. 退而省其私, 亦足以發. 回也不愚."

공자가 말했다. "내가 안회顏回와 더불어 종일토록 말했으나 하나도 어긴 적이 없어 일견 어리석은 사람처럼 보였다. 그러나 그가 물러간 뒤 그의 사생활을 살펴보니 족히 창조적인 견해를 발휘하는(亦足以發역족이발亦足以發) 측면이 있었다. 안회는 어리석지 않다!"

'불위不違'는 가르치는 대로 잘 받아들여 반대 의견을 제시하지 않았다는 뜻이다. '생기사省其私'의 '사私'를 두고 형병은 안회가 사적인 자리에서 동학同學과 담론하는 것으로 풀이했다. '족이발足以發'의 '발發'을 두고 동양고전연구회는 단순히 스승의 말을 받아들이는 데 그치지 않고 창조적인 견해를 제시하는 것으로 풀이했다.

기무라 에이이치는 제9장~제11장의 3개 장이 비록 서로 밀접한 관련을 지닌 것은 아니나 나름대로 연관성이 있다고 보았다. 안회의 호학을 칭송한 제9장은 제4장의 공자의 '호학'과 상응하고 있고, 제11장의 '온고지신溫故知新'은 배움을 논하고 있는 제15장 이하와 상응하고 있는 점에서 볼 때 제9장~제11장은 하나로 묶어서 볼 필요가 있다는 게 그의 주장이다.

제10장

> 子曰, "視其所以, 觀其所由, 察其所安, 人焉廋哉, 人焉廋哉."
>
> 공자가 말했다. "사람을 평가할 때 먼저 그가 행하는 바를 보고(시기소이視其所以), 그 일을 하게 된 동기를 살펴보며(관기소유觀其所由), 편히 여기는 바를 헤아릴(찰기소안察其所安) 필요가 있다. 그러면 그 사람은 어디에 자신을 숨기는 일이 가능할지 여부를 감히 물어(인언수재人焉廋哉) 외치지 않겠는가?"

'시視'와 '관觀'을 두고 『춘추곡량전春秋穀梁傳』은 「노은공 5년」에서 '시視'는 유의하지 않고 범상하게 보는 것이고, '관觀'은 유의해서 살펴보는 것이라는 취지에서 '상사왈시常事曰視, 비상왈관非常曰觀'으로 풀이했다. '찰察'을 두고 『이아爾雅』 「석고釋詁」는 자세히 살펴본다는 뜻의 '심審'으로 해석했다. '소유所由'의 '유由'를 두고 주희는 비롯된 원인인 '소종래所從來', 하안은 경과經過, 양보쥔은 방법으로 보았다. '인언수재人焉廋哉'의 '언焉'을 두고 양수다楊樹達는 『고등국문법高等國文法』에서 하처何處로 풀이했다.

이 장은 사람을 보는 방법을 말하고 있다. 앞 장인 제9장과 연관시켜 읽어야 그 뜻을 제대로 파악할 수 있다. 이 장을 두고 정이천은 "자신에게 있는 것을 능히 알고 말하면서 궁리하면 이로써 능히 사람 관찰을 성인과 같이 할 수 있다."라고 풀이했다. 〈수제修齊 → 치평治平〉으로 요약되는 성리학의 기본 입장과 통한다.

제 1 1 장

子曰, "溫故而知新, 可以爲師矣."

공자가 말했다. "옛 것을 익히고 연구한 위에 새 것을 터득하는(온고지신溫故知新) 행보를 지속하면 가히 백성들의 스승인 군주 노릇을 할 수 있을 것이다."

'온고지신溫故知新'을 두고 주희는 "전에 들은 것을 때때로 익히고 늘 새로 터득하는 게 있으면 가히 다른 사람의 스승이 될 수 있다."라고 풀이했다. '온溫'을 '연역演繹', '고故'를 옛날에 들은 '구소문舊所聞', '신新'을 지금 새로 터득한 '금소득今所得'으로 본 결과다. 양보쥔은 '온고지신'의 '신新'을 두고 옛 것을 학습한 위에 새 것을 창조하는 것으로 풀이했다. 여기서는 이 뜻을 취했다.

그러나 '온고지신'의 기본 취지는 단순히 사람들의 스승이 될 수 있는 방법론을 제시한 데 있는 게 아니라, 군자로 표현된 '진정한 위정자'가 되는 방법론을 제시한 데 있다. 공학孔學의 본령은 '수신학修身學'이 아니라 '위정학爲政學'이다. 공자는 진정한 위정자라면 무릇 '온고지신'의 자세를 취해야 한다고 당부한 것이다. '정치 사학'의 관점에서 볼 때 이는 공자가 군주의 자식이라는 뜻으로 통용되던 '군자君子'라는 용어를 '진정한 위정자'의 의미로 완전히 새롭게 정의한 사실과 밀접한 관련이 있다. 『춘추좌전』에 나오는 군주君主 용어가 '민지주民之主' 또는 '민주民主'로 표현된 것도 유사한 맥락에서 이해할 수 있다.

이 구절은 뒤에 나오는 제12장~제14장 모두 군자에 관한 공자의 해석으로 정리되어 있는 사실을 통해서도 쉽게 확인할 수 있다.

'민지주民之主, 민주民主'와 'Democracy'의 번역

『춘추좌전』「노양공 14년」조 등에 백성의 주인이 될 만한 군주를 뜻하는 '민지주' 표현이 나온다. 『춘추좌전』「노양공 31년」조 등에는 '민지주民之主'를 축약한 '민주民主' 용어가 나온다. '정치사학'의 관점에서 볼 때 메이지 유신 당시 일본인들이 서양의 Democracy를 민주주의民主主義로 번역한 것은 큰 잘못이다. 『춘추좌전』의 용례에 따르면 이는 '민주주의'를 '군주주의君主主義'로 오역한 것이 되기 때문이다. 백성이 다스린다는 뜻의 고대 그리스어 'Demos+Kratia'의 뜻에 충실하고자 했으면 '민치주의民治主義'로 번역하는 게 옳았다.

민주주의가 시작된 그리스의 상징, 아크로폴리스의 파르테논 신전

子曰, "君子不器."

공자가 말했다. "진정한 위정자는 한정된 그릇이 아닌(군자불기君子不器) 모습을 보여야 한다."

'군자불기君子不器'는 진정한 위정자인 '군자'의 기본자세를 언급한 것이다. 앞에 나온 11장에서 '온고지신溫故知新'을 역설한 것과 취지를 같이한다. 진정한 백성의 주인인 '민지주民之主'가 되기 위해서는 모든 백성을 포용할 수 있을 정도로 그릇이 커야 된다. 공자는 이를 '군자불기'로 표현한 것이다. 위정자의 기본자세와 관련해 '온고지신'과 짝을 이루는 황금률黃金律이다.

주희는 이 장의 '군자'를 '성덕지사成德之士'로 풀이해놓았다. 그러나 공자가 말하는 군자는 덕만을 쌓은 사람을 지칭한 게 아니라 '지知'와 '덕德'을 겸비한 사람을 의미한다. '지'가 전제되지 않은 '덕'은 진정한 '덕'이 될 수 없다. '식견'이 짧기 때문이다. 이 장의 '군자'는 구체적으로 '지덕지사知德之士'로 풀이하는 게 타당하다.

제13장

子貢問君子. 子曰, "先行其言, 而後從之."

자공이 군자에 관해 묻자 공자가 대답했다. "먼저 그 말을 실행하고(선언先行) 이후 이를 끊임없이 추구해야(후종後從) 한다."

주돈이周敦頤는 '선행기언先行其言'은 말하기 전의 행동, '이후종지而後從之'는 이미 실천한 뒤에 말하는 것으로 풀이했다. 공자는 실천을 중시했지만 '언言'과 '행行'에서 '행'을 '언'보다 앞세운 적이 없다. '선행기언'은 실천을 하지 않은 채 말만 앞세우는 것을 경계한 것이고, '이후종지'는 한 번 실천에 옮긴 일을 끊임없이 추구해 기필코 완성시키는 것을 의미한다. 공문孔門에서 내세운 '지'와 '행'에 대한 기본 입장은 '선지후행先知後行' 또는 '선행후지先行後知'가 아닌 '지행합일知行合一'에 있었다.

제14장

子曰, "君子周而不比. 小人比而不周."

공자가 말했다. "군자는 두루 조화를 이루나 당파를 만들지 않고(주이불비周而不比), 소인은 당파를 만들며 두루 조화를 이루지 못한다(비이부주比而不周)."

'주이불비周而不比'는 두루 조화를 이루나 당파를 만들지 않는 것, '비이부주比而不周'는 당파를 만들며 두루 조화를 이루지 못하는 것을 말한다. 왕인지는 『경의술문經義述聞』에서 '주周'는 의로써 합하는 것, '비比'는 이익으로 합하는 것으로 풀이했다. 다산은 '주'를 마음으로 가까이 하는 '밀密', '비'를 힘을 합쳐 편단을 만드는 '병竝'으로 해석했다. 양보쥔은 '주'를 도의로써 단결하는 것, '비'를 공동의 이해관계에 따라 모이는 것으로 보았다. 주희는 '주'를 두루 미치는 '보편普徧' 또는 '공公', '비'를 끼리끼리 무리를 형성하는 '편당偏黨'과 '사私'로 풀이했다. 그러나 사리를 도모하는 소인들도 겉으로는 '공리公利'와 '공의公義'를 내세운다. '주'를 두루 교제하며 조화를 이루는 '주선화해周旋和諧', '비'를 무리를 형성해 사리를 도모하는 '비당영사比黨營私'로 풀이하는 게 합리적이다.

子曰, "學而不思則罔, 思而不學則殆."

공자가 말했다. "배우되 생각하지 않으면(학이불사學而不思) 미망에 쉽게 빠지고, 생각하되 배우지 않으면(사이불학思而不學) 위태롭다."

'학이불사學而不思'를 두고 다산은 한유漢儒처럼 훈고訓詁를 고집하는 경우로 풀이했다. 아무 생각 없이 암기식으로 공부하는 것을 지칭한 것이다. '망罔'을 두고 포함은 미망에 빠져 터득하지 못하는 것, 양보쥔은 속임을 당하는 것으로 풀이했다. '사이불학思而不學'을 두고 다산은 송유宋儒처럼 선인들의 문헌을 고찰하지 않고 자신의 생각만을 경솔히 믿는 것으로 풀이했다. 스승을 두고 가르침을 받을 생각도 하지 않은 채 자만하는 것을 지칭한 것이다. '태殆'를 두고 포함은 불안하여 위험한 것, 양보쥔은 신빙성이 없는 것으로 해석했다.

기무라 에이이치는 제15장~제18장의 4개 장 모두 군자의 배움에 관한 얘기로 보았다. 공문이 내세운 군자의 구체적인 모습이 덕성을 갖춘 인물이 아니라 '지'와 '덕'을 겸비한 인물임을 보여주는 대목이다. 정이천은 이와 관련해 '박학博學'과 '심문審問', '신사愼思', '명변明辨', '독행篤行'의 5가지 과정 가운데 하나만 폐지해도 학문이 아니라고 주장했다. 공자는 이 장에서 군자의 학문은 단순히 책을 읽는 데 그쳐서는 안 되고 깊이 사유하고 경험해 사물의 이치를 체득하는 경지로까지 나아가야 한다고 말한 것이다. 정이천처럼 5가지 과정이 점층적으로 진행되는 상황을 언급한 것으로 해석할 수도 있다. 그러나 공문에서 이들 5가지 과정을 예로 든 적은 없다.

교육과 연구를 관통하는 만고의 진리, '학이불사學而不思'와 '사이불학思而不學'

일본의 동양사학자인 미야자키 이치사다는 '학이불사'와 '사이불학'을 교육 및 연구 활동의 키워드로 새겼다. 교육은 전 인류가 진화해온 현재의 수준까지 후생後生이 도달하도록 도와주는 데 의의가 있다는 게 논거이다. 그는 다음과 같은 일화를 들었다.

"일본의 어느 마을에 수학을 매우 좋아하는 청년이 있었다. 청년은 초등학교를 졸업한 뒤 농업에 종사하면서 수학을 공부한 지 10년 만에 수학 상의 큰 발명을 했다고 읍내 중학교 선생에게 고했다. 그러나 그게 겨우 2차방정식이었다. 중학교에서 1시간이면 배우는 것을 10년에 걸친 각고의 노력 끝에 발견한 셈이다. 혼자 힘으로 발명하는 데 쏟은 노력을 농업 등의 연구에 투자했으면 실로 유익한 연구가 나왔을 것이다."

미야자키 이치사다가 '학이불사'와 '사이불학'을 교육과 연구 활동을 관통하는 '만고萬古의 진리'라고 역설한 배경이 절로 끄덕여지는 일화이다.

제16장

> 子曰, "攻乎異端, 斯害也已."
>
> 공자가 말했다. "위험한 이론(이단異端)에 관해 집중적으로 탐색하면(전공專攻) 해가 될 뿐이다."

'공호攻乎'의 '공攻'을 두고 초순焦循은 '전치專治', 남송 초기의 손혁孫奕은 '전공專攻' 즉 비판으로 해석했다. '전치'와 '전공' 모두 한곳을 집중적으로 탐색한다는 뜻이다. '이단異端'에 대해 황간은 '잡서雜書', 형병은 '제자백가서', 주희는 '양주楊朱와 묵적墨翟의 무리'로 해석했다. 오규 소라이는 공자가 활약할 때 어찌 제자백가 등이 있을 수 있냐고 반문하면서 문맥상 좋은 도리인 '선도善道'와 짝을 이루는 위험한 이론인 '위도危道'를 지칭한 것으로 보았다.

그러나 공자의 시대에는 제자백가가 출현하지 않았다. 이를 유가사상이 유일한 통치이념으로 확정된 후대의 기준으로 해석해서는 안 된다. 또한 공자는 이단을 전공하는 것을 두고 다만 해로울 뿐이라고 지적했을 뿐이다. 이는 가볍게 금지하는 것이지 엄금해야 한다는 취지가 아닌 것이다. 『공자가어孔子家語』 「변정辨政」에도 '이단'이라는 용어가 나온다. 여기에 사용된 용례를 보면 대략 '다른 단서' 정도의 뜻으로 쓰여졌다. 공자 당시의 '이단'이 후대의 '이단'과 다른 의미로 사용됐음을 뒷받침하고 있다.

육상산陸象山은 공자 시대에 불교가 아직 중국에 들어오지 않았으니 여기의 '이단'은 양주와 묵자와, 노자와 부처 등의 양묵노불楊墨老佛을 지칭한 게 아니라고 반박하면서 '단端'을 '단서端緖'로 풀이했다. 다산도 육상산 등의 설을 좇아 경전에 나오는 선왕의 가르침의 단서를 잇지 않는 여러 기술인 '중기衆技'로 풀이했다. 다산의 해석이 공문의 기본 취지에 가깝다.

제 1 7 장

子曰, "由, 誨女知之乎. 知之爲知之, 不知爲不知, 是知也."

공자가 자로에게 말했다. "유由야, 너에게 안다는 게 무엇인지 가르쳐 줄까? 아는 것을 안다고 말하고, 모르는 것을 모른다고 말하는 것(지지위지지 知之爲知之, 부지위부지不知爲不知)이 바로 제대로 아는 것이다."

'회녀誨女'의 '회誨'는 일깨워주는 것을 말한다. 여기의 '녀女'는 2인칭 대명사인 '여汝'의 가차이다. 자로는 공문의 '직계제자' 가운데 가장 의용義勇이 뛰어난 인물이었다. 주희는 자로가 알지 못하는 것을 억지로 안다고 여긴 일이 있어 공자가 이같이 말한 것으로 짐작했다. 대략 타당한 추론으로 보인다.

제18장

子張學干祿. 子曰, "多聞闕疑, 愼言其餘則寡尤. 多見闕殆. 愼行
其餘則寡悔. 言寡尤, 行寡悔, 祿在其中矣."

자장이 녹을 구하는 간록干祿의 방법을 배우려고 하자 공자가 말했다. "많
이 들으면서 의심나는 부분을 잠시 유보하는(다문궐의多聞闕疑) 자세로 정
무에 임하면서 그 나머지를 삼가서 말하면(신언기여愼言其餘) 허물이 적다.
많이 보면서 실행하기 어려운 부분을 유보하는(다견궐태多見闕殆) 자세로
정무에 임하면서 그 나머지를 삼가서 실행하면(신행기여愼行其餘) 후회하는
일이 적다. 말에 허물이 적고, 실행에 후회하는 일이 적으면 봉록이 그 안에
있을 것이다."

'간록干祿'의 '간干'을 정현은 구할 '구求'의 뜻으로 풀이했다. 주희는 '다견궐태多
見闕殆'의 '태殆'를 불안한 것인 '소미안所未安', 크릴Creel은 '추측만 할 수 있을 따름
인 것'으로 풀이했다. 그러나 '문의聞疑'와 '견태見殆'가 대구對句로 사용된 점에 비
춰 '태'는 '본 것 가운데 실행하기 어려운 부분'으로 해석하는 게 합리적이다.

哀公問曰, "何爲則民服." 孔子對曰, "擧直錯諸枉則民服, 擧枉
錯諸直則民不服."

노애공魯哀公이 공자에게 물었다. "어찌해야 백성이 복종하게 되오?"
공자가 대답했다. "정직한 사람을 발탁해 굽은 사람 위에 두면(거직조왕擧直
錯枉) 백성이 복종하고, 굽은 사람을 발탁해 정직한 사람 위에 두면(거왕조
직擧枉錯直) 백성이 복종하지 않습니다."

여기의 '조錯'는 '조措'의 의미로 사용된 것이다. 정현본에는 '조措'로 나와 있다.
다산도 그같이 해석했다. 포함과 주희는 내버려 둔다는 뜻의 '폐치廢置'로 풀이했
다. 제19장~제21장의 3개 장은 모두 정치에 관한 문답으로 되어 있다. 「위정」은
모두 '자왈'로 되어 있으나 제19장만 유독 '공자대왈孔子對曰'로 되어 있다. '대왈對
曰'은 윗사람에 대한 존경의 뜻으로 사용된 것이다. 『논어』에 나오는 '대왈'은 모두
군주의 질문에 대한 대답으로 사용되었다. 『논어』의 용례로 볼 때 공문 내에서의
전송傳誦은 모두 '자왈'로 되어 있다. 그러나 군주와의 회견 및 기타 공자의 언행과
관련한 공문 밖의 전송은 모두 '공자왈'로 표현되어 있다. 기무라 에이이치는 군주
와의 회견에 대한 공문 밖의 전송이 『논어』에 채택된 결과로 분석했다.

季康子問, "使民敬忠以勸, 如之何." 子曰, "臨之以莊則敬, 孝慈則忠, 擧善而教不能則勸."

계강자季康子, 즉 계손비季孫肥가 공자에게 물었다. "백성들로 하여금 공경하고 충성하며 서로 격려하도록(경충이권敬忠以勸) 만들려면 어찌해야 합니까?" 공자가 대답했다. "정사를 펼치면서 백성을 대할 때 장중한 태도로 임하는(임정이장臨政以莊) 모습을 보이면 공경하게 되고, 효도하고 자애로운孝慈 모습을 보이면 충성하게 되고, 능력이 부족한 사람을 가르칠 때 선한 사람을 발탁해 가르치도록 하는(거선이교擧善而教) 모습을 보이면 서로 격려할 것입니다."

'경충이권敬忠以勸'의 '권勸'을 두고 형병은 권면勸勉, 다산은 백성이 스스로 덕예德藝로 나아가는 것으로 풀이했다. '임지이장臨之以莊'의 '장莊'을 두고 주희는 용모가 단정하고 엄숙하다는 뜻의 '용모단엄容貌端嚴'으로 풀이했다. '단엄'은 자칫 전혀 웃음도 짓지 않는 지나친 도학자의 풍모로 오해될 소지가 있다. '장중莊重'으로 풀이하는 게 합리적이다.

제 2 1 장

或謂孔子曰, "子奚不爲政." 子曰, "書云, '孝乎惟孝, 友于兄弟, 施於有政'. 是亦爲政. 奚其爲爲政."

혹자가 공자에게 물었다. "선생은 어찌해서 정치에 참여하지 않는(해불위정奚不爲政) 모습을 보이는 것입니까?"

공자가 대답했다. "『서경』「주서周書·군진君陳」에서 이르기를, '효도하라, 오직 효도하라! 형제간에 우애가 있어야 정사도 잘 베풀 수 있다!'고 했소 이 또한 '위정'이오 어찌 벼슬하는 것만이 '위정'일 수 있겠소?"

여기에 인용된 『서』의 내용은 『금문상서今文尙書』에는 없고 『고문상서古文尙書』에만 나온다. 이 장은 전반에 '공자왈'로 표현하고 뒷부분만 '자왈'로 표현했다. 기무라 에이이치는 『논어』를 편제할 때 동일한 내용으로 이뤄진 공문 밖의 전송과 공문 내의 전송을 종합해 하나의 장으로 만든 결과로 분석했다.

제 2 2 장

子曰, "人而無信, 不知其可也. 大車無輗, 小車無軏, 其何以行之哉."

공자가 말했다. "사람으로서 믿음이 없으면 그게 괜찮을지 모르겠다. 큰 수레에 멍에의 큰 비녀 장치가 없거나(대거무예大車無輗) 작은 수레에 멍에의 작은 비녀 장치가 없는(소거무월小車無軏) 경우에 과연 무엇을 가지고 앞으로 나아갈 수 있겠는가?"

포함은 '대거大車'를 '우거牛車', '소거小車'를 '사마駟馬'로 보았다. 주희는 '대거'를 평지에서 짐을 싣는 수레, '소거'를 전거田車 · 병거兵車 · 승거乘車의 총칭으로 보았다. 공안국은, "사람으로서 믿음이 없으면 그 나머지는 끝내 옳은 게 없음을 말한 것이다."라고 했다. 이에 대해 주희는, "수레에 예輗와 월軏이 없으면 앞으로 갈 수 없다. 사람으로서 믿음이 없는 것도 이와 같다."라고 했다.

본래 '신信'은 사회관계에서 인간을 묶는 것으로 '신'이 없으면 사회가 성립할 수 없고 정치도 행해질 수 없다. 『논어』에는 '신'을 '예禮'와 '의義', '공恭' 등과 나란히 언급한 내용이 제법 많이 나온다. 공자는 이 장에서 '신'을 인정仁政을 천하에 펴는 데 없어서는 안 될 중요한 요건 가운데 하나로 거론하고 있다.

제 23 장

子張問, "十世可知也." 子曰, "殷因於夏禮, 所損益可知也. 周因
於殷禮, 所損益可知也. 其或繼周者, 雖百世可知也."

자장이 물었다. "10세 이후의 일을 알게 될(십세가지十世可知) 수 있습니까?"
공자가 대답했다. "은나라는 하나라의 예제를 이어받았다. 덕분에 예제의
빼고 더한 부분(소손익所損益)을 가히 알 수 있게(소손익가지所損益可知) 된다.
주나라도 은나라의 예제를 이어받았다. 하은주 삼대에 걸쳐 차례로 예제
를 이어받은(삼대상인三代相因) 덕분에 시대별로 예제의 빼고 더한 부분을
알 수 있게 된다. 혹 주나라를 계승하는 자가 있다면 비록 100세世 이후의
일일지라도 알 수 있게(백세가지百世可知) 된다."

'10세十世'를 두고 주희는 왕조가 바뀌어 천명을 받는 것이 1세世라고 했다. 곧
10개의 왕조로 해석한 셈이다. '손익損益'을 두고 마융은 "하·은·주 3대가 앞선
왕조로부터 이어받은 것은 삼강오륜三綱五倫을 말한 것이고, '손익'은 문질삼통文
質三統을 말한 것이다."라고 풀이했다.

주희는 마융의 해석을 좇으면서 이같이 설명했다. "마융이 말한 '문질삼통'의
'문질'은 곧 하나라가 충忠을 숭상하고, 은나라가 질質을 숭상하고, 주나라가 문文
을 숭상한 것을 말한다. '삼통'은 하나라가 인월寅月 즉 음력 1월을 정월로 삼아 인

통人統을 세우고, 은나라가 축월丑月 즉 음력 11월을 정월로 삼아 지통地統을 세우고, 주나라가 자월子月 즉 음력 12월을 정월로 삼아 천통天統을 세운 것을 말한다. '삼강오상三綱五常'은 예禮의 대체大體이다. 이는 하·은·주 3대가 서로 이어가며 받은 것으로 변할 수가 없는 것이다. 그 '손익'은 문장제도文章制度에 약간의 착오가 있고 서로 미치지 못하는 정도의 차이에 불과하고 그 흔적 또한 이미 뚜렷이 나타나 있다. 지금도 능히 그 손익을 찾아볼 수 있는 것이다.”

　주희는 이어 '삼강오륜'의 '삼강三綱'은 곧 군주는 신하의 벼리가 되는 '군위신강君爲臣綱'과 '부위자강父爲子綱', '부위처강夫爲妻綱'을 말하고 '오륜'은 곧 '오상五常'으로 곧 인·의·예·지·신을 말한 것이라고 덧붙였다. 주희는 '삼강오륜'은 불변의 것이고, '문질삼통'을 가변의 것으로 본 셈이다. 마융에 의해 제기되어 주희에 의해 해석이 가해진 이런 해석을 흔히 '충질문이상지설忠質文異常之說'이라고 한다. '충질문이상지설'은 원래 사변적인 재이설災異說을 신봉한 한무제 때의 동중서董仲舒가 『춘추번로春秋繁露』에서 처음으로 제기한 것이다.

　원래 한유漢儒들은 3대가 교대로 '문'과 '질'을 숭상한 점에 주목해 '문질체변설文質遞變說'을 주장했다. 주희의 『사서집주』에 따르면 '문질체변설'은 진시황 때 활약한 복생伏生이 지은 것으로 알려진 『서대전書大典』에서 비롯됐다고 한다. 전한 때에 나온 『백호통白虎通』은 '문질체변설'을 이같이 풀이해놓았다. “새로 서는 왕자王者가 각각 '질'과 '문'을 숭상했다는 '문질체변설'인 '일질일문一質一文'은 무엇을 말하는 것인가? 천지를 계승하고 음양의 이치를 좇았기 때문이다. 양기가 극에 달하면 음기가 발동하고, 음기가 극에 달하면 양기가 발동하는 이치와 같다.” 『백호통』은 '문질체변설'을 음양오행의 순환 원리에 따라 왕조의 교체를 설명하는 '오행종시설五行終始說'에 입각해 풀이해놓은 셈이다.

　　그러나 한유의 '문질교체설'은 『예기』 「표기」에 나오는 다음 구절을 오독誤讀한데 따른 것이다. "공자가 말하기를, '우虞 즉 순임금과 하夏 즉 하나라의 걸 및 은殷·주周의 문은 지극하다. 우·하의 문은 그 질을 이기지 않았고, 은·주의 질은 그 문을 이기지 않았다'고 했다." 한유들은 『예기』 「표기表記」에 나오는 우·하의 '문불승질文不勝質'과 은·주의 '질불승문質不勝文' 구절을 바로 이 장에 나오는 '질승문質勝文'과 '문승질文勝質'과 동일한 뜻으로 해석한 것이다. 그러나 사실 그 뜻에는 커다란 차이가 있다. '문불승질'과 '질불승문'에 나오는 '불승不勝'은 '승勝'과 달리 '문'과 '질'의 어느 한쪽이 이기고 지는 것을 뜻하는 게 아니라 양쪽이 서로 상대가 되는 것으로 그치는 것을 의미한다. 공자는 기본적으로 『예기』 「표기」에서 우·하의 시대는 상대적으로 '질'이 두터웠고, 은·주의 시대는 '문'이 성했으나 우·하·은·주 모두 '문'과 '질'의 상호 보완을 통해 뛰어난 시대를 열게 됐음을 말하고자 했던 것이다. 그럼에도 불구하고 한유들은 '문'과 '질'을 엄격히 구분해 '불승'을 '승'과 동일한 의미로 풀이한 것이다.

　　마융과 동중서, 주희로 이어진 '충질문이상설'과 한유들이 추종한 '문질체변설' 모두 사변적인 음양론에 입각한 것임은 말할 것도 없다.

문文과 질質, 이분법적 사고에 대한 다산의 지적

　　다산은 『논어고금주』에서 다음과 같이 그 문제점을 지적했다.

"이미 '문'이 있다고 하면 본래 '질'이 있었음을 알 수 있다. 주나라에 이미 '문'이 있다고 하면 '질'이 있다는 것 또한 징험이 되는 것이다. 은나라도 또한 마찬가지이다. 다만 은나라는 그 문채가 다 아름답지는 못했던 까닭에 공자는 매번 주나라의 '문'을 취한 것이지 은나라 사람은 '문'을 숭상하지 않았다고 말한 게 아니다."

다산의 뛰어난 식견이 선명히 드러난 대목이다. 주희를 비롯한 송유들의 공통된 폐단은 매사를 이분법적으로 나눠본 데 있다. '이理·기氣'와 '천리天理·인욕人欲', '문文·질質'의 구분이 그렇다. 성리학자들이 공학을 공허한 수신론으로 변질시킨 것도 바로 이런 이분법적 접근과 무관하지 않다. 다산은 성리학자들의 이런 공통된 폐단을 통렬하게 찌른 셈이다. 다산이 '삼강오륜'은 인륜인 까닭에 3대가 이어받은 예제가 될 수 없고, '문질삼통'은 바뀐 것만 있을 뿐 좇는 게 없으니 손익의 대상이 될 수 없다고 반박한 것 또한 주목할 만하다.

다산은 '오상'을 두고도 주희와 달리 인·의·예·지·신을 말한 게 아니라 '오전五典'을 지칭한다고 주장했다. '오전'은 부의父義·모자母慈·형우兄友·제공弟恭·자효子孝를 말한다. 다산의 주장대로 공자가 활약할 당시에는 인·의·예·지·신의 '오상'이 존재하지 않았다. 다산의 주장이 공문의 고의古義에 부합한다.

그러나 다산이 『논어』 「팔일」에 나오는 공자의 '종주從周' 발언에 지나치게 주목한 나머지 주나라를 잇는 나라는 비록 백세가 지날지라도 주례周禮를 바꾸지 않을 것이라고 주장한 것은 지나쳤다. 공자는 비록 백세가 지날지라도 그 '손익'을 알 수 있을 것이라고 말했을 뿐이지 주례가 백세가 지날지라도 바뀌지 않을 것이라고 언급한 적이 없다. 이는 다산의 억측이라 할 수 있다.

제 2 4 장

> 子曰, "非其鬼而祭之, 諂也. 見義不爲, 無勇也."
>
> 공자가 말했다. "제사 지낼 귀신이 아닌데도 제사 지낸다면(비귀이제非鬼而祭) 아첨阿諂이고, 의를 보고도 이를 행하지 않는다면(견의불위見義不爲) 용기가 없는 것(무용無勇)이다."

'비귀이제非鬼而祭'의 '귀鬼'를 두고 다산은 천신天神과 지기地祇 및 인귀人鬼를 통칭한 개념으로 파악했다.

앞 장인 제23장에서 '예'가 국가제도의 하나임을 밝힌 데 이어, 이 장에서는 예의 일환인 '제祭'를 언급하고 있다. 일부 학자는 뒤이어 나오는 「팔일」이 예악을 설명하고 있는 것과 관련해, 제23장~제24장의 2개 장은 「팔일」에 삽입되어야 하는데 「위정」에 잘못 삽입된 착간錯簡으로 보고 있다. 주희도 이를 지적한 바 있다.

사실 제23장~제24장의 2개 장은 내용상 「팔일」과 동일하다고 보아야 한다. 일부 학자는 「위정」의 편집 과정에서 「팔일」의 편집자가 빠뜨린 2개 장을 「위정」의 편집자가 발견해 부록의 형식으로 수록한 것으로 보기도 하나 이 견해는 억측의 성격이 짙다.

「팔일」이 「위정」의 뒤에 놓이게 됨에 따라 이를 자연스럽게 연결시키기 위한 교량 역할로 제23장~제24장을 「위정」의 맨 끝에 삽입시켰다는 견해가 설득력이 있다. 『논어』의 편집자들도 각 편장을 편제할 때 체계적으로 편제하기 위해 노력했다고 보아야 한다. 이 견해를 좇을 경우 「위정」의 맨 마지막에 나오는 제23장~제24장의 2개 장은 일종의 부록인 셈이다.

다산 정약용의 초상

제 3 편

팔일八佾

-

Intro

팔일八佾

공자학당에서 전해지는 예악에 관한 글(전문(傳聞))

「팔일」은 모두 26개 장으로 구성되어 있다. 모두 예악을 논한 것이다. 이런 의미에서 「팔일」은 『논어』 20편 가운데 비교적 특색이 분명히 드러난 편이라고 할 수 있다.

이 편에는 임방林放과 염유冉有, 자하子夏, 자공子貢, 재아宰我 등의 '직계제자' 이외에도 계씨季氏와 삼환三桓, 노정공魯定公, 노애공魯哀公 등이 등장하고 있다. 모두 노나라 사람들이다. 이에 비춰보면 이 편은 대략 「위정」과 마찬가지로 노나라의 공문 후학들이 공문 내에 전송된 예악을 둘러싼 사제 간의 언행에 관한 '직계제자' 이래의 전송을 모아 편제한 것으로 보인다.

다만 「위정」은 공문에서 가르친 '위정학'에 관한 것을 모으고, 「팔일」은 예악에 관한 사제 간의 언행을 모은 점에서 차이가 있다.

「팔일」의 총 26개 장 중에서 제1장 및 제19장을 제외한 나머지 24개 장은 모두 공자의 이름을 '자'라고 부르고 있다. 「팔일」의 26개 장 가운데 '공자'로 칭한 장이 2개 장이 있는 것은 「팔일」의 성립이 한 사람에 의해 일시에 완성된 게 아니라 적어도 3회에 걸쳐 편집된 것임을 시사한다. 제1차 편집 때 제1장~제19장까지의 편이 이루어졌고, 이후 제20장~제22장과, 제23장~제26장까지의 편집이 제2~3차 편집에 의해 완성된 것이다. 제2~3차 편집은 일종의 보유補遺의 성격을 띤 편집으로 보인다. 이 편의 편집은 「위정」과 마찬가지로 '직계제자'들로부터 멀지 않은 시대부터 편집이 시작되어 약간의 시차를 두고 완성된 것으로 보인다. 제1차 편집이 이뤄질 때 편제된 제1장~제19장은 내용상 공문 후학 내에만 전송된 게 아니라 세간에도 널리 알려진 전송을 채택한 것으로 짐작된다.

孔子謂季氏, "八佾舞於庭. 是可忍也, 孰不可忍也."

공자가 계환자季桓子를 평해 이같이 말했다. "계씨는 자기 집 뜰에서 천자만이 행하는 춤을 추도록 하는(팔일무어정八佾舞於庭) 참람한 짓을 했다. 감히 하지 못할 일을 했으니 장차 누구인들 이런 참람한 짓을 하지 못할 리 있겠는가?"

　'팔일八佾'은 춤추는 행렬을 지칭한다. 천자는 8일의 64명, 제후는 6일의 36명, 대부는 4일의 16명, 제후는 2일의 4명으로 편성된다. '계씨季氏'를 두고 포함은 노나라 집정대부인 계환자季桓子, 즉 계손사季孫斯로 보았다. 주나라 초기에 주성왕周成王은 주공周公 단丹의 공업을 높이 평가해 특별히 그의 아들 백금伯禽의 봉국인 노나라에 한해 천자의 음악을 사용할 수 있도록 허용한 바 있다. 제후국의 대부인 계환자는 노나라의 제후가 아닌데도 자기 집 뜰에서 '팔일무'를 추게 하는 참람한 짓을 했다. 공자가 이를 비난한 것이다. 이 장에서 공자를 '자'가 아닌 '공자'로 칭하고 있다. 이는 공문 내의 전송만이 아니었음을 시사한다. 『춘추좌전』「노소공 25년」조에 유사한 내용이 실려 있다. 이는 당시 공자가 이 사건에 관해 매우 분개했던 사실이 세간에 널리 알려져 있었음을 보여준다. 당시 세간에서는 제자들이 '공자'를 두고 '자'로 칭한 것과 달리 통상 '공자'로 불렀다. 기무라 에이이치는 공문의 후학이 사제 간의 예악에 관한 전송을 편집하는 과정에서 세인들이 주지하고 있는 사실을 맨 앞 장에 배치한 것으로 분석했다.

제 2 장

三家者以雍徹. 子曰, "'相維辟公, 天子穆穆', 奚取於三家之堂."

삼환三桓이 『시경』「주송周頌·옹雍」의 가사를 노래 부르며 제사를 끝냈다(철상撤床). 공자가 이같이 비판했다. "천자가 철상할 때 사용하는 「주송·옹」의 '제사를 돕는 이는 제후들이니 천자의 위의威儀가 성대한(천자목목天子穆穆) 모습이다!'라는 노래를 어찌 삼환의 대청마루에서 부를 수 있단 말인가?"

'상유벽공相維辟公, 천자목목天子穆穆'은 『시경』「주송周頌·옹雍」의 가사이다. '상相'은 집례를 돕는다는 뜻의 '상례相禮', '벽공辟公'은 제후를 뜻한다. 춘추시대 말기에 들어와 노나라는 삼환 세력이 공실에서 사용하는 천자의 음악을 참람하게 사용하는 지경에 이르게 됐다. 이를 두고 정이천은 이같이 질타했다. "주공의 공이 실로 크지만 모두 신하의 직분상 마땅히 해야 할 바이니 노나라만이 어찌 홀로 천자의 예악을 쓸 수 있는가? 주성왕이 천자의 예악을 내려준 것과 백금이 이를 받은 것 모두 잘못이다. 그 인습因襲의 폐단이 마침내 계씨로 하여금 '팔일무'를 참람히 쓰고, 삼환으로 하여금 '옹장'을 노래하면서 제기祭器를 거두게 만든 것이다."

제3장

子曰, "人而不仁, 如禮何. 人而不仁, 如樂何."

공자가 말했다. "사람으로서 어질지 않으면(인이불인人而不仁) 예禮는 배워 어디에 쓰고, 사람으로서 어질지 않으면(인이불인人而不仁) 악樂은 배워 어디에 쓰겠는가?"

이 장에서 공자는 '인간다운 인간이라면 예악을 정상적으로 행해야 한다.'라고 강조하고 있다. 이는 계강자를 비롯한 삼환이 예악을 제대로 행하지 않아 인간으로서 실격이라고 말한 것이나 다름없다. 삼환에 대한 통렬한 비판을 담고 있는 것이다.

원래 「팔일」 전체는 상호 밀접하게 관련된 장군章群이 보이지 않으나 자세히 살피면 다소 배려한 흔적이 나타난다. 제1장~제3장이 그것이다. 제1장~제3장 모두 계씨를 비롯한 삼환의 분수에 지나친 행동을 질타하는 내용으로 이루어져 있다. 이는 유사한 내용을 한데 모아놓은 것으로 보아야 한다.

제 4 장

> 林放問禮之本. 子曰, "大哉, 問. 禮, 與其奢也, 寧儉. 喪, 與其
> 易也, 寧戚."
>
> 노나라 사람 임방林放이 예의 근본을 묻자 공자가 대답했다. "중요한 질문
> 이다! 예禮는 사치하기보다는 차라리 검소한 게 낫고(예사영검禮奢寧儉), 상
> 사喪事는 잘 치르기보다는 차라리 애통해하는 게 낫다고(상이영척喪易寧戚)
> 할 수 있다."

'임방林放'은 공자의 제자로 전해지고 있으나 노나라 사람이라는 사실 이외에
아무것도 제대로 전해지지 않고 있다. '여기이야與其易也'의 '이易'는 '치治'의 뜻이
다. 공자는 이 장에서 '이'를 예의 근본정신에 어긋나는 것으로 지적하면서 예의
근본은 형식보다 정신에 있다고 강조했다.

주희는 '사奢'와 '이易'를 '문文', '검儉'과 '척戚'을 '질質'로 간주해 사물의 이치는 '질'
이 먼저 있은 뒤에 '문'이 뒤따르는 까닭에 '질'이 '예'의 근본이라고 풀이했다.

제 5 장

> 子曰, "夷狄之有君, 不如諸夏之亡也."
>
> 공자가 말했다. "이적夷狄의 나라일지라도 군권君權만 제대로 확립되어 있으면 중원의 나라일지라도 군권이 무너진 상황(제하지무諸夏之亡)과 차별된다."

'제하諸夏'는 중원의 여러 제후국을 통칭한 말이다. '무亡'는 통상 '망'으로 읽으나 여기서는 '무無'의 가차로 사용된 것이다. 이 장의 해석과 관련해 예로부터 많은 이설이 존재해왔다. 고주古注는 "이적의 나라에는 군신의 분의分義가 있으나 야만인 까닭에 내용이 없어서 예라고 말할 수 없다. 현재 중국은 군신의 분의가 어지럽기는 하나 문화적 질서의 정신이 아직 살아남아 있어 이를 이적과 비교할 바가 아니다. 이것이야말로 예의 근본정신으로 큰일이라고 할 수 있다."라고 풀이했다.

그러나 적잖은 사람들이 이를 두고 "이적에게 군주가 있는 것은 중국에 군주가 없는 것만도 못하다."로 풀이해놓았다. 이런 해석은 문법상 무리는 없으나 내용상 뜻이 잘 통하지 않는다. 아무리 이적이라 할지라도 무군無君 상태의 중원보다 못하다는 것은 사리에 맞지 않기 때문이다.

만일 이같이 해석할 경우 공자는 '무군' 상태를 용인한 셈이 된다. 그러나 이는 역사적 사실과 다르다. 공자가 이 말을 하게 된 것은 노소공魯昭公이 삼환을 격파하려다가 실패해 제나라로 망명하면서 노나라 군주의 자리가 사실상 14년 동안 비게 된 것을 통탄한 데서 나온 것이다. 당시 공자는 노소공이 망명한 지 얼마 안 되어 제나라로 망명에 가까운 유학을 떠났다. 그런 그가 노나라의 '무군' 상태를 용인했을 리가 없다. 오히려 정반대로 보는 게 타당하다.

그럼에도 불구하고 오랫동안 유가 후학들은 이를 멋대로 해석해 왔던 것이다. 정이천도 이를 두고 "이적에게 군주가 확고히 자리 잡고 있는 상황은 중국 내 열 국의 군주권이 유명무실한 상황과 비교된다."는 식으로 애매하게 풀이해놓았다. 그의 사상적 후계자인 주희 역시 "야만적인 이적의 나라에도 군신지분이 있다. 하물며 문명국인 중국의 국가사회에 질서가 없는 것은 무엇보다 안타까운 일이 다."라고 풀이해놓았다. 애매하기는 마찬가지다.

이보다 약간 나은 경우로는 하안何晏의 『논어집해論語集解』와 황간皇侃의 『논어 의소論語義疏』, 송대 형병刑昺의 『논어정의論語定義』 등을 들 수 있다. 이들은 대략 "이적에게 군주가 있는 것과 제하諸夏에 군주가 없는 것은 양상이 다르다."라는 식으로 풀이해놓았다. 이 역시 애매하다.

최초로「팔일」제5장 해석을 명확히 해낸 다산

「팔일」제5장에 대해 최초로 명확한 해석을 내린 사람은 다산이다. 그는 『논 어고금주論語古今註』에서 "이적일지라도 군주가 있으면 군주가 없는 중원의 국가 보다 낫다."로 풀이했다. '불여不如'를 '~과 다르다'의 뜻으로 풀이한 것이다. 다산 은 '군이 없다'는 것은 노소공의 제나라 망명 이래 7년간에 걸친 노나라의 대공위 시대大空位時代를 지칭한다고 풀이했다. 일본의 가이즈카 시게키貝塚茂樹도 이와 유사하게 풀이하면서 자신의 신설新說이라고 자랑했다. 그러나 가이즈카 시게키 의 주석은 다산보다 150여 년이나 늦은 것이다.

季氏旅於泰山. 子謂冉有曰, "女弗能救與." 對曰, "不能." 子曰,
"嗚呼, 曾謂泰山不如林放乎."

계씨가 태산泰山에서 임시로 지내는 큰 제사인 여제旅祭를 지냈다(여어태산
旅於泰山). 공자가 계씨의 가신으로 있는 염유冉有, 즉 염구冉求에게 말했다.
"너는 왜 말리지 못했느냐?"
염유가 대답했다. "할 수 없습니다."
공자가 탄식했다. "아, 태산의 신이 일찍이 예의 근본을 물은 임방林放만도
못한 적이 있단 말인가!"

'증위태산불여임방호曾謂泰山不如林放乎'의 '증曾'을 주희는 '일찍이', 쉬스잉許世
瑛은 『논어20편구법연구論語二十篇句法硏究』에서 '설마'의 뜻으로 풀이했다. 문맥
상 모두 통한다.

이 장 역시 공자가 계강자의 분수에 지나친 행동을 통렬히 비판한 것이다. 제후
는 봉국 안의 산천인 봉내封內에 제사지내야 한다. 계강자가 태산에 제사를 지내
는 '여제'를 행한 것은 비록 임시적인 제사일지라도 참람한 짓이다. 기무라 에이이
치는 제4장~제6장의 3개 장이 내용상 서로 통하는 것으로 예의 근본정신을 말하
고 있다고 분석했다.

118   교양인의 논어 - 인류의 스승 공자의 모든 것

제 7 장

子曰, "君子無所爭, 必也射乎. 揖讓而升, 下而飮, 其爭也君子."

공자가 말했다. "군자는 다툴 일이 없는(군자무소쟁君子無所爭) 모습을 보인다. 그러나 만일 그런 일이 생기면 반드시 활쏘기 시합을 하듯이 문제를 해결한다. 서로 짝을 이뤄 읍양揖讓을 하고, 사대射臺로 올라가 시합한 뒤 진 사람에게 벌주를 마시도록 하는 식이다. 그게 군자다운 해결 방식이다."

'읍양揖讓'은 서로 읍하고 사양하는 예절을 말한다. 이 장의 해석과 관련해 일찍이 왕숙王肅은 "당에서 활을 쏨에 올라갈 때나 내려갈 때나 모두 읍양하면서 서로 마신다."라고 해석해놓았다.

황간은 「사의射儀」에 이르기를 예의 처음에는 주인이 손님에게 읍하면서 나아가고 서로 양보하면서 당에 올라가고, 활쏘기가 끝나 승부가 결정 나면 당에서 내려오는데 그때도 읍양하면서 예를 잊지 않는다."라고 해석했다. 형병도 "술을 마실 때 읍양하면서 오르내린다."라고 보아 '읍양이승하이음' 7자를 한 구로 생각해 '하下'를 '강降'으로 보았다.

정이천은 "승자와 패자 모두 당하로 내려와 술을 마신다."로 풀이했다. 주희는 "무릇 '읍양이승'은 세 번 읍하고 난 뒤 당에 오르는 것을 말하고, '하이음'은 활쏘기를 마치고 읍하고 내려와 모든 짝들이 다 내려오기를 기다렸다가 이긴 자가 진자에게 읍하고 올라가 술잔을 취해 서서 마시는 것을 말한다."라고 해석했다.

다산은 사례射禮에서 올라가서 마시는 것은 있어도 내려와서 마시는 것은 없다고 평하면서 '하이음下而飮'의 '하下'를 '불승不勝'으로 해석했다. 이 대목을 "읍양하면서 올라가고, 시합에서 패한 자는 벌주로 술잔을 받아 마신다."라고 풀이한 것은 바로 그 때문이다.

제8장

子夏問曰, "'巧笑倩兮, 美目盼兮', '素以爲絢兮', 何謂也." 子曰, "繪事後素." 曰, "禮後乎." 子曰, "起予者, 商也. 始可與言詩已矣."

자하가 물었다. "『시경』「위풍衛風·석인碩人」에 이르기를, '쌩긋 웃는 예쁜 보조개, 아름다운 눈 맑기도 하지!'라고 하고, 또 『주례周禮』「동관고공기冬官考工記」에 이르기를 '하얀 바탕에 고운 색 입혔네!'라고 했습니다. 이들 구절은 무엇을 말하는 것입니까?"
공자가 대답했다. "그림은 먼저 바탕을 희게 한 뒤 그린다(회사후소繪事後素)는 뜻이다."
자하가 또 물었다. "예가 나중입니까?"
공자가 기뻐했다. "나를 일깨워 주는 사람은 상商이로구나! 비로소 더불어 『시경』을 논할(가여언시可與言詩) 만하다!"

'교소천혜巧笑倩兮, 미목반혜美目盼兮' 구절은 원래『시경』「위풍衛風 · 석인碩人」에서 따온 것이다. 주희는 이것을『시경』에 누락된 시(일시逸詩)라고 했다. '소이위현혜素以爲絢兮' 구절은『주례周禮』「동관고공기冬官考工記」에 나온다. 기본적인 자질이 있은 뒤에야 문식文飾을 가한다는 뜻이다. 기무라 에이이치는 앞 장인 제7장과 함께 예의 본질을 말한 것으로, 고례古禮와 고시古詩 중에서 예의 본질과 관련된 내용을 뽑아 그 개발의 필요성을 언급한 것으로 보았다.

제9장

子曰, "夏禮, 吾能言之, 杞不足徵也. 殷禮, 吾能言之, 宋不足徵也. 文獻不足故也, 足則吾能徵之矣."

공자가 말했다. "하夏나라의 예제를 나는 능히 말할 수 있다. 그러나 하나라의 후예국인 기杞나라는 그 예제를 증명하기에 부족한(기부족징杞不足徵) 상황이다. 은殷나라의 예제를 나는 능히 말할 수 있다. 그러나 은나라의 후예국인 송宋나라의 예제로는 충분히 뒷받침하기 어려운(송부족징宋不足徵) 상황이다. 문헌文獻이 부족하기 때문이다. 만일 문헌이 충분하다면 내가 능히 하나라와 은나라의 예제를 증명해낼 것이다."

이 장은 하례와 은례의 특징을 언급한 것으로 주례의 특징을 언급한 제14장과 조응하고 있다. 주희는 '문헌'의 '문'을 '전적典籍', '헌'을 '현인賢人'으로 풀이했다. 일부 주석가는 공자가 기나라와 송나라를 찾아가 하례와 은례의 흔적을 찾으려 했으나 여의치 못했다고 풀이했다. 이같이 해석할 경우 '헌'을 '현인'으로 풀이하는 게 타당할 것이다.

그러나 공자가 천하유세 가운데 송나라를 잠시 지난 적은 있었으나 은례의 흔적을 찾기 위해 송나라를 찾은 적도 없고 더구나 하례의 흔적을 찾기 위해 기나라를 찾았다는 근거는 전무하다. 기나라는 주나라가 상나라를 멸망시킨 뒤 주왕조의 건국을 합리화하기 위해 허구적인 하나라의 후예를 찾아내 만들어낸 나라였다. 역사상 하나라는 존재한 적이 없고 신석기 후기의 추방사회酋邦社會에 불과했다. 기나라는 공자 사후 20여 년 뒤에 초나라에 의해 멸망할 정도로 피폐했기 때문에 공자가 하례의 흔적을 찾기 위해 기나라를 찾아갔을 공산은 전무했다. 문맥상 '문헌'을 '문적文籍'으로 보는 게 타당하다.

제10장

子曰, "禘自旣灌而往者, 吾不欲觀之矣."

공자가 말했다. "체제禘祭를 지낼 때 이미 관주灌酒를 행한 뒤로는 정성이 깃들어 있지 않았다. 내가 더 이상 보고 싶지 않은(불욕관지不欲觀之) 태도를 취한 이유다."

'체제禘祭'는 천자가 정월에 시조 및 하늘에 올리는 제사를 말한다. 주나라 초기 주성왕은 주공의 봉국인 노나라에 특별히 주문왕에 대한 체제를 허용한 바 있다. '관주灌酒'는 술을 땅에 부어 혼령의 백魄을 부르는 의식 즉 강신주降神酒 의식으로, 여기서는 태조太祖의 신령에게 헌주獻酒하는 것을 가리킨다. 혼魂을 부를 때는 분향焚香을 한다. '왕往'은 후後의 뜻으로 사용된 것이다.

당나라 때의 공영달孔穎達은 노문공魯文公 2년의 체제禘祭를 언급한 것으로 보았다. 『춘추좌전』에 따르면 당시 노나라 18대 군주인 노민공魯閔公의 위패보다 노민공의 서형庶兄인 노나라의 19대 군주인 노희공魯僖孔의 위패를 앞에 놓았다. 기원전 625년의 일을 기록한 『춘추좌전』 「노문공 2년」조의 기록이다. "가을 8월 13일, 노나라가 태묘에서 제사를 지내면서 노희공의 신위를 노민공보다 위로 올렸다. 이는 차서를 거스른 제사인 역사逆祀이다. 당시 대부 하보불기夏父弗忌가 종묘 제사의 집례관인 종백宗伯으로 있었다."

노민공이 재위할 때 노희공은 신하로 있었다. 노희공을 노민공보다 앞세운 것은 종묘제례의 위계를 거스른 것이다. 그럼에도 당시 노문공은 이같이 변명했다. "나는 새 신령인 노희공의 신령이 크고 그 이전의 신령인 노민공의 신령이 작은 것을 보았소. 큰 분을 앞에 모시고 작은 분을 뒤에 모시는 것이 순서順序이고, 성현의 덕을 가진 분을 위로 모시는 것은 명지明智요. 명지와 순서는 예에 맞는 일이오!" 이를 두고 『춘추좌전』은 군자의 입을 빌어 이같이 비판해놓았다. "노나라의 제사는 이로써 예를 잃었다."

후대의 주희는 노나라 군신들이 관주灌酒를 한 뒤 태도가 점차 해이해져 제사에 경건함을 잃은 까닭에 공자가 이를 보고 싶지 않다고 언급한 것으로 분석했다. 이 장은 공자가 노나라 예제의 쇠퇴를 보고 탄식한 결과로 보는 게 합리적이다.

제 1 1 장

或問禘之說. 子曰, "不知也. 知其說者之於天下也. 其如示諸斯乎." 指其掌.

혹자가 체제禘祭의 의미에 관해 묻자 공자가 대답했다. "모르겠소. 그것을 아는 자가 치천하治天下에 임하면 마치 손바닥 위의 물건을 보는 것(시지어 장示之於掌)처럼 쉬울 것이오!" 그러면서 자신의 손바닥을 가리켰다.

'혹문체지설或問禘之說'의 '설說'은 체제에 관한 설명으로 곧 체제의 규정 내지 의미 등을 가리킨다.

'기여시저사호其如示諸斯乎'의 '시示'를 두고 주희는 '시視', 하안과 형병은 '손바닥을 보여주는 것', 포함은 '손바닥 위의 물건'으로 새겼다. '저諸'는 '지어之於'의 준말이다. '사斯'는 손바닥인 '장掌'을 가리킨다. 문맥상 '저사諸斯'는 손바닥 위의 물건으로 새기는 게 합리적이다.

이 장은 앞서 나온 제천祭天 행사인 체제禘祭에 관한 부연이다. 공자는 이 장에서 앞 장처럼 체제의 예제가 무너져 그 의미가 크게 손상된 것을 탄식하고 있다.

祭如在, 祭神如神在. 子曰, "吾不與祭, 如不祭."

조상에게 제사를 지낼 때 마치 조상이 실재하는 듯이 하거나(제조여재祭祖如在), 천지산천의 신령을 제사 지낼 때도 마치 신령이 앞에 있는 듯이 하는(제신여재祭神如在) 모습을 보였다. 이를 보고 공자가 말했다. "내가 제사에 몸소 참여하는 예제與祭를 하지 않았다면 이는 곧 제사를 지내지 않는 것(부제不祭)과 같은 것이다."

'오불예제吾不與祭'의 '예與'는 통상 함께한다는 뜻의 '여'로 읽으나 정사에 참여하거나 제사를 지낸다는 뜻으로 사용될 때는 '예'로 읽는다. '참예參預'와 같은 뜻이다. 모임에 참예해 소식을 듣는다는 뜻의 '예문與聞' 역시 '여문'이 아닌 '예문'으로 읽어야 한다. '예문預聞'과 같은 뜻이다. '예제與祭'를 두고 다산은 제사에서 일정한 직책을 맡아 진행하는 것으로 풀이했다.

이 장은 사람들이 제사를 지낼 때 취해야 할 자세 및 공자가 제사에 관해 갖고 있는 기본 입장을 설명하고 있다. 정이천은 '제祭'를 '선조에 대한 제사', '제신祭神'을 '선조 이외의 신령에 대한 제사'로 간주해 '제'는 '효孝', '제신'은 '경敬'을 위주로 한다고 주장했다. 대략 공자가 말한 취의에 부합한다.

王孫賈問曰, "'與其媚於奧, 寧媚於竈', 何謂也." 子曰, "不然. 獲罪於天, 無所禱也."

위령공衛靈公을 모시던 위나라 대부 왕손가王孫賈가 공자에게 물었다. "속 담에 '안방 신인 오신奧神에게 잘 보이기보다는 차라리 부엌 신인 조신竈神 에게 잘 보이는 게 낫다!'고 했습니다. 이는 무엇을 말한 것입니까?"

공자가 대답했다. "그렇지 않소. 하늘에 죄를 짓는다면(획죄어천獲罪於天) 빌 곳조차 없게 되는(무소도無所禱) 처지에 놓이게 되오."

'오奧'는 주부主婦가 머무는 방의 서남쪽 구석을 가리킨다. 안방 신인 '오신奧神' 은 명목상의 군주인 위령공, 부엌 신인 '조신竈神'은 위나라의 병마를 지휘하며 실 권을 행사한 왕손가를 상징한다. '획죄어천獲罪於天'은 위나라 대부 왕손가王孫賈 에게 아첨해 벼슬하는 것을 의미한다. 왕손가와 제24장의 의봉인儀封人은 모두 공자가 천하유세에 나섰을 때 위나라에서 만난 자들이다.

공자는 이 장에서 제사를 지낼 때 취해야 하는 바람직한 태도를 논하고 있다. 기무라 에이이치는 제10장~제13장의 4개 장은 내용상 상호 밀접하게 연관되어 하나라와 은나라의 예제를 언급한 제9장과 조응하는 것으로 분석했다.

제14장

子曰, "周監於二代, 郁郁乎文哉. 吾從周."

공자가 말했다. "주나라는 하·은 2대를 거울로 삼았다. 문채가 찬란한(욱욱호문郁郁乎文) 모습이여! 그 문화여. 나는 주나라를 따를(오종주吾從周) 것이다."

'감監'을 두고 하안은 '비교해보는 것'으로 풀이했다. 주희는 '시視'로 간주해서, "주나라는 하·은 2대의 예제를 빼고 더해 성대한 예제를 만들어냈다."라고 했다.

제15장

子入大廟, 每事問. 或曰, "孰謂鄹人之子, 知禮乎. 入大廟, 每事問." 子聞之曰, "是禮也."

공자가 주공의 사당인 태묘大廟, 즉 종묘에 들어가며 일일이 물었다.
혹자가 말했다. "누가 추鄹 땅 출신 무인 숙량흘叔梁紇의 아들 공자가 예를 안다고 말했는가? 그는 종묘 안으로 들어가 의식을 돕는 역할을 할 때면 의식 절차를 일일이 묻는(매사문每事問) 모습을 보였다."
공자가 이 말을 듣고 말했다. "이리 하는 것이 바로 예이다."

'태묘大廟'는 노나라의 시조인 주공 단旦의 사당을 말한다. 여기의 '태大'는 '태太'의 뜻으로 사용된 것이다. 공자는 처음 벼슬할 때 '태묘'에 들어가 제사를 도운 듯하다. '추인鄹人'은 공자의 부친 숙량흘叔梁紇을 가리킨다. '추鄹'는 『춘추좌전』에 나오는 지금의 산동성 곡부현 동남쪽의 '추郰' 땅이다. 공자의 부친 숙량흘이 읍재邑宰로 있던 곳이다. 공자가 매사를 묻는 모습을 보고 혹자가 젊어서부터 예를 잘 안다고 소문이 난 공자를 비아냥거리자 공자는 "그것이 바로 예이다."라고 응수했다. 매사를 물어 공경을 다하는 게 바로 예라는 뜻이다.

노나라의 시조인 주공을 모신 사당

제16장

子曰, "射不主皮, 爲力不同科. 古之道也."

공자가 말했다. "활쏘기 의식인 사례射禮는 과녁을 뚫음(관혁貫革)을 위주로 하지 않는 것(사부주피射不主皮)을 중시한다. 이는 활을 쏘는 사람마다 힘의 등급이 같지 않았기 때문이다. 이것이 바로 예로부터의 도이다."

'사부주피射不主皮' 구절은 『의례儀禮』「향사례鄕射禮」에 나온다. 옛날에는 베로 과녁인 후侯를 만들고 여기에 가죽을 덧붙여 표적標的을 만들었다. 이를 '곡鵠'이라고 했다. '정곡正鵠'은 과녁의 정중앙을 의미한다. 이는 곧 표적의 중심에 화살을 명중시키는 '적중的中'을 의미했다. 『주례』「고공기考工記」는 '정곡'을 피후皮侯로 표현했다. 오색의 채색을 한 과녁인 채후采侯와 짐승의 모습을 그린 과녁인 수후獸侯에는 '정곡' 표시가 없다.

'위력부동爲力不同科'를 두고 마융은 "힘쓰고 부역하는 일에도 상중하의 3등급이 있다."라고 풀이했다. 주희는 '과科'를 같을 '등等'으로 보아, "사람마다 힘에 강약이 있기에 향사례에서는 '적중'을 중시할 뿐 과녁을 뚫는 '관혁貫革'을 중시하지 않았다. 이것이 예로부터 내려오는 활쏘기의 기본자세인 사도射道이다."라고 풀이했다.

子貢, 欲去告朔之餼羊. 子曰, “賜也, 爾愛其羊, 我愛其禮.”

자공이 곡삭告朔의 예식에 사용되는 희생양(곡삭희양告朔餼羊)을 아까워해서 이 예식을 빼려고 하자 공자가 자공에게 말했다. “사賜야, 너는 그 양을 아까워하느냐. 나는 오히려 그 예식을 아까워한다.”

'곡삭告朔'은 초하룻날 사당에 고하는 제사를 뜻한다. '희양餼羊'의 해석과 관련해 정현은 “산 희생을 '희餼'라고 한다. 예에 군주가 매월 사당에 곡삭하고 제사를 드리는 것을 '조향朝享'이라고 한다. 노나라는 노문공 때부터 '시삭視朔'하지 않았다. 자공이 그 예가 폐했음을 보고 그 양을 없애고자 한 것이다.”라고 풀이했다. 주희도 대략 이를 좇았다.

「팔일」 제17장의 해석에 따른 다산의 이의 제기

다산은 정현의 해석에 이의를 제기했다. 다산에 따르면 원래 시삭례視朔禮에는 3가지가 있다. 첫째, '곡삭告朔'이다. 이는 천자가 반포한 곡삭을 조부의 신령인 조고祖考에게 고하고 백관에게 반포하는 것이다. 둘째, '조향朝享'이다. 이는 곡삭이 끝난 뒤 소뢰小牢를 올려 부친의 신령인 조녜祖禰에게 제사지내는 것이다. 셋째, '시삭視朔'이다. 이는 조향이 끝나고 국군이 일종의 관冠인 피변皮弁을 쓰고 태묘 안에서 삭사朔事를 듣는 것이다. 이 가운데 곡삭은 폐할 수 있으나 조향과 시삭은 폐할 수 없다. 조향을 폐하면 조고에게 월제月祭를 올릴 수 없고, 시삭을 폐하면 백관이 품명稟命할 길이 없기 때문이다. 만일 정현의 해석과 같이 노나라가 노문 공 때부터 시삭을 하지 않았다면 노애공에 이르기까지 130년 동안 무사할 수 없 다는 게 다산의 지적이다.

다산은 또 '희'와 관련해 이는 희생이 아니라 음식을 손님에게 예로써 대접하는 것을 의미한다고 주장했다. 그는 "옛날에는 곡식인지 고기인지 묻지 않고 모두 익히지 않은 물건을 손님에게 보내는 것을 '희'라고 했다. 오랜 세월이 지나 모든 공급하는 물건을 '희'라고 칭하게 됐다."라고 주장했다. 다산의 주장에 따르면 '희 양'은 곧 '손님을 예로써 대접할 때 쓰는 양'을 의미하게 된다.

결국 다산은 이 장을 "주왕실의 태사大史가 자공의 시대에 이르러 열국에 곡삭 을 반포하지도 않는데 유사有司가 태사를 접대하기 위한 '희양'을 사육하며 꼴을 허비하자 자공이 그 '희양'을 없애고자 했다. 그러나 만일 '희양'을 없애면 왕업의 자취가 영원히 종식되므로 공자가 이를 탄식했던 것이다."라고 해석한 셈이다. 문 의文意에 부합한다.

제 1 8 장

子曰, "事君盡禮, 人以爲諂也."

공자가 말했다. "군주를 섬기면서 예를 다하는 것(사군진례事君盡禮)을 두고 소인배는 오히려 아첨으로 여긴다."

'사군진례事君盡禮'는 군주를 섬기면서 예를 다하는 것을 말한다. 『순자』와 『한비자』가 역설하는 '존군尊君'의 이치도 여기서 나왔다. 군주를 가볍게 여기는 『맹자』의 '경군輕君'과 대비된다. 순자의 학문인 순학을 공자의 학문인 공학의 적통을 이은 것으로 보는 이유다. '인이위첨야人以爲諂也' 구절의 '인人'을 정이천은 '소인小人'으로 보아, "공자가 소인을 구체적으로 적시하지 않았으니 성인의 도가 크고 넓은 것을 이를 통해 확인할 수 있다."라고 풀이했다. 예를 다하는 행보를 두고 아첨 행위로 보는 자는 모두 소인배에 불과하다는 그의 해석을 좇았다.

제15장~제18장의 4개 장은 공자가 전례의 고례古禮가 무너지고 있음을 안타까워하는 내용으로 이루어져 있다. 이들 4개 장은 고례의 본질을 밝히면서 하례와 은례를 토대로 해 만들어진 주례의 뛰어난 점을 밝힌 제14장에 이어지고 있다. 나름대로 하나의 장군章群을 이루고 있는 셈이다.

定公問, "君事臣, 臣事君, 如之何." 孔子對曰, "君使臣以禮, 臣事
君以忠."

노소공魯昭孔이 삼환의 퇴치에 실패해 망명하자 뒤를 이어 보위에 오른 노
소공의 동생 노정공魯定公 송宋이 공자에게 물었다. "군주가 신하를 부리는
것(군사신君事臣)과 신하가 군주를 섬기는 것(신사군臣事君)은 어찌 대처하는
게 좋습니까?"
공자가 대답했다. "군주가 신하를 부리는 것'은 군주가 예로써 신하를 부
리는 것(사신이례使臣以禮)으로, '신하가 군주를 섬기는 것'은 신하가 충심으
로 군주를 섬기는 것(사군이충事君以忠)으로 대처하면 됩니다."

'군사신君事臣'과 '신사군臣事君'의 '사事'는 그 뜻이 다르다. '군사신'의 '사'는 다스
릴 '치治' 또는 부릴 '사使'의 뜻으로 사용된 것이다. '신사군'의 '사'는 모실 '시侍' 또
는 받들 '봉奉'의 뜻으로 사용된 것이다.

이 장은 군신 간의 관계에 관한 공자와 노정공 사이의 문답을 기록해놓은 것이
다. 군주의 하문에 답하는 공식 문답인 까닭에 '자'라고 하지 않고 겸양해 '공자'라
고 표현했다. 무릇 공식 회견은 어느 정도까지는 세간에 전해졌을 것으로 짐작된
다. 이 장은 공문 후학이 편집할 때 세간의 전송을 끼워 넣은 것일 가능성이 크다.

제 2 0 장

> 子曰, "關雎, 樂而不淫, 哀而不傷."
>
> 공자가 말했다. "『시경』 「주남周南·관저關雎」는 즐거울 때도 지나치지 않
> 고(낙이불음樂而不淫), 슬플 때도 화기和氣를 상하게 하지 않음(애이불상哀而
> 不傷)을 노래한 것이다."

'관저關雎'는 평생을 같이 지내는 징경이 새를 말한다. 『시경』의 첫 편인 「국풍國
風·주남周南」의 첫머리에 나온다. '악이불음樂而不淫'의 '음淫'은 즐거움이 지나쳐
그 바름을 잃는 것이고, '애이불상哀而不傷'의 '상傷'은 슬픔이 지나쳐 균형을 잃는
것을 말한다.

공자는 '악이불음'과 '애이불상'을 '예'의 근본정신과 통하는 것으로 보았다. 이
장이 예악을 논한 「팔일」에 삽입된 이유다. 기무라 에이이치는 제20장~제26장의
7개 장 모두 예악에 관한 얘기로 되어 있는 것 외에는 앞에 나온 19개 장과 별다
른 관련이 없는 것으로 분석했다.

哀公問社於宰我. 宰我對曰, "夏后氏以松, 殷人以栢, 周人以栗,
曰, '使民戰栗.'" 子聞之曰, "成事不說, 遂事不諫, 旣往不咎."

노애공이 재아宰我에게 토지신인 사社에 심을 나무에 관해 물었다. 재아가
대답했다. "'사'의 주변에 나무를 심어 신목神木으로 삼을 때 하나라 사람은
소나무, 은나라 사람은 잣나무, 주나라 사람은 밤나무로 했습니다. 모두
백성들로 하여금 벌벌 떨도록(전율戰慄) 한 것입니다." 공자가 이 말을 듣고
탄식했다. "그의 말을 듣고 보니 이루어진 일은 다시 설명하지 않고(성사불
설成事不說), 끝난 일은 다시 간하지 않으며(수사불간遂事不諫), 지나간 일은
다시 탓하지 않는(기왕불구旣往不咎) 자세를 취해야 할 듯하다!"

'애공문사어재아哀公問社於宰我'의 '재아宰我'는 노나라 출신으로 이름이 재여宰
予이고, 자가 자아子我이다. 성과 자를 합쳐 재아宰我로 표현한 것이다. 재아는 변
설에 능했다. 그는 스승인 공자를 은근히 시험 대상으로 삼는 특이한 모습을 보이
기도 했다. 「선진」은 그를 자공과 더불어 언변에 능해 응대사령應對辭令에 뛰어난
'공문10철'의 일원으로 기록해놓았다. 그러나 그는 논변 자체를 즐긴 나머지 공자
로부터 커다란 질책을 받기도 했다. 공사는 그가 자칫 자신의 재주만을 믿고 학행
을 게을리하다가 꾸준히 노력하는 범재凡才만도 못한 결과를 초래할까 우려했다.

'사민전율使民戰栗'의 '율栗'은 전율戰慄의 '율慄'의 뜻으로 사용된 것이다. 하후씨夏后氏는 하나라를 세운 우禹를 지칭한 것으로 여기서는 하나라 사람을 뜻한다.

치엔무錢穆은 『논어요략論語要略』에서 이 장의 내용이 『맹자』 「공손추公孫丑 상上」에 나오는 재아의 의견이 인용된 방식과 양립될 수 없다며 『논어』에 잘못 삽입된 것이라고 주장했다. 그러나 치엔무의 이런 주장은 『맹자』에 기초한 것으로 본말이 전도된 느낌을 주고 있다. 본문 그대로 인정하는 게 옳을 것이다. 기무라 에이이치는 제21장~제22장의 2개 장은 예에 관한 무지를 기술한 것으로 예제의 본질을 논한 제20장의 '관저'의 평과 연관되어 있다고 보았다.

제22장

子曰, "管仲之器小哉." 或曰, "管仲儉乎." 曰, "管氏有三歸, 官事不攝, 焉得儉." "然則管仲知禮乎." 曰, "邦君樹塞門. 管氏亦樹塞門. 邦君爲兩君之好有反坫. 管氏亦有反坫. 管氏而知禮, 孰不知禮."

공자가 말했다. "제환공을 도와 패업을 이룬 관중管仲의 기량(관중지기管仲之器)이 작다!" 혹자가 물었다. "관중은 검소합니까?"

공자가 대답했다. "관씨管氏는 매년 백성들이 생산하는 산물의 3할을 상세商稅로 거둬들이는 만큼의 수입을 얻는 삼귀三歸가 있었다. 관사官事를 겸하게 하지 않았으니 어찌 검소하다고 말할 수 있겠는가?"

"그러면 관중은 예를 알겠지요(지례知禮)?"

공자가 대답했다. "나라의 군주라야 색문塞門을 설치할 수 있다. 그런데도 관씨는 색문을 했다. 나라의 군주라야 제후들 간의 친선을 도모할 때 술잔을 되돌려 놓기 위한 반점反坫을 둘 수 있다. 그런데도 관씨는 반점을 두었다. 관씨가 예를 알았다고 말한다면 누군들 예를 알았다고 말할 수 있지 않겠는가?"

'삼귀三歸'를 두고 예로부터 설이 분분하다. 삼국시대 위나라의 하안何晏은 『논어집해』에서 포함包咸의 설을 인용해 3개 성씨의 여인을 맞아들이는 것으로 풀이했다. 1명의 처와 2명의 첩으로 해석하는 것도 같은 맥락이다. 주희는 『논어집주』에서 누대의 명칭으로 풀이했다. 유월兪樾은 『군경평의群經平議』에서 3곳에 살림을 꾸린 것으로 보았다. 『사기지의史記志疑』를 저술한 양옥승梁玉繩은 관중의 식읍 명칭으로 보았다. 오규 소라이보다 100년 뒤에 태어나 지금의 히로시마廣島인 후쿠야마福山의 번사藩士로 활약하며 『한비자익취韓非子翼毳』를 저술한 에도시대의 음운학자 오오타 젠사이太田全齋는 300승의 수레를 부세로 낼 수 있는 크기의 식읍으로 풀이했다.

청대 말기 광서제 때 활약한 곽숭도郭嵩燾는 『관자』에서 그 해답을 찾아야 한다고 주장하며 『관자』의 「산지수山至數」와 「경중輕重 을乙」 등을 근거로 백성과 군주가 10 대 3의 비율로 생산물을 취하는 부세의 기준으로 풀이했다. 양보쥔은 세금을 거둬들이는 세 군데의 관청으로 새겼다. '정치사학'의 관점에서 볼 때 곽숭도 또는 양보쥔의 해설이 가장 그럴 듯하다.

'관사官事'는 관직을 뜻하는 말로 당시에는 관원들이 여러 직책을 겸직했다. '색문塞門'은 안이 들여다보이지 않게 세우는 판자를 말한다. 천자와 제후는 각각 대문 밖과 안에 이를 세웠고, 대부는 발을 드리우고, 선비는 장막을 쳤다. '반점反坫'은 술을 마신 후 잔을 물릴 때 올려놓기 위해 기둥 사이에 설치한 토대土臺를 말한다. 제사를 올리거나 제후들 간의 친선을 도모할 때 술잔을 되돌려놓기 위해 만든 시설이다.

'관중'은 자가 이오夷吾로 제환공齊桓公을 춘추시대의 첫 패자覇者로 만드는 데 결정적인 공헌을 한 인물이다. 주희는 관중의 국량이 폭이 좁고 얕으며 낮고 협소한 '편천비협褊淺卑狹'의 모습을 보여 군주를 왕도王道에 이르게 하지 못한 까닭에 공자로부터 그릇이 작다는 비난을 받은 것으로 풀이했다. 그러나 공자는 '왕도'를 논한 적도 없고, 관중의 공업을 폄하한 적도 없다. 단지 그의 비례非禮를 두고 그릇이 작다고 비난한 것일 뿐이다. 주희의 이런 해석은 치세와 난세를 막론하고 왕도王道만이 바람직하다며 패도覇道를 배척한 맹자의 '숭왕척패崇王斥覇' 입장을 그대로 수용한 데 따른 것이다. 공자가 말하고자 한 기본 취지와 배치되는 해석이다. 기무라 에이이치는 관중의 비례를 논한 이 장은 계씨의 분수에 지나친 행동을 비난한 제1장의 내용과 조응하는 것으로 풀이했다.

제 2 3 장

子語魯大師樂曰, "樂其可知也. 始作, 翕如也. 從之, 純如也皦
如也繹如也, 以成."

공자가 노나라 태사大師, 즉 악관樂官에게 음악에 관해 말했다. "음악은 연주
진행을 보면 가히 그 흐름을 미리 알 수 있는(악기가지樂其可知) 대상이오 처
음 시작할 때는 여러 악기 소리가 일제히 나오지만 이내 제 소리를 풀어놓게
하면 서로 어우러지면서 음절이 또렷해지고 그침이 없소 이내 한 악장을 이
루는 게 그렇소"

'흡여翕如'의 '흡翕'은 '합合'의 뜻이다. '여如'는 영어의 전치사 'like~'처럼 부사어
를 만드는 역할을 하는 후치사이다. '종지從之'의 '종從'을 두고 주희는 '방放'으로 풀
이했다. 본격적인 연주가 시작됐음을 의미한다. 원래 공자는 '악樂'을 매우 중시했
다. 그의 '예치주의禮治主義'가 '악치주의樂治主義'와 불가분의 관계를 맺고 있는 이
유다. 공자는 이 장에서 정치와 생활 상징인 '예'가 '악'을 통해 서로 조화를 이루는
경지로 나아갈 것을 주장했다. 이는 곧 '악'을 '예' 운용의 완성된 형태로 이해했음
을 의미한다.

제 2 4 장

儀封人請見曰, "君子之至於斯也, 吾未嘗不得見也." 從者見之,
出曰, "二三子, 何患於喪乎. 天下之無道也久矣. 天將以夫子爲
木鐸."

위나라 의儀 땅의 봉인封人, 즉 국경 수비원이 공자에 대한 알현謁見을 청
하며 말했다. "군자가 이곳에 왔을 때 일찍이 만나 뵙지 못한 적이 없었소."
제자들로 구성된 종자從者가 알현을 주선했다. 봉인이 알현 후 밖으로 나
와 이같이 말했다. "그대들은 어찌해서 공부자孔夫子가 노나라에 벼슬을
내놓고 천하유세에 나선 것을 걱정하는 것이오? 천하에 도가 없어진 지 이
미 오래 됐기에 그런 것이오. 하늘은 장차 공부자로 하여금 세상을 계도하
는 목탁木鐸의 역할을 수행하게 할(천위목탁天爲木鐸) 것이오!"

'의봉인儀封人'은 노정공 13년인 기원전 497년에 56세가 된 공자가 처음으로 14
년간에 걸쳐 천하를 두루 돌아다니며 유세하는 철환천하轍環天下를 시작할 때 처
음으로 들른 위나라 의儀 땅의 국경 수비대원을 가리킨다. '부득견야不得見也'의
'견見'은 본다는 뜻이고, '종자현지從者見之'의 '현見'은 알현謁見의 뜻으로 사용된 것
이다. '이삼자二三子'는 3인칭 복수를 뜻하는 대명사로 사용됐다.
'하환어상호何患於喪乎'의 '상喪'을 두고 주희는 '노나라를 떠나 철환천하에 나선

것', 형병은 '성인의 덕을 상실한 것'으로 보았다. '목탁木鐸'은 고대에 정교政敎를 발표할 때 사람들을 모으기 위한 도구로 사용됐다. 여기서는 백성을 지도하거나 인도할 만한 사람이라는 의미로 사용된 것이다.

이 장에 나오는 의 땅의 봉인은 공자가 천하유세 중에 만난 인물이다. 여기의 '목탁'은 지금의 목탁과 달리 금붙이로 입을 만들고 나무로 혀를 만든 악기를 말한다. 이는 세인들에게 가르침을 내리는 것을 상징한다. 주희는 공자를 '목탁'에 비유한 의 땅의 봉인을 낮은 벼슬자리에 몸을 숨긴 현자로 보았다. 대략 그를 일종의 '은군자'로 보아도 무방할 것이다.

제25장

> 子謂韶, "盡美矣, 又盡善也." 謂武, "盡美矣, 未盡善也."
>
> 공자가 순임금 때의 음악인 '소韶'를 두고는 이같이 평했다. "지극히 아름답고 또한 지극히 선(진미진선盡美盡善)하다." 이어 은나라 주紂를 토벌한 주무왕을 칭송한 음악인 '무武'를 두고는 이같이 평했다. "지극히 아름다우나 지극히 선한 데는 미치지 못했다!(진미미진선盡美未盡善)"

이를 두고 주희는 "순임금은 읍양揖讓으로 천하를 얻은 까닭에 진미진선을 얻은 데 반해 주무왕은 정주征誅로 천하를 얻은 까닭에 진미는 이뤘으나 진선을 이루지 못한 것이다."라고 풀이했다. 대략 공자가 말한 취의에 부합한다. 기무라 에이이치는 제23장~제25장의 3개 장을 공자의 음악에 관한 논평으로 해석하는 것에 의문을 표시했다. 제24장은 공자의 음악에 관한 논평이라기보다는 공자의 '철환천하'에 대한 희망 섞인 논평에 가깝다.

제 2 6 장

子曰, "居上不寬, 爲禮不敬, 臨喪不哀, 吾何以觀之哉."

공자가 말했다. "윗자리에 있는 사람이 너그럽지 못하거나(거상불관居上不寬), 예를 실천하면서 공경하지 않고(위례불경爲禮不敬), 상가에 조문을 가면서 애도를 표하지 않는(임상불애臨喪不哀) 모습을 보이면 내가 그런 사람을 어찌 계속 보아줄 수 있겠는가?"

이 장에서 공자는 위정자의 '상관上寬' 즉 윗자리에 앉아 너그러운 것과 '예경禮敬' 즉 예를 공경히 하는 것, '상애傷哀' 즉 초상에 슬퍼하는 것의 덕목을 강조하고 있다. 이는 예악의 기본정신이기도 하다. 위정자에게 예악정신의 체화體化 필요성을 역설한 대목이다. 예악에 관한 논의로 일관한 「팔일」의 대미이다.

제 4 편

이
인
里仁

이인里仁

증자학파가 모아놓은 공자의 격언집

「이인」은 모두 26개 장으로 이루어져 있다. '자유왈'로 시작하는 제26장을 제외하고는 모두 '자왈'로 시작하는 공자의 격언으로 구성되어 있다. 이 격언은 공문 후학 사이에 공자의 격언이 전송되는 과정에서 전송자의 관심과 기억의 편의에 의해 주제와 내용이 유사한 2~3개 격언이 하나로 묶여 전송됐을 가능성이 높다.

「이인」은 내용상 증자 문인에 의한 편집이 거의 확실하다. 「학이」와 「태백」, 「헌문」 등도 증자 문인의 손에 의해 편집됐을 가능성이 크다. 기무라 에이이치는 「공야장」과 「옹야」의 일부도 내용상 증자학파의 영향을 받은 것으로 분석했다.

제 1 장

子曰, "里仁爲美, 擇不處仁, 焉得知."

공자가 말했다. "풍속이 어진 인자仁者의 마을은 아름답다. 살면서 풍속이 인후仁厚한 곳을 선택하지 않는(택불처인擇不處仁) 행보를 보이면 어찌 지혜롭다고 말할 수 있겠는가?"

'이인里仁'을 정현은 '인자仁者의 마을', 주희는 '인후仁厚한 풍속의 마을', 다산은 '사람이 사는 곳은 어진 곳이 좋다'는 의미로 풀이했다. '택불처인擇不處仁'의 '택擇'이 거처한다는 뜻의 동사로 사용된 '택宅'으로 된 판본도 있다.

「이인」의 제1장~제7장은 모두 '인'을 논하고 있으며 서로 밀접하게 연관되어 있다. 이 장은 제7장 모두 공동체 속의 인간을 전제로 해 '인'을 풀이하고 있다. 이 장의 '처인處仁'은 제7장의 '어기당於其黨'과 상호 수미일관首尾一貫하고 있다.

> 子曰, "不仁者, 不可以久處約, 不可以長處樂. 仁者安仁. 知者利仁."
>
> 공자가 말했다. "어질지 못한 사람(불인자不仁者)은 오랫동안 곤궁함에 머물지 못하고(불구처약不久處約), 오랫동안 즐거움에 머물지 못하는(부장처락不長處樂) 모습을 보인다. 그러나 인자仁者는 인仁을 편히 여기고(인자안인仁者安仁), 지자知者는 인을 이롭게 여기는(지자이인知者利仁) 모습을 보인다."

'구처약久處約'의 '약約'은 '궁窮'과 같은 뜻이다. '장처락長處樂'의 '락樂'은 안락安樂의 의미다. '인자안인仁者安仁'의 '안인安仁'을 두고 포함은 "수양이 되어 어진 사람은 자연스레 인을 체득하는 까닭에 인을 편히 여긴다."라고 풀이했다. 왕숙王肅은 편한 마음으로 실천한다는 취지로 『중용』 제20장 「문정問政」에서 언급한 '안이행지安而行之'와 같은 뜻으로 새겼다.

원래 『논어』에 나오는 '인' 개념은 모든 덕목을 포함하는 광의의 개념으로부터 협의의 개념인 '인'과 '지'에 이르기까지 다양하게 존재한다. 이 장에 나오는 '불인자'는 '인자' 및 '지자'에 대한 반대 개념으로, 가장 협의의 '인' 개념을 인용하면 '불인부지자不仁不知者'로 표현할 수 있다.

제 3 장

子曰, "惟仁者, 能好人, 能惡人."

공자가 말했다. "오직 인자仁者만이 능히 사람다운 사람을 좋아하고, 능히

사람답지 못한 사람을 미워할(능호능오能好能惡) 수 있다."

'능호인能好人, 능오인能惡人'을 두고 공안국은, "오직 어진 사람이라야 사람이

좋아하고 싫어하는 것을 살필 수 있다."라고 풀이했다. 주희는 '이치에 합당하여

사사로운 마음이 없는 것', 정이천은 '공정함을 얻는 것'으로 풀이했다.

오규 소라이는 『대학』 10장에서 백성이 좋아하는 바를 좋아하고, 백성의 싫어

하는 바를 싫어해야 진정한 백성의 부모가 될 수 있다는 취지로 언급한 '민지소호

호지民之所好好之, 민지소오오지民之所惡惡之' 구절을 논거로 들어 새로운 해석을

시도했다. '능호能好'의 대상이 된 인사을 백성을 이롭게 하는 '이인利人', '능오能惡'

의 대상인 '인사'을 백성을 해롭게 하는 '해인害人'으로 풀이한 게 그렇다. 이 경우

"오직 인자만이 능히 사람을 이롭게 하는 이인利人을 좋아하며 해를 끼치는 해인

害人을 싫어할 수 있다."는 뜻이 된다.

전통적인 주석을 좇고자 하면 오규 소라이의 주석이 가장 그럴 듯하다. '정치사

학'의 관점에서 볼 때 그의 주석이 위정학을 본령으로 하는 공학孔學의 기본 취지

에 가장 잘 부합한다.

「이인」 제3장의 해석에 대한 의견

21세기 제4차 산업혁명시대의 관점에서 볼 때 주희의 도덕철학적 해석과 오규
소라이의 위정학적 해석을 하나로 녹일 필요가 있다. '능호能好'의 대상이 된 인人
을 사람다운 사람인 인人, '능오能惡'의 대상이 된 인人을 사람답지 못한 사람인 불
인不人으로 해석하는 게 그렇다. 이 경우 '능호인, 능오인'은 "능히 사람다운 사람
을 좋아하고, 능히 사람답지 못한 사람을 미워할 수 있다."는 뜻이 된다. 이는 필자
의 의견이다.

제 4 장

> 子曰, "苟志於仁矣, 無惡也."
>
> 공자가 이렇게 말했다. "실로 인仁에 뜻을 두면(구지어인苟志於仁) 악행이 없
> 게 된다."

'구지어인苟志於仁' 구절의 '인仁' 개념은 모든 덕목을 총괄한 개념으로 사용된
것이다.

子曰, "富與貴, 是人之所欲也. 不以其道得之, 不處也. 貧與賤, 是人之所惡也. 不以其道得之, 不去也. 君子去仁, 惡乎成名. 君子無終食之間違仁. 造次必於是. 顚沛必於是."

공자가 말했다. "부귀富貴는 모든 사람이 원하는(인지소욕人之所欲) 대상이나 정당한 방도로 얻은 게 아니면 처하지 않으며(부도불처不道不處), 빈천貧賤은 모든 사람이 싫어하는(인지소오人之所惡) 대상이나 정당한 방도로 버리는 게 아니면 버리지 않는(부도불거不道不去) 자세로 임해야 한다. 군자가 인을 버리고도(군자거인君子去仁) 어떻게 그 이름을 이룰(성명成名) 수 있겠는가? 군자는 밥을 먹는 동안에도 인을 어기지 않아야 한다. 황급하고 구차하며, 엎어지고 넘어지는(조차전패造次顚沛) 위태로운 순간조차 반드시 이런 자세 위에서 행보해야 한다."

'부귀富貴' 구절과 달리 '빈천貧賤' 구절에 대한 해석이 예로부터 많은 논란이 되어 왔다. 하안은, "군자가 도를 행할지라도 도리어 빈천한 경우가 있다. 이는 도로써 얻은 게 아니다. 비록 사람들이 싫어하는 것이지만 어겨서 버려서는 안 된다."라고 했다. 주희는 형병의 주석을 좇아 "마땅히 얻지 말아야 할 것인데도 얻은 것을 뜻하는 것으로 군자가 빈천에도 편안해 하는 게 이와 같다."라고 풀이했다. 하안과 주희의 주석을 좇을 경우 빈천은 정당한 방법으로 얻은 게 아닐지라도 버리지 않아야 하는 대상이 된다. 도로써 얻은 경우는 버리고자 해도 버릴 수 없고, 도로써 얻은 게 아닌 경우는 아예 버릴 생각을 해서는 안 되는 게 된다. 빈천을 권장하는 격이다.

원래 빈천은 부귀와 달리 의도하는 바대로 버리고자 해도 쉽게 버릴 수 있는 게 아니다. 후한 초기의 왕충王充은, "부귀는 도로써 얻어야지 구차하게 취해서는 안 되고, 빈천은 사람이 싫어하는 바이나 정당한 방법으로 버리지 않으면 떠나지 않는다."라고 했다. 다산도 왕충의 해석을 좇아 부귀는 일종의 득처지도得處之道, 즉 처하는 길을 말한 것이고, 빈천은 일종의 득거지도得去之道, 즉 버리는 길을 말한 것으로 해석했다. 결국 다산은, "부귀는 정당한 방법으로 얻을 경우에 한해 처하고, 빈천은 정당한 방법이 아닌 한 버리지 않는다."라고 해석한 셈이다. 왕충과 다산의 주석을 좇았다.

제 6 장

子曰, "我未見好仁者, 惡不仁者. 好仁者, 無以尚之, 惡不仁者, 其爲仁矣, 不使不仁者加乎其身. 有能一日用其力於仁矣乎. 我未見力不足者. 蓋有之矣, 我未之見也."

공자가 말했다. "나는 아직까지 인仁을 좋아하는 사람(호인자好仁者)은 물론 불인不仁을 미워하는 사람(오불인자惡不仁者)도 보지 못했다. '호인자'는 더할 나위가 없지만 단지 불인을 미워하는데 그치는 '오불인자'일지라도 결국 인을 행하는 게 된다. 다만 그때는 불인한 일이 자신에게 영향을 미치지 못하도록 조심해야 한다. 사실 그 누가 단 하루라도 인의 실현을 위해 힘써 본 적이 있었는가? 나는 아직 힘이 달려서(역부족力不足) 인을 실천하지 못한 경우를 본 적이 없다. 아마 그런 경우도 있겠지만, 나는 아직 보지 못했다."

'무이상지無以尙之'의 '상尙'을 두고 형병은 최상의 덕성을 뜻하는 '상上'의 의미로 풀이했다. '가호기신加乎其身'의 '가加'를 주희는 이를 '급及', 다산은 베풀 '시施'로 해석했다. 이 장의 '인' 역시 광의의 '인' 개념으로 사용된 것이다. 주희는 마지막에 나오는 '개유지의蓋有之矣' 구절을 두고 "사람의 기질은 동일하지 않은 까닭에 혹여 힘을 쓰는데도 역부족이어서 능히 전진하지 못한 자를 의미한다."라고 풀이했다. 이는 공자가 언급한 '미견역부족자未見力不足者' 구절의 기본 취지와 어긋난다.

공자는 기본적으로 사람들이 인을 위해 힘을 쓰지 않아서 그럴 뿐이지 '역부족'이어서 인을 이루지 못한 경우는 없다고 보았다. 주희가 범한 모순은 기본적으로 인·의·예·지의 본성을 '본연지성本然之性', 희·노·애·락의 감성을 '기질지성氣質之性'으로 규정한 데서 비롯된 것이다. 인간의 성정性情을 이원적으로 나눠보는 한 공학의 요체인 '인'을 제대로 파악할 수 없다.

제 7 장

子曰, "人之過也, 各於其黨. 觀過, 斯知仁矣."

공자가 말했다. "사람의 허물은 각기 그 부류部類에 따라 다르다. 허물의
내용을 보면 곧 그가 어진 사람인지 여부를 알(관과지인觀過知仁) 수 있다."

이 장의 핵심어는 '관과지인觀過知仁'이다. '정치사학'의 관점에서 볼 때 '관과지
인'은 『후한서後漢書』 「오우전吳祐傳」의 일화와 밀접한 관련이 있다.

인자하고 청렴하기로 명망이 높았던 오우吳祐가 교동후膠東侯의 재상으로 있을
때 그의 밑에 하급 세리인 색부嗇夫로 있던 손성孫性이 은밀히 백성들로부터 세금
을 더 거두어 옷 한 벌을 장만해 그의 부친에게 바쳤다. 그의 부친이 이내 이 사실
을 알고는 손성을 꾸짖었다. 속히 옷을 돌려주고 상관을 찾아가 사실대로 고한 뒤
벌을 받게 했다. 이 얘기를 전해들은 오우는 부친에게 옷을 만들어 드리기 위해
부정한 일을 한 손성의 행동은 '관과지인'이라며 그 옷을 다시 그의 부친에게 갖
다 드리게 했다.

주희는, "공자는 반드시 그 과실이 있기를 기다린 후에 현부賢否를 알 수 있다고
말한 게 아니다."라고 했다. '사지인의斯知仁矣' 구절의 '인仁'을 두고 명대의 진공무
陳公懋와 현대의 양보쥔은 '인人'으로 간주했다. 다산은 모두 인의예지신仁義禮智信
을 좋아한 데 따른 허물을 보고 어진 사람인지 여부를 알 수 있는 까닭에 글자 그

대로 '인仁'으로 해석하는 게 낫다고 했다. 주희는 『논어집주』에서 오역吳棫의 설을 인용해 허물을 보고 인자仁者 여부를 알 수 있다고 풀이했다. 기무라 에이이치는 사람의 허물이 부류에 따라 다르게 나타난다는 뜻의 '각어기당各於其黨' 구절이 제1장의 '처인處仁' 구절과 의미상 서로 통하는 것으로 보았다.

제 8 장

> 子曰, "朝聞道, 夕死可矣."
>
> 공자가 말했다. "아침에 도를 듣는다면(조문도朝聞道) 저녁에 죽을지라도 기꺼이 수락하는(석사가의夕死可矣) 모습을 보일 것이다."

하안과 형병은 공자가 말년에 이르러 세상에 도가 행해지지 않는 것을 보고 한탄한 것으로 해석했다. 주희는 여기의 '도'를 두고 사물의 '당연지리當然之理'로 풀이했다. 이는 공자가 말한 기본 취지와 다르다. 『논어』에 나오는 '도'는 성리학에서 말하는 '천도天道' 또는 '인도人道'의 개념과 거리가 멀다. 약간의 예외가 있기는 하나 사람이 되어 '사람답게 사는 길'의 뜻을 지닌 경우가 대부분이다. 기무라 에이이치는 대략 전송자傳誦者가 하나로 취급해 기억해 오던 것을 편집 과정에서 제8장~제9장의 2개 장으로 나눠 수록한 것으로 분석했다.

제 9 장

子曰, "士志於道而恥惡衣惡食者, 未足與議也."

공자가 말했다. "선비로서 도에 뜻을 두고도 거친 옷과 거친 음식(악의악식 惡衣惡食)을 부끄러워하는 자는 더불어 논의하기에 부족하다."

이 장에 나오는 '도' 역시 제8장과 마찬가지로 '사람답게 사는 길'을 말하는 것으로 결코 '천도'와 '인도' 등의 형이상학적 개념이 아니다. 이 장에서는 '도'의 내용이 보다 구체적으로 설명되어 있다.

子曰, "君子之於天下也, 無適也, 無莫也, 義之與比."

공자가 말했다. "군자는 치국평천하에 임해 나라의 이익과 백성의 안녕을 위해 이익이 되면 취하고, 반대되면 버리는 '거취지도去取之道'로 나이가기 위해 반드시 해야 한다고 주장하거나 결코 해서는 안 된다고 주장하는 게

'무적무막無適無莫'을 두고 형병은 사람들과 사사롭게 친하거나 소원함이 없는 '정무친소情無親疏', 후한의 유량劉梁은 사람들에게 사사롭게 후하거나 박하게 하지 않는 '무후박無厚朴', 정현과 육덕명은 사람들을 사사롭게 적대하거나 흠모하는 일이 없는 '무적무모無敵無慕', 주희와 다산은 일을 결정할 때 내리는 '가불가可不可'로 보았다.

'의지여비義之與比'를 두고 형병은 의로운 사람을 가까이 하는 '친의親義', 주희는 의로운 일을 따라서 행하는 '종의從義', 다산은 의에 견주어 보고 행하는 '교행較行'으로 파악했다. 오규 소라이는 "이 장의 '의義'는 떠나고 나아가는 거취去就의 도리를 언급한 것이다. 자사子思와 맹자孟子가 도를 가지고 천하의 사람들과 다툰 이후 걸핏하면 '천하天下' 운운하고 있다. 후대의 유학자들은 옛 말을 제대로 알지 못했기에 옛 책에서 '천하'를 언급한 취지를 제대로 살피지 못했다. 주희는 이 장에서 '의'의 해석을 두고 노불老佛과 더불어 의로움의 유무를 다투는 지경에 이르렀다. 이는 큰 오류이다. 아, 군자가 어찌 친함과 소원함이 있겠는가? 이 장은 오직 거취지도去取之道를 말했을 뿐이다!"라고 풀이했다.

오규 소라이는 치국평천하에 임한 군주가 오직 나라의 이익과 백성의 안녕을 위해 이익이 되면 취하고, 반대되면 버리는 '거취지도去取之道'로 해석한 것이다. '위정학'에 주안점을 둔 공학孔學의 정곡을 찌른 셈이다.

'무적무막無適無莫'과 '의義'에 대한 의견

필자가 '정치사학'의 관점에 입각해 '무적무막無適無莫'과 '의義'를 두고 오직 나라의 이익과 백성의 안녕을 위해 이익이 되면 취하고 반대되면 버리는 '거취지도'와 상황 변화에 따라 최상의 선택을 하는 임기응변臨機應變의 근본 배경인 '사리事理'의 의미로 번역한 이유가 여기에 있다.

第11장

子曰, "君子懷德, 小人懷土. 君子懷刑, 小人懷惠."

공자가 말했다. "군자는 덕에 힘쓰고(군자회덕君子懷德), 소인은 거처를 편히 하는 데 힘쓰는(소인회토小人懷土) 모습을 보인다. 또 군자는 형벌을 두려워하고(군자회형君子懷刑), 소인은 혜택 받기를 원한다(소인회혜小人懷惠)."

주희는 '회덕懷德'을 두고 인간의 선한 본성인 '고유지선固有之善'의 보존, '회토懷土'를 처하는 바의 편안함인 '소처지안所處之安'의 탐닉, '회형懷刑'을 법을 두려워하는 '외법畏法', '회혜懷惠'를 '탐리貪利'로 간주했다. 군자와 소인의 차이는 '공사지간公私之間'에 있을 뿐이라고 주장한 이유다.

그러나 '회덕'과 '회토'의 경우는 각각 덕행에 힘쓰는 '무덕務德'과 거처를 편하게 하는 데 힘쓰는 '무편務便'으로 해석하는 게 보다 합리적이다. '군자회덕君子懷德과

'군자회형君子懷刑', '소인회토小人懷土'와 '소인회혜小人懷'는 『예기』 「곡례曲禮 상上」
에서 법제法制는 대부 이상의 사람에게는 적용하지 않고, 예제禮制는 서인 이하의
사람에게는 적용하지 않는다는 의미로 언급한 '법불상대부法不上大夫, 예불하서
인禮不下庶人' 구절과 취지를 같이 한다. '회토懷土'와 '회혜懷惠'는 각각 다양한 유형
의 이익과 이권, 국가 또는 사회공동체가 부여하는 일체의 복지 혜택을 의미한다.
앞 장에서는 군자의 기본 입장을 밝힌 데 반해 이 장에서는 군자와 소인을 대비시
켜 이를 보다 구체적으로 설명하고 있다.

제 1 2 장

子曰, "放於利而行, 多怨."

공자가 말했다. "이익을 좇아 움직이면(방어리행放於利行) 원한을 사는 일이
많다."

'방어리이행放於利而行'의 '방放'을 두고 공안국은 의존한다는 의미의 '의依'로 풀
이했다. 후대의 성리학자들은 공자가 이 장에서 '공리주의功利主義'를 비판한 것으
로 해석했다. 공자는 비례非禮를 저지른 관중의 패업霸業을 높이 평가한 바 있다.
공자는 결코 '공리功利'와 '공업功業'을 배격한 적이 없다. 여기의 '방어리放於利'는
앞 장에 나온 편안함과 이익을 밝히는 소인의 '회토懷土'와 '회혜懷惠'를 의미하는

것으로 '공리'를 뜻하는 게 아니다. 이 장이 바로 '회토'와 '회혜'를 언급한 제11장 뒤에 놓인 이유가 여기에 있다.

제13장

子曰, "能以禮讓爲國乎, 何有. 不能以禮讓爲國, 如禮何."

공자가 말했다. "예양禮讓으로 나라를 다스리면(예양위국禮讓爲國) 무슨 어려움이 있겠는가? 예양으로 나라를 다스리지 못하면 장차 예를 어디에 써먹을 수 있겠는가?"

'예양禮讓'을 주희는 예제의 실질實質로 새겼다. '하유何有'를 형병은 무슨 어려움이 있을 수 있겠는가 하는 뜻의 '하난지유何難之有'의 줄임말로 보았다. '여례하如禮何'를 포함은 예제를 사용할 수 없다는 뜻의 '불능용례不能用禮', 다산은 쓸모가 없다는 뜻의 '불위용不爲用'으로 풀이했다.

공자는 이 장에서 '예양'을 통해 나라를 다스릴 것을 역설하고 있다. '예양'은 '예치주의'의 핵심어이다. '예양'은 「위정」 제3장에서 역설한 '예치주의' 정신과 상통하고 있다.

제 14 장

> 子曰, "不患無位, 患所以立. 不患莫己知, 求爲可知也."
>
> 공자가 말했다. "자리가 없는 것을 걱정하지 말고(불환무위不患無位) 자신에게 군주를 바로잡고 백성을 보살피는 자질이 있는지 여부를 걱정하도록(환소이립患所以立) 하라. 또 자신을 알아주는 자가 없는 것을 걱정하지 말고(불환막기지不患莫己知) 남이 자신을 알아주도록 하는 길을 추구하도록(구위가지求爲可知) 하라."

'소이립所以立'의 구체적인 내용을 두고 형병은 능력, 황간은 재능과 기술, 장보첸蔣伯潛은 재덕才德, 다산은 군주를 바로잡고 백성을 보살피는 '광군목민匡君牧民'으로 풀이했다. '정치사학'의 관점에서 볼 때 다산의 주석이 '위정학'에 초점을 맞추고 있는 공학孔學의 기본 취지에 부합한다. 문맥상 '구위가지求爲可知' 구절은 앞 구절과 짝을 이루는 '환구위가지患求爲可知' 구절에서 '환患'이 생략된 축약형으로 보는 게 합리적이다.

이 장은 내용상 군자란 무릇 자신의 부덕을 걱정해야 한다고 역설한 「학이」 제16장과 상통하고 있다. 제12장~제14장의 3개 장은 모두 군자의 처신에 관한 공자의 격언이기는 하나 자구에서 어떤 공통점을 발견할 수 없다. 다만 군자의 바람직한 행태를 언급한 점에서는 공통된다.

본래 『논어』에 보이는 공자의 격언 대부분은 군자에 관한 것으로 이 3개 장에 한한 것은 아니다. 공자는 이 3개 장에서 군자는 자신의 이익을 좇아 행동해서는 안 되고, 예양에 의거해 나라를 다스려야 하고, 지위와 명성에 연연하지 말고 자신의 학덕 연마에 충실해야 한다는 점을 역설하고 있다. 기무라 에이이치는 제12 장~제14장의 3개 장이 제10장~제11장에 언급한 군자의 바람직한 모습에 대한 보충 설명의 성격을 띠고 있는 것으로 분석했다.

제 1 5 장

子曰, "參乎, 吾道一以貫之." 曾子曰, "唯." 子出, 門人問曰, "何謂也." 曾子曰, "夫子之道, 忠恕而已矣."

공자가 증자에게 말했다. "삼參아, 나의 도는 사물의 이치를 하나로 꿰는 (일이관지一以貫之) 모습을 하고 있다." 증자가 대답했다. "그렇습니다." 공자가 나가자 문인들이 증자에게 물었다. "무엇을 말한 것입니까?" 증자가 대답했다. "공부하는 사람의 도는 마음을 다하는 것과 남의 마음을 헤아리는 '충서忠恕'일 뿐이다."

'일이관지一以貫之'의 해석을 놓고 예로부터 많은 논란이 있었다. '일一'과 관련해 황간은 '도道'로 간주해 "나의 교화의 도는 오직 하나의 도이다. 이를 사용해 천하의 모든 이치를 관통했다."라고 해석했다. 형병은 '충서忠恕'로 보아 "공부하는 사람의 도는 오직 충서라는 하나의 이치이니 이로써 천하만사의 이치를 통합했다."라고 풀이했다. 주희는 '일리一理'로 보아 "성인의 마음은 혼연한 일리이니 모든 일에 합당하게 응해가는 것인데 각각 그 쓰임이 같지 않다."라고 풀이했다. 청대의 대망戴望은『논어주論語注』에서 '인仁', 전조망全祖望은『경사문답經史問答』에서 '성誠', 웅십력熊十力은 '본심本心'으로 풀이했다. 조선조의 성호星湖 이익李翼은 전조망의 설을 좇았다. 또한 '관貫'과 관련해 황간은 '통統'으로 보아 "비유컨대 새끼줄로 물건을 꿰어 관통하는 것과 같다."라고 해석했다. 형병도 이를 좇았다. 주희와 초순焦循은 이를 '통通'으로 보았다. 유보남劉寶楠은 '행行', 완원阮元은 '전專'으로 보았다.

증자가 말한 '충서'와 관련해서도 여러 설이 대립했다. 먼저 '충'과 관련해『설문해자說文解字』는 '진심盡心'으로 해석해놓았다. 맹자는 사람에게 선을 가르치는 '교선教善', 황간은 '중심中心', 왕필王弼은 '진정盡精', 주희는 자신의 모든 것을 다 쏟는 '진기盡己'로 풀이했다. '서'에 관해『설문해자』는 '인仁'으로 풀이했다. 이를 두고 청조 건륭제 때의 고증학자 단옥재段玉裁는『단씨설문해자주段氏說文解字注』에서 "인을 행하는 것은 '서'에서 벗어나지 않으니 말하면 구별이 있고 섞으면 구별이 없다. 인은 친親이다."라고 풀이해놓았다. 가의賈誼는 자신을 기준으로 한 양인量人, 즉 사람의 그릇을 헤아리는 것으로 보았고, 황간은 자신을 헤아려 남을 촌탁忖度하는 것으로 보았고, 왕필은 인정으로 돌아가 사물과 같아지는 반정동물反情同物로 해석했다. 주희는 자신을 기준으로 남에게 미치는 '추기推己' 또는 자신의 마음과 같이 하는 '여심如心'으로 해석했다.

다산은 대부분의 학자들이 '일一'의 실체를 '리理'나 '심心', '인仁' 등으로 본 것에 반대하고 '서恕' 자체로 보아야 한다고 주장했다. 주희가 말한 대로 '충'을 '진기', '서'를 '추기'로 나눠보게 되면 공자의 도는 하나가 아니라 둘이 되어, '일이관지'는 사실상 '이이관지二以貫之'로 왜곡될 수밖에 없다고 지적한 것이다. '충'은 '서'의 근원인 까닭에 '충'과 '서'를 나눠서 보는 것은 잘못이라는 게 다산의 지적이다. 그는 사람들이 증자가 말한 '충서'의 자구에 너무 집착한 나머지 '충'이 있은 뒤에 '서'가 뒤따른다고 해석해 이런 잘못을 저지르게 됐다고 분석했다. 다산의 주장에 따르면 공자는 '서'를 염두에 두고 '일이관지'를 언급했고, 증자는 '서'를 '충서'로 풀이한 셈이 된다. 다산은 『논어』 「공야장」 등에서 공자가 자공의 질문에 거듭 '서' 한 자만을 언급한 사례 등을 들어 자신의 주장을 뒷받침했다.

그렇다면 증자는 왜 공자가 말한 '서'를 '충서'로 설명한 것일까? 다산은 『중용中庸』에서 '충서'를 사실상 하나의 단어로 사용한 사례를 그 예로 들면서 '충'과 '서'는 본래 같은 뜻으로 사용된 것이라고 주장했다. 다산은 나아가 공자의 도를 하나로 관통시키는 '서'를 '성인지법成仁之法' 즉 인을 이루는 방법 또는 『대학大學』에서 말하는 '혈구지도絜矩之道'라고 설명했다. 다산은 '혈구지도'를 이같이 풀이해놓았다.

"삼 한 단을 의미하는 '혈絜'은 줄로써 물건을 묶어 그 대소를 재는 것이고, '구矩'는 직각으로 된 곱자로 물건을 네모반듯하게 하는 것이다. 스스로 태학太學에 나아가 노인을 공양하고(양로養老), 나이에 따라 자리를 배정하며(서치序齒), 고아를 구휼하는(휼고恤孤) 3례三禮를 행하면 백성이 모두 효孝 · 제悌 · 자慈의 기풍을 일으키게 된다. 이로써 내가 좋아하는 것을 남도 좋아함을 알 수 있다. '혈구지도'를 행하는 게 곧 '서'이다."

다산은 평생 동안 함께 생활하는 것은 사람뿐으로 윗사람은 싫어하는 것으로 아랫사람을 부리지 않고, 아랫사람은 싫어하는 것으로 윗사람을 섬기지 않아야 한다며 이를 총괄하는 글자가 바로 '서'라고 보았다. 옛 성인의 하늘을 섬기는 도리는 인륜에서 벗어나지 않으므로 '서'는 곧 사람을 섬기고 하늘을 섬기는 요체라고 주장했다. 다산의 '일이관지'에 대한 해석은 논리 전개 자체가 그야말로 '일이관지'하는 탁견이다.

다산의 주석은 나름 뛰어나지만 성리학의 틀을 벗어나지 못했다. 오규 소라이는 『논어징』에서 '충서'에 대해 이같이 풀이했다.

"공자지도孔子之道는 곧 선왕지도先王之道이다. 선왕지도는 백성을 편안하게 하는 안민安民을 위해 세운 것이다. 모든 것이 '안민'으로 귀결된다. 인仁에 의지하면 선왕지도를 꿰뚫을 수 있다. '하나'를 뜻하는 '일一'이라고 하지 않고 굳이 '일이관지一以貫之'라고 표현한 이유다. 충서忠恕를 두고 후대의 유자들은 '일리一理', '일심一心', '성誠' 등으로 해석했다. 모두 공자지도를 모른 탓이다. '일리'라고 한 것은 '일이관지'의 취지에 어두운 것이고, '일심'이라고 하는 것은 선왕지도를 모르는 것이고, '성'은 용모를 움직이고 주선하는 '동용주선動容周旋'이 예에 부합한다고 언급한 『맹자』 「진심 하」 구절을 인용한 것에 지나지 않는다. '충'은 다른 사람을 위해 일을 도모할 때 자신의 마음을 다하지 않음이 없는 것이고, '서'는 공자가 『논어』 「안연」에서 자신이 원하지 않는 바를 남에게 강요하지 말라는 취지로 언급한 '기소불욕己所不欲, 물시어인勿施於人'의 취지를 밝힌 것이다. 모두 다른 사람과 사귀는 '인교지간人交之間'에 관한 언급이다. 인도仁道는 '인교지간'에서 서로 이끌어주고 길러주며 바로잡아주고 이뤄주는 '장양광성長養匡成'의 과정을 통해 각각 그 삶을 완수하도록 하는 데 기본 취지가 있는 것이다."

'정치사학'의 관점에서 볼 때 공학孔學은 '위정학'에서 출발한 까닭에 일이관지 一以貫之 또는 충서忠恕 공자지도孔子之道 역시 오규 소라이가 지적한 것처럼 결국 백성을 편안하게 하며 길러주어 삶을 완성시켜주는 '안민양성安民養成'으로 요약 할 수 있다. 이 장은 '증자왈' 구절이 암시하듯이 증자 문인의 소전所傳으로 보는 게 합리적이다.

다산보다 앞서 '서恕'와 관련해 같은 주장을 펼친 사람이 있다?

원래 조선에서는 다산보다 한 세대 이전에 이미 다산과 유사한 주장을 펼친 인물이 있었다. 성호 이익의 조카인 정산貞山 이병휴李秉休가 당사자이다. 이병휴의 친형은 정조의 총애를 입은 이가환李家煥의 부친인 혜환惠寰 이용휴李用休이다. 이용휴는 『집성集成』에서 '충서'에 관해 이같이 풀이해놓았다.

"'충忠'하므로 능히 '서恕'하고, '서'하면 '충'이 그 안에 있게 된다. 혹 '충서'를 병칭 하거나 '서'만을 단칭할지라도 실제로는 하나이다. '서'는 요도要道이니 이를 일러 '혈구지도'라고 한다. 이는 '서'의 도를 풀이한 것이다."

대략 다산이 정산으로부터 커다란 영향을 받았음을 알 수 있다. 실제로 다산은 정산의 제자인 복암茯菴 이기양李基讓과 매우 절친하게 지냈다. 다산은 복암을 통해 정산의 유저遺著를 읽고 이에 크게 공감한 나머지 그의 학설을 거의 그대로 인용한 것으로 짐작된다.

제16장

> 子曰, "君子喩於義, 小人喩於利."
>
> 공자가 말했다. "군자는 의義에 밝고(군자유어의君子喩於義), 소인은 이利에
> 밝다(소인유어리小人喩於利)."

'유喩'를 두고 주희는 깨달음을 뜻하는 '효曉'로 보아, "군자는 의에 깨닫고, 소인
은 이익에 깨닫는다."라고 풀이했다. 그러나 문맥상 '화열和悅' 또는 '호好'로 간주
해 '밝다'로 풀이하는 게 훨씬 자연스럽다. 군자와 소인의 의리관義利觀 차이를 설
명한 제16장의 공자 언급과 관련해 오규 소라이는 이같이 분석했다.

"군자는 윗자리에 있는 사람이다. 비록 아랫자리에 있을지라도 윗자리에 있는
사람의 덕을 지녔으면 또한 군자라고 말한다. 소인은 일반 백성인 세민細民을 가
리킨다. 비록 윗자리에 있을지라도 세민의 마음을 지녔으면 또한 소인이라고 할
수 있다. 의로움은 『시경』과 『서경』에 실린 선왕의 옛 의로움인 '선왕고의先王古義'
이다. 옛 사람은 '선왕고의'에 의거해 일의 마땅함을 결정했다. 고학古學이 없어지
자 후대의 유자들이 함부로 억측하며 선왕고의와 다른 의義인 '비의지의非義之義'
를 취했다. 이들이 마땅할 '의宜' 등으로 풀이한 것은 『맹자』에 빠져 부끄러워하는
마음을 '의'로 여긴 데서 비롯됐다. 주희는 『논어집주』에서 '의로움은 천리지소의
天理之所宜이고, 이로움은 인정지소욕人情之所欲이다.'라고 풀이했다. 그러나 무릇

백성은 삶을 영위하는 것으로 마음을 삼는(영생위심營生爲心) 사람들이다. 그 누구인들 이로움을 원하지 않겠는가? 경전을 살펴보면 '선왕고의'의 사례를 여럿 찾아볼 수 있다. 『춘추좌전』「노은공 4년」조에서 큰 의리는 가까운 자를 능히 멸한다는 취지로 말한 '대의멸친大義滅親', 『논어』「미자」에서 벼슬을 하지 않는 것은 의롭지 못하다는 취지로 말한 '불사무의不仕無義' 등이 그렇다. 군자는 천직天職을 받드는 자들이다. 재물을 다스려 백성들로 하여금 편히 살도록 만드는 '이재안민理財安民'이 그것이다. 이것이 '선왕고의'에서 말하는 '의'의 진정한 의미이다."

오규 소라이가 말한 '선왕고의'는 관중管仲이 왕도와 패도의 구별인 '왕패지변王霸之辨'에서 치세와 난세의 상황에 따라 왕도와 패도를 적절히 섞어 사용하는 '왕패병용王霸竝用'을 역설한 것과 취지를 같이한다. 원래 이 장에 나타난 공자의 의리관義利觀은 결코 의義를 추구하는 군자는 좋고, 이利를 추구하는 소인은 나쁘다고 말한 취지에서 나온 게 아니다. 군자와 소인은 각각 맡은 바 역할에 따라 질적인 차이가 있다고 지적한 것에 불과하다. 소인, 즉 생산활동을 통해 생계의 근거를 마련할 수밖에 없는 인민은 생산 활동의 근거인 토지에 관심이 많을 수밖에 없다는 것을 당연한 사실로 받아들인 결과다. 군자와 소인의 구별에 질적 등급 관념이 적용된 셈이다.

순자는 공자의 '의리관'을 그대로 받아들여 사상 최초로 사농공상士農工商의 신분 질서 개념을 명확히 했다. 그는 『순자』「영욕榮辱」에서 '의義'를 앞세우고 '리利'를 뒤로 하는 자는 영예롭고 '리'를 앞세우고 '의'를 뒤로 하는 자는 욕을 당한다는 취지에서 '선의후리자영先義後利者榮, 선리후의자욕先利後義者辱'을 언급했다. 의를 앞세우는 것을 권장한 것이지 이익을 앞세우는 것을 부정적으로 본 것이 아니다.

'정치사학'의 관점에서 볼 때 오규 소라이의 '의리관'은 공학을 '위정학'이 아닌 '수신학'으로 변질시킨 성리학자들을 비판한 데서 알 수 있듯이 순자의 '선의후리 先義後利' 입장과 궤를 같이하는 것이다. 그가 『논어징』에서 성리학자들이 의로움과 이로움의 구별인 '의리지변義利之辨'과 관련해 선승禪僧들처럼 심술心術의 미묘한 차이에 지나치게 함몰된 자세를 질타한 배경이 바로 여기에 있다. 이는 정치평론政治評論에 지나지 않는다고 비판한 게 그렇다. 기무라 에이이치는 이 장을 대략 증자 문인의 소전으로 보았다.

제17장

子曰, "見賢思齊焉, 見不賢而內自省也."

공자가 말했다. "현명한 사람을 보면 그와 같기를 생각하고(견현사제見賢思齊), 현명하지 못한 사람을 보면 안으로 돌이켜 스스로 성찰한다(견우내성見愚內省)."

'견현사제見賢思齊'의 '제齊'는 같을 '유猶', '견불현見不賢'의 '불현不賢'은 '우愚'의 뜻이다. 공자는 이 장에서 군자의 자기반성 방안을 구체적으로 제시하고 있다. 이는 「학이」 제4장에 나오는 증자의 '일일삼성一日三省' 태도와 통한다. 대략 증자 문인의 소전으로 짐작된다.

제 1 8 장

子曰, "事父母, 幾諫. 見志不從, 又敬不違, 勞而不怨."

공자가 말했다. "부모를 섬길 때는 조짐을 보고 은밀히 간해야(기간幾諫) 한다. 자신의 뜻을 부모가 따라주지 않는 것을 보면(견지부종見志不從) 더욱 공경해 부모의 뜻을 어기지 않고(우경불위又敬不違) 부모의 뜻을 추종하는 데 따른 수고를 할지라도 결코 원망하지 않는(노이불원勞而不怨) 태도를 취해야 한다."

'기간幾諫'의 '기幾'를 두고 포함은 은미할 '미微', 주희는 '성질을 누른 채 안색을 온화하게 하고 부드럽게 하는 것', 다산은 '은근한 뜻으로 풍자는 것'으로 풀이했다. '견지부종見志不從'을 두고 포함은 '부모의 뜻이 자신을 따르지 않는 것을 보는 것', 다산은 볼 '견見'을 나타날 '현現'으로 읽어야 한다며 '자신의 뜻이 부모를 따르지 않음을 드러내는 것'으로 해석했다. 포함의 해석을 좇았다. '노이불원勞而不怨'의 '로勞'를 왕인지는 『경의술문』에서 '근심하는 것'으로 새겼다.

이 장은 내용상 『예기』 「내칙內則」과 표리의 관계를 이루고 있다. 「내칙」에는 "부모에게 과실이 있으면 기운을 내리고 얼굴빛을 온화하게 해 부드러운 소리로 간한다. 간하는 말이 받아들여지지 않을지라도 더욱 공경하고 더욱 효를 다한다. 부모가 기뻐하면 이때 다시 간한다. 그러나 부모가 기뻐하지 않아 종아리를 쳐 피

가 흐를지라도 감히 부모를 미워하고 원망하지 말고 더욱 공경하고 효를 다해야
한다."라고 되어 있다.

제19장

> 子曰, "父母在, 不遠遊, 遊必有方."
>
> 공자가 말했다. "부모가 생존해 있을 때는 멀리 나가서 놀지 않는(재불원유
> 在不遠遊) 모습을 보여야 한다. 설령 놀러갈 때라도 반드시 행선지를 알리
> 는(유필유방遊必有方) 자세를 취해야 한다."

'불원유不遠遊'를 두고 주희는 "부모를 멀리 떠나 날짜가 오래되면 잠자리를 살
피고 아침에 문후를 하는 '혼정신성昏定晨省'이 소홀하게 될까 두렵고 부모로 하여
금 걱정을 끼칠 우려가 있기 때문이다."라고 풀이했다. 또 '유필유방遊必有方'을 두
고, "부모가 반드시 자신의 소재를 알아서 근심함이 없고, 자신을 부르면 반드시
이에 응해 실수가 없도록 하려는 취지이다."라고 했다. '방方'은 원래 일정한 장소
인 상소常所의 의미로 사용된 것이나, 오늘날에는 떠나가는 목적지인 행선지行先
地로 풀이하는 게 합리적이다.

제20장

子曰, "三年無改於父之道, 可謂孝矣."

공자가 말했다. "작고한 후 적어도 3년 동안 부친의 도를 고치지 않는(무개부도無改父道) 모습을 보여야 가히 효도라고 할 수 있다."

동일한 내용이 「학이」 제11장에 그대로 실려 있다. 이를 두고 북송 말기에서 남송 초기에 활약한 호인胡寅은 『논어상설論語詳說』에서, "이미 「학이」에 나온 내용이 중복해 나오면서 그 절반이 빠져 있다."라고 지적했다. 기무라 에이이치는 서로 다른 문인의 유사한 전송 또는 증자 문인의 유사한 전송이 각기 다른 시기에 나뉘어 수록된 결과로 보았다.

원래 호인의 백부인 문정공文定公 호안국胡安国은 정호와 정이의 제자인 양시楊時 밑에서 수학했고, 남송 초기 지금의 호남성 상담시 일대의 은산隱山 벽천담碧泉潭 곁에 차남인 호굉胡宏과 함께 '벽천서당碧泉書堂'을 열어 '호상학파湖湘学派'를 개창한 것으로 유명하다. 그가 주석한 『춘추호씨전春秋胡氏傳』은 남송 때 성리학을 집대성한 주희가 극찬한 후 『춘추곡량전』과 『춘추공양전』 및 『춘추좌전』 등 기존의 '춘추3전'과 어깨를 나란히 하는 '춘추4전'으로 숭상됐다. 여기에는 과거시험에서 『춘추호씨전』의 주석을 중시한 게 결정적인 배경으로 작용했다.

제 21 장

子曰, "父母之年, 不可不知也. 一則以喜, 一則以懼."

공자가 말했다. "부모의 나이(부모지년父母之年)는 익히 알고 있지 않으면 안 되는(불가부지不可不知) 대상이다. 한편으로는 오래 사시는 것으로 인해 기쁘고(일즉이희一則以喜), 한편으로는 노쇠老衰로 인해 두렵기(일즉이구一則以懼) 때문이다."

'일즉이희一則以喜'와 '일즉이구一則以懼'의 '이以'는 부모의 수고壽考 즉 장수 또는 노쇠老衰로 인해 희구喜懼하게 된 이유를 가리키는 부사어이다.

제18장~제21장의 4개 장 모두 '효'를 설명한 공자의 격언인 점에 비춰 '지효至孝'를 강조한 증자 문인의 전송일 가능성이 높다.

제 22 장

子曰, "古者言之不出, 恥躬之不逮也."

공자가 말했다. "옛 사람이 말을 함부로 입 밖으로 내지 않은(언지불출言之
不出) 것은 몸소 실천하는 궁행躬行이 입 밖에 낸 말에 미치지 못하는(궁지
불체躬之不逮) 것을 부끄러워했기 때문이다."

군자의 언행일치를 강조한 이 장은 비슷한 내용을 다루고 있는 「헌문」 제29장
과 통한다. 「헌문」 제29장은 '증자왈'로 시작하는 제28장과 내용상 밀접한 관련이
있다. 이 장 역시 증자의 문인에 의한 전송으로 보아도 큰 무리는 없을 듯하다.

제 2 3 장

子曰, "以約失之者, 鮮矣."

공자가 말했다. "요긴한 것만을 행해 스스로를 단속하면서 실수를 범하는
(이약실지以約失之) 자는 매우 드물다."

'이약실지자以約失之者'의 '약約'을 공안국은 '검약儉約', 다산은 '검약'을 포함한 일
체의 자체 단속인 '수약守約', 장보첸은 말을 삼가고, 행동을 신중히 하는 '근언신
행謹言愼行'으로 풀이했다. 이 장은 『맹자』 「공손추公孫丑 상上」에 '증자지수약曾子
之守約' 구절이 나오는 점에 비춰 증자 문인의 전송일 가능성이 높다.

제 2 4 장

子曰, "君子, 欲訥於言而敏於行."

공자가 말했다. "군자는 말을 하는 데에는 어눌語訥하나 행하는 데에는 민첩한(눌언민행訥言敏行) 모습을 보인다."

호인胡寅은 제15장~제24장 모두 증자 문인이 기록한 것으로 짐작했다. 대략 호인의 주장과 같이 증자 문인에게 전승된 것으로 보아도 큰 과실은 없을 것이다.

제 2 5 장

子曰, "德不孤, 必有隣."

공자가 말했다. "덕은 외롭지 않으니 반드시 이웃이 있다(불고유린不孤有隣)."

덕을 강조한 이 장은 내용상 '효'를 강조한 증자학파와 거리가 있으나 결코 동떨어져 있는 것은 아니다. 덕을 증진하기 위해서는 교양 있는 군자와의 교우가 필요하다고 강조한 「안연」 제24장의 구절과 호응하고 있다. 기무라 에이이치는 이 장을 증자 문인에 의해 편집된 격언으로 보았다.

第26장

> 子游曰, "事君數, 斯辱矣. 朋友數, 斯疏矣."
>
> 자유子游가 이같이 말했다. "군주를 섬길 때 자주 간하는 말을 올리면 이내 욕을 당하거나(사군삭욕事君數辱), 붕우를 사귈 때도 자주 충고하는 말을 하면 곧 소원해지는(붕우삭소朋友數疏) 상황을 맞게 된다."

'사군삭事君數'의 '삭數'을 두고 정현은 군주 또는 붕우에게 자주 하는 '간언諫言' 또는 '충언忠言', 주희는 번거로울 정도로 자주하는 언행인 '삭간數諫', 황간은 숫자를 세는 것, 다산은 수차례 은밀하게 간하는 '수간數諫'으로 새겼다. 정현의 주장을 좇았다. 이 장은 공자의 격언이 아닌 자유의 격언으로 되어 있다. '사군事君' 및 '교우交友'의 주의사항을 언급한 이 장은 표면상 앞의 장들과 별개의 것으로 보이나 내용상 '사부모事父母'의 주의사항을 언급한 제18장과 상호 조응하고 있다. '교우'의 주의사항을 언급한 「안연」 제23장과 내용상 상통하는 것이기도 하다. 문맥상 비록 자유의 언급이기는 하나 공문의 후학 사이에서 널리 전송된 공자의 격언으로 보는 게 합리적이다.

제 5 편

공야장公冶長

-

Intro

공야장公冶長

고금의 인물에 대한 공자의 인물평과 문답

「공야장」은 모두 28개 장으로 구성되어 있다. 전편을 통독하면 마지막 제26장
~제28장의 3개 장을 제외하고 모두 고금 인물의 어짊과 어리석음(현부賢否), 그리
고 득실을 논한 것이다. 편자와 관련해 주희는 호인胡寅의 주장을 인용해 자공 문
인들이 편집한 것으로 보았다. 「헌문」 제31장을 보면 공자가 인물평을 좋아하는
자공을 질책하는 내용이 나온다. 호인은 대략 고금 인물의 현부와 득실을 논한
「공야장」에 자공이 자주 등장하고 있는 점에 착안해 이 편을 자공 문인들이 편집
한 것으로 추정한 듯하다.

이 편에 등장하는 공자의 제자는 모두 13명이다. 공야장과 남궁경숙南宮敬叔,
복자천宓子賤, 염유 冉儒, 칠조계漆雕開, 염구冉求, 공서화公西華, 재여宰予, 신정申棖,
자장子張 등이 각각 1번씩 등장한다. 안연顔淵은 2번, 자로子路는 4번, 자공子貢은 5
번 보인다. 자공이 등장하는 장이 비교적 많은 편이다.

그러나 자공은 분주한 정치 활동으로 인해 제자를 제대로 육성하지 못했다. 나아가 「공야장」뿐만 아니라 『논어』 전편에 나오는 자공은 모두 '자공'으로 불리고 있을 뿐 '단목자端木子'로 불리지 않고 있다. 자공 문인의 편찬이 아닐 가능성을 시사한다. 「공야장」에 상대적으로 자공이 많이 등장하는 것은 고금 인물을 평한 기사를 대거 수록한 데 따른 것으로 보는 게 합리적이다.

　원래 2~3대 제자시대에는 증자의 문인이 가장 융성했다. 「공야장」 역시 「학이」와 「이인」과 마찬가지로 증자 문인의 손에 의해 이뤄졌을 가능성을 배제할 수 없으나, 자공을 비롯한 '직계제자'들의 언급이 많이 실려 있는 점에 비춰 다른 사람들에 의해 편집됐을 가능성이 훨씬 높다. 기무라 에이이치는 대략 『논어』 20편 가운데 비교적 빠른 시기에 노나라에서 편집된 것으로 보았다.

제 1 장

子謂公冶長, "可妻也. 雖在縲絏之中, 非其罪也." 以其子, 妻之.

공자가 제자 공야장公冶長을 이같이 평했다. "가히 사위로 삼을 만하다. 비록 검은 포승으로 묶여 수감을 당하는 처지(누설지중縲絏之中)에 있기는 했으나 이는 죄로 인한 게 아니었다." 그러고는 자신의 딸을 시집보냈다.

'공야장公冶長'은 성이 '공야', 이름이 '장'이다. 공자의 제자로 있다가 사위가 됐다. '누설지중縲絏之中'은 검은 포승으로 묶여 감옥에 갇히게 된 것을 의미한다.

제 2 장

子謂南容, "邦有道不廢, 邦無道免於刑戮." 以其兄之子妻之.

공자가 제자 남용南容을 이같이 평했다. "남용은 나라에 도가 있으면 버려지지 않고(유도불폐有道不廢), 나라에 도가 없을지라도 형륙刑戮을 면할(면어형륙免於刑戮) 만한 인물이다." 그러고는 형의 딸을 시집보냈다.

'남용南容'은 노나라의 권신인 맹의자孟懿子 중손하기仲孫何忌의 친형이다. 『춘추좌전』은 남궁경숙南宮敬叔, 『사기』는 남궁괄南宮适, 『공자가어』는 남궁도南宮韜로 기록해놓았다. '남궁'이라는 성씨는 그가 살았던 곳이 남쪽 궁궐 부근인 데서 나온 것으로 본래의 성씨는 '중손'이다. 『춘추좌전』은 그의 본래 이름을 '중손열仲孫說'로 기록해놓았다. 자는 자용子容이고, 시호는 경숙敬叔이다. '남용'은 성과 자를 축약해 표현한 이름이다. '형륙刑戮'은 벌을 받아 주살된다는 뜻이다. 「헌문」 제6장에는 '남궁괄'로 나온다.

이 장은 수감된 경력이 있는 공야장을 남용보다 덜 현명한 사람으로 판단하게 할 여지가 있다. 공야장이 남용에 미치지 못해 자신의 딸을 공야장에게 시집보내고 형의 딸을 남용에게 시집보낸 것으로 해석한 나머지 형에게 후하게 하고 자신에게 박하게 한 것이라는 비판이 있었다. 이에 관해 정이천은 "그러한 해석은 사심을 가지고 성인을 엿본 것이다!"라고 지적했다. 「공야장」의 제1장~제12장 모두 공자가 제자에 관해 평해놓은 것으로, 제자에 대한 비판의 성격을 띠고 있다.

제 3 장

子謂子賤, "君子哉, 若人. 魯無君子者, 斯焉取斯."

공자가 자천子賤, 즉 복부제宓不齊를 이같이 평했다. "군지로다, 자천이여! 노나라에 군자가 없는(노무군자魯無君子) 상황이었다면 이 사람이 과연

어디서 이런 덕을 얻을 수 있었겠는가?

'약인若人'은 '이 사람'의 뜻으로 여기의 '약若'은 지시대명사 '차此'와 같다. 주희는 '사언취사斯焉取斯' 가운데 앞의 '사斯'는 '자천子賤', 뒤의 '사'는 '차덕此德'을 지칭한다고 풀이했다. 공자는 자천을 높이 평가하면서 은연중 노나라에 군자가 매우 많았음을 암시하고 있다. 이는 곧 자신을 군자로 간주한 자부심의 표현으로 해석할 수 있다.

제 4 장

子貢問曰, "賜也何如." 子曰, "女, 器也." 曰, "何器也." 曰, "瑚璉也."

자공이 공자에게 물었다. "저 사賜는 어떻습니까?"
공자가 대답했다. "너는 쓰임이 있는 그릇이다."
자공이 다시 물었다. "어떤 그릇입니까?"
공자가 대답했다. "제사 때 사용되는 호련瑚璉이다."

'녀女'는 2인칭 '여汝'의 가차이다. '호련瑚璉'은 기장과 피를 담기 위해 옥으로 만든 종묘용 제기를 말한다. 종묘제사에 사용하는 제기祭器는 그릇 가운데 가장 귀중하고 화려했다. 하나라에서는 '연璉', 은나라에서는 '호瑚', 주나라에서는 '보궤簠簋'라고 했다. 주희는 "자공은 비록 군자불기君子不器의 경지에 이르지는 못했으나 호련瑚璉과 같이 귀중한 그릇의 경지에 달했다."라고 풀이했다. 대략 공자가 말한 취의에 부합한다.

제 5 장

> 或曰, "雍也仁而不佞." 子曰, "焉用佞. 禦人以口給, 屢憎於人.
> 不知其仁, 焉用佞."
>
> 혹자가 말했다. "염옹冉雍 즉 중궁仲弓은 어질기는 하나 구변이 없는(인이불녕仁而不佞) 인물입니까?"
> 공자가 이같이 반박했다. "구변은 어디에 쓸 것인지 여부를 묻는(언용녕焉用佞) 대상이 아닌가? 사람에게 말재주만 갖고 응답하면(어인구급禦人口給) 자주 남에게 미움(누증어인屢憎於人)을 자초할 뿐이다. 그가 어진 사람인지는 잘 모르겠다. 그러나 구변이 뛰어나다고 한들 이는 어디에 쓸 것인지 여부를 묻는 대상이 아닌가?"

'인이불녕仁而不佞'의 '녕佞'은 아첨을 잘하는 재능으로 곧 말주변인 구변口辯을 가리킨다. '어인禦人'의 '어禦'는 '대당對當'의 의미로 '어인'은 곧 '대인對人'을 뜻한다.

'구급□給'은 말을 막힘없이 하는 '이구利□'의 뜻으로 여기의 '급給'은 '변辯'과 통한다. 공자가 '언용녕焉用佞'을 앞뒤로 2번 언급한 것은 말만 앞서는 '구변'을 지적한 것으로 '구변' 자체를 업신여겨 꺼린 것은 아니다. 『순자』 「비십이자非十二子」에 다음과 같은 구절이 나온다.

"언변으로 마땅한 것도 아는 것이고, 침묵으로 마땅한 것도 아는 것이다. 그러므로 침묵할 줄 하는 것은 언변을 아는 것과 같다. 다언多言이면서 예의에 맞는 사람은 성인이고, 소언少言이면서 법에 맞는 사람은 군자이고, 말의 다소에 상관없이 말에 질서가 없고 밑으로 잠기는 면연漏然의 모습으로 흐르는 자는 비록 언변이 뛰어날지라도 소인이다."

'정치사학'의 관점에서 볼 때 순자는 '위정학'에 방점을 찍은 공학孔學의 적통 후계자다. 그는 이 장에 나오는 '구변'과 '침묵'을 같은 것으로 본 것이다. 공자 역시 '구변' 자체를 '침묵'과 대립시켜 꺼린 것은 아니다. 그럼에도 많은 사람들이 공자가 '구변' 자체를 업신여겨 꺼렸던 것으로 오해하고 있다. 당시 제자들 가운데 가장 총명했던 자공은 공문 내에서뿐만 아니라 당대 최고 '구변가'였다. 『사기』 「중니제자열전」에 자세한 내용이 나온다. 학계 일각에서 그를 종횡가縱橫家의 효시로 보는 이유다. 만일 공자가 '구변' 자체를 업신여겼다면 자공을 그토록 총애했을 리가 없다고 보는 게 합리적이다. 공자가 꺼렸던 것은 순자가 지적한 것처럼 말에 조리와 논리도 없이 화려한 언변만 구사하는 소인배이다.

제 6 장

子使漆雕啓仕. 對曰, "吾斯之未能信." 子說.

공자가 칠조계漆雕啓, 즉 자약子若으로 하여금 벼슬살이인 사환仕宦를 하도록 했다. 칠조계가 이같이 말했다. "저는 아직 벼슬살이의 필요성을 확신하지 못하는(미능신사未能信仕) 상황입니다." 공자가 이 얘기를 듣고 기뻐했다.

'사지미능신斯之未能信'은 '미능신사未能信斯' 문장에서 목적어인 '사斯'를 강조하기 위해 도치시킨 것이다. '사斯'는 벼슬살이를 하는 사환仕宦 또는 벼슬길에 나서 관청에 출근하는 출사出仕를 의미한다. '지之'는 도치를 표시하기 위해 끼워 넣은 어조사이다.

『사기』「중니제자열전」의 기록을 좇아 공자의 제자 칠조계漆雕啓의 이름을 칠조개漆雕開로 표기해놓은 책이 제법 많다. 그러나 '칠조개'는 한경제漢景帝 유계劉啓의 이름을 기휘諱諱해 '계'를 '개'로 고친 것이다. 수천 년 동안 이런 기휘는 『논어』와 같은 경전에도 예외 없이 적용됐다.

子曰, "道不行. 乘桴浮于海, 從我者其由與." 子路聞之喜. 子曰, "由也, 好勇過我, 無所取材."

공자가 말했다. "도가 행해지지 않으니 뗏목을 타고 바다에 뜨려고(승부부해乘桴浮于海) 한다. 아마도 나를 따라올 사람은 자로일 것이다!"
자로가 이 말을 듣고 기뻐했다. 공자가 말했다. "유由는 용맹을 좋아하는 게 나를 능가하는(호용과아好勇過我) 모습을 보인다. 오직 용맹만을 자랑하니 결코 취할 만한 재주가 별로 없는(무소취재無所取材) 인물이다."

'무소취재無所取材'의 '재材'를 두고 정현은 뗏목을 만들 재료, 양보쥔은 어조사 '재裁'로 간주해 취할 것이 없다는 의미로 새겼다. 주희는 사리판단을 뜻하는 '재裁'로 간주해, "공자가 자로의 용기를 찬미하면서도 사리를 재단해 의에 맞게 행동하지 못한 것을 기롱譏弄한 것이다."라고 했다. '재'를 '재裁'로 본 것은 지나친 도학적 해석이고, '재'를 '재哉'로 보아 공자가 탄식한 것으로 풀이하는 견해도 지나치게 자의적이다. 정현을 좇아 글자 그대로 '재료'의 의미로 새기는 게 합리적이다.

孟武伯問, "子路仁乎." 子曰, "不知也." 又問, 子曰, "由也, 千乘
之國, 可使治其賦也, 不知其仁也." "求也何如." 子曰, "求也, 千
室之邑, 百乘之家, 可使爲之宰也, 不知其仁也." "赤也何如." 子
曰, "赤也, 束帶立於朝, 可使與賓客言也, 不知其仁也."

맹무백孟武伯 중손체仲孫彘가 공자에게 물었다. "자로子路는 인仁합니까?"
공자가 대답했다. "알지 못하겠소."

맹무백이 또 묻자 공자가 대답했다. "유由는 천승지국에서 가히 군정軍政
담당의 직책을 떠맡게 할 만한(가사치부可使治賦) 인물이오. 그러나 그가 어
진지는 알지 못하오."

맹무백이 다시 물었다. "염구冉求는 어떻습니까?"

공자가 대답했다. "염구는 큰 성읍인 천실지읍千室之邑과 경대부의 집안인
백승지가百乘之家에서 가히 가신의 우두머리인 가재家宰의 직책을 떠맡게
할 만한(가사위재可使爲宰) 인물이오. 그러나 그가 어진지는 알지 못하오."

맹무백이 거듭 물었다. "공서적公西赤은 어떻습니까?"

"공서적은 관복을 입고 허리띠를 두른 채 군신群臣들과 함께 시립하는(속
대입조束帶立於朝) 조정에서 기히 빈객 접대의 직책을 떠맡게 할 만한(가사여빈
可使與賓) 인물이오. 그러나 그가 어진지는 알지 못하오."

'가사치부可使治賦'의 '부賦'는 '군정軍政'을 의미한다. 옛날에는 토지의 세금을 따져 군사를 내었으므로 '군'을 '부'로 칭하기도 했다. 『춘추좌전』 「노양공 8년」조는 '폐읍의 군사를 모두 모았다'는 의미로 '실색폐부悉索敝賦'라는 표현을 사용했다. '공서적公西赤'은 성이 '공서', 이름이 '적'으로 노나라 출신이다.

제 9 장

子謂子貢曰, "女與回也, 孰愈." 對曰, "賜也何敢望回. 回也聞一以知十, 賜也聞一以知二." 子曰, "弗如也. 吾與女弗如也."
공자가 자공에게 물었다. "너와 회回 가운데 누가 나은가?"
자공이 이같이 대답했다. "저 사賜가 어찌 감히 회를 바라볼 수 있겠습니까? 회는 하나를 들으면 열을 알고(문일지십聞一知十), 저는 하나를 들으면 둘을 아는(문일지이聞一知二) 수준입니다."
공자가 말했다. "그만 못하다. 나와 너는 회만 못한(오여여불여吾與女弗如) 수준일 뿐이다!"

'오여여불여吾與女弗如'의 '여與'를 두고 황간은 인정할 '허許'로 보아, "나는 네가 그만 못함을 인정한다."라고 했다. 공자가 스스로 안회만 못하다는 것을 인정했을 리 없다는 선입견에서 비롯된 것이다. '여與'를 조사로 보아 "나와 너는 그만 못하다."로 풀이하는 게 문맥상 자연스럽다. 호인은 이를 두고, "자공은 스스로 굽히기를 어렵게 여기지 않았으므로 끝내 공자로부터 성性과 천도天道에 관한 얘기를 듣게 됐다."라고 했다. 이는 지나치다. 제14장에 나와 있듯이 공자 사후 자공은 공자로부터 '성'과 '천도'에 관한 얘기를 전혀 들은 바가 없다고 술회한 바 있다. 호인의 이런 주장은 자공의 술회와 정면으로 배치되고 있다. 공자는 생전에 '괴력난신怪力亂神'에 관한 얘기를 극도로 꺼렸다. '정치사학'의 관점에서 호인의 추정과는 달리 공자는 '성'과 '천도'에 관한 얘기를 전혀 하지 않았다고 보는 게 타당하다.

제10장

宰予晝寢. 子曰, "朽木不可雕也. 糞土之牆不可杇也. 於予與何誅." 子曰, "始吾於人也, 聽其言而信其行. 今吾於人也, 聽其言而觀其行. 於予與改是."

재여宰予가 낮잠을 잤다(주침晝寢). 공자가 탄식했다. "썩은 나무에는 조각할 수 없고(후목불가조朽木不可雕), 거름흙으로 쌓은 담장(분토지장糞土之牆)에는 흙손질을 할 수 없는(분장불가오糞牆不可杇) 이치가 있다. 내가 재여에게 무엇을 책망하겠는가?" 이어 덧붙였다. "예전에 나는 남을 대하면서 그 말만 듣고 그 행실을 믿었다(청언신행聽言信行). 그러나 이제는 남을 대하면서 그 말을 듣고 그 행실을 살피게(청언관행聽言觀行) 됐다. 재여로 인해 고치게 된 것이다."

두 번째 나오는 '자왈子曰'을 두고 호인은 『논어상설』에서, "이는 연문衍文인 듯하다. 그렇지 않다면 같은 날의 발언이 아닐 것이다."라고 했다. 대략 후자일 가능성이 크나 같은 날에 한 얘기로 보아도 큰 무리는 없다.

제11장

子曰, "吾未見剛者." 或對曰, "申棖." 子曰, "棖也, 慾. 焉得剛."

공자가 말했다. "내가 아직 굳센 사람(강자剛者)을 보지 못했다."
혹자가 대꾸했다. "신정申棖이 있습니다."
공자가 말했다. "신정은 욕심이 있으니 어찌 굳세다고 하겠는가?"

'신정申棖'을 두고 포함은 노나라 출신으로 자字가 주周라고 했다. 청나라 건륭제 때 활약한 주이존朱彛尊은 『공문제자고孔門弟子考』에서 신정의 자는 자속子續이고, 『사기』 「중니제자열전」에 자가 주周인 신당申黨과 동일 인물이라고 했다. '강剛'과 '욕慾'을 두고 정이천은, "사람이 욕심이 있으면 강할 수 없고, 강하면 욕심에 굽히지 않는다."라고 했다. 주희는 '욕'을 '다기욕多嗜慾'으로 간주해 정이천과 똑같이 풀이했다. 여기의 '강'은 '불굴지지不屈之志', '욕'은 화를 잘 내고 고집이 센 '행행자호悻悻自好'로 풀이하는 게 합리적이다. '강'과 '욕'은 외면상 유사하나 내용상 커다란 차이가 있다.

제 1 2 장

子貢曰, "我不欲人之加諸我也, 吾亦欲無加諸人." 子曰, "賜也, 非爾所及也."

자공이 말했다. "저는 남이 저에게 어떤 일을 강요하지(인가저아人加諸我) 않기를 바랍니다. 저 또한 남에게 어떤 일을 강요하지 않고자(무가저인無加諸人) 합니다."

공자가 말했다. "사賜야, 그 경지는 네가 미칠 수 있는 바가 아니다."

'무가저인無加諸人'의 경지를 두고 정이천과 주희는 '인仁'으로 해석하면서, 자공은 '물시어인勿施於人'의 경지인 '서恕'의 경지까지만 나아갔을 뿐 '인'의 경지까지는 나아가지 못했다고 풀이했다.

그러나 이는 일찍이 공자가 '인'을 '충서忠恕'로 풀이한 바 있고, '무가저인'과 '물시어인'에 어떤 근원적인 차이가 있는 게 아닌 점에 비춰 무리가 있다. 오규 소라이도 같은 취지에서 "송나라 유학자들은 '무가저인'의 '무無'와 '물시어인'의 '물勿'이 옛날에는 같은 뜻으로 사용된 것을 몰랐으니 『논어』를 읽었거나 옛 주석을 읽을 수 있는 사람이라고 말할 수 없다."라고 비판했다. 공자가 자공에게 '인'의 다른 표현인 '진정한 충서'의 경지까지 나아가기가 쉽지 않은 점을 지적한 것으로 풀이하는 게 합리적이다.

제13장

> 子貢曰, "夫子之文章, 可得而聞也. 夫子之言性與天道, 不可得
> 而聞也."
>
> 자공이 말했다. "공부자의 문장文章은 들을 수 있었다. 그러나 성性과 천도
> 天道는 공자로부터 아예 보고들은 적이 없는(불가득문不可得聞) 대상이었다."

'문장文章'을 두고 형병은 육경六經, 주희는 덕이 밖으로 드러난 위의威儀 등으로
보았다. 글자 그대로 문장과 언사인 '문사文辭'로 풀이하는 게 타당하다. '불가득이
문不可得而聞'을 하안은 뜻이 깊고 오묘해 이해하기 어려운 것으로 해석했다.

이 장은 공자의 언행에 대한 자공의 술회이다. 이를 두고 정이천은, "이는 자공
이 공자의 지극한 말을 듣고 찬미한 말이다."라고 했다. 주희도 '성'을 사람이 부여
받은 '천리', '천도'를 '천리자연天理自然의 본체'로 보아, "자공은 이때에 이르러 비
로소 이에 관한 얘기를 얻어 듣고 그 훌륭함에 감탄한 것이다."라고 했다. 공자로
부터 '성'과 '천도'에 관해 전혀 들은 바가 없다고 술회한 자공의 언급과 완전히 배
치되는 해석이다.

자공이 공자를 추억하면서 일종의 비평을 가한 것으로 해석하는 견해가 있으
나 이 또한 지나치다. 자공은 안회와 자로가 죽은 뒤 공자의 총애를 거의 독차지
했다. 그가 공자 사후에 호상護喪을 하게 된 것도 이와 무관하지 않다. 실제로 만

년의 공자는 자공과 가장 많은 대화를 나눴다고 보는 게 합리적이다. 『맹자』 「공손추 상」에 나오는 맹자의 언급이 이를 뒷받침한다.

"옛날 자공이 공자에게 말하기를, '부자夫子는 성인입니다.'라고 하자 공자가 응답하기를, '성인의 경지는 내가 감히 넘볼 수 없다. 나는 단지 배우기를 싫어하지 않고 가르치기를 게을리하지 않는 사람일 뿐이다.'라고 했다. 그러자 자공이 말하기를, '배우기를 싫어하지 않는 게 지知이고 가르치기를 게을리하지 않는 게 인仁입니다. 지와 인을 모두 갖췄으니 부자는 이미 성인입니다.'라고 했다."

공자에 대한 자공의 존경은 상상을 초월할 정도였다. 자공이 '성'과 '천도'에 관한 얘기를 듣지 못했다는 이유로 공자에게 비평을 가했을 리 없다. 자공이 공자를 추억하면서 일종의 비평을 가한 것으로 보는 해석 역시 정이천 및 주희와 마찬가지로 공자가 생전에 아주 드물게 '성'과 '천도'에 관한 언급을 했을 것으로 추측한 데서 비롯됐다. '정치사학'의 관점에서 볼 때 '위정학'에서 출발한 공학孔學에 대한 이해 부족이 이런 잘못된 주석의 근본 배경이라고 할 수 있다.

제14장

子路有聞, 未之能行, 惟恐有聞.

자로는 가르침을 받은 뒤 미처 이를 실천하기도 전에 또 다른 가르침을 받기를(미행유문未行有聞) 두려워했다.

'유공유문惟恐有聞'의 '유有'는 또 '우又'의 의미로 사용된 것이다. 이 장은 누구의 말인지 확실하지 않다. 대략 공문의 누군가가 자로를 관찰한 내용이 수록된 것으로 보인다. 제13장~제14장의 2개 장은 앞서 나온 공자의 제자 평가에 관한 부록의 성격이 짙다.

제 15 장

子貢問曰, "孔文子, 何以謂之文也." 子曰, "敏而好學, 不恥下問. 是以謂之文也."

자공이 공자에게 물었다. "위나라 대부인 공자 공문자孔文子 즉 공어孔圉는 어찌해서 시호를 '문文'이라고 한 것입니까?"
공자가 대답했다. "민첩하면서 배우기를 좋아하고(민이호학敏而好學), 아랫사람에게 묻는 것을 부끄러워하지 않았다(불치하문不恥下問). 이로 인해 시호를 '문'이라고 한 것이다."

'하이위지문何以謂之文'의 '문文'은 시법諡法에 따르면 배우기에 힘쓰고 묻기를 좋아하는 '근학호문勤學好問'의 뜻을 지니고 있다. 이 장부터 제25장에 이르는 11개 장은 모두 공자와 동시대 또는 2~3대 이전의 열국 대부들에 대한 인물평으로 구성되어 있다. 위나라 대부 공어孔圉, 즉 공문자孔文子와 정나라 집정대부 공손公

孫 교교僑, 즉 자산子産, 제나라 집정대부 안영晏嬰, 즉 안평중晏平仲, 노나라 대부 장손진臧孫辰, 즉 장문중臧文仲, 초나라 영윤 투누오도鬪穀於菟, 즉 투자문鬪子文, 제나라 집정대부 진수무陳須無, 즉 진문자陳文子, 노나라 집정대부 계손행보季孫行父, 즉 계문자季文子, 위나라 집정대부 영유甯兪 즉 영무자甯武子 등이 그들이다. 춘추시대 후기의 중요 인물에 대한 평이 거의 모두 등장하고 있는 셈이다.

제16장

子謂子産, "有君子之道四焉. 其行己也恭, 其事上也敬, 其養民也惠, 其使民也義."

공자가 정나라의 현대부인 자산子産, 즉 공손公孫 교교僑를 이같이 평했다.

"그에게 군자의 기본자세(군자지도君子之道)가 모두 4가지 있었다. 첫째 몸소 행하면서 공손하고(행기야공行己也恭), 둘째 윗사람을 섬기면서 공경스럽고(사상야경事上也敬), 셋째 백성을 양육하면서 은혜로우며(양민야혜養民也惠), 넷째 백성을 부릴 때 의로움(사민야의使民也義)으로 요약되는 4가지 덕목이 바로 그것이다."

'기행기야공其行己也恭'의 '야也'는 주격을 표시하는 어조사인 동시에 '~이다'의 뜻을 지닌 계사繫辭로 사용된 것이다. 자산子産은 공자의 나이 31세 때인 기원전

522년에 세상을 떠난 당대 최고의 현자였다. 모두 최상의 찬사로 점철되어 있다. 공자의 사상 형성에 자산이 미친 영향은 지대했다. 『논어』에는 모두 4번에 걸쳐 자산에 대한 공자의 인물평이 나온다. 이 장이 자산에 대한 첫 평가이다. 유사한 내용이 『춘추좌전』 「노문공 2년」조에도 나온다.

제 1 7 장

子曰, "晏平仲善與人交, 久而敬之."

공자가 말했다. "제나라의 현대부 안평중晏平仲, 즉 안영晏嬰은 즐겨 사람과 더불어 친구처럼 사귐(선여인교善與人交)에 뛰어났다. 사람들이 오래도록 공경하는(구경久敬) 대상이 된 이유다."

안영晏嬰 역시 자산과 동시대를 산 제나라의 현상賢相이다. 그가 지은 것으로 알려진 『안자춘추晏子春秋』에는 공자와 안영에 관한 일화가 모두 6번 나온다. 『안자춘추』는 노나라의 성인 공자가 안영에게 누차 굴복당하는 것으로 묘사해놓았다. 이는 『안자춘추』가 안영을 숭상하는 제나라 사람의 손에 만들어진 데 따른 것으로 역사적 사실과는 동떨어진 것이다.

제18장

> 子曰, "臧文仲居蔡, 山節藻梲, 何如其知也."
>
> 공자가 말했다. "노나라의 권신 장문중臧文仲, 즉 장손진藏孫辰은 점복을 치기 위해 큰 거북을 길렀다(거채居蔡). 또 들보와 마룻대를 괴는 큰 목재인 두공斗栱에 산을 그리면서 동자기둥에 수초 그림을 그려 넣는 등 천자에 게만 허락되는 장식(산절조탈山節藻梲)까지 했다. 비례非禮를 저지른 그를 두 고 어찌 지혜롭다고 할 수 있겠는가?"

'장문중거채臧文仲居蔡'의 '장문중臧文仲'은 노나라의 권신 장손진藏孫辰을 가리 킨다. '문文'은 시호, '중仲'은 자이다. 여기의 '거居'는 집에 가둬 기른다는 '장藏'의 뜻 으로 사용된 것이다. '채蔡'는 천자가 점을 칠 때 쓰는 채나라 특산의 큰 거북을 말 한다. 나라 이름이 점복용 큰 거북의 뜻으로 전용된 것이다. 서양에서 중국 특산 의 도자기를 '차이나China'로 칭하게 된 것과 같은 경우라고 할 수 있다. '산절조탈 山節藻梲'의 '절節'은 들보와 마룻대를 괴는 큰 목재인 두공斗栱, '탈梲'은 들보 위의 짧은 동자기둥을 의미한다. 『춘추좌전』 「노문공 2년」조에도 장문중에 대한 공자 의 다음과 같은 비평이 나온다.

"장문중은 어질지 못한 게 3가지이고, 사리를 제대로 알지 못한 게 3가지이다. 전금展禽, 즉 유하혜柳下惠가 현명한 인물이라는 것을 알고도 자신의 밑에 두고,

양관陽關에 있는 여섯 관문인 6관六關을 없애고, 첩이 부들 풀인 포초蒲草로 만든 방석을 팔아 백성들과 이익을 다퉜다. 이 3가지가 바로 어질지 못한 '3불인三不仁'이다. 또 장문중이 사적으로 거북껍질을 모아 꾸민 방인 허기虛器를 만들고, 제사의 순서를 어기는 역사逆祀를 하고, 백성들에게 노나라의 동문 밖에 있는 봉황 모양의 섬인 원거爰居를 제사 지내게 했다. 이 3가지가 바로 알지 못한 '3부지三不知'인 것이다."

『춘추좌전』의 원문에 따르면 장문중이 범한 '3불인三不仁'은 하전금下展禽, 폐육관廢六關, 첩직포妾織蒲이다. 또 그가 범한 '3부지三不知'는 작허기作虛器, 종역사縱逆祀, 사원거祀爰居로 요약된다.

제19장

子張問曰, "令尹子文三仕爲令尹, 無喜色. 三已之, 無慍色. 舊令尹之政, 必以告新令尹. 何如." 子曰, "忠矣." 曰, "仁矣乎." 曰, "未知. 焉得仁." "崔子弑齊君. 陳文子有馬十乘, 棄而違之. 至於他邦, 則曰, '猶吾大夫崔子也'. 違之. 之一邦, 則又曰, '猶吾大夫崔子也'. 違之. 何如." 子曰, "淸矣." 曰, "仁矣乎." 曰, "未知. 焉得仁."

자장이 물었다. "초나라 영윤令尹 투자문鬪子文은 3번 벼슬해 최고위 자리인 영윤이 됐으면서도 기뻐하는 기색이 없고(삼사무희三仕無喜), 도중에 3번 벼슬을 그만두었으면서도 성내는 빛이 없으며(삼이무온三已無慍), 벼슬에서 물러날 때 이전의 영윤으로서 자신이 행한 정사를 반드시 새 영윤에게 일러주었습니다(구정고신舊政告新). 그는 어떻습니까?"

공자가 대답했다. "충성스럽다."

자장이 물었다. "인仁합니까?"

공자가 대답했다. "알지 못하겠다. 어찌 인하다고 할 수 있겠는가?"

자장이 또 물었다. "제나라 권신 최자崔子, 즉 최저崔杼가 제장공齊莊公을 시해하자 진문자陳文子, 즉 진수무陳須無가 10승乘을 가지고 있다가 모두 내던지고 제나라를 떠나버렸습니다. 이어 다른 나라에 이르러 '이 사람도 우리 제나라 최저와 같다.'라고 말하고, 이내 떠난 뒤 또 다른 나라에 가서 '이 사람도 우리 제나라 최자와 같다.'라고 말하고는 다시 떠났습니다. 그는 어떻습니까?"

공자가 대답했다. "청렴하다."

자장이 물었다. "인합니까?"

공자가 대답했다. "알지 못하겠다. 어찌 인하다고 할 수 있겠는가?"

'영윤令尹'은 초나라의 집정執政 벼슬의 명칭으로 열국의 재상과 같다. '투자문鬪子文'은 초성왕 때 활약한 현상賢相이다. 어릴 때 이름은 투누오도鬪穀於菟이다. 서진의 두예杜預는 『춘추경전집해春秋經傳集解』에서 『춘추좌전』 「노장공 30년」조의 주석을 통해 '누곡奴穀'의 발음을 '노주절奴走切'로 풀이하여 '누'로 읽어야 한다고 했다. 초나라 사람은 젖을 '누'로 발음했다는 게 그 이유다. 『한서』 「서전敍傳」은 '오於'를 '오烏', '도菟'를 '도徒'의 음으로 새겼다. 투자문의 어릴 때 이름을 통상 '투곡어도'로 읽고 있으나 '투누오도'로 읽는 게 합당하다. 주희는 투자문의 행보를 두고 "투자문이 초나라를 도울 적에 획책한 것은 모두 왕을 참칭하고 중국을 어지럽힌 것이었다."라고 평했다. 중화주의에 입각한 비평이다. 『춘추좌전』을 지은 좌구명의 저술로 알려진 『국어國語』 「초어楚語 하」에는 3번이나 영윤의 자리를 그만두었으나 하루 동안 먹을 양식조차 쌓아두지 않았다는 취지로 '삼사영윤三舍令尹, 무일일지적無一日之積'으로 기록해놓았다.

'최저崔杼'는 제장공齊莊公 때의 권신으로 자신이 옹립한 제장공을 시해하고 공자 저구杵臼를 제경공齊景公으로 세운 뒤 우상右相으로 있었으나, 이내 좌상左相인 경봉慶封의 무함誣陷에 걸려 멸문지화滅門之禍를 당했다. 진수무陳須無는 제환공 때 진陳나라에서 망명해 온 진완陳完의 후손으로 전국시대 초입에 그의 후손이 강씨姜氏의 제나라를 찬탈했다. 주희는 진수무를 두고 "진문자는 제나라에서 벼슬할 때 이미 군주를 올바르게 인도하고 역적을 토벌하는 의리를 잃었다. 또 몇 년이 못 되어 다시 제나라로 돌아갔으니 그가 인하지 않음을 알 수 있다."라고 평했다. '기이위지棄而違之'의 '위違'는 얼굴도 보지 않은 채 떠났다는 뜻으로 '리離'의 의미로 사용된 것이다. 이별하여 오랫동안 떨어져 지냈다는 뜻의 '구위久違'가 대표적인 용례이다.

季文子三思而後行. 子聞之曰, "再, 斯可矣."

계문자季文子, 즉 계손행보季孫行父는 3번 생각한 뒤 행동했다(삼사후행三思後行). 공자가 이 말을 듣고 이같이 말했다. "그는 잇속이 밝아 2번만 생각한 뒤 행동으로 옮기는(재사후행再思後行) 게 가할 것이다."

계문자季文子는 이름이 계손행보季孫行父로 노나라의 집정대부이다. 공자에게 자문을 구했던 계강자季康子의 5대조이다. 노나라를 좌지우지했던 계손씨季孫氏의 전횡은 계문자로부터 시작됐다. 이들의 가계를 일별하면 다음과 같다.

〈계손행보季孫行父(계문자季文子) → 계손숙季孫宿(계무자季武子) → 계손흘季孫紇(계도자季悼子) → 계손의여季孫意如(계평자季平子) → 계손사季孫斯(계환자季桓子) → 계손비季孫肥(계강자季康子)〉

『춘추좌전』「노문공 6년」조에 따르면 노나라의 집정대부 계문자는 진나라를 방문할 때 마침 진양공晉襄公이 중병을 앓게 되자 먼저 사람을 보내 상을 당했을 때 취할 예법을 알아본 뒤 떠났다. 이 장에 나오는 계문자의 '삼사三思'는 바로 이를 가리키는 말이다. '삼사후행三思後行'과 '재사후행再思後行' 언급은 당시 계문자가 이해관계에 너무 밝아 오래 생각할수록 사리私利를 도모하는 마음이 깊이 스며드는 까닭에 그런 생각은 적을수록 좋다는 취지에서 나온 것이다.

子曰, "甯武子, 邦有道則知, 邦無道則愚. 其知可及也, 其愚不可
及也."

공자가 말했다. "영무자甯武子, 즉 위나라 대부 영유甯兪는 나라에 도가 있
으면 총명하고(유도즉지有道則知), 도가 없으면 어리숙한(무도즉우無道則愚)
모습을 보였다. 그의 총명함은 따라갈 수 있으나 그의 어리숙함은 따라갈
수 없다."

'영무자甯武子'는 위성공衛成公을 섬긴 위나라 대부 영유甯兪를 가리킨다. 치세
와 난세의 시기에 각각 다른 모습을 보였다. '유도즉지有道則知'와 '무도즉우無道則
愚' 행보가 그것이다. 원래 위나라는 위성공 3년인 기원전 632년부터 군주가 달아
나는 등의 일로 인해 매우 어지러워졌다가 3년 만에 안정을 되찾았다. 여기서 말
하는 '무도無道'는 바로 어지러웠던 3년간을 가리키고 '유도有道'는 그 이후의 안정
된 기간을 지칭한다. 여기의 '지知'는 영무자가 '유도'의 기간 때 자취를 거두어 몸
을 온전히 한 것을 말하고, '우愚'는 '무도'의 기간 가운데 몸을 잊고 어려움을 무릅
쓴 것을 말한 것이다.

당초 영무자는 위성공이 초나라로 달아날 때 말고삐를 잡고 따라 가서 3년 동
안 온갖 어려움을 다 겪은 뒤 마침내 위성공을 모시고 귀국했다. 그러나 영무자는

이내 대부 공달孔達을 집정으로 천거한 뒤 뒤로 물러나 천수를 다했다. 그러나 영무자의 행보와 관련해 '무도'와 '우'를 어떻게 해석할 것인지를 놓고 예로부터 고주古注와 신주新注가 크게 대립했다.

고주의 대표 격인 공안국은, "거짓으로 어리석은 것처럼 하는 게 사실과 같았으므로 미칠 수 없다."고 했다. 이에 관해 신주의 대표 격인 주희는 "위성공이 무도해 나라를 잃었을 때 영무자는 어렵고 험한 것을 피하지 않고 맞닥뜨려 마침내 그 몸을 보전하고 그 군주를 건졌다. 그가 처한 곳은 지혜 있는 선비가 깊이 피하고 즐겨하지 않는 곳인 까닭에 이들 두고 공자가 그의 어리석음은 미칠 수 없다고 말한 것이다."라고 해석했다.

고주 계통은 어리석음을 가장해 몸을 보전했다는 의미에서 흔히 '양우설佯愚說'이라고 하고, 신주 계통은 몸을 잊고 위험을 무릅썼다는 의미에서 흔히 '모난설冒難說'이라고 한다. 예로부터 나라가 '무도'에 처해 있을 때 몸을 던져 어렵고 험한 일을 피하지 않은 채 나라를 구하는 일은 쉽지 않은 일이다. 처신에 능한 자들이 볼 때는 어리석게 보일 수밖에 없다. 영무자가 바로 이를 실천한 인물이다. 『춘추좌전』의 기록에 비춰 '모난설'이 역사적 사실에 부합한다.

『춘추좌전』에는 영유의 부친 영속甯速 때부터의 일이 기록되어 있다. 영속은 위의공衛懿公 때 오랑캐의 침입으로 인해 거의 패망한 나라를 다시 일으켜 세웠다. 원래 위혜공衛惠公의 아들 위의공은 주혜왕 9년인 기원전 668년에 즉위했다. 그는 재위 9년 동안 거만하게 행동하며 게으름을 피웠다. 나라의 정사는 돌보지 않고, 날짐승을 좋아했다. 그게 바로 학鶴이었다.

위의공이 기르는 학은 모두 품계와 직위가 있고, 그에 해당하는 녹봉을 받았다. 위의공이 밖으로 행차할 때면 학들도 좌우 양반兩班으로 나뉘어 그 뒤를 따랐다. 또 큰 수레에 학을 태워 어가 앞에서 달리게 했다. 궁에서 학을 기르는 자들도 많은 녹봉을 받았다. 학들을 기르기 위해 백성들로부터 많은 세금을 거둬들인 까닭에 백성들 가운데 굶주리고 추위에 떠는 자들이 자꾸 늘어났다. 위의공은 그런 백성을 돌보거나 구해주지 않았다.

오랑캐가 쳐들어와 위나라 백성들이 모두 산골이나 들판으로 달아나 몸을 숨겼다. 모병에 응해 무기를 잡으려는 자가 거의 없었다. 위의공이 사도司徒로 하여금 달아난 백성을 닥치는 대로 잡아 오게 했다. 얼마 후 100여 명이 잡혀 왔다. 위의공이 달아난 까닭을 물었다. 백성들이 이구동성으로 대답했다.

"주공은 학만 쓰면 족히 오랑캐를 막아 낼 수 있을 것입니다. 학이 전쟁을 할 수 없는 것이라면 그것들은 곧 무용지물無用之物입니다. 그런데도 주공은 이제까지 유용한 백성은 돌보지 않고 무용한 학들만 길렀습니다. 백성들이 복종하지 않는 이유입니다."

위의공이 즉시 사람을 시켜 학을 모두 날려 보냈다. 그러나 학들은 워낙 지극한 사랑을 받은 까닭에 궁중의 동산 위를 빙빙 날아 돌아다닐 뿐 떠나려고 하지 않았다. 영속 등이 직접 저잣거리에 나가 떠들기를, "주공이 허물을 뉘우쳤으니 백성들은 모이도록 하시오!"라고 했다. 그제야 백성들이 여기저기서 모여들기 시작했다. 그러나 이미 늦었다. 위의공은 위나라 군사들과 함께 전사했다.

영속이 곧 제나라로 가 공자 훼燬를 영접하고자 했다. 제환공이 공자 훼를 보내 위나라를 다시 일으키게 했다. 공자 훼가 바로 위문공衛文公이다. 원래 위문공 훼는 위혜공 삭朔의 서형인 공자 석碩의 혈육이다. 공자 석이 서모인 선강宣姜과 사통해 낳은 아들이다. 위성공은 위문공 훼의 아들이다. 그는 시기심과 변덕으로 인해 패자 진문공의 노여움을 사는 바람에 진나라로 끌려왔다. 기원전 632년 어떤 사람이 위성공에게 대부 원훤元咺이 위성공의 동생인 숙무叔武를 보위에 앉히려 한다고 모함했다. 당시 원훤의 아들 원각元角이 위성공을 따르고 있었다. 위성공이 원훤을 의심한 나머지 사람을 보내 원각을 죽이게 했다. 그러나 이때 원훤은 위성공의 명을 어기지 않고 숙무를 모시고 도성으로 들어가 나라를 지켰다.

이해 6월, 진문공이 위성공을 군주의 자리에 복귀시켰다. 위나라 대부 영유甯兪가 위나라의 관원 및 호족들과 함께 완복宛濮에 모여 맹세하기를, "하늘이 위나라에 화를 내렸다. 군신君臣이 협심하지 않아 이런 우환을 만나게 된 것이다."라고 했다. 위나라 사람들이 이 맹약을 듣고는 두 마음을 갖지 않게 됐다.

이때 위성공은 숙무를 의심해 약정된 귀국 날짜에 앞서 위나라로 들어가 한 발먼저 위성공에 앞서 귀국했다. 대부 장장長牂이 성문을 지키다가 그를 군주의 사자로 여겨 같은 수레를 타고 성 안으로 들어갔다. 공자 천견歂犬과 대부 화중華仲이 앞장을 서게 됐다. 이때 숙무는 마침 머리를 감던 중이었다. 위성공이 도착했다는 말을 듣고는 기쁜 나머지 머리카락을 움켜잡고 달려 나갔다. 앞장서서 달려오던 천견이 활을 쏘아 그를 죽였다. 얼마 후 위성공은 숙무에게 죄가 없음을 알고는 이내 자신의 머리를 시신의 허벅지 위에 올려놓은(수침기고首枕其股) 뒤 통곡했다. 이때 천견이 달려 나가자 위성공이 사람을 시켜 그를 죽이게 했다. 원훤이이내 진晉나라로 달아났다.

당시 영유는 위성공을 시종 충심으로 섬겼다. 여러 위기를 갖은 기지와 용기로 극복하면서 결국 위성공을 복위시키는 데 성공했다. 그러나 그 과정에서 맹목적인 충성으로 인해 위성공의 동생인 공자 숙무와 충신 원훤 등을 죽게 만들었다. 후대의 사가들이 그를 두고 충신이기는 하되 위기에 처한 나라를 구한 '사직지신社稷之神'으로는 보지 않는 이유다. 공안국으로 대표되는 고주의 '양우설佯愚說'보다 주희로 대표되는 신주의 '모난설冒難說'을 역사적 사실에 보다 가깝게 보는 것도 바로 이 때문이다.

제 2 2 장

> 子在陳. 曰, "歸與, 歸與. 吾黨之小子狂簡, 斐然成章, 不知所以裁之."
>
> 공자가 귀국 직전 진陳나라에 머물 때 이같이 말했다. "돌아갈까, 돌아갈까? 우리 고향의 젊은이들은(오당소자吾黨小子) 뜻은 크나 경험이 적은(광간狂簡) 무리다. 빛나는 학문과 문장을 갖추는(비연성장斐然成章) 성과를 이뤘음에도 이를 어떻게 마무리해야 좋은지 모르는(부지소재不知所裁) 모습을 보이는 게 그렇다!"

'광간狂簡'을 두고 주희는 뜻만 크고 경험이 부족한 '지대사략志大事略'으로 풀이했다. '비연斐然'은 문채가 빛나는 모습으로 예악을 잘 닦아 문식文飾이 뛰어나다는 의미이다. 이 장은 공자가 천하유세 가운데 진陳나라에 머물 때 노나라에 남겨둔 제자들을 생각하며 마침내 14년간에 걸친 천하유세의 여정을 마무리 짓고 귀국할 뜻을 최초로 피력한 내용을 담고 있다. 공자의 천하유세 기간 가운데 노나라에 잔류했던 전기제자前期弟子들에 대한 공자의 총괄적인 평이다.

제 2 3 장

子曰, "伯夷叔齊, 不念舊惡, 怨是用希."

공자가 말했다. "백이伯夷와 숙제叔齊는 주무왕의 찬탈 행위인 구악舊惡을 염두에 두지 않는(불념구악不念舊惡) 모습을 보였다. 덕분에 두 사람에 대한 사람들의 원망이 적었다."

'원시용희怨是用希'의 '시용是用'은 '이로 인해'의 뜻인 시이是以와 같다. 황간은 백이와 숙제가 남을 원망하는 일이 적다고 풀이했다. 이에 대해 황병과 주희는 남이 백이와 숙제를 원망하는 일이 적었다고 새겼다. 문맥상 후자가 타당하다. 사마천은 '열전'의 첫머리인 『사기』 「백이열전」에서 백이숙제 전설을 기록해놓았다.

"백이와 숙제는 주나라 건국 당시 고죽국孤竹國 군주의 두 아들이다. 주무왕周武王 희발姬發이 선왕인 주문왕周文王의 나무 위패를 수레에 실은 뒤 동쪽 은나라

주紂를 치려고 하자 주무왕의 말고삐를 잡고 간했다. '부친이 돌아가셨는데 장례도 치르지 않은 채 곧바로 전쟁을 일으키려 하니 이를 효孝라고 말할 수 있습니까? 신하된 자로서 군주를 시해하려 하니 이를 인仁이라고 말할 수 있습니까?' 주무왕의 좌우가 이들의 목을 치려고 했다. 군사軍師로 있던 강태공姜太公이 '이들은 의인義人이다.'라고 반대하며 보호해 돌려보냈다. 이후 주무왕이 은나라를 평정하자 천하의 제후들은 주나라를 종주宗主로 섬겼다. 그러나 백이와 숙제는 주나라 백성이 되는 것을 치욕으로 여겼다. 지조를 지켜 주나라의 양식을 먹으려 하지 않고, 수양산首陽山으로 들어가 고사리를 뜯어먹으며 배를 채웠다. 『사기』 「백이열전」에 따르면 두 사람 모두 신하가 군주를 치는 것은 부당하다며 주무왕의 은왕 주紂에 대한 정벌을 반대한 후 수양산으로 달아나 고사리를 캐먹다 아사餓死했다. 백이와 숙제는 과연 세상을 원망한 것인가, 원망하지 않은 것인가?"

이 장은 「백이열전」에 기록된 전설을 토대로 한 것이다. '정치사학'의 관점에서 볼 때 이는 역사적인 인물에 대한 평가가 아니라 전설적인 인물에 대한 단상斷想에 지나지 않는다.

백이와 숙제를 그린 〈채미도(采薇図)〉

제 2 4 장

子曰, "孰謂微生高直. 或乞醯焉, 乞諸其鄰而與之."

공자가 말했다. "누가 미생고微生高를 두고 정직하다고 했는가? 혹자가 그에게 식초인 혜醯를 얻으러 가는(혹걸혜언或乞醯焉) 상황에 처했을 때 마침 집에 식초가 없자 이웃에서 얻어다 주며 생색을 냈다."

'미생고微生高'는 성씨가 '미생微生'인 노나라의 직사直士이다. 정이천은 이 장을 두고, "미생고의 정직하지 못함은 비록 작으나 정직함을 해침은 매우 크다."라고 했다. 문맥상 공자 역시 미생고가 '직사'의 미명을 얻기 위해 은혜를 파는(매은賣恩) 행위를 한 까닭에 정직한 사람이 될 수 없다고 본 게 확실하다.

제 2 5 장

子曰, "巧言令色足恭, 左丘明恥之, 丘亦恥之. 匿怨而友其人, 左丘明恥之, 丘亦恥之."

공자가 말했다. "아첨하는 말과 알랑거리는 태도(교언영색巧言令色)로 지나치게 공손한(주공足恭) 모습을 보이는 것을 좌구명左丘明은 부끄러워했다. 나 공구孔丘 또한 이를 부끄러워한다. 속으로 원망을 숨기고 겉으로는 그 사람과 거짓으로 친한 척함(익원이우匿怨而友)을 좌구명은 부끄러워했다. 나 공구 또한 이를 부끄러워한다."

이 장은 『춘추좌전』을 편집한 사람으로 알려진 '좌구명'에 대한 공자의 평이다. 공자는 사가史家인 좌구명의 뛰어난 점을 2가지 들었다. '교언영색巧言令色'의 '주공足恭'과 '익원이우匿怨而友'를 부끄러워한 게 그것이다. '주공足恭'의 '주足'와 관련해 공안국은 남의 비위를 맞춰 아부하는 '편벽偏僻', 형병은 공손함을 가장하는 '성成', 주희는 지나치다는 의미의 '과過'로 풀이했다. 문맥상 형병의 주석이 합리적이다. '주足'는 통상 '족'으로 읽으나 과도하게 넘친다는 '첨익添益'의 뜻으로 사용될 때는 '주'로 읽는다. '익원이우匿怨而友'의 '익원'을 두고 공안국은 내심 원망을 감추고 겉으로 친한 척 하는 것으로 풀이했다.

좌구명을 두고 공안국은 노나라의 태사太史라고 주장했다. 『한서』 「예문지」도 그같이 기록해놓았다. 형병은 노나라 태사로서 공자에게 『춘추』를 수업한 자라고 보았다. 주희는 『논어』에 나오는 좌구명의 성은 '좌구'이고, '좌구씨'는 『춘추좌전』을 저술한 '좌씨'와는 동명이인이라고 주장했다. 다산은 『춘추좌전』에 나오는 복사卜辭 등에 관한 기술은 후대에 위작할 수 있는 게 아닌 까닭에 그 부분은 좌씨의 기술로 보는 게 옳다고 주장했다.

사실 『춘추좌전』을 비롯한 대부분의 유가 경전은 다산이 주장한 바와 같이 여러 대에 걸쳐 만들어진 것으로 일부 내용은 역사적 사실과 정확히 부합하는지 여부를 단언하기가 쉽지 않다. 복사에 관한 『춘추좌전』의 기술은 본래 좌씨의 작품으로 보아야 한다는 다산의 주장은 나름 일리가 있는 것이기는 하나 학계에서 널리 공인된 것은 아니다. 사실 좌구명이 어느 때 사람인지 여부도 확실하지 않다. 정이천도 좌구명을 전설적인 인물로 평가해놓은 바 있다. 이 장은 내용상 앞뒤를 연결시키는 교량 역할을 하고 있다.

제26장

顔淵·季路侍. 子曰, "盍不各言爾志." 子路曰, "願車馬衣輕裘, 與朋友共, 敝之而無憾." 顔淵曰, "願無伐善, 無施勞." 子路曰, "願聞子之志." 子曰, "老者安之, 朋友信之, 少者懷之."

안연과 계로季路, 즉 자로가 공자를 모시고 있었다. 공자가 물었다. "어찌해 각기 자신의 뜻을 말하지 않는가?"

자로가 대답했다. "원컨대 수레에 올라 말을 타고 가벼운 갖옷을 입는 것(거마의구車馬衣裘)을 벗과 함께 사용하다가 설령 망가질지라도 섭섭해 하지 않는(폐이무감敝而無憾) 모습을 보이고자 합니다."

안연이 대답했다. "원컨대 자신의 유능함을 자랑하거나 공로를 과장하지(벌선시로伐善施勞) 않으려고 합니다."

자로가 공자에게 물었다. "원컨대 선생님의 뜻을 듣고자 합니다."
공자가 말했다. "노인은 편히 대해주고(노자안지老者安之), 친구는 믿고 사귀며(붕우신지朋友信之), 젊은이는 포용해 가슴에 품는 일(소자회지少者懷之)을 행하고자 한다."

'합불각언이지盍不各言爾志'의 '합盍'은 '어찌 아니'의 뜻인 '하불何不'의 축약형이다. '거마의경구車馬衣輕裘'의 '경輕'은 갖옷인 '구裘' 자체가 가벼운 까닭에 연자衍字로 보는 게 합리적이다. 문맥상 여기의 거마車馬는 각각 수레에 오르고, 말을 탄다는 의미의 동사로 보는 게 합리적이다. '노자안지老者安之', '붕우신지朋友信之', '소자회지少者懷之' 모두 동사인 '안安'과 '신信' 및 '회懷'의 목적어인 노자老者, 붕우朋友, 소자少者를 강조하기 위한 도치문이다. '지之'는 강조된 목적어를 대신하기 위해 사용된 가목적어이다. '안지安之'와 '신지信之', '회지懷之'의 대상을 두고 '노인이 나를 편히 여기게 하고, 붕우가 나를 믿게 하고, 젊은이가 나를 사모하게 하는 것이다.'로 해석하는 견해도 있다.

주희는 이같이 해석해도 무리가 없다고 보았으나 이 구절은 공자가 자신의 뜻을 밝힌 것으로, 도치문으로 구성된 사실을 간과한 해석이다. '계로季路'는 자가 자로子路인 중유仲由의 또 다른 자字이다. 『논어』는 이 장을 포함해 「선진」 제2장과 제11장, 「계씨」 제1장 등 모두 4곳에 걸쳐 '자로'를 '계로'로 표시했다. 『공자가어』는 안연의 부친인 안무요顏無繇의 자를 계로季路로 기록했다.

제 27 장

子曰, "已矣乎. 吾未見, 能見其過而內自訟者也."

공자가 탄식했다. "그만두자꾸나! 나는 아직 자신의 허물을 보면 이내 속으로 자신을 꾸짖기(견과내송見過內訟)를 능히 하는 자를 보지 못했다."

'기의호已矣乎'를 두고 주희는 스스로 뉘우치는 자를 만나지 못할까 두려워한 공자의 탄식으로 보았다. 그는 또 '내자송內自訟'에 대해서는 입으로 말하지 않고 내심 스스로 뉘우치는 것으로 풀이했다. 그러나 '자송自訟'은 자책自責의 의미로 사용된 것이다. '송訟'은 '꾸짖다'의 뜻으로 새기는 게 문맥상 타당하다.

제 28 장

子曰, "十室之邑, 必有忠信如丘者焉, 不如丘之好學也."

공자가 말했다. "10호戶 정도의 작은 성읍(십실지읍十室之邑)에도 나 공구孔丘처럼 성실하고 신의 있는 자가 반드시 존재하는(필유충신必有忠信) 이치가 적용되게 마련이다. 그러나 아무리 성실하고 신의 있는 자들일지라도 나처럼 배우기를 좋아하지는 못하는(불여호학不如好學) 수준에 그칠 것이다."

'필유충신여구자언必有忠信如丘者焉, 불여구지호학야不如丘之好學也' 구절은 구두점에 따라 전혀 다른 뜻이 된다. 황간과 주희는 '언焉'을 앞 구절에 붙은 종결 조사助詞로 보았으나, 형병은 뒤 구절의 앞에 붙은 '어찌' 의미의 부사어로 보았다. 이 경우 '어찌 나처럼 배우기를 좋아하는 사람이 없겠는가?'의 의미가 된다. 나름 일리가 있기는 하나 문맥의 흐름과 사뭇 다르다. 황간과 주희의 해석을 좇는 게 합리적이다.

제27장~제28장의 2개 장은 모두 공자의 자술自述로 되어 있다. 이 2개 장은 역대 인물에 대한 평을 담은 이 편의 맨 뒤에 배치됨으로써 일종의 부록 성격을 띠고 있다. 이 2개 장 모두 인간의 참된 가치를 추구하는 방안인 '내성內省'과 '호학'을 강조한 명언으로 제1장~제3장에 나오는 공야장과 남궁경숙, 복자천의 뛰어난 인품을 칭송한 공자의 말과 상호 조응하고 있다. 기무라 에이이치는 편집자의 세심한 배려가 작동한 결과로 보았다.

공자가 태어난 날 하늘에서 음악과 말소리가 들렸다는 것을 나타낸 그림

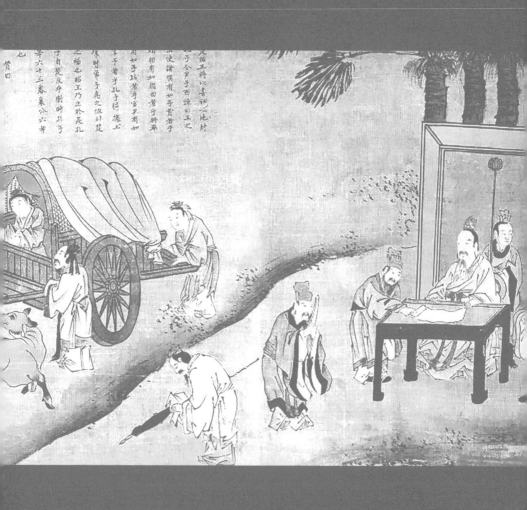

제 6 편

옹야 雍也

Intro

옹야雍也

공자의 제자에 대한 비판과 교훈 및 격언

「옹야」는 모두 28개 장으로 되어 있다. 「옹야」에 나오는 공자의 제자는 중궁과 안연, 공서화, 염구, 원헌, 자로, 자공, 민자건, 염백우, 자하, 자유, 담대멸명, 번지, 재아 등 모두 14명이다. 「선진」에 보이는 '공문10철孔門十哲'이 모두 포함되어 있다. '공문10철'에 들어있지 않은 사람으로는 공서화와 원헌, 담대멸명, 번지 등 4명이다. 이들 모두 공자가 철환천하轍環天下의 유세를 마치고 귀국한 뒤 공문孔門에 입문한 후기제자들이다.

주희는 「옹야」의 기본 줄기가 전편인 「공야장」과 거의 같은 것으로 보았다. 그러나 「옹야」는 여러 면에서 「공야장」과 닮아 있는 게 사실이기는 하나 적잖은 차이가 존재한다. 「옹야」는 내용상 제1장~제14장과 제15장~제28장의 성격이 확연히 달라 크게 2개의 장군章群으로 나눌 수 있다. 먼저 앞의 제1장~제14장은 특정인이 비평의 대상 또는 교훈의 대상이 되어 매 장마다 나타나고 있다.

그러나 이런 특징이 뒤의 제15장~제28장에서는 20 · 24 · 26 · 28장 등 4개 장을 제외하고는 전혀 나타나지 않는다. 4개 장에 등장하는 번지와 재아, 자로, 자공 등은 비평의 대상으로 등장하는 게 아니라 세인에 대한 교훈을 위해 등장하고 있다. 남자南子 또한 공자가 자로에게 자신을 해명하기 위해 잠시 등장할 뿐이고, 요堯 · 순舜 역시 공자의 자공에 대한 대답에서 성인의 예로 거론되고 있을 뿐이다. 뒤의 14개 장에는 보편타당한 공자의 교훈이 중심을 이루고 있다.

「공야장」은 공자가 제자 및 제자 이외의 고금 인물에 대한 어짊과 어리석음(현부賢否) 그리고 득실을 논한 게 대부분이다. 이에 관해 「옹야」의 앞의 14개 장은 대부분 공자의 제자에 대한 인물평과 설법이 혼재되어 있다. 「공야장」과 비교할 때 결과적으로 비슷한 점이 있기는 하나 편찬의 목적과 유래 등이 전혀 다르다. 기무라 에이이치는 인물평의 요소가 다소 담겨져 있다는 점에 주목해 주희처럼 이를 부각시켜 「옹야」와 「공야장」의 내용을 같은 것으로 보는 것은 잘못이라고 진단했다. 「옹야」는 대략 노나라의 후기 문인이 공문 내 사제 간의 문답 및 공자의 교훈을 전송해 기록한 것으로 보는 게 합리적이다.

子曰, "雍也可使南面." 仲弓問子桑伯子. 子曰, "可也, 簡." 仲弓曰, "居敬而行簡, 以臨其民, 不亦可乎. 居簡而行簡, 無乃大簡乎." 子曰, "雍之言, 然."

공자가 말했다. "염옹冉雍 즉 중궁仲弓은 가히 군주 노릇을 시킬 만한(가사남면可使南面) 인재이다."
중궁이 기뻐하며 노나라 출신 도인道人인 자상백자子桑伯子에 관해 묻자 공자가 이같이 대답했다. "그가 간소한 모습을 보이는(행간行簡) 것도 가하다."
중궁이 물었다. "경건하면서 간소한(거경행간居敬行簡) 자세로 백성들을 대하는(임민臨民) 게 가하지 않겠습니까? 자상백자처럼 자신은 물론 남에 대해서도 지나치게 간소한(거간행간居簡行簡) 자세로 정사에 임하는 것은 아무래도 지나치게 간소한 게 아니겠습니까?"
공자는 '거경행간'과 '거간행간'의 차이를 언급한 중궁을 이같이 칭송했다.
"염옹의 말이 옳다!"

'가사남면可使南面'의 '남면南面'은 군주가 신하들과 조회할 때 남쪽의 신하들을 향하는 것을 가리키는 말로 군림君臨을 상징한다. 오규 소라이는 "포함은 제후를 다스릴 만하다고 풀이했다. 『공자가어』 「제자해弟子解」도 '집안이 가난했으나 부

富에 관해 손님처럼 관심이 없었다. 노여움을 옮기지 않고, 깊이 원망하지 않고, 옛 허물을 마음에 새기지 않으니 이는 염옹의 행실이다."라고 주석했다. 주희는 『공자가어』와 포함의 주석을 취하지 않은 채 마음이 너그럽고 도량이 크며 대범하고 소탈하다는 취지의 '관홍간중寬洪簡重'으로 요약했다. 『공자가어』의 기사는 염옹이 청아하고 고매한 귀인의 모습을 지닌 자로서 1,000년 뒤에나 그런 사람을 생각할 수 있다는 취지에서 나온 것이다. 노여움을 옮기지 않고, 깊이 원망하지 않고, 옛 허물을 마음에 새기지 않는 것은 제후의 미덕이다. 그 자질이 제후가 될 만하기에 대부는 될 수 없다. 공자가 '가사남면'을 언급한 기본 취지가 여기에 있다."라고 했다.

'정치사학'의 관점에서 볼 때 공자가 염옹을 두고 '가사남면'으로 평한 것은 봉건질서가 무너지고 능력 본위의 새로운 세상이 전개될 때 능히 군주가 될 만한 자격을 갖췄다고 판단한 결과로 해석할 만하다. 『논어』에는 염옹에 대한 기사가 이 장과 「옹야장」 제5장 및 「안연」 제2장 등 모두 3곳에 걸쳐 나온다. 칭송 일색이다. 주목할 점은 공자가 제자들을 두고 군주의 자질이 있다고 칭송한 사람은 오직 염옹밖에 없다. 나머지 제자들은 '남면'이 아닌 '북면北面'의 당사자로 보았음을 반증한다. '남면'과 달리 '북면'은 신하의 자리에 서서 군주를 섬기는 것을 말한다.

주희는 『논어집주』에서 "자상백자子桑伯子와 맹지반孟之反 모두 노나라 사람으로 『장자』에 나오는 자상호子桑戶 및 맹자반孟子反과 같은 인물이다."라고 주석했다. '자상백자'가 『장자莊子』 「산목山木」에는 자상호子桑雽, 『장자』 「대종사大宗師」에는 자상호子桑戶, 『초사楚辭』 「섭강涉江」에는 상호桑扈로 나온다.

'거경행간居敬行簡'의 '거경居敬'은 심신의 경건한 상태를 유지하며 스스로 엄격하게 단속한다는 의미다. '행간行簡'은 남을 관대하게 대하는 태도로 순임금의 '무위지치無爲之治'와 가까운 뜻으로 사용된 것이다. '거간행간居簡行簡'의 '거간居簡'은 자신을 엄격히 단속하지 않고 방관하는 것을 의미한다. 여기의 '간簡'을 두고 주희는 번거롭지 않은 '불번不煩'으로 보아 예법이나 향장刑政 등으로 백성을 귀찮게 하지 않는 것으로 풀이했다.

이 장을 두고 정이천은, "거경居敬하면 심중에 아무런 일이 없으므로 행하는 바가 절로 간략해진다. 그러나 거간居簡하면 먼저 간략함에 마음이 있어 간략함이 많게 된다. 그래서 중궁이 태간太簡이라고 말한 것이다."라고 했다. 주희는, "『공자가어』에 따르면 자상백자는 의관을 하지 않은 채 거처하다가 공자에게 비판을 받은 바 있다. 자상백자는 지나치게 간략한 자였을 것이다. 중궁은 공자가 자상백자의 간략함을 가하다고 두고 지나치게 허여許與한 것으로 의심한 것이다. 공자는 중궁이 가可의 의미를 제대로 깨닫지 못했으나 그가 말한 이치는 은연중 이치에 닿는 까닭에 옳다고 한 것이다."라고 했다. 성리학자들이 '거경궁리居敬窮理'를 중시한 것도 이런 해석과 무관하지 않을 것이다.

제 2 장

哀公問, "弟子孰爲好學." 孔子對曰, "有顔回者好學. 不遷怒, 不貳過. 不幸短命死矣. 今也則亡, 未聞好學者也."

노애공이 공자에게 물었다. "제자들 가운데 누가 배우기를 좋아하는(호학好學) 주인공이오?" 공자가 대답했다. "안회라는 사람이 '호학'의 주인공입니다. 노여움을 옮기지 않고(불천노不遷怒) 두 번 다시 잘못을 저지르지 않는(불이과不貳過) 것이 그렇습니다. 다만 그는 불행히도 명이 짧아 일찍 죽고(단명요사短命夭死) 말았습니다. 지금은 안회와 같은 사람이 없는 까닭에 아직까지 안회처럼 '불천노'와 '불이과'를 행하면서 배우기를 좋아하는 사람이 있다는 얘기를 듣지 못한(미문호학未聞好學) 상황입니다."

'호학好學'은 요즘의 학문과 같이 단순한 지식 추구가 아니라, 자신과 인간 및 세상에 대한 통찰을 연마하는 인문학 전반에 대한 고찰을 의미한다. 공자가 안회의 '불천노不遷怒'와 '불이과不貳過' 행보를 논거로 든 게 그렇다. 이는 공학孔學이 '위정학爲政學'에 초점을 맞춘 데 따른 당연한 결과이기도 하다.

주희는 안회가 32세에 죽었다고 해석해놓았으나 무슨 확실한 근거가 있는 것은 아니다. 오히려 『사기』와 『춘추좌전』의 기록 등을 종합해볼 때 40세 후반에 죽었을 가능성이 크다.

子華使於齊, 冉子爲其母請粟. 子曰, "與之釜." 請益. 曰, "與之庾." 冉子與之粟五秉. 子曰, "赤之適齊也, 乘肥馬衣輕裘. 吾聞之也, '君子周急不繼富.'" 原思爲之宰, 與之粟九百, 辭. 子曰, "毋, 以與爾鄰里鄕黨乎."

자가 자화子華인 공서적公西赤이 계씨를 위해 제나라에 사자로 갈(시어제使於齊) 때 염자冉子 즉 염구冉求가 자화의 모친을 위해 곡식을 얼마나 주는 게 좋은지 스승인 공자에게 상의했다. 공자가 말했다. "6두斗 4승升인 1부釜를 주어라." 자화가 더 주려고 하자 이같이 말했다. "16두인 1유庾를 주어라."

염자가 이를 적다고 생각해 임의로 80석石인 5병秉을 내주었다. 공자가 말했다. "적赤은 제나라에 가면서 살찐 말을 타고 가벼운 갖옷을 입었다(승비의경乘肥衣輕). 내가 듣건대 '군자는 절박한 사람을 도와주되 부유한 자를 계속 부유하게 만들지는 않는다(주급불계부周急不繼富).'고 했다."

원사原思, 즉 원헌原憲이 공자의 가재家宰가 되자 공자가 곡식 900두를 내주었다. 원사가 이를 사양하자 공자가 말했다. "사양하지 말고 네 마을사람들(인리향당隣里鄕黨)에게 두루 나눠주도록 해라."

이 장은 공자의 제자들에게 얼마만큼의 봉급을 주는 게 좋은지 공자와 상의한 내용을 기록한 것이다. 그는 노나라 사람이지만 이 글에 따르면 경제적으로 곤궁하지 않은 집안에서 자란 듯하다. 여기의 '시使'는 통상 '사使'로 읽지만 명사인 '사자使者' 또는 '사자로 가다'의 뜻을 지닌 동사로 사용된 까닭에 '시'로 읽은 것이다. '1부釜'는 6두斗 4승升이다. '1유庾'를 두고 대진戴震의 『고공기보주考工記補注』는 2두 4승이라고 했다. 하안과 주희는 16두로 보았다. '1병秉'은 16곡斛이다. 1곡은 10두인 1석石과 같다. 5병은 곧 80석石이 되는 셈이다. '주급불계부周急不繼富'의 '주周'는 구제救濟의 의미로 사용된 것이다. '주급周急'은 '주제周濟'와 같다. '계부繼富'는 거듭 부유하게 만든다는 뜻으로 여기의 '계繼'는 도중에 그치지 않는 '부단不斷'의 뜻을 지닌 부사어, '부富'는 부유하게 만든다는 뜻의 사동사로 사용된 것이다.

'인리향당隣里鄕黨'의 규모와 관련해 병서인 『사마법司馬法』는 전지田地의 경우 6척尺은 1보步, 100보는 1무畝, 100무는 1부夫, 3부는 1옥屋, 3옥은 1정井, 4정은 1읍邑이라고 했다. 또 가호家戶의 경우 5호戶는 1비比, 5비는 1려閭, 5려는 1족族, 5족은 1당黨, 5당은 1주州, 5주는 1향鄕이라고 했다. 그러나 『주례周禮』에 대한 정현의 주석에 따르면 1려閭는 25호, 1주州는 2,500호, 1향은 12,500호이다.

이 장은 자화가 제나라에 사자로 간 얘기와 원사가 가재가 됐을 때의 이야기를 하나로 뭉뚱그려 놓은 것이다. 두 경우에 대한 공자의 태도가 대조적이다. 자화가 제나라에 사자로 간 게 언제인지는 자세히 알 길이 없다. 그는 공자보다 42세나 적다. 공자가 위나라에서 노나라로 돌아올 때 그는 20대 후반이었다. 공자가 노나라를 떠나 천하유력에 나설 당시 그는 10대 초반에 불과했다. 그가 정식으로 공문에 입문한 것은 공자의 만년 때였을 것이다. 공자가 노나라로 돌아올 당시 염유는 계씨의 가재로 있었다. 자화는 염유를 통해 공자의 제자가 됐을 가능성이 크다.

그가 제나라에 사자로 갈 때 염유가 그의 모친을 위해 식량을 청했다는 것은 염유가 계씨의 가재로 있었을 때의 일로 보인다. '곡식을 청했다'고 하는 것은 곡식을 주고 싶다고 공자에게 말한 게 아니다. 제나라에 사자로 갔다고 하는 것은 집정으로 있는 계씨의 사자가 되어 파견된 것으로 국로國老로 있어도 이미 녹을 받지 않고 재야에 있는 공자가 곡식을 받을 입장도 아니었다. 염유는 계씨의 가재로서 현직자인 까닭에 자화의 모친에게 곡식을 줄 생각으로 계씨에게 청한 것이다.

'원사原思'는 공자의 제자로 이름이 원헌原憲이고, 자가 자사子思이다. 『중용』을 저술한 것으로 알려진 공자의 손자 공급孔伋도 자가 자사子思인 까닭에 구분의 편의상 '원사原思'로 칭하기도 한다. 정현은 노나라 사람으로 보았으나 『공자가어』에는 송나라 사람으로 되어 있다. 당나라 때 사마정司馬貞은 『사기색은史記索隱』에서 공자보다 36세 어리다고 기록했다. 주희의 주에는 그가 공자의 가재가 된 것은 공자가 사구司寇로 있을 때로 되어 있으나 이처럼 어린 원사가 공자의 가재로 있었을 리 없다. 만일 공자가 노나라로 돌아온 이후라면 그는 30대 초반이다. 어느 경우일지라도 공자의 가재로 있었던 까닭에 공자가 봉급을 주었을 것이다. 『사기』「중니제자열전」에는 공자 사후 초택草澤에 몸을 숨긴 것으로 되어 있다.

제 4 장

子謂仲弓曰, "犁牛之子騂且角, 雖欲勿用, 山川其舍諸."

공자가 중궁仲弓을 이같이 평했다. "우경牛耕에 쓰는 얼룩소의 자식(이우지자犁牛之子)일지라도 희생犧牲에 사용될 정도로 털이 붉고 뿔이 가지런한 (성차각騂且角) 모습을 지녔으면 비록 희생으로 사용하지 않으려고 해도 제사를 받는 산천의 신령이 어찌 이를 방치할 리 있겠는가?"

『사기』「중니제자열전」에 따르면 중궁의 부친은 미천한 사람이었으나 공자는 중궁을 높이 평가했다며 『논어』「옹야」의 '이우지자犁牛之子'와 '성차각騂且角'을 논거로 들었다. 중궁의 아비는 천하고 행실이 부정하나 그 자식만큼은 그렇지 않다는 취지로 말했다는 것이다. 중궁을 '이우지자'로 본 셈이다. 여기의 '성騂'은 붉은 색을 띤 소를 말한다. 주나라는 적색을 숭상해 붉은 색의 소를 희생으로 사용했다. 소가 붉은 색을 띠고 있다는 뜻의 형용사로 사용된 것이다. '각角' 역시 뿔이 곧다는 뜻의 형용사로 사용된 것이다. '산천기사저山川其舍諸'의 '저諸'는 의문을 뜻하는 조사助詞 '지호之乎'의 축약형이다. '기其~ 저諸'는 "이를 어찌하겠는가?"의 뜻을 지닌 상용 구문이다. 이 장은 공자가 비록 중궁의 아비는 천하고 행실이 부정하나 그 자식만큼은 그렇지 않다는 것을 말한 것이다. 중궁은 덕행이 뛰어난 인물로 알려져 있다.

제 5 장

子曰, "回也, 其心三月不違仁, 其餘則日月至焉而已矣."

공자가 말했다. "안회는 그 마음이 오래도록 인을 어기지 않았다(삼월불위인
三月不違仁). 그러나 나머지 사람들은 하루나 한 달에 겨우 한 번 인에 이를
(일월지인日月至仁) 따름이다."

　'삼월불위인三月不違仁'의 '삼월三月'을 두고 정이천은 "3달은 천도가 약간 변하
는 절기이다. 그 사이 인을 떠나지 않았다는 것은 털끝만한 사욕도 없었다는 뜻이
다. 조금이라도 사욕이 있다면 이는 인이 아니다."라고 풀이했다. 말 그대로 '3달'
로 풀이한 셈이다. 그러나 여기의 '삼월'은 단순히 '3달'을 뜻하는 게 아니라 오랜
시간을 지칭한 말이다. 다중多衆을 이삼자二三子로 표현하는 것과 같다. 이에 반해
'일월지인日月至仁'의 '일월日月'은 통상 '해와 달'을 뜻하나 여기서는 비교적 짧은
시간을 지칭하는 말로 사용된 것이다. '이이의而已矣'는 '이已'의 강조형 종결 조사
助詞 '이이而已'와 같다. 정이천은 이 장을 두고 적잖은 사람들이 안회에 대한 공자
의 비평으로 보았으나, 오규 소라이는 안회에 대한 교훈으로 보았다.

제 6 장

季康子問, "仲由可使從政也與." 子曰, "由也果, 於從政乎何有."
曰, "賜也可使從政也與." 曰, "賜也達, 於從政乎何有." 曰, "求
也可使從政也與." 曰, "求也藝, 於從政乎何有."

계강자가 공자에게 자로에 관해 물었다. "중유仲由는 대부의 자격으로 정
사에 참여시킬(종정從政) 만합니까?" 공자가 대답했다. "중유는 과단성이 있
으니 '종정'을 시킨들 무슨 어려움이 있겠소!"
계강자가 자공에 관해 물었다. "사賜도 '종정'을 시킬 만합니까?" 공자가 대
답했다. "사는 사리에 통달했으니 '종정'을 시킨들 무슨 어려움이 있겠소!"
계강자가 염구에 대해 물었다. "구求도 '종정'을 시킬 만합니까?" 공자가 대
답했다. "구는 재능이 많으니 국정에 참여시킨들 무슨 어려움이 있겠소!"

'종정從政'을 두고 주희는 '하대부가 되는 것'으로 해석했다. 당시 노나라 조정의
국정회의에 참여하려면 최소한 하대부의 반열에 오르지 않으면 안 됐다. 공자 역
시 천하유세를 떠나기 전에 하대부의 자격으로 조정회의에 참석한 바 있다. 명나
라 말기 숭정제 때 국자감생國子監生 장자열张自烈이 출간한 『사서대전변四書大全
辨』에 따르면 군왕의 치국평천하 행보는 위정爲政, 경경卿의 행보는 집정執政, 대부
大夫의 행보는 종정從政으로 구분했다. 이 일화는 공자가 14년에 걸친 철환천하의

유세를 마치고 귀국한 뒤 원로의 역할을 할 때의 일화이다. 당시 공자는 계강자의 질문에 관해 구체적인 답변을 피한 채 3명의 제자를 모두 뛰어난 면모를 지니고 있으니 그 장점을 취해 모두 기용할 것을 적극 권한 것이다. '정치사학'의 관점에서 볼 때 공자는 '종정'의 조건으로 자로와 자공 및 염구가 보유한 과단果斷과 통효通曉 및 다재多才의 '과달예果達藝' 3가지 덕목을 제시한 셈이다.

제 7 장

> 季氏使閔子騫爲費宰. 閔子騫曰, "善爲我辭焉. 如有復我者, 則吾必在汶上矣."
>
> 계씨가 민자건閔子騫, 즉 민손閔損을 비읍費邑의 읍재邑宰로 삼으려고 하자 민자건이 계씨의 사자에게 말했다. "나는 사양하고자 하니 그대가 부디 나를 위해 잘 말해 주시오. 만일 나를 다시 부르면(여유복아如有復我) 나는 반드시 제나라로 건너가기 위해 저 문수汶水 가에 서 있는(필재문상必在汶上) 자세를 취할 것이오."

'민자건閔子騫'은 공자의 제자들 가운데 증자와 더불어 효행으로 명망이 높았다. '비재費宰'의 '비費'는 계씨의 식읍인 비읍費邑으로 지금의 산동성 제녕시 어대현 서남쪽이다. '여유복아如有復我'의 '복復'은 다시 원래의 모습으로 돌아오게 하는 환원還原의 뜻으로 사용된 것이다. '필재문상必在汶上'은 제나라로 들어가 버리 겠다는 뜻이다. 여기의 '문汶'은 노나라와 제나라의 경계에 있던 문수汶水로 지금 의 대문하大汶河를 말한다. 산동성 선고산旋崓山 북록北麓에서 발원해 태산 산맥 을 감돌아 황하로 들어간다. 정이천은 "공자의 제자 가운데 대부의 집안에 벼슬 하지 않은 사람은 민자건과 증자를 비롯한 몇 사람뿐이다."라고 했다.

제 8 장

伯牛有疾, 子問之. 自牖執其手曰, "亡之, 命矣夫. 斯人也而有斯 疾也, 斯人也而有斯疾也."

덕행이 뛰어난 염백우冉伯牛, 즉 염경冉耕이 병에 걸리자 공자가 문병하면 서 창문을 통해 그의 손을 잡고(자유집수自牖執手) 이같이 말했다. "살아날 가망이 없으니 이는 운명인가! 이처럼 뛰어난 인재가 이런 병에 걸리다니 (사인사질斯人斯疾), 이처럼 뛰어난 인재가 이런 병에 걸리는 상황이라니!"

'자유집수自牖執手'는 직접 대면하지 않고 창문을 통해 손을 잡는 것을 말한다. 당시 염백우가 걸린 병은 나병癩病으로 알려졌으나 주희는 그 경우 손을 잡는 것 을 이해할 수 없다며 다른 해석을 시도했다. 그는, "통상 환자는 방의 북쪽 벽 아 래에 눕힌다. 군주가 문병을 오며 환자를 남쪽 벽 아래로 옮겨 군주로 하여금 남면南面을 할 수 있게 조치한다. 공자가 문병을 갔을 때도 백우의 집에서 그같이 배려했으나 공자는 이를 참월僭越한 일로 보아 바깥으로 나가 창문으로 손을 잡은 것이다."라고 했다. 고대에 경병輕病을 '질疾', 중병重病을 '병病'으로 칭한 점에 비춰 볼 때 나름 일리가 있는 분석이다. 그러나 그 경우 뒤에 이어지는 '무지亡之, 명의 부命矣夫' 이하의 구절을 매끄럽게 해석하기가 쉽지 않다. 염백우가 괴병怪病 또는 중병에 걸리자 공자가 감염을 우려해 창문을 통해 맥을 짚었다고 보는 게 합리적이다. '무지亡之'의 '무亡'는 '무無'와 같다. '지之'는 '소생蘇生'의 의미로 사용됐다. '명의부命矣夫'의 '명命'을 주희는 천명으로 해석했다. 그러나 '수명壽命'으로 해석하는 게 문의에 부합한다. '의부矣夫'는 감탄의 뜻을 지닌 조사助詞이다.

제 9 장

> 子曰, "賢哉, 回也. 一簞食一瓢飮在陋巷, 人不堪其憂. 回也不改其樂. 賢哉, 回也."
>
> 공자가 말했다. "현명하구나, 안회여! 한 그릇의 밥을 먹고 한 표주박의 물을 마시면서(단식표음簞食瓢飮) 누추하고 궁색한 길거리에 살면(궁가누항窮街陋巷) 다른 사람들은 그 근심을 견디지 못한다. 그러나 안회는 '단식표음'의 즐거움을 그치지 않는(불개기락不改其樂) 자세를 견지한다. 현명하구나, 안회여!"

'일단식일표음一簞食一瓢飮'은 한 그릇의 밥을 먹고, 한 표주박의 물을 마신다는 뜻이다. 여기서 '단식표음簞食瓢飮' 성어가 나왔다. 이는 한 그릇의 밥과 한 표주박의 물이란 뜻으로, 누추하고 청빈한 삶을 사는 것을 상징한다. 많은 사람들이 '단식표음'을 '단사표음'로 읽고 있다. 『논어』 「술이」의 '반소식음수飯疏食飮水'와 『맹자』 「양혜왕梁惠王 상上」의 '단식호장簞食壺浆' 경우도 마찬가지로 많은 사람들이 '반소사음수' 및 '단사호장'으로 읽고 있다. 그 이유는 무엇일까?

원래 '식食'은 먹는다는 뜻의 동사뿐만 아니라 '밥'을 뜻하는 명사로도 사용된다. '단식簞食'은 대광주리에 담긴 밥을 뜻한다. '식'은 명사로 사용된 것이다. '식'으로 읽는 게 타당하다. '사'로 읽는 것은 밥을 먹여준다는 뜻의 사동사使動詞로 사용될 때뿐이다. 먹일 사飼의 뜻과 같다.

그런데도 왜 많은 사람들이 '단식'이 아닌 '단사'로 읽는 것일까? 이는 기본적으로 중국에서 예로부터 명사인 '밥 식食(shí)'과 동사인 '먹을 식食(shí)'을 사동사인 '먹일 사食(si)'와 명확히 구별하고자 한 데서 비롯됐다. 문제는 사람들이 먹는 밥에 한해 예외적으로 사食(si)로 읽은 이유다. 후대로 오면서 사람들이 먹는 밥을 비롯해 동물들의 먹이를 포함한 여타 음식물을 모두 '밥 식食(shí)'으로 통일했다. 여기서 혼란이 빚어졌다.

현재는 『현대한어사전現代漢語詞典』과 『한어성어대사전漢語成語大辭典』 등이 '단사표음'과 '반소사음수' 및 '단사호장'으로 표기하고 있다. 현재 대다수 중국인들은 '단식표음'과 '반소식음수' 및 '단식호장'으로 읽는 쪽에 손을 들어주고 있다. 21세기에 들어와 사람이 먹는 밥에 한해 사食(si)로 읽는 식자층이 사라진 결과다. 나아가 '사食(si)'로 읽을 경우 오히려 동물들에게 먹이를 주며 키우는 '사육飼育(siyù)'의 의미로 오해될 소지가 크다.

'재누항在陋巷'의 '누항陋巷'은 누추한 마을의 거리를 뜻한다. 궁색하고 누추한 길거리인 '궁가누항窮街陋巷'의 줄임말이다. 빈민가 또는 슬럼의 뜻이다. '재在'는 '~에 살다'의 뜻인 '주어住於' 또는 '~에 머물다'의 뜻인 '거어居於'의 의미로 사용된 동사이다.

이 장에 나타난 공자의 안회에 대한 칭송은 안빈낙도安貧樂道를 행하는 안회의 모습을 묘사할 때 자주 인용되는 명구이다. 이를 두고 정이천은 "안회의 즐거움은 한 그릇의 밥과 한 표주박의 물, 누추한 시골을 즐거워한 데 있지 않다. 가난으로 인해 그 마음을 얽매인 바가 있었으나 그 즐거움을 조금도 바꾸지 않은 데 있다."라고 풀이했다.

제 1 0 장

冉求曰, "非不說子之道, 力不足也." 子曰, "力不足者, 中道而廢. 今女畫."

염구冉求가 말했다. "선생님의 도를 좋아하지 않는 것은 아니나 저는 힘이 부족한(역부족力不足) 상황입니다!"
공자가 말했다. "'역부족'을 말하는 사람은 중도에 그만둔다(중도이폐中道而廢). 지금 너 또한 시도해보지도 않은 채 미리 선을 긋고 중도에 포기하려는(여획이폐女畫而廢) 것이다."

'역부족力不足'은 나아가려고 해도 힘이 달려 불가능한 것을 말한다. '금여획今女畫'의 '여女'는 2인칭 대명사인 '여汝'의 가차로 사용된 까닭에 '녀女'로 읽어서는 안 된다. '획畫'을 두고 공안국은 그만둘 '지止'의 의미로 새겼다. 해보지도 않은 채 그만두는 것을 뜻한다. 당시 염구, 즉 염유冉有는 스스로 한계를 그어 노력도 하지 않은 채 '역부족'을 언급함으로써 공자의 질책을 받았다.

제 1 1 장

子謂子夏曰, "女爲君子儒, 無爲小人儒."

공자가 자하에게 말했다. "너는 군자와 마찬가지로 참된 유자(군자유君子儒)가 돼야 한다. 형식에 얽매인 소인배 유자(소인유小人儒)가 돼서는 안 된다."

'군자유君子儒'와 '소인유小人儒'의 '유儒'는 공자의 시대에 들어와 학자의 총칭으로 사용되기 시작한 용어이다. 요즘의 '지식인'이다. 이 장을 두고 정이천은 "군자유는 자신을 위해 공부하고, 소인유는 남을 위해 공부한다."라고 풀이했다. 공자가 「헌문」 제25장에서 옛날의 학자와 지금의 학자를 비교하면서 '위기爲己'와 '위인爲人'의 차이를 언급한 것과 취지를 같이한다.

제12장

> 子游爲武城宰. 子曰, "女得人焉耳乎." 曰, "有澹臺滅明者, 行不
> 由徑, 非公事, 未嘗至於偃之室也."

자유子游, 즉 언언言偃이 무성武城의 업무를 총괄하는 읍재邑宰가 됐다.
공자가 자유에게 물었다. "너는 그곳에서 '군자유'를 얻는 데(득인得人) 성공
했는가?"
자유가 대답했다. "담대멸명澹臺滅明이 있습니다. 그는 길을 갈 때도 사이
길로 다니지 않고(행불유경行不由徑), 공적인 일이 아니면 일찍이 친구인 저
의 집에도 들르지 않는(비공부지非公不至) 모습을 보였습니다."

'득인언이호得人焉耳乎'의 '언이호焉耳乎'는 의문의 뜻을 지닌 조사助詞다. '담대멸
명澹臺滅明'은 성이 '담대', 이름이 '멸명'인 공자의 제자이다. 자는 자우子羽로, 자유
의 천거 덕분에 공자의 제자가 됐다. 공자 사후 초나라로 가 300명의 제자를 거느
린 것으로 알려졌다. '행불유경行不由徑'은 길을 갈 때 아무리 바쁠지라도 정로正
路인 대로大路을 고집하며 사로邪路인 소로小路 또는 사잇길인 간로間路로 다니지
않는 것을 말한다. 이 장은 공자 만년의 공문에서 이뤄진 사제 간의 문답 및 제자
에 대한 공자의 교훈을 모아 놓은 제1장~제12장의 대미이다.

제 1 3 장

子曰, "孟之反不伐. 奔而殿, 將入門, 策其馬曰, '非敢後也, 馬不進也'."

공자가 말했다. "노나라 대부 맹지반孟之反은 자랑하지 않았다. 전쟁터에 나가 부대가 패주할 때는 퇴각하는 아군을 엄호하기 위해 전군殿軍 즉 후군後軍을 자처했다(분이전奔而殿). 또 성문 안으로 들어올 때는 퇴각으로 인한 비난을 먼저 받기 위해 말에 채찍을 가하며(책기마策其馬) 말하기를, '감히 뒤처지려고 한 게 아니라 말이 앞으로 나아가지 않는(비후부진非後不進) 것일 뿐이다!'라고 했다."

'맹지반孟之反'을 두고 정현은 노나라 대부로 성은 맹孟, 이름은 지측之側, 자는 지반之反이라고 했다. 호안국의 조카 호인胡寅은 『장자』「대종사」에 나오는 도인道人 맹자반孟子反이 곧 맹지반이라고 주장했다. 주희도 이를 좇았다. 이 장에 나오는 일화가 『춘추좌전』「노애공 11년」조에도 보인다. '분이전奔而殿'의 '분奔'을 주희는 패주敗走로 새겼다.

제 1 4 장

子曰, "不有祝鮀之佞而有宋朝之美, 難乎免於今之世矣."

공자가 말했다. "축타祝鮀의 구변(축타지녕祝鮀之佞)과 송나라 공자 조朝의 용모(송조지미宋朝之美)를 지니지 못하면 금세今世에서는 재난을 면하기 어렵다."

'축타祝鮀'는 종묘제사에서 축문祝文을 관장하는 위나라 대부 타鮀라는 뜻이다. 자는 자어子魚이다. 언변이 뛰어나 위령공의 총애를 받았다. '송조宋朝'는 미모가 뛰어났던 송나라 공자 조朝를 말한다. 기무라 에이이치는 제13장~제14장 모두 앞에 나온 장들의 부록 성격이 짙다고 분석했다.

송나라 공자 조朝와 위나라 공자 조朝

『춘추좌전』 「노소공 20년」조에는 기원전 522년 송나라 공자 조와 별개의 인물인 위나라 공자 조朝의 반역 행위가 기록되어 있다. 그는 위령공 재위 때 선군인 위양공衛襄公의 부인 선강宣姜과 사통한 뒤 난을 일으켰다가 진晉나라로 달아난 것으로 기록되어 있다. 미모가 뛰어났던 송나라 공자 조와 별개의 인물이다. 송나라 공자 조를 두고 서진시대의 두예杜預는 위령공 부인이 된 송나라 출신 남자南子와 오래 전에 사통한 것으로 보았다. 『춘추좌전』 「노정공 14년」조에 이를 뒷받침하는 기록이 나온다. 이에 따르면 기원전 496년 남색男色을 밝힌 위령공이 부인 남자를 위로하기 위해 위나라에서 벼슬을 살고 있는 송나라 공자 조를 가까이 불렀다. 이들이 도洮 땅에서 만났다.

이때 훗날 위장공衛莊公으로 즉위하는 위령공의 태자 괴외蒯聵가 우읍盂邑을 제나라에 바치기 위해 송나라의 들판을 지나게 됐다. 마침 괴외가 지나갈 때 송나라의 시골 사람들이 노래를 부르기를, "이미 그대 누저婁豬를 만족시켜 주었는데, 어찌하여 우리 애가艾豭를 돌려주지 않는 것인가?"라고 했다. 여기의 '누저'는 발정난 암퇘지로 남자南子를 상징한다. '애가'는 고운 수퇘지로 미모가 뛰어난 송나라 출신 공자 조를 가리킨다. 괴외가 이 노래를 듣고는 치욕스럽게 생각했다. 곧 가신 희양속戲陽速에게 청해 이같이 말했다. "나와 함께 소군少君을 조현할 때 내가 고개를 돌려 그대를 보면 그대는 곧바로 소군을 죽이도록 하라." 여기의 소군少君은 원래 제후의 부인을 뜻하는 말로 소군小君과 같다. 남자南子를 '소군'으로 칭한 것이다. 이때 희양속이 괴외의 요청을 수락했다.

이들은 귀국하자마자 곧 위령공의 부인 남자를 조현했다. 부인이 괴외를 접견할 때 괴외가 3번이나 뒤를 돌아보았건만 희양속은 나아가지 않았다. 괴외의 안색이 이상하게 변한 것을 본 남자가 이내 낌새를 눈치 챘다. 곧바로 내달리면서 "태자 괴외가 나를 죽이려 한다!"고 울부짖었다. 위령공이 부인의 손을 잡고 누대 위로 올라갔다. 태자 괴외가 송나라로 달아나자 위령공은 태자의 당우를 모두 축출했다. 대부 공맹구公孟彄는 정나라로 달아났다가 다시 제나라로 달아났다.

송나라로 달아난 괴외가 사람들에게 말하기를, "희양속이 나에게 화를 입혔다!"고 했다. 그러나 희양속은 오히려 사람들에게 오히려 이같이 말했다. "태자야 말로 나에게 화를 입혔다. 태자는 무도하게도 나를 시켜 자신의 모친을 죽이려 했다. 내가 응낙하지 않았으면 그는 나를 죽이려 했을 것이다. 만일 내가 부인을 죽였다면 모든 죄를 나에게 뒤집어씌운 뒤 자신은 빠져나갈 수 있었을 것이다. 그래서 나는 일단 응낙한 뒤 이를 실행하지 않음으로 나의 죽음을 잠시 지연시킨 것이다. 속담에 백성은 신의로 자신을 보전한다는 뜻의 '민보어신民保於信' 성어가 있다. 나는 도의를 신의로 삼은 사람이다."

결과적으로 당대 최고의 미남으로 불렸던 송나라 출신 공자 조는 위나라로 와 벼슬을 하다가 위양공의 아들인 위령공의 부인 남자와 사통한 셈이다. 이에 반해 위나라 출신 공자 조는 위령공의 부친인 위양공의 부인 선강과 사통한 뒤 진晉나라로 망명했다. 두 사람이 위령공이 재위한 시기에 각각 선강 및 남자와 사통을 한 까닭에 많은 사람들이 혼동을 일으키고 있다. 두 사람을 헷갈려하며 송나라 출신 공자 조가 선강에 이어 남자까지 사통한 것으로 오해하는 근본 배경이다.

철학 전공 교수 모임인 동양고전연구회가 2016년 민음사에서 펴낸 『논어』 역시 이런 잘못을 범했다. 주석에서 "송나라 공자 조는 미남이었다. 위령공의 부인 남자 및 위양공의 부인 선강과 정을 통한 사이이다."라고 해설해놓은 것은 말할 것도 없이 『춘추좌전』의 기록을 제대로 검토하지 못한 채 송나라 출신 공자 조와 위나라 출신 공자 조를 같은 인물로 본 데 따른 착각이다. 역사적 사실에 기초한 '정치사학'의 관점에서 『논어』를 정밀하게 분석해야 하는 이유가 여기에 있다. 당시 축타와 송나라 공자 조는 모두 공자와 같은 시대를 산 동시대의 인물이다.

제15장

子曰, "誰能出不由戶. 何莫由斯道也."

공자가 말했다. "그 누구인들 문을 거치지 않고 밖으로 나갈(출불유호出不由戶) 수 있겠는가? 그럼에도 사람들은 왜 군자君子로 나아가는 이 도道를 따르려 하지 않는(막유사도莫由斯道) 모습을 보이는 것인가?"

'불유호不由戶'와 '막유사도莫由斯道'는 서로 대응하고 있다. '호戶'는 '사도斯道'를 비유하기 위해 동원된 말이다. '사도'는 문맥상 군자로 나아가는 길인 '군자지도君子之道'를 의미한다.

이 장부터 제28장까지는 앞의 장군障群과 달리 특정 사건 및 인물에 대한 비판이나 교훈이 아니라 오히려 공자가 여러 각도에서 본 보편타당한 도덕을 언급한 것이다. 제15장~제19장은 '자왈로 시작하는 짧은 교훈으로 이뤄져 있다. 이 장에서는 '도'의 당위성을 말하고 있다. 여기의 '도'는 말할 것도 없이 후세 성리학자들이 말하는 '천도' 및 '인도' 등의 형이상학적 개념이 아니라 '사람답게 사는 길'을 의미한다. 이 장에서 '도의 당위성'을 언급한 데 이어 마지막 장인 제28장에서 '도의 극치'를 논하면서 '인'을 이루는 구체적인 방법을 적시하고 있다. 제15장~제28장이 수미일관하고 있는 셈이다.

> 子曰, "質勝文則野, 文勝質則史. 文質彬彬, 然後君子."
>
> 공자가 말했다. '바탕인 '질質'이 문채인 '문文'을 이기면 촌스럽게 되고(질승
> 문즉야質勝文則野), '문'이 '질'을 이기면 겉만 호화스러우며(문승질즉사文勝質則
> 史), '문'과 '질'이 조화를 이루면 이후 군자가 될 수 있는(문질빈빈文質彬彬, 연
> 후군자然後君子) 경지에 이르게 된다.'

'질승문즉야質勝文則野'의 '야野'는 교양을 닦지 않은 거친 모습을 말한다. '문승
질즉사文勝質則史'의 '사史'는 사관이 붓을 놀려 수식하듯 겉만 호화스러운 것을 지
칭한다. '문질빈빈文質彬彬'의 '빈빈彬彬'을 두고 오규 소라이는 꾸미는 수식인 '사
史'와 바탕이 되는 '야野'가 서로 지나치지 않은 것으로 풀이했다. '문'과 '질'의 조화
를 지칭한 말이다. 본래 '질'이 없으면 '문'을 베풀 길이 없어 '야인野人'이 될 수밖에
없다. 따라서 '문'을 언급하는 것 자체가 바로 '질'을 전제로 한 것이다. 마찬가지로
'문'이 없으면 '질'이 그 본연의 모습을 드러낼 길이 없다. 따라서 '질'과 '문'은 상호
불가분의 보완 관계에 있는 까닭에 무슨 경중이 있을 리가 없다. 군자가 되고자
하면 당연히 '문'을 닦아야 한다. 문채文采가 더해지지 않는 한 '야인'으로 머물 수
밖에 없기 때문이다. 그러나 송유들은 '문'과 '질'을 이분법적으로 지나치게 엄격히
나누는 바람에 '문질빈빈文質彬彬'의 취지를 제대로 이해하지 못했다. '문질빈빈'은

'문'과 '질'이 조화를 이룬 상태를 말한 것으로 이는 '질'과 '문'을 엄격히 구분하면
이룰 수 없는 것이기도 하다.

제 1 7 장

> 子曰, "人之生也直, 罔之生也幸而免."
>
> 공자가 말했다. "사람이 살아가는 것은 덕스러운 삶을 영위하는(인생야덕人
> 生也悳) 덕분이다. 그럼에도 덕이 없이 사람이 살아가는 것은 요행히 화를
> 면해 목숨을 부지함(무생행면罔生幸免)에 지나지 않는다."

'인지생야덕人之生也直'의 '덕直'을 두고 당나라의 한유韓愈는 『논어필해論語筆解』
에서 원래의 글자인 '덕悳'이 '직直'으로 잘못 필사된 것이라며 덕德의 이체자인 '덕
悳'으로 해석할 것을 주장했다. 오규 소라이가 이에 동조했다. '무지생야행이면罔
之生也幸而免'의 '무罔'를 두고 오규 소라이가 덕이 없다는 취지의 '무無'의 의미로
새긴 것도 바로 이 때문이다. 그러나 포함은 글자 그대로 속인다는 뜻의 '무망誣罔'
으로 보아, "정직한 도를 속이고서도 살아 있는 것은 요행으로 죽음을 벗어난 것
이다."라고 풀이했다. 정이천도 '정직하지 않은 것'으로 새겼다. 이 장에서 공자는
인간의 생활의 자연적인 모습인 '덕悳'과 그렇지 못한 '무덕無悳'을 대비시켜 도덕
의 당위성을 역설하고 있다.

제 1 8 장

子曰, "知之者不如好之者. 好之者不如樂之者."

공자가 말했다. "도를 아는 것은 도를 좋아하느니만 못하고(지도불여호도知
道不如好道), 도를 좋아하는 것은 도를 즐기느니만(호도불여낙도好道不如樂道)
못하다."

'지지자知之者, 호지자好之者, 낙지자樂之者'의 '지之'를 주희는 '도道'로 풀이했다.
기무라 에이이치는 앞 장의 논지를 이어 받아 '도의 체득' 과정을 언급한 것으로
분석했다. 도를 알고, 좋아하고, 즐기는 〈지도知道-호도好道-낙도樂道〉의 3단계 진
행 과정이 구체적으로 제시되어 있다는 게 논거이다.

제 1 9 장

子曰, "中人以上, 可以語上也. 中人以下, 不可以語上也."

공자가 말했다. "보통 사람(중인中人) 이상의 사람에게는 높은 수준의 가르

침을 말해주고(가이어상可以語上), 보통 사람 이하의 사람에게는 높은 수준의 가르침을 말해 줄 수 없는(불가어상不可語上) 이치를 알아야 한다."

'가이어상可以語上'의 '상上'을 두고 삼국시대의 왕숙王肅은 상지上智의 인물이 이해하는 수준 높은 지식으로 풀이했다.

제17~제18장에 언급된 도의 당위성과 득도의 단계를 토대로 개인 능력을 상·중·하로 3분한 뒤 보다 구체적인 실천 방안을 제시하고 있다. 중인 이상의 사람에게는 곧바로 최상의 단계를 언급하는 게 가하지만, 중인 이하의 사람에게는 그 이하의 단계를 알기 쉽게 설명해 주어야 한다는 취지를 담고 있다.

제20장

樊遲問知. 子曰, "務民之義敬鬼神而遠之, 可謂知矣." 問仁. 子曰, "仁者先難而後獲, 可謂仁矣."

번지樊遲가 지知에 관해 묻자 공자가 이같이 대답했다. "백성들을 의롭게 만드는 데 힘쓰고(무민지의務民之義) 귀신을 공경하면서도 멀리하는(경원귀신敬遠鬼神) 모습을 보이면 가히 '지'라고 할 수 있다."

번지가 또 인仁에 관해 묻자 공자가 이같이 대답했다. "인자仁者는 어려운 일을 먼저 하고 얻는 것을 뒤로 한다(선난후획先難後獲). 이리 하면 가히 '인'이라고 할 수 있다."

공자가 말하는 광의의 '인'에는 '지'도 포함되어 있으나 공자는 이 장에서 '지'와 '인'을 나눠 설명해놓았다. '선난이후획先難而後獲'을 두고 공안국은 '난難'을 노고勞苦, '획獲'을 공공功으로 풀이했다. 북송대의 명신 범중엄范仲淹은 천하 사람들이 근심하기에 앞서 근심하고 천하 사람들이 즐긴 뒤에 즐긴다는 뜻의 '선천하지우이우先天下之憂而憂, 후천하지락이락後天下之樂而樂'으로 풀이했다. 범중엄보다 1세대 뒤에 활약한 정이천程伊川은 '지'와 '인'을 나눠 해석했다. '지'에 대해 "사람들은 귀신을 많이 믿고 있으나 이는 미혹된 일이다. 믿지 않는 자는 또 공경하지 않으나 능히 경원敬遠하면 가히 지라고 할 수 있다."로 풀이했다. 또 '인'에 대해 "어려운 일을 먼저 하는 것은 극기克己이다. 어려운 일을 먼저 하고 그로 인한 역득役得을 헤아리지 않으면 가히 인이라고 할 수 있다."라고 주석했다.

제 2 1 장

子曰, "知者樂水, 仁者樂山. 知者動, 仁者靜. 知者樂, 仁者壽."

공자가 말했다. "지자는 물을 좋아하고(지자요수知者樂水), 인자는 산을 좋아한다(인자요산仁者樂山). 지자가 물처럼 바삐 움직이며 즐거워하고(지자동락知者動樂), 인자가 산처럼 고요하며 장수하는(인자정수仁者靜壽) 배경이다."

공자는 이 장에서 '지자'와 '인자'를 크게 〈동動-정靜〉, 〈낙樂-수壽〉, 〈요수樂水-요산樂山〉의 세 가지 차원에서 대비시켜 그 특징을 설명하고 있다. 주희는 '요樂'를 '희호喜好'로 보아, "지자는 사리에 통달해 막힘이 없는 까닭에 물을 좋아하고, 인자는 의리에 편안해하며 중후한 까닭에 산을 좋아한다."라고 했다. 포함은 '인자'를 두고 "성정이 안정된 사람은 생명도 오래갈 수 있다."라고 풀이했다. 청대의 유보남은 '지자'를 두고 "지자는 등용될 수 있고, 스스로도 그런 일을 하는 것을 싫어하지 않는다. 지혜롭기에 성공할 수 있고, 뜻대로 되기에 즐겁다."라고 풀이했다. 이에 다산은 "지자의 즐거움은 인仁을 이롭게 여겨 자신을 완성하는 데서 오는 것이다. 단순히 세상을 다스리는 데서 오는 즐거움이 아니다. 인자의 장수는 안정되었기에 떳떳함이 있어 오래갈 수 있다는 취지에서 나온 것이다. 단순히 오래 사는 것을 뜻하는 게 아니다."라고 풀이했다.

공자는 '지자'와 '인자'를 대립적인 개념으로 인식하지 않았다. 공자가 말하는 광의의 '인자'는 '지자'를 포함한 것으로, 설명의 편의를 위해 나눠놓은 것일 뿐이다. 공학의 가장 큰 특징 중 하나는 군·신君臣 및 왕·패王覇 등과 같이 외견상 대립되어 있는 개념이 하나로 녹아 있는 데 있다.

제 2 2 장

> 子曰, "齊一變, 至於魯. 魯一變, 至於道."
>
> 공자가 말했다. "제齊나라는 1번 변하면 노나라의 수준에 이르고(일변지로
> 一變至魯), 노魯나라는 1번 변하면 선왕이 이뤘던 대도大道 수준에 이를(일변
> 지도一變至道) 수 있다."

'일변지로一變至魯'와 '일변지도一變至道'를 두고 포함은 "제나라는 태공太公의 교화, 노나라는 주공周公의 교화의 풍속이 남아 있다. 두 나라가 쇠하기는 했으나 남아 있는 문화 위에서 현명한 군주가 나타나 다스리면 제나라는 노나라 수준의 문화, 노나라는 대도에 부합하는 수준의 문화를 이룰 수 있다."라고 했다. 주희는 공리功利를 추구한 제나라와 예교禮敎를 중시한 노나라의 풍속이 이런 차이를 낳게 된다고 풀이했다. 다산은 "제나라를 일으킨 태공의 치술治術은 현자를 등용하며 공을 숭상하는 것이고, 노나라를 일으킨 주공의 치술은 가까이해야 할 사람을 더욱 가까이하고, 존중해야 할 사람을 더욱 존중하는 친친존존親親尊尊의 방법이었다. 주나라의 예제를 만든 주공의 예제를 사용하는가에 따른 차이다."라고 했다.

공자는 이 장에서 구체적인 국가의 존재 방향에 눈을 돌려 노나라가 제나라보다 도에 접근할 수 있는 희망이 더 크다고 말하고 있다. 기무라 에이이치는 이 장이 도의 당위성을 최초로 언급한 제15장과 상응하고 있다고 분석했다.

子曰, "觚不觚, 觚哉, 觚哉."

공자가 말했다. "모난 술잔(고觚)을 '모난 술잔'의 사용법에 맞게 쓰지 않는 다면(고불고觚不觚) 어찌 '모난 술잔'이라고 할 수 있겠는가, 어찌 '모난 술잔' 이라고 할 수 있겠는가!"

'고불고觚不觚'의 '고觚'를 두고 황간은 술잔을 1번 바칠 때 손님과 주인이 서로 100번 절을 하는 게 '고'의 예법이라고 했다. 후대에 이르러 이런 예법이 무너져 술에 취하는 일이 만연하자 공자가 이를 개탄했다는 것이다. 주희는 '모난 술잔'으로 풀이했다. 남북조시대 남조 양나라의 저중도褚仲都는 『논어의소論語義疏』에서, "'고觚'를 사용하면서 기본 틀인 주법酒法을 사용하지 않으면 끝내 '고'의 예법을 이룰 수 없는 것처럼 위정爲政 역시 정사政事의 기본 틀인 정법政法을 사용하지 않으면 어찌 제대로 된 '위정'을 이룰 수 있겠는가?"라고 했다. 여기의 '불고不觚'는 모나지 않았다는 뜻으로 기본 예제를 상실했다는 의미로 사용된 것이다. 당시 공자가 볼 때 제나라는 말할 것도 없고 노나라 또한 제나라와 큰 차이가 없을 정도로 정도政道를 잃고 있었다. 이 장은 공자가 '고'를 예로 들어 정도가 무너진 노나라의 현실을 개탄한 것으로 보는 게 합리적이다.

宰我問曰, "仁者, 雖告之曰'井有仁焉', 其從之也." 子曰, "何爲其
然也. 君子可逝也, 不可陷也. 可欺也, 不可罔也."

재아宰我가 물었다. "인자仁者는 우물가로 가면 인仁을 행할 만한 일이 있다
는 식으로 유인하는(정유인언井有仁焉) 꼬임을 받을지라도 과연 이를 사실로
믿어 우물가로 간 뒤 우물 속으로까지 따라 들어가야만 하는 것입니까?"
공자가 말했다. "어찌 그렇게 할 수 있겠는가? 군자는 잠시 속여 우물가까
지 유인할 수는 있어도 계속 우물 속까지 따라 들어오도록 유인하는 것은
불가능한(가서불가함可逝不可陷) 인물이다. 원래 군자는 선량함을 이용해 잠
시 속일 수는 있어도 끝내 이치에 닿지 않는 말로 계속 착각에 빠져 있도
록 만드는 게 불가능한(가기불가망可欺不可罔) 존재이다."

'정유인언井有仁焉'의 '정井'과 관련해 논란이 지속되어 왔다. 대부분 '우물'로 풀
이했다. 그렇다면 우물 속에 '인仁'은 무슨 뜻일까? 주희는 『논어집주』에서 아예
'인仁'자를 '인人'자로 바꿔 해석해놓았다. 일부 판본에는 '인仁'자 뒤에 '자者'를 덧
붙여 놓기도 했으나 여기의 '인仁'은 '인인仁人'을 지칭하는 것이다. 형용사가 명사
로 쓰인 경우이다.

「옹야」 제24장의 해석과 관련한 주장들

공안국은 재아가 이런 질문을 하게 된 배경과 관련해서, "재아는 인자가 반드시 사람을 환난에서 구하는 사람으로 생각한 나머지 인자의 근심과 즐거움의 소재를 알고자 해 이같이 물은 것이다."라고 했다. 주희는, "대개 자신이 우물가에 있으면 우물 속의 사람을 구할 수 있으나 만일 우물에 따라 들어간다면 다시는 우물에 빠진 사람을 구할 수 없을 것이다. 이 이치는 매우 분명해 사람이 깨닫기 쉬운 것이다. 인자는 비록 사람을 구하는 데 급한 나머지 그 자신을 돌보지 않는다. 그러나 응당 이런 상황에서는 이처럼 어리석은 짓을 하지는 않을 것이다."라고 했다. 인자는 자신 또한 우물에 빠져 죽는 식의 어리석은 짓을 범하지는 않을 것으로 본 것이다. 이는 결국 우물에 '인인仁人'이 빠졌을 때 '인자仁者'가 우물 속으로 따라 들어간 배경을 묻는 재아의 질문에 아무런 해답도 제시하지 못한 셈이다.

다산은 기존의 주석에 대해 반박했다. "그렇다면 인자는 '인인'이 우물에 빠지면 구하고 '범인凡人'이 빠지면 구하지 않는다는 말인가? 빠진 자를 구하려면 마땅히 밧줄을 내려주어야지 따라서 함께 죽는다면 아무 이익이 없을 것이다. 비록 군자가 아닐지라도 우물에 사람이 빠졌다고 하면 누군들 가서 보지 않겠는가? 사람이 우물에 빠지면 누구든지 가서 구하는 것이다. 그러나 우물에 빠진 사람과 함께 따라 죽으라고 하면 모두들 머리를 흔들 것이다. 이 방법은 인자의 인仁을 시험하기에 부족하다." 그는 '정'을 고자古字인 '정穽' 즉 허방다리, 또는 '정阱' 즉 함정으로 바꿔놓고 풀이해야 그 뜻이 명확해진다고 주장했다. 이어, "군자는 살신성인殺身成仁의 의리가 있다. 그러나 재아가 이를 의심해 묻기를, '지금 함정과 다름없는 사지死地가 있는데 달려가서 살신성인할 수 있다면 인자 또한 그 명성을 탐해 따르겠습니까?'라고 했다. 이에 공자가, "그렇지 않다. 군자는 그로 하여금 해악을 멀리해서 가게 할 수는 있어도 이익을 보고 그에 빠지게 할 수는 없다. 이치가 있는 것으로 속일 수는 있어도 미혹한 도리로 속일 수는 없기 때문이다. 어찌 인仁의 명성을 탐내 사지에 몸을 빠뜨리겠는가?"라고 했다.

명쾌한 해석이기는 하나 본문의 직역으로는 채택하기 어렵다. '정'을 기존의 해석과 같이 '우물'로 해석할지라도 동일한 의미로 풀이할 수 있기 때문이다. 오규 소라이도 『논어징』에서 그같이 분석했다. 여기서 재여가 '인자'와 '인인', '우물' 등을 거론하며 인자의 행인行仁 여부를 공자에게 물은 것은 일견 다산의 지적처럼 사리에 잘 맞지는 않는다. 그러나 이런 질문이 결코 절대 불가능한 것은 아니다. 아무리 뛰어난 군자일지라도 잠시 속이는 일이 불가능한 것은 아니기 때문이다. 그러나 군자는 공자가 확언했듯이 결코 이치에 닿지 않는 말로 계속 착각에 빠져 있게 만드는 게 불가능한 '가기불가망可欺不可罔'의 존재이다. 지혜롭기 때문이다.

제 25 장

子曰, "君子, 博學於文約之以禮, 亦可以弗畔矣夫."

공자가 말했다. "군자가 학문을 널리 배우고(박학어문博學於文) 이를 예제로 요약해 절제하면(약지이례約之以禮) 또한 도리에 어긋나지 않는(가이불반可以弗畔) 행보를 할 수 있다."

'박학어문博學於文'은 학문을 널리 익혀 지식의 수준을 크게 높이는 것을 말한다. 통상 '박문博文'으로 요약한다. '약지이례約之以禮'는 '박문'을 예로써 요약하는 절제의 정신을 발휘해 밖으로 드러내는 것을 말한다. 통상 '약례約禮'로 요약한다. '가이불반可以弗畔'은 도리에 어긋나지 않는다는 뜻으로 여기의 '반畔'은 '반反'의 뜻으로 사용된 것이다. 통상 '불반弗畔'으로 요약한다. 군자가 박학博學과 약례約禮를 통한 불반弗畔으로 나아가는 것을 두고 정이천은 "널리 학문을 배우고 예로 요약하지 않으면 반드시 한만汗漫, 즉 산만한 상태에 이르게 된다. 널리 배우고 또 능히 예를 지켜 규구規矩를 좇으면 도에 위배되지 않을 것이다."라고 풀이했다. 주희도 '약約'을 '요要', '반畔'을 '배背'로 보아서, "군자는 문을 널리 배우려고 하는 까닭에 문에 관해 고찰하지 않는 게 없고, 이를 지키면서 요약하고자 해 그 행동을 반드시 예로써 하는 것이다. 이같이 하면 도에 위반하는 일이 없게 된다."라고 했다.

제 2 6 장

子見南子. 子路不說, 夫子矢之曰, "予所否者, 天厭之, 天厭之."

공자가 위령공 부인인 남자南子를 마지못해 만났다. 자로가 불쾌한 표정을 짓자 공자가 이같이 맹서했다. "내가 잘못을 저질렀다면 하늘이 나를 싫어했을(여비천염予否天厭) 것이다, 나를 싫어했을(여비천염予否天厭) 것이다!"

'부자시지夫子矢之'의 '시矢'는 맹서할 '서誓'의 뜻이다. 고대에는 '서誓' 또는 '시屎' 와 같은 뜻으로 사용됐다. '여소비자予所否者'의 '소所'는 가정해서 맹서할 때 사용 하는 말이다. '비否'를 황간은 비색否塞의 '비否', '천염지天厭之'의 '염厭'을 누를 '압厭' 으로 간주했다. 그는 "나에게 도가 통하지 않는 일이 있다면 하늘이 나를 억눌러 나의 도를 통하지 못하게 했을 것이다."라고 풀이했다. 그러나 '비'를 받아들이지 않기로 결정하는 부결否決 또는 옳지 않다고 반대하는 부정否定의 의미를 지닌 동 사로 간주해 '부'로 읽는 견해도 있다. '염厭'을 두고 형병은 내다버릴 '기棄', 주희는 철저히 포기하여 거절하는 '기절棄絶', 다산은 미워할 '오惡'의 의미로 해석했다. 이 일화는 『사기』 「위세가魏世家」에도 나올 정도로 유명하다. 사마천은 공자가 사양 하다가 부득불 찾아가 만나는 '부득이이견지不得已而見之'로 묘사해놓았다. 주희 도 유사한 해석을 했다. '자견남자子見南子' 구절을 두고, "남자가 공자를 만나기를 요청하자 공자가 사절하다가 부득이 만나게 됐다."라고 했다. 그는 대부가 군주의 부인인 소군小君을 만난 것은 당시 그러한 예가 있었기 때문이라고 풀이했다.

「옹야」 제26장 '소군小君'과 관련한 다산의 해석

다산도 대략 이를 좇으면서 당시 공자는 남자南子를 만나 망명한 위령공의 태 자 괴외蒯聵를 불러들이도록 권고했을 것으로 추정했다. 그러나 이는 아무래도 지나치다. 당시 공자가 남자를 만난 것은 남자의 요청에 의해 부득이 면회한 것 으로 해석하는 게 역사적 사실에 부합한다. 『춘추좌전』의 기록을 보면 소군의 거 처는 구중심처에 있었다. 외간 남자가 뜬금없이 소군을 만난 사례가 없다. 오히려 그와 정반대되는 기록만이 보일 뿐이다. 『염철론鹽鐵論』 「논유論儒」에 이와 관련 한 기록이 나온다.

"예에 이르기를, '남녀 간에는 서로 직접 물건을 주고받지 않고, 술잔을 나누지 않는다!'고 했다. 그런데 공자는 위나라로 가면서 위령공의 행신幸臣 미자하彌子瑕를 통해 위령공의 부인을 만나려고 했다. 이에 자로가 이를 좋아하지 않았다. 미자하는 행신이니 공자가 이를 통한 것은 옳은 일이 아니다. 남녀 간에는 서로 왕래하지 않는 법이니 공자가 남자를 만난 것은 예에 어긋나는 일이다. 예와 의에 대한 가르침은 공자로부터 나왔지만 오히려 자신이 그 도를 꺾으면서까지 다른 사람의 마음을 사려고 한 것이다. 그렇다면 일을 그만두고 물러난다는 것은 대체 어디에 있다는 말인가?"

이는 유가를 공박하기 위해 펼친 논지인 까닭에 당시의 사건을 견강부회한 측면이 강하다. 그럼에도 이 구절은 최소한 당시 남녀가 서로 직접 면대하지 않는 게 예절로 통했다는 사실을 입증하고 있다. 그렇다면 공자는 왜 이런 예절을 어기고 남자를 만났던 것일까?

당시에는 위령공과 그의 부인 남자에 관한 추문이 자자한 때였다. 자로가 불쾌한 표정을 지은 것은 최소한 자로의 눈에 비친 공자의 모습이 그리 떳떳한 게 아니었음을 시사하고 있다. 이는 공자가 앞에서 거듭 하늘을 들먹이며 자신의 결백을 강조한 사실을 통해 쉽게 짐작할 수 있다. 사실 당시 대부가 군주의 부인을 만나는 것은 그리 흔한 일은 아니었으나, 완전히 금기시되던 일도 아니고 만남 자체가 남자의 요청에 의한 것인 만큼 공자가 남자를 만난 것 자체는 그다지 문제 삼을 게 없다.

문제는 그 만남의 내용이다. 자로는 왜 공자의 남자와의 회동을 좋아하지 않았던 것일까? 자로는 매사를 있는 그대로 판단하는 인물로 유명하다. 그의 눈에 비친 스승의 모습은 결코 떳떳한 모습이 아니었음에 틀림없다. 그렇지 않았다면 자로가 남자를 만나고 나온 스승 공자에게 불쾌한 표정을 지었을 리 없다. 대략 공자는 남자의 주문에 못 이겨 장시간 밀폐된 공간에 함께 있었을 가능성이 크다. 공자가 다시 위나라로 들어갈 즈음 위령공은 부인 남자를 위해 당대의 미남으로 알려진 송나라 공자 朝를 불러들인 바 있다. 남자는 송나라 출신으로 이전부터 공자 조와 가까운 사이였다. 남자가 크게 기뻐하며 직접 도洮 땅으로 가 위나라에서 벼슬을 하고 있던 송나라 공자 조를 만났다. 당시 군주의 부인이 외간 남자를 만나기 위해 공궁을 빠져 나간 것도 이상하지만 위령공은 어떤 연고로 이런 일을 주선하고 나선 것일까?

이는 위령공이 남색男色을 밝힌 데 따른 것이었다. 위령공은 자신의 남색 행각에 불만을 품은 남자를 달래기 위해 이같이 기괴한 짓을 벌였을 가능성이 크다. 공자가 남자와의 밀회로 인해 자로의 불평을 산 것도 이런 맥락에서 이해하는 것이 합리적이다.

제 2 7 장

子曰, "中庸之爲德也, 其至矣乎. 民鮮久矣."

공자가 말했다. "중용中庸을 행해 얻는 덕(중용지덕中庸之德)은 실로 지극하다! 그러나 지금은 이를 능히 행할 수 있는 백성이 희귀해진 지 이미 오래된(민선구의民鮮久矣) 상황이다!"

이 장과 유사한 구절이 현존 『중용』에는 '중용기지의호中庸其至矣乎, 민선능구의民鮮能久矣.'로 되어 있다. 다산은 이에 근거해, "중용의 덕을 오래도록 행할 수 있는 자는 드물다!"고 했다. 그러나 「옹야」 제27장의 '민선구의民鮮久矣' 구절은 '능能' 자가 없는 만큼 달리 해석하는 게 타당하다. '민선民鮮'을 주어, '구久'를 서술어로 간주해 "능히 이를 행할 수 있는 백성이 희귀해진 지 이미 오래 됐다."고 풀이하는 게 합리적이다.

이 장의 핵심어는 도의 실현을 임기응변의 관점에서 조명한 '중용지덕中庸之德'이다. 원래 '중용'과 관련해 정이천은, "치우치지 않는 것을 중中, 변치 않는 것을 용庸이라고 한다. 중은 천하의 정도正道이고, 용은 천하의 정리定理이다."라고 했다. 당초 남송대의 주희는 이 장에 나오는 '중용'에 주목해 『예기』에서 「중용」을 「대학」과 함께 따로 뽑아내 『논어』 및 『맹자』와 같은 반열에 올려놓음으로써 '4서四書'를 만들어냈다. 객관적으로 볼 때 '4서'만큼 성리학의 특징이 선명히 드러난 경전도 없다.

「중용」은 원래 증자의 제자로 공자의 손자인 자사子思에 의해 만들어진 것이다. 맹자는 증자와 자사의 학통을 이었다. 기무라 에이이치는 이 장에 나오는 '중용'은 '요순'이 처음으로 등장하는 제28장과 더불어 증자의 문인에 의해 덧붙여졌을 가능성이 큰 것으로 분석했다. 형이상학적 의미의 '중용' 용어가 오직 이 장에만 나오고 있는 데다가 '중용' 개념 자체가 『논어』에 나오는 다른 개념과 확연한 차이를 보이고 있기 때문이다. '정치사학'의 관점에서 볼 때 『예기』가 전한 초기에 완성된 점을 감안할 때 전국시대 말기 어간에 『논어』에 '중용' 용어가 삽입된 것으로 보는 게 합리적이다.

子貢曰, "如有博施於民而能濟衆, 何如. 可謂仁乎." 子曰, "何事
於仁, 必也聖乎. 堯舜其猶病諸. 夫仁者, 己欲立而立人己欲達
而達人. 能近取譬, 可謂仁之方也已."

자공이 물었다. "만일 백성에게 널리 베풀어 능히 많은 사람을 구제할(박시
제중博施濟衆) 수 있는 사람이 있다면 어떻습니까? 가히 인仁하다고 할 수
있겠습니까?"
공자가 대답했다. "어찌 인하다고만 말할 수 있겠는가? 반드시 성인일 것
이다! 요순堯舜조차 오히려 그리 하지 못한 것을 어렵게 여기는(기유병저其
猶病諸) 모습을 보였다! 무릇 인자는 자신이 서고자 하면 먼저 남을 세우고
(욕립입인欲立立人), 자신이 통달하고자 하면 먼저 남을 통달하게 만드는(욕
달달인欲達達人) 모습을 보였다. 가까이 있는 자신의 경우에 비춰 남을 이해
하는(능근취유能近取譬) 가히 인을 이루는 방안(성인지방成仁之方)을 얻었다고
할 수 있다."

'요순기유병저堯舜其猶病諸'의 '병病'을 공안국은 '난難'으로 새겼다. '저諸'는 '지호
之乎'의 축약형이다. '지호之乎'는 앞에 나온 '기其'와 합쳐져 '어찌 ~이 아니겠는가?'
의 의미를 지닌 의문형 관용구를 만든다. '정치사학'의 관점에서 볼 때 '기욕립이

입인己欲立而立人'의 '립立'은 군자로 성장하는 것을 가리킨다. '기욕달이달인 己欲達而達人'의 '달達'은 도덕 차원의 통달通達 또는 위정 차원의 영달榮達을 의미한다. '능근취유能近取譬'를 두고 유보남은 『논어정의』에서, "자신을 비유 대상으로 삼는다는 것은 곧 자신의 마음과 같을 것으로 보아 남을 헤아리는 것이다."라고 했다. 결국 충서忠恕를 언급한 셈이다.

이 장에서는 '도의 극치'를 언급하면서 '인'을 이루는 구체적인 방법을 논하고 있다. 이 장은 도의 당위론을 언급한 제15장과 조응하고 있다. 이 장에서는 특이하게도 자공에 답하는 공자의 말 중에 '요 · 순'의 이름이 처음으로 나온다.

요 · 순과 맹자

현존하는 유가경전 가운데 요 · 순을 강하게 드러내어 밝힌 것은 『맹자』이다.

일찍이 자공은 공자 사후에 3년 복상服喪이 끝난 뒤 다시 3년 동안 홀로 공자의 묘 옆에 초막을 짓고 시묘侍墓했다. 이후 자공은 제나라로 가 그곳에서 죽었다. 제나라에 유학이 전해진 것은 바로 자공으로 인한 것이었다. 원래의 『논어』인 노나라의 『논어』, 즉 『노론魯論』은 자공이 죽은 이후 맹자가 제나라로 가기 이전의 어느 시기에 제나라에 전해졌다. 이후 제나라에서 『논어』에 대한 부기附記와 윤색이 이뤄졌다. 제나라에서 편집된 초기의 『논어』인 『제론齊論』은 바로 이런 과정에서 나온 것이다. 기무라 에이이치가 '요순기유병저堯舜其猶病諸' 구절만큼은 맹자가 제나라로 가기 이전의 어느 시기에 제나라 학자에 의해 부기 또는 윤색됐을 것으로 본 이유다. 맹자는 제선왕 때 직하학당稷下學堂에 객경客卿으로 있다가 요순이 언급되어 있는 『제론』을 보고 커다란 영감을 받았을 가능성이 크다.

제 7 편

술이 述而

-

Intro

술이|述而

9개 장에 걸쳐 기록한 공자의 태도와 용모

「술이」는 모두 37장으로 이루어져 있다. 이 편은 매우 특이한 편찬 형식으로 되어 있다. 그것은 공자의 언행을 기록한 장 사이에 공자의 태도를 묘사한 짧은 문장이 중간에 끼어들어 앞뒤를 나누고 있는 것이다. 이런 문장은 4·9·12·17·20·24·26·31·37장 등 모두 9개 장이다. 이 9개 장은 모두 공자의 태도와 용모를 기술한 것으로 그 의미는 대략 「향당」의 내용과 동일하다. 다만 「향당」에는 첫머리에 '공자'를 언급한 이후 전혀 '공자' 또는 '자'를 언급하지 않고 있는 데 반해 「술이」의 9개 장은 모두 반드시 '자'로 시작하고 있는 점에 차이가 있다. 「술이」의 이 9개 장은 '직계제자' 이래의 전송으로 보인다. 「향당」은 공자가 노나라의 관원으로 있을 때를 기술한 게 대부분이나 이 9개 장은 이와 무관하다. '직계제자'들이 공자 만년의 공문에서 견문한 공자의 용태容態를 전송한 편린으로 보인다.

「술이」는 형태적으로 볼 때 '자'로 시작되는 공자의 모습과 태도를 서술한 이들 9개 장으로 인해 모두 9개의 장군章群으로 구분되고 있다. 이들 장들은 「향당」과 같이 공자의 일상생활을 구체적으로 묘사하려는 의도가 전혀 없이 있는 그대로 묘사해놓은 점에서 「향당」과 차이를 보이고 있다.

「술이」는 '직계제자' 이래의 전송된 공자의 자술과 공자의 자세에 관한 구송 가운데 격언에 가까운 것들을 모아 정리해놓은 것이다. 어떤 역사적 사실을 체계적으로 묘사하고자 한 게 아니라 단지 서로 관련 있는 장들을 몇 개씩 모아 병렬적으로 배치시켜 놓았다. 모두 9개의 장군이 나타나게 된 배경이다. 비교적 공자 사후 초기에 편집된 것으로 짐작된다.

제 1 장

> 子曰, "述而不作, 信而好古, 竊比於我老彭."
>
> 공자가 말했다. "기술하되 창작하지는 않는(술이부작述而不作) 신실한 자세
> 로 옛 것을 좋아하는(신이호고信而好古) 입장을 견지하는 까닭에 나는 내심
> 스스로를 전설적인 도인인 노팽老彭에 견준다."

'술이부작述而不作'을 두고 형병은 덕과 지위를 겸비해야 예악을 제작할 수 있다
고 풀이했다. 여기의 '술述'은 옛것에 대한 전술傳述, '작作'은 창작을 뜻한다. '신이
호고信而好古'의 '신信'은 선왕의 도를 돈독하게 믿는 것을 의미하고, '고古'는 선왕
의 도를 가리킨다. 포함은 '노팽老彭'을 은나라의 현대부賢大夫, 정현은 노자와 전
설적인 현자 팽조彭祖로 보았다. 『대대례기大戴禮記』에 '노팽' 이름이 보인다. 노자
의 선조로 보는 게 통설이다.

이 장을 두고 주희는 "공자는 여러 성인을 집대성해 절충했다. 공자가 한 일은
전술에 불과했으나 그 공은 창작보다 몇 곱절이나 된다."라고 했다. '술이부작'과
관련해 후대의 유자들은 공자가 『시』・『서』에서 필요 없는 문구를 덜어내고 『예』
・『악』을 정비하고 『춘추』를 편수한 것 이외에도 『주역』을 찬술贊述했다고 보았
다. 그러나 공자는 '괴력난신'을 꺼려한 까닭에 『주역』을 찬술했다는 주장은 설득

력이 없다. 사마천이 『사기』를 기술하면서 이런 내용을 삽입한 이래 공자가 마치 『주역』을 찬술한 것으로 알려졌으나 이는 사실과 다르다. 공자도 생전에 『주역』을 보았을 공산은 크나 점복서의 성격이 강한 『주역』을 찬술했을 가능성은 거의 전무했다고 보는 게 합리적이다. 『주역』은 전국시대 말기에 성행한 음양설陰陽說의 영향을 받아 전한 초기에 완성된 것으로 보는 게 통설이다.

제 2 장

子曰, "默而識之, 學而不厭, 誨人不倦, 何有於我哉."

공자가 말했다. "묵묵히 마음에 새기고(묵이지지默而識之), 배우며 싫증내지 않으며(학이불염學而不厭), 남을 가르치는데 게으르지 않는(회인불권誨人不倦) 3가지 일 가운데 그 무엇이 나에게 어려운 일이겠는가?"

'묵이지지默而識之'의 '지識'는 기억 또는 기재한다는 의미로 사용된 것이다. '묵지默識'는 곧 마음에 간직하는 것을 의미한다. '지'를 '식識'으로 보아 '묵식'을 말하지 않아도 마음속에 이해되는 것으로 새기는 견해도 있다. 주희는 마지막의 '하유어아何有於我'를 '어느 게 능히 나에게 있겠는가何者能有於我'로 간주해 공자가 겸양한 것으로 풀이했다. 대략 공자가 말한 취의에 부합한다.

제 3 장

子曰, "德之不修學之不講聞義不能徙不善不能改, 是吾憂也."

공자가 말했다. "덕을 닦고(수덕修德), 배움을 강구하며(강학講學), 의로운 일을 듣고 이를 실천에 옮기고(사의徙義), 잘못을 고쳐 더 좋게 만드는(개선改善) 등 4가지 일을 하지 않는 불수덕不修德, 불강학不講學, 불사의不徙義, 불개선不改善이 나의 근심(오우吾憂)이다."

'덕지부수德之不修'와 '학지불강學之不講', '문의불능사聞義不能徙', '불선불능개不善不能改' 등은 목적어인 덕德과 학學, 의義, 선善 등을 강조하기 위해 앞으로 끌어낸 도치문이다. 공자는 이 장에서 이들 4개 덕목을 날마다 갈고 닦아야 한다고 강조한다. '위정학'의 연마 필요성을 설명한 것이다. 제1장~제3장은 '자왈'로 시작하는 공자의 자술이다. 공자의 학문 연마에 대한 진지한 태도를 서술한 게 특징이다.

제 4 장

子之燕居, 申申如也夭夭如也.

공자는 한가로이 머무는(연거燕居) 상태에서는 말씨가 부드럽고 상세하며 (신신여야申申如也), 안색이 온화하게 피어나는(요요여야夭夭如也) 모습을 보였다.

'연거燕居'를 주희는 일 없이 한가로운 때로 풀이했다. '연燕'은 '연宴'과 통한다. '신신申申'을 두고 황간은 마음이 평화로운 '심화心和', 주희는 용모가 편안한 '용서容舒', 다산은 말씨가 부드럽고 상세한 '자상慈詳'으로 해석했다. '요요夭夭'를 두고 황간은 용모가 느긋하게 피어난 '모서貌舒', 주희는 안색이 유쾌한 '색유色愉', 다산은 안색이 온화하게 피어나는 '화서和舒'로 새겼다. 이 장은 공자가 한가롭게 있을 때의 모습을 기술하고 있다. 이 장의 존재로 인해 제1장~제3장과 제5장~제8장이 확연히 구별되고 있다.

제 5 장

子曰, "甚矣, 吾衰也. 久矣, 吾不復夢見周公."

공자가 말했다. "나의 노쇠가 매우 심한(오쇠심의吾衰甚矣) 상황이여! 내가 꿈에 주공을 본 게 이미 오래전의 일이 돼버린(몽견구의夢見久矣) 상황이여!"

'심의甚矣, 오쇠吾衰'는 '오쇠심의吾衰甚矣'의 도치문이다. '구의久矣, 오불부몽견
주공吾不復夢見周公' 구절도 마찬가지이다. 이를 주희는 "공자가 젊었을 때에는 주
공의 도를 행하려는 뜻을 두었기 때문에 꿈속에서 혹 주공을 볼 수 있었다. 그러
나 늙어서 몸이 쇠해 도를 행할 수 없게 되자 다시 이런 마음이 없어졌다. 그래서
꿈속에서도 다시 주공을 만나지 못하게 된 것을 자탄한 것이다."라고 풀이했다.

제 6 장

> 子曰, "志於道, 據於德, 依於仁, 游於藝."
>
> 공자가 말했다. "나는 도에 뜻을 두고(지어도志於道), 덕에 근거하며(거어덕據於
> 德), 인에 의지하고(의어인依於仁), 육예六藝에 노니는(유어예游於藝) 삶을 산다."

'유어예游於藝'의 '예藝'는 예禮, 악樂, 사射, 어御, 서書, 수數의 '육예六藝'를 가리킨
다. 이 장에서 공자는 '위정학'을 연마하는 방법론을 제시하고 있다. 제5장~제6장
모두 자신의 학문하는 자세를 자술自述한 것이다.

제 7 장

子曰, "自行束脩以上, 吾未嘗無誨焉."

공자가 말했다. "자발적으로 말린 고기(육포肉脯) 10개 한 묶음 이상을 예물로 가져와 배움을 청하는(자행속수自行束脩) 자에게 나는 일찍이 가르침을 내리지 않은 적이 없다(미상무회未嘗無誨)."

'자행속수自行束脩'의 '속수束脩'는 상견할 때 예물로 갖고 간 육포이다. '1속'은 육포 10개 한 묶음을 말한다. 여기의 '수脩'는 말린 고기인 '포脯'를 말한다. '1속束'은 포 10개 한 묶음을 지칭한다. 공자는 신분의 고하를 막론하고 공문에 들어와 공부하고자 하는 사람에 대해서는 단지 '1속' 정도의 예물만 받고 제자로 받아들여 '위정학'을 가르쳤다. 형병은 당시에는 예물에 차등이 있어 인군人君에게는 옥玉, 경에게는 새끼 양인 고羔, 대부에게는 기러기인 안雁, 선비에게는 꿩인 치雉, 공인과 상인에게는 닭인 계鷄를 예물로 바쳤다고 주장했다. 공자의 제자가 되고자 한 자들은 '속수' 이외에 자신의 신분에 따라 이런 예물을 겸해서 바쳤다고 본 것이다. '정치사학'의 관점에서 볼 때 공자가 신분세습의 봉건질서 하에서 취한 이런 조치는 최소한의 예물인 제자들의 자발적인 '속수'에서 출발했다고 평할 수 있다.

제 8 장

子曰, "不憤不啓, 不悱不發. 擧一隅, 不以三隅反, 則不復也."

공자가 말했다. "나는 제자들을 가르칠 때 분발하지 않으면 애태우는 마음을 열어 주지 않고(불분불계不憤不啓), 알고 싶어 애태우지 않으면 애태우는 말문을 틔워 주지 않는(불비불발不悱不發) 원칙을 지켰다. 한 모퉁이를 예로 들어 보여줄 때 스스로 나머지 세 모퉁이를 헤아리는(거일반삼擧一反三) 지혜를 발휘하지 못하면 곧 다시 거론하는 일을 하지 않는(즉불부거則不復擧) 이유다."

'불분불계不憤不啓'의 '분憤'은 마음속으로 통달하고자 해도 잘 되지 않아 애태우는 모습을 지칭한다. '불비불발不悱不發'의 '비悱'는 입으로 말하고 싶어도 능히 제대로 표현하지 못하는 모습을 가리킨다. '거일우擧一隅'의 '일우一隅'는 물건의 네 귀퉁이 가운데 하나를 뜻하는 말이다. 4개 가운데 1개를 예로 들어 문제를 제시했을 경우 나머지 3개를 스스로 궁구窮究하도록 했음을 뜻한다. 공자는 비록 '1속'의 예물만 바치면 제자로 받아들여 '위정학'을 가르쳤으나 스스로 궁구하지 않는 자에게는 더 이상 애써 일러주지 않았다. 제7장은 공문孔門의 기본적인 입문사門 절차, 제8장은 공문의 기본적인 교습 방안을 언급한 것이다.

제 9 장

子食於有喪者之側, 未嘗飽也. 子於是日, 哭則不歌.

공자는 상喪을 당한 사람 곁에서 식사를 할 때는 일찍이 배불리 먹은 적이 없고(미상포야未嘗飽也), 조문을 가서 곡을 한 날에는 애도를 표하기 위해 노래를 부르지 않는(곡즉불가哭則不歌) 모습을 보였다.

공자의 평소 태도를 기술한 것으로 『고론古論』에는 존재하지 않았던 것이다. 이 장의 존재로 인해 제5장~제8장과 제10장~제11장이 전후로 분리되고 있다.

제 1 0 장

子謂顔淵曰, "用之則行, 舍之則藏, 惟我與爾有是夫, 惟我與爾有是夫." 子路曰, "子行三軍則誰與." 子曰, "暴虎馮河死而無悔者, 吾不與也. 必也臨事而懼好謀而成者也."

공자가 안연에게 말했다. "등용되면 치도治道를 행하고(용지즉행用之則行), 버려지면 치도를 속으로 간직하는(사지즉장舍之則藏) 행보는 오직 나와 너만이 할 수 있는 일이다."

자로가 물었다. "선생님은 3군三軍을 지휘하게 되면 누구와 함께 할 것입니까?" 공자가 대답했다. "무모하게도 범을 맨손으로 때려잡고 황하를 맨발로 건너고자(포호빙하暴虎馮河) 시도하면서도 죽음을 두려워하지 않는(사이무회死而無悔) 인물과는 내가 3군의 지휘를 함께 하지 않을 것이다. 그러나 일에 임해 두려워하여(임사이구臨事而懼) 계책을 세워 일을 성사시키려는(호모이성好謀而成) 인물과는 3군의 지휘를 함께 할 것이다."

'3군三軍'은 대국인 제후국의 군제를 말한다. 천자는 6군을 둘 수 있었다. 1군軍은 대략 12,500명의 장졸로 구성됐다. '포호빙하暴虎馮河'는 범을 맨손으로 때려잡기 위해 무모하게도 맨 몸으로 황하를 건너는 것을 비유한 말이다. 안연 및 자로와 얘기를 나누면서 자로의 충동적인 용맹을 경계하기 위해 '포호빙하'의 표현을 사용한 것이다. '사이무회死而無悔'는 죽을지라도 후회하지 않는다는 뜻으로, 분별없이 함부로 날뛰는 용맹인 만용蠻勇을 에둘러 표현한 말이다.

제11장

> 子曰, "富而可求也, 雖執鞭之士, 吾亦爲之. 如不可求, 從吾所好."
>
> 공자가 말했다. "만일 부귀富貴가 사람마다 구하기만 하면 절로 얻을 수 있는(부이가구富而可求) 대상이어서 비록 말채찍을 들고 수레를 몰지라도(집편지사執鞭之士) 능히 얻을 수 있는 것이라면 나 또한 그리할 것이다. 만일 그럴 수 없는 것이라면 나는 내가 좋아하는 일을 따르는(종오소호從吾所好) 삶을 살겠다."

'부이가구富而可求'의 '부富'를 두고 오규 소라이는, "굳이 '귀貴' 대신 '부富'를 말한 것은 춘추시대에는 작위가 오직 세습된 까닭에 '귀'를 귀하는 자가 적었기 때문이다. 만일 진한秦漢 이후라면 반대였을 것이다."라고 했다. '부富'를 부귀富貴로 해석하는 게 합리적이다. '집편지사執鞭之士'는 채찍을 들고 수레를 모는 자 또는 채찍을 들고 시장의 질서를 유지하는 하급관원을 가리킨다. '종오소호從吾所好'를 두고 공안국은 옛 사람의 도인 '고인지도古人之道', 주희는 의리에 기대 편안히 하는 '안어의리安於義理'로 해석했다. 북송대의 소동파蘇東坡는, "성인이 일찍이 부를 구함에 마음을 둔 적이 없었으니 어찌 가불가를 따지겠는가? 그런데 이런 말을 한 것은 다만 결코 구해서 될 수 없음을 밝혔을 뿐이다."라고 했다. 제10장~제11장 모두 자신의 생활 태도에 대한 공자의 자술이다.

제 1 2 장

子之所愼, 齊戰疾.

공자가 평소 신중히 다룬 것은 재전질齊戰疾, 즉 재계齋戒와 전쟁戰爭 및 질병疾病이었다.

'재전질齊戰疾'의 '재齊'는 통상 '제'로 읽으나 여기서는 '재齋'의 가차로 사용된 까닭에 '재'로 읽어야 한다. 제사를 지내기 전에 심신을 정결하게 하는 재계齋戒를 가리킨다. 이 장은 공자의 평소 생활 태도에 관한 일면을 기술하고 있다. 이 장의 존재로 인해 제10장~제11장과 제13장~제16장이 확연히 구별되고 있다.

제 1 3 장

子在齊聞韶, 三月不知肉味. 曰, "不圖爲樂之至於斯也."

공자는 제나라에 머물 때 순임금 때의 음악인 '소韶'를 듣고 심취한 나머지 이를 배우느라 3달 동안 고기 맛을 모르는(삼월부지육미三月不知肉味) 상황이었다.

그러고는 이같이 말했다. "음악을 즐기는 것으로 인해 이 지경에 이르는(위악지사爲樂至斯) 당사자가 될 줄은 전혀 생각지도 못했다."

『사기』「공자세가孔子世家」에는 '삼월부지육미三月不知肉味' 구절 앞에 음악을 배운다는 뜻의 '학지學之' 두 글자가 더 있다. 당시 음악에 조예가 깊었던 공자는 순임금 때의 음악인 '소韶'를 스스로 배웠을 가능성이 크다. 공자가 제나라로 유학가 있을 당시 제나라에는 주 왕실의 내분으로 인해 왕실의 악관들이 망명해 와 있었다. 공자는 이들로부터 왕실 비전秘傳의 음악인 '소'를 듣고 탄복한 나머지 3달 동안 고기 맛을 잊을 정도로 이를 배우느라 여념이 없었다고 보는 게 합리적이다.

제14장

冉有曰, "夫子爲衛君乎." 子貢曰, "諾. 吾將問之." 入曰, "伯夷叔齊, 何人也." 曰, "古之賢人也." 曰, "怨乎." 曰, "求仁而得仁, 又何怨." 出曰, "夫子不爲也."

염유가 자문했다. "부자가 과연 위나라에서 쫓겨난 위출공衛出公 첩輒을 위해 일할까?"
자공이 말했다. "알았소, 내가 여쭈어보도록 하겠소."

그러고는 곧 안으로 들어가 공자에게 물었다.

"백이伯夷와 숙제叔齊는 어떤 사람입니까?" 공자가 대답했다. "고대의 현자(고지현인古之賢人)였다."

자공이 물었다. "주무왕이 자신들의 건의를 듣지 않은 것 등을 원망했습니까?" 공자가 대답했다. "인을 추구해 인을 얻는데(구인득인求仁得仁) 또 무엇을 원망했겠는가?"

자공이 나와서 말했다. "공부자는 위출공 첩의 복위復位를 돕는 등의 일을 하지 않을 것이다."

'부자위위군夫子爲衛君'의 '위爲'를 정현은 '조助'로 새겼다. '위군衛君'은 위령공의 손자인 위출공衛出公 첩輒을 가리킨다. 기무라 에이이치는 '삼월부지육미三月不知肉味' 일화를 담은 제13장을 포함해 백이伯夷와 숙제叔齊를 언급한 제14장 모두 공자 말년의 공문 내 얘기를 수록한 「술이」의 내용 가운데 예외에 속한고 해석했다. 그러나 이는 궁색한 해석이다.

지금까지 대다수 주석가들은 이 일화를 공자가 천하유세를 하다가 노나라로 귀국하기 직전 위나라에 머물 당시의 일로 보고 있다. 『춘추좌전』 「노애공 2년」조에 따르면 기원전 493년 위령공이 서거하자 부인 남자南子가 공자 영郢을 옹립하고자 했으나 모친인 남자를 살해하려다가 실패해 송나라로 달아난 태자 괴외蒯聵의 아들인 위출공 첩이 즉위했다. 이때 중원의 맹주인 진晉나라가 괴외를 끼고 상중喪中인 위나라를 치고자 했다. 괴외가 송나라를 떠나 척戚 땅으로 가자 진나라 권신 조앙趙鞅이 군사를 동원해 그를 지켰다. 당시 괴외의 아들인 위출공 첩은 조부인 위령공의 명을 좇아 부친인 괴외를 받아들이지 않았다. 위출공 첩의 재위 4년째인 기원전 489년에 천하유세 중이던 공자는 초나라의 현대부 섭공을 만난 뒤 위나라로 돌아왔다. 위나라의 혼란상을 알고 있는 염유는 혹여 공자가 위출공을 돕지나 않을까 크게 우려했다. 이에 자공이 공자의 뜻을 알기 위해 백이와 숙제의 고사를 예로 들어 은근히 질문을 했다고 본 것이다.

그러나 크릴은 이 장을 공자의 천하유세 때의 일로 해석할 경우 당시 염구와 자공이 모두 노나라에 있었던 사실을 해명할 길이 없다고 지적했다. 그는 전후문맥을 따져 볼 때 이 일화는 위출공이 노나라로 망명해 온 노애공 16년의 기원전 479년 초의 일로 이해하는 게 자연스럽다고 주장했다. 이때는 공자가 세상을 떠나기 2~3달 전이다. 당시 염구와 자공은 노나라의 관리로서 노나라의 장래에 중요한 의미를 갖는 위출공의 처우 문제에 크게 부심한 나머지 공자에게 자문을 구했을 가능성이 크다는 것이다. '정치사학'의 관점에서 볼 때 크릴의 해석이 합리적이다.

제 1 5 장

子曰, "飯疏食飮水, 曲肱而枕之, 樂亦在其中矣. 不義而富且貴, 於我如浮雲."

공자가 말했다. "거친 밥을 먹으며 맹물을 마시고(반소식음수飯疏食飮水) 팔을 굽혀 베개로 삼을지라도(곡굉이침지曲肱而枕之) 즐거움 또한 그 안에 있다.

불의한 방법으로 얻은 부귀(불의부귀不義富貴)는 내게 뜬구름(부운浮雲) 같을 뿐이다."

'반소식음수飯疏食飲水'의 '소식疏食'을 두고 공안국은 '채식菜食', 주희는 거친 음식인 '추반麤飯', 정약용은 기장으로 지은 밥인 '궤실簋實'로 보았다. 오규 소라이는 『예기禮記』「간전間傳」에 나오는 '소식수음疏食水飲' 구절을 근거로 주희의 주석을 좇았다. 여기의 '식食'을 두고 '사'로 읽는 경우가 많으나 밥을 뜻하는 명사일 때는 '식'으로 읽는 게 옳다.

이 장은 학문하는 자세에 관한 공자의 자술 가운데 백미白眉다. 이를 두고 정이천은 "공자가 거친 밥을 먹고 물을 마시는 것을 즐거워한 게 아니라, 거친 밥을 먹고 물을 마시면서도 그 즐거움을 고칠 수 없다고 말한 것이다."라고 풀이했다.

제16장

子曰, "加我數年, 五十以學易, 可以無大過矣."

공자가 말했다. "하늘이 나에게 몇 년 간의 시간을 더해주어 50세까지 『주역周易』을 배우게 해주면 가히 큰 허물이 없는(가무대과可無大過) 경지에 이를 수 있을 것이다."

'가아수년加我數年'의 '가加'를 『사기』 「공자세가」는 이를 '가假'로 표기해놓았다. 『풍속통의風俗通儀』와 주희의 『논어집주』 등도 이를 좇았다. '오십이학역五十以學易'의 '역易'은 『주역』을 가리키나, 『제론齊論』에는 50세에 배워도 큰 허물은 없다는 취지의 '역亦'으로 되어 있다. 여기의 '오십五十'과 관련해 하안과 황간 및 형병 등은 본문 그대로 보았으나 주희는 『논어집주』에서 공자가 나이 70세에 이르러 이 말을 한 것으로 보아 마침내의 뜻인 '졸卒'로 바꿔 해석했다. 그는 일부 판본에 '졸' 자가 잘못 기록되어 '오십五十'의 두 글자로 나뉘게 된 것으로 본 것이다.

그러나 다산은 여러 가지 고증을 들어 주희가 '오십'을 '졸'로 고친 것은 잘못이라고 지적했다. 송대 이후에 나온 초서에 '졸'의 초서체에서 나온 '구九'와 '십十'자를 합친 약자가 유행한 적은 있으나 '오五'와 '십十'를 합친 약자가 유행한 적이 없었다. 또한 공자가 그 이전에 『주역』을 배우지 않은 것은 아니지만 고경古經에 나이 50에 『주역』을 배웠다는 구절이 나오고 있다. 또한 주희는 『사기』 「공자세가」를 논거로 들고 있으나 『사기』는 『논어』 만큼의 신빙성이 없는 만큼 『사기』 「공자세가」를 근거로 『논어』를 고치는 것은 잘못이라고 지적했다. 다산은 하안의 해석을 예로 들어 『주역』은 '지천명知天命'에 관한 책이니 만큼 50세의 나이에 '지천명'에 관한 『주역』을 읽고자 한 공자의 의도가 잘못된 게 아니라고 주장했다. 고주를 좇아 '오십'을 원문 그대로 직역하는 게 합리적이다.

이와 관련해 형병은 공자가 이 말을 한 시점과 관련해 공자가 47세에 한 것으로 추정한 바 있다. 형병이 무엇을 근거로 이같이 주장했는지는 알 길이 없다. 후대의 주석가들 중에 형병의 이런 주장을 지지하는 사람들이 적지 않았다. 원문과 같이 '오십'을 그대로 인정할 경우 앞 구절에 나오는 '가加' 또한 원문 그대로 해석하는 게 타당하다. 이 장 역시 앞 장과 마찬가지로 불의한 부귀를 탐하지 않고 빈천 속에서 도를 즐기는 공자의 호학하는 자세가 잘 묘사되어 있다. 크게 보면 제13장~제16장 모두 공자의 호학낙도好學樂道 자세를 보여주는 것이라고 할 수 있다. 미야자키 이치사다는 '정치사학'의 관점에서 공자의 시대에는 '역易'이 아직 유가의 경전이 아니었을 것으로 추정하면서 이같이 분석했다.

"『논어』의 다른 장에는 도가사상과 상당히 가까운 것이 있다. 이는 도가의 성립 이후에 찬입竄入됐을 것이다. 마찬가지로 유가에 역학파易學派가 등장하면서 그 학파의 주장이 『논어』에 수록됐을 개연성이 크다. 나이 50세가 되고 나서 '역'을 배우겠다고 한 것은 『사기』 「공자세가」에서 공자가 만년에 '역'을 좋아했다고 기술한 것과 서로 통한다. 에도시대 때 활약한 도미나가 나카토미富永仲基의 주장에 따르면 백가쟁명百家爭鳴 당시 제자백가 모두 상대 학파에 대한 우위를 점하기 위해 이론 및 학설의 기원을 계속 상고 시대로 소급했다는 '가상설加上說'을 제기한 바 있다. '가상설'에 입각해 분석할 경우 늦게 성립된 경전일수록 뭔가 이유를 붙여 가장 오래된 경전이라고 주장하는 경향이 있다. 유가가 자랑스럽게 내세운 오경五經 가운데 『주역』이 바로 이 경우다."

공자가 만년에 『주역』을 즐겨 읽는 바람에 죽간竹簡을 연결하는 가죽 끈인 위편韋編이 3번이나 끊어졌다는 '위편삼절韋編三絶' 일화가 사실은 '가상설'에 입각한 허구에 불과하다는 사실을 뒷받침하는 언급이다.

제17장

子所雅言, 詩書. 執禮, 皆雅言也.

공자는 속언俗言이 아닌 아언雅言, 즉 정확한 표준말로 『시경』과 『서경』을 읽었다. 예를 행하는 집례執禮를 할 때 역시 모두 '아언'을 사용하는(개아언 야皆雅言也) 모습을 보였다.

'아언雅言'을 두고 공안국은 '정언正言', 주희는 늘 하는 말인 '상언常言'으로 풀이했다. 오규 소라이는 공안국의 주석을 좇았다. '집례執禮'의 '예禮'에 유독 '집執'자를 덧붙인 배경과 관련해 정현과 형병은 실행을 강조하기 위한 취지로 분석했다. 이 장은 공자의 학문에 대한 기본자세를 기술해놓았다. 이 장의 존재로 인해 제13장~제16장과 제18장~제19장이 전후로 구분되고 있다.

제18장

葉公問孔子於子路, 子路不對. 子曰, "女奚不曰, '其爲人也, 發憤忘食, 樂以忘憂, 不知老之將至' 云爾."

초나라 섭葉 땅의 지방관인 섭공葉公이 자로에게 공자에 관해 물었으나 자로가 대답하지 못했다. 후에 공자가 말했다. "너는 어찌해서 '그의 사람됨이 분을 일으켜 먹는 것조차 잊고(발분망식發憤忘食) 즐거움으로 인해 근심조차 잊으며(낙이망우樂以忘憂) 이내 늙게 되는(노지장지老之將至) 사실조차 모르고 있다.'고 말하지 않은 것인가?'

'섭공葉公'은 이름이 심제량沈諸梁, 자가 자고子高인 초나라의 현대부이다. 공자는 천하유세 가운데 잠시 섭 땅에 머문 적이 있었다. 육덕명과 주희는 '섭공'이 '공公'을 칭한 것은 분수에 넘치는 짓이라고 비난했으나 이는 잘못이다. 당시 초나라는 열국 가운데 최초로 칭왕稱王했던 까닭에 지방장관을 모두 '공'으로 칭했다. '운이云爾'를 두고 양보쥔은 '이같이 말할 뿐이다'의 뜻인 '여차이如此耳'로 새겼다.

제19장

子曰, "我非生而知之者. 好古敏以求之者也."

공자가 말했다. "나는 태어나면서부터 사물의 이치를 아는(생이지지生而知之) 인물이 아니다. 단지 옛 것을 좋게 여겨 부지런히 그것을 구할(호고민구好古敏求) 뿐이다."

주희는 나면서부터 아는 것을 기질이 청명하고 의리가 밝게 드러나 배우기를 기다리지 않고도 저절로 아는 것으로 이해했다. 공자의 '호고好占'는 회고懷占와 다르다. 기본적으로 '온고지신' 위에서 출발하고 있기 때문이다. 공자는 결코 봉건 질서로의 회복을 꾀한 적이 없다. 오히려 그는 신분세습에 의한 봉건질서가 속히 무너지고 학덕을 익힌 군자가 위정자가 되는 세상의 도래를 고대했다. 초대 사회 과학원장을 지낸 궈모뤄郭沫若가 언급했듯 매우 혁명적인 생각을 지니고 있었다.

제 20 장

子不語怪力亂神.

공자는 생전에 괴이하고, 위력적이고, 어지럽히는, 비현실적인 귀신(괴력난 신怪力亂神)에 관해서는 말하지 않았다.

'괴怪'는 괴이한 것, '력力'은 위력적인 것, '난亂'은 정도를 어지럽히는 것, '신神'은 귀신처럼 비현실적인 것을 뜻한다. 공자가 이 장에서 '괴력난신'에 관해 언급한 것은 호학과 관련한 자술에 대한 종결적인 의미를 지니고 있다. 이 장은 남송 때 등 장하는 성리학이 공학의 본의로부터 크게 벗어나 있음을 뒷받침한다. 이 장을 두고 주희는 "귀신은 소화의 자취이니 비록 바르지 않은 것은 아니나 이치를 궁구함이 지극하지 않고는 쉽사리 밝힐 수 없었던 까닭에 가벼이 사람들에게 말하지 않았다."라고 주석했다. 공자는 생전에 성리학에서 말하는 '4단7정'의 성性과 '천리인욕'의 천도天道 등에 관해 언급한 바가 없다. 이는 그가 '괴력난신'에 대한 언급을 극력 꺼린 사실과 무관하지 않다. 공자는 인간의 이지적인 이성에 무한한 신뢰를 보내면서 인간의 인간 개인 및 공동체에 대한 기본 관계와 상호 질서를 탐구하는 데 전력을 투구했다. '괴력난신'에 관한 고구考究로 시간과 정력을 낭비하는 것을 극히 경계한 이유다. 공학의 위대한 면모가 바로 여기에 있다.

제 2 1 장

子曰, "三人行, 必有我師焉. 擇其善者而從之, 其不善者而改之."

공자가 말했다. "세 사람이 길을 갈지라도 거기에는 반드시 나의 스승이 있고(삼인행필유아사三人行必有我師) 이치가 있다. 선한 언행은 가려서 따르고(택선이종擇善而從), 선하지 못한 언행은 가려서 고치면(불선이개不善而改) 된다."

다산은 '택기선자이종지擇其善者而從之'의 '기선자其善者'를 사람이 아니라 동행하면서 오가는 말과 내용으로 풀이했다. 공자는 이 장에서 3인의 동행을 예로 들어 스스로를 되돌아보는 내자성內自省의 성찰 방안을 제시했다. 그가 제시한 '내자성'의 방안은 2인일 경우에도 예외 없이 적용되는 것임은 말할 것도 없다.

제 2 2 장

子曰, "天生德於予, 桓魋其如予何."

공자가 말했다. "하늘이 덕을 나에게 주었다(천생덕어여天生德於予). 환퇴桓魋
가 나를 어찌 하겠는가?"

이 장에 나온 공자의 자술은 천하유세 가운데 송나라를 지날 때 사마 환퇴桓魋
가 공자를 해치려고 했던 일을 술회한 것이다. '천생덕어여天生德於予'의 '천天'은
인간사에 개입하는 인격신 또는 성리학에서 말하는 '천도'가 아니라 통상적인 의
미의 경외 대상인 하늘을 가리킨다. 공자의 하늘에 대한 기본 입장은 '외천畏天'이
다. 이는 귀신에 대한 경원敬遠과 같은 맥락이다. '생덕生德'은 덕을 만들어 주었다
는 뜻이다. 환퇴는 송나라 사마 상퇴向魋를 말한다. 송환공宋桓公의 후예인 까닭에
흔히 '환퇴'로 불렸다. 그는 공자의 후기제자인 '사마우司馬牛'의 친형이기도 했다.

제 2 3 장

子曰, "二三子以我爲隱乎. 吾無隱乎爾. 吾無行而不與二三子者,
是丘也."

공자가 제자들에게 말했다. "너희들은 내가 숨기는 게 있다고 생각하느냐?
나는 너희들에게 숨긴 게 없다. 나는 어떤 일을 행하고도 너희들에게 보이
지 않게 한(행이불여行而不與) 적이 없다. 그것이 나 구丘의 기본 입장이다."

'이삼자二三子'는 다수多數를 뜻하며 여기서는 제자들에 대한 호칭으로 사용됐
다. '오무은호이吾無隱乎爾'의 '은隱'을 두고 주희는 "공자의 도가 높고 깊어 제자들
은 이를 거의 따라갈 수 없다고 여겼다. 숨기는 게 있는 게 아닐까 의심해 성인의
움직이고 그치고 말하고 침묵하는(작지어묵作止語黙) 것이 어느 것 하나 가르침이
아닌 게 없다는 사실을 알지 못했다. 이에 공자가 이 말씀으로 깨우쳐 준 것이다."
라고 풀이했다. '호이乎爾'를 황간은 '너희에게'의 뜻으로 새겼으나 장보첸蔣伯潛은
어조사로 해석했다. 제21장~제23장은 모두 교학敎學에 관한 공자의 자술이다.

제 2 4 장

子以四教, 文行忠信.

공자는 4가지 덕목으로 제자들을 가르쳤다. 시서예악詩書禮樂 등의 학문,
효제孝悌 등의 덕행, 성실한 마음인 충심, 약속을 지키는 신의 등 4가지 덕
목(문행충신文行忠信)이 그것이다.

'문행충신文行忠信'의 '문文'을 두고 형병은 선왕이 남긴 '유문遺文', 장보첸은 시
서예악詩書禮樂과 관련한 '전적典籍'으로 보았다. 공문에서 가르치는 '위정학'의 정
규 교과목으로 해석하는 오류를 범했다. 그러나 이는 잘못이다. 공문에서 가르친
기본 교과목은 어디까지나 '시서예악'이었다. '문행충신'은 '위정학'의 정규 교과목
이 아니라 덕목의 실천 또는 확충 방안이다. 공문의 '위정학'은 '지행합일'을 강조
한 까닭에 배워서 아는 학지學知와 더불어 행덕行德을 매우 중시했다. 그러나 '문
행충신'의 행덕은 어디까지나 덕목의 실천 또는 확충 방안으로 제시된 것일 뿐 정
규 교과목으로 편성된 것은 아니었다.

子曰, "聖人, 吾不得而見之矣. 得見君子者, 斯可矣." 子曰, "善人, 吾不得而見之矣, 得見有恒者, 斯可矣. 亡而爲有, 虛而爲盈, 約而爲泰, 難乎有恒矣."

공자가 말했다. "나는 아직까지 성인聖人을 만나보지 못했다. 성인을 만나는 것은 고사하고 군자를 만나는(득견군자得見君子) 행운이라도 누렸으면 좋겠다." 이어 이같이 덧붙였다. "나는 아직까지 선인善人을 만나보지 못했다. 선인을 만나는 것은 고사하고 마음이 늘 같은 항심인恒心人을 만나는(득견유항得見有恒) 행운이라도 누렸으면 좋겠다. 없으면서도 있는 체하거나(무이위유亡而爲有) 비어 있으면서도 가득 차 있는 체하거나(허이위영虛而爲盈), 곤궁한데도 사치를 부리며 부유한 체하는(약이위태約而爲泰) 행보를 하면 항심을 지니기가 어려운(난호유항難乎有恒) 처지에 빠지게 된다."

'무이위유亡而爲有'의 '무亡'는 '무無'와 같다. '약이위태約而爲泰'의 '약約'을 형병은 안에 지닌 바가 빈약한 것으로 풀이했다. '태泰'를 형병은 겉으로 사치하는 것으로 보았다. 문맥상 성인은 군자가 되기 위한 학덕 연마가 경지에 올라 군자의 단계를 넘어 마침내 사물의 이치까지 활연豁然히 통찰하는 단계에 접어든 사람을 말한다. 오규 소라이는 『논어징』에서 왕도王道의 지치至治를 구현한 사람을 성인聖人,

패도의 대공大功 치국평천하를 이룬 사람을 선인善人으로 간주했다. 「선진」 제20장은 '성인'과 '선인'의 차이를 입실入室과 승당升堂에 비유해 구별해놓았다. 원래 선비와 군자, 성인의 간극은 전적으로 학덕 연마의 정도에 따른 것으로 본질적인 차이가 있는 것은 아니다.

이 장은 공자의 비슷한 언급을 한 곳에 모은 것으로 내용상 두 개의 장으로 세분할 수도 있다. 기무라 에이이치는 각각 다른 시기의 언급이 전송되는 과정에서 하나로 뭉뚱그려졌거나 편집 과정에서 한 개의 장으로 묶였을 것으로 보았다.

제26장

> 子釣而不綱, 弋不射宿.
>
> 공자는 낚시질을 하면서도 그물질은 하지 않고(조이불망釣而不網) 주살을 사용하면서도 둥지에 잠든 새를 쏘아 맞추지는 않았다(익불석숙弋不射宿).

'조이불망釣而不網'의 '망網'은 그물질을 한다는 뜻의 동사로 사용됐다. '익불석숙弋不射宿'의 '익弋'은 오늬에 실을 매어 쏘는 수렵용 화살을 말한다. '석射'은 통상 '사'로 읽으나 쏘아 맞춘다는 의미로 사용될 때는 '석'으로 읽는다. 또 여기의 '숙宿'을 형병은 잠자는 새로 새겼다. 공자는 이 장에서 엽도獵道의 기본을 밝히고 있다.

子曰, "蓋有不知而作之者, 我無是也. 多聞擇其善者而從之, 多見而識之, 知之次也."

공자가 말했다. "알지도 못하면서 멋대로 지어내는(부지이작不知而作) 사람이 있을 것이다. 나는 그런 적이 없다. 많이 청취한 뒤 그 가운데 좋은 것을 택하는(다문택선多聞擇善) 방식을 통해 흉내 내며 따라가고, 많이 본 뒤 그 가운데 좋은 것을 기억하는(다견이지多見而識) 방식을 통해 마음에 새기는 것은 배워서 아는 것에 버금하는 일이다."

　'부지이작不知而作'을 두고 미야자키 이치사다는 『시경』「대아大雅·상유桑柔」에 나오는 '내가 어찌 모르며 할까?'의 의미를 지닌 '여기부지이작予豈不知而作' 구절을 인용해 고어古語의 인용으로 보았다. '지지차야知之次也'를 두고 공안국은 최상의 지식인 '생이지지生而知之' 다음 단계인 '차어천생지지次於天生知之'로 풀이했다. 주희는 아는 자의 다음 단계인 '차어지지자次於知之者'로 해석했다. 이에 대해 크릴은 공자가 과연 태어나면서부터 아는 '생이지지'를 믿었는지 의문이라고 이의를 제기하면서 『역경』의 「여괘旅卦」 괘사에 나오는 '여즉차旅卽次'를 예로 들어 '지식을 얻는 순서'로 풀이했다. 고문헌에 '차次'를 '순서'의 의미로 사용한 용례는 제법 많다. 전후 문맥에 비춰볼 때 크릴의 견해를 좇는 게 합리적이다.

제28장

互鄉難與言, 童子見, 門人惑. 子曰, "與其進也, 不與其退也, 唯
何甚. 人潔己以進, 與其潔也, 不保其往也."

호향互鄕 사람과는 대화하기 어려웠다. 호향의 동자童子가 공자를 찾아와
알현하자 문인들이 의아해했다. 공자가 말했다. "호향의 동자가 나를 보기
위해 이곳에 왔다. 이를 순수하게 받아들여 함께 전진하면(여기진야與其進
也)된다. 만일 그가 뒤로 퇴보하면 함께 퇴보하지 않으면(불여기퇴不與其退)
된다. 아, 그대들은 왜 이토록 엄하게 따지는 것인가? 사람이 몸을 청결히
하여 전진하고자 하면 이를 액면 그대로 수용해 함께 전진하면(여기결야與
其潔也) 된다. 이때는 그 사람의 과거 행실은 따지지 않아야 한다(불보기왕不
保其往)."

'호향난여언互鄕難與言'을 두고 정현은 그곳 사람들이 자신의 고집대로 말하면
서 시의時宜에 부합하지 않았기 때문이라고 분석했다. 주희는 그곳 사람들이 불
신에 물들어 있었던 까닭에 선행에 관해 얘기하기가 어려웠다고 해석했다. 여기
의 '호향互鄕'은 지명地名으로, 자세한 위치는 알 길이 없다. 문맥에 비춰 풍속이 어
지러웠던 마을로 짐작된다. '여기진야與其進也, 불여기퇴야不與其退也, 유하심唯何
甚' 구절이 맨 뒤로 들어가 있어 문맥이 매끄럽지 못하다.

주희는 편제상 착간錯簡이 있었을 것으로 보고 이 구절을 앞으로 빼서 "호향 사람들은 불선不善에 물들어 있어 함께 선善을 얘기하기가 어려웠다."라고 풀이했다.

크릴은 이 장을 공자가 상식과 판단력을 통해 사람을 사귀었음을 유추하게 하는 대목으로 간주했다. 그는, "내가 어떤 사람과 만나 얘기한다고 앞으로 그가 할지도 모르는 일까지 내가 책임질 수는 없다. 왜 그토록 엄하게 따지는 것인가? 마찬가지로 그의 과거 행동에 대해서도 내가 책임질 바는 아니다."라고 했다.

기무라 에이이치는 '정치사학'의 관점에서 위나라 실권을 장악한 공어孔圉와 만난 사실에 대한 공자의 해명으로 추정했다. 당시 위나라 권신 공어는 비록 권모술수를 구사하기는 했으나 진지하게 지식을 추구한 인물이었다. 공자를 존중하며 자주 그의 조언을 구한 게 그렇다. 당시 공자는 필요에 의해 공어와 관계를 맺은 것으로 추정된다.

第29장

子曰, "仁, 遠乎哉. 我欲仁, 斯仁至矣."

공자가 말했다. "인仁이 멀리 있는가? 내가 인을 행하고자 하면 그 인은 내 마음 속에 있는 까닭에 곧바로 다가오는(욕인인지欲仁仁至) 모습을 보이게 마련이다."

주희는 '인'을 '마음의 덕'으로 보고, "인이 밖에 있는 게 아니니 어찌 멀리 있을 수 있겠는가?"라고 했다. 정이천은, "인을 행하는 것은 자신에게 달려 있으니 인을 행하고자 하면 곧 이르게 된다."라고 했다.

제30장

陳司敗問, "昭公知禮乎." 孔子曰, "知禮." 孔子退, 揖巫馬期而進之曰, "吾聞'君子不黨', 君子亦黨乎. 君取於吳爲同姓, 謂之吳孟子. 君而知禮, 孰不知禮." 巫馬期以告. 子曰, "丘也幸. 苟有過, 人必知之."

진陳나라의 사패司敗, 즉 형옥을 다루는 사구司寇가 공자에게 물었다. "노소공魯昭公은 예를 아는(지례知禮) 인물입니까?" 공자가 대답했다. "지례'의 인물입니다."

공자가 물러가자 진나라 사패가 공자의 제자인 무마기巫馬期에게 읍揖을 하고 가까이 오게 한 뒤 이같이 말했다. "내가 듣건대 군자는 편당을 짓지 않는(군자부당君子不黨) 모습을 보인다고 했소. 그런데 군자도 편당을 짓는 것이오? 노소공이 오나라에서 부인을 얻자 사람들은 동성同姓의 희성姬姓인 것을 꺼려 노소공의 부인을 '오맹자吳孟子'라고 불렀소. 노소공이 예를 안다면 누가 예를 알지 못하는(숙부지례孰不知禮) 대상이 될 수 있겠소?"

> 무마기가 이를 공자에게 알리자 공자가 크게 기뻐하며 이같이 말했다. "나
> 공구는 실로 다행이다. 나에게 허물이 있으면 누군가 반드시 이를 알아챈
> 다(인필지지人必知之)."

'무마기巫馬期'는 원래 이름이 시施이고, '무마'는 관명에서 바뀐 성씨이다. 대대
로 말과 관련한 업무를 하다가 성씨로 고정됐다. '군취어오위동성君取於吳爲同姓'
의 '동성同姓'은 노소공과 오맹자가 모두 주나라 왕실과 같은 성씨인 희씨姬氏인
점을 언급한 것이다.

같은 희씨성을 가진 노소공과 오맹자

『춘추좌전』 「노애공 12년」조에 다음과 같은 일화가 나온다. "기원전 483년 여
름 5월, 노소공의 부인 '오맹자吳孟子'가 세상을 떠났다. 노소공이 희성의 나라인
오나라 여인을 부인으로 맞이한 까닭에 『춘추』는 맹자의 성을 밝히지 않았다. 이
때 노나라는 부고를 내지 않았다. 『춘추』에 부인이라고 칭하지 않은 이유다. 노나
라는 오맹자를 안장한 후 조묘에서 곡을 하는 반곡反哭도 하지 않았다. 『춘추』에
군주의 부인인 소군小君을 안장했다는 취지의 '장소군葬小君'이라고 쓰지 않은 것
은 바로 이 때문이다."

당초 노소공의 부인 맹자孟子는 원래 오희吳姬 또는 맹희孟姬로 불렸다. 제후에
게 시집을 간 뒤에도 '오희吳姬'로 불리는 게 마땅했다. 그러나 그녀는 노나라로 시
집간 까닭에 '오맹자'로 개칭됐다. 『예기』 「곡례 상」에 따르면 제후들은 부인을 얻
을 때 같은 성씨를 취하지 않도록 되어 있다. 노소공이 동성의 나라인 오나라에서

부인을 얻은 것은 예에 어긋난다. 노소공은 세간의 비난을 피하기 위해 마치 이성의 나라인 송나라의 자성子姓인 것처럼 꾸몄다. '오희'를 '오맹자'로 바꿔 부른 게 그렇다. 이 일화는 공자가 천하유세 도중에 빚어진 것이다.

제31장

> 子與人歌而善, 必使反之, 而後和之.
>
> 공자는 다른 사람과 함께 노래를 할 때 상대방이 노래를 잘하면 반드시 다시 부르게 한 뒤 이에 화답했다(사반후화使反後和).

이 장은 공자가 사람들과 함께 노래 부를 때 보여준 호학하는 태도를 기록해놓은 것이다. 이 장의 존재로 인해 제27장~제30장과 제32장~제36장이 전후로 확연히 구분되고 있다.

제32장

> 子曰, "文莫, 吾猶人也. 躬行君子, 則吾未之有得."

공자가 말했다. "나는 문재文才가 남보다 뛰어나지는 못하지만 통상인과 비슷한(문막유인文莫吾猶人) 수준이다. 다만 군자의 도를 몸소 실천하는(궁행군자躬行君子) 행보만큼은 내가 아직까지 터득하지 못한(미지유득未之有得) 대상이다."

'문막文莫'을 두고 하안은, "막莫은 무無이다. 문무文無는 세속에서 문불文不이라고 말하는 것과 같다."고 했다. 남보다 문재文才가 뛰어나지 못하다는 의미이다. 청나라 최후의 과거시험에서 장원을 한 오원재吳檢齋는 '막莫'을 '대략'으로 간주해, "문장은 대략 내가 남과 같은 수준이다."라고 했다. 이 장은 공자가 "군자의 도는 셋인데 나는 이 중에 하나도 능한 게 없다."라고 겸양한 『중용』의 내용과 상통하고 있다. 『중용』제13장의 내용이다.

"군자지도君子之道에는 4가지가 있다. 나 공구는 그 가운데 단 하나도 능히 하지 못했다. 자식에게 구하는 것으로써 부모를 섬기고(사부事父), 신하에게 구하는 것으로써 군주를 섬기고(사군事君), 아우에게 구하는 것으로써 형을 섬기고(사형事兄), 붕우에게 구하는 것으로써 먼저 벗에게 베풀지(선시先施) 못한 게 그렇다. 통상적인 덕을 행함(용덕지행庸德之行)과 통상적인 말을 조심함(용언지근庸言之謹)을 하면서 부족한 게 있을 때 감히 애쓰지 않고(불면不勉), 여력이 있을(유여有餘) 때 감히 인정人情을 좇아 모두 행하지(진행盡行) 않았다. 말은 행실을 돌아보고 행실은 말을 돌아보니 군자가 어찌 독실한(조조慥慥) 모습을 하지 않을 수 있겠는가?"

제33장

> 子曰, "若聖與仁, 則吾豈敢. 抑爲之不厭, 誨人不倦, 則可謂云爾已矣." 公西華曰, "正唯弟子不能學也."
>
> 공자가 말했다. "성聖과 인仁 같은 덕목이야 내가 어찌 감당할 수 있는(성인기감聖仁豈敢) 덕목일 수 있겠는가? 그러나 성과 인을 행하기 위해 노력하는 것을 싫어하지 않고(위지불염爲之不厭) 사람 가르치는 것을 게을리하지 않는 것(회인불권誨人不倦) 만큼은 가히 말할 수 있을 것이다." 공서화가 이같이 말했다. "그것이 바로 저희 제자들이 배울 수 없는 것입니다."

'운이이의云爾已矣'의 '이爾'를 두고 장보첸은 '차此'로 보아 "성과 인을 행하기 위해 노력하는 것을 싫어하지 않는 위지불염爲之不厭과 사람 가르치는 것을 게을리하지 않는 회인불권誨人不倦"을 지칭한다고 분석했다. 이 장을 두고 주희는, "인성仁聖을 싫어하거나 게을리하지 않음은 스스로 인성의 도를 지니지 않고는 할 수 없는 것인 까닭에 제자들이 쉽게 배울 수 없는 것이다."라고 했다.

「술이」 제2장에서 이미 배우며 싫증내지 않는 '학이불염學而不厭'과 남을 가르치는 데 게으르지 않는 '회인불권誨人不倦'을 언급한 바 있다. 『맹자』 「공손추 상」에도 이와 유사한 '학불염學不厭'과 '교불권敎不倦' 구절이 나온다. "옛날 자공이 공자에게 묻기를, '부자는 성인이십니까?'라고 했다. 공자가 대답하기를, '성인은 내가 미칠 바가 아니다. 나는 단지 배우기를 싫증내지 않고 가르치기를 게을리하지 않을 뿐이다!'라고 했다. 자공이 말하기를, '배우기를 싫어하지 않는 것은 지智, 가르치기를 게을리하지 않는 것이 인仁입니다. 인과 지를 구비했으니 부자는 이미 성인이십니다!'라고 했다."

제 3 4 장

> 子疾病, 子路請禱. 子曰, "有諸." 子路對曰, "有之. 誄曰, '禱爾于上下神祇." 子曰, "丘之禱久矣."
>
> 공자가 병이 위중하자 자로가 기도할 것을 청했다. 그러자 공자가 물었다. "그런 이치가 있느냐?"
> 자로가 대답했다. "있습니다. 뇌문誄文에 '너를 위해 천지신명에게 기도를 했다(도우신기禱于神祇)!'고 기록하고 있습니다."
> 공자가 말했다. "그런 의미라면 나 공구 역시 기도한 지 오래 되었다(구도구의丘禱久矣)고 말할 수 있다."

'자질병子疾病' 가운데 '병病' 자가 일부 판본에는 없다. '뇌문誄文'은 사자를 애도하며 그의 행적을 쓴 제문祭文을 말한다. '도이우상하신기禱爾于上下神祇'의 '이爾'는 기도할 '도禱'의 목적어로 사용된 것이다. '상하신기上下神祇'는 천지신명天地神

明과 같은 말로, '신기神祇'는 하늘과 땅의 귀신을 통칭한 용어이다. '구지도구의丘之禱久矣'에서 재해나 질병이 속히 사라지기를 바라는 기도를 뜻하는 '구도丘禱' 성어가 나왔다.

『태평어람太平御覽』권849에 인용되어 있는 이문異文에는 자로가 공자를 위해 점을 치려고 하자 공자가 '나의 점은 이미 오래 전에 끝났다.'라고 말한 것으로 되어 있다. 크릴은 점복을 신봉하는 자들이 공자를 두고 점복을 신봉한 사람으로 꾸며 넣으려다가 실패한 사례로 보았다. '정치사학'의 관점에서 볼 때 '괴력난신'에 관한 언급을 꺼린 공자는 절박한 심정에서 올리는 제자 자로의 기도 자체도 용인하지 않았다고 보는 게 합리적이다.

제 3 5 장

子曰, "奢則不孫, 儉則固, 與其不孫也寧固."

공자가 말했다. "사람들은 사치하면 불손해지고(사즉불손奢則不孫), 검소하면 고루해지는(검즉고儉則固) 모습을 보이게 마련이다. 나는 사치해 불손해지느니 차라리 검소함이 지나쳐 고루하다는 지적을 받는(여기불손녕고與其不孫寧固) 자세를 취할 것이다."

'여기불손야與其不孫也'의 '손孫'은 겸손謙遜에서 쓰이는 '손遜'의 의미로 사용된 것이다. '정치사학'의 관점에서 볼 때 공자는 사치와 검소 모두 중도를 잃었으나 사치의 해가 더 큰 까닭에 차라리 불손한 것보다 고루한 게 더 낫다고 말한 것으로 보는 게 합리적이다.

제36장

子曰, "君子坦蕩蕩, 小人長戚戚."

공자가 말했다. "군자는 평온한 자세로 느긋하고(군자탄탕君子坦蕩), 소인은 오래도록 바장이는 자세로 근심하는(소인장척小人長戚) 모습을 보인다."

'군자탄탕탕君子坦蕩蕩'의 '탄탕탕坦蕩蕩'을 정현은 마음이 관대하고 넓은 것으로 해석했다. '탄坦'은 뒷 구절의 '장長'에 대치되는 것이다. '탄연坦然'은 안온한 자세로, '평연平然'과 같다. '탕탕蕩蕩'의 형용사를 수식하는 일종의 부사어로 해석하는 게 합리적이다. '장척척長戚戚'도 마찬가지이다. '장長'은 오랫동안 지속되는 '구연久然' 의미이다. '척척戚戚'의 형용사를 꾸미는 부사어로 사용됐다고 보는 게 타당하다.

子溫而厲, 威而不猛, 恭而安.

공자는 평소 온화하면서도 엄숙하고(온이려溫而厲), 위엄이 있으면서도 사납지 않으며(위이불맹威而不猛), 공손하면서도 평안한(공이안恭而安) 모습을 보였다.

기무라 에이이치는 이 장이 「술이」 37개 장을 9개의 장군章群으로 가르는 데 결정적인 역할을 하는 9개 장의 단문 가운데 대미라고 보았다. 공자의 평소 모습을 구체적으로 기술해놓은 게 그렇다. 제32장~제37장은 공자의 자술로 해석할 수 있는 잡다한 내용을 한곳에 모아놓은 결과라는 게 그의 분석이다.

제 8 편

태백泰伯

-

Intro

태백泰伯

증자 문인이 모은 증자의 말과 공자의 격언

「태백」은 총 21개 장으로 이루어져 있다. 증자의 말로 되어 있는 제3장~제7장의 5개 장을 제외한 나머지 16개 장은 모두 공자의 말이다. 그러나 이 편에 나오는 공자의 말은 매우 이질적이다. 왜 이런 현상이 빚어진 것일까?

공자는 일찍이 주공에게 경도되어, 하례와 은례는 문헌이 부족하고 주나라는 하·은 2대에 기초한 문화가 있어 자신은 주나라를 좇겠다고 언명한 바 있다. 당시 공자의 손에 정비된 '서書'는 주공을 중심으로 한 『서경』「주서周書」이다. 주나라 초기 이하의 기사와 주나라 이전의 것을 기술한 「상서商書」와 「하서夏書」, 「우서虞書」는 공자의 고전 존중 정신을 계승한 후학들이 보완한 내용이 대부분이다. 「하서」의 내용을 담은 우왕의 사적은 전국시대 중엽 묵자가 출현한 이후 세간에 드러낸 것이고, 「우서」의 내용을 담은 요·순의 사적은 맹자 이후 드러낸 것이다.

특히 제18장~제19장은 『맹자』「등문공滕文公 상上」에서 요·순·우·고요皐陶의 인정仁政을 언급하기 위해 인용된 공자의 말과 완전히 일치한다. 이는 요·순·우 등을 언급한 제18장~제20장의 4개 장이 최소한 맹자 전후의 시기에 편집됐음을 시사한다. 이로써 「하서」와 「우서」의 내용이 『논어』에 보충된 시기를 짐작할 수 있다.

「태백」은 성현의 지덕을 표창한 공자의 말이 수장인 제1장과 말장인 제21장에 배치되어 수미가 상응하고 있다. 편집자의 의도가 엿보이는 대목이다. 이는 「태백」의 편집이 맹자 전후의 시기에 이루어졌음을 의미한다. 고대 성왕의 지덕을 표창한 수장과 말장의 중간에 증자의 말과 공자의 격언 등이 들어가 있는 것은 증자의 문인이 이 편의 편제에 개입했음을 시사한다.

제 1 장

> 子曰, "泰伯, 其可謂至德也已矣. 三以天下讓, 民無得而稱焉."
>
> 공자가 말했다. "태백泰伯은 가히 지덕至德을 갖춘 사람이라고 할 만하다. 3번 천하를 양보한(삼양천하三讓天下) 게 그렇다. 그런데도 백성들은 이를 알 길이 없어 칭송을 할 수조차 없는(민무득이칭民無得而稱) 입장이었다."

'태백泰伯'은 주나라 태왕太王 고공단보古公亶父의 장자로 주문왕의 백부이며 오나라의 시조이기도 하다. 그는 세 번이나 천하를 양보한 전설적인 인물이다. 『사기』「오태백세가吳太伯世家」에 자세한 내용이 실려 있다. '삼이천하양三以天下讓' 역시 삼양천하三讓天下의 목적어인 천하天下를 강조하기 위해 앞으로 끌어낸 도치문이다. '민무득이칭언民無得而稱焉'이 『계씨』 제12장에는 '민무득이칭언民無德而稱焉'으로 나온다. 고대에는 '득德'이 '득得'의 가차로 사용됐다. 읽을 때는 '덕'이 아닌 '득'으로 읽는 게 옳다.

공자는 이 장에서 예의 정신은 '읍양揖讓'에 있음을 강조하고 있다. 기무라 에이이치는 이 장이 고성왕의 지덕을 논한 제18장~제21장의 4개 장과 상응하고 있는 것으로 파악했다.

제 2 장

子曰, "恭而無禮則勞, 愼而無禮則葸, 勇而無禮則亂, 直而無禮
則絞. 君子篤於親則民興於仁, 故舊不遺則民不偸."

공자가 말했다. "사람이 공손하되 예가 없으면 수고롭게 되고(공이무례즉로
恭而無禮則勞), 신중하되 예가 없으면 두려움을 갖게 되며(신이무례즉사愼而無
禮則葸), 용맹하되 예가 없으면 어지럽게 되며(용이무례즉란勇而無禮則亂), 강
직하되 예가 없으면 남에게 상처를 주는(직이무례즉교直而無禮則絞) 상황이
빚어진다. 군자가 부형과 일가친척 등 친인親人에게 돈독한(군자독어친君子
篤於親) 행보를 하면 하면 백성들이 인仁의 기풍으로 떨쳐 일어나고(민흥어
인民興於仁), 옛 친구를 버리지 않는(고구불유故舊不遺) 행보를 하면 백성들은
곧바로 야박한 마음을 갖지 않는(즉민불투則民不偸) 모습을 보이게 된다."

　'신이무례즉사愼而無禮則葸'의 '사葸'는 '구懼'의 뜻이다. '직이무례즉교直而無禮則
絞'의 '교絞'를 마음은 가차 없이 꾸짖는다는 뜻의 '교자絞刺', 주희는 매우 긴박하게
재촉하는 '급절急切'로 새겼다. '민불투則民不偸'의 '투偸'는 각박하다는 뜻이다. 주희
는 『논어집주』에서 남송 초기의 음운학자 오역吳棫의 해석을 인용해 '군자독어친
君子篤於親' 이하의 구절은 오히려 「학이」에 나오는 증자의 '신종추원愼終追遠' 언급
과 닮아 있다며 별도의 장으로 처리하는 게 타당하다고 주장했다. 기무라 에이이

치는 공자의 예에 관한 언급에 증자 문인의 보충 설명이 덧붙여진 것으로 보았다. 뒤에 나오는 제3장~제7장이 모두 증자의 말로 이어진 점을 논거로 들었다.

제 3 장

> 曾子有疾, 召門弟子曰, "啓予足, 啓予手. 詩云, '戰戰兢兢, 如臨深淵, 如履薄氷.' 而今而後, 吾知免夫. 小子."
>
> 증자가 병이 위중해지자 제자들을 불러 말했다. "이불을 벗겨 나의 발을 꺼내 보고, 나의 손을 꺼내 보라. 『시』에 이르기를, '두려워하고 삼가는(전전긍긍戰戰兢兢) 자세를 깊은 연못 앞에 서서(여림심연如臨深淵) 얇은 얼음을 밟는(여리박빙如履薄氷) 것처럼 하라.'고 했다. 죽음을 앞둔 이제야 비로소 더 이상 부모로부터 물려받은 신체를 훼손할까 걱정하는 효행의 의무로부터 벗어나게 됐음을 아는(오지면부吾知免夫) 상황에 이르렀다. 소자小子들아!"

'전전긍긍戰戰兢兢, 여림심연如臨深淵, 여리박빙如履薄氷' 구절은 『시경』「소아小雅·소민小旻」에 나오는 것이다. '이금이후而今而後'는 지금 이후의 시간대를 뜻하는 말로 '이제야'의 의미다. '소자小子'는 제자들을 지칭한 말이다. 증자는 일찍이 『효경』에서 "신체발부身體髮膚는 부모로부터 받은 것이니 감히 훼손할 수 없다."라고 역설한 바 있다. 이 장은 증자의 지효至孝를 드러낸 것이다. 정이천은, "군자의 죽음을 종終, 소인의 죽음을 사死라고 한다. 군자는 몸을 보전하고 죽는 것을 자신의 일을 마치는 것으로 여긴다. 이에 증자는 몸을 온전히 보전함으로써 불효를 면한 것으로 여긴 것이다."라고 풀이했다.

제4장

> 曾子有疾, 孟敬子問之. 曾子言曰, "鳥之將死, 其鳴也哀. 人之
> 將死, 其言也善. 君子所貴乎道者三. 動容貌, 斯遠暴慢矣. 正顔
> 色, 斯近信矣. 出辭氣, 斯遠鄙倍矣. 籩豆之事, 則有司存."

증자가 병이 위중해지자 맹무백孟武伯 중손체仲孫彘의 아들인 맹경자孟敬子, 즉 중손첩仲孫捷이 문병을 왔다. 증자가 말했다. "새가 곧 죽을 때가 되면 그 울음소리가 슬프고(조지장사鳥之將死, 기명야애其鳴也哀), 사람이 곧 죽을 때가 되면 그 말이 착해지는(인지장사人之將死, 기언야선其言也善) 현상이 빚어지는 법이오. 군자가 도에서 귀하게 여기는 예도禮道는 크게 3가지가 있소. 용모를 꾸밀 때는 사나움과 태만함을 멀리 하고(사원폭만斯遠暴慢), 안색을 바르게 할 때는 신실함에 가깝게 하며(사근신의斯近信矣), 말을 입 밖으로 낼 때는 비루함과 도리에 어긋나는 것을 멀리 함(사원비배斯遠鄙倍)이 그것이오. 제기를 다루는 것처럼 작은 사안(변두지사籩豆之事)에는 이를 전담하는 유사有司가 있게 마련이오."

'사원폭만斯遠暴慢'의 '사斯'는 바로 앞서 언급한 동용모動容貌를 지칭한 지시대명사로 사용된 것이다. 여기의 '폭暴'의 독음을 두고 고주古注는 특별한 언급을 하지 않았으나 주희는 거칠고 사나운 '조려粗厲'의 의미로 보아 거성去聲인 '포'로 읽었다. 다산은 이를 갑작스럽고 급한 '졸급猝急'으로 보아 입성入聲인 '폭'으로 읽어야 한다고 주장했다. 다산은 사람이 몸을 움직일 때 급하고 멋대로 행동하는 것과 게을러 느리게 행동하는 것을 두 가지 병통으로 보았다. 문자의 용례에 비춰 볼 때 다산과 같이 입성인 '폭'으로 읽는 게 타당하다. 그러나 주희와 같이 거성인 '포'로 읽을지라도 문맥의 흐름상 별다른 문제는 없다. '사원비배斯遠鄙倍'의 '배倍'는 배반할 '배背'의 가차로 사용됐다. '변두지사籩豆之事'는 원래 제기를 다루는 일로 여기서는 소소한 작은 일을 지칭한다.

제 5 장

> 曾子曰, "以能問於不能, 以多問於寡, 有若無, 實若虛, 犯而不校, 昔者吾友嘗從事於斯矣."
>
> 증자가 말했다. "유능하면서도 유능하지 못한 이에게 묻고(이능문어불능以能問於不能), 학식이 많으면서 적은 이에게 물으며(이다문어과以多問於寡), 있어도 없는 것처럼 행동하고(유약무有若無), 가득 찼어도 빈 것처럼 행동하며(실약허實若虛), 당하고도 따지지 않는 것(범이불교犯而不校)이 바람직하다.

전에 안회라는 내 친구가 일찍이 이같이 행보한 적이 있었다."

'범이불교犯而不校'의 '교校'를 포함은 '보복', 다산은 견줄 '교挍'의 오자, 주희는 '계교計較'로 풀이했다. '우상종사어사의吾友嘗從事於斯矣'의 '우友'를 두고 후한의 마융은 안연으로 보았다. 주희도 이를 따랐다. 이후 대부분의 주석가들이 이 대목을 두고 증자가 안연을 칭송한 것으로 해석해오고 있다.

제 6 장

曾子曰, "可以託六尺之孤可以寄百里之命臨大節而不可奪也,
君子人與. 君子人也."

증자가 이같이 말했다. "6척六尺 크기의 어린 군주(육척지고六尺之孤)를 맡길 만하고, 사방 100리 제후국의 명운(백리지명百里之命)을 부탁할 만하며, 국난(대절大節)의 상황에서 온갖 회유로도 그 뜻을 빼앗을 수 없는(불가탈지不可奪志) 지조를 지녔으면, 군자다운 사람인가? 군자다운 사람이다."

'육척지고六尺之孤'를 누고 정현은 15세 이하의 어린 군주로 해석했다. '백리지명百里之命'의 '명命'을 두고 공안국은 나라의 정령政令, 다산은 나라의 흥망興亡으

로 새겼다. '임대절이불가탈야臨大節而不可奪也'의 '대절大節'을 두고 하안은 '사직의
안정'으로 풀이했다. 문맥상 국난國難을 지칭한다. 이 장은 특이하게도 군자다운
사람에 대한 증자의 자문자답으로 이루어져 있다. 정이천은, "절개와 지조가 이와
같으면 군자라고 할 만하다."라고 했다.

제 7 장

曾子曰, "士不可以不弘毅, 任重而道遠. 仁以爲己任, 不亦重乎.
死而後已, 不亦遠乎."

증자가 이같이 말했다. "선비는 도량이 넓고 뜻이 굳세지 않으면 안 되는
(불가불홍의不可不弘毅) 존재이다. 짐이 무겁고 갈 길이 먼(임중도원任重道遠)
책무를 안고 있기 때문이다. 인의 실현을 자신의 임무로 삼고(인위기임仁爲
己任) 있으니 그 짐 또한 무겁지 않을 수 없는(불역중호不亦重乎) 상황이 아니
겠는가? 죽은 후에야 그 임무가 끝나는(사이후이死而後已) 존재이니 걸어가
야 할 길 또한 멀지 않을 수 없는(불역원호不亦遠乎) 상황이 아니겠는가?"

'사불가이불홍의士不可以不弘毅' 구절을 두고 주희는 '홍의弘毅'의 '홍弘'을 '관광
寬廣', '의毅'를 '강인强忍'으로 풀이했다. '임중도원任重道遠'은 흔히 위정자의 막중한
책임을 비유할 때 인용되곤 한다.

제 8 장

> 子曰, "興於詩, 立於禮, 成於樂."
>
> 공자가 말했다. "군자는 시詩에서 마음을 일으켜 세우고(흥어시興於詩), 예禮
> 에서 몸을 바로 하며(입어례立於禮), 악樂에서 인격을 완성한다(성어악成於樂)."

　'흥어시興於詩, 입어례立於禮, 성어악成於樂'의 3단계 인격 완성 과정을 두고 황간
은, "시詩에 인륜의 근본이 담겨 있기에 효행과 충성을 습득하고, 예禮에서 자립의
근본이 담겨 있기에 입신立身의 계기를 마련하고, 악樂에서 조화의 근본이 담겨
있기에 학문과 인격을 완성할 수 있다."라고 했다. 주희는 〈시詩- 례禮- 악樂〉의 순
서로 된 이 장의 인격 완성 과정은 소학小學 차원의 학습 순서가 아니라 대학大學
차원의 종신토록 행할 학습 순서를 말한 것으로 풀이했다. 그런 점에서 10세에 어
린이의 거동을 배우고, 13세에 음악을 배우며 시를 외우고, 20세가 된 후에 예를
배운다고 언급한 『내칙內則』의 학습 순서와 확연히 다르다.

제 9 장

子曰, "民可使由之, 不可使知之."

공자가 말했다. "백성은 도리를 좇도록 하는(가사유지可使由之) 대상이다. 동시에 그 도리를 일일이 알게 할 수도 없는(불가사지지不可使知之) 대상이기도 하다!"

'가사유지可使由之'의 '유由'를 두고 정현은 따르게 할 '준遵', 하안과 황간은 사용할 '용用'으로 보았다. '불가사지지不可使知之'의 '지之'를 두고 정현은 정령政令, 황간은 천도天道로 해석했다. 지난 세기 중국의 문화대혁명 때 공자를 비판한 사람들은 이 장을 근거로 공자가 우민책愚民策을 지지했다는 주장을 펴기도 했다. 이는 이 장의 의미를 제대로 이해하지 못한 데 따른 것이다.

정이천은, "성인이 가르침을 베풀 때 사람마다 일일이 깨우쳐 주려고 하지 않은 것은 아니다. 그러나 그 진리를 모두 알게 할 수는 없고, 다만 능히 따르게 할 뿐이다. 만일 성인이 백성으로 하여금 알지 못하게 하려고 했다면 이는 후세인들에게 조삼모사朝三暮四의 속임수를 쓰는 것과 같으니 이를 어찌 성인의 마음이라고 하겠는가?"라고 했다.

오규 소라이도 유사한 취지로 해석했다. 그는, "무엇을 안다는 것은 스스로 아는 것을 말한다. 공자가 「술이」에서 제자들에게 한 모퉁이를 예로 들어 보여줄 때 스스로 나머지 세 모퉁이를 헤아리는 거일반삼擧一反三의 지혜를 발휘하지 못하면 다시는 일러주지 않았다고 술회한 게 그렇다. 맹자가 열국을 돌아다니며 천하를 시끄럽게 한 이후로는 이런 도리가 없어졌다. 사람의 본성은 다르고, 지우智愚도 하나같을 수 없기에 공자가 '가사유지可使由之, 불가사지지不可使知之'를 언급한 것이다."라고 했다.

문화대혁명

제 10 장

子曰, "好勇疾貧, 亂也. 人而不仁, 疾之已甚, 亂也."

공자가 말했다. "용기를 좋아하고 가난을 싫어하면(호용질빈好勇疾貧) 혼란을 야기한다. 사람으로서 인仁하지 못하여(인이불인人而不仁) 크게 미워하면 (질지이심疾之已甚) 역시 혼란을 야기한다."

'호용질빈好勇疾貧'의 '질빈疾貧'은 '안빈安貧'하지 못한 것을 말한다. 주희는, "이 두 가지 마음은 선악이 다르기는 하나 난을 일으키기는 마찬가지다."라고 했다.

제 11 장

子曰, "如有周公之才之美, 使驕且吝, 其餘不足觀也已."

공자가 말했다. "사람이 주공처럼 훌륭한 재능(주공지재지미周公之才之美)을 지니고 있을지라도, 가령 교만하고 인색한 사람(사교차린使驕且吝)이라면 그 나머지는 볼 게 없을(기여부족관其餘不足觀) 뿐이다."

'주공지재지미周公之才之美'의 '재지미才之美'는 '미재美才'와 같은 말이다. '사교차린使驕且吝'의 '교驕'와 '인吝'을 두고 주희는, "교만은 인색함의 지엽이고, 인색은 교만함의 근본이다. 일찍이 천하 사람에게 징험徵驗해 보니 교만하고 인색하지 않은 자가 없고, 인색하면서 교만하지 않은 자가 없다."라고 했다.

제 1 2 장

子曰, "三年, 學不至於穀, 不易得也."

공자가 말했다. "3년의 학습 기간을 부족해하며 보잘 것 없는 봉록을 뛰어넘을 정도로 큰 뜻을 품고 널리 배운(학부지어곡學不至於穀) 인물은 원래 쉽게 얻을 수 있는 게 아니다."

'부지어곡不至於穀'의 '곡穀'을 두고 정현과 주희는 '녹祿', 공안국과 형병은 '선善'으로 풀이했다. 오규 소라이는 주희가 '삼년학三年學, 부지어곡不至於穀'으로 끊어 읽는 것에 반대하고 '삼년三年, 학부지어곡學不至於穀'으로 읽을 것을 주장했다. '지至'를 기술을 배워 써먹을 수 있는 재목이 됐다고 생각하는 '학이성재學而成材'로 간주해 '부지어곡不至於穀'을 보잘 것 없는 봉록을 뛰어넘는 뜻이 크고 배움이 넓은 '지대학박志大學博'의 경지로 해석한 이유다. 그는 "3년의 학습 기간이 부족해 봉록 차원을 뛰어넘는 큰 뜻의 인걸은 쉽게 얻을 수 있는 게 아니다."라고 했다.

이에 반해 주희는 '지至'를 '지志'로 보아, "3년 동안 배우고도 녹봉에 뜻을 두지 않는 사람을 얻기가 쉽지 않다."라고 했다. 나름 일리가 있는 해석이기는 하나 오규 소라이의 지적처럼 공학의 기본 취지를 간과한 해석이다. 원래 공문에서 '위정학'을 배운 제자들은 대부분 하급 사족 출신이다. 신분세습의 봉건질서 하에서 위정자의 길로 나서는 데에는 신분상의 한계가 있었다. 국사에 참여하는 대부大夫가 되지 못하고 권신의 가재家宰 또는 읍재邑宰로 출사하는 게 고작이었다. 하급 사족 출신인 공자도 노나라 조정의 하대부下大夫의 반열에 오르는 데 그쳤다. 민자건과 같은 인물은 아예 출사를 포기하고 재야의 군자로 남았다. 공학孔學의 기본 취지에 비춰볼 때 오규 소라이처럼 해석하는 게 훨씬 합리적이다.

제13장

子曰, "篤信好學, 守死善道. 危邦不入, 亂邦不居. 天下有道則見, 無道則隱. 邦有道, 貧且賤焉, 恥也. 邦無道, 富且貴焉, 恥也."

공자가 말했다. "군자는 독실하게 믿으면서 배우기를 좋아하고(독신호학信好學) 죽음으로써 지키면서 도를 잘 실천한다(수사선도守死善道). 위태로운 나라에는 발을 들여놓지 않고(위방불입危邦不入) 어지러운 나라에서는 살지 않아야(난방불거亂邦不居) 한다. 천하에 도가 있으면 몸을 드러내 벼슬하고(천하유도즉현天下有道則見), 천하에 도가 없으면 몸을 숨기는

(천하무도즉은天下無道則隱) 것이다. 나라에 도가 있으면 가난하고 천한 것이 부끄럽고(유도빈천즉치有道貧賤則恥), 도가 없으면 오히려 부유하고 귀한 것이 부끄러울(무도부귀즉치無道富貴則恥) 뿐이다."

주희는 '위방危邦'과 '난방亂邦'을 구분해 풀이했다. '위방'은 치도가 무너져 위험한 나라, '난방'은 위태로운 지경까지는 이르지 않았으나 형정刑政과 기강紀綱이 문란해 장차 치도가 무너지려고 하는 나라로 보았다. 공자는 이 장에서 '위정학'을 연마한 군자는 거취去就와 출처出處를 분명히 할 것을 주문하고 있다. 거취와 출처가 불분명하면 진정한 군자로 부를 수 없다는 게 공자의 기본 입장이다.

제14장

子曰, "不在其位, 不謀其政."

공자가 말했다. "해당 지위에 있지 않는(부재기위不在其位) 상황이면 해당 정무政務를 도모하지 않아야(불모기정不謀其政) 한다."

이 장은 「헌문」 제27장의 구절과 완전히 일치한다. 「헌문」 제27장을 이어받고 있는 제28장은 '증자왈'로 시작되고 있다. 이는 증자의 문인이 「태백」의 편제에 깊숙이 개입했음을 시사한다.

제15장

子曰, "師摯之始, 關雎之亂, 洋洋乎盈耳哉."

공자가 말했다. "노나라 태사 지摯가 처음 벼슬할 때 연주하던 『시경』「관저關雎」의 마지막 악장인 관저지란關雎之亂의 연주 소리가 넘실거리며 귀에 가득한(양양호영이洋洋乎盈耳) 모습이구나!"

'사지지시師摯之始'의 '사지師摯'는 노나라의 악관 우두머리인 태사太師 지摯를 가리킨다. '시始'를 정현은 '악곡의 정리', 주희는 '악관 재직 초기', 다산은 '한 악장의 시작'으로 풀이했다. '관저지란關雎之亂'의 '관저關雎'는 『시경』「국풍國風·관저」를 가리킨다. 주문왕과 그 후비의 성덕을 기린 것이다. 『사기』「공자세가」에도 "관저의 끝장은 「국풍」의 시작이 된다!"는 취지의 구절이 나온다. 사마천이 「태백」의 이 장을 차용했을 가능성이 크다. 여기의 '란亂'을 두고 정현은 혼란, 주희와 다산은 '한 악장의 마지막 장'으로 풀이했다. 기무라 에이이치는 공자가 천하유세를 마치고 노나라로 돌아온 뒤 이 일화가 나온 것으로 보았다.

제16장

子曰, "狂而不直, 侗而不愿, 悾悾而不信, 吾不知之矣."

공자가 말했다. "뜻만 크고 솔직하지 않거나(광이부직狂而不直), 미숙한데도 삼가지 않으며(동이불원侗而不愿), 성실하기는 하나 미덥지 않은(공공불신悾悾不信) 인물을 나는 이해할 길이 없다."

'광이부직狂而不直'을 두고 공안국은 진취적인 '광자狂者'가 '부직不直'이면 문제를 일으키는 까닭에 공자가 '광이부직'을 언급한 것으로 풀이했다. '동이불원侗而不愿'의 '동侗'을 공안국은 아직 그릇이 완성되지 않은 사람, 주희는 미련한 모습으로 새겼다. '원愿'을 주희는 근후謹厚로 풀이했다. '오부지지의吾不知之矣' 구절을 두고 주희는, "이는 심히 거절하고자 하는 뜻을 밝힌 것으로 달갑게 여기지 않는 가르침인 부설지교父屑之敎로 깨우친 것이다."라고 했다.

제17장

子曰, "學如不及, 猶恐失之."

공자가 말했다. "군자는 배울 때 혹여 따라가지 못할까 우려하고(학여불급學如不及) 이미 배운 것을 잊어버리지나 않을까 두려워하는 하는(유공실지猶恐失之) 자세를 취한다."

'유공실지猶恐失之'를 두고 정이천은 "학문은 따라가지 못할 듯이 부지런히 하면서도 오히려 잃을까 두려워해 방과放過할 수 없다는 취지이다. 그야말로 잠시 내일까지 기다리겠다고 말하는 것은 불가하다."라고 풀이했다. 다산은 "이미 배운 것을 잃을까 두려워하는 게 아니고 스승의 가르침을 놓칠까 걱정하는 것을 의미한다."라고 해석했다.

제 18 장

子曰, "巍巍乎, 舜禹之有天下也, 而不與焉."

공자가 말했다. "높고도 높은(외외호巍巍乎) 모습이여! 순임금과 우왕(순우舜禹)이 천하를 얻을 때 몸소 천하를 얻고자 하여 그리 된 게 아니었기에 그렇구나!"

'외외巍巍'는 높고 큰 모습을 나타낸 것이다. '불여不與'를 형병은 구하지 않는 '불

구不求'로 새겼다. 순舜과 우禹 등의 전설적인 고대 성왕이 등장한 점에 비춰 묵자
와 맹자가 등장하는 전국시대 후기에 증자 문인에 의해 삽입된 것으로 짐작된다.

제 1 9 장

子曰, "大哉, 堯之爲君也. 巍巍乎, 唯天爲大, 唯堯則之. 蕩蕩乎,
民無能名焉. 巍巍乎, 其有成功也. 煥乎, 其有文章."

공자가 말했다. "위대하구나! 요임금의 군왕 행보(요지위군堯之爲君)여! 높고
도 높은(외외호巍巍乎) 모습이여! 오직 저 하늘만이 크거늘 오직 요임금만이
이를 본받았구나. 넓고도 아득하구나! 백성들이 뭐라고 형용치도 못했구
나. 높고도 높은(외외호巍巍乎) 모습이여! 그가 이룬 공적이여. 찬란하구나,
문물제도인 문장文章이여."

'탕탕호蕩蕩乎'를 포함은 넓고 먼 '광원廣遠'으로 해석했다. 이 장은 앞 장과 같은
성격의 것으로 전설적인 고대 성왕인 요의 덕성을 칭송한 것이다. 앞 장과 마찬가
지로 전국시대 후기에 증자 문인에 의해 삽입된 것으로 짐작된다.

舜有臣五人而天下治. 武王曰, "予有亂臣十人." 孔子曰, "才難,
不其然乎! 唐虞之際於斯爲盛, 有婦人焉九人而已. 三分天下有
其二, 以服事殷, 周之德, 其可謂至德也已矣."

순임금이 5명의 신하를 두어 천하를 잘 다스렸다. 주무왕이 말했다. "나에게
는 세상을 잘 다스릴 줄 아는 10명의 유능한 신하(난신십인亂臣十人)가 있다."
공자가 말했다. "인재 얻기가 어렵다고 하는데 사실 그렇지 않은가! 요임금
과 순임금이 다스린 당우唐虞의 시대만 주무왕 때보다 융성했다. 주무왕
의 치세 때도 부인婦人이 한 사람 끼어 있으니 사실 모두 9명일 뿐이다. 주
나라는 천하의 3분의 2를 얻고도 은나라를 섬겼다. 주나라의 덕은 가히 지
덕至德이라고 이를 만하다."

　　여기의 '난亂'은 '치治'의 의미로 사용된 것이다. '당우'는 당요唐堯와 우순虞舜의
축약어로 요와 순의 나라를 지칭한다. 여기의 '난신亂臣'은 '치신治臣'을 의미한다.
'난亂'에 '어지러움을 다스리다'는 뜻이 포함되어 있는 것이다. 이 장은 공자가 인
재 얻기가 어렵다는 사실을 지적한 내용으로 이루어져 있다. 그러나 공자가 과연
이런 말을 했는지는 의문이다. 이 장 역시 제18장~제19장과 마찬가지로 전국시
대 후기의 증자 문인에 의해 삽입된 것으로 보는 게 합리적이다. 대부분 천하의 3

분의 2를 소유한 것을 주무왕의 일화로 해석하고 있다. 그러나 『사기』「제태공세가齊太公世家」에는 주무왕이 아닌 주문왕 때의 일화로 기록해놓았다.

주무왕

子曰, "禹, 吾無間然矣. 菲飮食而致孝乎鬼神, 惡衣服而致美乎
黻冕, 卑宮室而盡力乎溝洫. 禹, 吾無間然矣."

공자가 말했다. "우왕에 대해서는 내가 흠잡을 데가 없는(오무간연吾無間然)
입장이다. 우왕은 자신의 음식은 간소하게 하면서도 귀신에게는 효를 다
하고(비식효귀신菲食孝鬼神), 자신의 의복은 검소하게 하면서도 제례의 의관
인 불면黻冕은 극진히 꾸미며(악의미불면惡衣美黻冕), 자신의 궁실은 허름하
게 지으면서도 논도랑인 구혁溝洫을 정비하는 데에는 온힘을 다했다(비궁
력구혁卑宮力溝洫). 우왕에 대해서는 내가 흠잡을 데가 없는(오무간연吾無間
然) 입장이다."

'오무간연吾無間然'의 '간間'을 주희는 틈새인 하극罅隙을 찾아내 비난하는 것으
로 풀이했다. '비음식菲飮食'은 거친 음식을 뜻하는 말로 조식粗食과 같다. '불면黻
冕'은 예복 위에 착용하는 무릎덮개와 검은 색의 관冠을 말한다. 여기서는 고위 관
원의 관복을 상징한다. '구혁溝洫'은 논과 밭 사이의 물길을 말한다.

이 장 역시 우왕 등 고대 성왕의 덕을 칭송하는 내용으로 되어 있다. 제18장~제
21장 모두 『서경』에 나오는 내용을 토대로 한 공자의 말로 되어 있는 게 그렇다.
후대의 문인들이 끼워 넣었을 가능성이 매우 크다. 이런 내용이 「태백」의 뒷부분

에서 하나의 장군章群을 형성하고 있다. 다른 편에서는 찾아볼 수 없는 점이다.

미야자키 이치사다는 제18장~제21장이 요순 및 우왕 등의 고대 제왕에 관한 찬사로 이뤄지고 있는 점에 주목해 20세기 초 돈황학敦煌學을 개척한 나이토 코난內藤湖南의 고대사 연구를 인용해 후대의 위문僞文으로 간주했다. 그는 『서경』「우서虞書 · 요전堯典」이 성립될 무렵 같은 취지로 논어에 이 장들이 찬입竄入된 것으로 보았다. 특히 우왕에 대한 평가가 요순에 대한 평가와 다르게 나타난 것에 대한 다음과 같은 분석은 '정치사학'의 진수가 어디에 있는지 보여주고 있다.

"제21장에서 내가 흠잡을 데가 없다는 취지로 사용된 '오무간연의吾無間然矣' 표현은 맹목적인 찬미가 아니라 소극적인 인정에 가깝다. 당시는 여전히 묵가의 세력이 성했던 까닭에 유가가 묵가의 성인인 우왕을 자신의 편에 끌어들이기에 여전히 적잖은 저항감이 있었던 탓으로 보인다."

제 9 편

자한子罕

Intro

자한子罕

누락된 공자의 행보에 관한 전문과 격언

「자한」은 총 30개 장으로 구성되어 있다. 이 편은 크게 세 개의 장군障群으로 나눌 수 있다. 제1장~제15장이 하나다. 이 장군은 구조면에서는 「술이」와 매우 닮아 있다. 다만 「술이」에서는 '자왈'이 뒤로 나와 있는 데 반해 「자한」에서는 맨 앞쪽으로 나와 있는 점이 다르다. 제16장~제23장의 8개 장이 두 번째 장군을 이루고 있다. 두 번째 장군은 모두 호학에 관한 공자의 말이다. 제24장~제30장의 7개 장이 세 번째 장군으로 모두 공자의 교훈으로 이뤄져 있다.

「자한」에 나오는 '직계제자'는 자공과 자장, 안연, 자로 등 4명에 불과하다. 이들이 전한 공자의 태도에 관한 단편적인 전문과 격언 등이 대략 3~4대의 문인들에 의해 수집된 것으로 짐작된다. 이 편에는 다른 편에 있는 말과 중복된 게 매우 많다. 다소 어구에 차이가 있기는 하나 동일한 내용의 이전異傳으로 보인다. 이는 후대의 문인들 사이에 이런 격언이 널리 전송됐음을 시사한다. 내용상 「술이」와 유사한 점이 많고 비체계적이라는 점에서 볼 때 「술이」의 편집에서 누락된 재료를 별도로 모아 정리해놓은 것일 가능성이 크다.

제 1 장

子罕言利與命, 與仁.

공자는 평소 이익利益과 천명天命에 대해서는 거의 언급하지 않았다(자한언이명 子罕言利命). 그러나 인덕仁德에 관해서는 자주 함께 언급했다(자언여인子言與仁).

'자한언리여명子罕言利與命, 여인與仁' 구절의 '리利'를 두고 하안은 의로움의 조화인 '의지화義之和', 주희는 계산된 이익인 '계리計利'로 보았다. '여與'를 두고 하안과 주희는 '급及', 황간은 '허여許與'로 보았다. 이 장의 해석 방식과 관련해 전체를 한 문장으로 보는 경우, '리利'에서 구두점을 끊는 경우, '명命'에서 구두점을 끊는 경우 등 크게 3가지 접근 방안이 있다. 리쩌허우李澤厚는 '리'에서 구두점을 찍은 뒤 '여'를 허여한다는 의미로 간주해, "공자는 이익을 드물게 말했다. 그러나 천명과 인덕을 인정했다."라고 했다. 이는 공자가 『논어』에서 천명을 가장 적게 언급한 사실과 어긋난다.

유보남은 『논어정의』에서 건륭제 때 활약한 완원의 설을 인용해, "공자가 인을 말한 경우가 많은데도 왜 드물게 말했다고 하는가? '한언罕言'이라고 말한 것은 공자가 매번 겸손한 자세로 자신을 인하다고 말하지 않은 것과 같은 취지에서 나온 것이다."라고 했다. 『논어』 전편에 걸쳐 '리利'는 9번, '명命'에 대한 언급은 7번에 그치고 있는 데 반해 '인仁'에 대한 언급은 하나하나 예로 들어 말할 수 없을 정도로 많다. 유보남을 비롯해 현대의 양보쥔 등은 이 장 전체를 한 문장으로 보았으나 『논어』에 나오는 무수한 '인'에 대한 언급을 '한언罕言'으로 표현한 배경을 설명하기가 쉽지 않다. '명' 다음에 구두점을 찍고 해석하는 게 『논어』 전체의 맥락에서 볼 때 합리적이다. 이 장을 포함해 제4장과 제9장 모두 공자의 용모와 태도를 담은 단문으로 되어 있다.

제 2 장

達港黨人曰, "大哉, 孔子. 博學而無所成名." 子聞之, 謂門弟子曰, "吾何執, 執御乎, 執射乎, 吾執御矣."

향당의 하나인 달항達港의 당인黨人이 공자를 비꼬았다. "위대하구나, 공자여! 박학했음에도 이름 하나 이룬 게 없는(박학이무소성명博學而無所成名) 실정이 그렇다!"
공자가 이 얘기를 듣고 제자들에게 말했다. "내가 무슨 직업을 가질까? 말 모는 일을 할까? 아니면 활 쏘는 일을 할까? 나는 말 모는 일이나 할까 보다!"

'달항達港'은 고을의 이름이다. '당黨'을 두고 형병은 500호戶의 고을로 보았다. 『주례』「지관地官·대사도大司徒」는 주州와 향鄕 밑에 500호로 구성된 '당'이 있고, '당' 밑에 여閭와 리里가 있다고 했다. 공자의 14년간에 걸친 천하유세는 정치적으로 아무런 성과도 거두지 못했다. 이 장은 당시 세간의 평이 호의적인 게 아니었음을 보여 준다. 신분세습에 의해 특권을 누리고 있던 상층부 지배층은 말할 것도 없고 일반 서민들조차 공문을 비난했음 방증한다.

당시 당인들의 눈에 공자의 제자들이 '위정학'을 연마하면서 말마다 군자를 들먹이는 게 고깝게 보였을 가능성이 크다. 공자를 두고 '이름을 이룬 게 없다'고 비꼰 게 그렇다. 객관적으로 볼 때 '위정학'을 아무리 깊이 연마할지라도 신분세습의 봉건제 하에서 그 한계는 빤했다. 그런데도 이에 아랑곳하지 않고 '위정학' 연마에 매진하는 공문孔門 문도門徒들의 행보를 이해할 수가 없었을 것이다. 공자도 이를 모를 리 없었다. 당인들이 자신을 비난한 얘기를 전해 듣고 자조 섞인 자문자답을 한 사실이 이를 뒷받침한다.

제 3 장

子曰, "麻冕, 禮也. 今也純, 儉, 吾從衆. 拜下, 禮也. 今拜乎上, 泰也. 雖違衆, 吾從下."

공자가 말했다. "원래는 검소한 예관인 마면麻冕이 예에 맞다. 요즘은 실로 만드니 검소하다. 나는 중인衆人들을 좇을(종중從衆) 것이다. 원래 절하는 것은 마루(당堂) 아래서 하는 게 예에 맞다. 요즘은 마루 위에서 하니 교만하다. 비록 중인들을 거스르더라도(위중違衆) 당 아래서 절을 하겠다."

'마면麻冕'은 검은 비단인 치포緇布로 만든 예관으로 모두 30승升으로 완성됐다. 매 승마다 80루縷, 즉 80개의 명주가닥으로 이뤄진 까닭에 하나의 '마면'을 만들기 위해서는 명주가닥이 무려 2,400루나 소요됐다. 공자는 비록 세속의 생사로 만든 관이 전래의 예제와 다르기는 하나 그 검소함을 높이 사서 시속을 좇겠다고 말한 것이다. 공자의 시속의 변화에 대한 매우 융통성이 있는 자세를 엿보게 하는 대목이다. 공자의 이런 태도는 한나라 때에 들어와 높이 평가받았다. 전한 초기에 나온 『염철론鹽鐵論』「우변憂邊」의 다음 구절이 그 증거다.

"총명한 사람인 명자明者는 때의 변화에 따라 책략을 바꾼다. 지자知者는 세상의 형편에 따라 법제를 바꾼다. 공자가 말하기를, '과거의 예모禮帽는 삼베로 만들었으나 지금은 생사로 만들고 있다. 매우 검박하니 나는 이를 좇겠다.'라고 했다. 그래서 성인은 현자를 높이면서도 고례古禮에 어긋나지 않고, 시속을 좇으면서도 시의時宜에 영합하지 않는 것이다."

제 4 장

子絕四. 毋意, 毋必, 毋固, 毋我.

공자에게는 4가지가 없었다. 사사로운 뜻(사의私意), 반드시 하겠다는 태도(기필期必), 물고 늘어지는 고집固執, 나만이 할 수 있다는 자세(독이獨我)인 의필고아意必固我가 없다.

『사기』「공자세가」에도 동일한 구절이 나온다. 주희는 '무毋'를 '무無'로 해석했다. 이와 관련해 정이천은, "여기의 무毋자는 의도적으로 금지하는 말이 아니다. 성인은 이 네 가지 마음이 전혀 없었으니 어찌 의도적으로 금지할 필요가 있겠는가."라고 했다. 취지상 "군자는 치국평천하에 임해 반드시 해야 한다고 주장하거나 결코 해서는 안 된다고 주장하는 게 없는 '무적무막無適無莫'의 입장을 견지해야 한다."라고 언급한 「이인」제10장과 상통한다.

제 5 장

子畏於匡曰, "文王旣沒, 文不在玆乎. 天之將喪斯文也, 後死者
不得與於斯文也. 天之未喪斯文也, 匡人其如予何."

공자가 광匡 땅에서 포위됐을 때 이같이 말했다. "주문왕은 이미 돌아가셨으나 '문文'은 나에게 있지 않은가? 하늘이 장차 이 '문'을 없애고자 했다면 자산子産과 안영晏嬰 등 현대부賢大夫들보다 나중에 죽는(후사자後死者) 나 공구로 하여금 이 '문'을 전승할 수 없게 했을 것이다. 하늘이 아직 이 '문'을 없애지 않았으니 광 땅 사람들이 장차 나를 어찌할 수 있겠는가!"

이 장은 공자가 천하유세 중에 광 땅에서 곤경에 처했을 때 한 말을 수록한 것이다. '자외어광子畏於匡'의 '외畏'는 포위해 두렵게 만들었다는 뜻이다. 『사기』「공자세가」에 따르면 당시 양호陽虎가 광 땅에서 포악한 짓을 한 데다 공자의 모습이 양호와 유사한 까닭에 광 땅 사람들이 공자를 양호로 오인해 포위한 적이 있었다. '정치사학'의 관점에서 볼 때 '광匡'은 공자가 철환천하의 유세에 나선 이듬해인 노 정공 14년의 기원전 496년 송나라의 광 땅에서 빚어진 조난遭難 사건을 지칭한다. 당나라 초기 장수절張守節의 『사기정의史記正義』에 인용된 『괄지지括地志』에 따르면 광 땅은 지금의 하남성 장원현長垣縣으로 당나라 때는 활주滑州 광성현匡城縣 이었다.

'문부재자호文不在玆乎'의 '문文'은 문화文化 또는 문지文治 또는 문도文道를 가리 킨다. 오규 소라이는 도道의 별칭으로 보아 예악禮樂으로 풀이했다. '후사자後死者' 를 두고 공안국은 『논어주소』에서 공자가 주문왕에 비해 나중에 죽게 된 자신을 칭한 것으로 보았다. 오규 소라이는 주문왕보다 500년 뒤에 태어난 공자가 자신 을 주문왕과 비교해 '후사자'로 자처할 수는 없는 일이라며 정나라의 자산子産과 제나라의 안영晏嬰 등 자신보다 먼저 죽은 현대부賢大夫들과 비교해 스스로를 '후 사자'로 자처한 것으로 풀이했다. 이게 합리적이다.

'부득여어사문야不得與於斯文也' 구절은 이 '문文'에는 참여하지 못했을 것이라는 뜻이다. 공자로 하여금 주문왕이 남겨 준 전장문물典章文物을 후대에 전할 수 있 게 도와줄 것이라는 의미를 함축하고 있다.

기원전 496년 송나라의 광 땅에서 빚어진 조난遭難 사건

해당 일화가 『사기』 「공자세가」에도 나온다. 이에 따르면 당시 공자는 진陳나라 로 가기 위해 광匡 땅을 지나게 됐다. 이때 제자 안각顔刻이 말을 몰았다. 그가 말 채찍으로 한곳을 가리키며 말했다. "전에 제가 이곳에 왔을 때는 저 파손된 성곽의 틈 사이로 들어왔습니다." 광匡 땅 사람들은 이를 듣고 노나라의 양호陽虎가 또 온 것이라고 여겼다. 양호는 일찍이 광 땅 사람들에게 포악하게 대한 적이 있다.

광 땅 사람들이 마침내 공자의 앞길을 막았다. 공자의 모습이 양호와 비슷했기에 공자는 5일간이나 포위당해 있었다. 안연이 뒤따라 도착하자 공자가 크게 기뻐하며 말했다. "나는 자네가 난중에 이미 죽은 줄로 알았다!" 안연이 말했다. "선생님이 살아 계시는데, 제가 어찌 감히 무모하게 죽겠습니까?" 광 땅 사람들이 더욱 급박하게 포위망을 좁혀오자 제자들이 두려워했다. 공자가 말했다. "주문왕은 이미 돌아가셨으나 문文은 나에게 있지 않은가? 하늘이 이 문文을 없애고자 하셨다면 나로 하여금 이 문文에 참여하지 못하게 했을 것이다. 그러나 지금 하늘이 이 문文을 없애고자 하지 않으시니 광 땅 사람들이 나를 어찌하겠는가!"

그러고는 사자를 영무자寧武子, 즉 영유甯俞에게 보내 위衛나라의 신하가 되게 한 후 그곳을 떠날 수 있었다.

이상이 『사기』 「공자세가」에 나오는 일화이다. 『사기』 「공자세가」의 이 일화는 액면 그대로 믿기 어렵다. 『춘추좌전』에 따르면 영무자는 이미 100여 년에 사망한 인물이다. 다만 당시 공자가 진나라로 가다가 광 땅에서 곤욕을 치른 것만은 역사적 사실로 보인다. 전후 문맥에 비춰 공자는 이 장의 기록처럼 스스로를 주문왕의 사상적 후계자로 보아 「자한」 제5장에서 보듯 '문부재자호文不在玆乎!' 운운했을 가능성을 배제할 수 없다.

大宰問於子貢曰, "夫子聖者與. 何其多能也." 子貢曰, "固天縱
之將聖, 又多能也." 子聞之曰, "大宰知我乎. 吾少也賤, 故多能
鄙事. 君子多乎哉. 不多也." 牢曰, "子云, '吾不試, 故藝.'"

오나라 태재太宰 백비伯嚭가 자공에게 물었다. "공자는 성인이오? 어찌 그
리 다능多能한 것이오?"
자공이 이같이 대답했다. "본래 하늘이 한계를 두지 않고 내버려두어 성인
이 되는(천종지성天縱之聖) 까닭에 동시에 다능한 것이오."
공자가 이 말을 듣고 이같이 말했다. "태재가 나를 아는구나! 나는 젊었을
때 미천했기에 비천한 일에 크게 능한(다능비사多能鄙事) 재주를 지니게 됐
다. 군자는 능한 게 많은가? 아마 그리 많지 않을 것이다."
후에 이를 두고 금뢰琴牢가 이같이 말했다. "전에 선생님이 이르기를, '내가
세상에 등용되지 못했기에 재주가 많은(불시고예不試故藝) 경우일 것이다.'라
고 했다."

'태재太宰'는 재상에 해당하는 고관의 벼슬 이름이다. 정현은 오나라의 태재 백
비伯嚭를 지칭한다고 주장했다. 『춘추좌전』과 『사기』 「중니제자열전」의 기록에
비춰 '백비'일 가능성이 크다. 이 장은 시간적으로 다른 두 개의 전언이 하나로 통

합되어 수록된 것이다. 공자가 다능했던 것은 젊었을 때 조실부모하고 어려운 가계를 꾸려나가기 위해 육예六藝를 열심히 습득한 데 따른 것이었다. 자장의 전언에 나오는 공자의 자술을 통해 이를 쉽게 확인할 수 있다.

'천종지장성天縱之將聖'의 '종縱'을 주희는 한정할 수 없다는 뜻의 '사肆'로 새겼다. '장將'을 두고 형병은 '대大', 주희는 '거의'의 뜻인 부사어 '태殆'로 새겼다. '뢰왈牢曰'의 '뢰牢'를 두고 정현은 공자의 제자 '자뢰子牢'로 새겼다. '자뢰'에 대해서는 알려진 게 거의 없다. 이에 대해 형병은 '금뢰琴牢'로 간주했다. 금뢰는 자가 자개子開이다. 자장子張 또는 금장琴張으로 불린다. 원래 공자의 제자 가운데 '자장子張'의 자를 가진 사람은 모두 3명이다. 첫째, 전손사顓孫師이다. 『사기』 「중니제자열전」에 공자와 대책을 논의한 사람으로 나온다. 둘째, 금뢰琴牢이다. '금뢰'의 이름은 「중니제자열전」에 나오지 않고, 오직 『공자가어』 「제자해」에만 나온다. 셋째, 공자의 사위인 공야장公冶長이다. 그의 자 역시 자장子張이다. 공야장公冶長의 자는 자장子長이다. '뢰왈'의 '뢰'는 '금뢰琴牢'로 보는 게 합리적이다. '불시고예不試故藝'의 '시試'를 형병은 등용登用으로 해석했다.

제 7 장

> 子曰, "吾有知乎哉. 無知也. 有鄙夫問於我, 空空如也, 我叩其
> 兩端而竭焉."

공자가 말했다. "내가 아는 게 있는가? 사실 나는 아는 게 없다. 아무리 비천한 사람일지라도 나에게 뭔가를 물어보면 나는 물음의 선후본말先後本末을 자세히 파악한 뒤 아는 바대로 성의껏 가르쳐줄(고양단이갈叩兩端而竭) 뿐이다."

'무지無知'를 두고 황간은 의도를 지닌 지식 즉 '용의지지用意之知', 주희는 겸양의 뜻으로 표현한 '아는 게 없다'의 의미로 새겼다. '공공여야空空如也'의 '공공空空'을 주희는 질문한 자가 아는 게 없는 상황, 형병은 허심虛心의 상태, 다산은 공자 자신이 아는 게 없어 대답하기가 어려운 난어답難於答의 상황으로 풀이했다. '고기양단叩其兩端'의 '고叩'는 자세히 살핀다는 뜻이다. '양단兩端'을 형병은 '종시終始'로 해석했다. 어떤 사안의 처음과 끝을 가리킨다.

제 8 장

子曰, "鳳鳥不至, 河不出圖, 吾已矣夫."

공자가 말했다. "봉황새가 오지 않는(봉조부지鳳鳥不至) 황하에서 하도河圖가 나오지 않는(하불출도河不出圖) 상황이다. 내가 이제 그만둘까 보다!"

'봉조鳳鳥'는 봉황새로 순舜 때 출현해 춤을 추고 주문왕 때에도 기산岐山에 나타나 울었다고 한다. '하도河圖'는 복희伏羲 때 나온 용마도龍馬圖를 말한다. '봉조'와 '하도'는 모두 점술과 관련이 깊은 것으로 성인의 출현을 예고하는 상서祥瑞이다. 공자가 다른 곳에서 이를 언급한 예가 전혀 없는 점에 비춰 후세인의 의도적인 삽입으로 보는 게 합리적이다. 20세기 초 고사변파古史辨派의 거두 고힐강顧頡剛은 『논어』 가운데 공자가 초자연적인 것을 언급한 것은 이 대목이 유일하다고 지적한 바 있다. 후대인이 끼워 넣은 위문僞文일 가능성을 제기한 것이다.

창덕궁 봉황도

제 9 장

子見齊衰者, 冕衣裳者與瞽者, 見之雖少必作, 過之必趨.

공자는 자최齊衰의 상복을 입은 사람과 면冕과 의상衣裳 등 관복을 입은 사람 또는 소경을 만날 때는 상대가 비록 젊을지라도 반드시 경의를 표하기 위해 일어났다(수소필작雖少必作). 또 그들 앞을 지날 때는 반드시 방해하지 않기 위해 종종걸음으로 재빨리 지나갔다(과지필추過之必趨).

'자견자최자子見齊衰者'의 '자최齊衰'는 3년 복상의 상복인 참최斬衰와 자최齊衰를 통칭하는 말이다. 상복 입은 사람에 대해서는 「향당」 제10장~제16장에 자세히 설명되어 있다. '의상衣裳'은 상의上衣와 하복下服을 통칭한 말로 고관을 상징한다. '과지필추過之必趨'의 '추趨'를 형병은 빨리 가는 '질행疾行'으로 풀이했다. 이 장은 공자가 상을 당한 사람을 애도하고, 관작官爵이 있는 자를 높이고, 불구자를 가엾게 여긴 것을 기록해놓은 것이다.

제10장

顔淵喟然歎曰, "仰之彌高, 鑽之彌堅, 瞻之在前, 忽焉在後. 夫子循循然善誘人, 博我以文, 約我以禮. 欲罷不能, 旣竭吾才. 如有所立卓爾, 雖欲從之, 末由也已."

안연이 한숨을 길게 내쉬는(위연喟然) 모습으로 탄식했다. "공부자는 우러러 볼수록 더욱 높고(앙지미고仰之彌高), 뚫으려고 할수록 더욱 견고하며(찬지미견鑽之彌堅), 바라보면 앞에 있다가도 홀연히 뒤에 있는(첨전홀후瞻前忽後) 모습을 보인다! 차례로 사람을 잘 이끌어 주는(순순선유循循善誘) 행보의 배경이다. 문文으로 나를 넓혀 주고(박아이문博我以文) 예禮로 나를 다듬어 주신(약아이례約我以禮) 게 그렇다. 나는 그만두고자 해도 그만둘 수 없으니(욕파불능欲罷不能), 어느덧 나의 재주를 모두 쓰기를 다하는(기갈오재旣竭吾才) 처지에 놓이게 된다. 공부자가 이룬 업적이 너무나 뛰어난(여유소립탁이如有所立卓爾) 현상으로 인해 나는 아무리 그 뒤를 좇으려 해도 좇을 도리가 없는(말유야이末由也已) 상황에 빠지게 된다!"

'순순연선유인循循然善誘人'의 '순순연循循然'을 정현은 순서대로 차분히 이행하는 모습인 '차서모次序貌'로 풀이했다. '여유소립탁이如有所立卓爾'를 두고 형병은 공자가 다시 창리한 바가 우뚝하게 솟은 것, 남북조시대 남조 동진의 손작孫綽은 보고 듣는 범위를 뛰어넘는 흥립興立으로 보았다.

이 장은 공자를 칭송한 안연의 자술로 되어 있다. 안연의 자술이 공자의 자술로 된 장군章群에 삽입된 이유는 정확히 알 길이 없다. 기무라 에이이치는 공자의 용자容姿에 관한 공자의 자술 가운데 교훈이 될 만한 것을 모아 정리하는 와중에 안연의 자술을 끼워 넣은 것으로 파악했다.

제 1 1 장

子疾病, 子路使門人爲臣. 病間, 曰, "久矣哉, 由之行詐也. 無臣而爲有臣. 吾誰欺, 欺天乎. 且予與其死於臣之手也, 無寧死於二三子之手乎. 且予縱不得大葬, 予死於道路乎."

공자의 병이 위중해지자 자로가 자신의 문인門人들로 하여금 장례용 가신 역할을 수행하게 했다. 병이 좀 덜해지자 공자가 말했다. "오래 됐구나, 유由가 거짓을 행한 것이! 장례용 가신이 없어야 하는 데도 두게 됐구나. 내가 누구를 속일 것인가? 하늘을 속일 수 있겠는가? 내가 장례용 가신의 손에 죽기보다는 차라리 제자들 손에서 죽는 게 낫지 않겠는가? 비록 내가 장례용 가신을 동원한 성대한 장례식(대장大葬)은 치르지 못할지라도 어찌 길에서 죽는(사어도로死於道路) 참변을 당할 리야 있겠는가?"

'자로사문인위신子路使門人爲臣'의 '신臣'을 두고 정현과 형병은 상례에서 사자를 위해 신하의 예를 갖춰 시중을 드는 사람을 가리킨다고 풀이했다. 제후가 아닌 자는 죽을 때 마치 제후처럼 상례를 치를 수 있도록 허락했다. 공자는 이런 허례虛禮야말로 하늘을 속이는 것으로 보았다. 그러나 당시 자로는 스승인 공자가 대부의 벼슬을 지낸 만큼 장례용 가신을 두고 상례를 치르는 게 오히려 예에 부합한다고 판단했다.

객관적으로 볼 때 공자는 천하유세 여정을 마치고 노나라로 돌아와 고전을 정비하고 제자들을 가르치는 데 혼신의 노력을 기울이다가 병이 나 자리에 눕게 됐다. 당시 그가 몇 차례 와병했는지는 자세히 알 길이 없다. 충직한 자로는 공자가 세상을 떠날 것을 염두에 두고 자신의 문인들을 공자의 장례용 가신으로 삼아 만일의 사태에 대비했다. 그러나 공자는 자신이 이미 벼슬에서 떠나 가신을 둘 처지가 아니었던 까닭에 자로의 이런 '허례' 행위를 용납하지 못한 것이다. '대장大葬'을 공안국은 군신의 예로 치르는 장례, 다산은 경卿의 예로 지내는 장례로 해석했다.

제 1 2 장

> 子貢曰, "有美玉於斯, 韞匵而藏諸, 求善賈而沽諸." 子曰, "沽之哉, 沽之哉. 我待賈者也."

자공이 물었다. "여기에 아름다운 옥이 있다면 이를 궤 속에 넣어 감춰 두겠습니까(온궤이장韞匵而藏)? 아니면 높은 값을 쳐주는 좋은 상인이 나타나기를 기다렸다가 팔겠습니까(선고이고善賈而沽)?"

공자가 대답했다. "팔아야지, 팔아야지. 나는 상인을 기다리는 사람(아대고자我待賈者)이다!"

'온궤韞匵'의 '온韞'과 관련해 정현과 황간은 물건을 싼다는 뜻의 '과裹'로 보았으나 마융과 주희는 간직한다는 뜻의 '장藏'으로 풀이했다. 뒤에 또다시 '장저藏諸'라는 말이 나오므로 정현과 황간의 해석이 보다 타당하다. 다산은 '온'을 가죽으로 물건을 감싸는 것으로 풀이했다. '궤匵'는 궤櫃와 같다.

'선고善賈'의 '고賈'를 놓고 가격을 뜻하는 '가價'와 상인을 뜻하는 '고估'로 풀이하는 견해가 대립한다. 주희는 '가價'로 풀이했다. 육덕명도 『논어석문』에서 '가'로 보아 '좋은 가격'으로 풀이했다. 그러나 옛날에는 보옥과 같이 귀중한 물건은 아무나 파는 게 아니라 이를 전문적으로 판매하는 상인이 따로 있었다. 다산과 오규 소라이가 '선고'를 '좋은 상인'으로 풀이한 이유다. '선고善估'와 같다. '아대고자我待賈者'의 '고賈'는 모든 상인을 뜻하는 상고商賈 가운데 앉아서 물건을 파는 좌상坐商을 가리킨다. 상商은 원래 움직이며 물건을 파는 행상行商의 뜻이다.

제13장

子欲居九夷. 或曰, "陋, 如之何." 子曰, "君子居之, 何陋之有."

공자가 동이족의 9개 종족이 사는 구이九夷 땅에서 거주하려는(욕거구이欲居九夷) 모습을 보이자 혹자가 물었다. "그곳은 누추한데 어찌 살려는 것입니까?" 공자가 대답했다. "군자들이 거주하는 곳인데 무슨 누추함이 있겠는가?"

'자욕거구이子欲居九夷'의 '구이九夷'는 동이족이 모두 9개 종족이 있다고 생각한 데서 나온 말이다. 유보남의 『논어정의』 등에는 현도玄菟, 낙랑樂浪, 고려高麗, 만식滿飾, 부유鳧臾, 소가素家, 동도東屠, 왜인倭人, 천비天鄙 등으로 나온다. 그러나 『국어國語』 「노어魯語 하下」의 '통도우구이백만通道于九夷百蠻'을 비롯해 『서경』과 『이아爾雅』 등에 나오는 '구이'는 반드시 동이족의 9개 종족만을 의미하는 게 아니다. 원래 '구九'는 고대 중국인들이 많다는 것을 표현할 때 주로 사용했던 용어다. '이夷' 역시 동이와는 별도의 표현으로 이해되는 범칭凡稱이다. 문헌에 나오는 우이嵎夷, 화이和夷, 도이島夷, 회이淮夷, 서이徐夷, 주이邾夷, 개이介夷, 거이莒夷, 기이杞夷, 내이萊夷, 패이邶夷, 여이黎夷, 관이串夷 등의 표현이 그 증거이다. 이 장은 내용상 도가 행해지지 않아 뗏목을 타고 바다로 나갈 뜻을 밝힌 「공야장」과 상통한다. 공자가 스스로를 지칭한 구절은 없으나 그가 말한 '군자' 속에 자신을 포함시켰다고 보아야 한다. '누陋'를 치엔무錢穆는 문화가 뒤떨어진 곳으로 풀이했다.

제14장

子曰, "吾自衛反魯, 然後樂正, 雅頌各得其所."

공자가 말했다. "내가 위나라에서 노나라로 돌아온(자위반로自衛反魯) 연후에 음악이 바르게 되어 『시경』의 아雅와 송頌이 각기 제 자리를 찾게 됐다."

형병은 '반로反魯'를 공자가 천하유세를 마치고 위나라에서 노나라로 돌아온 노애공 11년의 기원전 484년 겨울로 보았다. '아송雅頌'은 『시경』의 편명으로 아가雅歌와 송가頌歌를 지칭한다. 당시 노나라에는 아직 주나라의 예제가 남아 있기는 했으나 적잖이 훼손되어 있었다. '득기소得其所'는 차례가 잘 맞았다는 의미다. 이 장은 당시 공자가 '아송'을 다시 정비했을 때의 이야기를 수록한 것이다.

제15장

子曰, "出則事公卿, 入則事父兄, 喪事不敢不勉, 不爲酒困, 何有於我哉."

공자가 말했다. "밖으로 나가서는 공경公卿을 섬기고(출사공경出事公卿), 안으로 들어와서는 부형을 섬기며(입사부형入事父兄), 상사喪事에는 감히 힘쓰지 않음이 없고(불감불면不敢不勉), 술로 인해 제 정신을 잃는 일이 없음(불위주곤不爲酒困)을 실천했다. 이들 4가지 일 가운데 그 무엇이 나에게 어려운 일이겠는가?"

'입즉사부형入則事父兄'의 '부형父兄'을 두고 양보쥔은 공자가 어렸을 때 부친을 여읜 까닭에 살아 있던 이복형 맹피孟皮를 지칭한 것이라고 풀이했다. 그러나 문맥상 통상적인 '부형'으로 보는 게 합리적이다. '하유어아재何有於我哉' 구절이 「술이」 제2장에도 나온다. 묵묵히 마음에 새기는 묵이지지默而識之, 배우며 싫증내지 않는 학이불염學而不厭, 남을 가르치는 데 게으르지 않는 회인불권誨人不倦 등 3가지 일 가운데 그 무엇이 공자 자신에게 어려울 수 있겠냐며 '하유어아재何有於我哉'를 언급한 게 그렇다. 주희는 공자가 이 장에서 보여준 겸양이 「술이」 제2장보다 더욱 간절하다고 평가했다.

제 1 6 장

子在川上曰, "逝者如斯夫. 不舍晝夜."

공자가 냇가에서 원통해하며 말했다. "천지의 운행이 꼭 이 냇물의 흐름과 같다. 밤낮으로 멈추지 않는(불사주야不舍晝夜) 모습을 보이는 게 그렇다!"

'서자여사부逝者如斯夫'의 '서자逝者'를 두고 예로부터 해석이 분분했다. 포함은 단순히 '가는 것'으로 풀이했고, 형병은 '냇물이 흐르는 것'으로 해석했다. 주희는 다음과 같이 우주론적으로 풀이했다. "천지의 조화는 갈 게 지나가면 올 게 뒤를 이어 한순간의 멈춤도 없다. 이것이 도체道體의 본연이다. 이를 가리켜서 보기 쉬운 것으로는 흐르는 시냇물만 한 게 없다. 이에 공자가 시냇물을 예로 들어 도체의 본연을 사람에게 드러낸 것이다."

주희의 이런 해석은 지나치게 도학적이다. 에도시대 당시 오규 소라이에 앞서 교토에서 활약한 이토 진사이伊藤仁齋는 『논어고의論語古義』에서 이같이 풀이했다. "이 군자의 덕은 날마다 새로워 쉼이 없다. 냇물의 흐름이 혼혼混混해 그치지 않는 것 같음을 말한다." 이는 『맹자』의 풀이에 가까운 것이다. 주희의 해석보다는 낫기는 하나 근본적인 차이는 없다. 오규 소라이는 '서逝'를 '진進'으로 보지 말고 '과過'의 뜻을 지닌 '추이推移'로 풀이하는 게 고의에 부합한다고 주장했다. 지나가는 것은 시시각각 쉼 없이 지나가니 그 지나가는 것 속에 나이를 먹고 과거로 흘러들어간다는 뜻으로 보는 게 타당하다는 것이다.

다산은 주희처럼 끊임없는 순환을 특징으로 하는 천도로 풀이하면서 한번 흘러가면 다시 돌아오지 않는 냇물로 비유하는 것은 적절하지 않다고 지적했다. 이어 그는 세월을 뜻하는 '광음光陰'으로 해석할 경우 뒤에 '주야晝夜'라는 말과 중복되는 감이 있어 무의미하다고 지적하면서 '인생'으로 풀이할 것을 제안했다.

이 장에 나오는 '주야'는 명사가 아니라 부사로 사용된 것이다. 다산과 같이 '광음'을 오직 '인생'으로 한정해 해석하는 것 역시 협소한 느낌을 주고 있다. '인생'은 '세월'의 일부분이기 때문이다. 공자가 냇가에서 '서자逝者'를 언급한 것은 원통한 심경에서 나온 것이다. 천하의 운행으로 보는 게 합리적이다. '정치사학'의 관점에서 볼 때 '서자'를 죽을 때까지 책을 손에서 놓지 않는 수불석권手不釋卷의 자세로 노력하는 군자의 치국평천하 행보로 해석해도 큰 무리는 없다. 『맹자』 「이루離婁하下」에는 맹자가 전하는 유사한 내용의 공자의 자술이 나온다. "맹자가 말하기를, '공자는 원천原泉이 혼혼混混해 주야로 그치지 않는 것을 보고는 근본이 있는게 이와 같아 이를 취할 만하다고 언급한 것이다.'라고 했다." 이는 당시 이 구절이 널리 회자되고 있었음을 시사한다.

제 1 7 장

子曰, "吾未見好德如好色者也."

공자가 말했다. "나는 아직 덕을 좋아하기를 마치 여색을 좋아하듯 하는
(호덕여호색好德如好色) 인물을 보지 못했다."

주희는 『사기』의 기록을 예로 들어 이 얘기는 공자의 천하유세 당시 위령공이 부인과 함께 수레를 타고 나가면서 공자로 하여금 다음 수레를 타고 오도록 했을

때의 얘기라고 주장했다. 그러나 그의 이런 주장은 무슨 근거가 있는 게 아니다. 대략 공자가 위령공의 부인 남자南子로 인해 곤욕을 치른 것을 변명하기 위해 이같이 무리한 주장을 한 것으로 짐작된다. 「위령공」 제16장에 '오미견호덕여호색자야吾未見好德如好色者也'와 똑같은 구절이 나온다.

제18장

> 子曰, "譬如爲山, 未成一簣, 止, 吾止也. 譬如平地, 雖覆一簣, 進, 吾往也."
>
> 공자가 말했다. "학문을 하는 것은 산을 쌓는 것에 비유하자면 마지막 한 삼태기의 흙을 더하지 못한(미성일궤未成一簣) 모습으로 그만두는 것도 내가 그만두는 것이다. 땅을 고르는 것에 비유하면 비록 한 삼태기의 흙을 붓기 시작하는(수복일궤雖覆一簣) 모습으로 나아가는 것 또한 내가 나아가는 것이다."

'미성일궤未成一簣'의 '궤簣'는 흙 삼태기를 말한다. '비여평지譬如平地'의 '평지平地'를 두고 마융은 '땅을 평평히 하는 것', 황간은 '평지에 산을 쌓는 것'으로 풀이했다. 이 장은 『서경』에 나오는 '위산구인爲山九仞, 공휴일궤功虧一簣' 구절과 상통한다. 공자는 중도포기의 위험을 지적하며 각고면려刻苦勉勵를 당부하고 있다.

제 1 9 장

子曰, "語之而不惰者, 其回也與."

공자가 말했다. "알려주면 게으름을 피우지 않는(어지불타語之不惰) 자세로 실천하는 자는 안회일 것이다."

'어지이불타語之而不惰'의 '불타不惰'를 두고 형병은 안회가 공자의 가르침을 들으면서 지루해하지 않는 것, 황간은 안회가 지친 모습으로 게으름을 피우지 않음(불피해不疲懈)을, 주희는 마음속으로 깊이 해석하고 힘써 행함(심해력행心解力行)으로 풀이했다. 제19장~제22장의 4개 장은 모두 공자가 안연의 죽음을 애통히 여기며 그 호학을 칭송한 내용으로 되어 있다. 안회는 공문의 '직계제자'들 가운데 가장 성실히 '위정학'을 연마한 제자였다.

제 2 0 장

子謂顔淵曰, "惜乎. 吾見其進也, 未見其止也."

공자가 안연을 이같이 평했다. "안회의 요절이 애석하다! 나는 그가 나아
가는 것을 곁에서 지켜보기만 하고(오견기진吾見其進), 도중에 멈추는 것을
본 적이 없다(미견기지未見其止)."

안연은 생전에 공자의 말을 들으면 힘써 행함으로써 경황이 없는 순간인 조차
造次와 위급한 순간인 전패顚沛의 상황일지라도 앞으로 전진하며 결코 멈추지 않
았다는 칭송을 받았다.

제21장

子曰, "苗而不秀者有矣夫, 秀而不實者有矣夫."

공자가 말했다. "초목 중에는 싹이 나고도 이삭이 패지 않거나(묘이불수苗而
不秀) 이삭은 팼으나 열매를 매지 못하는(수이부실秀而不實) 경우가 있다."

'묘苗'는 곡식의 싹이 나는 것을 뜻하고, '수秀'는 꽃이 피는 것을 말한다. 이 장과
다음 장에는 안연의 이름이 나타나지 않고 있으나 내용상 안연의 요절을 안타까
워하는 공자의 감개感慨를 담은 것이다. 공자가 안언의 요절을 두고 '묘이불수苗而
不秀'로 비유했다고 보는 게 합리적이다.

제 22 장

子曰, "後生可畏, 焉知來者之不如今也. 四十五十而無聞焉, 斯亦不足畏也已."

공자가 말했다. "후생後生, 즉 후배는 가히 두려워할(후생가외後生可畏) 만한 존재다. 앞으로 활약할 자들이 지금의 우리만 못하다는(내자불여금來者不如今) 것을 어찌 알 수 있겠는가? 40~50세가 되도록 그 명성이 알려지지 않으면 그 또한 두려워할 바 못되는(부족외야不足畏也) 대상일 뿐이다."

'후생가외後生可畏' 성어의 전거가 바로 이 장에 있다. 「위령공」 제20장에 군자가 종신의 나이가 되는 40~50세가 되도록 이름이 알려지지 않는 것을 근심하는 '군자질몰세이명불칭君子疾沒世而名不稱' 구절이 나온다. '후생가외'와 유사한 취지이다. 증자도, "나이가 50세가 돼도 선한 사람으로 알려지지 못하면 영영 알려지지 못한다."라고 했다. '무문언無聞焉'의 '문聞'을 두고 황간은 명성과 명예가 온 세상에 자자한 '성예문달盛譽聞達'로 풀이했다.

제 2 3 장

子曰, "法語之言, 能無從乎. 改之爲貴. 巽與之言, 能無說乎. 繹
之爲貴. 說而不繹, 從而不改, 吾末如之何也已矣."

공자가 말했다. "그 누가 정도로써 일러주는 말(法語之言)을 능히 따르지 않
을(무종법언無從法言) 수 있을까? 그러나 따르는 것보다 잘못된 행실을 고치
는 게 더 중요하다. 그 누가 부드럽게 충고하는 말을 듣고도 기뻐하지 않
을(무열손언無說巽言) 수 있을까? 그러나 기뻐하는 것보다 충고의 뜻을 찾아
실천하는 게 더 중요하다. 기뻐하기만 할 뿐 그 뜻을 찾아내지 않고(열이불
역說而不繹) 잘못된 행실을 고치지 않는(종이불개從而不改) 행보를 보이면 나
도 그에 대해 어찌할 도리가 없다."

　'법어지언法語之言'을 두고 공안국은 사람에게 과실이 있을 때 정도로써 일러주
는 말, 주희는 바르게 해주는 말로 새겼다. '손여지언巽與之言'을 두고 주희는 완곡
하게 인도하는 말인 '완이도지婉而導之', 마융은 공순하고 삼가는 '근경지언謹敬之
言', 다산은 유순하여 서로 도움이 되는 '유순상조柔順相助'로 풀이했다. '역지위귀繹
之爲貴'의 '역繹'을 두고 형병은 거듭 음미하며 풀어내는 '심역尋繹', 주희는 실마리
를 찾아내는 '심서尋緒', 항간은 공손한 자세를 시속하는 '심속尋續'으로 간주했다.

제 2 4 장

子曰, "主忠信, 毋友不如己者, 過則勿憚改."

공자가 말했다. "군자는 충성과 신의를 위주로 하고(주충신主忠信), 자신보다 못한 자와 벗하지 않으며(무우불여기毋友不如己), 허물이 있으면 고치기를 꺼려하지 않는(과즉물탄개過則勿憚改) 태도를 지녀야 한다."

이 장은 글자에 약간의 출입이 있기는 하나 「학이」 제8장과 거의 같은 내용으로 『고론古論』에는 나오지 않는 것이다.

제 2 5 장

子曰, "三軍可奪帥也, 匹夫不可奪志也."

공자가 말했다. "3군三軍으로부터 장수를 빼앗을 수는 있어도(삼군가탈수三軍可奪帥) 필부로부터 그 뜻을 빼앗을 수는 없다(필부불가탈지匹夫不可奪志)."

'삼군가탈수三軍可奪帥也'와 유사한 구절이 『손자병법孫子兵法』 「군쟁軍爭」에 나온다. 적과 싸울 때는 적병의 사기士氣를 꺾고, 적장의 심지心志를 뒤흔들 수 있어야 한다는 취지의 '삼군가탈기三軍可奪氣, 장군가탈심將軍可奪心' 구절이 그것이다.

이를 두고 삼국시대의 조조는 현존 『손자병법』의 원형인 『손자약해孫子略解』에서 '정치사학'의 관점에 입각해 "『춘추좌전』에서 말하기를, '한 번 북을 쳤을 때 아군이 움직이지 않으면 적군은 사기가 왕성한데도 불구하고 어찌할 도리가 없다. 두 번 북을 쳤을 때도 움직이지 않으면 적군의 투지가 크게 떨어진다. 세 번 북을 쳤을 때도 움직이지 않으면 적군의 투지가 완전히 고갈된다.'고 했다."라고 풀이했다. 용병할 때는 적의 마음을 빼앗는 게 관건이라는 취지에서 언급한 것이다. '필부불가탈지匹夫不可奪志'의 '필부'는 내용상 '사인士人'에 가깝다.

제26장

子曰, "衣敝縕袍, 與衣狐貉者, 立而不恥者, 其由也與. '不忮不求, 何用不臧.'" 子路終身誦之. 子曰, "是道也, 何足以臧."

공자가 말했다. "해진 솜옷을 입고 여우나 담비가죽으로 만든 갖옷을 입은(여의호학與衣狐貉) 인물과 함께 서 있을지라도 전혀 부끄러워하지 않는 자는 아마 자로일 것이다. 『시경』에서 남을 해치지 않고 남의 것을 탐하지 않으니 어찌 선하지 않을 수 있겠느냐(불기불구不忮不求, 하용부장何用不臧)

고 언급한 바 있다." 자로가 종신하도록 이 구절을 외우려고 하자 공자가 말했다. "그 정도의 도리가 뭐 그리 대단하다고 외우려 하는 것인가?"

'의폐온포衣敝縕袍'의 '온縕'을 공안국과 형병은 해진 삼베를 섞어 만든 솜옷으로 보았다. '포袍'를 두고 주희는 솜을 넣어 만든 옷으로 새겼다. '여의호학자與衣狐貉者'의 '호학狐貉'은 여우와 담비, 여우와 담비로 만든 갖옷을 상징한다. 공자가 언급한 '불기불구不忮不求, 하용부장何用不臧' 구절은 『시경』 「패풍邶風, 웅치雄雉」에 나오는 시구이다. '불기불구不忮不求'의 '기忮'는 해친다는 뜻이다. '하용부장何用不臧'의 '장臧'을 마융은 '선善'으로 풀이했다.

제 2 7 장

子曰, "歲寒然後知松柏之後彫也."

공자가 말했다. "시절이 추워진 연후에야 송백松柏이 뒤늦게 시드는 것을 안다(세한지송백歲寒知松柏)."

'세한연후歲寒然後'의 '세한歲寒'은 한 해 가운데 가장 추운 절기인 소한小寒과 대한大寒을 가리킨다. '송백지후조松柏之後彫'의 '조彫'는 '조凋'의 의미로 사용된 것이다. '세한지송백' 격언은 난세의 충신을 비유할 때 자주 인용되고 있다. 선비는 궁할 때 그 절의를 볼 수 있다는 뜻의 '사궁견절의士窮見節義'와 세상이 어지러울 때 충신을 알 수 있다는 뜻의 '세란식충신世亂識忠臣' 역시 같은 의미로 널리 사용되고 있다.

제 28 장

> 子曰, "知者不惑, 仁者不憂, 勇者不懼."
>
> 공자가 말했다. "지혜로운 사람은 미혹되지 않고(지자불혹知者不惑), 어진 사람은 근심하지 않으며(인자불우仁者不憂), 용기 있는 사람은 두려워하지 않는(용자불구勇者不懼) 법이다."

주희는, "지혜의 밝음이 족히 사리를 밝힐 수 있기 때문에 의혹되지 않고, 천리가 사욕을 이길 수 있기 때문에 근심하지 않으며, 기운이 도의에 부합하기 때문에 두려워하지 않는다."라고 했다. 인자에 대한 해석은 지나치게 도학적이다. '어질기 때문에 적이 없어 근심할 게 없다.'고 새기는 게 합리적이다.

제29장

子曰, "可與共學, 未可與適道. 可與適道, 未可與立. 可與立, 未可與權."

공자가 말했다. "함께 배우거나(가여공학可與共學) 함께 도로 나아갈 수 없거나(미가여적도未可與適道), 함께 도로 나아가거나(가여적도可與適道) 함께 설 수 없거나(미가여립未可與立), 함께 서거나(가여립可與立) 함께 임기응변을 행할 수 없는(미가여권未可與權) 경우가 있다."

『회남자淮南子』「범론훈氾論訓」에는 '여與'가 '이以'로 바뀐 '가이공학의可以共學矣, 이미가이적도야而未可以適道也. 가야적도可與適道, 미가이립야未可以立也. 가이립可以立, 미가여권未可與權.' 구절이 나온다. '적도適道'는 성현이 언급한 도의 길로 나아가는 것을 말한다. '미가여립未可與立'의 '립立'을 주희는 뜻을 도탑게 하여 굳게 잡는 '독지고집篤志固執', 양보쥔은 '입어례立於禮'로 해석했다. '미가여권未可與權'의 '권權'을 상황에 따른 적절한 대책을 뜻하는 임기응변, 즉 '권도權道'로 해석하는 게 합리적이다.

'권도權道'에 대한 해석

주희는 '권權'을 저울추로 물건을 달아 경중을 헤아리는 것으로 보아, 권도를

"능히 경중을 저울질해 의에 합당하게 하는 것을 말한다."라고 풀이했다. 다산은 '권'을 저울질로 중용을 얻는 '형칭득중衡稱得中'으로 보아, "중용은 도의 극치이므로 함께 설 수는 있어도 함께 권도를 행할 수는 없다."라고 풀이했다. 상황에 따른 임기응변을 뜻하는 '권도'는 원칙론인 '경도經道'와 대립되는 말로 사용되고 있다.

한유韓愈는 『주역』「계사전繫辭傳」을 해석하면서 '권도'는 '경도'에 대립하며 도에 합치하는 것으로 풀이했다. 이후 이 견해가 주류를 형성했다. 이런 견해를 '반경합도설反經合道說'이라고 한다. '반경합도설'은 '권도'의 의미를 극소화하고자 한데서 나온 것이다. 그러나 다산은 이를 정면으로 반박하고 나섰다. 그는 '권'과 '경'의 관계를 이같이 풀이했다. "무릇 '권'이 기약하는 것은 중용에 있다. 성인이 중용을 택한다고 한 것은 바로 저울로 다는 사람이 눈금을 통해 저울추를 맞게 하는 것을 말한다. 후세에 도를 논하는 자들은 중용을 '경'으로 삼고, 반중용反中庸을 '권'으로 삼아 천하의 패란悖亂과 부정을 모두 '권'에 의한 것으로 생각했다."

다산은 고주의 '반경합도설'에 반대해 '권' 자체를 바로 '경'이라고 본 것이다. 그는 '경'을 '유정지권有定之權', '권'을 '무정지경無定之經'으로 파악했던 것이다. 다산의 탁견이 선명히 드러난 대목이다. 사실 다산이 질타한 바와 같이 도학자들은 이런 이치를 파악하지 못하고 양자를 대립 개념으로 이해한 나머지 매사에 '경도'를 쓰되 부득이한 경우에 한해 '반경합도'의 취지에 부합하는 '권도'를 써야 한다고 제한적으로 해석했다. 그러나 이는 잘못이다. 난세의 상황에서는 오히려 '경도'보다 '권도'를 써야 할 경우가 훨씬 많을 수밖에 없다. 매사에 '경도'만을 고집할 경우 시의에 맞지 않아 국론 분열 등의 커다란 혼란을 초래할 소지가 크다. 저울은 물건의 경중에 따라 서울추의 눈금을 옮겨주어야만 균형을 유지할 수 있다.

우임금이 종아리에 털이 다 빠지도록 황하의 물을 다스리기 위해 노력한 것이나 안회가 문을 닫고 가만히 있었던 것은 모두 각자의 처지에서 중용을 얻은 것이다. 전설적인 인물인 미생尾生이 물이 불어나는데도 애인과의 약속을 지키기 위해 약속장소인 다리 아래에서 교각을 붙들고 있다가 익사한 것은 중용을 잃은 것이다. 『춘추좌전』에 나오는 송나라의 백희白姬가 무릇 부인은 시종이 없으면 움직이지 않는다는 이유로 고집스럽게 당에 머물고 있다가 불에 타 죽은 것도 같은 맥락이다. 실로 '권도'의 묘용妙用을 모르면 '경도'의 이치도 알 수 없는 것이다. 공자가 이 장에서 설파하고자 한 게 바로 '권도'의 묘용인 것이다.

제 30 장

> "唐棣之華, 偏其反而. 豈不爾思, 室是遠而." 子曰, "未之思也,
> 夫何遠之有."
>
> 『시경』에 이런 시가 나온다. "산앵두나무 꽃(당체지화唐棣之華)이 펄럭이네!
> 어찌 그대를 생각지 않았으랴만 그대의 집이 멀 뿐이지!"
> 이를 두고 공자가 말했다. "상대를 그리워하지 않은 것이다. 무릇 그리워했
> 다면 어찌 집이 멀다고 말할 수 있겠는가?'

'편기번이偏其反而'의 '편偏'을 두고 주희는 『진서晉書』에 '편翩'으로 되어 있다고 했다. '번反'은 통상 '반'으로 읽으나 여기서는 '번翻'의 가차로 사용된 까닭에 '번'으

로 읽는다. '이而'는 '연然'의 뜻으로 형용사 또는 부사어를 만드는 조사助詞로 사용된 것이다. '번이反而'는 곧 '번연翻然'과 같은 뜻으로 '펄럭이다'의 의미이다. '미지사야未之思也, 부하원지유夫何遠之有' 구절을 두고 '부夫'를 앞에 나오는 구절의 '야也'에 덧붙여 해석하는 견해도 있기는 하나 뒤에 붙여 해석하는 게 일반적이다.

삼국시대 위나라의 하안은 이 장이 앞 장인 제29장에 나오는 '미가여권未可與權'의 권도權道, 즉 임기응변과 관련이 있다고 보았다. 황간은 이를 두고 "당체지화는 먼저 오므리고 있다가 뒤에 피는 통상적인 꽃과 달리 먼저 피어 있다가 뒤에 오므리는 꽃이다. 정도를 행하는 데는 순서가 있지만, 권도를 쓰면 처음에는 정도에 반대되는 듯 보이다가 결국 정도에 맞게 된다는 것을 '당체지화'로 비유한 것이다."라고 풀이했다. 한당漢唐 이래 이런 주석이 널리 통용됐으나 주희는 이 장을 앞 장과 연결시켜 해석하는 것을 거부하며 임기응변의 '권도'와 무관한 것으로 해석했다. 이후 주희의 해석이 널리 통용됐다. 다산은 형제 및 부부처럼 가까운 사이의 괴리와 반목을 '당체지화'에 비유한 것으로 간주했다.

현존 『시경』에는 '당체唐棣'의 시가 없다. 다만 『시경』 「소아小雅 · 상체常棣」에 유사한 구절이 나온다. "상체지화常棣之華가 어찌 선명하지 않을 리 있겠는가? 무릇 세상 사람들 가운데 형제만한 사람 없다네!' 구절이 그것이다. '상체常棣'는 당체棠棣 또는 당체唐棣와 같은 말이다. '상常'은 '당棠'의 가차로 사용됐다고 보는 게 옳다. 열매가 앵두와 비슷해 산앵두 또는 산사자山查子라고도 한다. 공자가 생존할 당시 항간에 민요인 풍風 형태의 '당체지화唐棣之華'와 소아小雅 형태의 '상체지화常棣之華'가 복수로 전해졌다가 '소아' 형태의 노래만 현존 『시경』에 수록했을 가능성을 배제할 수 없다.

향당 鄉黨

Intro

향당鄕黨

공자의 일상생활과 관련한 세간의 전문

「향당」은 총 17개 장으로 구성되어 있다. 공자의 언행과 문답으로 이뤄진 다른 편과 달리 시종 공자의 일상적 모습에 대한 묘사로 점철되어 있다. 「술이」와 「자한」 중에도 이런 내용이 보이나 이는 일부에 불과하다. 예로부터 「향당」의 전편을 하나의 장으로 취급해 온 이유다.

『경전석문』은 「향당」을 절節도 나누지 않은 채 전체의 문장을 하나로 묶어 총 1장으로 편제해놓았다. 주희도 『논어집주』에서 이를 기본적으로 따르면서 1개의 장을 모두 17개 절로 세분했다. 이후 대부분의 주석서 역시 「향당」을 1장으로 보되 이를 여러 개의 절로 세분하는 편제를 취했다. 그러나 본서는 양보쥔의 분류 방식을 좇아 17개 절을 모두 17개 장으로 분류하는 방식을 취했다.

이 편은 다른 편과 달리 공자를 '자'로 부르지 않고 있다. 제1장의 첫머리에 '공자'를 언급한 데 이어 6개 장에 걸쳐 '군자'를 언급해놓은 점에 비춰 '직계제자'로부터 전송된 것은 아닌 것으로 짐작된다. 당시 노나라의 향당 및 조정에는 공자의 제자가 없었다. 그러나 공자를 잘 알고 공자에 접근했던 사람들은 있었다. 대략 이 편은 이들의 견문에서 나온 얘기가 공문의 후학에 의해 정리된 것으로 짐작된다. 공자의 용태가 그려져 있는 「학이」와 「자한」의 기록이 「향당」의 내용과 질적으로 다른 사실이 이를 뒷받침하고 있다.

제 1 장

孔子於鄉黨, 恂恂如也, 似不能言者. 其在宗廟朝廷, 便便言, 唯
謹爾.

공자는 향당鄕黨에 있을 때는 두려워하는 듯이 공손한(순순여恂恂如) 자세
를 취해 마치 말을 못하는 사람 같았다. 그러나 종묘와 조정에 있을 때는
유창하고 분명하게 말하는(변변언便便言) 자세를 취하면서도 반드시 삼가
하는(근신謹愼) 모습을 보였다.

'향당鄕黨'의 '향鄕'은 2,500호, '당黨'은 500호로 구성된 지역 단위이다. 다산은 향
음鄕飮 또는 향사鄕射 등의 마을 단위 집회를 주최하는 모임으로 보았다. '순순여
恂恂如'를 두고 왕숙은 온화하고 공손한 '온공溫恭'으로 풀이했다. 여기의 '여如'는
상태를 표시하기 위해 덧붙여진 상태동사로 조사助詞다. '변변언便便言'을 두고 정
현은 분명하게 말하는 '변辨'으로 새겼다. 제1장~제5장은 공자가 조정에 출사하
면서 공인으로서 취한 자세를 비교적 자세히 언급해놓고 있다. 이 절을 통해 당시
공자가 향당과 종묘 · 조정에 있을 때 전혀 다른 모습을 보였음을 알 수 있다. 주
희는 공자가 향당에 있을 때는 부형과 종족宗族이 있어 말을 잘하지 못하는 사람
과 같은 모습을 보인 것으로 분석했다.

제 2 장

朝與下大夫言, 侃侃如也. 與上大夫言, 誾誾如也. 君在, 踧踖如
也, 與與如也.

공자는 조정에서 하대부下大夫와 얘기할 때는 더불어 즐거워하고(간간여侃
侃如), 상대부上大夫와 얘기할 때는 공정한(은은여誾誾如) 모습을 보였다. 또
군주가 있을 때는 공경하고 삼가며(축적여踧踖如) 몸가짐을 단정하게 했다
(여여여與與如).

'하대부下大夫'는 대부 가운데 급히 가장 낮은 계층을 가리킨다. 『예기』 「왕제王
制」에 따르면 제후의 사대부는 경卿이고, 하대부는 5명으로 되어 있었다.

'간간여侃侃如'를 공안국은 더불어 즐거워하는(화락和樂) 모습, 주희는 강직한 모
습으로 새겼다. '은은여誾誾如'를 공안국은 중정中正의 모습, 주희는 부드러우면서
도 시비를 가리는 모습으로 풀이했다. '축적여踧踖如'를 두고 하안은 공경하는 모
습, 주희는 공경하며 삼가는 모습으로 간주했다. '여여여與與如'를 두고 하안은 몸
가짐이 알맞은 모습, 형병은 몸가짐이 알맞으면서도 해이하지 않은 것, 다산은 공
경하고 삼가는 모습으로 보았다.

이 장을 통해 공자는 노나라 조정에서 하대부로 국사에 참여했음을 알 수 있다.
공자가 관인으로 활동하기 시작한 것은 공실의 중도재中都宰가 된 노정공 8년 기

원전 502년이다. 공자는 노정공 10년인 기원전 500년에 협곡의 회맹을 계기로 하대부가 되어 조정회의에 참석하게 됐다. 이후 노정공 13년인 기원전 497년에 삼환을 제거하려던 계책이 실패하자 사직하고 철환천하轍環天下의 유세에 나섰다.

「향당」의 기록은 모두 공자가 관인으로 있던 노정공 8년인 기원전 502년에서 노정공 13년인 기원진 497년 사이의 기록이다. 의식주와 관련된 공자의 사적인 기록 역시 이 기간에 한정되어 있다. 공자가 빈한했던 젊었을 때는 물론 출사하기 전까지의 시기에 관한 기록은 전혀 나타나지 않고 있다. 사직한 뒤 천하유세에 나섰을 때의 모습도 나타나지 않고 있다. 「향당」이 공자가 출사했을 당시의 5년간과 만년에 귀국한 뒤 국로國老가 되어 죽을 때까지의 4년 반 사이에 나타난 공자의 모습만 담고 있는 이유다.

제 3 장

> 君召使擯, 色勃如也, 足躩如也. 揖所與立, 左右手, 衣前後襜
> 如也. 趨進, 翼如也. 賓退, 必復命曰, "賓不顧矣."
>
> 공자는 군주가 불러 국빈을 접대하게 하면 반드시 낯빛을 바로잡고(색발여
> 色勃如), 발걸음을 종종걸음을 치듯 조심하는(족곽여足躩如) 모습을 보였다.
> 함께 영접에 나선 사람들과 읍揖을 할(읍소여립揖所與立) 때는 먼저 왼쪽 사
> 람에게는 마주 잡은 손을 왼쪽으로 돌리고 오른쪽 사람에게는 마주 잡은

손을 오른쪽으로 돌렸다. 이어 읍을 할 때마다 옷깃이 앞뒤로 펄럭이도록 하는(의전후첨여衣前後襜如) 모습을 보였다. 종종걸음으로 빨리 나아갈 때는 매우 경쾌해 마치 새가 날개를 펼치는 듯한(추진익여趨進翼如) 모습을 보였다. 빈객이 물러간 뒤에는 반드시 복명하며(빈퇴복명賓退復命) 이같이 말했다. "빈객이 돌아보지 않을 때까지 배웅했습니다(빈불고賓不顧)."

'색발여色勃如'를 형병은 낯빛을 바꿔 군명君命을 공손히 받드는 것으로 풀이했다. '족확여足躩如'를 포함은 발을 빨리 움직이는 모습, 형병은 한가롭게 걷지 않는 모습으로 새겼다. '읍소여립揖所與立'을 주희는 공자와 함께 영접에 나선 신하들로 보았다. '읍揖'은 인사하는 예법의 하나로 두 손을 맞잡아 얼굴 앞으로 들어 올리고 허리를 앞으로 공손히 구부렸다가 몸을 펴면서 손을 내리는 것이다. '전후첨여前後襜如'를 정현은 몸을 한 번 숙이고 다시 펴는 과정에서 옷이 앞뒤로 펄럭이는 모습으로, 주희는 단정한 모습으로 해석했다. '복명復命'은 윗사람에게 명을 받아 일을 시행한 뒤 그 결과를 보고하는 것을 말한다. '빈불고賓不顧'의 '불고'는 뒤를 돌아보지 않았다는 뜻으로 빈객이 불평하지 않고 흔쾌히 돌아갔다는 취지이다. 공자의 예빈禮賓이 매우 성공적이었음을 보여준다.

역대 주석가들은 대부분 '빈불고'를 두고 빈객은 뒤도 돌아보지 않고 흔쾌히 돌아갔다는 의미로 해석했다. 미야자키 이치사다는 강한 이의를 제기하며 지난 1861년 제임스 레그James Legge가 최초로 완역한 영역본 『논어』의 구절을 인용해 이같이 풀이했다. "빈객은 떠날 때 배웅하는 주인에게 몇 번이고 돌아보면서 인사하는 것이 예의다. 또 빈객이 멀어져가서 마지막 인사를 할 때까지 배웅하는 것이 주인의 예절이다. '빈불고'를 빈객이 만족했기 때문에 뒤도 돌아보지 않고 흔쾌히 돌아갔다고 번역해서는 안 되는 이유다." 레그의 영역본은 '빈불고賓不顧'가 "The host can not return to his place till these salutations are ended!"로 영역되어 있다. 본서 역시 '정치사학'의 관점에서 레그와 미야자키 이치사다의 해석을 좇았다.

제 4 장

入公門, 鞠躬如也, 如不容. 立不中門, 行不履閾. 過位, 色勃如也, 足躩如也, 其言似不足者. 攝齊升堂, 鞠躬如也, 屛氣似不息者. 出降一等, 逞顔色, 怡怡如也. 沒階, 趨進, 翼如也. 復其位, 踧踖如也.

공자는 제후들의 궁궐 바깥문인 공문公門을 들어설 때는 삼가 몸을 굽히는(국궁여鞠躬如) 모습을 보였다. 마치 문이 작아 들어가기에 넉넉지 못한 듯했다. 서 있을 때는 문 가운데에 서지 않고(입부중문立不中門), 다닐 때는 문지방을 밟지 않는(행불리역行不履閾) 모습을 보였다. 군주의 자리를 지날(과위過位) 때는 안색을 바로잡고(색발여色勃如) 발걸음을 조심하는(족곽여足躩如) 모습을 보였다. 마치 말을 제대로 하지 못하는(기언사부족其言似不足) 모습이었다. 옷자락을 두 손으로 잡고 당에 오를(섭제승당攝齊升堂) 때는 삼가 몸을 굽히는(국궁여鞠躬如) 모습을 보였다. 작은 숨까지 죽여 숨을 쉬지 않는 듯한(병기사불식屛氣似不息) 모습이었다. 밖으로 나와 섬돌을 한 층계 내려설 때 비로소 안색을 펴며(정안색逞顔色) 즐거워하는(이이여怡怡如) 모습을 보였다. 층계를 다 내려온(몰계沒階) 뒤 잰 걸음으로 나아갈 때는 마치 날개를 활짝 펴는 듯한(추진익여趨進翼如) 모습을 보였다. 원래 자리로 돌아 와서는 조심하며 공손한(축적여踧踖如) 모습을 취했다.

'국궁여鞠躬如'는 몸을 구부려 예의를 차리는 것으로 매우 존경하며 삼가는 모습을 상징한다. '행불리역行不履閾'의 '역閾'은 문지방을 뜻한다. 포함은 '과위過位'를 두고 손님을 접대하는 외조外朝의 군주 자리, 다산은 조정에 있는 사대부의 정해진 자리로 해석했다. 황간은 '기언사부족其言似不足'을 두고 말이 가늘어지고 낮아지며 거의 입을 다물다시피 하는 모습으로 새겼다.

'섭제승당攝齊升堂'의 '섭제攝齊'는 옷자락을 두 손으로 잡고 바닥에서 한 자쯤 떨어지게 한다는 뜻이다. 주희는 뒷부분에 나오는 '추진익여趨進翼如' 구절과 관련해 원래 '추趨' 자 아래에 '진進' 자가 없었으나 속본俗本에 끼어들게 됐다고 했다. 그러나 일부 고본古本에 '진' 자가 있고, 『사기』「공자세가」의 기록에도 '진' 자가 나타나고 있다. '추진'은 빠른 걸음으로 나아간다는 뜻이다. 원래부터 '진' 자가 있었다고 보는 게 합리적이다.

'정안색逞顔色'의 '정逞'은 마음을 드러내거나 통쾌하게 한다는 뜻이다. 어떤 검속에 구애받지 않고 왕성하다는 뜻으로 사용하기도 한다. 일제 때 총독부의 명령을 받지 않는 조선인을 불령선인不逞鮮人으로 지목해 단속한 바 있다. 여기의 '불령不逞'은 일본에 불만을 품고 멋대로 행동한다는 뜻으로 사용된 용어이다. 원래는 '불정' 또는 '부정'으로 읽는 게 타당하나 도중에 음조를 부드럽게 만들기 위해 '불정'이 '불령'으로 바뀐 경우에 속한다. 백제의 무녕왕武寧王을 '무령왕'으로 읽는 경우와 같다. '이이여怡怡如'의 '이怡'는 즐거워한다는 뜻으로 '쾌快'와 통한다.

제 5 장

執圭, 鞠躬如也, 如不勝. 上如揖, 下如授. 勃如戰色, 足蹜蹜如有循. 享禮, 有容色. 私覿, 愉愉如也.

공자는 홀인 규圭를 잡을 때 삼가 몸을 굽히는(국궁여鞠躬如) 모습을 보였다. 마치 그 무게를 이기지 못하는 듯했다. '규'는 위쪽으로는 두 손을 마주 잡고 읍을 하는 높이와 같게 했고, 아래쪽으로는 물건을 내줄 때 손을 내미는 높이와 같게 했다. 안색은 두려워 떠는 듯이 하고(발여전색勃如戰色), 발걸음을 옮길 때는 폭을 좁게 해 마치 앞사람을 따르듯이 하는(축축어유순蹜蹜如有循) 모습을 보였다. 예물을 공헌하는 예식인 향례享禮 때는 너그러운 표정(용색容色)을 지었다. 공무를 마치고 사적으로 사람을 만날 때는 즐겁고 편안한(유유여愉愉如) 모습을 보였다.

'규圭'는 천자가 제후에게 하사하는 윗부분이 뾰족하고 아랫부분이 장방형인 서옥瑞玉을 말한다. '규珪'와 같다. 제사와 상장喪葬 때 사용한다. 대부가 이웃나라에 빙문할 때 신표信標로 소지하기도 한다. '축축여유순踧踖如有循'의 '여유순如有循'은 앞발을 들고 발꿈치로 마치 땅을 끌듯이 걷는 모습을 의미한다. '사적私覿'의 '적覿'은 본다는 뜻으로 '견見'과 통한다.

제 6 장

君子不以紺緅飾, 紅紫不以爲褻服. 當暑, 袗絺綌, 必表而出之. 緇衣羔裘, 素衣麑裘, 黃衣狐裘. 褻裘長, 短右袂. 必有寢衣, 長一身有半. 狐貉之厚以居. 去喪無所不佩. 非帷裳必殺之. 羔裘玄冠不以弔. 吉月, 必朝服而朝.

군자君子는 재계할 때 입는 옷의 짙푸른 색인 감색紺色과 상복의 장식에 쓰이는 검붉은 색인 추색緅色으로 가선을 두르지 않고, 홍색紅色과 자색紫色으로 평상복인 설복褻服을 만들지 않았다. 더울 때는 가늘고 굵은 갈포인 치격絺綌으로 만든 홑옷을 걸친 뒤에야 밖으로 나갔다. 겨울에는 검은 옷(치의緇衣)에는 염소 갖옷인 고구羔裘, 흰 옷(소의素衣)에는 고라니 갖옷인 예구麑裘, 황의黃衣에는 여우 갖옷인 호구狐裘를 입었다. 평상시에 입는 갖옷인 설구褻裘는 길게 하되 오른쪽 소매인 우몌右袂는 짧게 했다. 잠자리에 들 때는 반드시 잠옷인 침의寢衣를 입었다. 길이는 키의 한 배 반쯤 되었다(일신유반一身有半). 통상 여우와 담비인 호학狐貉의 두터운 갖옷을 입고 거처했다. 거상去喪, 즉 탈상을 한 뒤에는 예제에 따른 패물을 차지 않은 게 없었다. 마 허리에 주름을 넣은 예복인 유상帷裳이 아니면 반드시 치마의 위 폭에 주름을 잡지 않고 줄여서 꿰매었다(비유상필쇄지非帷裳必殺之). 고구를 입거나 검은 관인 현관玄冠을 쓰고는 조문하지 않았다. 매달 초하루인 길월吉月에는 반드시 조복朝服을 입고 조회를 했다(조복이조朝服而朝).

'진치격袗絺綌'의 '진袗'은 원래 홑옷을 뜻하는 명사이나 여기서는 홑옷을 걸친다는 뜻의 동사로 사용됐다. '유상帷裳' 구절을 두고 공안국은 조복朝服과 제복祭服, 다산은 수레에 치는 휘장揮帳으로 보았다. '필쇄지必殺之'는 반드시 치마의 위 폭에 주름을 잡지 않은 채 줄여서 꿰맨 것을 가리킨다. '쇄殺'는 '수속收束'의 의미로 사용된 것이다.

이 장은 공자의 군자로서의 일상생활에 관한 모습을 담고 있다. 앞머리에 나오는 군자는 바로 공자를 지칭하는 3인칭이다. 『논어』에는 군자를 논한 장이 많지만 그 가운데 「술이」 제30장과 같이 공자를 포함한 군자를 지칭한 게 약간 있다. 「자한」 제13장의 군자는 형태상 3인칭이지만 사실은 공자 자신을 가르치는 1인칭이다. 「양화」 제7장의 군자도 형태상 3인칭이나 사실은 공자 자신을 지칭하는 1인칭이다. 공문孔門에서 가르친 '위정학'은 학덕을 겸비한 위정자를 배출하는 데 그 궁극적인 목적이 있었다. 신분세습에 의한 현실적인 장벽에 막혀 위정자의 길로 나아가지 못한 것은 어디까지나 부차적인 문제에 지나지 않았다. 당시 공자는 신분세습에 기초한 봉건질서가 조만간 무너지고 능력에 따른 군자 통치의 시대가 올 것을 의심하지 않았다. 공자의 제자들은 현실적인 출사와 상관없이 가장 바람직한 군자가 되기 위해 노력한 일종의 '정신적인 위정자'였다.

제 7 장

齊必有明衣, 布. 齊必變食, 居必遷坐.

공자는 재계齋戒할 때 반드시 목욕 후에 입는 명의明衣가 있었다. 이는 베로 만들었다. 또 재계할 때는 반드시 자극적인 음식을 피하기 위해 평소의 음식을 바꾸고(재필변식齊必變食), 거처하는 자리 또한 반드시 정결한 곳으로 옮겼다(거필천좌居必遷坐).

'재필유명의齊必有明衣'의 '제齊'는 '재齋'의 가차로 사용된 것이다. 공안국은 '명의明衣'를 베로 만든 욕의浴衣, 황간은 목욕재계할 때 착용하는 옷, 형병은 제사를 지내기 위해 재계할 때 입욕入浴 후 몸이 더러워지지 않도록 입는 옷으로 보았다. '재필변식齊必變食'의 '변식變食'을 두고 주희는, "술을 마시지 않고 귀신들이 피하는 마늘을 먹지 않은 것을 뜻한다."라고 했다. 신에게 제사를 올리기 위해 목욕재계를 하는 것이다. 공자가 몸을 깨끗이 하고 공경을 다했다는 의미로 해석하는 게 합리적이다. '거필천좌居必遷坐'는 재계할 때 부인과 같은 방을 쓰지 않고 심신을 정갈하게 다듬기 위해 독방을 쓰는 것을 가리킨다.

제 8 장

食不厭精, 膾不厭細. 食饐而餲, 魚餒而肉敗, 不食. 色惡不食,
臭惡不食. 失飪不食, 不時不食. 割不正不食, 不得其醬不食. 肉
雖多, 不使勝食氣. 唯酒無量, 不及亂. 沽酒市脯不食. 不撤薑
食, 不多食. 祭於公, 不宿肉. 祭肉不出三日, 出三日, 不食之矣. 食
不語, 寢不言. 雖蔬食菜羹, 瓜祭, 必齊如也.

공자는 재계할 때 밥은 곱게 찧은 것을 꺼려하지 않고(식불염정食不厭精), 회
는 가늘게 썬 것을 꺼려하지 않았다(회불염세膾不厭細). 밥이 상하거나 쉬거
나(식의이애食饐而餲) 생선이 상하고 고기가 부패한(어뇌육패魚餒肉敗) 경우는
먹지 않았다(불식不食). 또 빛깔이 나쁜 것은 먹지 않고(색악불식色惡不食), 냄
새가 나쁜 것은 먹지 않으며(취악불식臭惡不食), 제대로 익히지 않은 것은 먹
지 않고(실임불식失飪不食), 정해진 때가 아니면 먹지 않으며(불시불식不時不
食), 자른 게 바르지 않으면 먹지 않으며(할부정불식割不正不食), 어울리는 장
이 없으면 먹지 않았다(부득장불식不得醬不食). 이때 고기는 아무리 많을지
라도 주식主食을 능가할 만큼은 먹지 않고(불사승식기不使勝食氣), 술은 양을
정해두지 않았지만 어지러운 지경에 이르지는 않고(주무량불란酒無量不亂),
제사를 올리기 위해 직접 만든 제수祭需가 아니면 저자에서 사온 술과 포
등은 먹지 않으며(고주시포불식沽酒市脯不食), 생강은 빠뜨리지 않고 먹으며

(불철강식不撤薑食), 매번 음식을 먹을 때는 과식을 하지 않는(불다식不多食) 모습을 보였다. 나라의 제사 때 하사받은 고기인 조胙는 그날 밤을 넘기지 않았고(제어공불숙육祭於公不宿肉), 집안 제사에 쓴 고기는 3일을 넘기지 않는(제육불출삼일祭肉不出三日) 원칙을 지켰다. 3일을 넘긴 고기는 먹을 수 없었기 때문이다. 음식을 먹을 때는 말을 하지 않고(식불어食不語), 잠자리에 누웠을 때도 말을 하지 않았다(침불언寢不言). 비록 거친 밥과 나물국(소식채갱소식菜羹)으로 제사를 올릴지라도 고수레부터 올렸다(과제瓜祭). 재계할 때 반드시 이처럼 공경을 다했다.

'식의이애食饐而餲'의 '의饐'와 '애餲'는 밥이 쉬거나 상한 것을 뜻한다. '불시불식不時不食'의 '불시不時'를 두고 정현은 식사 때가 아닌 시간, 주희는 익지 않은 오곡이나 과실로 보았다. '과제瓜祭'를 두고 공안국과 황간은 다년생 풀의 열매인 '과苽'로 보았다. 『노론魯論』에는 이 글자가 '필必'로 되어 있다. 이를 근거로 주희와 육덕명은 '과瓜', 즉 '과苽'를 '필必'의 뜻으로 새겼다. 양보쥔이 이를 좇았다. 그러나 음식을 먹을 때 귀신에게 먼저 바친다는 뜻으로 음식을 조금 떼어 던지는 '고수레'로 보는 견해가 주류이다. 『춘주좌전』「노양공 28년」조에 '고수레'의 뜻으로 사용된 범제氾祭 용어가 나온다. '범제'는 「향당」에서 말하는 '과제'와 같은 취지로 사용된 것이다. 이 장은 공자의 음식에 관한 예절을 기록해놓은 것이다. 이 장의 마지막 구절인 '필제瓜祭'에 나오는 '필瓜' 자를 '과'가 아닌 '필'로 읽는 것은 『노론魯論』에서 비롯된 것이다. 뜻은 '필必'과 통했다.

席不正, 不坐.

공자는 평소 자리가 바르지 않으면 앉지 않는(석부정부좌席不正不坐) 모습을
보였다.

'정치사학'의 관점에서 볼 때 공자는 출사한 뒤 작은 것에 이르기까지 매우 세
심한 주의를 기울였던 것으로 짐작된다.

鄕人飮酒, 杖者出, 斯出矣. 鄕人儺, 朝服而立於阼階.

마을 사람들과 함께 음주飮酒를 하는 주례酒禮를 행할 때는 지팡이를 짚은
노인이 나가면 그제야 그 뒤를 따라 나가는 모습을 보였다. 마을 사람들이
잡귀를 쫓는 행사인 나례儺禮를 행할 때는 사당의 신령들을 평안하게 할 의
도로 조복을 입은 채 동쪽 섬돌인 조계阼階 위에 서 있었다(조복이립朝服而立).

'향인나鄕人儺'의 '나儺'는 푸닥거리인 '나례儺禮'를 뜻한다. 역귀疫鬼를 내쫓는 굿을 뜻한다. 주희는, "굿은 비록 고례古禮이나 장난에 가까운데도 반드시 조복을 입고 임한 것은 그 정성과 공경을 쓰지 않은 게 없는 것이다."라고 했다. 당시 민간에서는 선조에 대한 제사 이외에도 대문과 마당, 지게문인 호戶, 부뚜막인 조竈, 처마인 중류中霤 등의 신에게도 제사를 올렸다. 제6~제10장 모두 공자의 일상생활 모습을 담고 있다. '입어조계立於阼階'의 '조계阼階'는 제주祭主가 사당으로 오르내리는 동쪽 계단을 가리킨다. 마을에서 '나례'를 할 경우 선조의 신들이 혹여 놀랄까 우려해 조복을 입은 채 섬돌 위에 서 있다고 보았다. 『예기』「교특생郊特牲」에도 마을 사람들이 강귀强鬼를 내쫓는 굿을 할 때면 공자는 조복을 입고 동쪽 계단에 서서 사당 안의 신령들을 평안하게 만들었다는 기사가 나온다.

제11장

問人於他邦, 再拜而送之. 康子饋藥, 拜而受之曰, "丘未達, 不敢嘗."

공자는 먼 곳의 붕우에게 안부를 묻거나 예물을 보내기 위해 남에게 부탁을 할 때는 사의謝意를 표하기 위해 길을 떠나는 사람에게 두 번 절하며 환송했다(재배이송再拜而送). 계강자季康子가 공자의 건강을 염려해 약을 보내자(궤약饋藥) 이내 절하며 받은(배수拜受) 뒤 말했다. "니 공구는 즉시 믿을 보는 게에 의이나 약의 성질을 잘 알지 못하는 까닭에 감히 맛보지는 못했습니다."

'문인어타방問人於他邦'의 '문問'을 두고 황간은 제후들이 서로 문안을 하는 '빙문聘問'으로 해석했다. 황간이 '인人'을 두고 사자使者, '타방他邦'을 이웃 나라의 군주로 본 이유다. 이에 대해 주희는 사자를 다른 나라에 보내 그곳 사람에게 문안을 하는 것으로 해석했다. 유보남은 『논어정의』에서 '인人'을 붕우朋友로 간주해, "사람을 시켜 다른 나라에 있는 붕우에게 안부를 물었다는 의미이다."라고 했다. '궤약饋藥'의 '궤饋'는 상대방이 먹을 게 달려 곤경에 처했을 때 이를 도와주기 위해 '귀한 음식'을 공급한다는 취지에서 만들어진 글자이다. 제11~제17장은 앞의 장들과 달리 공인 또는 사인으로서의 공자의 모습이 그려져 있기는 하나 특정 사건에 대한 공자의 태도가 덧붙여 기술되어 있는 게 특징이다.

제 1 2 장

廏焚. 子退朝曰, "傷人乎." 不問馬.

공자의 집에 있는 마구간에서 불이 났다. 공자가 조정에서 물러나오면서(퇴조退朝) 물었다. "사람이 상했는가?" 그러고는 말에 대해서는 묻지 않았다.

'구분廏焚'의 '구廏'는 마구간을 뜻한다. 공자의 인명 중시 행보를 보여준다.

제13장

君賜食, 必正席先嘗之. 君賜腥, 必熟而薦之. 君賜生, 必畜之.
侍食於君, 君祭, 先飯. 疾, 君視之, 東首, 加朝服拖紳. 君命召,
不俟駕行矣. 入太廟, 每事問.

공자는 군주가 음식을 내리는(군사식君賜食) 경우는 반드시 자리를 바로 한
뒤 먼저 맛을 보았다(정석선상正席先嘗). 군주가 날고기를 내리는(군사성君賜
腥) 경우는 반드시 익힌 뒤에 조상에게 올렸다(숙이천지熟而薦之). 군주가 살
아 있는 것을 내리는(군사생君賜生) 경우는 반드시 이를 집에서 길렀다(흑생
畜生). 군주를 모시고 식사하는(시식어군侍食於君) 경우는 군주가 미리 밥을
조금 떠내 그릇 사이에 놓고 신에게 감사의 뜻을 나타내는 제반祭飯을 하
는 동안 먼저 음식을 맛보고 음식에 관해 설명했다(군제선반君祭先飯). 병이
났을 때 군주가 문병을 오는(군시질君視疾) 경우는 군주가 남면南面할 수 있
도록 머리를 동쪽으로 향한(동수東首) 뒤 조복을 몸에 걸치고 큰 허리띠인
신紳을 가금 아래로 늘어뜨리는(조복시신朝服拖紳) 모습을 갖췄다. 군주가
명을 내려 부르는(군명소君命召) 경우는 말에 멍에를 얹는 것을 기다리지 않
고 곧바로 서둘러 갔다(불사가행不俟駕行). 종묘 안으로 들어가 의식을 돕는
(입태묘入太廟) 경우는 외식의 절차를 일일이 물으며 만전을 기하는(미시문每
事問) 모습을 보였다.

'군제선반君祭先飯'의 '제祭'는 제반祭飯을 언급한 것이다. 밥을 먹기 전에 밥을 조금씩 떼 내어 그릇 사이에 놓고 밥을 마련해 준 신에게 감사의 뜻을 나타낸다는 의미이다. '선반先飯'을 두고 정현은 군주를 위해 음식의 맛을 보고 조리가 잘 됐는지 여부 등을 알아보는 것을 말한다. 주희는 '제반'이 끝나기를 기다려 군주와 동시에 음식을 먹을 경우 객客의 처지가 되고, 신하가 되어 객례客禮를 감당할 수 없는 까닭에 마치 군주를 위해 음식을 맛보는 것처럼 먼저 먹는 것을 가리킨다고 해석했다. '동수東首'를 두고 포함은 군주가 남면南面을 할 수 있도록 공자의 병석을 남쪽 창문 아래로 옮겨 머리를 동쪽으로 향하게 한 것을 가리킨다고 했다. 황간은 동쪽에서 생겨나는 양기를 받기 위해 동쪽으로 머리를 둔 것으로 풀이했다. 다산은 『예기』「옥조玉藻」를 근거로 생기와 관계없이 늘 머리를 동쪽으로 두게 된 관행을 언급한 것으로 보았다.

'군소명君命召, 불사가행의不俟駕行矣' 구절은 『맹자』「공손추 하」에 인용된 『예기』「곡례 상」의 '군명소불사가君命召不俟駕' 구절과 같은 취지이다. 유사한 구절이 『맹자』「만장萬章 하」에도 나온다. 당시 공자가 보여준 군명 봉행 자세를 엿볼 수 있다. 마지막에 나오는 '입태묘入大廟, 매사문每事問' 구절은 「팔일」 제15장에도 나온다.

제14장

朋友死, 無所歸, 曰, "於我殯." 朋友之饋, 雖車馬, 非祭肉, 不拜.

공자는 붕우가 사망했는데도 거둬줄 사람이 없을 때는 이같이 제안했다. "입관을 하여 안치하는 초빈草殯은 우리 집에서 할 것이다." 선물을 주고받는 친구 사이(붕우지궤朋友之饋)의 경우는 비록 거마車馬처럼 귀중한 것일지라도 제사 지낸 고기(제육祭肉)가 아니면 받을 때 절하지 않았다.

'무소귀無所歸'를 두고 공안국은 가까운 친척이 없는 경우, 황간은 황급해 미처 돌아갈 곳이 없는 경우로 보았다. 『예기』「단궁檀弓 하下」는 사후에 당장 거둬줄 사람이 없는 경우로 풀이했다. '어아빈於我殯'의 '빈殯'은 장사 지내기 전에 입관을 하여 일정한 곳에 안치하는 초빈草殯을 말한다. '붕우지궤朋友之饋'를 황간은 붕우 사이에 재물을 서로 통용하는 의리가 있다는 의미로 새겼다. 공안국은 재물을 가볍게 여기고 제사를 중시하는 예를 상징한 것으로 분석했다. 이 장은 붕우와 교제할 때의 모습을 기술해놓고 있다. 주희는, "붕우 간에서 서로 재물을 유통하는 의리가 있다. 비록 수레와 말과 같은 중요한 물건일지라도 절하지 않고, 제사지낸 고기를 주면 절하고 받는 것은 작고한 조부와 부친인 조고祖考를 공경히 하여 자신의 어버이와 같이 하기 위한 것이다."라고 했다.

제 1 5 장

寢不尸, 居不容. 見齊衰者, 雖狎必變. 見冕者與瞽者, 雖藝必以貌.

凶服者式之, 式負版者. 有盛饌, 必變色而作. 迅雷風烈, 必變.

공자는 잠을 잘 때는 시체처럼 하지 않고(침불시寢不尸), 집에 거처할 때는 모양을 내지 않는(거불용居不容) 모습을 보였다. 상복 입은 사람을 보면 비록 막역한 사이일지라도 반드시 낯빛을 바로잡고(수압필변雖狎必變), 관면冠冕을 쓴 자와 장님을 보면 비록 사석일지라도 반드시 예의를 갖추었다(수설필모雖褻必貌). 수레를 타고 가다가 흉복凶服을 입은 자를 보면 수레 앞 가로나무를 손으로 짚으면서 몸을 숙여 경의를 표했다(흉복식지凶服式之). 지도나 호적 등 나라의 도판圖版을 짊어진 공무 수행자를 볼 때도 수레 앞 가로나무를 손으로 짚으면서 몸을 숙여 경의를 표했다(식부판자式負版者). 풍성한 음식인 성찬盛饌이 있으면 반드시 안색을 바꾸고 자리에서 일어나 차린 사람의 성의에 답했다(변색이작變色而作). 빠른 우레가 치거나 바람이 사납게 부는(신뢰풍렬迅雷風烈) 경우도 안색을 바꿨다.

'침불시寢不尸'의 '시尸'를 두고 포함은 잠을 잘 때 주검처럼 몸을 쭉 뻗고 자는 것을 가리킨다고 했다. 형병은 공자가 잠을 잘 때 몸을 한쪽으로 기울이며 약간 굽히는 자세를 취했다고 추론했다. '자최齊衰'는 모친상 등의 상복을 가리킨다. 부친상은 3년 상의 참최斬衰를 한다. '수설필모雖褻必貌'의 '설褻'을 두고 하안은 『논어집해』에서 서로 자주 만나는 사람으로 보았다. '흉복식지凶服式之'의 '흉복凶服'을 두고 공안국은 죽인 이를 보내는 옷가지로 보았다. 염의殮衣와 수의壽衣를 가리킨다. '식式'은 원래 수레 앞에 가로로 댄 나무인 '식軾'의 의미로 쓰였다. 여기서는 공경할 일이 있으면 몸을 굽혀 경의를 표하는 의미의 동사로 사용됐다. 주희는, "사람은 만물의 영장인 까닭에 왕자王者가 하늘로 여기는 것이다. 『주례』에도 백성의 명부를 왕에게 올리면 왕도 절하고 받는다고 했으니 하물며 그 아랫사람이야 감히 공경하지 않겠는가?"라고 했다. 비슷한 내용이 「자한」 제9장에도 나온다.

'식부판자式負版者'의 '판版'을 공안국은 나라의 지도와 호적 등으로 해석했다. '신뢰풍렬迅雷風烈'의 '신迅'은 매우 빠른 모습을 가리킨다. 원래는 '신뢰열풍迅雷烈風' 또는 '뇌신풍렬雷迅風烈'로 표현하는 게 맞다.

제16장

> 升車必正立執綏. 車中不內顧, 不疾言, 不親指.
>
> 공자는 수레에 오를(승거升車) 때는 반드시 바르게 서서 손잡이 끈을 잡았다(정립집수正立執綏). 또 수레 안에 머물 때(거중車中)는 돌아보지 않으며(불내고不內顧) 말을 빨리 하지 않고(부질언不疾言), 직접 손가락으로 가리키지 않았다(불친지不親指).

'정립집수正立執綏'의 '수綏'는 수레에 오를 때 편리하게 사용하도록 수레에 매단 손잡이 끈을 말한다. '불내고不內顧'의 '불不'이 『노론魯論』에는 없다. '서중내고車中內顧'가 논리상 타당하다고 보는 견해가 있기는 하다.

이 장은 공자가 수레에 올라탔을 때 취한 모습을 기술해놓았다.

제 1 7 장

色斯擧矣, 翔而後集, 曰, "山梁雌雉, 時哉, 時哉." 子路共之, 三嗅而作.

꿩들이 사람의 기색이 좋지 않은 것을 보고는 곧바로 날아오른(색사거의色斯擧矣) 뒤 빙빙 돌다가 모여 앉는(상이후집翔而後集) 모습을 보였다. 공자가 탄식했다. "산골짜기 징검다리 위의 까투리(산량자치山梁雌雉)여! 좋은 때를 만나고 만났구나(시재시재時哉時哉)!"

꿩을 먹을 시기가 됐다고 오해한 자로가 꿩을 잡은 뒤 곧바로 익혀서 바쳤다. 공자가 자로의 정성을 생각해 3번 냄새를 맡고는 자리에서 일어났다.

'색사거의色斯擧矣'의 '색사色斯'는 제나라의 방언으로 알려져 있다. 마융은 안색이 좋지 않은 것을 보는 것으로 풀이했다. 『춘추공양전』 「노애공 6년」조에 '색연이해의色然而駭矣' 구절이 나온다. 본래 이 장은 하안의 『논어집해』 서문에 인용된 황간의 소疏에 따르면 『고론古論』에 없는 것이다. 기무라 에이이치는 이 장이 맨 뒤에 편제된 점에 주목해 제나라에서 첨가된 결과로 보았다. '거擧'는 새가 날아오르는 것을 의미한다.

'상이후집翔而後集'의 '집集'은 새가 내려와 머무는 것을 가리킨다. 황간은 공자가 군주를 찾아갈까 망설이면서 자세히 살펴본 뒤 그 나라에 머물 것인지 여부를 결정하는 과정을 비유한 것으로 분석했다. 황간은 '산량자치山梁雌雉'를 소요하면서 때와 장소를 얻는 것을 비유한 것이고, '시재시재時哉時哉'를 난세를 만나 자세히 살피고 머물렀어도 자리를 얻지 못한 것에 대한 탄식으로 해석했다. 그럼에도 자로는 공자의 뜻을 헤아리지 못한 채 꿩을 먹을 철이 되었다고 오해한 나머지 꿩을 잡아다 바쳤다는 게 황간의 해석이다. '자로공지子路共之'의 '공共'을 잡아 바친다는 뜻으로 해석한 배경이다.

황간은 '삼후이작三嗅而作'을 두고 "공자가 자로가 바친 꿩고기를 곧바로 물리치지 못한 채 3번 냄새 맡고 물러난 것은 자로가 섭섭해 할까 우려한 것이다. 꿩을 먹는 것이 본뜻이 아니기 때문이다."라고 해석했다. 여기의 '후嗅'는 냄새를 맡는다는 뜻이다. 이에 대해 '후'가 '격狊'으로 되어 있는 판본을 근거로 '자로공지子路共之, 삼격이작三狊而作' 구절을 "자로가 꿩들을 손으로 잡으려고 하자 꿩들이 3번이나 푸드덕거리며 하늘로 날아올랐다."라고 해석하는 견해도 있으나 소수설이다.

주희는 이 장의 내용이 미완성인 점에 주목해 틀림없이 상하에 궐문闕文이 있을 것으로 보았다. 그러나 공자의 말을 포함하고 있는 데다 자로가 등장하고 있는 점에 비춰 공자가 어느 특정 사건을 접했을 때 한 언행으로 보는 게 합리적이다. 분명 하나의 문장을 이루고 있기 때문이다.

제 1 1 편

선
진
先
進

-

Intro

선진先進

공자학당에서 이루어진 사제 간의 언행

「선진」은 총 25개 장으로 이뤄져 있다. 이 편에는 공자 만년의 공문에 출입한 제자들의 이름이 매우 많이 등장하고 있다. 이는 「옹야」의 전반부와 매우 닮아 있다. 「옹야」의 전반부에 등장한 제자로는 중궁·안연·공서화·염구·원헌·자로·자공·민자건·염백우·자하·자유·담대멸명·번지·재아 등 모두 14명이다. 「선진」 제2장에서 언급하고 있는 '공문10철'이 모두 등장하고 있는 것이다.

「선진」은 제17장에서 '공문10철'에 들어가지 않은 인물로 『논어』에 빈번히 거론되고 있는 고시高柴와 증삼曾參, 자장子張 등 3명에 대한 인물평을 실어 놓고 있다. 「선진」에는 이밖에도 남용과 공서화, 증석 등의 이름이 등장하고 있다. 「선진」에 등장하고 있는 공자의 제자는 총 16명인 셈이다. 「옹야」 전반부와 「선진」에 모두 등장하는 제자는 '공문10철'과 공서화 등 모두 11명이다. 서로 일치하지 않는 사람 8명을 포함하면 모두 19명이나 된다. 여기에 유약有若을 포함하면 모두 20명이 되는 셈이다. 이들 20명이 공문의 가장 유력한 제자들이었다.

공자의 제자는 「공야장」에도 대거 등장하고 있다. 모두 13인이다. 공야장·복자천·염옹중궁·칠조계·염구·공서화·재여·신정·자장·안연·자로·자공 등의 이름이 보인다. 「공야장」에는 자장이 나오나 '공문10철' 가운데 4명이 빠져 있다. 「공야장」·「옹야」·「선진」 등 3편에는 이런 공자의 유력 제자들이 대거 등장해 공자와 나눈 문답이 많이 실려 있다. 그런 의미에서 이들 3편은 서로 유사한 성격을 띠고 있다.

그러나 편집은 대략 노나라의 3~4대 제자들에 의해 이뤄진 것으로 보인다. 증자의 언행이 전혀 실려 있지 않은 점에 비춰 볼 때 증자 문인의 참여는 없었던 게 거의 확실하다. 제17장에서 '증삼은 노둔하다.'는 공자의 평이 실려 있는 점 등이 그 증거이다. 기무라 에이이치는 완성된 시기를 공자의 제4대 제자 및 제5대 제자의 시대로 보았다. 대략 공자 사후 100년 가까운 세월이 지난 뒤의 시기로 전국시대 중엽이다.

子曰, "先進於禮樂, 野人也. 後進於禮樂, 君子也. 如用之, 則吾從先進."

공자가 말했다. "선진先進은 예악을 행하는 게 야인野人과 같고, 후진後進은 예악을 행하는 게 군자君子와 같다. 만일 예악을 쓰기로 한다면 나는 선진을 따르는(오종선진吾從先進) 입장에 서겠다."

'선진先進'과 '후진後進'을 두고 주희는 '선배'와 '후배', 황간은 '오제五帝 이전'과 '삼왕三王 이후', 형병은 '노양공 및 노소공의 시대'와 '노정공 및 노애공의 시대'로 새겼다. '정치사학'의 관점에서 볼 때 '선진'은 공자가 철환천하의 유세를 떠나기 이전에 입문한 전기제자, '후진'은 공자가 철환천하의 유세를 마치고 귀국한 뒤 입문한 후기제자를 지칭하는 것으로 보는 게 합리적이다.

이같이 볼 경우 '선진' 가운데 일부는 공자와 함께 주유에 나서 많은 고생을 함께 한 인물들이다. 나머지는 노나라에 잔류하며 계속 '위정학'을 연마했다. '후진'은 공자가 만년에 제자 교육에 주력함으로써 정비된 시·서·예·악의 정규 교과목을 습득한 젊은 제자들이 주축을 이뤘다. 이들은 예악의 교양에 관해 체계적인 훈련을 받아 세련된 문화인으로서 군자의 풍모가 있었다. 객관적으로 볼지라도 '선진'은 배운 기간도 길고 고생을 경험한 데다 실무처리 능력도 겸비하고 있었다. 다만 야인野人의 성향이 강했다. '야인'은 형식적인 교양미는 없으나 실무 능력이 뛰어난 전기제자를 지칭한다. 이와 대비되는 게 군자君子로 표현된 후기제자들이다. 이들은 형식적인 교양미를 갖춘 군자의 풍모가 있었다. 당시 공자는 '선진' 쪽이 실력도 있고 우선순서도 있어 '선진'을 먼저 추천하고자 했다. 공자의 이런 심정이 바로 '오종선진吾從先進' 표현으로 나타난 셈이다. '여용지如用之'의 '용用'을 두고 황간이 제자의 육성, 주희가 예악의 사용, 유보남이 인재의 등용으로 해석한 것도 이런 맥락에서 이해할 수 있다.

제 2 장

子曰, "從我於陳蔡者, 皆不及門也." 德行, 顏淵閔子騫冉伯牛․仲弓. 言語, 宰我子貢. 政事, 冉有季路. 文學, 子游子夏.

공자가 말했다. "내가 진陳․채蔡 사이에서 고생할 당시 나를 따라왔다가 함께 고생한 제자들 모두 제대로 등용되지 못하는(개불급문皆不及門) 처지였다." 노나라 귀국 전후의 제자로 4과10철四科十哲이 있었다. 덕행德行에 능한 안연顏淵․민자건閔子騫․염백우冉伯牛․중궁仲弓, 언어言語에 능해 응대사령應對辭令의 외교에 뛰어난 재아宰我․자공子貢, 재주가 많아 정사政事에 능한 염유冉有․계로季路, 문학文學 즉 고전에 능한 자유子游․자하子夏 등이 그들이다.

'정치사학'의 관점에서 볼 때 이 장은 공자가 노나라로 귀국한 뒤 노애공 6년인 기원전 485년 당시 진陳·채蔡 사이에서 곤경을 겪었을 때를 회상한 내용이다. 이 장에 언급된 공자의 제자들을 흔히 '공문4과孔門四' 또는 '공문10철孔門十哲'이라고 한다.

이 장에서는 '공문10철'이 나이가 젊은 쪽부터 순차적으로 나란히 기록되어 있다. 『논어』에 등장하는 제자들 가운데 공자 만년의 공문에서 가장 뛰어난 인물들이 바로 이들 '공문10철'이었다. 이 장에서는 이들 10인을 4과로 분류해 기록하면서 중궁의 '궁'과 자공의 '공', 계로의 '로'와 자하의 '하'에 운韻을 맞추고 있다.

「선진」 제2장의 공문10철에 대하여

정현은 이 장을 앞 장과 합해서 보았고, 황간과 형병은 따로 나눠서 보았다. '공문10철'이 거론된 것과 관련해 형병은 공자가 진·채 사이에서 어려움을 당할 때 따라갔던 제자들 가운데 재덕이 뛰어난 자만을 언급했기 때문이라고 분석했다. 정이천도 이를 좇았다. 주희는 제자들이 공자의 말로 인해 10명을 기록하고 아울러 그들의 장점을 지목해 '4과'로 나눈 것이라고 주장했다. 오규 소라이는 '4과'가 언급된 것은 제자들의 유파가 4개로 형성된 것을 시사한다고 분석했다. 이에 관해 청대의 모기령毛奇齡은 『논어계구편論語稽求篇』에서 공자의 제자 72인 가운데 가장 특이한 재능을 지닌 자만을 기록한 것으로 진·채에 따라 갔던 자들을 기록한 것은 아니라고 반박했다.

만일 이 장을 두고 공자가 진·채 사이에서 고생을 같이 한 제자들이 출사할 시기를 잃은 것에 안타까움을 표시한 것으로 해석하면 이들 '공문10철'은 모두 공자와 함께 천하유세에 나선 사람으로 해석할 수밖에 없다. 그러나 14년에 달하는 유세 기간 가운데 시종 공자를 수종한 제자로는 안연과 계로 등 2~3인의 이름만이 확인될 뿐이다. 민자건과 염백우, 중궁 등은 노나라 이외에는 나간 적이 없다. 공자보다 45세나 젊은 자유와 44세나 젊은 자하 등이 공자가 진 · 채 사이에서 고생하는 노애공 6년의 기원전 485년 당시 공자를 수종했다고 볼 수는 없다.

이 장에 나오는 '공문10철'은 전후 문맥에 비춰 공문에 소속된 인재의 풍성함을 과장해 표현한 것으로 보는 게 합리적이다. '공문10철'을 진 · 채의 사이에 있을 때 반드시 배행陪行했다고 생각할 필요는 없는 셈이다. 공자가 귀국 이후 고생을 함께 한 전기제자들이 출사하지 못한 것을 애석해하며 이들 이외에도 적잖은 인재가 아직 제대로 인정을 받지 못한 현실을 개탄한 내용이 바로 「선진」의 첫머리에 등장한 것으로 보인다. 기무라 에이이치는 '직계제자'의 전송 내용을 후대의 문인 가운데 누군가가 채록한 뒤 「선진」의 편제 때 이를 삽입한 것으로 파악했다.

'개불급문皆不及門' 구절을 두고 정현을 중심으로 한 고주古注는 "10인이 모두 사진仕進의 문에 미치지 못해 그 자리를 잃었다."라고 풀이했다. 주희를 중심으로 한 신주新注는 "이때 10인이 모두 문하에 있지 않았던 까닭에 공자가 그같이 생각한 것이다."라고 풀이했다. 여기의 '문門'을 두고 정현은 벼슬자리에 나아가는 관문인 사진지문仕進之門, 주희는 공문孔門의 문하생, 다산은 위나라의 성문으로 해석했다. '정치사학'의 관점에서 볼 때 고주를 좇아 "진 · 채 사이에서 고생할 당시 따르던 제자들 모두 사진의 문턱에 이르지 못해 마땅히 처할 바를 얻지 못하고 있었으니 그때는 참으로 큰일이었다."고 풀이하는 게 합리적이다. '문학文學'을 두고 황간은 예로부터 내려오는 문헌을 널리 배우는 것으로 해석했다.

제 3 장

子曰, "回也, 非助我者也. 於吾言無所不說."

공자가 안회를 이같이 평했다. "안회는 나를 돕는 자가 아니다(비조아자非助
我者). 나의 말에 기뻐하지 않은 적이 없는(무소불열無所不說) 모습을 보인 게
그렇다."

'비조아자非助我者'를 두고 주희는 "안회는 성인의 말을 묵묵히 알고 마음으로
통해 의문됨이 없었다. 이에 공자가 이같이 말한 것이다. 그 말에는 유감이 있는
듯하나 실제로는 크게 기뻐한 것이다."라고 풀이했다. 호인은 "공자가 안회에 관
해 어찌 참으로 자신을 도와주기를 바랐겠는가? 성인의 겸손한 덕으로 안회를 크
게 칭찬한 것일 뿐이다."라고 풀이했다. 안회가 너무 잘 알아듣는 데에 대한 기쁨
을 반어법적으로 표현한 것으로 보는 게 합리적이다.

제 4 장

子曰, "孝哉, 閔子騫. 人不間於其父母昆弟之言."

공자가 말했다. "효자로다, 민자건閔子騫이여! 부모형제가 그를 두고 효자로 칭찬하는 것에 대해 사람들이 아무런 이의를 달지 않는 게 그렇다."

'인불간人不間'의 '간間'은 이의를 달거나 헐뜯는다는 뜻으로 '극隙'과 통한다. '부모곤제父母昆弟'는 부모형제父母兄弟와 같은 말이다. '곤제昆弟'는 크게 3가지 뜻이 있다. 첫째, 형제를 뜻하는 곤중昆仲. 둘째, 친밀한 우호관계. 셋째, 동년배이다. 여기서는 첫 번째 의미로 사용된 것이다.

이 장에서 공자는 민손閔損을 칭송하면서 그의 이름을 휘諱하여 자인 '민자건'으로 부르고 있다. 기무라 에이이치는 공자의 말이 그대로 전송된 게 아니라는 증거로 보았다. 세인들 사이에 전송된 공자의 평일 수도 있다. 안연과 민자건을 평한 제3장과 제4장은 '공문10철'을 언급한 제2장의 부록 성격을 띠고 있다.

제 5 장

南容三復白圭, 孔子以其兄之子妻之.

남용南容이 흰 옥의 티를 뜻하는 『시경』 「대아 · 억抑」의 '백규지점白圭之玷' 구절을 3번 반복해 외우며 신중함을 드러냈다. 공자가 형의 딸을 그에게 시집보냈다.

'남용南容'은 공자의 조카사위이다. '남용'을 『사기』 「중니제자열전」은 남궁괄南宮适, 『공자가어』는 남궁도南宮韜로 기록해놓았다. 공자는 먼저 작고한 형을 대신해 조카딸까지 돌보다가 혼기가 되자 제자인 남용과 결혼시켰음을 짐작할 수 있다. 이 장은 남용에 대한 세간의 전송이 채록된 것이다.

공자가 조카딸을 시집보낸 이유

「선진」 제5장에서 공자는 왜 남궁괄이 '백규지점'을 세 번 반복해 외우는 것을 보고 조카딸을 그에게 보낼 생각을 갖게 된 것일까? 「대아·억」에는 다음과 같은 유명한 4구절이 나온다.

흰 옥의 티는 오히려 갈아 없앨 수 있으나	白珪之玷, 尙可磨也
그러나 내뱉은 말의 티는 어쩔 수가 없지	斯言之玷, 不可爲也

'백규지점白圭之玷'의 '규珪'는 고대에 예식을 행할 때 사용한 옥기玉器를 말한다. '점玷'은 백옥白玉의 '규' 위에 있는 작은 반점斑点이다. 옥에 티로 '하자瑕疵'와 같다. 인물이나 사물이 매우 훌륭하나 약간의 흠이 있는 것을 뜻한다. 남용은 바로 한번 뱉은 말은 주워 담을 수 없으니 신중을 기해야 한다는 뜻을 감명 깊게 받아들여 '백규지점'의 4구절을 계속 3번에 걸쳐 반복해 읊조린 것이다. 공자는 남궁괄의 이런 태도를 높이 사 마침내 그를 조카사위로 삼게 된 것이다.

제 6 장

季康子問, "弟子孰爲好學." 孔子對曰, "有顔回者好學, 不幸短
命死矣, 今也則亡. 未聞好學者也"

계강자가 공자에게 물었다. "제자 중에 누가 학문을 좋아(호학好學)합니까?"
공자가 대답했다. "안회라는 제자가 호학을 했습니다만 불행히도 단명해
일찍 죽었습니다. 지금은 그러한 사람이 없습니다. 아직까지 안회처럼 호
학을 하는 사람이 있다는 얘기를 들어보지 못했습니다."

이 장은 제5장과 마찬가지로 공자를 '공자왈'로 표현하고 있다. 세간에 유포된
전송이 채록된 게 거의 확실하다. 기무라 에이이치는 뒤에 나오는 제7장~제10장
모두 안연의 죽음을 언급하고 있는 점에 주목해 이 장이 일종의 서론 성격을 띠고
있는 것으로 분석했다. 황간본에는 이 장의 마지막 구절에 호학하는 사람을 들어
보지 못했다는 뜻의 '미문호학자야未聞好學者也' 구절이 덧붙여져 있다. 문맥상 이
게 원본에 가까운 것으로 보인다.

顔淵死, 顔路請子之車以爲之槨. 子曰, "才不才, 亦各言其子也.
鯉也死, 有棺而無槨. 吾不徒行以爲之槨, 以吾從大夫之後, 不
可徒行也."

안회가 죽자 부친인 안로顔路가 공자에게 수레를 처분해 덧널인 곽槨을 마
련할 것을 청했다. 공자가 이같이 거절했다. "부모는 자식이 재주가 있거나
없거나 모두 똑같은 자식이라고 말할 수 있소. 내 아들 공리孔鯉가 죽었을
때도 관만 있고 곽은 없었소. 내가 걸어 다니면서(도행徒行)까지 그의 덧널
을 마련할 수는 없는 일이었소. 내가 명색의 대부로서 조정의 체모를 위해
서라도 걸어서 다닐 수는 없는 일이었소."

안회의 부친 안로는 공자보다 6세가 적었다. 그는 공문孔門이 개설되는 초창
기에 입문한 원로제자에 속한다. 공자가 안로의 제의를 거절한 것을 두고 호씨는
"대부는 걸어 다닐 수도 없고 군주가 하사한 명거命車를 남에게 주어 시장에 내다
팔게 할 수 없었기 때문이다."라고 풀이했다.

제8장

顏淵死. 子曰, "噫, 天喪予, 天喪予."

안연이 죽자 공자가 이같이 탄식했다. "아, 하늘이 나를 버렸구나(천상여天喪予), 하늘이 나를 버렸구나(천상여天喪予)!"

'희噫'는 애통해 할 때 내는 탄식이다. '천상여天喪予'는 하늘이 나를 버렸다는 뜻이다. 공자는 자신이 주창한 '위정학'의 취의를 가장 잘 헤아린 안회의 요절에 관해 하늘이 무너지는 슬픔을 느껴 이같이 탄식한 것이다.

제9장

顏淵死, 子哭之慟. 從者曰, "子慟矣." 曰, "有慟乎. 非夫人之爲慟而誰爲."

안연이 죽었을 때 공자가 지나치게 애통해하는(자곡지통子哭之慟) 모습을 보였다. 종자從者가 만류했다. "선생님은 지나치게 비통해 하십니다!"

공자가 반문했다. "지나치게 비통해 한다고 하는 것인가? 저 사람을 위해 비통해 하지 않고 누구를 위해 비통해 한단 말인가?"

'자곡지통子哭之慟'의 '통慟'을 마음은 슬픔이 지나친 것으로 풀이했다. '비부인지 위통非夫人之爲慟'의 '부인夫人'은 '저 사람'으로 안연을 지칭하는 말이다. 공자는 이 장에서 응당 애통해 할 만한 사람의 죽음에 관해 애통해 하는 것이니 다른 사람에 견줄 바가 아니라고 말한 것이다.

제10장

顔淵死, 門人欲厚葬之. 子曰, "不可." 門人厚葬之. 子曰, "回也, 視予猶父也, 予不得視猶子也. 非我也, 夫二三子也."

안회가 죽자 공자의 어린 제자들이 성대하게 장사지내고자(후장厚葬) 했다. 공자가 반대했다. "불가하다."
그러나 어린 제자들이 안회를 성대하게 장사지내자 공자가 질책했다.
"안회는 나를 아버지처럼 대했다(시여유부視予猶父). 이제 장례의 도리를 잃었으니 나는 안회를 자식처럼 대하지 못할(부득시유자不得視猶子) 처지에 놓이게 됐다. 이는 내 탓이 아니라 몇몇 제자들 탓이다!

'문인門人'을 황간과 형병 및 공안국은 안회의 제자, 다산은 공자의 제자 가운데 어린 제자로 풀이했다. 다산의 주석이 합리적이다. '후장厚葬'은 의금衣衾과 거마車馬 등을 모두 갖춰 지내는 성대한 장례를 가리킨다. 마융은 안회의 부친이 자식의 '후장'을 바랐다고 주장했다. 그러나 빈한貧寒하게 산 안회를 '후장'하는 것은 허례이다. 공자가 안회의 '후장'을 비판한 이유다. '여부득시유자야予不得視猶子也' 구절은 공자가 자신의 아들인 공리孔鯉의 장례를 검소하게 치렀으나 자신이 문인들이 안회에게 '후장'을 베푸는 바람에 안회의 장례를 검소하게 치르고자 한 자신의 뜻을 관철할 수 없게 됐다는 탄식이다.

오규 소라이는 안회에 대한 후장을 강력히 제지하지 못한 것을 후회한 내용으로 파악했다. '부이삼자야夫二三子也'를 두고서도 오규 소라이는 공자의 제자들 가운데 노나라에 있지 않고 다른 나라에 있는 제자들로 간주하면서 이 또한 안회의 후장을 강력 단속하지 못한 것에 대한 후회로 풀이했다.

이를 통해 공자를 '후장'을 지지한 복고주의자로 매도한 사람들의 주장이 얼마나 잘못된 것인지를 확연히 알 수 있다. '후장'을 중시하는 풍조는 후대의 속유俗儒들로 인한 것이었다. 공자는 상례와 제례를 매우 중시했으나 그 형식보다 애도하는 마음을 중시했다. 주희도 "초상에 쓰이는 도구는 가세家勢의 유무에 맞춰야 한다. 가난하면서 후장하는 것은 이치에 맞지 않다. 그래서 공자가 만류한 것이다." 라고 풀이했다.

季路問事鬼神. 子曰, "未能事人, 焉能事鬼." "敢問死." 曰, "未知
生, 焉知死."

계로季路 즉 자로가 귀신 섬기는 것을 묻자 공자가 이같이 대답했다.
"사람도 제대로 섬기지 못하는(미능사인未能事人) 처지인데, 어찌 능히 귀신
까지 섬길지 여부를 물을 수 있겠는가(언능사귀焉能事鬼)?"
계로가 또 물었다. "감히 죽음에 관해 묻고자 합니다."
공자가 대답했다. "삶도 제대로 알지 못하는(미지생未知生) 처지인데, 어찌
죽음을 제대로 이해하는지 여부를 묻는(언지사焉知死) 경지에 이를 수 있겠
는가?"

'미능사인未能事人, 언능사귀焉能事鬼. 미지생未知生, 언지사焉知死.' 구절은 공학
孔學의 기본 취지가 '수신학'이 아닌 '위정학'에 있음을 선명히 보여주는 증거이다.
취지 면에서 볼 때 「술이」 제20장에서 공자는 생전에 괴력난신怪力亂神에 관해서
는 말하지 않았다고 언급한 '자불어괴력난신子不語怪力亂神' 구절과 서로 통한다.

이 장에는 안연에 대한 언급이 전신 없다. 기무라 에이이치는 안연의 죽음을 잇
달아 언급한 뒤에 배치한 점에 주목해 편집자가 죽음에 관한 공자의 기본 입장을
선명히 드러내고자 하는 의도를 강하게 드러낸 결과로 보았다.

閔子侍側, 誾誾如也. 子路, 行行如也. 冉有子貢, 侃侃如也. 子
樂. "若由也, 不得其死然."

민자건은 공자를 곁에서 모실 때 단정한 표정(은은여誾誾如), 자로는 강건한
표정(항항여行行如), 염유와 자공은 화락한 표정(간간여侃侃如)을 보였다. 공
자가 기뻐하면서도 자로를 염려했다. "유由와 같은 사람은 제명에 살지 못
하고 죽을(부득기사不得其死) 듯하구나!"

'민자시측閔子侍側'이 고본古本에는 '민자건시측閔子騫侍側'으로 되어 있다. 민자
건·자로·염유·자공 등 4명의 고족제자高足弟子를 언급하면서 민자건만 유독
'민자'로 언급하고 있는 대목이 눈에 띈다. 호인은 이 점에 주목해 민자건의 문인
에 의해 전송된 게 채록된 것으로 분석했다.

『논어』 전편을 통틀어 민자건을 '민자'로 표현한 경우가 전혀 없는 점에 비춰 전
사傳寫 과정에 '건騫'자가 빠진 것으로 보는 게 합리적이다. '은은誾誾'을 형병은 중
정中正으로 새겼다. '항항行行'을 정현은 굳게고 강한 모습으로 보았다. '간간侃侃'
을 형병은 온화하고 즐거운 모습으로 새겼다. '자락子樂'이 황간본에는 '자락왈子樂
曰'로 되어 있다. 제13장~제16장에서 민자건과 자로, 자공, 염구가 차례로 등장하
고 있는 점에 비춰 이 장은 일종의 서론이다.

魯人爲長府. 閔子騫曰, "仍舊貫, 如之何. 何必改作." 子曰, "夫人
不言, 言必有中."

노나라 사람이 기존의 창고인 장부長府를 개조하고자 했다. 민자건이 말
했다. "옛 것을 그대로 따르는 게 어떻겠소? 하필 개조할 필요가 있겠소?"
공자가 말했다. "민자건은 말을 잘 하지 않는다. 그러나 일단 말을 하면 반
드시 적중시킨다(언필유중言必有中)."

'노인魯人'을 양보쥔은 집정대부로 보았다. '장부長府'를 정현은 재물을 간직하는
창고로 풀이했다. '잉구관仍舊貫'의 '잉仍'은 따른다는 의미이다. '관貫'을 정현은 '사
事'로 해석했다. 주희도 이를 좇아 "개작改作은 백성을 수고롭게 하고 재물을 허비
하게 만들기 때문이다."라고 풀이했다.

'언필유중言必有中'을 두고 오규 소라이는 이같이 해석했다.

"재화의 수입이 평년보다 배가 되어 창고가 그것을 모두 수용할 수 없는 까닭
에 노나라 사람이 별도로 '장부'라는 창고를 지었다. 구례舊例에는 반드시 별도의
조치가 있어서 굳이 창고를 짓지 않은 까닭에 민자건이 그렇게 말한 것이다. 이후
재앙이 있게 되자 사람들 모두 '장부'라는 새 창고를 지은 것을 후회했다. 공자가
민자건의 발언을 두고 '언필유중言必有中'을 언급한 이유다."

「선진」 제13장 '장부長府'의 해석에 대한 다산의 의견

다산은 '장부'를 창고로 보는 견해에 이의를 제기했다. "창고가 퇴락하면 응당 고쳐지어야 한다. 만일 옛 것을 그대로 두는 것을 좋다고 하면 이는 자식이 아비가 마련한 집이 무너지는 것을 방치하는 것과 같다. 그리 되면 10년이 채 못 되어 천하가 모두 썩고 말 것이다. 어찌 그 집을 고치지 않고 그대로 둘 수 있겠는가?"

그리고 다산은 완전히 새로운 해석을 내렸다. '장부'를 창고가 아닌 돈의 명칭, '관'을 돈꿰미로 풀이한 게 그렇다. 그는 자신의 파격적인 주장에 관해 이같이 설명했다. "주관周官에 나오는 구부九府는 원래 부렴賦斂의 재화를 간직하는 곳이다. 이후 그곳의 명칭으로 돈의 이름을 지었다. 후세의 수형전水衡錢은 수형고水衡庫에서 주조한 것이고, 중부전中府錢은 중부中府에서 간직한 것이고, 소부전少府錢은 소부少府에서 간직한 것이다. '장부'는 노나라 '장부'에서 기원한 돈의 명칭이다."

『국어國語』「주어周語」에 따르면 주경왕周景王 21년인 기원전 524년 주왕실이 액면가가 높은 대전大錢을 주조한 사례를 확인할 수 있다. 다산처럼 '장부'를 돈의 명칭으로 볼 경우 '관'은 당연히 돈꿰미로 보아야 앞뒤 문맥이 맞게 된다. 그러나 이는 '정치사학'의 관점에서 자세히 살펴볼 필요가 있다. 먼어 『춘추좌전』「노소공 25년」조에 '장부'의 명칭이 나온다.

이에 따르면 노소공 25년인 기원전 517년, 투계鬪鷄를 좋아하는 계평자季平子가 후소백郈昭伯과 닭싸움을 벌였다. 계평자는 닭 머리에 투구를 씌웠고, 후소백은 금 발톱인 금거金距를 끼웠다. 그러나 계평자는 자신의 닭이 패하자 대로한 나머지 자신의 집을 후소백의 집터까지 늘린 뒤 오히려 진에 후씨가 자신의 집터를 침입했다고 꾸짖었다. 후소백 또한 계평자에게 원한을 품게 됐다.

이때 대부 장소백臧昭伯의 사촌동생 장회臧會가 장씨 집에서 다른 사람을 무함한 뒤 계씨 집으로 달아났다. 장소백이 장회를 잡아들이자 계평자가 대로해 장씨의 우두머리 가신을 붙잡아 억류했다. 마침 노양공의 사당에서 체제禘祭를 지내게 됐다. 만무萬舞를 추는 자가 겨우 두 사람 뿐이었다. 이는 나머지 사람들 대부분이 계씨 집에서 만무를 춘 데 따른 것이다. 장소백이 이를 떠벌이자 노나라 대부들이 계평자를 크게 원망하게 됐다. 노소공이 계씨를 정벌하기 위해 '장부長府'에 머물다가 마침내 이해 9월 11일, 노소공이 계씨 공격에 들어갔다. 그러나 삼환三桓이 합세해 반격에 나서면서 이내 패하고 말았다. 결국 이해 9월 13일, 노소공이 제나라로 달아났다. 이를 통해 알 수 있듯이 『춘추좌전』에는 '장부'가 창고 명칭의 지명으로만 나온다. 돈의 명칭으로 전용된 사례를 찾을 길이 없다. 다산의 주장도 나름 일리가 있기는 하나 적잖은 무리가 따른다. 정현과 주희 및 오규 소라이 등의 견해를 좇는 게 합리적이다.

제14장

子曰, "由之瑟奚爲於丘之門." 門人不敬子路. 子曰, "由也升堂矣. 未入於室也."

공자가 자로를 비판했다. "유由가 어찌하여 내 문하에서 살벌한 소리로 『시경』의 「주남」과 「소남」의 시가詩歌를 연주하는 것인가?"

이후 공자의 문인門人들이 자로를 공경하지 않았다. 이를 걱정한 공자가 이같이 말했다. "유는 당 위에 오른(승당升堂) 사람으로서 단지 입실入室만 하지 못한(승당미입실升堂未入室) 수준에 이른 사람이다."

'유지슬해위어구지문由之瑟奚爲於丘之門'의 '유지슬由之瑟'을 두고 마융은 자로의 비파 연주 솜씨가 아송雅頌을 연주하는 데 적합지 않았다고 보았다. '해위어구지 문奚爲於丘之門'의 책망이 나오게 된 배경과 관련해 다산은 자로의 실력이 『시경』 「주남周南」과 「소남召南」을 연주하기에 적합지 않은 데서 비롯된 것으로 분석했 다. '유야승당의由也升堂矣'의 '승당升堂'은 당 위로 오른다는 뜻으로 고명한 수준을 상징한다. '미입어실야未入於室也'의 '입어실入於室'은 완성된 경지를 상징한다.

공자가 자로를 비판한 배경과 관련해 정이천은 "소리가 조화를 이루지 못해 자 기와 같지 않았기 때문이다."라고 했다. 『공자가어』 「변악해辯樂解」에는 자로가 비 파를 탈 때 살벌한 지역인 북쪽 변방의 소리를 낸 것으로 기록해놓았다. 청수더程 樹德도 『논어집석論語集釋』에서 황간皇侃의 『논어의소論語義疏』를 인용해 풀이하 기를, "자로는 성정이 강건剛健하다. 고슬鼓瑟 역시 강장强壯한 기운인 장기壯氣가 넘쳤기에 공자가 힐책한 것이다."라고 분석했다.

> 子貢問, "師與商也孰賢." 子曰, "師也過, 商也不及." 曰, "然則師
> 愈與." 子曰, "過猶不及."
>
> 자공이 물었다. "사師와 상商 가운데 누가 낫습니까?"
> 공자가 대답했다. "사'는 지나치고 '상'은 미치지 못한다."
> 자공이 다시 물었다. "그렇다면 '사'가 낫습니까?"
> 공자가 대답했다. "원래 지나침은 미치지 못한 것과 하등 다를 게 없다(과유
> 불급過猶不及)고 한다."

'사師'는 자장, '상商'은 자하를 가리킨다. '사여상야숙현師與商也孰賢' 구절을 두고 주희는 "자장은 재주가 높고 뜻이 넓었으나 어려운 일을 하기 좋아해 늘 중도中道를 지나쳤고, 자하는 독실하게 믿고 행동을 삼갔으나 도량이 좁아 늘 중도에 미치지 못했다."라고 분석했다. 형병은 "자장은 마땅함을 지나쳤어도 그치지 않았고, 자하는 미치지 못했어도 그쳤다."고 풀이했다. 명나라 중엽에 활약한 채청蔡淸은 "자장은 광狂에 가깝고, 자하는 견狷을 면하지 못한다."라고 분석했다. 다산도 이와 유사한 견해를 피력했다.

'과유불급過猶不及' 구절을 두고 주희는 "현자와 지자의 지나침이 비록 우자愚者와 불초자不肖者의 불급不及보다 나은 듯이 보이지만 중도를 잃은 점에서는 똑같

다. 도는 중용을 극치로 삼는다."라고 풀이했다. 이를 두고 오규 소라이는 "중용이 어찌 도를 이르는 것이겠는가?"라고 지적했다. 일각에서 '과유불급'을 지나침은 미치지 못함만 못하다는 식으로 풀이하고 있으나 이는 잘못이다. 이는 '과유불급' 이 아니라 '과불여불급過不如不及'으로 해석하는 게 된다.

제16장

季氏富於周公, 而求也爲之聚斂而附益之. 子曰, "非吾徒也. 小子鳴鼓而攻之, 可也."

계씨는 주나라 왕실의 집정대부인 주공周公보다 부유했다. 그럼에도 계씨 의 가신인 염구冉求는 계씨를 위해 백성들로부터 혹독하게 세금을 거둬 계 씨의 재부를 늘려 주는(취렴부익聚斂附益) 잘못을 저질렀다. 공자가 염구를 비판했다. "염구는 나의 문도門徒가 아니다. 나의 제자들은 북을 울려 성토 (명고이공鳴鼓而攻)해도 괜찮다."

'계씨부어주공季氏富於周公'의 '주공周公'을 두고 공안국은 주나라 왕실의 집정 대신, 황간은 주나라 건국공신인 주공周公 단旦으로 파악했다. '취렴이부익지聚斂 而附益之'를 두고 형병은 백성들로부터 재물을 긁어모아 계씨의 재산을 늘리는 데 도움을 준 것으로 해석했다. 전한 말기에 활약한 양웅楊雄이 지은 『방언方言』 권3

에 '동제왈취東齊曰聚' 구절이 나온다.

기무라 에이이치는 '취렴'이 제나라 방언인 점에 주목해 이 장이 제나라에서 첨가 또는 윤색된 것으로 보았다. 공자 말년의 언급인 점에 비춰 '직계제자'로부터 나온 전문을 처음부터 기록한 것으로 보는 게 합리적이다.

'명고이공지鳴鼓而攻之' 구절을 두고 정현과 형병은 북을 울려서 그 죄를 성토하고 꾸짖는 것으로 풀이했다. 다산은 조선조 태학의 풍습을 예로 들어 "명고공지鳴鼓攻之는 『주례』「대사마大司馬」에 나오듯이 백성을 해치는 것을 금하는 것을 언급한 것이다. 북을 울리며 염구를 징벌했다는 뜻이 아니다. 그럼에도 오늘날은 태학생 가운데 죄가 있으면 죄가 있는 사람의 등에 지운 북을 뒤 여러 사람이 울리며 교문橋門 밖으로 쫓아내며 이를 '명고지법鳴鼓之法'이라고 하니 실로 괴이한 일이다."라고 지적했다.

제 1 7 장

柴也愚, 參也魯, 師也辟, 由也喭.

공문孔門의 제자들 가운데 시柴 즉 고시高柴는 우직했고(시야우柴也愚), 삼參 즉 증삼曾參은 늙어서 재빠르지 못하여 둔했고(삼야로參也魯), 사師 즉 자장子張은 편벽되었고(사야벽師也辟), 유由 즉 자로子路는 언행이 거칠었다(유야언由也喭).

공자는 제자인 고시高柴와 증삼曾參, 자장子張, 자로子路의 특성을 각각 우愚, 노魯, 벽辟, 언喭으로 요약해 총평하고 있다. '삼야로參也魯'의 '로魯'를 두고 공안국은 지둔遲鈍해 명민하지 못한 것, 왕필은 질박해 꾸밈이 적은 것으로 풀이했다. '사야벽師也辟'의 '벽辟'을 두고 마융은 꾸밈이 지나친 것, 왕필은 지나치거나 미치지 못한 것을 꾸미는 것, 주희는 편벽되고 성실하지 못한 것으로 새겼다. '유야언由也喭'의 '언喭'을 두고 왕필은 강하고 사나운 것, 주희는 거칠고 속된 것, 다산은 비속한 것으로 해석했다. 주희는 이 장에 '자왈'이 누락되어 있고 다음 장인 제18장에 '자왈'이 등장하고 있는 점에 주목해 '자왈'이 이 장의 머리로 올라와 하나로 통합시켜야 한다고 주장했다. 그러나 제17장을 공자의 제자에 대한 품평으로 이뤄진 제18장~제22장에 대한 일종의 서론으로 보는 게 합리이다.

제18장

子曰, "回也, 其庶乎, 屢空. 賜, 不受命而貨殖焉, 億則屢中."

공자가 말했다. "안회의 행보는 거의 도에 가까웠다. 그러나 돈 버는 일에는 예측하면 거의 맞추지 못했다(서호누공庶乎屢空). 이에 반해 자공은 스승의 명을 받아들이지 않고 재화를 늘렸다(불수명이화식不受命而貨殖). 그러나 시세를 예측하면 거의 매번 맞추는(억즉누중億則屢中) 재주를 보여주었다."

'서호누공庶乎屢空'을 두고 하안은 '자주 마음을 비우고 수도에 전념했다.'의 의미로 해석했다. 주희는 '공空'을 궁핍으로 간주해 '자주 끼니를 굶었다.'는 의미로 풀이했다. 안회와 자공을 대비시킨 문장의 기본 구조에 비춰 '누차 예측이 빗나가다.'로 풀이하는 게 보다 타당하다. '억즉누중億則屢中'의 '억億'은 억측할 '억臆'의 뜻으로 사용된 것이다.

제19장

子張問善人之道. 子曰, "不踐跡, 亦不入於室."

자장이 선인善人의 길(선인지도善人之道)에 관해 묻자 공자가 이같이 대답했다. "옛 사람의 발자취를 좇아서 행하지(천적踐跡) 않으면 나쁜 일을 하지는 않겠지만 성인이 행한 왕도王道의 경지인 입실入室 직전에 그치는(불입어실不入於室) 차원에 머물 것이다."

'천적踐跡'을 두고 정이천은 길을 따라가고 바퀴자국을 지킨다는 뜻의 '순도수철循途守轍'의 의미로 파악했다. 그는 "선인은 비록 굳이 옛 자취를 밟지 않을지라도 저절로 악한 짓을 하지 않는다. 그러나 성인의 경지에 들어가지는 못한다."라고 풀이했다. 도학적인 해석이다. 공안국은 창업創業을 통한 지치至治의 실현으로 간주했다.

오규 소라이는 '성인聖人'과 '선인善人'을 구분해 풀이했다. "세인世人들은 모두 선인善人을 불교식으로만 풀이한다. 공자는 「술이」에서 '성인'과 '선인'을 나란히 언급한 바 있다. 호걸지사豪傑之士 가운데 관중管仲처럼 대공大功을 세운 자들이 바로 '선인'이다. 공안국이 말한 '창업'은 왕도王道의 자취를 언급한 것이다. '성인'의 자취가 바로 '입실'이고, 이는 왕도를 의미한다. 이에 대해 '선인'의 자취는 관중이 실현한 패도이다. 이는 입실 직전의 문지방까지 다가간 상황을 가리킨다."

'정치사학'의 관점에서 볼 때 「술이」 제25장에서 언급한 '성인'과 '선인'의 차이는 이 장을 포함해 자로를 당 위에 오르기만(승당升堂) 했을 뿐 아직 입실入室의 경지에 이르지 못한다고 언급한 「선진」 제14장을 통해 명확히 구분할 수 있다.

기무라 에이이치는 제19장~제22장에서 제17장~제18장에 등장하는 6명의 인물 가운데 자장·자로·염유·공서화·안연 등에 대한 얘기가 차례로 나오고 있고 제17장~제22장이 서로 연관을 맺고 있는 점에 주목해 하나의 장군章群으로 묶었다.

제20장

子曰, "論篤是與, 君子者乎, 色莊者乎."

공자가 자장에게 물었다. "언론이 독실하다고 칭찬하면 ㄱ 선인善人은 군자다운 사람(군자자君子者)인가, 아니면 표정만 장중한 사람(색장자色莊者)인가?"

'논독시여論篤是與'는 여론이 독실하다는 뜻의 '여론독與論篤' 구문의 도치문이다. '시是'는 영어의 'it is~that' 구문의 'is'와 마찬가지로 도치문을 표시하기 위해 삽입된 허사虛辭이다. 여기의 '여與'를 두고 하안은 『논어집해』에서 이 장을 앞 장인 제19장과 하나로 묶어 풀이하면서 어조사 '호乎'의 의미로 해석했다. 하안의 주석을 좇을 경우 이 장은 앞 장과 하나로 연결되어 "선인은 언론이 독실한 사람인가? 군자다운 사람인가? 얼굴빛만 장중한 사람인가?"의 의미가 된다.

그러나 주희는 이 장을 앞 장과 분리한 뒤 '여與'를 '허여許與'의 뜻으로 간주해 언론만 보고 사람을 평가해서는 안 된다는 의미로 해석했다. 다산도 이 장을 앞 장과 분리해 풀이했다. 공자는 이 장에서 무릇 위정자는 말과 외모로 사람을 취해서는 안 된다는 것을 강조하고 있다. 문맥상 이 장은 내용상 반드시 앞 장과 함께 붙여서 해독해야만 매끄럽게 이해할 수 있다. 그러나 주희는 이를 따로 떼어서 해석해놓았다. '선인善人'을 수제修齊 차원에서만 해석한 데 따른 것이다.

'정치사학'의 관점에서 볼 때 이 장은 하안이 지적한 것처럼 '선인善人'의 군자 행보를 물은 것으로 보는 게 타당하다. 언필칭 '군자'를 자처하는 '색장자色莊者'와 패도에 입각해 대공을 세운 '군자자君子者'를 구분한 게 그렇다.

제 2 1 장

子路問, "聞斯行諸." 子曰, "有父兄在, 如之何其聞斯行之." 冉有問, "聞斯行諸." 子曰, "聞斯行之." 公西華曰, "由也問'聞斯行諸',

子曰 '有父兄在'. 求也問 '聞斯行諸', 子曰'聞斯行之'. 赤也惑, 敢問." 子曰, "求也退, 故進之. 由也兼人, 故退之."

자로가 물었다. "옳은 것을 들으면 곧바로 실행해야(문사행지聞斯行之) 합니까?"

공자가 반문했다. "부형이 계시는데(유부형재有父兄在) 어찌 듣고서 곧바로 실행할 수 있겠는가?"

염유가 똑같이 물었다. "들으면 곧바로 실행해야(문사행지聞斯行之) 합니까?"

공자가 대답했다. "들으면 곧바로 실행한다(문사행지聞斯行之)."

공서화公西華가 의아해하며 물었다. "자로가 묻자 선생님은 부형이 계시다는 이유로 듣고서 곧바로 실행할 수 있겠느냐고 반문했습니다. 그러나 염구가 들으면 곧바로 실행해야 하는지 여부를 묻자 선생님은 들으면 곧바로 실행하는 것이 가하다고 대답했습니다. 저는 왜 상황에 따라 대답이 다른 것인지 의심스러워 감히 묻고자 합니다."

공자가 대답했다. "염구冉求는 매번 뒤로 물러나는 소극적인 모습을 보이는 까닭에 앞으로 나아가기를(매퇴고진每退故進), 중유仲由는 남보다 배나 앞서 나가는 모습을 보이는 까닭에 한 발 물러서기를(겸인고퇴兼人故退) 유도한 것이다."

'여지하기문사행지如之何其聞斯行之'의 '기문其聞'을 두고 포함은 크고 작은 재물을 내어 곤궁한 사람을 돕고 부족한 사람을 구하는 '진궁구핍賑窮救乏'으로 해석했다. '겸인兼人'은 다른 사람보다 어떤 측면에서 능력이 뛰어나거나 타인을 즐겨 누르고자 하는 사람을 가리킨다. 자로는 용맹勇猛 측면에서 '겸인'의 모습을 보였다.

　염구는 어떤 일을 하기 전에 늘 예상되는 이익을 냉정히 저울질한 데 반해 자로는 승산 없는 싸움조차 명분을 좇아 순직을 감수하는 자세를 견지했다. 공자의 두 사람의 이런 차이를 감안해 각기 다른 처방을 내린 것이다. 공자는 동일한 주제를 놓고도 대상에 따라 다르게 얘기함으로써 당사자로 하여금 과불급過不及 없이 사물의 이치를 쉽게 스스로 깨닫도록 했다. 공자의 독특한 교육 방법이 선명히 드러난 대목이다.

제 2 2 장

子畏於匡, 顔淵後. 子曰, "吾以女爲死矣." 曰, "子在, 回何敢死."

공자가 광匡 땅에서 환난을 겪었을 때 안연이 나중에 도착했다. 공자가 크게 기뻐했다. "나는 네가 죽은 것으로 여겼다(이여위사以女爲死)."

안회가 대답했다. "선생님이 계신데 어찌 감히 죽겠습니까(자재하감사子在何敢死)?"

　공자가 광 땅에서 양호로 오인을 받아 포위됐을 때 공자 일행이 흩어지게 됐다. 이 장은 안연이 공자와 헤어졌다가 합류했을 때의 일화를 담은 것이다. 안회가 공자를 부모 섬기는 도리로 존중했음을 알 수 있다.

제23장

季子然問, "仲由冉求可謂大臣與." 子曰, "吾以子爲異之問, 曾由
與求之問. 所謂大臣者, 以道事君, 不可則止. 今由與求也, 可謂
具臣矣." 曰, "然則從之者與." 子曰, "弑父與君, 亦不從也."

계씨 집안의 자제인 계자연季子然이 공자에게 물었다. "중유仲由와 염구冉
求는 가히 가신의 우두머리인 대신大臣이라고 이를 만합니까?"
공자가 대답했다. "나는 그대가 지금 통상에서 벗어난 질문을 한 것으로
생각한다. 일찍이 중유와 염구에 관해 유사한 질문을 한 적이 있기 때문이
다. 대신은 도로써 군주를 섬기는(이도사군以道事君) 자들이다. 여의치 않으
면 그만두는(불가즉지不可則止) 것이다. 지금 중유와 염구는 가히 자리만 채
우며 구색을 맞추는 가신인 구신具臣이라는 지적을 받을 만하다."
계자연이 물었다. "그렇다면 그들은 군주의 명만 좇는 자들입니까?"
공자가 대답했다. "이들은 부친과 군주를 시해하는 일(시부여군弑父與君)만
큼은 따르지 않을 것이다."

'계자연季子然'은 계씨 가문의 자제를 가리킨다. 계환자季桓子의 동생이라는 설
이 있다. '가위대신여可謂大臣與'의 '대신大臣'은 조정의 대신을 지칭한 게 아니라
권신인 계씨의 휘하 가신 가운데 우두머리 역할을 하는 자를 가리킨다. '구신具臣'

을 두고 공안국은 자리만 채우는 가신으로 풀이했다. 자리만 차지한 채 국록을 축내는 '시위소찬尸位素餐'을 하는 신하를 가리킨다.

'오이자위이지문吾以子爲異之問'의 '이지문異之問'을 두고 다른 일에 관한 질문, 다른 사람에 관한 질문, 통상적인 것에서 벗어난 이상한 질문 등 여러 해석이 있다. 문맥상 세 번째 해석이 합리적이다. '증유여구지문曾由與求之問'은 일찍이 중유와 염구에 관해 유사한 질문을 한 적이 있다는 의미이다. 「옹야」 제6장에 나와 있듯이 계강자는 공자에게 자로와 자공 및 염구를 두고 대부의 자격으로 정사에 참여하는 종정從政을 시킬 만한 인물인지 여부를 물은 적이 있다. '시부여군弑父與君'은 '시부시군弑父弑君'과 같은 말이다.

이 장은 계자연이 중유와 염구를 가신으로 삼은 일을 자랑스럽게 여긴 나머지 공자에게 과연 그들을 가재家宰로 삼을 만한지 여부를 물은 일을 기록한 것이다. 이때 공자는 '시부여군弑父與君'를 언급한 마지막 구절이 보여주듯이 오히려 계평자季平子, 즉 계손의여季孫意如가 노소공을 쫓아낸 일을 거론하면서 계씨 일족의 반성을 촉구하고 나선 것이다. 이 장의 일화는 공자가 노나라로 귀국한 뒤의 일로 추정되고 있다. 「계씨」 제1장에 염유와 계로가 계씨의 가신이 된 이후의 일화가 나오는 게 그렇다. 이 장은 '공자왈'로 표현된 「계씨」 제1장과 달리 '자왈'로 표현되어 있다. 기무라 에이이치는 이를 공문孔門 '직계제자'로부터 나온 전송임을 암시하는 증거로 파악했다.

군도君道와 신도臣道를 체계적으로 분석한 순자

제자백가 가운데 군주의 길인 군도君道와 신하의 길인 신도臣道를 가장 체계적으로 분석한 인물은 전국시대 말기에 활약한 순자荀子이다. 『순자』 「군도君道」와

『순자』 「신도臣道」의 기록이 이를 뒷받침한다. 그는 『순자』 「군도」에서 군도를 크게 '치도治道'와 '난도亂道'로 나눈 바 있다. 같은 맥락에서 『순자』 「신도」에서 신도를 크게 '충도忠道'와 '역도逆道'로 나눴다. '충도'의 구체적인 예로 성신聖臣과 공신功臣, '역도'의 예로 찬신簒臣과 태신態臣을 들었다. 그는 이같이 말한다. "군주는 성신이 집정하면 반드시 존귀해지고, 공신이 집정하면 반드시 영예로워지고, 찬신이 집권하면 반드시 위험해지고, 태신이 집권하면 반드시 죽게 된다."

순자는 신하의 역할 등에 맞춘 또 다른 분류를 시도하기도 했다. 군주의 명을 따르면서 군주를 이롭게 하는 신하를 순신順臣, 명을 따르되 군주를 불리하게 만드는 신하를 첨신諂臣, 명을 거슬러 군주를 이롭게 하는 신하를 충신忠臣, 명을 거슬러 군주를 불리하게 만드는 신하를 찬신簒臣으로 분류한 게 그렇다. 그가 가장 패악한 신하의 유형으로 든 것은 국적國賊이다. 해당 구절이다. "군주의 영욕榮辱과 나라의 흥망을 도외시하고, 원칙 없이 군주에 영합해 구차하게 자리를 유지하고, 오직 봉록을 유지하며 사적인 무리를 기르는 데 애쓰는 자가 바로 '국적'이다."

국난의 시기에 일신 및 일족의 안녕을 위해 나라를 팔아먹은 자들이 이에 해당한다. '정치사학'의 관점에서 볼 때 순자는 신도를 크게 '충도'와 '역도' 2종류만 거론했지만 그 종류가 훨씬 다양하다. 이를 체계적으로 정리한 사람이 전한 말기에 활약한 유향劉向이다. 그가 지은 『설원說苑』 「신술臣術」을 보면 '충도'와 '역도'가 각각 6정六正과 6사六邪 등 모두 12종류로 세분되어 있다. 6정은 성신聖臣과 양신良臣, 충신忠臣, 지신智臣, 정신貞臣, 직신直臣이다. 6사는 나라와 군주에 해악을 끼치는 자를 말한다. 구신具臣과 유신諛臣, 간신姦臣, 참신讒臣, 적신賊臣, 망국지신亡國之臣이 그들이다. 「선진」에 나온 '구신'이 6사의 한 종류로 거론되어 있음을 알 수 있다.

제 2 4 장

子路使子羔爲費宰. 子曰, "賊夫人之子." 子路曰, "有民人焉, 有
社稷焉, 何必讀書, 然後爲學." 子曰, "是故惡夫佞者."

자로가 자고子羔, 즉 고시高柴를 비읍의 읍재로 천거하려고 하자 공자가
탄식했다. "남의 자식(부인지자夫人之子)을 해치려 하는구나!"
그러자 자로가 반박했다. "백성이 있어야 사직이 존재하는(유민인유사직有民
人有社稷) 법입니다. 어찌 반드시 책을 읽은 다음에야 배우게 된다고 말할
수 있는 것이겠습니까?"
공자가 힐난했다. "이런 까닭에 내가 말재주 부리는 자를 미워하는 것이다."

'정치사학'의 관점에서 볼 때 자로가 언급한 '유민인유사직有民人有社稷'의 이치
는 맹자가 역설한 중민경군重民輕君 또는 민귀군경民貴君輕사상과 통한다. 『맹자』
「진심 하」에 이를 뒷받침하는 "백성이 귀하고, 사직은 다음이고, 군주는 가볍다."
는 내용의 구절이 나온다. '적부인지자賊夫人之子'는 남의 자식을 해친다는 뜻으로
자고가 고시를 천거한 것을 비난한 것이다. 당시 공자는 고시의 학문이 아직 성숙
하지 않은 까닭에 출사할 때가 아니라고 판단했다.

'정치사학'의 관점에서 볼 때 이 장은 비費 땅의 가재 자리가 비게 되자 자로가
고시를 후임으로 천거했을 때의 일화이다. 비 땅은 계씨의 근거지였다. 당시 자로

는 계씨의 가재로 있던 가운데 비 땅의 가재 자리가 비게 되자 동학인 고시를 천거했다. 그러나 공자는 고시의 '위정학' 연마가 아직 덜 됐다고 판단해 이를 반대했다. 이는 자로와 고시 모두 계씨의 가신이 된 뒤에 일어난 일이다.

제23장~제24장 모두 공자 제자의 출사에 관한 것으로 훗날 새로이 부가된 제25장을 제외하면 제1장~제2장과 앞뒤로 조응하며 수미首尾 일관하는 모습을 이루고 있다. 편집자의 배려를 읽을 수 있는 대목이다.

제25장

子路曾晳冉有公西華侍坐. 子曰, "以吾一日長乎爾, 毋吾以也. 居則曰, '不吾知也'. 如或知爾, 則何以哉." 子路率爾而對曰, "千乘之國, 攝乎大國之間, 加之以師旅, 因之以饑饉, 由也爲之, 比及三年, 可使有勇, 且知方也." 夫子哂之, "求, 爾何如." 對曰, "方六七十, 如五六十, 求也爲之, 比及三年, 可使足民. 如其禮樂, 以俟君子." "赤, 爾何如." 對曰, "非曰能之, 願學焉. 宗廟之事, 如會同, 端章甫, 願爲小相焉." "點, 爾何如." 鼓瑟希, 鏗爾舍瑟而作, 對曰, "異乎三子者之撰." 子曰, "何傷乎. 亦各言其志也." 曰, "莫春者, 春服旣成, 冠者五六人, 童子六七人, 浴乎沂, 風乎舞雩, 詠而歸." 夫子喟然歎曰, "吾與點也." 三子者出, 曾晳後. 曾晳曰, "夫三子者之言, 何如." 子曰, "亦各言其志也已矣."

曰, "夫子何哂由也." 曰, "爲國以禮, 其言不讓, 是故哂之." "唯求則非邦也與." "安見方六七十如五六十而非邦也者." "唯赤則非邦也與." "宗廟會同, 非諸侯而何. 赤也爲之小, 孰能爲之大."

자로子路, 증석曾晳, 염유冉有, 공서화公西華가 공자를 모시고 앉았다. 공자가 말했다. "내가 하루라도 너희들보다 나이가 많지만 그렇다고 해 나를 어렵게 여기지 마라. 너희들은 평소 말하기를, '사람들이 나를 알아주지 않는다!'고 한다. 누가 너희들을 알아준다고 하면 무엇을 어찌 할 생각인가?"
자로가 경솔하게(솔이率爾) 먼저 대답했다. "천승지국千乘之國이 대국 사이에 끼어 있다가 군사 침략을 당하고 기근이 겹칠지라도 제가 다스리기만 하면 대략 3년 만에 백성들로 하여금 용맹스러운 자세를 갖추고 살아갈 방도 역시 능히 찾아낼 수 있도록 만들 것입니다."
공자가 빙그레 웃으며(신이哂爾) 염유에게 물었다. "구求야, 너는 어찌 하겠느냐?"
염유가 대답했다. "사방 60~70리 혹은 50~60리가량 되는 나라를 제가 다스리면 대략 3년 만에 백성들을 풍족하게 만들 수 있을 것입니다. 다만 예악禮樂의 실현은 군자의 출현을 기다리도록 하겠습니다."
공자가 공서화에게 물었다. "적赤아, 너는 어찌 하겠느냐?"
공서화가 대답했다. "저는 능력이 있다고 말할 수는 없기에 조금 더 배우고자 합니다. 종묘지사宗廟之事와 제후들의 회동會同 때 검은 예복(현단복玄端服)과 유관儒冠(장보관章甫冠)을 갖추고 조금이나마 상례相禮를 돕는(소상小相) 역할을 했으면 합니다."

공자가 증석에게 물었다. "점點아, 너는 어찌 하겠느냐?"

그러자 증석이 비파를 느릿느릿 타다가 이내 '쨍' 하는 소리를 내며(갱이鏗爾) 비파를 내려놓은 뒤 일어나서 이같이 대답했다. "저는 세 사람이 말한 것과는 다릅니다."

공자가 말했다. "무엇이 나쁘겠는가? 또한 각기 자신의 뜻을 말한 것이다."

그러자 증석이 이같이 대답했다. "늦봄에 봄옷이 만들어지면 관례를 올린 20세 이상 성인인 관자冠子 5~6명, 동자 6~7 명을 데리고 기수沂水에 나가 목욕하고, 기우제 제단인 무우舞雩의 대臺 밑에서 바람을 쐰 뒤 시를 읊으며 돌아오고 싶습니다."

공자가 한숨을 길게 내쉬며 찬탄했다. "나는 증점과 함께 할 것이다!"

자로와 염유, 공서화 등 3명의 제자가 나가자 증석이 뒤에 남아 있다가 공자에게 물었다. "저 세 사람의 말이 어떠합니까?"

공자가 대답했다. "역시 각자 자신의 뜻을 말했을 뿐이다."

증석이 물었다. "선생님은 왜 중유를 향해 빙그레 웃으셨습니까(신이哂爾)?"

공자가 대답했다. "나라는 예로 다스려야(위국이례爲國以禮) 한다. 그의 말이 겸양하는 맛이 없어 빙그레 웃은 것이다."

증석이 물었다. "염구의 말은 나라를 다스리는 데 적합하지 않습니까?"

공자가 대답했다. "사방 60~70 리 혹은 50~60리 되는 나라 가운데 그 정도도 다스리지 못하는 경우를 어디서 볼 수 있겠는가?"

증석이 물었다. "적의 말은 나라를 다스리는 데 적합하지 않습니까?"

공자가 대답했다. "종묘지사와 제후들의 회동에 관한 일은 기본적으로 나랏일이 아니고 무엇이겠는가? 종묘지사와 회동과 같은 국가대사의 상례를 돕는 일을 소상小相이라고 표현하면 과연 그 어떤 일이 이보다 큰 상례(대상大相)가 될 수 있겠는가!"

'증석曾晳'은 증자의 부친인 증점曾點을 말한다. 석晳은 증점의 자字이다. '기수沂水'는 지금의 산동성 곡부시 동남쪽 니산尼山에서 발원해 곡부시를 거쳐 사수泗水로 유입하는 강을 말한다. '무우舞雩'는 지금의 산동성 곡부시 남쪽의 지명이다. '무우'를 두고 『수경주水經注』는 "기수 북쪽에 직문稷門을 마주하고 있다. 고문高門이라고도 한다. 남쪽 강물을 사이에 두고 우단雩壇이 있다. 단의 높이는 3장丈이다. 증점이 바람을 쐬려 한 곳이다."라고 해설했다.

'솔이率爾'의 '솔率'은 경솔輕率의 의미이다. '솔이'가 황간본에는 거친 모습을 뜻하는 '졸이卒爾'로 되어 있다. '이爾'는 형용사 또는 부사어를 만드는 데 사용되는 조사이다. 뛰어나다는 의미의 '탁이卓爾'가 대표적이다. '신지哂之'는 빙그레 미소를 띠었다는 뜻이다. '신哂'은 태양이 서쪽으로 저물 때 농부가 하루의 일을 마무리 짓고 느긋해하며 미소를 짓는 것을 형상한 글자로 여기서 미소微少 또는 기롱하는 웃음인 기소譏笑의 의미로 사용됐다. '신지'는 '신이哂爾'와 같다.

'소상小相'은 군주가 제사를 올리거나 제후를 맞이할 때 곁에서 돕는 상례相禮를 돕는 사람을 지칭한 것이다. 다산은 『주례』에서 말하는 소종백小宗伯과 같은 종류라고 했다. '고슬희鼓瑟希'의 '희希'를 두고 황간은 소리가 드물게 나는 '희稀'의 의미로 새겼다. 다산은 소리가 성기어지는 '소疏' 또는 가늘어지는 '미微'의 뜻으로 풀이했다. '갱이鏗爾'를 공안국은 거문고를 내려놓을 때 나는 소리로 보았다. '갱鏗'의 중국어 발음은 '컹'이다. 우리말 '쨍'과 유사한 의성어로 사용된 것이다. '갱이사슬 鏗爾舍瑟'의 '갱이'는 '쨍' 하는 소리를 냈다는 의미의 부사어로 사용된 것이다.

'모춘莫春'은 '모춘暮春'과 같다. '모莫'는 고대에 늦을 '모暮' 또는 광막할 '막漠'과 혼용됐다. '춘복기성春服旣成'을 포함은 홑옷을 입는 '춘삼월春三月' 시기로 풀이했다. 다산은 '춘삼월'에 홑옷만이 아니라 솜을 넣은 겹옷 가운데 가볍고 얇은 옷도 입는다고 분석했다. '영이귀詠而歸'의 '영詠'을 포함은 선왕의 도를 읊는 일로 해석 했다. 너무나 도학적이다. '정치사학'의 관점에서 볼 때 여기의 '영'은 가락을 붙여 시를 읊조린 것으로 보는 게 합리적이다.

'적야위지소赤也爲之小, 숙능위지대孰能爲之大' 구절을 두고 공안국은 "공서화가 종묘지사처럼 국가대사에 관해 조금밖에 도울 수 없다면 과연 누가 크게 돕는 일 을 하겠는가?"라고 풀이했다. 이에 대해 황간은 "공서화가 조그마한 일을 할 수 있는 인물이라면 누가 큰일을 할 수 있는 인물이겠는가?"라고 해석했다. 이에 대 해 오규 소라이는 "종묘지사와 회동에 관한 일이 제후의 일이 아니고 무엇이겠는 가? 공서화가 하는 일이 작은 것이라고 하면 누가 하는 일이 큰 것이라고 말할 수 있겠는가?"라고 풀이했다. 공자가 말한 취지에 부합하는 해석이다.

이 장은 모두 315자로 이뤄져 있다. 『논어』 500장 가운데 가장 길다. 이에 준하 는 장편으로는 247자로 이뤄진 「계씨」 제1장과 191자로 된 「요왈」 제2장, 152자의 「요왈」 제1장, 143자의 「미자」 제6장, 134자의 「미자」 제7장, 138자의 「양화」 제21 장 등을 들 수 있다. 자로와 증석, 염유, 공서화 4인이 공자의 앞에서 순차적으로 자신의 지망志望을 얘기하는 장면을 사실적으로 묘사해놓은 이 장은 공문孔門의 열심히 공부하는 풍조인 '호학지풍好學之風'을 절묘하게 그려낸 걸작이다.

원래 「선진」 전체가 공자 만년의 공문에서 사제 간의 언행을 모은 것이다. 「선진」의 대미를 장식하고 있는 이 장은 사제 간의 언행을 수록하고자 한 「선진」 편집자의 기본 취지를 잘 드러내고 있다. 객관적으로 볼 때 이 장은 사제 간의 간결한 문답과 공자의 격언 및 언행 등을 기록한 다른 문장과 비교해볼 때 도저히 한 사람의 전송에 의거한 것으로 보기는 어렵다. 여러 전송 자료를 토대로 후대의 문인 가운데 누군가가 만들어낸 작품으로 보인다. 대략 3~4대 제자시대의 문인이 만들었을 것으로 짐작된다. 「선진」 역시 이 장이 만들어지면서 완결됐다고 보는 게 합리적이다.

『시경』에 대하여

원래 현존 『시경』에 수록되어 있는 305편의 시는 크게 「풍風」, 「아雅」, 「송頌」의 3가지 체제로 구성되어 있다. 「풍」은 유행가 계열의 대중 가요집이다. 「송」은 종묘제례에서 사용하던 노래를 말한다. 신에게 제사를 올리거나 조상의 은덕을 기리는 송덕頌德 의식 때 주로 연주됐다. 국경일 기념곡과 군가 등을 모아 놓은 국가 행사음악 모음집에 비유할 수 있다. 「아」는 대부분 귀족의 작품이다. 작자 미상의 민요로 구성된 「풍」과 대비된다. 크게 대아大雅와 소아小雅로 나뉜다. 모두 궁궐을 포함한 공식 연회에서 사용된 노래들이다. '소아'는 주로 연회용 음악으로 사용됐고, '대아'는 궁궐에서 대신들이 조회朝會하거나 군신이 함께 연회를 할 때 사용됐다. 클래식 계열의 가곡집에 비유할 만하다.

「송」은 총 40편, 「아」는 총 105편이다. 「풍」은 절반이 넘는 총 160편으로, 『시경』을 대표할 만하다. 「풍」은 글자 그대로 바람처럼 왔다가 스쳐가는 항간의 유행가라는 뜻을 지니고 있다. 과거에는 「풍」을 풍자諷刺 또는 풍유諷諭의 뜻으로 풀이했다. 『시경』을 엄숙한 유가경전으로 간주한 성리학자들이 대표적이다. 그러나 요즘 그리 해석하는 사람은 아무도 없다. 21세기에 들어와 「국풍國風」의 가사를 인류학 또는 민속학의 관점에서 접근하는 흐름이 주류를 차지한 덕분이다. 각지의 대중가요인 풍요風謠, 즉 민요의 의미로 풀이하는 게 통설이다. 학자들은 전국시대 말기에 '풍'에 '국國' 자를 덧붙여 「국풍」으로 통칭하게 된 것으로 보고 있다.

「국풍」은 주로 남녀 간의 애틋한 사랑과 질투, 이별의 아픔, 그리움 등을 다루고 있다. 인간의 원초적인 애증愛憎이 소박한 문체로 박진감 넘치게 묘사되어 있는 게 특징이다. 「풍」에는 모두 15개국의 대중가요 즉 민요가 수록되어 있다. 「풍」에 소개된 대중가요는 이남二南으로 불리는 주남周南과 소남召南 지역의 노래가사로부터 시작한다. 주남과 소남은 한수漢水와 장강長江에 이르는 남쪽 지역의 노래를 말한다. 이어 황하를 중심으로 한 패邶, 용鄘, 위衛, 왕기王畿, 정鄭, 제齊, 위魏, 당唐, 진秦, 진陳, 회檜, 조曹, 빈豳 등 13개 지역의 노래가사가 「풍」에 실려 있다. '왕기'는 주周나라 왕실이 있는 낙양 일대, '당'은 진晉나라를 가리킨다. 이들 15국의 대중가요를 모두 합쳐 '십오국풍十五國風'이라고 칭한다. '십오국풍'은 기본적으로 남녀 간의 사랑을 노래한 연가戀歌가 주를 이루고 있고, 전란으로 인한 고통 등을 노래한 애원가哀怨歌가 그 다음으로 많다.

공자가 『시경』 전체의 절반이 넘는 분량을 대중가요 모음집에 해당하는 「국풍」에 할애한 것은 치국평천하 이치를 통찰한 결과다. 천하를 제대로 다스리기 위해서는 천하의 민심을 꿰어야 하고, 그러기 위해서는 각 나라의 민심과 풍속을 읊은 대중가요, 즉 민요를 깊이 알아야 하고, 가장 좋은 방법은 「국풍」을 열심히 읽는

데 있다고 역설한 것이나 다름없다. 『논어』를 통해 확인할 수 있듯이 공자가 제자들에게 「국풍」이 절반을 차지하는 『시경』을 열심히 학습할 것을 독려한 사실이 이를 뒷받침한다.

문제는 고대의 대중가요 가사집인 「국풍」에 대한 잘못된 인식이 별반 달라지지 않은 데 있다. 당초 명분을 중시했던 한漢나라 때의 유학자들은 「국풍」의 대중가요 가사를 사실史實과 억지로 꿰어 맞추며 도덕적 해석을 가했다. 주희로 상징되는 송나라 때의 유학자들은 「국풍」을 정통과 이단으로 나눈 뒤 이단을 음분시淫奔詩로 매도했다. 중매를 통한 정식 혼인을 멀리한 채 사적으로 이성을 찾는 등 음란한 행동으로 내달린 시라는 뜻이다. 이들은 공자가 음란을 경계하기 위해 이런 '음분시'를 「국풍」에 실어놓았다는 식으로 해석했다. 그러나 한나라 및 송나라의 유학자들의 이런 해석은 모두 공자가 『시경』의 절반 이상을 고대의 대중가요 모음집인 「국풍」에 할애한 취지를 크게 왜곡한 것이다.

안연
顏淵

-

Intro

안연顔淵

공자학당내에서 진행된 사제 간의 대화

「안연」은 총 24개 장으로 이루어져 있다. 이 편의 대부분은 문답의 형식으로 되어 있다. 모두 19개 장에 달한다.

이 편에 등장하는 공자의 제자는 안연 · 중궁 · 사마우 · 자장 · 자공 · 번지 · 증자 등 모두 7명이다. 공자와 이들 제자 간의 문답이 절반인 12개 장을 차지한다.

나머지 12개 장은 위정자와 공자의 대화가 4개 장, 위정자와 공자 제자의 대화가 2개 장, 공자 제자들 사이의 대화가 1개 장, 공자의 말이 4개 장, 증자의 말이 1개 장 등이다.

제 1 장

顔淵問仁. 子曰, “克己復禮爲仁, 一日克己復禮, 天下歸仁焉. 爲
仁由己, 而由人乎哉.” 顔淵曰, “請問其目.” 子曰, “非禮勿視, 非禮
勿聽, 非禮勿言, 非禮勿動.” 顔淵曰, “回雖不敏, 請事斯語矣.”

안연이 인에 관해 묻자 공자가 이같이 대답했다. “스스로 절제해 예禮로 돌
아가는 것(극기복례克己復禮)이 인을 이루는 길이다. 하루만이라도 극기복
례를 하면 천하가 인으로 돌아갈(천하귀인天下歸仁) 수 있다. 이는 자신에게
서 비롯되는 것(위인유기爲仁由己)이다. 어찌 다른 사람에게서 비롯될 수 있
겠는가?”

안연이 다시 물었다. “그 세목細目을 묻고자 합니다.”

공자가 대답했다. “예가 아니면 보지 않는 것(비례물시非禮勿視), 예가 아니
면 듣지 않는 것(비례물청非禮勿聽), 예가 아니면 말하지 않는 것(비례물언非禮
勿言), 예가 아니면 움직이지 않는 것(비례물동非禮勿動)이다.”

안연이 말했다. “제가 비록 불민不敏하나 이 말씀을 받들도록 하겠습니다!”

‘극기복례위인克己復禮爲仁’의 ‘극기克己’를 두고 마융과 형병은 몸가짐을 바르게

하는 약신約身으로 풀이했다. 주희는 “‘극克’은 이기는 것이고, ‘기己’는 일신의 사욕

을 이른다. ‘복復’은 돌아가는 것이고, ‘예禮’는 천리天理에 이르기 위한 절실하고도

긴요한 형식인 절문節文을 뜻한다. '위인爲仁'은 그 마음의 덕을 온전히 하는 것이다. 마음의 온전한 덕은 천리 아님이 없으나 또한 인욕에 의해 파괴되지 않을 수 없다. 이에 인을 이루고자 하는 자는 반드시 사욕을 이겨 예로 돌아가야 한다. 매사가 모두 천리인 까닭에 그같이 해야만 본심의 덕이 다시 내 몸에 온전하게 된다."라고 풀이했다. '천리인욕설天理人欲說'에 의거한 해석이다.

'천하귀인天下歸仁'을 두고 황간과 형병은 모든 사람이 인덕仁德을 갖춘 군주에게 모여드는 것으로 풀이했다. 주희는 '귀歸'를 두고 편을 드는 '여與'로 간주해 "천하의 모든 사람이 편을 들어 그 인함을 함께 한다."라고 풀이했다.

극기복례克己復禮란?

'극기복례'는 『춘추좌전』「노소공 12년」조에 나오는 말이다. 당시 초영왕楚靈王은 멋대로 정치를 펼치다가 신하들에 의해 쫓겨나 객사하는 화를 당했다. 공자는 이를 이같이 평했다. "옛 책에 이르기를, '극기복례를 인이라고 한다.'고 했다. 참으로 좋은 말이다. 만일 초영왕이 이같이 했다면 어찌 치욕을 당할 리 있었겠는가?"

『논어』에 나오는 '극기복례'는 공자가 고서에 나오는 격언을 인용한 것이다. '극기'는 주희가 말한 것과 같은 형이상학적인 개념이 아니라 말 그대로 스스로를 절제하는 '자극自克'을 말한다. '복례'는 『춘추좌전』에 나오듯이 '복인復仁'을 말한다. 공자가 말하는 '인'의 핵심 요소 중 하나가 '예'이다. 맹자가 '인의仁義'를 강조한 이래 '의'가 '인'의 핵심 요소인 것처럼 여겨지고 있으나 사실은 '인례仁禮'가 공자 당시의 고의에 부합한다. 공학의 요체인 '인학仁學'은 '위정학'을 습득하는 방법론으로는 '인지仁知'로 나타나고, '위정학'을 실천하는 방법론으로는 '인례'로 나타난다. 공자가 이 장에서 '극기복례'를 언급한 것은 위정자의 자기절제를 통한 지치至治

의 실현을 의미한다. 주희가 말한 바와 같은 형이상학적인 해석과는 거리가 멀다. 이퇴계와 더불어 조선성리학의 쌍벽을 이룬 이율곡은 47세가 되는 선조 15년의 1582년에 「극기복례설」을 지어 '극기복례'의 방법을 이같이 제시했다. "인이란 본심의 전덕全德으로 모든 사람이 이 본심을 갖추고 있다. 다만 사욕이 이를 가릴 뿐이다. 몸과 마음을 검속하는 도구인 예를 좇으면 심덕心德이 온전해질 수 있다."

제 2 장

仲弓問仁. 子曰, "出門如見大賓, 使民如承大祭. 己所不欲, 勿施於人. 在邦無怨, 在家無怨." 仲弓曰, "雍雖不敏, 請事斯語矣."

중궁이 인에 관해 묻자 공자가 이같이 대답했다. "문을 나서 사람을 만날 때는 큰 빈객(대빈大賓)을 맞이하는 듯이 하고(출문여빈出門如賓), 백성을 동원할 때는 큰 제사(대제大祭)를 받들 듯이(사민여제使民如祭) 해야 한다. 자신이 원하지 않는 일을 남에게 강요하지 않아야(기소불욕己所不欲, 물시어인勿施於人) 한다. 이같이 하면 나라에도 원망이 없고(재방무원在邦無怨) 집안에도 원망이 없을(재가무원在家無怨) 것이다."
중궁이 말했다. "저 염옹은 비록 불민한 인물이나(옹수불민雍雖不敏) 이 말씀을 받들어 반드시 실현하겠습니다.(청사사어請事斯語)"

'대빈大賓'을 형병은 공후公侯의 빈객, '대제大祭'를 천자가 정월에 시조 및 하늘에 올리는 제사인 체제禘祭 또는 교외에서 천지에 대해 제사를 지내는 교제郊祭로 해석했다. 원래 '출문여견대빈出門如見大賓' 구절과 '사민여승대제使民如承大祭' 구절은 『춘추좌전』 「노희공 33년」조에서 나오는 '출문여빈出門如賓, 승사여제承事如祭' 구절에서 따온 것이다. 문을 나서 사람을 보게 되면 손님을 대하듯이 하고 일을 맡게 되면 제사를 지내듯이 한다는 뜻이다. 이 장은 '승사여제承事如祭'를 '사민여제使民如祭'로 살짝 돌려 표현해놓은 셈이다. '승사承事'와 '사민使民' 모두 신중을 기해야 하는 만큼 동일한 취지에서 나온 격언이다.

'기소불욕己所不欲, 물시어인勿施於人' 구절은 「위령공」 제24장에도 나온다. 공문孔門에 널리 퍼져 있던 격언이었던 것으로 보인다. 당시 공자는 제자들과 대화하면서 이런 격언을 자주 인용했던 듯하다. '재방在邦'과 '재가在家'를 포함은 각각 제후가 되거나 경대부가 되는 것으로 해석했다. 그러나 이는 글자 그대로 '나라 안'과 '집안'으로 해석하는 게 문맥에 부합한다.

제3장

> 司馬牛問仁. 子曰, "仁者, 其言也訒." 曰, "其言也訒, 斯謂之仁矣乎." 子曰, "爲之難, 言之得無訒乎."

제자 사마우司馬牛가 인에 관해 묻자 공자가 대답했다. "인자仁者는 말할 때 느리고 신중하다(인자언인仁者言訒)."

사마우가 다시 물었다. "사람이 말할 때 느리고 신중한 흉내를 내면 곧 인하다고 할 수 있습니까?"

공자가 대답했다. "인을 행하는 것 자체가 어렵다. 말을 할 때 어찌 느리고 신중한 흉내를 내지 않을 수 있겠는가?"

'사마우司馬牛'는 이름이 경耕, 자가 자우子牛이다. 『사기』「중니제자열전」은 말이 많고 성질이 조급한 '다언이조多言而躁'로 표현해놓았다. 공안국은 공자에게 해를 끼치려고 했던 송나라 대부 사마환퇴司馬桓魋의 동생으로 보았다. 기원전 481년 사마환퇴가 난을 일으키자 사마우는 제나라로 달아난 뒤 오나라를 거쳐 송나라로 되돌아갔다가 마지막에는 노나라에서 숨을 거뒀다고 한다. 사마천은 사마환퇴와 사마우를 형제 사이로 보지 않고 동명이인으로 보았다. 현재로서는 사마우가 언제부터 얼마나 오랫동안 공자 밑에서 '위정학'을 공부했는지 알 길이 없다. 공자가 천하유세를 떠나기 이전에 한동안 제자 노릇을 했을 가능성이 크다. 제3장~제5장은 모두 사마우의 말을 중심으로 한 문답이다.

司馬牛問君子. 子曰, "君子不憂不懼." 曰, "不憂不懼, 斯謂之君子矣乎." 子曰, "內省不疚, 夫何憂何懼."

사마우가 군자에 관해 묻자 공자가 대답했다. "군자는 근심하거나 두려워하지 않는다(불우불구不憂不懼)."

사마우가 다시 물었다. "근심하거나 두려워하지 않으면 곧 군자라고 할 수 있습니까?"

공자가 대답했다. "안으로 자성을 해 조그마한 허물도 없으면(내성부구內省不疚) 무엇을 근심하며 두려워하겠는가?"

공자는 인간의 고귀함은 자신에게 달린 것이라고 가르치고 있다. 공자가 신분 세습에 기초한 봉건질서를 얼마나 꺼렸는지 짐작할 수 있다. 이는 당시의 기준에서 볼 때 매우 혁명적인 조치였다. 크릴은 사마환퇴가 공자를 죽이려고 한 것도 공자의 이런 혁명적 발상과 무관하지 않다고 주장했다. 이 장에 나오는 '군자불우불구君子不憂不懼' 구절과 유사한 구절이 「자한」 제28장과 「헌문」 제30장에도 나온다. 이 또한 당시 공자의 제자들 사이에 널리 회자된 격언으로 보인다.

司馬牛憂曰, "人皆有兄弟, 我獨亡." 子夏曰, "商聞之矣, '死生有命, 富貴在天'. 君子敬而無失, 與人恭而有禮, 四海之內, 皆兄弟也. 君子何患乎無兄弟也."

사마우가 걱정스레 말했다. "사람들은 모두 형제가 있는데 나만 없구나!" 자하가 말했다. "생사는 운명에 달려 있고(사생유명死生有命), 부귀는 하늘에 달려 있다(부귀재천富貴在天)는 말을 나는 들은 적이 있소. 군자가 매사에 공경하는 자세로 잘못을 저지르지 않고(경이무실敬而無失) 사람을 대할 때 공손한 모습으로 예를 지키면(공이유례恭而有禮) 천하 사람이 모두 형제(사해형제四海兄弟)가 되는 법이오. 군자가 어찌 형제가 없음을 걱정해야 하겠소?"

'아독무我獨亡'의 '무亡'는 '무無'와 같다. '경이무실敬而無失'의 '무실無失'을 두고 황간은 백성을 잃지 않는 것, 주희는 공경하는 자세를 견지하는 것, 다산은 자신에게 있는 도를 잃지 않는 것으로 풀이했다. 공안국은 사마우를 사마환퇴의 동생으로 간주해 친형인 사마환퇴가 나쁜 짓을 저지른 까닭에 사마우는 자신에게는 형제가 없는 것이나 다름없다는 취지에서 '아독무'를 언급한 것으로 보았다. 그러나 양보쥔은 사마우가 진정 형제가 없어 외로운 나머지 '아독무'를 언급한 것으로 풀이했다.

'정치사학'의 관점에서 볼 때 자하가 '사해형제四海兄弟'를 언급한 것은 그가 공문孔門의 '위정학'에 매우 정통했다는 사실을 반증하고 있다. 원래 전국시대 말기에 활약한 순자는 예치禮治에 초점을 맞춘 자하의 학문을 사숙私淑했다. 공자의 후기제자인 자하는 '효'를 강조한 동문수학의 증자와 달리 '예'를 중시했다. 그가 맹자를 질타한 근본 배경이다. 북송대에 활약하며 성리학의 기초를 닦은 호인의 자하에 대한 평이 이를 뒷받침한다. 그는 이 대목을 두고 "자하의 사해형제 언급은 다만 사마우의 뜻을 넓혀주고자 해서 한 말이다. 뜻은 원만하나 말은 막히고 있다. 오직 성인만이 이런 병통이 없다. 자하는 이를 알았으되 아들의 죽음에 지나치게 슬퍼해 실명했으니 이는 사람에 가려 이치에 어두웠기 때문이다."라고 주석했다. 호인이 언급한 '자하 실명설失明說'은 『사기』「중니제자열전」에서 나온 것으로 무슨 뚜렷한 근거가 있는 것도 아니다. 민간에 나돈 항설巷說일 가능성이 크다. '효'에 방점을 찍은 증자학파와 증자학파를 기리기 위해 '예'에 초점을 맞춘 자하학파와 순자학파를 폄훼하고자 하는 의도가 드러난다. 그러나 자하의 '사해형제' 언급은 '정치사학'의 관점에서 볼 때 증자와 맹자 등의 '수신학파 身學派' 및 자하와 순자로 상징되는 '위정학파爲政學派'의 차이가 극명하게 대비되는 대목이다.

제 6 장

子張問明. 子曰, "浸潤之譖, 膚受之愬, 不行焉, 可謂明也已矣.
浸潤之譖, 膚受之愬, 不行焉, 可謂遠也已矣."

자장子張이 공자에게 명찰明察에 관해 묻자 공자가 대답했다. "서서히 스며드는 참소(침윤지참浸潤之譖)와 피부에 와 닿도록 절박하게 하는 하소연(부수지소膚受之愬)이 통하지 않으면 명찰하다고 할 만하다. 또 서서히 스며드는 참소와 피부에 와 닿도록 절박하게 하는 하소연이 통하지 않으면 가히 고원高遠하다고 할 만하다."

'자장문명子張問明'의 '명明'은 밝게 살펴보는 명찰明察의 뜻이다. '부수지소膚受之愬'의 '부수膚受'를 두고 형병은 살갗의 잔주름에 때가 낀 듯한 것, 주희는 자신에게 이해관계가 절실히 느껴지는 것으로 풀이했다. '소愬'는 억울한 일이나 딱한 사정 따위를 하소연하는 것을 말한다. '가위원야可謂遠也'의 '원遠'을 마융은 이상이 높고 원대한 고원高遠, 주희는 가까운 것에 가리지 않고 멀리 내다보는 것으로 해석했다. 『서경』 등의 고전에서는 '명'과 '원'이 거의 같은 의미로 사용되고 있다.

제 7 장

子貢問政. 子曰, "足食足兵, 民信之矣." 子貢曰, "必不得已而去, 於斯三者何先." 曰, "去兵." 子貢曰, "必不得已而去, 於斯二者何先." 曰, "去食. 自古皆有死, 民無信不立."

자공이 정사에 관해 묻자 공자가 이같이 대답했다. "자족경제(족식足食)와 자주국방(족병足兵), 대정부 신뢰(민신民信)가 이뤄져야 한다."

자공이 물었다. "만일 부득이해 반드시 하나를 버리기로 한다면 세 가지 중에서 무엇을 먼저 버려야 합니까?"

공자가 대답했다. "병력 감축(거병去兵)부터 먼저 해야 할 것이다."

자공이 다시 물었다. "만일 부득이해 반드시 하나를 더 버리기로 한다면 나머지 두 가지 중에서 무엇을 먼저 버려야 합니까?" 공자가 대답했다. "경제 축소(거식去食)를 다음으로 해야 할 것이다. 자고自古로 먹을 게 없으면 사람은 누구나 죽게 마련이다. 그러나 '민신'이 없으면 나라가 설 수조차 없게(민무신불립民無信不立) 된다."

'필부득이이거必不得已而去'의 '필必'은 여기서 만약의 뜻을 지닌 가정법 조사로 사용된 것이다. '민무신불립民無信不立'의 '불립不立'을 두고 황간과 형병은 전란 등으로 인해 나라가 존속하기 어려운 상황으로 풀이했다. 백성의 조정에 대한 불신이 극에 달해 패망으로 치닫는 상황을 가리킨다. 고금동서를 막론하고 '민신'이 전제되지 않으면 국방은 물론 경제까지 무너져 결국 패망에 이르게 된다.

「안연」 제7장에 대한 해석과 그 오해

이 장만큼 오랫동안 세인들의 오해를 불러일으킨 대목도 많지 않다. 이는 말할 것도 없이 성리학에 기인한 것이다. 공자는 이 장에서 나라를 지키기 위한 '강병强兵'과 이를 뒷받침할 '부국富國'을 강조하고 있다. 그럼에도 불구하고 후대의 성리학자들은 이를 무시한 채 마지막에 나오는 구절을 확대 해석해 공자가 마치 백성의 신뢰를 중시한 맹자의 '왕도'와 똑같은 주장을 펼친 것으로 해석했다. 공자가 마지막 대목에서 '민신民信'을 국가 존립에 필요한 최소한의 조건으로 제시하게 된 배경에 대한 종합적인 해석을 거부한 채 전후 문맥을 거두절미해 오직 '민신'이라는 글자에 모든 초점을 맞췄던 것이다. 이로 인해 후세에는 '부국'을 강조한 공자의 취지가 완전히 파묻히고 말았다.

공자가 '민신'을 거론한 것은 기본적으로 국가 존립을 위한 최소한의 조건인 '민신'을 확보하기 위해 백성을 굶겨도 좋다고 한 게 아니다. '민신'을 강조한 것은 군주가 위민爲民을 구실로 백성을 착취해서는 안 된다는 것을 강조하기 위한 것이다. 공자가 이 대목에서 진정으로 말하고자 한 것은 지배자와 피지배자 모두 국가 목적에 대한 이해를 함께 하고, 그 이익을 함께 향유하는 공동체의 주체라는 사실이다. 그는 이를 치자와 피치자 모두에게 주지시킬 의도에서 이같이 언급했던 것이다. 공자의 이런 입장은 관중의 '부국' 사상과 완전히 일치하고 있다.

관중은 국가를 부강하게 하기 위해서는 우선 국민을 살찌워 국가 재정을 튼튼히 하는 게 필수적이라는 생각을 가졌다. 아무리 고상하고 거창한 구호를 내세울지라도 인민들이 먹는 문제가 해결되지 않는 한 공허할 수밖에 없고 인민들 모두 인간으로서의 최소한의 예도 갖추기 어려운 법이다. 그리 되면 아예 국가가 존립할 수조차 없게 된다. 관중의 부민사상은 부국강병을 이뤄 천하의 중심국이 되자는 데 그 근본 취지가 있었던 것이다.

공자가 이 장의 마지막 대목에서 '민신'을 강조한 것은 일견 관중의 '부국론'과 배치되는 것처럼 보인다. 그러나 공자의 언급은 국가 존립의 도덕적인 측면에서의 순위를 말한 것이고, 관중의 언급은 국가 존립의 물질적 측면에서의 순위를 말한 것이다. 공자는 정신적인 측면의 우선순위를 말한 것이고, 관중은 물질적 측면의 우선순위를 각기 말한 셈이 된다.

국가 존립에 관한 물질적인 측면에서의 우선순위를 논하면 단연 관중이 강조한 것과 같이 '족식'이 가장 앞설 수밖에 없다. '족식'이 충족된 뒤에 '족병'이 있고, 맨 나중에 '민신'이 있게 되는 것이다. 관중이 '족식'을 통해 궁극적으로 이루고자 한 것은 '민신'이었다. 공자가 '거식'과 '거병'을 차례로 언급하며 '민신'을 강조한 것은 '민신'의 토대가 '족식'에 있음을 전제로 한 것이다. 두 사람 모두 국가 존립의 물질적 토대인 '족식'이 충족돼야 도의적 차원의 최고 단계인 '민신'이 존재할 수 있다고 보았다. 두 사람은 동일한 내용을 다른 방식으로 언급한 셈이다. 공자가 관중을 '인자仁者'로 칭송한 배경이 바로 여기에 있었다. 그런데도 대다수의 사람들이 형식적인 문구에 얽매여 그 취의趣意를 알아차리지 못하고 있다. 이는 공학에 대한 성리학자들의 왜곡을 답습하는 것이다.

제 8 장

棘子成曰, "君子質而已矣, 何以文爲." 子貢曰, "惜乎. 夫子之說君子也, 駟不及舌. 文猶質也, 質猶文也. 虎豹之鞹, 猶犬羊之鞹."

위나라 대부 극자성棘子成이 말했다. "군자는 내용인 질質을 중시할 뿐이니 외부 치장인 문文을 어디에 쓰겠습니까?"

자공이 말했다. "애석하오, 그대의 군자에 대한 잘못된 언급이! 한 번 내뱉은 말은 네 필의 말이 끄는 가장 빠른 수레조차 따라잡지 못하오(사불급설駟不及舌). 본래 '무늬'도 '바탕'만큼 중요하고, '바탕'도 '무늬'만큼 중요하오(문유질文猶質, 질유문質猶文). '바탕'만을 중시하는 것은 마치 범과 표범의 털 없는 가죽(호표지곽虎豹之鞹)을 내걸어 개와 양의 털 없는 가죽(견양지곽犬羊之鞹)과 똑같다고 하는 것과 같소."

'사불급설駟不及舌' 구절에서 '사駟'는 네 필의 말이 이끄는 수레로 당시의 기준으로 보면 가장 빨리 달리는 물체를 상징한다. 이 구절을 앞 구절과 하나로 묶어 해석하기도 한다. 양보쥔은 나눠서 해석하는 게 낫다고 보았다. '극자성棘子成'은 위나라 대부로 『논어』 전체를 통틀어 이 장에 딱 1번 나온다. '호표지곽虎豹之鞹'의 '곽鞹'은 무두질한 털 없는 가죽을 말한다. '호표虎豹'와 '견양犬羊'은 각기 군자와 소인을 상징한다. '호표'와 '견양'의 가죽도 무두질하게 되면 하등 구별할 길이 없게 된다. '문文'이 '질質' 못지않게 중요함을 강조한 것이다. '문유질야文猶質也, 질유문야質猶文也' 구절을 두고 공안국은 과도하게 '질'에 초점을 맞춘 극자성의 치우친 관점을 자공이 비평한 것으로 보았다.

이에 대해 주희는 "'문'과 '질'은 동등해 서로 없어서는 안 된다. 만일 반드시 그 문을 버리고 홀로 그 질을 보존하고자 하면 군자와 소인을 분별할 길이 없게 된다."라고 풀이했다. 또 주희는 "극자성은 당시의 폐단을 바로잡고자 하면서 실로 한쪽을 지나치게 강조한 잘못이 있고, 자공은 극자성의 폐단을 바로잡고자 하면서 본말과 경중에 차이가 없었으니 이 또한 잘못이다."라고 첨언했다.

그러나 주희의 자공에 대한 이런 지적은 잘못이다. 극자성은 '질'을 극단적으로 중시하는 잘못을 저질렀다. 반면 자공은 '문'이 배제된 '질'은 마치 군자를 소인과 같게 만드는 것과 같다고 지적하면서 '문'의 중요성을 역설했을 뿐이다. 이 장은 '문'과 '질'이 조화를 이루면 이후 군자가 될 수 있다는 「옹야」 제16장의 '문질빈빈文質彬彬과 취지를 같이하는 것이다

자공이 '문'과 '질'의 본말과 경중을 얘기하지 않은 것은 극자성의 편벽된 견해를 지적하기 위한 것이다. 결코 주희가 지적한 것처럼 '문'과 '질'을 반드시 동일한 것으로 평가한 것은 아니다. 만일 둘 가운데 하나를 고르라고 한다면 자공 역시 공자와 마찬가지로 '질'을 택했을 것이다. 주희는 '수신'에 방점을 찍은 안회를 높이고자 하는 의욕이 앞선 나머지 '위정'에 초점을 맞춘 자공을 상대적으로 폄훼했다는 지적을 면하기 어렵다.

제 9 장

哀公問於有若曰, "年饑, 用不足, 如之何." 有若對曰, "盍徹乎."
曰, "二, 吾猶不足, 如之何其徹也." 對曰, "百姓足, 君孰與不足.
百姓不足, 君孰與足."

노애공이 유약有若, 즉 자유子有에게 물었다. "해마다 흉년이 들어 나라의 재용이 부족하니 어찌해야 좋겠소?"

유약이 대답했다. "어찌 10분의 1을 거두는 세법(철법徹法)을 쓰지 않는 것입니까?"

노애공이 힐난했다. "10분의 2를 거두어도 나로서는 오히려 부족한데 어찌 한가하게 철법을 쓰라는 것이오?"

유약이 이같이 대답했다. "백성이 풍족해지면 군주가 혼자 부족해질 리 있겠습니까?(군숙여부족君孰與不足) 백성이 부족해지면 군주가 혼자 풍족해질 리 있겠습니까?(군숙여족君孰與足)"

이 장에서 '유약有若'을 지칭하면서 그의 자인 '자유'를 쓰지 않고 이름을 쓴 것은 군주인 노애공을 높이기 위한 것이다. 유약은 공자의 제자들 가운데 생김새가 공자와 흡사한 인물이었다. 자는 자유子有 또는 자약子若이다. 후대의 유자들은 유자有子로 높여 불렸다. '합철호盍徹乎'의 '합盍'은 의문부사인 '하불何不'의 축약형이다. '철徹'은 당시 노나라의 세제인 철법徹法을 지칭한 것이다. 균등하다는 의미를 지닌 용어로 수확의 10분의 1을 조세로 거두는 '십일세十一稅'를 뜻한다. 당시 노나라는 노선공 때부터 각 무畝 당 10분의 2를 조세로 거두었다.

주희는 이를 두고 이미 '철법'을 시행해 10분의 1을 조세로 거두고 있는 상황에서 그 위에 다시 10분의 1을 거둬 모두 10분의 2를 거둘 것을 건의한 것으로 풀이했다. 이는 잘못이다. 당시 유약은 노애공이 흉년으로 인한 재용 부족의 보완 방안을 묻자 '철법'만으로도 얼마든지 재용 부족을 해소할 수 있다고 주장한 것이다. 사실상 경비의 삭감을 요구한 것이다. 그는 결코 10분의 2를 거두라고 건의한 적이 없다. '군숙여족君孰與足'의 '숙여孰與'는 '누구와 더불어'의 뜻으로 '여민동락與民

同樂'의 의미로 사용된 것이다.

제10장

子張問崇德辨惑. 子曰, "主忠信, 徙義, 崇德也. 愛之欲其生, 惡
之欲其死. 旣欲其生, 又欲其死, 是惑也. 誠不以富, 亦祇以異."

자장이 덕을 높이고 미혹을 분별하는(숭덕변혹崇德辨惑) 방법을 묻자 공자
가 대답했다. "충신忠信을 위주로 하며 의로움을 따르는(주충신사의主忠信徙
義) 것이 덕을 높이는 길이다. 사랑하면 그 대상이 살기를 바라고(애지욕기
생愛之欲其生) 미워하면 그 대상이 죽기를 바라는(오지욕기사惡之欲其死) 법이
다. 이때 그 대상이 살기를 바라면서 동시에 죽기를 바라는 것이 바로 미혹
으로 빠지는 길이다. 『시경』에서 미혹을 두고 '실로 미혹된 나머지 자신을
부유하게 만들지도 못하고, 오직 기이함만 취할 뿐이다!'라고 했다."

'성불이부誠不以富, 역기이이亦祇以異' 구절을 두고 정현은 '숭덕崇德'에 이어 '변
혹辨惑'을 밝히기 위해 인용한 결과로 보았다. 이에 대해 정이천은 착간錯簡으로
간주해 「계씨」 제12장에 나오는 '제경공유마천사齊景公有馬千駟' 위에 두어야 한다
고 주장했다. 그러나 정이천의 주장은 '덕이德義'와 '부富'를 대립시켜 생각하는 도
학적인 발상에서 비롯된 것이다. '덕의'와 '부'는 양립이 가능한 개념이다.

'성불이부, 역기이이' 구절은 정현처럼 '숭덕'에 이어 미혹을 분별하는 '변혹'을 설명하기 위해 인용한 것으로 보는 게 합리적이다. 앞 구절에 대해 이 구절은 새로운 것만 찾다가는 끝내 자신이 본래 가지고 있던 것조차 지키지 못하게 되는 어리석음을 지적하고 있다. 사랑하던 사람이 미워진 나머지 죽기를 바라면 『시경』 「소아 · 아행기야我行其野」에 나오듯이 자신을 부유하게 하지도 못하고 오직 기이함만 찾게 될 뿐이라고 지적한 게 그렇다.

'성불이부誠不以富, 역기이이亦祇以異' 구절은 어디에서 왔을까?
원래 이 구절은 『시경』 「소아 · 아행기야我行其野」의 구절에서 따온 것이다.

나는 홀로 벌판을 가다가 我行其野

통통한 순무를 캐게 됐지 言采其葍

옛 혼인을 생각지 않고   不思舊婚

그대는 새 짝 찾고 있소   求爾新特

그녀가 부자여서 아니고   誠不以富

다만 변심했기 때문이지   亦祇以異

전통적으로 성리학자들은 「아행기야」를 두고 버림받은 여인이 고향을 그리며 읊은 기부시棄婦詩로 보았다. 그러나 문학평론가 정전뒤鄭振鐸는 『중국속문학사 中國俗文學史』에서 「아행기야」를 데릴사위의 한탄을 읊은 시로 보았다. '불사구혼 不思舊婚'과 '구이신특求爾新特' 등의 구절을 데릴사위의 복잡한 심경을 토로한 것으로 간주한 결과다.

齊景公問政於孔子. 孔子對曰, "君君, 臣臣, 父父, 子子." 公曰, "善哉. 信如君不君, 臣不臣, 父不父, 子不子, 雖有粟, 吾得而食諸."

제경공이 공자에게 정사에 관해 묻자 공자가 이같이 대답했다. "군주는 군주답고, 신하는 신하답고, 아비는 아비답고, 자식은 자식다워야(군군신신君君臣臣, 부부자자父父子子)합니다."
제경공이 말했다. "좋은 말이오. 실로 군주가 군주답지 못하고, 신하가 신하답지 못하고, 아비가 아비답지 못하고, 자식이 자식답지 못하면 비록 곡식이 있을지라도 내가 어찌 그것을 먹을 수 있겠소?"

'수유속雖有粟'의 '속粟'은 곡식을 뜻하는 말이나, 여기서는 하늘이 내리는 천록天祿 또는 경대부가 받는 봉록俸祿을 뜻하는 용어로 사용됐다. '군군 · 신신 · 부부 · 자자'는 공자가 생각하는 국가 공동체 질서의 기본 모형이기도 하다.

순자가 구체화시킨 '군군君君 · 신신臣臣 · 부부父父 · 자자子子'
'군군 · 신신 · 부부 · 자자'는 훗날 순자에 의해 『순자』 「왕제王制」에 나오듯이 '4민론四民論'으로 구체화됐다. 해당 구절이다. "천지는 생生의 시작이고, 예의는 치治의 시작이고, 군자는 예의禮義의 시작이다. 예의를 만들고, 통용하게 하고, 무겁

게 쌓게 하고, 완미完美의 경지에 이르도록 하는 것은 군자의 근본이다. 그래서 천지는 군자를 낳고, 군자는 천지를 다스리는 것이다. 군신君臣 · 부자父子 · 형제兄弟 · 부부夫婦는 시작되어서 끝나고, 끝나면 다시 시작되고, 천지와 더불어 같이 다스려지고, 만세토록 같이 오래간다. 이를 일컬어 '대본大本'이라고 한다. 군신을 비롯한 모든 사람이 각자 맡은 자리에서 역할을 충실히 하는 군군君君 · 신신臣臣 · 부부父父 · 자자子子 · 형형兄兄 · 제제弟弟를 위시해 사농공상士農工商의 4민四民이 주어진 임무를 충실히 이행하는 농농農農 · 사사士士 · 공공工工 · 상상商商 모두 한 가지 원리에서 나온 것이다."

순자는 공자가 이 장에서 역설한 '군군신신, 부부자자'의 이치를 국가 공동체의 모든 구성원에게 확산시킨 셈이다. 공학이 주안점을 둔 '위정학' 이론이 맹자가 아닌 순자에게 이어졌다고 보는 이유다. 공자와 '군군신신'의 명분론을 논한 춘추시대 말기의 제경공이 나름 제환공의 공업功業을 재현하고자 노력한 명군의 일원으로 간주되는 배경도 이런 맥락에서 이해할 수 있다. 그러나 제경공은 끝내 공자의 이런 가르침을 깊이 새기지 못한 까닭에 끝내 후손으로 하여금 권신인 진씨陳氏에게 보위와 나라를 상납하게 하는 단초를 제공하고 말았다.

제 1 2 장

子曰, "片言可以折獄者, 其由也與." 子路無宿諾.

공자가 말했다. "한쪽의 말만 듣는 것(편언片言)만으로도 능히 송사에 대한 판결(절옥折獄)을 행할 수 있는 자는 아마도 자로일 것이다."
실제로 자로는 당사자로부터 다른 말을 들을까 두려워한 나머지 미리 승낙하는 일이 없는(무숙락無宿諾) 모습을 보였다.

'편언片言'을 두고 공안국은 한쪽 말만 듣는 것으로 풀이했다. 황간과 형병도 이를 좇았다. 그러나 청대 건륭제 때의 고증학자 초순焦循은 『논어통석論語通釋』에서 한쪽 말만 듣고 명쾌히 판결하는 것은 이치에 맞지 않다며 공안국 등을 비판했다. 주희는 하고자 하는 말의 절반 수준인 '반언半言'으로 보고, "당시 자로가 말하면 사람들은 이를 믿고 복종해 그의 말이 채 반도 끝나기를 기다리지 않았다."라고 풀이했다. '정치사학'의 관점에서 볼 때 주희의 이런 해석이 문맥에 부합한다. 오규 소라이도 주희의 주석을 좇았다.

원래 옥사를 판결할 때는 반드시 쌍방의 말을 들은 뒤 공정한 입장에 서서 시시비비是是非非를 가려야 한다. 공자가 자로를 두고 '편언'만으로도 능히 공정한 재판을 할 수 있다고 평가한 것은 자로가 그만큼 공정하게 사안의 시시비비를 가릴 줄 안다고 판단한 결과다. '편언'을 주희처럼 '반언'으로 풀이하는 게 합리적이다.

문제는 '자로무숙락子路無宿諾' 구절의 '무숙락無宿諾'에 대한 주석이다. 역대 주석가들 대부분이 미리 승낙한 사항을 하룻밤 묵혀 두는 일이 없는 것, 약속한 말을 유예하는 일이 없는 것 등으로 해석했다. 그러나 이같이 해석할 경우 문맥이 매끄럽지 못하다. 당태종 때 활약한 육덕명이 『경전석문』에서 이 구절이 나오게 된 배경에 의문을 표시하면서 착간錯簡의 가능성을 제시한 것도 이 때문이다.

오규 소라이는 이 구절을 이같이 풀이했다. "고주古註는 '숙宿'을 예약豫約의 '예豫'와 같다고 했다. 일을 미리 알 수 없는 까닭에 미리 승낙하지 않는 것은 승낙에 잘못이 없게 하려는 취지이다. 주희는 사안을 보류하는 '숙류宿留'로 풀이했다. 그러나 그의 해석은 지나치게 성급한 것으로, 송유宋儒의 견해에 지나지 않는다. 이는 '오직 다른 말을 들을까 두려워했다!'의 뜻으로 해석해야 문맥에 부합한다."

주희를 비롯한 기왕의 주석가들이 '약속한 말을 하루라도 늦춰 유예하는 법이 없었다.'고 언급한 주석 대신 오규 소라이의 주석을 좇아 '미리 승낙하는 일이 없었다.'고 풀이하는 게 합리적이다. 공자가 드물게도 이 장에서 자로의 충신忠信과 결단決斷을 높이 평가한 게 그 증거이다.

제13장

子曰, "聽訟, 吾猶人也, 必也使無訟乎."

공자가 말했다. "송사를 듣고 판결하는 것(청송聽訟)은 나도 남과 같다吾猶人也. 그러나 나는 그보다는 반드시 송사가 없도록 만들겠다必也使無訟乎."

'청송聽訟'은 송사를 듣고 판결하는 일을 말한다. 이는 정치의 중요한 부분이기도 하다. '군군신신'을 언급한 제11장은 공자의 정사에 대한 기본 입장을 밝힌 것이고, 제12장~제13장은 공자의 옥송獄訟에 관한 견해를 피력한 것이다. 모두 위정자의 실무와 관련된 얘기이다. 제11장~제13장 모두 얼핏 서로 다른 얘기를 하는 것처럼 보이지만 나름 상호 연관성이 있다고 보는 이유다.

제14장

> 子張問政. 子曰, "居之無倦, 行之以忠."
>
> 자장이 정사에 관해 묻자 공자가 이같이 대답했다. "관직에 있을 때는 게으름이 없어야 하고(거지무권居之無倦), 정사를 행할 때는 충심忠心으로 이행해야(행지이충行之以忠) 한다."

'거지무권居之無倦'의 '거居'를 두고 황간은 몸이 정사를 맡는 자리에 있는 것, 주희는 마음속에 도를 보존하고 있는 상태로 해석했다. '권倦'은 해태懈怠의 뜻이다. '행지이충行之以忠'의 '충忠'은 충성스런 마음인 충심忠心을 가리킨다. 마음속에서 우러나는 내심內心인 충심衷心과 통한다. 이 장을 두고 정이천은 "자장은 인이 부족해 성심으로 백성을 사랑하지 못했다. 그리 되면 반드시 게을러져 마음을 다하지 않게 되기에 공자가 이같이 말한 것이다."라고 풀이했다.

제15장

子曰, "博學於文, 約之以禮, 亦可以弗畔矣夫."

공자가 말했다. "군자가 널리 학문을 배우고(박학어문博學於文) 예로써 배운

바를 단속하면(약지이례約之以禮) 또한 도에 어긋나지 않을 수 있다."

이 장은 군자의 행보를 '박문약례博文約禮'로 요약한 「옹야」 제25장과 똑같다.

주어인 군자君子만 빠져 있을 뿐이다. 동일한 내용의 이전異傳으로 보인다.

제16장

子曰, "君子成人之美, 不成人之惡. 小人反是."

공자가 말했다. "군자는 남의 장점을 이뤄주고(성인지미成人之美) 남의 단점

을 막아준다(불성인지악 不成人之惡). 그러나 소인은 이와 반대로 한다."

주희는 '인지오人之惡'의 '오惡'를 '선악善惡'의 '악惡'으로 해석했다. 그러나 이는

지나친 선악관에서 비롯된 것이다. '미美'의 대칭개념은 '추醜'이다. '오'는 '추'의 동의어이다.

제 1 7 장

> 季康子問政於孔子. 孔子對曰, "政者正也. 子帥以正, 孰敢不正."
>
> 계강자가 공자에게 정사에 관해 묻자 공자가 이같이 대답했다. "정치는 바로 잡는 것입니다(정자정야政者正也). 그대가 바른 것으로 이끌면 누가 감히 바르지 않은 짓을 하겠습니까(숙감부정孰敢不正)."

'자수이정子帥以正'의 '수帥'는 '솔率'의 뜻이다. 노나라 집정대부 계강자는 천하유세를 마치고 귀국한 공자를 국로國老로 대접하면서 수시로 그의 자문을 구했다. 공자는 계강자에게 거침없는 질타를 가했다. 이 장은 당시 상황을 반영한 것이다.

제18장

季康子患盜, 問於孔子. 孔子對曰, "苟子之不欲, 雖賞之不竊."

계강자가 도둑을 걱정해 공자에게 대책을 묻자 공자가 이같이 대답했다.

"실로 그대가 탐욕을 부리지 않으면 백성들은 비록 상을 준다 할지라도 도둑질을 하지 않을 것(수상부절雖賞不竊)입니다."

이 장 역시 앞 장과 같은 맥락에서 나온 것이다. 공자가 계강자를 질타한 배경을 두고 호인은 풀이하기를, "계씨는 정권을 도둑질하고, 계강자는 적자의 자리를 빼앗았다. 백성들이 도둑질하는 것은 실로 당연한 일이다. 어찌 그 근본을 돌이켜보지 않는 것인가?"라고 했다.

제19장

季康子問政於孔子曰, "如殺無道, 以就有道, 何如." 孔子對曰, "子爲政, 焉用殺. 子欲善而民善矣. 君子之德風, 小人之德草. 草上之風, 必偃."

계강자가 공자에게 정사에 관해 물었다. "만일 무도無道한 자를 죽여 도가 있는 유도有道의 길로 나아가면 어떻겠습니까?"

공자가 대답했다. "그대가 정치를 하면서 어찌 죽이는 일을 능사로 삼으려는 것입니까? 그대가 선을 행하고자 하면 백성들은 저절로 선해질 것입니다(욕선민선欲善民善). 위정자인 군자의 덕(군자지덕君子之德)은 바람과 같고, 백성인 소인의 덕(소인지덕小人之德)은 풀과 같습니다. 바람이 불면 풀은 반드시 바람을 따라 쓰러지기(풍행초언風行草偃) 마련입니다."

'초상지풍草上之風'의 '초상草上'이 황간본에는 '초상草尙'으로 되어 있다. '필언必偃'의 '언偃'은 쓰러질 '부仆'의 뜻이다. 군자와 소인을 바람과 풀에 비유한 대목은 『맹자』 「등문공 상」에 인용된 공자의 말에도 나타나고 있다. 맹자가 제나라에서 활약하던 전국시대 말기에 이 일화가 이미 제나라에 널리 전해졌음을 시사한다.

제20장

子張問, "士, 何如斯可謂之達矣." 子曰, "何哉, 爾所謂達者."
子張對曰, "在邦必聞, 在家必聞." 子曰, "是聞也, 非達也. 夫達也者, 質直而好義, 察言而觀色, 慮以下人. 在邦必達, 在家必達. 夫聞也者, 色取仁而行違, 居之不疑. 在邦必聞, 在家必聞."

자장이 물었다. "선비는 어찌해야 통달했다고 말할 수 있는 것입니까?"

공자가 반문했다. "그게 무슨 말인가? 네가 말하는 통달은 무엇을 말하는 것인가?"

자장이 이같이 대답했다. "나라에 있어도 반드시 소문이 나고(재방필문在邦必聞) 집안에 있어도 반드시 소문이 나는(재가필문在家必聞) 것입니다."

공자가 말했다. "그것은 소문이지 통달이 아니다. 무릇 통달은 질박하고 곧으며 의義를 좋아하고(질직호의質直好義), 언행을 자세히 살피고 낯빛을 관찰하며(찰언관색察言觀色), 사려 깊게 생각하며 몸을 낮추는(여이하인慮以下人)데서 비롯된다. 이렇게 하면 제후의 나라에서도 반드시 통달하고(재방필달在邦必達) 집안에서도 반드시 통달한다(재가필달在家必達). 소문이 난다는 것은 낯빛만 인자할 뿐 행실은 그와 어긋나고(색인행위色仁行違), 그렇게 살면서도 스스로를 의심하지 않는(거지불의居之不疑) 것이다. 이렇게 하면 나라에 있어도 반드시 소문이 나고 집안에 있어도 반드시 소문이 나게 된다."

'질직호의質直好義'를 두고 다산은 '질직質直'은 내실內實, '호의好義'는 외행外行으로 풀이했다. 사물의 마땅함인 사의事宜에 부합한 행보로 풀이한 셈이다. 주희는 '호의好義'를 안으로는 충실하고 믿음직하며, 밖으로는 의에 부합하는 행보로 해석했다. '거지불의居之不疑'를 두고 마융은 "선한 일 하는 것을 편히 여겨 스스로 의심하지 않는 것을 말한다."라고 풀이했다. 주희는 스스로 옳다고 여겨 꺼리는 바가 없는 것으로 새겼다.

제 21 장

樊遲從遊於舞雩之下, 曰, "敢問崇德修慝辨惑." 子曰, "善哉, 問.
先事後得, 非崇德與. 攻其惡, 無攻人之惡, 非修慝與. 一朝之
忿, 忘其身, 以及其親, 非惑與."

번지樊遲가 공자를 따라 무우舞雩 아래서 놀며 이같이 말했다. "감히 덕을
높이는 것(숭덕崇德)과 사특함을 다스리며 미혹됨을 분별하는 것(수특변혹修
慝辨惑)에 관해 묻고자 합니다."

공자가 대답했다. "그 질문이 참으로 좋다! 일을 먼저 하고 그 대가는 뒤로
하는 것(선사후득先事後得)이 바로 '덕을 숭상하는 것'이 아니겠는가? 자신의
나쁜 점을 다스리면서도(공기악攻己惡) 남의 나쁜 점은 공격하지 않는 것(무
공인악無攻人之惡)이 바로 '사특함을 다스리는 것'이 아니겠는가? 한 순간의
분노(일조지분一朝之忿)로 인해 자신을 잊고 그 화가 부모에게까지 미치도
록(망신급친忘身及親) 하지 않는 것이 바로 '미혹됨을 분별하는 것'이 아니겠
는가?"

'수특변혹修慝辨惑'의 '특慝'을 두고 호인은, "이 글자는 '심心'과 '익匿'으로 이뤄졌
으니 악이 마음속에 숨어 있는 것을 말한 것이다."라고 풀이했다. 주희는 '수修'를
다스려 제거한다는 뜻의 '치거治去'로 풀이했다. '선사후득先事後得'을 두고 공안국

은 일을 먼저 힘들게 한 뒤 대가를 받는 것, 주희는 의당 해야 할 바를 하고 공로를 헤아리지 않는 것, 다산은 노고는 남보다 먼저 하고 이록利祿은 뒤에 받는 것으로 풀이했다.

제22장

樊遲問仁. 子曰, "愛人." 問知. 子曰, "知人." 樊遲未達. 子曰, "擧直錯諸枉, 能使枉者直." 樊遲退, 見子夏曰, "鄕也, 吾見於夫子而問知. 子曰, '擧直錯諸枉, 能使枉者直'. 何謂也." 子夏曰, "富哉, 言乎. 舜有天下, 選於衆, 擧皐陶, 不仁者遠矣. 湯有天下, 選於衆, 擧伊尹, 不仁者遠矣."

번지가 인仁에 관해 묻자 공자가 대답했다. "사람을 사랑하는 것(애인愛人)이다."

번지가 지知에 관해 묻자 공자가 대답했다. "사람을 아는 것(지인知人)이다."

번지가 알아듣지 못하자 공자가 이같이 설명했다. "곧은 사람을 등용해 굽은 사람 위에 두면(거직조저왕擧直錯諸枉) 능히 굽은 사람을 곧게 만들(능사왕자직能使枉者直) 수 있다."

번지가 물러난 뒤 자하를 만나 '아는 것'에 관해 물었다. "방금 전에 선생님을 뵙고 '아는 것'에 관해 물었더니 선생님은 곧은 사람을 등용해 굽은 사람 위에 두면 능히 굽은 사람을 곧게 만들 수 있다고 했소. 이게 무슨 말이오?"

자하가 대답했다. "넉넉하구나, 그 말씀이! 순임금이 천하를 다스릴 때 무리에서 고요皐陶를 등용하자 불인不仁한 자들이 멀리 사라졌소. 탕왕이 천하를 다스릴 때 무리에서 이윤伊尹을 등용하자 불인한 자들이 멀리 사라졌소."

'거직조저왕擧直錯諸枉'의 '조錯'는 조치할 '조措'의 가차로 사용된 것이다. '저諸'는 지어之於의 축약형이다. '향야鄕也'의 '향鄕'은 방금 전의 뜻인 '향曏'의 의미로 사용된 것이다. 이 장에는 자하가 번지의 질문에 대답하는 와중에 순舜·고요皐陶·탕湯·이윤伊尹 등을 언급한 대목이 나온다. 이런 지식은 『상서』에서 나온 것이다. 유가경전에 『상서』「우서」와 「하서」의 지식이 풍부히 인용된 것은 묵자와 맹자 이후의 일이다. 기무라 에이이치는 이 장에 나오는 번지와 자하의 문답을 대략 맹자 이후의 제나라에서 부가된 것으로 분석했다. 제20장~제22장 모두 군자의 수덕修德에 관한 사제 간의 문답으로 이루어져 있다. 나름 서로 일정한 연관성을 지니고 있다고 보아야 한다.

제23장

子貢問友. 子曰, "忠告而善道之, 不可則止, 無自辱焉."

자공이 교우交友에 관해 묻자 공자가 이같이 대답했다. "충심으로 알려주며 잘 이끌면(충고선도忠告善道) 된다. 이게 잘 안 되면 곧바로 중지해 스스로를 욕되게 만드는 일을 하지 말아야 한다."

'충고이선도지忠告而善道之'가 하안의 『논어집해』에는 '이선도지以善道之'로 되어 있다. 여기의 '도道'는 이끌 '도導'의 의미로 사용된 것이다. '불가즉지不可則止'가 황간본에는 '부즉지不則止'로 되어 있다. 이 장과 다음 장 모두 교우에 관한 얘기다. 주희는 풀이하기를, "벗은 보인輔仁이다. 그 마음을 다해 말해주고, 그 말을 잘해 인도해야 한다. 그러나 의리로써 합친 자이기에 이 일이 불가능하면 즉시 그만두어야 한다. 만일 자주 말하다가 소원해지면 스스로 욕되는 것이다."라고 했다.

제24장

曾子曰, "君子以文會友以友輔仁."

증자가 이같이 말했다. "군자는 글로써 벗을 모으고(이문회우以文會友), 벗을 통해 자신의 어진 덕성을 키워야(이우보인以友輔仁) 한다."

주희는 여기의 '문文'을 '강학講學'으로 풀이했다. 그러나 학문을 포함한 넓은 의미의 '글'로 해석하는 게 나을 듯하다. 이 장은 이 편의 24개 장 가운데 유일하게 '증자왈'로 시작하고 있다. 이는 증자의 제자 때 전송된 것으로 짐작된다. 그러나 전후 관계에 비춰볼 때 맹자 이후의 제나라 유자들에 의해 윤색 또는 부가된 것일 가능성이 크다.

자
로
子
路

Intro

자로子路

정치와 사군자士君子에 관한 어록

「자로」는 총 30개 장으로 이루어져 있다. 이 편은 크게 제1장~제18장과 제19장 ~제30장 등 두 개의 장군章群으로 나눌 수 있다. 첫 번째 장군은 주로 정치에 관한 얘기를 모아놓은 것이고, 두 번째 장군은 주로 사군자士君子의 태도에 관한 기사 를 모아놓은 것으로, 내용상 다시 제19장~제26장과 제27장~제30장으로 세분할 수 있다.

이 편에 등장하는 공자의 제자는 자로·중궁·번지·염유·자하·자공 등 6명이다. 그 밖에 위나라 대부 공자 형荊과 노정공魯定公, 초나라 대부 섭공葉公 등이 등장한다. 공문의 얘기뿐만 아니라 공자가 천하유세 할 때의 얘기가 혼합되어 있다. 제15장과 제18장은 '공자왈'로 되어 있어 세간의 전송이 채록된 것으로 보인다. 이 편은 내용상 『논어』가 제나라에 유전된 시기보다는 빠른 3~4대 제자시대 때 노나라의 문인에 의해 성립된 후속편집일 가능성이 크다.

제 1 장

子路問政. 子曰, "先之勞之." 請益. 曰, "無倦."

자로가 정사에 관해 묻자 공자가 이같이 대답했다. "솔선수범한 뒤 힘써 일해야(선지로지先之勞之) 한다."

자로가 더 얘기해줄 것을 청하자 공자가 이같이 짧게 대답했다. "게으르지 않아야(무권無倦) 한다."

'선지로지先之勞之' 구절을 두고 공안국은 먼저 덕으로 인도해 백성들로 하여금 믿게 한 뒤 힘써서 일하게 만드는 것, 주희는 자신이 먼저 행하고 힘써 노력하는 것, 다산은 솔선해 일하면서 백성의 고로苦勞를 위로하는 것으로 해석했다. 모두 위정자의 솔선수범을 강조한 셈이다. 제1장~제4장은 모두 사제 간의 문답이라는 공통점이 있다.

제 2 장

仲弓爲季氏宰, 問政. 子曰, "先有司, 赦小過, 擧賢才." 曰, "焉知
賢才而擧之." 曰, "擧爾所知, 爾所不知, 人其舍諸."

중궁이 계씨의 가재家宰가 되어 정사에 관해 묻자 공자가 대답했다. "먼저
사안을 담당 관원에게 맡기고(선유사先有司), 작은 허물은 용서하고(사소과
赦小過), 현명한 인재를 천거해야(거현재擧賢才) 한다."
중궁이 다시 물었다. "어찌해야 현명한 인재를 알아보고 천거(지거현재知擧
賢才)할 수 있습니까?"
공자가 반문했다. "네가 먼저 알고 있는 사람 중에서 현명한 인재를 등용
하면 네가 모르는 현명한 인재를 남들이 그대로 놓아두겠는가?"

'선유사先有司'를 두고, 하안의 『논어집해』에 따르면 같은 삼국시대의 왕숙王肅
은 소관 직책의 관원인 유사有司에게 일을 맡기고 책임까지 묻는 것으로 풀이했
다. 다산은 소관 직책의 해당 관원에 앞서 몸소 솔선率先하는 것으로 새겼다. '계
씨재季氏宰'의 '재宰'는 여러 직책을 겸한 가신을 의미한다. '가재家宰'와 같다. 공자
의 제가 가운데 모두 3명이 계씨의 '가재'로 일했다. 먼저 자로子路가 노정공 12년
인 기원전 498년 전후에 가재로 있었다. 뒤를 이어 염옹冉雍, 즉 중궁仲弓이 6년 동
안 가재로 있었다. 끝으로 염유冉有, 즉 염구冉求가 노애공 3년인 기원전 492년 이

후 상당 기간 계씨의 가재로 있었다.

이 장에서 공자는 계씨의 가신이 된 제자 중궁에게 모든 일을 먼저 '유사'에게 맡긴 뒤 그 공적을 살필 것을 권하고 있다. 이는 자신을 수고롭지 않게 하면서 일을 성취하는 방법이기도 하다. 일종의 역할 분장을 통한 통합 관리를 권한 셈이다. 나아가 '소과小過'를 용서해 형벌의 남용을 방지하고 '현재賢才'를 적극 추천할 것을 권하고 있다. 이는 위정자의 기본 덕목이기도 하다. 공문에서 주안점을 둔 '위정학'의 본령이 어디에 있는지 극명하게 보여주고 있다.

제 3 장

子路曰, "衛君待子而爲政, 子將奚先." 子曰, "必也正名乎." 子路
曰, "有是哉, 子之迂也. 奚其正." 子曰, "野哉, 由也. 君子於其所
不知, 蓋闕如也. 名不正則言不順, 言不順則事不成, 事不成則禮
樂不興, 禮樂不興則刑罰不中, 刑罰不中則民無所措手足. 故君
子名之必可言也, 言之必可行也. 君子於其言, 無所苟而已矣."

자로가 공자와 함께 천하유세에 나서면서 위衛나라를 들렀을 때 이같이 물었다. "위군衛君이 선생님을 맞이해 정치를 하려고 합니다. 선생님은 장차 무엇을 먼저 하려는 것입니까?"
공자가 대답했다. "반드시 먼저 명분을 바로 세우겠다(필야정명必也正名)!"

자로가 물었다. "세상 사람들이 선생님을 절실하지 못하고 세상일에 어둡다(우원迂遠)고 하더니 정말 그렇습니다. 어찌하여 명분부터 바로 세우시겠다는 것입니까?"

공자가 대답했다. "거칠구나, 자로여! 군자는 자신이 알지 못하는 것에 대해서는 대체로 의문으로 남겨두는 법이다. 명의가 바르지 못하면(명부정名不正) 말에 순서가 없게 된다(언불순言不順). 말에 순서가 없게 되면 일이 이뤄지지 않고(사불성事不成), 일이 이뤄지지 않으면 예악이 일어나지 않고(예악불흥禮樂不興), 예악이 일어나지 않으면 형벌이 형평성을 잃고(형벌부중刑罰不中), 형벌이 형평성을 잃으면 백성들이 손발을 둘 곳이 없게 된다(무소조수족無所措手足). 그래서 군자는 명의를 정하면 반드시 이에 관해 언급하고, 언급할 때는 반드시 실행하는 것이다. 군자가 하는 말에는 구차한 게 없어야 한다."

'위군衛君'을, 주희는 위령공衛靈公이 아니라 그의 손자인 위출공衛出公 첩輒으로 간주했다. 사마천 역시 『사기』 「공자세가」에서 이 일화를 공자가 귀국하기 직전인 노애공 10년인 기원전 485년의 일로 추정한 결과다. 대다수 학자들이 사마천과 주희의 이런 추정을 그대로 좇고 있다.

그러나 '정치사학'의 관점에서 볼지라도 공자 역시 부친인 괴외의 존재를 무시한 채 보위에 오른 위출공 첩의 밑에서 일할 생각이 전혀 없었다고 보는 게 타당하다. 공자가 철환천하의 유세 기간 중 가까이 지낸 '위군'은 어디까지나 위령공이고, 이 일화에 나오는 위군 역시 위령공을 지칭하는 것으로 보는 게 합리적이다.

이 일화는 사마천 및 주희의 추정과는 달리 공자가 천하유세에 처음으로 나서 위나라로 가는 노정공 13년의 기원전 497년 어간의 일로 보인다. 기무라 에이이치도 그같이 추정했다.

위군衛君은 위출공衛出公 첩輒이 아니다

사마천과 주희는 '위군'을 위출공 첩으로 간주했다. 그러나 '정치사학'의 관점에서 볼 때 이는 역사적 사실과 차이가 있다. 원래 위출공 첩은 위령공의 장자인 위장공衛莊公 괴외蒯聵의 아들이다. 『춘추좌전』에 따르면 위나라에는 2명의 위장공이 250년 간격으로 존재했다. 첫 번째 위장공은 위무공衛武公의 아들인 위장공衛莊公 양揚이다. 그는 노은공 3년인 기원전 720년에 제나라 태자 득신得臣의 누이동생을 부인으로 맞이했다. 그녀를 장강莊姜이라고 했다. 그녀는 아름다웠지만 아들이 없었다. 위나라 사람들이 그녀를 위해 『시경』에 수록된 「석인碩人」의 시를 지었다. 이때 위장공은 또 진陳나라에서 여자를 맞이했다. 그 이름을 여규厲嬀라고 했다. 그녀는 효백孝伯을 낳고 일찍 죽었다. 여규의 동생 대규戴嬀가 위환공衛桓公 완完을 낳자 장강이 그를 자신의 아들로 삼았다. 당시 위장공 양의 서자인 공자 주우州吁는 총애를 믿고 위장공의 사랑을 받고 크면서 병정놀이를 좋아했다. 주우는 이후 적자 출신인 이복형 위환공衛桓公 완完을 시해하고 보위에 올랐다.

두 번째 위장공은 위령공의 아들인 위장공 괴외蒯聵이다. 그는 모친인 남자南子가 위나라에서 벼슬을 살고 있는 송나라 공자 조朝와 사통한 일로 인해 백성들의 놀림거리가 되자 모친을 살해하려다가 실패해 망명을 했다. 이 일로 인해 위령공 사후 그의 아들 첩이 기원전 492년에 위출공으로 즉위했다. 기원전 492년부터 기원전 480년까지 보위에 있었던 위출공 첩은 부친 괴외의 반란으로 인해 보위에서 쫓겨났다가 부친 사후 재차 보위에 올라 다시 기원전 477년부터 기원전 456년까지 재위했다.

공자가 14년간에 걸친 철환천하의 유세에 나서 위나라로 간 시점은 노정공 13년인 기원전 497년이다. 이후 천하유세를 마치고 위나라로 돌아온 시점은 노애공 11년인 기원전 484년이다. 노나라 귀국 시기와 관련해 『사기』 「공자세가」는 노애공 12년인 기원전 483년으로 기록해놓았으나, 「노주공세가」 및 「12제후연표」에는 노애공 11년인 기원전 484년으로 나온다. 1년의 차이가 난다. '노애공 11년설'이 통설이다. 공자와 위출공 첩의 대면은 기원전 492년에서 기원전 484년 사이에 있었을 것이다. 공자의 철환천하 행적은 대략 위나라에서 시작되어 차례로 남하해 남방으로 멀리 진나라와 채나라까지 이어졌고, 거기서 위나라로 다시 올라왔다가 노나라로 귀환하는 도정으로 이뤄져 있다. 위출공 첩과 특별히 만날 이유가 없었다. 『춘추좌전』 역시 공자가 노나라 귀국을 위해 위나라에 들렀을 당시 위출공 첩이 공자에게 정사를 맡기려고 시도했다는 기록을 전혀 남기지 않고 있다.

제4장

樊遲請學稼. 子曰, "吾不如老農." 請學爲圃. 曰, "吾不如老圃."
樊遲出. 子曰, "小人哉, 樊須也. 上好禮則民莫敢不敬, 上好義
則民莫敢不服, 上好信則民莫敢不用情. 夫如是則四方之民襁
負其子而至矣, 焉用稼."

번지樊遲가 공자에게 청해 농사를 짓는 일을 배우려고(학가學稼)했다. 공자가 말했다. "나는 곡식을 가꾸는 늙은 농부(노농老農)만 못하다."

번지가 다시 공자에게 청해 채소를 가꾸는 일을 배우려고 했다. 그러자 공자가 말했다. "나는 채소 가꾸는 늙은 농부(노포老圃)만 못하다."

번지가 나가자 공자가 말했다. "소인이로구나, 번지여! 윗사람이 예禮를 좋아하면(상호례上好禮) 백성들은 감히 윗사람을 공경하지 않을 리 없고(막감불경莫敢不敬), 윗사람이 의義를 좋아하면(상호의上好義) 백성들은 감히 윗사람에게 복종하지 않을 리 없으며(막감불복莫敢不服), 윗사람이 신信을 좋아하면(상호신上好信) 백성들은 감히 윗사람에게 진정으로 대하지 않을 리 없다(막감부용정莫敢不用情). 이같이 하면 사방에서 백성들이 포대기로 아이를 싸서 업고(강부기자襁負其子) 몰려들 터인데 어찌해서 직접 농사를 지으려고 하는 것인가?"

공자는 이 장에서 사람마다 할 일이 따로 있다는 것을 말하고자 했다. 결코 농사일과 같은 기술(학가學稼)을 하찮게 여긴 게 아니다. 황간은 풀이하기를, "선비가 할 일은 농사가 아니라 선왕의 전적을 잘 가르치는 일이다. 교육자인 공자의 기본 입장이 잘 드러난 대목이다."라고 했다. 다산은 번지가 농사를 잘 짓는 기술을 익혀 사방의 백성을 불러들이고자 이런 질문을 한 것으로 보았다. 장보첸은 위정자인 '대인大人'과 생산계층인 '소인小人' 사이의 역할 차이를 언급한 것으로 풀이했다. '소인'은 통상 '군자'와 대칭되는 개념으로 사용되고 있으나 여기의 '소인'은 벼슬이 없는 일반 서민을 지칭하고 있다. 맹자는 이를 『맹자』 「등문공 상」에서 위정자를 뜻하는 '대인'과 대칭되는 용어로 사용했다.

제 5 장

> 子曰, "誦詩三百, 授之以政不達, 使於四方不能專對, 雖多, 亦奚以爲."
>
> 공자가 말했다. "『시경』 300편을 모두 외우는(송시삼백誦詩三百) 재능이 있을지라도 정사를 맡겼을 때 제대로 해내지 못하고, 사방의 나라에 사자로 나갔을 때 임기응변으로 대처하지 못하면(불능전대不能專對) 비록 많이 외운들 어디에 쓰겠는가?"

'송시삼백誦詩三百'을 두고 정이천은 이같이 풀이했다. "경서를 궁구하는 것은 장차 실용을 이루기 위한 것이다. 세상에 시를 외우는 자들이 과연 능히 정치에 종사하며 혼자서 일을 처결할 수 있는가? 그렇지 못하다면 그가 배운 것은 장구章句의 지엽에 불과한 것이다. 이는 배우는 자들의 대환大患이다."

'불능전대不能專對'는 군주의 명을 받아 외교적으로 대응하거나 담판을 벌이는 일을 제대로 수행하지 못한다는 뜻이다. 이 장에서 공자는 실제의 정사에 도움이 되지 않는 지식 위주의 학문은 쓸모가 없다는 점을 지적하고 있는 것이다. 공문에서 가르친 '위정학'의 본령이 어디에 있는지를 짐작하게 해주는 대목이다. 제5장

~제13장은 제8장~제9장의 2개 장을 제외하고 모두 '자왈'로 시작하고 있다. 온통 정사에 관한 내용으로 이루어져 있다.

제 6 장

子曰, "其身正, 不令而行. 其身不正, 雖令不從."

공자가 말했다. "몸이 바르면(기신정其身正) 명하지 않아도 저절로 행해지고 (불령이행不令而行), 몸이 바르지 못하면(기신부정其身不正) 비록 명할지라도 백성들이 따르지 않는다(수령부종雖令不從)."

'불령이행不令而行'의 '령令'을 하안은 군주의 명령인 '교령教令'으로 새겼다. '불령이행'과 '수령부종雖令不從' 구절은 위정자의 솔선수범 행보가 절실히 필요한 이유를 설명하고 있다.

제 7 장

子曰, "魯衛之政, 兄弟也."

공자가 말했다. "노魯나라와 위衛나라의 정사(노위지정魯衛之政)는 형제처럼 닮았다."

'노위지정魯衛之政'을 두고 포함은 노나라와 위나라 모두 주무왕의 동생인 주공周公과 강숙康叔에게 봉한 나라인 까닭에 두 나라의 정사가 여러모로 같았다고 보았다. 풍속이 똑같이 나빠졌다고 파악한 게 대표적이다. 주희는 본래 형제의 나라인 두 나라가 이때에 이르러 쇠미衰微해진 까닭에 서로 비슷한 점을 공자가 탄식한 것으로 분석했다. 이 장은 위나라 정치에 관한 언급으로 이어지는 제8장~제9장에 대한 총론 성격이 짙다.

제 8 장

子謂衛公子荊, "善居室. 始有曰, '苟合矣'. 少有曰, '苟完矣'. 富有曰, '苟美矣.'"

공자가 위나라 대부 공자 형荊을 이같이 평했다. "그는 대략 잘 살았다. 처음 재산을 조금 가졌을 때는 '대략 모아졌다(구합의苟合矣)', 조금 더 가졌을 때는 '대략 완비됐다(구완의苟完矣)', 넉넉히 가졌을 때는 '대략 화미華美하게 됐다(구미의苟美矣)'고 말했다."

'위공자형衛公子荊'은 위나라 대부로 위헌공衛獻公 간衎의 아들이다. 재물에 대한 욕심이 거의 없고 질박質朴을 추구한 인물로 알려졌다. 노애공魯哀公 때 노나라에 공자公子 형荊이 있었다. 두 사람을 구분하기 위해 위나라 공자 형을 지칭할 때 『논어』에서 나라 이름을 덧붙여 위공자衛公子로 칭한 유일한 경우에 속한다.

'선거실善居室'은 재산을 축적하며 집에서 잘 지낸다는 의미이다. '구합의苟合矣'의 '구苟'를 두고 황간은 '구차苟且', 주희는 '대략'의 뜻인 '조략粗略'으로 보았다. '합合'을 두고 황간은 구차하게 들어맞는 것, 형병과 주희는 구차하게 취합聚合하는 것으로 풀이했다. 기무라 에이이치는 이 장이 앞 장에 대한 부연설명의 성격을 띠고 삽입된 것으로 분석했다.

위공자衛公子 형荊에 대한 칭송

『춘추좌전』 「노양공 29년」조에 위공자 형을 칭송한 대목이 나온다. 이에 따르면 기원전 544년 오나라 공자 계찰季札이 위나라로 가 대부 거원蘧瑗과 사조史朝의 아들로 시호가 문자文子인 사구史狗, 자가 사어史魚인 사추史鰌, 자는 남초南楚인 공자 형荊, 위헌공의 손자로 시호가 문자文子이며 성씨가 '공숙'인 공숙발公叔發, 공자 조朝 등을 만나고는 크게 기뻐하며 이같이 칭송했다. "위나라에는 군자가 매우 많으니 걱정할 일이 없을 것이다!"

계찰이 위공자 형을 칭송한 지 50년이 지난 노정공 13년의 기원전 497년에 철환천하의 유세에 나선 공자는 위나라를 방문했다가 위나라의 현대부賢大夫 가운데 한 사람으로 위공자 형을 칭송한 것이다. 당시의 일화가 바로 「자로」의 이 대목에 실린 셈이다.

제 9 장

子適衛, 冉有僕. 子曰, "庶矣哉." 冉有曰, "旣庶矣, 又何加焉."
曰, "富之." 曰, "旣富矣, 又何加焉." 曰, "敎之."

공자가 천하유세에 나서 위나라로 갈 때 염유가 수레를 몰았다.
공자가 말했다. "백성들이 많기도 하구나."
염유가 물었다. "이미 백성들이 많으면(기서의旣庶矣) 또 무엇을 더 해야(우하
가언又何加焉) 합니까?"
공자가 대답했다. "부유하게 해주어야 한다."
염유가 다시 물었다. "이미 백성들이 부유하면(기부의旣富矣) 또 무엇을 더
해야 합니까?"
공자가 대답했다. "가르쳐야 한다."

'염유복冉有僕'의 '복僕'은 수레를 모는 일을 말한다. 이 장은 공학의 큰 특징 가
운데 하나인 '선부후교先富後敎' 이치를 설명하고 있다. 원래 공자는 '위정학'을 가
르치면서 교민敎民의 중요성을 역설한 바 있다. 대인에게 '만세의 사표師表'로 칭
송받는 이유다. 그러나 그가 말한 '교민'은 어디까지나 '부민富民'을 전제로 한 것
이다. 백성들을 부유하게 해주지 않는 한 '교민' 또한 실효를 거둘 수 없다고 판단
한 결과다. 대부분의 사람들이 공학을 논하면서 '선부후교' 이치를 간과하고 있다.

'수신학'으로 치달은 성리학의 오랜 폐단으로 볼 수 있다.

　'선부후교' 또는 '실사구시'의 기본 취지를 역설한 이 장은 앞 장인 제8장과 내용 및 체재를 달리하고 있다. 그러나 노나라와 위나라의 정사인 '노위지정魯衛之政'은 형제처럼 닮았다고 언급한 제7장에 대한 부연설명의 성격을 띠고 있는 점에서는 동일하다. 공자가 볼 때 당시 위나라의 어지러운 모습은 고국인 노나라와 크게 다르지 않았다.

위정학의 요체, '선부후교先富後敎'와 중국

　21세기 제4차 산업혁명시대의 관점에서 볼 때 공문에서 역설한 '위정학'의 요체는 바로 '선부후교'에 있다고 해도 과언이 아니다. '선부후교' 이치는 정치의 기본 이치를 민생에서 찾은 결과다. 이는 최초의 정치경제학파인 상가商家의 효시인 관중管仲의 사상에서 비롯된 것이다. 『관자』 「목민」에 이를 뒷받침하는 구절이 나온다. 해당 대목이다. "나라에 재물이 많고 풍성하면 먼 곳에 사는 사람도 찾아오고, 땅이 모두 개간되면 백성이 안정된 생업에 종사하며 머무는 곳을 찾게 된다. 창름倉廩이 풍족하면 백성들이 예절禮節을 알게 되고, 입고 먹는 의식衣食이 족하면 영욕榮辱을 알게 된다."

　창고가 가득 차고 먹고 입는 의식이 족해야 예절과 영욕을 알게 된다는 것은 곧 공자가 「자로」 제9장에서 역설한 '선부후교'의 기본 취지를 설명한 것이나 다름없다. 이는 곧 군주와 신민 모두 예의염치를 아는 문화대국의 건설을 뜻한다. '선부후교'의 궁극적인 목표가 『관자』 「목민」과 일치하고 있음을 알 수 있다.

　'정치사학'의 관점에서 볼 때 '선부후교'의 대표적인 성공 사례로 지난 세기 말

중국을 미국과 어깨를 나란히 하는 G2로 만드는 데 결정적인 공헌을 한 덩샤오 핑의 개혁개방改革開放 정책을 들 수 있다. 당시 덩샤오핑이 내건 구호가 바로 '선부론先富論'이다. 비록 '후교'를 구체적으로 언급하지는 않았으나 시행한 정책 내용을 보면 '후교'까지 포함한 것으로 볼 수 있다. 시급한 과제가 '선부'인 만큼 이를 강조하기 위해 '선부론'만 언급한 것으로 보는 게 합리적이다.

'선부'의 물꼬는 튼 만큼 '후교'를 잘 마무리 지어 공자가 역설한 '선부후교'의 최종 목적지인 '문화대국'을 과연 건설할 수 있을지 여부는 전적으로 시진핑 정부의 과제이다. 시진핑 정부는 출범 때 덩샤오핑의 '선부론'을 흉내 낸 '공부론共富論'을 제시한 바 있다. 그러나 2019년부터 본격화한 미중 간의 무역전쟁 양상에 비춰볼 때 장차 '공부론'이 얼마나 실효를 거둘지 여부는 예측하기가 쉽지 않다.

중국처럼 거대한 땅과 많은 인구를 지닌 나라에서는 정치와 경제를 나누는 것 자체가 불가능하다. 정치 안정이 전제되지 않고는 경제 성장을 기약할 수 없기 때문이다. 한동안 중국에서는 '변신불망마오쩌둥飜身不忘毛澤東, 치부불망덩샤오핑致富不忘鄧小平' 속언이 유행한 적이 있다. 인민들을 정치적으로 해방시켜 준 것은 마오쩌둥의 은공이고, 인민들을 부유하게 해준 것은 덩샤오핑의 은공이니 이를 잊지 말자는 뜻이다. 인민들이 두 사람 모두에게 감사해하고 있음을 알 수 있다.

마오쩌둥은 '득천하'에 남다른 재주가 있었다. 천하를 삼키려는 기백과 뛰어난 정치 재능과 전략, 중국의 고전을 두루 꿰는 해박한 지식, 기존의 가치에 얽매이지 않는 문학적 상상력, 거칠 것이 없는 천마행공天馬行空의 행보 등이 그를 '신 중화제국'의 초대 황제로 만드는 근본 요인으로 작용했다. 실제로 문장과 서예, 시문, 강연 등에서 그 누구도 감히 그를 추월하지 못했다. 독보적인 존재였다. 게다가 그의 무공 또한 화려하기 짝이 없다. 항일과 국공내전, 한국전쟁의 항미원조,

중소분쟁 등 세계사적인 싸움에서 그는 한 번도 패하지 않았다. 중국의 역대 황제를 통틀어 문무 양면에서 이런 위업을 이룬 사람은 그리 많지 않다. 진시황과 한무제, 위무제 조조, 강희제 등 몇 사람에 지나지 않는다.

덩샤오핑은 마오쩌둥과 완전히 다른 유형의 사람이다. 고전과 시문에 특별한 재능이 있었던 것도 아니고, 마오쩌둥처럼 호언장담을 즐겨 하지도 않았다. 그러나 그는 나름대로 뛰어난 덕목을 지니고 있었다. 성격이 침착하고, 일에 과단성이 있었고, 말보다 실천을 중시하고, 명색보다 실리를 추구하는 등의 '실사구시實事求是'를 추구한 게 그것이다. 마오쩌둥은 마르크시즘을 중국고전과 버무려 '모순론'과 '실천론'이라는 그럴듯한 '마오쩌둥 사상'을 주조해냈지만 그는 이런 복잡한 일을 하지 않았다. 대신 모든 것을 간명한 슬로건으로 통합시켰다. '흑묘백묘黑猫白猫' 구호가 바로 그것이다.

마오쩌둥

덩샤오핑

제10장

> 子曰, "苟有用我者, 朞月而已可也, 三年有成."
>
> 공자가 말했다. "실로 나를 쓰는 자가 있으면 1년만 돼도 괜찮아질 것(기월이이가야朞月而已可也)이고, 3년쯤 되면 가히 볼 만한 성과가 드러날 것(삼년유성三年有成)이다."

'기월이이가야朞月而已可也'의 '기월朞月'은 1년 12개월의 기간을 가리킨다. '이이而已'는 우리말의 '뿐'처럼 어구의 끝에서 한정의 의미를 지닌 종결 조사助詞이다. 공자가 이런 말을 하게 된 배경과 관련해 주희는 『사기』의 기록을 토대로 위령공이 공자를 중용하지 못한 데 따른 것으로 분석했다. 그같이 볼 수도 있으나 반드시 그런 것만은 아니다. 공자는 비록 위령공의 지우知遇를 받기는 했으나 위나라에 큰 기대를 걸지는 않았다. 공자의 이 발언은 위나라뿐만 아니라 천하의 모든 열국을 대상으로 해 아쉬움을 표현한 것으로 보는 게 합리적이다.

제11장

子曰, "'善人爲邦百年, 亦可以勝殘去殺矣.' 誠哉, 是言也."

공자가 말했다. "'현인이 나라를 다스릴지라도 100년이 지나야 가히 잔인한 사람을 이기고 사형할 일이 없어질 것(승잔거살勝殘去殺)이다.'라고 했다. 참으로 옳구나, 이 말이!"

'선인善人'을 두고 황간은 현인賢人, 다산은 정사를 잘 펼치는 사람으로 풀이했다. '위방爲邦'은 치국治國의 의미로 위국爲國과 같다. '승잔거살勝殘去殺'은 잔인하고 포학한 자를 제압하고, 형벌로 사람을 죽이는 사형을 제거한다는 의미이다. 다산은 남을 해치고 죽이는 자를 없애는 '잔살殘殺의 제거'로 해석했다.

이 장을 두고 정이천은, "한나라는 한고조와 한혜제 때부터 한문제와 한경제에 이르기까지 백성들이 순후해 거의 형벌을 폐해 쓰지 않는 지경에 이르렀다. 이것이 거의 공자가 말한 경우에 가까울 것이다."라고 풀이했다. 그러나 이는 한나라 초기의 상황을 미화한 데 따른 견강부회에 지나지 않는다. '정치사학'의 관점에서 볼 때 한나라는 초기에 비록 도가의 무위통치無爲統治 사상에 입각해 상대적으로 관정寬政을 베푼 게 사실이나 당시의 정사가 그리 순탄한 것만은 아니었다. '승잔거살勝殘去殺'이 전혀 이뤄지지 않은 것은 말할 것도 없다.

제 1 2 장

子曰, "如有王者, 必世而後仁."

공자가 말했다. "설령 왕자王者가 나타나 다스릴지라도 반드시 한 세대인 30년이 지난 뒤에야 비로소 인정仁政이 행해질(필세후인必世後仁) 것이다."

'여유왕자如有王者'의 '왕자王者'는 『맹자』의 '왕도王道'를 행하는 군주가 아니라 덕으로써 솔선수범해 나라를 이끄는 군주를 말한다. 정이천은 "주나라는 주문왕 과 주무왕 때부터 시작해 주성왕에 이른 뒤에야 예악이 일어났다. 이것이 바로 그 효험이다."라고 풀이했다. 그러나 '정치사학'의 관점에서 볼 때 주성왕 때 크고 작 은 변란이 잇달았다. 주왕조가 가장 극성했을 때는 주성왕과 주강왕이 다스릴 때 이다. 이를 흔히 '성강지치成康之治'라고 한다.

제 1 3 장

子曰, "苟正其身矣, 於從政乎何有. 不能正其身, 如正人何."

공자가 말했다. "실로 자신의 몸을 바르게 할 수 있다면 군주가 행하는 정사(위정爲政)를 도와 정사에 임하는(종정從政) 데에 무슨 어려움이 있겠는가? 그러나 자신의 몸을 바르게 할 수 없다면 남을 바르게 하는 것을 어찌 바랄 수 있겠는가?"

'종정從政'은 '위정爲政'과 다르다. 명나라 말기 숭정제 때 국자감생 장자열張自烈이 출간한 『사서대전변四書大全辨』에 군왕의 치국평천하 행보만 '위정爲政'으로 규정했다. 남송 때 활약한 요로饒魯 역시 『오경강의五經講義』에서 그같이 해석했다.

『논어』 「위정」의 제1장에 '위정'에 관한 해설이 나온다. 2인자인 군신群臣들의 치국평천하 리더십은 직급에 따라 차별을 두었다. 경卿의 치국평천하 행보는 '집정執政'으로 표현했다. 『논어』 「공야장」 제19장에 '집정'의 역할을 한 초나라 재상인 영윤令尹의 표현이 나온다. 조정에서 경卿들의 '집정'을 뒷받침하는 대부大夫의 치국평천하 행보는 '종정從政'으로 불렀다. 『논어』 「옹야」 제6장에 나오는 '종정' 표현이 그렇다.

군주와 집정 및 대부 모두 위정자의 범주에 들어간다. '위정'과 '집정' 및 '종정' 사이에 질적인 차이가 있는 게 아니다. 이 장 역시 위정자의 솔선수범을 강조한 것이다.

冉子退朝. 子曰, "何晏也." 對曰, "有政." 子曰, "其事也. 如有政,
雖不吾以, 吾其與聞之."

염자冉子, 즉 염유가 돌아왔다(퇴조退朝). 공자가 염자에게 물었다. "어찌해
늦었는가?" 염자가 대답했다. "정사政事가 있었기 때문입니다."
공자가 말했다. "그것은 계씨 집안의 사사로운 일(가사家事)이었을 것이다.
만일 정사를 논의했다면 비록 나를 쓰지는 않았을지라도 참여해 듣도록
했을 것이다."

'하안야何晏也'의 '안晏'을 형병은 '만晚'으로 새겼다. '유정有政'의 '정政'과 '기사야
其事也'의 '사事'를 주희는 국정國政과 가사家事로 풀이했다. '사事'를 두고 마융과 황
간은 일상적인 업무인 상사常事, 대망戴望은 『대씨주논어戴氏注論語』에서 '사소한
문제'로 풀이했다. '수불오이雖不吾以'의 '이以'를 주희는 '용용用'으로 풀이했다. '오기
예문지吾其與聞之'의 '예與'는 참여한다는 뜻이다. 다산은 참석할 '예預'와 같다고 보
았다. 「팔일」 제12장에도 '오불예제吾不與祭'처럼 '예與'로 읽는 구절이 등장한다.
'예與'는 통상 함께한다는 뜻의 '여'로 읽으나 정사에 참여하거나 제사를 지낸다는
뜻으로 사용될 때는 '예'로 읽는다. '예문與聞'은 모임에 참예해 소식을 듣는다는 뜻
이다. '예문預聞'과 같은 뜻이다.

노나라의 집정대부 계강자는 전횡하면서 국정에 대해서도 조정인 공조公朝에서 논의하지 않고 혼자서 가신들과 함께 사조私朝에서 논의했다. 당시의 예에 따르면 전임 대부는 비록 정치에 직접 개입하지는 않으나 국정에 참여해 들을 수는 있었다. 공자는 이 사실을 변연히 알면서도 짐짓 모른 척하며 '기사야'라고 한 것이다. 이를 두고 주희는 "공자의 말은 당나라 때 위징魏徵의 '헌릉지대獻陵之對'와 닮아 있다. 명분을 바르게 해 계씨를 억제하고자 제자인 염유를 가르친 뜻이 깊다."라고 풀이했다.

위징魏徵의 헌릉지대獻陵之對

주희가 말한 위징의 '헌릉지대'는 무엇을 말하는 것일까? 당태종 이세민李世民은 부인 문덕황후文德皇后가 죽자 소릉昭陵에 안장한 뒤 궁궐 정원에 층대를 만들어 놓고 날마다 올라가 소릉을 바라보았다. 하루는 위징을 데리고 층대에 올라가 소릉을 가리키며 보이는지를 물었다. 위징이 눈이 아물거려 아무 것도 보이지 않는다고 답하자 당태종 이세민이 화를 냈다. "이 앞의 소릉이 보이지 않는단 말이오?" 위징이 대답했다. "소릉은 벌써 보았습니다. 신은 폐하가 모후의 능인 헌릉을 바라보는 줄 알았습니다."

당태종 이세민이 크게 깨달은 바가 있어 이내 층대를 헐어냈다. 위징은 짐짓 모르는 척하며 소릉 대신 헌릉을 언급함으로써 당태종 이세민을 깨우친 것이다. 공자도 염유가 계씨의 사조에서 국정을 논의한 것을 알고도 '기사야其事也'라고 언급한 것이다. 이는 염유가 스스로 깨달아 계씨에게 간하기를 바란 것이다.

크릴은 공자가 귀국한 이후 비록 국로國老의 대우를 받으며 계씨의 자문을 받기는 했으나 번번이 조언이 무시된 까닭에 자문 받는 것을 기꺼워한 것은 아니라고 보았다. 이 일화를 공자가 천하주유에 나서기 전에 나온 것으로 판단한 이유다. 그러나 크릴의 이런 주장은 '소릉지대'의 취지를 이해하지 못한 데 따른 것이다. 이 일화는 공자가 천하유세를 끝내고 노나라로 귀국한 뒤에 나온 것으로 보는 게 합리적이다.

제15장

定公問, "一言而可以興邦, 有諸." 孔子對曰, "言不可以若是, 其幾也. 人之言曰, '爲君難, 爲臣不易'. 如知爲君之難也, 不幾乎一言而興邦乎." 曰, "一言而喪邦, 有諸." 孔子對曰, "言不可以若是, 其幾也. 人之言曰, '予無樂乎爲君, 唯其言而莫予違也'. 如其善而莫之違也, 不亦善乎. 如不善而莫之違也, 不幾乎一言而喪邦乎."

노정공이 공자에게 물었다. "한마디 말로 나라를 일으키는 것(일언흥방一言興邦)이 과연 가능하오?"

공자가 대답했다. "말 한마디로 그렇게 할 수는 없으나 그에 가깝게 할 수는 있을 것입니다. 사람들이 하는 말에 군주 노릇도 어렵지만 신하 노릇도 쉽지 않다(위군난爲君難, 위신불이爲臣不易)는 말이 있습니다. 만일 '군주 노릇을 하기 어렵다'는 것의 이치를 안다면 그것이 바로 한마디 말로 나라를 일으키는 것과 가까운 경우가 아니겠습니까?"

노정공이 또 물었다. "그렇다면 한마디 말로 나라를 잃게 하는 것(일언상방 一言喪邦)도 가능하오?"

공자가 대답했다. "말 한마디로 그렇게 할 수는 없으나 그에 가깝게 할 수는 있을 것입니다. 사람들이 하는 말에 '군주 노릇을 하는 것 자체는 즐겁지 않지만 다만 내 말을 어기는 사람이 없다는 것이 즐겁다(무락호위군無樂乎爲君, 유락언막여위唯樂言莫予違)'는 말이 있습니다. 만일 그 말이 옳아서 아무도 거스르는 자가 없다면 좋은 일이 아니겠습니까? 그러나 만일 그 말이 옳지 않은데도 거스르는 자가 없다면 그것이 바로 한마디 말로 나라를 잃게 하는 것과 가까운 경우가 아니겠습니까?"

'기기야其幾也'의 '기幾'를 두고 하안은 가까울 '근近', 주희는 반드시 기약한다는 취지의 '기期'로 풀이했다. 통상 '거의 그에 가깝다'는 취지로 '기호幾乎' 용어를 사용하는 점에 비춰볼 때 하안처럼 '근'으로 풀이하는 게 합리적이다. '막여위야莫予違也' 구절은 '막위여야莫違予也'와 같은 뜻이다. 이 장에 나오는 공자의 비유는 군주의 발분을 촉구하려는 취지에서 나온 것으로 보는 게 합리적이다.

제16장

葉公問政. 子曰, "近者說, 遠者來."

섭공이 올바른 정사에 관해 묻자 공자가 이같이 대답했다. "가까이 있는
자는 기뻐하게 만들고 먼 곳에 있는 자는 가까이 다가오도록 만드는 것(근
자열近者說, 원자래遠者來)이오."

'근자열近者說, 원자래遠者來' 구절을 두고 주희는 "은택을 입으면 기뻐하고 그
소문을 들으면 오게 된다. 그러나 반드시 가까이 있는 자들이 기뻐한 뒤에야 먼
곳에 있는 자들이 오는 것이다."라고 했다. 비슷한 구절이 『사기』「공자세가」에도
나온다. 거기서는 정사의 요체는 먼 데 있는 사람을 찾아오게 하고, 가까이 있는
사람의 마음을 얻는 데 있다는 뜻의 '정재내원부이政在來遠附邇'로 나온다.

제17장

子夏爲莒父宰, 問政. 子曰, "無欲速, 無見小利. 欲速則不達, 見
小利則大事不成."

자하가 노나라 동남쪽 성읍인 거보莒父의 읍재邑宰가 되어 정사에 관해 묻자 공자가 이같이 대답했다. "빨리 하려고 하지 말고, 작은 이익(소리小利)에 구애되지 말아야 한다. 빨리 하려고 하면 도달하지 못하고(욕속부달欲速不達), 작은 이익에 구애되면 대사를 이루지 못하여(견소리대사불성見小利大事不成) 곤경에 빠지기 때문이다."

'거보莒父'는 노나라의 하읍下邑이다. '욕속즉부달欲速則不達'의 '속速'을 두고 양웅揚雄은 『방언方言』 권2에서 동쪽 제나라 해대지간海岱之間에서 사용된 방언으로 보았다. 당시 같은 뜻으로 연나라 밖 조선 열수洌水 사이에서는 우리말 '어서'의 어원으로 추정되는 '요선搖扇', 초나라에서는 '영薄'이라는 용어가 사용됐다. '속'이라는 방언이 사용된 점에 비춰 이 장은 제나라에서 첨가 또는 윤색됐을 가능성이 크다. '달達'을 황간은 사리에 통달하는 것, 다산은 완수할 '수遂'의 의미로 풀이했다.

제 1 8 장

葉公語孔子曰, "吾黨有直躬者, 其父攘羊, 而子證之." 孔子曰, "吾黨之直者異於是. 父爲子隱, 子爲父隱, 直在其中矣."

초나라의 현대부 섭공葉公이 공자에게 말했다.

"우리 무리에 정직한 자가 있습니다. 아비가 남의 양을 몰래 끌고 가자 아들이 이를 고발했습니다."

공자가 대답했다. "우리 무리의 정직한 자는 그와 다르오. 아비는 자식을 위해 숨겨주고(부위자은父爲子隱), 자식은 아비를 위해 숨겨주오(자위부은子爲父隱). 정직함이 바로 그 안에 있소."

'섭공葉公'은 초나라의 섭葉 땅을 다스리는 지방관장으로 심沈 땅을 봉지로 받은 까닭에 '심윤沈尹'으로도 불렸다. 이름은 심제량沈諸梁으로 자는 자고子高이다. 섭공은 『논어』에 3번 나온다. '직궁直躬'은 글자 그대로 해석하면 몸을 바르게 한다는 뜻이나 여기서는 정직한 사람 또는 몸가짐이 바른 사람의 뜻으로 사용된 것이다. 고전에는 이런 식의 이름이 대거 등장한다. 『논어』에 문지기를 하는 은자를 신문晨門, 나루터 부근에서 경작하며 몸집이 큰 은자를 장저長沮와 걸닉桀溺으로 표현한 것 등이 대표적인 사례이다. 『여씨춘추呂氏春秋』 「당무當務」는 '직궁'을 사람 이름으로 간주한 유사한 내용의 일화를 실어놓았다.

'정치사학'의 관점에서 볼 때 직궁의 부친 고발과 관련한 이 장은 많은 논란을 낳았다. 이 장에서 공자는 '부위자은父爲子隱'과 '자위부은子爲父隱'을 강조함으로써 일견 '지효至孝'를 '지충至忠'에 앞세운 듯한 느낌을 주고 있다. 실제로 주희는 풀이하기를, "'부자상은父子相隱'은 천리와 인정의 극치이다. 이에 정직하기를 구하지 않아도 정직힘이 그 안에 있는 것이나."라고 했다. 성리학자들은 이를 토대로 '효'를 '충'보다 앞서는 것으로 해석했다.

그러나 이는 공학의 본령이 '위정학'에 있다는 사실을 간과한 무리한 해석이다. 이 일화에서 문제가 된 것은 양 한 마리이다. 양 한 마리의 횡령에 대한 고발은 국가에 대한 '충'의 차원과 전혀 상관이 없는 것은 아니나 직접적인 관련이 있는 게 아니다. 당대의 현자 섭공 또한 이를 '충'의 문제로 물은 것도 아니다. 굳이 양 한 마리를 훔친 부친에 대한 자식의 고발을 '충'과 관련시켜 해석한다면 '소충小忠'에 불과할 뿐이다. 그러나 양 한 마리를 횡령한 부친을 관가에 고발하는 것은 '지효'에 관한 문제이다. 만일 자식이 그런 일을 저질렀을 경우 그 자식은 가문으로부터 파문을 당하는 것은 물론 이웃의 손가락질을 받았을 것이다. 나아가 국가가 이를 권장할 경우 가정의 파탄을 통한 국가 혼란을 야기할 수밖에 없다. '지효'와 '소충'이 충돌할 경우 그 선택은 자명한 것이다. 공자가 '자위부은'을 언급한 진정한 취지가 바로 여기에 있다. 성리학자들이 '충'과 '효'로 대비되는 양대 덕목의 양적인 크기를 무시한 채 '소충'과 '지효'를 대비시켜 놓고 '효'가 '충'보다 앞선다고 주장한 것은 견강부회가 아닐 수 없다.

공자가 양 한 마리의 절도 사건과 관련해 '자위부은'과 '부위자은'을 언급한 것을 놓고, 공자가 '충'보다 '효'를 앞세웠다고 주장하는 것은 큰 잘못이다. '충국忠國'은 '치평' 차원의 덕목이고 '효친孝親'은 '수제' 차원의 덕목이다. 공자의 '위정학'은 기본적으로 '치평'에 헌신하는 군자를 만들어내는 데 있었다. 공자는 결코 개인적 차원의 '효'를 국가 공동체 차원의 '충'보다 높인 적이 없었다. 공자는 '충'과 '효'의 유기적인 합일을 추구했다. 공학의 가장 큰 특징이 여기에 있다. 성리학자들의 '충'과 '효'에 관한 해석은 공학에 대한 왜곡이다. '이자증지而子證之'의 '증證'은 고발했다는 뜻으로 사용된 것이다.

「자로」의 제14장~제18장 가운데 이 장을 제외하고는 모두 정사에 관한 얘기이다. 그러나 이 장도 크게 보면 피치자인 백성의 정직함에 관한 얘기로 정사와 결코 무관한 게 아니다. 기무라 에이이치는 이 장이 '공자왈'로 구성되어 있는 점에 주목해 세간에 전해진 전승이 삽입된 것으로 분석했다.

아비를 고발한 아들의 일화

이 일화는 『한비자』 「5두五蠹」에도 실려 있다. 여기서는 '섭공' 대신 초나라의 집정대부인 영윤令尹이 공자의 상대로 나온다. 이에 따르면 초나라 사람으로 직궁直躬이라는 자가 있었다. 그의 부친이 양을 훔치자 관원에게 고발했다. 영윤이 "그를 죽여라!"라고 명했다. 군주에게는 정직한 것이나 부친에게는 패륜이라고 생각해 벌을 준 것이다. 이로써 보면 군주에게 정직한 신하는 부친에게 난폭한 아들이 되는 셈이다. 노나라 사람이 군주를 좇아 전쟁터에 나갔지만 3차례나 도주했다. 공자가 그 까닭을 묻자 이같이 대답했다. "저에게 늙은 부친이 있습니다. 제가 없으면 봉양할 사람이 없습니다."

공자는 효성스럽다고 생각해 그를 천거해 높은 자리에 앉게 했다. 부친에게 효성스런 자식은 군주에게 불충한 백성이 되는 셈이다. 이를 두고 『한비자』는 이같이 평했다. "초나라 영윤이 직궁을 사형시킨 뒤 간사한 일이 군주에게 들리지 않고, 공자가 효자를 포상해 벼슬을 얻게 한 뒤 노나라 백성은 전쟁에 나가 쉽게 항복하거나 달아나게 됐다. 위아래의 이해는 이처럼 서로 다를 수 있다. 군주가 백성의 덕행을 존중하며 나라의 복을 구하고자 하면 거의 이루지 못할 것이다."

제19장

樊遲問仁. 子曰, "居處恭, 執事敬, 與人忠. 雖之夷狄, 不可棄也."

번지가 인에 관해 묻자 공자가 이같이 대답했다. "거처할 때는 공손히 하고(거처공居處恭), 일을 집행할 때는 경건히 하고(집사경執事敬), 사람을 대할 때는 진심을 다해야(여인충與人忠) 한다. 비록 오랑캐(이적夷狄)의 나라에 갈지라도 이 자세를 버려서는 안 된다."

'집사경執事敬'의 '집사執事'를 황간은 예를 행하면서 일을 집행하는 것으로 새겼다. 이 장은 인仁에 관한 사제 간의 문답으로 이루어져 있으나 구체적으로는 사군자士君子의 바람직한 모습에 관한 문답이다. 뒤에 나오는 제20장~제26장 역시 군자와 소인 등을 대비시켜 설명한 점에 차이가 있기는 하나 사군자의 바람직한 모습을 논한 점에서는 하등 차이가 없다. 제19장은 제20장~제26장에 관해 일종의 총론적 성격을 띠고 있다.

제20장

子貢問曰, "何如斯可謂之士矣." 子曰, "行己有恥, 使於四方, 不辱
君命, 可謂士矣." 曰, "敢問其次." 曰, "宗族稱孝焉, 鄕黨稱弟焉."
曰, "敢問其次." 曰, "言必信, 行必果, 硜硜然小人哉. 抑亦可以爲
次矣." 曰, "今之從政者, 何如." 子曰, "噫, 斗筲之人, 何足算也."

자공이 물었다. "어찌해야 가히 선비라고 할 수 있습니까?"

공자가 대답했다. "일을 추진할 때 미흡한 점이 있으면 부끄러워할 줄 알
고(행기유치行己有恥), 사방의 나라에 사자로 나갈 때 군명을 욕되게 하지 않
으면(불욕군명不辱君命) 가히 선비라 이를 만하다."

자공이 물었다. "감히 그 다음가는 수준을 묻고자 합니다."

공자가 대답했다. "일가친척이 효성스럽다고 칭찬하고(종족칭효宗族稱孝), 향
당에서 어른을 공경할 줄 안다고 칭찬하는(향당칭제鄕黨稱弟) 선비들이다."

자공이 또 물었다. "감히 또 그 다음 수준을 묻고자 합니다."

공자가 대답했다. "말에 반드시 믿음이 있고(언필신言必信), 행동에 과단성
이 있으면(행필과行必果) 비록 고집스러운(갱갱연硜硜然) 소인배이기는 하나
그 다음 수준은 될 만하다."

자공이 다시 물었다. "지금 노나라의 정치하는 사람들(종정자從政者)은 어떻
습니까?"

> 공자가 대답했다. "아, 한 말 두 되 정도의 그릇을 가진 사람(두소지인斗筲之
> 人)이야 어찌 따질 필요가 있겠는가?"

'갱갱연硜硜然'은 돌이 서로 부딪칠 때 나는 소리로 일종의 의성어이다. 이를 두고 다산은 맑고 분명한 소리가 나는 것처럼 선비는 자신의 소임을 분명히 지켜야 한다는 취지에서 나온 말로 풀이했다. '종정자從政者'는 구체적으로 삼환三桓을 지칭한다.

공자는 이들에 대해 일언지하에 '두소지인斗筲之人'으로 규정한 것이다. 여기의 '두소'는 원래 1두斗 2승升 용량의 죽기竹器를 지칭하는 말이다. '두소지인'은 곧 비루하고 자질구레한 좁은 도량(협량狹量)을 가진 옹졸한 인물을 상징한다.

제 2 1 장

> 子曰, "不得中行而與之, 必也狂狷乎. 狂者進取, 狷者有所不爲也."
>
> 공자가 말했다. "중용을 실천할 수 있는 사람을 얻어 함께 할 수 없다면 반드시 열정적인 사람(광자狂者) 또는 고집스런 사람(견자狷者)과 함께 할 것이다. 열정적인 사람은 진취進取적이고, 고집스런 사람은 부질없는 짓을 하지 않기(유소부위有所不爲) 때문이다."

'부득중행이여지不得中行而與之'의 '중행中行'을 두고 포함은 중용의 도에 따라 행동하는 사람, 주희는 '중도中道'로 풀이했다. '필야광견호야必也狂狷乎'의 '광狂'을 포함은 선도善道로 나아가는 사람, 형병은 나아갈 줄만 알고 물러날 줄 모르는 사람, 주희는 뜻이 지극히 높아 행동이 과격한 사람, 다산은 조급하고 멋대로 행동하기에 앞으로 나아가는 사람으로 해석했다. '견狷'을 포함은 절도를 지켜 제멋대로 행동하지 않는 사람, 형병은 마땅히 나아가야 하는데도 물러서는 사람, 주희는 지식은 미치지 못하나 행동이 말에 부합하는 사람, 다산은 깨끗하지만 도량이 좁아 하지 않는 바가 있는 사람으로 간주했다.

제 2 2 장

子曰, "南人有言曰, '人而無恒, 不可以作巫醫'. 善夫." "不恒其德, 或承之羞." 子曰, "不占而已矣."

공자가 말했다. "남쪽 나라 사람(남인南人)들의 말에 사람에게 일정한 마음(항심恒心)이 없으면(인이무항人而無恒) 무당이나 의원도 되어선 안 된다(불가이작무의不可以作巫醫)고 했다. 참으로 좋은 말이다. 『주역』「항괘恒卦」의 괘사에 덕을 꾸준하게 하지 않으면 언제나 치욕을 당하게 된다(불항기덕不恒其德, 혹승기수或承之羞)는 말도 있다." 공자가 또 이같이 말했다. "일정한 마음이 없으면 점쳐지지도 않는다."

'남인유언왈南人有言曰'의 '남인南人'을 두고 북경대 교수를 지낸 리링李零은 지난 2008년에 출간한 『논어종횡독論語縱橫讀』에서 노나라의 서남쪽에 있는 송나라 사람을 지칭한 것으로 보았다.

'불항기덕不恒其德, 혹승기수或承之羞' 구절은 『주역』「항괘」의 구삼九三 효사에 나오는 말이다. 여기의 '혹或'은 '상常'의 뜻이다. 형병은 행동을 떳떳하게 해야 무의巫醫가 병을 고친다고 풀이했다. 정현은 항심이 없는 사람은 점칠 수 없다는 뜻이라고 해석했다. 다산은 항심이 없는 사람은 설령 점을 치더라도 제대로 점사를 해석할 수 없다고 풀이했다. '부점이이의不占而已矣'의 '부점不占'을 두고 주희는 글의 뜻이 분명하지 않다고 했다. 항심이 없으면 점사占辭가 제대로 나타나지 않는다고 보는 견해가 유력하다.

「자로」 제22장은 위문僞文이다?

기무라 에이이치는 내용상 이 장은 후대의 유가 문인이 삽입시켜 놓은 위문僞文일 가능성이 크다고 보았다. 『사기』 등의 영향으로 인해 후대인들은 모두 공자가 『주역』을 깊이 연구해 십익十翼을 만든 것으로 생각했다. 그러나 이는 유가 후학이 공자의 권위를 이용하기 위해 그의 이름을 가탁한 것에 불과하다. 후대의 고증학자들은 이 장에 관해 강한 의문을 제기했다. 펑여우란馮友蘭과 푸쓰니엔傅斯年 등도 공자가 생전에 점술을 한 번도 행한 적이 없는 점 등을 거론하며 유가 후학에 의한 위문 가능성이 높다고 지적했다.

제 23 장

> 子曰, "君子和而不同, 小人同而不和."
>
> 공자가 말했다. "군자는 사람들과 화합하지만 부화뇌동하지 않고(화이부동和
> 而不同), 소인은 부화뇌동하지만 사람들과 화합하지 못한다(동이불화同而不和)."

'화이부동和而不同'은 조화를 이루되 편당을 짓지 않고, '동이불화同而不和'는 편당을 지으면서 조화를 이루지 못하는 것을 뜻한다. 이 장은 「위정」 제14장에 나오는 '군자주이불비君子周而不比, 소인비이부주小人比而不周'와 내용상 일치한다.

화이부동和而不同 = **주이불비**周而不比, **동이불화**同而不和 = **비이부주**比而不周

'화이부동'은 '주이불비', '동이불화'는 '비이부주'와 동의어인 셈이다.

『춘추좌전』 「노소공 20년」조에도 '화이부동'과 '동이불화'를 비교한 일화가 나온다. 이에 따르면 기원전 522년 12월 제경공이 지금의 산동성 박흥현인 패택沛澤에서 사냥했다. 제경공이 활을 이용해 수렵 담당 관원인 우인虞人을 부르자 우인이 응하지 않았다. 제경공이 사람을 보내 그를 잡아오게 하자 우인이 말했다. "전에 선군은 사냥할 때 적색의 구부러진 자루에 달린 깃발인 전旃으로 대부를 부르고, 활로 선비를 부르고, 사냥할 때 쓰는 흰 사슴가죽으로 만든 관인 피관皮冠으로 우인을 불렀습니다. 신은 피관을 보지 못했기 때문에 감히 나아가지 못했습니다."

제경공이 곧 우인을 풀어주었다. 사냥에서 돌아오자 대부 양구거梁丘據가 수레를 급히 몰고 와 알현했다. 제경공이 크게 기뻐했다. 곁에 있던 안영이 말하기를, "그는 군주의 비위를 맞추는 사람일 뿐입니다. 그가 어찌 군주의 마음과 맞는 사람이겠습니까?"라고 했다.

제경공이 마음을 맞추는 '화和'와 비위를 맞추는 '동同'은 어떻게 다른지 묻자 안영이 이같이 대답했다. "우선 마음을 조화시키는 '화和'는 마치 국을 만드는 것과 같습니다. 생선이나 고기를 조리할 때 우선 땔나무를 이용해 끓입니다. 이어 소금과 젓갈, 매실 등으로 간을 맞춥니다. 맛이 부족한 듯하면 양념을 더하고 지나치면 덜어냅니다. 이에 윗사람이 그 국을 먹으면 마음이 평온해집니다. 군신지간도 이와 같습니다. 군주가 가하다 할지라도 불가한 것이 있을 때는 신하가 그것을 지적해 더욱 완전하게 만듭니다. 군주가 불가하다고 할지라도 그 중 가한 것도 있을 때는 신하가 이를 지적해 불가한 것을 제거하도록 합니다. 이로써 정사가 공평하게 되어 예를 벗어나지 않게 되고 백성들도 남의 것을 빼앗고자 하는 마음이 없게 됩니다. 지금 양구거는 이와 다릅니다. 군주가 가하다고 하면 그 또한 가하다고 하고, 불가하다고 하면 그 또한 불가하다고 합니다. 만일 맹물을 이용해 맹물의 간을 맞추려 하면 누가 이를 마실 수 있겠습니까? 금슬琴瑟로 어느 한 가지 소리만 연주하면 누가 이를 들을 수 있겠습니까? 비위를 맞추는 '동同'이 도리에 맞지 않은 것은 바로 이와 같습니다."

안영은 「자로」 제23장에서 군자의 덕목으로 언급한 '화이부동和而不同'을 설명한 셈이다. 『춘추좌전』에서 '화'와 '동'은 다르다는 취지로 언급한 안영의 '화여동이和與同異' 주장은 「자로」 제23장에 나오는 공자의 '화이부동'과 취지상 완전히 일치하고 있다. 안영은 공자보다 1세대 정도 앞선 인물이다. 더구나 공자는 제나라

로 망명에 가까운 유학을 떠난 적도 있다. 제나라에 머무는 동안 안영과 양구거에
관한 얘기를 들었을 가능성을 배제할 수 있다. 『춘추좌전』에 나오는 축사 및 양구
거와 관련한 두 가지 일화는 『안자춘추』에도 약간 각색되어 실려 있다.

제 2 4 장

子貢問曰, "鄕人皆好之, 何如." 子曰, "未可也." "鄕人皆惡之, 何
如." 子曰, "未可也. 不如鄕人之善者好之, 其不善者惡之."

자공이 물었다. "고을 사람(향인鄕人)이 모두 그를 좋아하면 어떻습니까?"
공자가 대답했다. "아직 안 된다."
자공이 다시 물었다. "고을 사람이 모두 그를 미워하면 어떻습니까?"
공자가 대답했다. "아직 안 된다. 고을 사람 가운데 선한 사람(향인지선자鄕
人之善者)이 그를 좋아하고, 고을 사람 가운데 선하지 못한 사람(향인지불선
자鄕人之不善者)이 그를 미워하는 것만 못하다."

'불여향인지선자호지不如鄕人之善者好之, 기불선자오지其不善者惡之' 구절을 두고
공안국은 선한 사람이 좋아하고, 악한 사람이 미워하는 것은 선을 좋아하고 악을
미워하는 정상이 분명히 드러난 결과로 해석했다. 이에 대해 주희는, "선한 자와
악한 자를 막론하고 모두 좋아하면 반드시 영합하는 행실이 있기 때문일 것이고,

악한 자와 선한 자를 막론하고 모두 미워하면 반드시 좋아할 만한 실상이 없기 때문일 것이다."라고 풀이했다.

제 2 5 장

子曰, "君子易事而難說也. 說之不以道, 不說也. 及其使人也, 器之. 小人難事而易說也. 說之雖不以道, 說也. 及其使人也, 求備焉."

공자가 말했다. "군자는 섬기기는 쉬워도 기뻐하게 만들기는 어렵다(이사난열易事難說). 도道로써 기쁘게 하지 않으면 기뻐하지 않기 때문이다. 군자는 이 때문에 사람을 부릴 때 그릇에 맞게 쓴다(사인기지使人器之). 소인은 섬기기는 어려워도 기뻐하게 만들기는 쉽다(난사이열難事易說). 도로써 기쁘게 만들지 않아도 기뻐하기 때문이다. 소인은 사람을 부릴 때 갖은 짓을 다해 주기를 바란다(사인구비使人求備)."

'이사이난열易事而難說'의 '이사易事'를 두고 양보쥔은 일하기가 쉽다는 뜻으로 해석했으나 대부분 섬기기가 쉽다는 의미로 풀이하고 있다. '난열難說'을 두고 청대의 모기령은 설득하기가 어렵다는 뜻의 '난세難說'로 풀이했으나 대부분 기쁘게 만들기가 어렵다는 의미로 해석하고 있다.

이 장에서 공자는 군자와 소인의 용인用人에 차이가 나게 되는 이유를 지적하고 있다. 군자의 마음은 공정하면서도 너그러운 데 반해 소인의 마음은 사사로우면서 각박한 까닭에 군자는 사람의 그릇에 따라 용인을 하지만, 소인은 온갖 것을 요구하는 까닭에 자신에게 아첨하는 자만을 쓰고자 한다. '정치사학'의 관점에서 볼 때 소인의 이런 용인술은 시작부터 실패할 수밖에 없다.

제 2 6 장

子曰, "君子泰而不驕, 小人驕而不泰."

공자가 말했다. "군자는 편안하며 교만하지 않고(태이불교泰而不驕), 소인은 교만하며 편안하지 못하다(교이불태驕而不泰)."

'태이불교泰而不驕'의 '태泰'를 주희는 『주역』「태괘泰卦」에 나오는 '통通'의 의미로 새겼다. 「태괘」는 천지의 교합交合으로 만물이 상생하는 것을 뜻한다. 다산은 『논어고금주』에서 마음이 충실해 밖에서 구하지 않는 것으로 새겼다. '교驕'를 두고 이토 진사이는 『논어고의』에서 '사치奢侈', 오규 소라이는 『논어징』에서 '교만驕慢'으로 풀이했다. 다산은 마음이 부실해 바깥으로 기氣를 내뿜는 것으로 보았다.

'태이불교泰而不驕'와 '교이불태驕而不泰'의 차이를 두고 주희는 분석하기를, "군자는 천리를 따르고 소인은 인욕을 좇기 때문이다."라고 했다. 그러나 '정치사학'의 관점에서 볼 때 고금을 막론하고 소인배도 군자들을 내칠 때 천리를 내세웠다.

군자와 소인의 차이를 천리와 인욕으로 풀이하는 것은 '수신학'에 초점을 맞춘 사변의 유희에 가깝다.

제27장

子曰, "剛毅木訥, 近仁."

공자가 말했다. "강직하고, 의연하며, 질박하고, 어눌한 것(강의목눌剛毅木訥)은 인仁에 가깝다."

'강의목눌剛毅木訥'의 '강剛'을 왕숙은 욕심이 없는 것으로 새겼다. '의毅'를 두고 왕숙은 과감한 것, 다산은 의로움을 강하게 지키는 것으로 풀이했다. '목木'을 왕숙은 질박한 것, '눌訥'을 왕숙은 느리고 더딘 것으로 해석했다. 통상 '강의剛毅'는 물욕에 굽히지 않는 것, '목눌木訥'은 외물外物에 마음을 두지 않는 것으로 새긴다. 이 장을 두고 황간은, "어진 사람은 성품에 욕심이 없어 고요한 까닭에 강하고, 의로운 일에 용감한 까닭에 군세고, 허식을 숭상하지 않는 까닭에 질박하고, 말을 함부로 하지 않는 까닭에 어눌하다."라고 풀이했다. 기무라 에이이치는 이 장이 성격상 '사군자士君子'와 '교민教民' 등을 논하고 있는 제28장~제30장의 총론이라고 분석했다.

제 2 8 장

子路問曰, "何如斯可謂之士矣." 子曰, "切切偲偲, 怡怡如也, 可謂士矣. 朋友切切偲偲, 兄弟怡怡."

자로가 말했다. "어찌해야 가히 선비(사인士人)라고 할 수 있습니까?"

공자가 대답했다. "간절하고 진지하게 독려하며 노력하고(절절시시切切偲偲), 서로 사이좋게 즐기면(이이怡怡) 가히 선비라고 이를 만하다. 벗(붕우朋友)에게는 간절하고 진지하게 독려하며 노력해야 하고, 형제와는 서로 사이 좋게 즐겨야 한다."

'절절시시切切偲偲'를 두고 마융은 서로 간절하게 선을 권면하는 모습으로 풀이했다. 호인은 '절절切切'을 지극히 간곡하다는 뜻의 '간도懇到', '시시偲偲'를 자상한 권고인 '상면詳勉'으로 해석했다. '이이여야怡怡如也'의 '이이怡怡'를 두고 마융은 '화순和順', 호인은 화목한 즐거움을 뜻하는 '화열和悅'로 풀이했다.

제29장

> 子曰, "善人教民七年, 亦可以卽戎矣."
>
> 공자가 말했다. "선인善人이 7년 동안 백성에게 군사 교육과 훈련 등을 가르치면(교민칠년敎民七年) 또한 전쟁에 동원할 수 있다(가이즉융可以卽戎)."

'선인교민칠년善人敎民七年'의 '선인善人'을 두고 형병은 순사, 황간은 현인, 다산은 그 일을 잘하는 사람으로 해석했다. '교민敎民'을 두고 주희는 효제충신孝悌忠信의 행실과 농사에 힘쓰고 무예를 연마하는 무농강무務農講武의 법을 가르치는 것으로 풀이했다. 다산은 인의로써 가르쳐 아랫사람이 윗사람을 가까이하며 나라를 위해 싸우게 만드는 것으로 해석했다. '칠년七年'을 두고 정이천은, "성인이 그정도의 시간이면 가할 것이라고 여겼기 때문이다."라고 풀이했다. 제갈량의 저서로 알려진 병서 『장원將苑』은 적당한 기간의 군사 훈련을 두고 풀이하기를, "병사들은 이런 교육 훈련을 통해 비로소 전쟁의 이치를 깨달을 수 있다."라고 했다. '가이즉융可以卽戎'의 '즉융卽戎'을 두고 포함은 싸움터에 내보내는 것으로 새겼다.

제30장

> 子曰, "以不敎民戰, 是謂棄之."
>
> 공자가 말했다. "7년 동안 백성에게 군사 교육과 훈련 등을 가르치지(교민
> 칠년敎民七年) 않고 백성을 전쟁에 동원하면, 이를 일컬어 백성을 버린다(기
> 민棄民)고 한다."

이 장은 앞 장과 합쳐 해석해야만 그 뜻이 제대로 통한다. '이불교민전以不敎民
戰'의 '이以'를 두고 주희는 군사 동원의 의미인 '용用'으로 풀이했다. 공자가 평소
신중히 다룬 것은 재계齋戒와 전쟁戰爭 및 질병疾病이었다고 언급한 「술이」 제12
장과 더불어 『논어』 전편을 통틀어 전쟁에 관한 공자의 기본 입장인 '신전론愼戰
論'을 엿볼 수 있는 매우 희귀한 대목이다.

신전론愼戰論

'호전론好戰論'과 대비되는 '신전론'은 부득이할 경우에 한해 신중한 자세로 전
쟁에 나서는 입장을 말한다. 이는 『손자병법』을 비롯한 모든 병서를 관통하는 기
본 입장이기도 하다. 『도덕경』제32장에 이를 뒷받침하는 대목이 나온다. "병기는
상서롭지 못한 기물인 '불상지기不祥之器'로, 군자가 사용하는 기물인 '군자지기君
子之器'가 아니다. 부득할 때 용병하니 담백한 마음인 염담恬淡을 높이 친다. 이겨

도 이를 좋게 여기지 않는 이유다. 이를 좋게 여기는 자는 살인을 즐기는 자이다. 무릇 살인을 즐기는 자는 천하에 득지得志할 길이 없다."

이를 통해 노자는 비록 전쟁을 반대했지만 부득이한 경우에는 전쟁을 할 수밖에 없다는 사실을 수긍했음을 알 수 있다. '부득이이용병不得已而用兵' 사상이다. 현존 『손자병법』의 원전에 해당하는 삼국시대 조조의 저서 『손자약해孫子略解』의 서문에는 '집이시동戢而時動'으로 표현되어 있다. 평시에는 무기를 거둬 놓았다가 부득이할 때에 한해 용병한다는 의미이다. 『도덕경』에 나오는 '부득이용병' 이치를 달리 표현한 것이다. 동서고금의 모든 병법서를 통틀어 '부득이용병' 또는 '집이시동'만큼 전쟁의 기본 취지를 잘 표현해놓은 것도 없다.

결국 『논어』「자로」 제29장 및 제30장과 「술이」 제12장은 『도덕경』 제36장 및 『손자약해』 서문과 마찬가지로 '부득이용병' 또는 '집이시동'의 기본 이치에 완전히 합치하고 있는 셈이다. '정치사학'의 관점에서 볼 때 『손자병법』「모공謀攻」에서 역설했듯이 병가의 치도治道는 싸우지 않고도 적을 굴복시키는 부전굴인不戰屈人, 병가의 치술治術은 임기응변臨機應變으로 요약할 수 있다. '부전굴인'은 기본적으로 '부득이용병' 또는 '집이시동' 원칙에서 출발한다.

이런 이치는 21세기 제4차 산업혁명시대에 그대로 적용된다. '부전굴인'의 전략과 임기응변의 전술에 따라 기업의 흥망이 갈리기 때문이다. 전장에서 지휘관의 수준에 따라 병사들의 생사와 승패가 갈리는 것과 같다. 『손자병법』을 비롯한 병서의 병략兵略을 깊이 연구해야만 하는 이유다.

실제로 동서고금을 통틀어 『손자병법』을 뛰어넘는 경영 이념 및 경영 전략서는 나온 적도 없고, 앞으로도 나올 가능성이 희박하다. 남북조시대 남조 양나라의 문인 유협劉勰의 시문비평서 『문심조룡文心雕龍』이 「정기程器」편에서 『손자병법』을 병경兵經으로 칭송한 사실이 이를 웅변한다. 인공지능으로 상징되는 국가 총력전 양상의 제4차 산업혁명시대는 총칼 없는 비즈니스 전쟁터이다. '부득이용병'으로 요약되는 노자와 공자의 '신전론' 입장에 대한 이해가 절실한 이유다.

헌문憲問

Intro

헌문憲問

증자 문인이 덧붙여놓은 공자학당의 언행록

「헌문」은 총 47개 장으로 되어 있다. 『논어』 전체의 20편 가운데 가장 장수가 많다. 여러 내용이 섞여 있어 편집의 유래 등을 판단하기가 쉽지 않다. 이 편은 모두 크게 3개의 장군章群으로 나눌 수 있다. 제1장~제8장, 제9장~제20장, 제21장~제47장이 그것이다.

「헌문」은 '자왈'로 시작되는 공자의 말이 매우 많다. 47개 장 가운데 무려 21개 장에 이른다. 공자가 제자 또는 타인과 나눈 문답은 총 23개 장에 달한다. 이를 합치면 총 47개 장 가운데 무려 44개 장으로 그 이외의 장은 겨우 28·41·46장 등 모두 3개 장에 불과하다. 이들 3개 장도 따지고 보면 전후의 내용과 밀접한 관련이 있는 것이다. 이런 의미에서 「헌문」은 공자의 격언 및 문답을 모아놓은 것이라고 해도 무리가 없을 것이다.

내용면에서 볼 때 공자의 제자를 포함해 고금의 인물과 사건 등에 관한 공자의 비평이 총 17개 장으로 가장 많다. 이 17개 장 가운데 정·노·위·제 등의 정사와 위정자에 대한 비평이 12개 장에 달한다.

　　「헌문」은 대부분 '직계제자'로부터 나온 자료를 토대로 한 것으로 2대 제자가 편집한 게 주종을 이루고 있다. 나머지는 2~3대 제자의 전송을 비롯해 세간에 전해진 일화 및 70제자 후학의 사이에 발생한 선사선현先師先賢에 관한 설화 등으로 이루어져 있다. 이 편에는 '증자왈'로 시작되는 구절이 제법 많다. 편집에 증자 문인이 적극 개입했을 가능성을 암시하는 대목이다. 그러나 노나라에서의 공자의 행적 등이 적잖이 나오고 있는 점 등에 비춰 증자 문인 이외에도 여러 사람이 개입했을 것으로 보인다.

제 1 장

> 憲問恥. 子曰, "邦有道穀, 邦無道穀, 恥也."
>
> 원헌原憲이 부끄러움에 관해 묻자 공자가 이같이 대답했다. "나라에 도가 있을 때 녹봉을 받아먹는 것(방유도곡邦有道穀) 역시 나라에 도가 없을 때 녹봉을 받아먹는 것(방무도곡邦無道穀)만큼 수치스러운 일이다."

'원헌原憲'은 「옹야」 제3장에 등장하는 원사原思와 같은 인물이다. 『중용』을 저술한 것으로 알려진 공자의 손자 공급孔伋과 마찬가지로 자가 자사子思이다. 두 사람을 구분하기 위해 '자사' 대신 원사原思로 칭하곤 한다. 서열상 공자의 '직계제자' 가운데 중간쯤에 속한다. 『사기』 「중니제자열전」에 따르면 원헌은 공자 사후 초택草澤으로 몸을 숨겨 빈곤한 생활을 영위하다 죽었다. 지나치게 청렴한 나머지 이재에 밝지 못했던 탓이다.

'헌문치憲問恥'의 '치恥'를 두고 공안국은 나라에 도가 있을 때는 의당 벼슬을 해야 하나 군주가 무도한 데도 벼슬하는 것은 부끄러운 일이라고 풀이했다. 주희는 풀이하기를, "원헌은 나라에 도가 없을 때 녹을 먹는 게 수치스러운 일이라는 것을 알았으나 나라에 도가 있을 때도 훌륭한 일을 하지 못한 채 녹을 먹는 게 수치스러운 일이라는 것을 알지 못했던 듯하다."라고 했다. 다산은 풀이하기를, "나라에 도가 없을 때도 벼슬을 하는 것은 부끄러운 일이다."라고 했다.

제 2 장

"克伐怨欲不行焉, 可以爲仁矣." 子曰, "可以爲難矣, 仁則吾不知也."

"제압하고, 자랑하고, 원망하고, 욕심내지(극벌원욕克伐怨欲) 않으면 가히 인仁하다고 할 수 있습니까?'
이런 질문에 공자가 이같이 평했다. "어려운 일이라고 할 수 있다. 그러나 나는 그것이 과연 인仁한 것인지는 잘 모르겠다."

통상 '극克 · 벌伐 · 원怨 · 욕欲'을 4가지로 나누어 해석하고 있다. 마융은 '극'은 남을 이기기를 좋아하고, '벌'은 스스로 공을 자랑하고, '원'은 꺼리며 원망하고, '욕'은 지나치게 욕심을 내는 것으로 풀이했다. 주희도 대략 마융의 주장에 동조하면서 다만 '원'을 성내고 한스럽게 여기는 것으로 풀이했다.

이에 관해 다산은 '극'을 '극尅', '벌'을 '공攻'으로 보면서 이를 하나로 합쳐 남에게서 비롯된 것으로 풀이했다. 이어 '원'과 '욕'을 자신에게 비롯된 것으로 보면서 '원'은 자신에게 없는 것을 한스럽게 여기는 것, '욕'은 자신에게 없는 것을 탐하는 것으로 해석했다. 다산의 해석이 보다 정밀하기는 하나 굳이 '극벌'과 '원욕'으로 나눠 해석할 필요는 없다.

오규 소라이는 이 장의 앞에 궐문闕文이 있을 것으로 보았다. 공자가

'극·벌·원·욕'을 행하지 않았다고 언급한 것은 어떤 현자의 행실을 지칭한 것이고, 그 현자는 대략 '관중'과 같은 인물일 것으로 추정했다. '관중'의 패업을 높이 평가한 오규 소라이 및 공자의 관점에 비춰 볼 때 나름 일리가 있는 추정이다.

제 3 장

子曰, "士而懷居, 不足以爲士矣."

공자가 말했다. "선비로서 편히 사는 데만 마음을 두면(사이회거士而懷居) 선비가 되기에 부족하다."

'사이회거士而懷居'의 '사士'를 두고 오규 소라이는 사행使行 등에 임하는 관원으로 새겼다. 그의 해석이다. "사방에 사자로 가는 것은 관원의 중요 임무이다. 대부역시 사방으로 심부름을 가기도 한다. 그는 나라에 있으면서 종정從政을 해야 한다. 이는 대부의 중무重務이다."

여기의 '거居'를 두고 주희는 『논어집주』에서 마음에 편히 여기는 것으로 풀이했다. 이 장은 공문이 '위정'을 이루기 위해서는 결코 현실에 안주해서는 안 된다는 점을 역설한 것이다. 이 장은 다음 장과 함께 선비가 취해야 할 기본 태도에 관한 교훈의 성격을 띠고 있다.

제 4 장

子曰, "邦有道, 危言危行. 邦無道, 危行言孫."

공자가 말했다. "나라에 도가 있으면 말과 행동을 엄정하게 하고(위언위행
危言危行), 도가 없으면 행실은 엄정하게 하되 말은 겸손하게 해야(위행언손
危行言孫) 한다."

'위언위행危言危行'의 '위행危行'을 포함은 엄한 행보인 '여행厲行', 주희는 높은 행
보인 '고행高行', 왕염손은 바른 행동인 '직행直行'으로 풀이했다. '위행언손危行言孫'
의 '손孫'은 겸손할 '손遜'의 가차로 사용된 것이다. 이 장은 치세와 난세에 따라 선
비가 취할 상이한 자세에 관한 교훈이다. 앞 장과 합쳐 해석하는 게 합리적이다.

제 5 장

子曰, "有德者必有言, 有言者不必有德. 仁者必有勇, 勇者不必
有仁."

공자가 말했다. "덕이 있는 사람은 반드시 도리에 맞는 말을 하지만(유덕자
필유언有德者必有言) 말을 잘하는 사람이 반드시 덕이 있는 것은 아니다(유언
자불필유덕有言者不必有德). 인仁한 사람은 반드시 위기 극복의 용기를 발휘
하지만(유인자필유용有仁者必有勇) 용자가 반드시 어진 것은 아닌 것(유용자불
필유인有勇者不必有仁)과 같다."

'유덕자필유언有德者必有言'과 '유언자불필유덕有言者不必有德', '인자필유용仁者
必有勇'과 '용자불필유인勇者不必有仁' 구절은 '유덕有德'과 '유언有言', '인자仁者'와 '용
자勇者'를 대비시켜 도리에 맞는 말과 위기를 극복하는 용기의 필요성을 역설한
것이다. 제5장~제8장 모두 사군자士君子의 바람직한 자세를 논하고 있다.

제 6 장

南宮适問於孔子曰, "羿善射, 奡盪舟, 俱不得其死. 然禹稷躬稼而
有天下." 夫子不答, 南宮适出. 子曰, "君子哉, 若人. 尙德哉, 若人."

노나라 대부 남궁괄南宮适이 공자에게 물었다. "예羿는 활을 잘 쏘았고, 오
奡는 힘이 뛰어나 배를 육지에서 끌었으나 모두 제 명에 죽지 못했습니다
(부득기사不得其死). 그러나 우禹와 후직后稷은 몸소 밭을 갈면서도 천하를

차지했습니다.”

공자가 아무 대답도 하지 않자 남궁괄이 밖으로 나갔다. 그러자 공자가 말했다. “군자로다, 이 사람은! 덕을 숭상(상덕尙德)하는구나, 이 사람은!”

'남궁괄南宮适'은 노나라 대부 남궁경숙南宮敬叔으로 「공야장」 제2장과 「선진」 제5장에 나오는 남용南容과 동일인이다. '예羿'는 하나라를 찬탈한 전설적인 명궁이다. '오奡'는 '예'를 죽인 한착寒浞이 '예'의 부인과의 사이에서 얻은 용자를 말한다. 공안국은 땅 위에서 배를 움직일 정도로 힘이 셌다고 했다. 다산은 요임금의 아들인 단주丹朱의 무리, 주희는 『춘추좌전』에 나오는 요澆와 같은 인물로 간주했다. 이 장을 두고 주희는 남궁괄이 군자다운 말을 하자 공자가 크게 기뻐한 나머지 그가 나가기를 기다렸다가 찬미한 것으로 풀이했다.

제 7 장

子曰, “君子而不仁者有矣夫, 未有小人而仁者也.”

공자가 말했다. “군자로서 인하지 못한(군자이부인君子而不仁) 자는 있어도, 소인으로서 인한(소인이인小人而仁) 자는 없다.”

'군자君子'와 '소인小人'을 두고 양보쥔은 각각 지위가 있는 사람과 일반 백성으로 풀이했다. 이 장은 아무리 군자일지도 마음을 늘 인仁에 두지 않으면 불인不仁을 면하지 못하게 된다는 점을 경계한 것이다. 소인의 경우는 인에 뜻을 두지 않는 까닭에 인자인지 여부를 논의할 여지조차 없다.

제 8 장

子曰, "愛之, 能勿勞乎. 忠焉, 能勿誨乎."

공자가 말했다. "사랑한다면 어찌 상대를 수고롭게 하는 것을 마다하는가(능물로호能勿勞乎)? 진심으로 대한다면 어찌 상대를 깨우쳐주는 것을 마다하는가(능물회호能勿誨乎)?"

'능물로호能勿勞乎'를 두고 공안국은, "사랑하는 사람을 맞이해 그 수고를 위로한다."라고 풀이했다. 주희는 사랑하기만 하고 상대방을 분발시키지 못하면 진정한 사랑이 될 수 없다고 본 것이다. '능물회호能勿誨乎' 역시 진심으로 대하면서 잘못된 점을 깨우쳐주지 않으면 내시의 충성에 불과할 뿐이라고 보았다.

제 9 장

子曰, "爲命, 裨諶草創之, 世叔討論之, 行人子羽修飾之, 東里
子産潤色之."

공자가 말했다. "정나라에서는 외교문서(사령辭令)를 만들 때 비심裨諶이 초
안을 만들고(초창草創), 세숙世叔 즉 유길游吉이 그 내용을 세밀히 검토하고
(토론討論), 행인行人인 자우子羽 즉 공손 휘揮가 논거 등을 덧붙이고(수식修
飾), 동리東里에 사는 자산子産이 매끄럽게 다듬었다(윤색潤色)."

'위명爲命'의 '명命'은 외교문서를 가리킨다. 황간은 제후들이 회맹할 때 정나라
에서 자국의 일을 기록한 글로 보았다. 다산은 사자가 독자적으로 판단해 대답하
는 '사辭'와 달리 '명命'은 자국의 군주로부터 수령한 외교문서로 보았다. 『춘추공
양전』 「노장공 19년」조에 빙례聘禮 때 대부는 '명'은 받지만 '사'는 받지 않는다는
취지의 '수명불수사受命不受辭' 표현이 나온다.

'세숙토론지世叔討論之'의 '세숙世叔'은 자산子産의 뒤를 이어 집정의 자리에 오른
정나라 대부 유길游吉을 말한다. 『춘추좌전』에는 자태숙子大叔으로도 나온다. '토
론討論'을 황간은 깊이 연구하여 검토하는 것으로 풀이했다. '행인行人'을 마융은
외교를 수행하는 관원으로 보았다. 형병은 『주례』를 근거로 대행인大行人과 소행
인小行人으로 구분했다. '수식修飾'을 다산은 깎아내고 고치는 산개刪改로 해석했

다. '동리자산東里子産'의 '동리'는 자산이 동리에 산 데 따른 별호別號이다. '윤색潤色'은 글을 부드럽게 다듬는 윤문潤文과 같은 말이다.

「헌문」에서 두 번째 장군인 제9장~제20장은 제11장을 제외하고는 모두 정·노·위·제나라 등의 정치와 위정자에 대한 공자의 비평으로 꾸며져 있다. 이 장과 다음 장 모두 공자가 사숙私淑하며 군자의 전형으로 생각한 정나라 재상 자산子産에 관한 칭송이다.

제 1 0 장

或問子産, 子曰, "惠人也." 問子西, 曰, "彼哉, 彼哉." 問管仲, 曰, "人也奪伯氏騈邑三百, 飯疏食沒齒, 無怨言."

혹자가 공자에게 정나라 재상 자산子産에 관해 묻자 공자가 이같이 대답했다. "은혜로운 사람(혜인惠人)이다."
이어 초공왕 때 우사마를 지낸 공자 신申에 관해 묻자 구체적인 언급을 피한 채 다만 이같이 말했다. "간사한 사람이다. 간사한 사람이다."
다시 관중에 관해 묻자 공자가 이런 말로 대답을 대신했다. "그 사람은 제나라 대부 백씨伯氏의 병읍騈邑 300호를 빼앗았다. 그러나 백씨는 거친 밥을 먹다가(반소식飯疏食) 치아가 빠져 죽게 될(몰치沒齒) 때까지 원망하는 말(원언怨言)을 단 한마디도 하지 않았다."

'문자서問子西'의 '자서子西'를 두고 마융은 정나라 대부로 간주하면서 초소왕 때의 영윤 자서로 보는 설도 소개했다. 황간은 정나라 대부 공손하公孫夏로 보았다. 그러나 '정치사학'의 관점에서 볼 때 여기의 '자서'는 기원전 571년 소국들로부터 뇌물을 많이 받은 일 등으로 인해 죽임을 당한 초공왕 때의 우사마 공자 신申으로 보는 게 타당하다. 『춘추좌전』「노양공 29년」조는 우사마 공자 신을 이같이 비판해놓았다. "기원전 571년 겨울, 초나라의 공자 신이 우사마가 된 뒤 소국들로부터 뇌물을 많이 받고 사람들을 핍박하자 초나라 사람이 그를 죽였다. 『춘추』가 '초나라가 그 대부인 공자 신을 죽였다.'고 기록한 이유다."

'몰치沒齒'는 이빨이 빠진다는 말로 죽음을 상징한다. '백씨병읍伯氏駢邑'의 '백씨伯氏'는 통상 장형長兄 등의 의미로 사용되나 여기서는 제나라 대부의 성씨로 언급된 것이다. 권문세가인 까닭에 '백씨'로 칭한 것이다. '병읍駢邑'은 '백씨'의 식읍으로 지금의 산동성 임구현臨朐縣 동남쪽으로 추정되고 있다.

이 장은 특이하게도 정나라의 자산을 비롯해 초나라의 영윤 공자 신申, 제나라의 현대부 자산 등에 대한 공자의 비교 평가가 실려 있다. 내용상 관중과 자산을 가장 높이 평가했음을 알 수 있다. 그렇다면 공자는 관중과 자산 가운데 누구를 더 높이 평가한 것일까? 이에 대해 주희는 평하기를, "관중의 덕은 그 재주를 이기지 못했고, 자산의 재주는 그 덕을 이기지 못했다. 성인의 학문에 관해 하나같이 들은 게 없다."라고 했다.

『논어』 가운데 공자의 관중에 대한 평은 모두 5차례, 자산에 대한 평가는 모두 4차례 나온다. 관중에 대한 평은 그의 비례非禮에 대해서는 신랄하게 비난하면서 노 ⌐의 공업에 대해서는 극찬을 하는 일포일폄一襃一貶으로 이뤄져 있는 반면, 자산에 대한 평은 모두 호평 일색이다. 공자는 자신보다 한 세대가량 앞선 자산을 군자의 전형으로 생각했다. 공자사상에 자산이 미친 영향은 막대하다. 이 점에서 보면 공자는 일견 자산을 관중보다 높이 평가한 것으로 간주할 수 있다. 그러나 공자는 관중이 이룬 업적에 관해 극찬을 아끼지 않았다. 자산 역시 실제 정치에서 뛰어난 성과를 거두기는 했으나 관중과 같이 '존왕양이尊王攘夷'의 혁혁한 공을 세우지는 못했다. 공자의 관중에 대한 평은 비록 '일포일폄'의 모습을 취하고는 있으나 내용면으로 볼 때 최상의 평가를 내렸음을 알 수 있다. 이 대목에서도 관중을 평하면서 일포일폄의 형식을 취하기는 했으나 결론적으로 극찬을 아끼지 않았음을 쉽게 알 수 있다. 주희가 맹자의 왕도사상에 입각해 두 사람을 일언지하에 폄하한 것은 공학에 대한 왜곡이다.

공자公子 신申은 누구인가?

초소왕 때 영윤을 지낸 '자서', 즉 공자 신은 공자가 사망하는 기원전 479년의 백공 승勝의 난 때 횡사했다. 공교롭게도 기원전 571년 소국들로부터 뇌물을 많이 받은 일 등으로 인해 죽임을 당한 우사마도 공자 신申이다. 여기서 착각이 일어난 듯하다. 그 경우 본문의 '문자서問子西' 구절을 '문우사마공자신問右司馬公子申'으로 바꿔서 해석해야만 한다. 이같이 해석해야만 오규 소라이가 『논어징』에서 '피재彼哉'를 '그저 그런 사람이다!'라는 식의 통상적인 해석을 거부하고 '간사한 사람이다!'라고 해석한 배경을 쉽게 이해할 수 있다. 사실 이런 해석이 『춘추좌전』 「노양공 29년」조의 해석과 부합하는 것이기도 하다. 오규 소라이는 '피재彼哉'를 '간사한 사람이다!'라고 주석한 배경을 이같이 설명해놓았다. "북송 때의 학자 곽충서郭忠恕의 『패휴집佩觿集』을 보면 저 사람을 뜻하는 '피彼'와 간사하다는 뜻의 '피佊'를 구분하면서 『논어』 「헌문」에 나오는 '피재彼哉'는 '피재佊哉'의 잘못이라고 했다. 공안국이나 왕숙 등이 '피재彼哉'로 해석한 바 있다. 그럼에도 지금은 오직 하안이나 주희처럼 '피재彼哉'로 간주하는 해석만 통용되고 있다. 공안국이나 왕숙의 해석을 따른 게 더 낫다."

오규 소라이는 본문에 나오는 '자서', 즉 공자 신申이 초공왕 때 죽임을 당한 우사마 공자 신申의 착각이라는 점을 언급하지 않았으나 이 또한 앞서 설명했듯이 『논어』를 편제할 때 두 사람의 이름이 같은 데서 온 착오로 보는 게 합리적이다.

제11장

子曰, "貧而無怨難, 富而無驕易."

공자가 말했다. "가난하면서 원망하지 않기는(빈이무원貧而無怨) 어렵다. 그러나 부유하면서 교만하지 않기는(부이무교富而無驕) 쉽다."

부자와 빈자에 대한 공자의 이런 평을 두고 주희는 '가난에 처하기는 어렵고 부에 처하기는 쉽기 때문이다.'라고 그 배경을 설명했다. 주희의 이런 분석은 사람이 극빈極貧과 극부極富에 처하기는 어려우나 소부小富와 소빈小貧에 처하기는 쉽다는 점에서 설득력이 약하다. 대략 여유 있는 사람이 겸손을 가장하기는 쉬워도 가난에 저해 있는 사람이 원망하는 마음을 드러내지 않기는 쉽지 않다고 해석하는 게 타당할 것이다.

제 1 2 장

> 子曰, "孟公綽, 爲趙魏老則優, 不可以爲滕薛大夫."
>
> 공자가 말했다. "노나라 대부 맹공작孟公綽은 조씨趙氏와 위씨魏氏의 가로家老, 즉 가신의 우두머리가 되면 그 기량을 능히 발휘할(조위로즉우趙魏老則優) 것이다. 그러나 등滕·설薛 등 소국의 대부(등설대부滕薛大夫)가 되면 기량을 제대로 발휘할 수 없다."

'맹공작孟公綽'은 노나라 대부이다. 공자보다 한 세대 앞선 인물이다. 무욕無欲이 특징이었다.

'위조위로즉우爲趙魏老則優'의 '로老'를 두고 공안국은 '가신家臣', 주희는 가신의 우두머리인 '가로家老'로 보았다. 문맥상 '가로'로 해석하는 게 합리적이다.

공자가 활약한 춘추시대 말기에는 이미 진晉나라의 세족인 조씨와 위씨가 사실상의 독립국을 이룰 정도로 큰 세력을 형성하고 있었다. 공자의 맹공작에 대한 평을 두고 주희는, "조씨와 위씨의 세력은 중하나 그 가로는 명망만 높고 관직을 맡은 책임이 없다. 설과 등은 비록 소국이기는 하나 정치가 번거롭고 대부의 지위가 높은 데다 책임이 중하다. 맹공작은 청렴하고 욕심이 적으나 재능이 부족한 자인 듯하다."라고 풀이했다. 이는 공자가 말한 취의를 거꾸로 해석한 것이다.

공자는 이 장에서 맹공작과 같이 그릇이 큰 사람은 대국의 국정을 맡아야지 소국의 국정을 맡게 되면 오히려 제 능력을 발휘할 수 없다고 지적하고 있다. 그릇의 크기에 따라 그 활동무대가 다를 수밖에 없고 이것에 제대로 연결되지 못하면 오히려 정반대의 부작용을 낳을 수밖에 없다는 지적인 것이다. 사람의 그릇에 따라 용인해야 한다는 공자의 기본 입장이 잘 드러난 대목이다.

맹공작孟公綽은 누구인가?

『춘추좌전』「노양공 25년」조에 그의 활약상이 기록되어 있다. 이에 따르면 노양공 25년인 기원전 548년 봄, 제나라의 집정대부 최저崔杼가 군사를 이끌고 가 노나라의 북쪽 변경을 쳤다. 노양공이 크게 우려해 곧바로 사람을 진晉나라로 보내 이를 고했다. 노나라 대부 맹공작이 말했다. "최자는 군주를 시해하고자 하는 큰 뜻을 품고 있기에 우리 노나라를 소란스럽게 만드는 데에는 별 관심이 없습니다. 그는 반드시 빨리 돌아갈 것인데 무엇을 걱정하십니까? 그가 쳐들어와 약탈하지도 않고 군사를 부리는 것 또한 혹독하지 않아 여느 때와는 사뭇 다릅니다."

과연 제나라 군사는 얼마 후 그대로 돌아갔다. 천하의 정세를 꿰는 그의 안목을 짐작할 만하다. 『사기』「중니제자열전」에도 그의 이름이 보인다.

"공자가 존경한 사람으로는 주나라의 노자老子, 위衛나라의 거백옥蘧伯玉, 제나라의 안평중晏平仲, 초나라의 노래자老萊子, 정나라의 자산子産, 노나라의 맹공작孟公綽 등이 있었다."

子路問成人. 子曰, "若臧武仲之知, 公綽之不欲, 卞莊子之勇, 冉求之藝, 文之以禮樂, 亦可以爲成人矣." 曰, "今之成人者, 何必然. 見利思義, 見危授命, 久要不忘平生之言, 亦可以爲成人矣."

자로가 인격이 완성된 사람(성인成人)에 대해 묻자 공자가 이같이 대답했다. "장무중臧武仲의 지혜와 맹공작孟公綽의 불욕不欲, 변장자卞莊子의 용맹, 염구冉求의 재예才藝 위에 예악으로 격식을 갖추면 가히 인격이 완성된 사람이라고 할 수 있다." 공자가 다시 말했다. "그러나 지금의 인격이 완성된 사람이야 어찌 반드시 그럴 필요가 있겠는가? 이익을 보고 의를 생각하고 (견리사의見利思義), 위태로움을 보고 목숨을 바치며(견위수명見危授命), 오랫동안 곤궁하게 살지라도 젊은 시절의 약속(평생지언平生之言)을 잊지 않는다면 이 또한 인격이 완성된 사람이라고 할 수 있다."

'성인成人'을 주희는 인격이 완성된 '전인全人'으로 해석했다. '장무중臧武仲'은 노나라 대부 장손흘臧孫紇을 가리킨다. 그는 장문중臧文仲의 손자이며 장선숙臧宣叔의 아들이다. '구요불망평생지언久要不忘平生之言'의 '요要'를 두고 양보쥔은 '약約'의 가차로 보면서 곤궁困窮의 의미로 새겼다. 공안국은 젊은 시절에 한 오래된 약속인 '구약舊約'으로 보았다. '평생平生'을 공안국은 '소시少時', 주희는 '평일平日'로 보았다.

이 장의 성격과 관련해 호인은 공자의 두 번째 언급을 자로의 말로 보는 게 타당하다고 주장했다. 사실 전후 문맥으로 보아 공자가 거듭 얘기한 것으로 보기에는 약간 부자연스러운 면이 있다. 공자가 거듭 얘기한 것이라면 '하필何必'이라는 구절이 나오는 이유와 전후의 얘기가 상호 대치되는 이유를 명쾌히 해명하기가 쉽지 않다. 그러나 앞의 얘기는 옛날의 '성인'을 말한 것이고, 뒤의 얘기는 요즘의 '성인'을 얘기한 것으로 보면 큰 무리는 없다. 주희를 비롯한 대부분의 주석가들이 앞뒤 얘기 모두 공자가 한 것으로 풀이하고 있다.

제 1 4 장

子問公叔文子於公明賈曰, "信乎, 夫子不言不笑不取乎." 公明賈對曰, "以告者過也. 夫子時然後言, 人不厭其言. 樂然後笑, 人不厭其笑. 義然後取, 人不厭其取." 子曰, "其然, 豈其然乎."

공자가 위나라 대부인 공숙문자公叔文子의 인품을 성씨가 '공명'인 위나라 사람 공명가公明賈에게 물었다. "과연 믿어도 되오? 공숙문자는 말도 하지 않고, 웃지도 않고, 이득도 취하지 않는다(불언不言‧불소不笑‧불취不取)는 게 사실이오?"

공명가가 대답했다. "전해준 사람의 말이 지나쳤습니다. 공숙문자는 때가 된 연후에 말하는(시연후언時然後言) 까닭에 사람들이 그의 말을 싫어하지 않고, 즐거울 만한 일이 있은 연후에 웃는(낙연후소樂然後笑) 까닭에 사람들이 그의 웃음을 싫어하지 않고, 의로움에 합당한 연후에 이익을 취하는(의연후취義然後取) 까닭에 사람들이 그의 취함을 싫어하지 않는 것입니다."

공자가 되물었다. "과연 그렇소? 어찌 그럴 수 있는 것이오?"

'공숙문자公叔文子'를 두고 공안국은 위나라 대부 '공숙발公叔發', 형병와 주희는 위나라 대부 '공손지公孫枝'라고 해석했다. '공손지'는 진목공秦穆公 때 활약한 진秦나라 대부의 이름이다. '공손지'의 자는 자상子桑이다. '공숙문자'의 이름은 '공숙발公叔發'로 성씨가 '공숙公叔'이다. 위헌공의 손자로 시호가 문자文子이다. '공숙'은 원래 제후의 형제를 뜻하는 말로 훗날 성으로 변한 것이다. 『춘추좌전』 「노양공 29년」조에 따르면 기원전 544년 오나라 공자 계찰季札은 위나라로 가 공숙발을 크게 기린 바 있다. '공명가公明賈' 역시 성씨가 '공명公明'이다. 가賈는 이름이다. 다산은 공숙문자의 가신 또는 제자로 보았다.

주희는 공자가 공숙문자의 '불언不言 · 불소不笑 · 불취不取' 행보에 의구심을 표시한 배경과 관련해 『맹자』 「공손추 상」을 인용해 이같이 풀이했다.

"공명가가 언급한 공숙문자에 대한 칭송은 예의가 마음속에 충만해 때에 알맞게 조처함을 얻은 자가 아니면 능히 할 수 없는 것이다. 공숙문자가 비록 어질었다고는 하나 여기에는 미치지 못했을 것이다. 다만 맹자가 말한 바와 같이 군자는 남의 선행을 칭찬해 주어 더욱 열심히 하도록 도와주고, 그 잘못을 바로 말하려고 하지 않는 법이다. 이 때문에 공자가 그같이 말한 것이다."

제15장

子曰, "臧武仲以防求爲後於魯, 雖曰不要君, 吾不信也."

공자가 말했다. "장무중이 죄를 지어 주邾나라로 갔다가 방防 땅으로 돌아
온 뒤 자신의 후계자를 세워주면 방 땅을 떠나겠다고 말했다. 비록 입으로
는 군주를 강요한 적이 없는(불요군不要君) 입장이었다고는 하나, 나는 그
말을 믿을 수 없다."

여기의 '방' 땅은 장무중의 봉읍이다. 『춘추좌전』 「노양공 23년」조의 기록에 따
르면 당시 장무중은 죄를 지어 망명했다가 봉읍으로 돌아온 뒤 사람을 보내 만일
후계자를 세워주면 순순히 물러나고 그렇지 않으면 장차 방 땅을 거점으로 반란
을 일으키겠다는 뜻을 내비쳤다. 공자는 바로 이를 지적한 것이다. 공자의 존군尊
君 사상을 읽을 수 있는 대목이다. 당시 공자는 권신들의 발호를 방지해 군권君權
을 확고히 해야 한다는 생각을 갖고 있었다. 그가 삼환 세력을 제거하고자 한 것
도 바로 이 때문이었다.

제 16 장

子曰, "晉文公譎而不正, 齊桓公正而不譎."

공자가 제환공과 진문공을 이같이 평했다. "두 번째 패자霸者인 진문공晉
文公은 술수를 부리면서 바르지 않았고(휼이부정譎而不正), 첫 번째 패자인
제환공齊桓公은 바르면서 술수를 부리지 않았다(정이불휼正而不譎)."

공자는 이 장에서 춘추시대의 첫 패자인 제환공의 패업을 '정패正霸', 두 번째 패
자인 진문공의 패업을 '휼패譎霸'로 나누고 있다. 주희는 공자가 '정패'와 '휼패'를
나눈 배경과 관련해 "제환공은 초나라를 칠 때 대의를 내세워 말하고 속임수를
쓰지 않았다. 그러나 진문공은 위衛나라를 쳐 초나라를 싸움으로 끌어들이고 음
모로써 승리를 취했으니 그 속임이 매우 심했다. 두 사람의 다른 일도 이와 같은
게 많다. 공자가 이를 언급함으로써 그 숨은 사실을 드러낸 것이다."라고 했다.

제16장~제18장의 3개 장은 춘추시대의 첫 패자인 제환공과 첫 패업을 이루는
데 결정적인 공헌을 한 관중에 관한 얘기로 이루어져 있다.

제환공齊桓公과 진문공晉文公에 대한 평가

당시 공자는 모든 패업을 매우 비난한 맹자와 달리 '휼패'에 대해서는 부정적인
평가를 내렸으나 '정패'에 대해서는 긍정적인 평가를 내렸다. 이는 관중이 제환공

을 도와 '존왕양이'의 첫 패업을 이룬 것을 높이 평가한 것과 맥을 같이 하는 것이다. 그러나 전국시대 말기 법가사상을 집대성한 한비자는 진문공을 제환공 못지 않게 높이 평가했다. 『한비자』「외저설外儲說 좌하左下」에서 제환공이 생전에 관중에게 너무 많은 권한을 주는 바람에 자칫 위험에 빠질 소지가 컸다고 지적하고, 진문공이 신하의 충성심에 대한 믿음에 기대지 않고 자신이 남에게 배신당하지 않는 법술에 의지한 것을 높이 평가한 게 그렇다. 법가의 패업에 대한 시각이 선명히 드러나고 있다.

제 1 7 장

子路曰, "桓公殺孔子糾, 召忽死之, 管仲不死. 曰'未仁乎.'" 子曰, "桓公九合諸侯, 不以兵車, 管仲之力也. 如其仁, 如其仁."

자로가 말했다. "제환공 소백小白이 자신의 이복형인 공자 규糾를 죽이자 신하 소홀召忽은 그를 위해 죽었고, 관중은 죽지 않았습니다. 그러니 관중을 인하지 않다고 할 것입니다."
그러자 공자가 반박했다. "제환공은 제후들을 9번 규합하면서(구합제후九合諸侯) 군사(병거兵車)를 동원하지 않았다. 이는 모두 관중의 공이다. 그 누가 관중이 이룬 일에 비견되는 인仁을 실천할(여기인如其仁) 수 있겠는가, 그누가 이룰 수 있겠는가?"

'구합제후九合諸侯'는 모두 9번에 걸쳐 제후들을 규합했다는 뜻이다. 『춘추좌전』 「노희공 26년」조에는 '규합제후糾合諸侯'로 나온다.

공자는 이 장에서 관중의 패업을 높이 평가한 이유를 구체적으로 설명하고 있다. 자로는 관중이 모시던 주군인 공자 규가 죽을 때 소홀과 같이 함께 죽지 않은 것을 두고 인하지 못하다고 비난했다. 그러나 공자는 오히려 관중의 패업을 예로 들어 그 누가 관중이 이룬 '구합제후' 수준의 업적을 이룰 수 있는지 반문했다. '여기인如其仁'을 2번에 걸쳐 되물은 게 그렇다. 미야자키 이치사다의 '여기인'에 대한 다음과 같은 주석이 이를 뒷받침한다. "'여기인'을 두고 '그것이 인과 같겠는가?'라고 해석해 관중이 인자仁者임을 인정하지 않는 해석이 보통이었다. 그러나 '여如'는 '여하如何'의 용법이 있는 까닭에 여기서는 '그 인仁을 어찌하겠는가?' 즉 그 인仁은 어떠한지 모르겠으나 그와 별개로 관중의 업적은 높이 평가해야 한다는 취지로 해석해야 한다는 견해가 나왔다. 가노 나오키狩野直喜 박사는 『지나학문수支那學文藪』의 「공자孔子와 관중管仲」 항목에서 유월俞樾의 『제자평의諸子平議』에 나온 학설을 인용해 이미 전한 말기 양웅揚雄이 '여如'를 '하여何如'의 의미로 사용한 사례를 거론한 바 있다. 이 경우도 '여기인如其仁'은 '여기인하如其仁何'로 읽어 '그 인을 어떻게 하겠는가?'의 의미로 해석해야 한다고 주장했다. 나도 '여'를 '여하'로 읽는 설을 취하지만 해석은 약간 다르다. 원래 '여기인'은 자로의 질문인 '미인호未仁乎'에 대한 대답으로 나온 것이다. 만일 자로가 평하듯이 모시던 주군을 위해 죽은 소홀召忽의 행보를 좇지 않은 것을 두고 관중의 삶을 일률적으로 모두 '미인未仁'이라고 간주할 경우 소백小白에게 귀의한 이후에 이룬 치국평천하의 패업霸業까지 '미인'으로 이해하게 된다. 공자는 이를 인정할 수 없다는 취지로 '여기인'을 언급한 것으로 보는 게 타당하다."

'정치사학'의 관점에서 볼 때 이런 해석이 타당하다. 관중은 『관자』에서 훗날 자신이 소홀과 함께 죽지 않은 것은 소의小義와 소절小節에 얽매이지 않고 나라를 위해 공업을 세우고자 하는 대의大義와 대절大節에서 비롯된 것이라고 술회한 바 있다. 이 장의 '여기인' 구절은 바로 공자가 관중의 이런 술회 취지를 그대로 받아들인 결과로 보는 게 합리적이다.

제환공齊桓公은 정말 한 번도 군사를 쓰지 않았을까?

사실 제환공이 행한 9번의 제후 규합 가운데 병거를 동원한 회맹인 병거지회兵車之會가 모두 6번에 달한다. 주희왕 원년인 기원전 681년의 북행北杏 회맹을 비롯해 주희왕 2년과 3년의 견鄄 땅 회맹, 기원전 659년의 정檉 땅 회맹, 기원전 647년의 함鹹 땅 회맹, 기원전 644년의 회淮 땅 회맹이 그것이다. 병거를 동원하지 않은 회맹인 승거지회乘車之會는 기원전 657년의 양곡陽穀 회맹과 기원전 655년의 수지首止 회맹, 기원전 651년의 규구葵丘 회맹이다. 공자가 말한 '구합제후九合諸侯'를 놓고 '여러 번 제후들과 회합했다'로 풀이해야 한다는 주장이 나오는 이유이다.

제18장

子貢曰, "管仲非仁者與. 桓公殺孔子糾, 不能死, 又相之." 子曰, "管仲相桓公, 霸諸侯一匡天下, 民到于今受其賜. 微管仲, 吾其被髮左衽矣. 豈若匹夫匹婦之爲諒也, 自經於溝瀆而莫之知也."

자공이 말했다. "관중은 인자가 아닌 듯합니다. 제환공이 공자 규를 죽일 때 주군을 좇아 죽지 못하고 나아가 제환공을 섬겼습니다."

공자가 반박했다. "관중이 제환공을 도와 제후들을 호령하게 하고(패제후霸諸侯) 한 번에 천하를 바로잡게 했다(일광천하一匡天下). 덕분에 백성들은 지금까지 그 혜택을 받고 있다. 관중이 없었다면 우리는 머리를 풀고 옷깃을 왼편으로 하는(피발좌임被髮左衽) 오랑캐 풍속을 받아들였을 것이다. 어찌 보통 사람(필부필부匹夫匹婦)이 사소한 신의(소절小節)를 위해 스스로 작은 도랑(구독溝瀆)에서 목매고 죽어 알아주는 사람조차 없는 경우와 같을 수 있겠는가?"

'미관중微管仲'의 '미微'는 '만일 ~이 없다면'의 뜻을 지닌 관용어이다. '피발좌임被髮左衽'은 머리를 풀고 옷깃을 왼편으로 하는 오랑캐의 풍속을 말한다. '위량爲諒'의 '량諒'을 두고 주희는 작은 신의인 '소신小信'으로 새겼다. '자경어구독自經於溝瀆'의 '자경自經'은 스스로 목을 맨다는 뜻으로 자진自盡과 같은 의미이다. '구독溝瀆'은 논밭 사이에 난 작은 도랑을 가리킨다.

제환공齊桓公 소백小白과 공자孔子 규糾 사이의 서열은?

이 장과 관련해 제환공 소백과 공자 규의 형제 사이의 서열을 놓고 예로부터 많은 논란이 많았다. 이는 주희가 제환공 소백을 공자 규의 형으로 규정한 데서 비롯됐다. 『춘추좌전』은 두 사람 간의 서열을 밝히지 않은 채 '제나라의 소백이 제나라로 들어갔다.'고 표현해놓았다. 그러나 『춘추공양전』은 제환공이 공자 규를 죽인 것을 놓고 찬탈할 '찬簒', 『춘추곡량전』은 양보하지 않은 '불양不讓'으로 표현해놓았다. 이는 모두 제환공이 동생이고 공자 규가 형인 것을 시사한다. 『사기』역시 '죽은 제양공齊襄公의 다음 동생 소백'이라고 분명히 기록해놓았다. 『순자』는 이를 보다 명확히 해 '제환공이 형을 죽이고 제나라로 돌아왔다.'고 기록해놓았다. 그럼에도 주희는 정이천의 말을 인용해 이 장을 이같이 해석해놓았다.

"정자程子, 즉 정이천이 말하기를, '제환공이 형이고 공자 규가 동생이다. 관중은 자신이 섬기던 자에게 사사로이 해 그를 도와 나라를 다퉜으니 이는 의가 아니다. 제환공이 동생인 공자 규를 죽인 것은 비록 지나친 일이기는 하나 공자 규의 죽음은 실로 마땅했다. 관중은 처음에 공자 규와 함께 모의했으니 공자 규와 함께 죽는 것도 가했고, 동생인 공자 규를 도와 나라를 다툰 게 의가 아님을 알고 스스로 죽음을 면한 뒤 후일의 공을 도모하는 것도 가했다. 그래서 성인은 관중이 후자를 택해 죽지 않은 것을 나무라지 않고 후일 그가 세운 공을 칭찬한 것이다.

그러나 만일 제환공이 아우이고 공자 규가 형이어서 관중이 형인 공자 규를 도운 게 정당한 상황에서 제환공이 형의 나라를 빼앗고 형을 죽였다면 관중과 제환공은 한 세상에 같이 살 수 없는 원수가 될 수밖에 없다. 그런데도 만일 공자가 관중이 세울 그 후일의 공을 계산해 제환공을 섬긴 일을 수긍했다면 이 장에 나오는 성인의 이 말씀은 심히 의를 해쳐 만세의 반복불충反覆不忠하는 난의 단서를 여는 게 아니겠는가?

당나라의 왕규王珪와 위징魏徵도 건성지란建成之亂 즉 현무문玄武門의 난 때 형인 이건성을 따라 죽지 않고 동생인 당태종唐太宗 이세민을 따랐다. 이는 가히 의를 해진 것이라고 이를 만하다. 이들이 비록 후일에 공을 세웠나고는 하나 어씨 이로써 자신들이 저지른 죄를 속죄할 수 있겠는가?'라고 했다."

주희는 정이천의 말을 인용해 제환공이 형이었기 때문에 공자가 관중의 배반을 수긍하고 후일에 세운 공을 평가한 것이라고 주장한 것이다. 정이천과 주희 모두 공자가 관중을 평가한 근본 이유를 관중이 세운 공업에서 찾지 않고 제환공과 공자 규의 서열에서 찾은 셈이다. 이들은 자신들의 주장을 뒷받침하기 위해 당나라 때의 왕규와 위징까지 끌어들였다. 당태종이 보위에 오른 뒤 '정관지치貞觀之治'의 성세를 이룩하고 위징 등이 성세의 도래에 결정적인 공헌을 한 점 등을 높이 평가했다면 당태종이 동생이었다는 사실 등은 소소한 문제에 불과하다. 그럼에도 정이천과 주희는 이를 인정할 수 없다는 입장을 견지한 것이다. 명분론에 얽매인 정이천과 주희의 협량狹量이 여실히 드러난 대목이다.

정이천과 주희는 무엇을 근거로 제환공이 형이었다고 주장한 것일까? 전거가 전혀 없었던 것은 아니다. 전한 당시 박소薄召가 회남왕淮南王에게 올린 글 중에 제환공이 동생인 공자 규를 죽였다는 말이 나온다. 그러나 이는 무슨 사료를 토대로 한 게 아니어서 증거로 삼을 만한 게 못된다. 정이천과 주희가 『춘추공양전』과 『사기』 등을 보지 못했을 리 없다. 그런데도 불구하고 왜 제환공을 형이라고 강변하고 나선 것일까?

두 사람은 명분론의 입장에서 『논어』의 이 장을 액면 그대로 평가하는 데 곤혹스런 나머지 이런 억지 주장을 펼쳤을 가능성이 크다. 관중을 당나라 때의 위징과 같은 인물로 비판하려면 먼저 관중을 '인인仁人'이라고 평가한 공자의 말부터 부인하고 들어가야만 한다. 이는 결코 쉬운 일이 아니다. 결국 두 사람은 고육지책으로 제환공을 형으로 둔갑시키는 일을 감행했을 가능성이 높다.

제19장

公叔文子之臣大夫僎, 與文子同升諸公. 子聞之曰, "可以爲文矣."

공숙문자公叔文子의 천거로 대부가 된 가신 선僎이 주군과 함께 제후의 조
정(공조公朝)에서 벼슬을 하는(동승제공同升諸公) 위치에 서게 됐다. 공자가
이 얘기를 듣고 이같이 말했다. "가히 시호를 '문文'이라고 할 만하다!"

'선僎'은 '찬撰'과 같은 글자이나 우리말 발음은 '선' 또는 '준'이다. 어느 쪽으로 읽
어도 된다. 시법諡法에 따르면 '문文'은 백성에게 작위를 내려주는 '석민작위錫民爵
位'의 뜻을 지니고 있다. 공자가 공숙문자를 칭송한 것은 가신을 이끌어 자신과 함
께 한 것을 높이 평가한 데 따른 것이다. 당시는 신분세습의 봉건질서가 잉존해
있던 때였다. 공숙문자의 행보는 희귀한 경우이다.

제20장

子言衛靈公之無道也. 康子曰, "夫如是, 奚而不喪." 孔子曰, "仲
叔圉治賓客, 祝鮀治宗廟, 王孫賈治軍旅, 夫如是, 奚其喪."

공자가 귀국 후 위령공衛靈公의 무도한 행보를 언급하자 계강자가 물었다. "위령공이 그처럼 무도했는데도 어찌해서 나라를 잃지 않았던 것입니까?" 공자가 대답했다. "중숙어仲叔圉는 빈객을 접대하는 것(치빈객治賓客), 축타祝鮀는 종묘제사를 관장하는 것(치종묘治宗廟), 왕손가王孫賈는 군대를 다스리는 것(치군려治軍旅)에 능합니다. 이같이 잘하는데 어찌 나라를 잃을 리 있겠습니까?"

'중숙어仲叔圉'는 위나라 대부 공어孔圉, 즉 공문자孔文子를 말한다. 『춘추좌전』 및 『사기』「공자세가」에 따르면 위나라의 제 28대 군주 위령공衛靈公 원元은 어질지 못했다. 즐겨 남을 의심하고 성격이 포악해 역사적으로 좋지 못한 평가를 받은 게 그렇다. 그럼에도 보위를 잃지 않은 것은 공문자와 축타 및 왕손가 등 3명의 현신賢臣을 곁에 둘 정도로 나름 사람의 능력을 잘 파악해 적재적소에 임용할 줄 아는 안목이 있었기 때문이다.

『사기』「공자세가」의 기록을 토대로 한 기무라 에이이치의 분석에 따르면 공자는 위령공이 재위하는 기원전 497년부터 기원전 493년 사이에 모두 3번 만났다. 그때마다 공자는 위령공의 행보가 마음에 들지 않아 이내 위나라를 떠났다. 그럼에도 자로를 비롯한 그의 제자들은 대거 위나라에서 벼슬을 살았다. 공자는 위령공 사후 그의 뒤를 이어 즉위한 위령공의 손자 위출공衛出公 첩輒을 꺼린 나머지 결국 14년간에 걸친 철환천하轍環天下의 유세를 접고 귀국길에 올랐다. 공자가 위령공의 무도無道한 행보를 언급한 것은 위령공이 비록 무도하기는 했으나 뛰어난 현신을 등용한 덕분에 나라를 유지한 전례를 좇으라고 당부하기 위한 것이다. 동서고금의 역사가 보여주듯이 국가흥망의 관건은 결국 현신의 등용 여부에 달려 있다. 공자는 현신 등용의 중요성을 역설하며 계강자의 분발을 촉구한 셈이다.

제 2 1 장

子曰, "其言之不怍, 則爲之也難."

공자가 말했다. "사람이 자신의 말에 부끄럽지 않게 행동하기(언지부작言之
不怍)가 쉽지 않다."

'언지부작言之不怍'을 두고 마융은, "겉으로 드러낸 말이 부끄럽지 않으려면 내면을 충실하게 하는 게 필요하다는 의미이다."라고 풀이했다. 이에 대해 주희는 "사람이 말하는 것을 부끄러워하지 않으면 그것을 실행하는 것도 어렵게 된다." 라고 풀이했다. 공자는 이 장에서 언행일치言行一致를 강조하고 있다. 이 장은 내용상 다음 장과 긴밀히 연결되어 있다. 이 편에서 제21장~제47장의 27개 장은 세 번째 장군을 이루고 있다.

陳成子弑簡公, 孔子沐浴而朝, 告於哀公曰, "陳恒弑其君, 請討
之." 公曰, "告夫三子." 孔子曰, "以吾從大夫之後, 不敢不告也.
君曰, '告夫三子者'" 之三子告, 不可. 孔子曰, "以吾從大夫之後,
不敢不告也."

제나라의 권신 진성자陳成子, 즉 진항陳恒이 제간공齊簡公을 시해하자 공자
가 목욕한 뒤 조회에 참석하여(목욕이조沐浴而朝) 노애공에게 이같이 청했
다. "진항이 그 군주를 시해했으니 청컨대 토벌하기 바랍니다."
노애공이 대답했다. "저들 삼환三桓에게 말하시오."
공자가 물러나온 뒤 중얼거렸다. "나는 일찍이 대부의 자리에 있었던 까닭
에 감히 간하지 않을 수 없었다. 그런데도 군주는 저들 삼환에게 말하라고
한다!"
공자가 삼환을 찾아가 말하자 이들이 반대했다. 그러자 공자가 이같이 중
얼거렸다. "나는 일찍이 대부의 자리에 앉아 있었던(오종대부지후吾從大夫之
後) 탓에 진항의 시군弑君 행위를 감히 고하지 않을 수 없었다."

'정치사학'의 관점에서 볼 때 '종대부지후從大夫之後'는 나중에 대부의 반열에 올
라 여러 선임 경대부들의 뒤를 좇아 조정회의에 참여했다는 취지로 언급된 것이

다. 이를 두고 '대부의 뒤를 쫓아다니는 사람'이라는 식으로 번역하는 것은 큰 잘못이다. 나아가 이 일화는 공자가 노나라에 귀국한 뒤의 일인 까닭에 '대부의 자리를 차지한 이상'이라는 식으로 번역하는 것도 잘못이다. 노나라의 국가원로로 존재하며 제자들을 가르친 까닭에 현재 대부의 직책을 맡은 것은 아니기 때문이다. '일찍이 대부의 자리에 있었던 사람'으로 해석하는 게 가장 합리적이다.

진항陳恒이 제간공齊簡公을 시해한 사건에 대한 주석

제나라의 권신 진항陳恒이 제간공齊簡公을 시해한 내용은 『춘추좌전』「노애공 14년」조에 상세히 실려 있다. 이에 따르면 공자가 노나라로 귀국한 지 3년 뒤인 노애공 14년의 기원전 481년 6월, 진항이 제간공을 시해했다. 공자는 목욕재계하고 입궐한 뒤 노애공에게 이같이 건의했다. "진항이 그 군주를 시해하자 제나라 백성 중에 그를 편들어주지 않는 자가 절반가량 됩니다. 노나라의 많은 무리에다가 제나라 백성 반을 보태면 능히 제나라를 칠 수 있습니다."

이를 두고 정이천은 "이는 의리가 아닌 힘으로 해결하고자 한 것으로 공자의 말이 아니다. 공자는 틀림없이 진항의 죄를 바로 지목해 위로는 천자에게 고하고, 아래로는 방백方伯에게 말한 뒤 동맹국을 이끌고 토벌하려고 했을 것이다. 이같이 했다면 주나라 왕실이 다시 부흥할 수 있었을 터인데 노나라 군신들이 끝내 따르지 않았으니 그 애석함을 이루 말할 수 없다."라고 풀이했다. 이는 의리론에 치우친 해석으로 당시의 상황과는 동떨어진 것이다.

당시 공자는 72세였다. 나이가 들어 벼슬에서 물러나는 치사致仕를 한 채 제자 육성에 여념이 없었다. 그는 진항의 시해 사건을 접하고 즉시 노애공을 찾아가 진항에 대한 토벌을 청했다. 소국인 노나라가 대국인 제나라를 치는 것은 당시의 기준에서 볼 때 불가능한 일이었다. 공자도 이를 모를 리가 없었다. 공자가 노애공에게 진항에 반대하는 제나라 백성 얘기를 꺼낸 이유다. 「노애공 14년」조의 기사가 이를 뒷받침한다.

관중의 '존왕양이'에 대한 극찬을 통해 알 수 있듯이 공자는 '존왕양이'를 위한 무력동원을 반대한 적이 없다. 공자가 제환공과 진문공의 패업을 비교하며 '정패'와 '휼패'를 구분한 것도 바로 이 때문이었다. '정치사학'의 관점에서 볼 때 정이천의 주석은 무력을 동원하는 패도覇道를 극도로 꺼린 맹자의 '왕도주의王道主義'에 함몰된 후과로 볼 수 있다. 공자가 이웃나라의 일에 이처럼 적극적으로 개입하고자 한 것은 난신적자亂臣賊子의 접종接踵으로 천하대란이 일어날까 우려한 데 따른 것으로 보는 게 합리적이다.

제 2 3 장

子路問事君. 子曰, "勿欺也, 而犯之."

자로가 군주를 섬기는 것에 관해 묻자 공자가 대답했다. "속이지 않고, 윗사람의 안색에 개의치 않고 잘못을 지적해야(물기범안勿欺犯顔) 한다."

'이범지而犯之'의 '범犯'은 '범안간쟁犯顔諫爭'을 뜻한다. 군주의 면전에서 얼굴을 붉히며 간쟁하는 것을 의미한다. 신하의 사군事君에 관한 기본 입장을 밝힌 이 장은 앞 장인 제22장에 대한 부연설명의 성격을 띠고 있다.

제 2 4 장

子曰, "君子上達, 小人下達."

공자가 말했다. "군자는 인례仁禮 등 공동체의 근본에 밝아 위쪽으로 통달
하고(군자상달君子上達), 소인은 이권利權 등 지엽적인 것에 밝아 아래쪽으로
통달하는(소인하달小人下達) 모습을 보인다."

'상달上達'과 '하달下達'을 두고 하안은 풀이하기를, "근본에 도달하는 것이 '상
달', 지엽적인 것에 도달하는 것이 '하달'이다."라고 했다. 황간은 인의에 도달하는
것이 '상달', 재물과 이익을 추구하는 것이 '하달'이라고 했다. 주희는, "군자는 천
리를 따르기에 날마다 고명해지고, 소인은 인욕을 따르기에 날마다 오하汚下해진
다."라고 풀이했다. '천리인욕설'에 따른 형이상학적 해석이다. 공자가 이 장에서
군자의 '상달上達'과 소인의 '하달下達'을 대비시킨 것은 공동체의 번영과 안녕 등
에 헌신하는 '위정자'와 개인 차원의 부영富榮에 얽매일 수밖에 없는 '일반 백성'의
근본적 차이를 주지시키려는 의도에서 나온 것이다. 내용상 하늘과 사람을 탓하
지 않는다는 취지로 언급한 제37장의 '하학상달下學上達' 구절과 서로 통한다.

제25장

子曰, "古之學者爲己, 今之學者爲人."

공자가 말했다. "옛날의 학자는 치도治道를 밝힐 생각으로 자신을 위해 학문을 했고(고지학위기古之學爲己), 지금의 학자는 치술治術을 이용할 생각으로 남을 위해 학문을 한다(금지학위인今之學爲人)."

주희는, "성현이 학자들의 용심用心에 대한 득실을 논한 게 많으나 이 말과 같이 절실하고도 긴요한 것은 없었다."라고 풀이했다. 제25장~제33장은 군자의 수기치인修己治人에 관한 얘기이다.

제26장

蘧伯玉使人於孔子, 孔子與之坐而問焉曰, "夫子何爲." 對曰, "夫子欲寡其過而未能也." 使者出. 子曰, "使乎, 使乎."

거백옥蘧伯玉이 사자를 보내 공자에게 문안을 올렸다.

공자가 사자와 함께 좌정한 뒤 물었다. "거백옥 선생은 무엇을 하며 지내시오?"
사자가 대답했다. "거백옥 선생은 허물을 줄이고자(욕과기과欲寡其過) 하나
아직 능하지 못합니다."
사자가 나가자 공자가 그를 칭송했다. "훌륭한 사자使者다, 훌륭한 사자다!"

'거백옥蘧伯玉'은 위나라 현대부로 이름은 거원蘧瑗이다. 「위령공」 제7장에도 공자로부터 칭송을 받는 대목이 나온다. 공자는 천하유세에 나서 위나라로 갔을 때 그의 집에 머문 적이 있다. 마지막 구절인 '시호使乎'는 '사호'가 아닌 '시호'로 읽어야 한다. 사자使者를 의미하는 명사로 사용될 때는 '시使'로 읽는다.

『회남자』 「원도훈原道訓」에 거백옥은 나이 50세 때 지난 49년 동안의 잘못을 깨달았다는 내용의 '연오십이지사십구년비年五十而知四十九年非' 구절이 나온다. 『장자』 「칙양則陽」에는 60세가 될 때까지 모두 60번이나 고치는 '행년육십이육십화行年六十而六十化'로 묘사되어 있다. 아래는 해당 구절이다.

"거백옥은 나이 60세가 되도록 살아오면서 모두 60번에 걸쳐 자신의 생각을 바꾸었다. 옳다고 여겨 시작했지만 끝내 그르다고 판단해 물리치지 않은 적이 단 한 번도 없었다. 60세가 된 지금 옳다고 여겨 시작하는 것이 지난 59년 동안 그르다고 판단해 끝내 물리친 것과 똑같은 잘못을 저지르는 것이나 아닌지 모르겠다!"

'정치사학'의 관점에서 볼 때 이 일화는 대략 공자가 노나라로 귀국한 뒤의 일로 보인다.

子曰, "不在其位, 不謀其政."

공자가 말했다. "군자는 그 지위에 있지 않은(부재기위不在其位) 상황이면 해당 정무政務를 도모하지 않아야(불모기정不謀其政) 한다."

'부재기위不在其位, 불모기정不謀其政' 구절은 「태백」 제14장 구절과 완전히 일치한다. 반드시 다음 장과 함께 해독해야만 그 뜻이 분명해진다. 일각에서는 공자가 관직에 있지 않은 사람의 정책 비판을 힐난한 것으로 풀이하고 있다. 크릴은 의문을 제기하면서 이 구절은 지금은 전해지지 않는 어떤 내용과의 특별한 관련 아래에서 나온 것으로 추정했다. 그러나 굳이 크릴과 같이 무리하게 해석할 필요는 없다. 공자가 이 장에서 경계한 것은 '월권越權'이다. 실제로 공자는 춘추시대 말기의 하극상에 관해 크게 개탄한 바 있다. 공자의 '월권'에 대한 발언은 바로 이런 하극상에 대한 개탄에서 비롯된 것으로 보면 하등 이상할 게 없다. 제27장~제29장은 서로 비슷한 내용을 말한 것이다. '증자왈'이 나오는 점에 비춰 대략 유사한 내용을 하나로 묶은 증자 문인의 전송을 수록한 듯하다.

제28장

曾子曰, "君子思不出其位."

공자의 직무에 관한 언급에 관해 증자가 이같이 풀이했다. "군자는 생각하는 바가 본분을 넘어서지 않는다(사불출위思不出位)."

이는 증자가 앞 장에 나온 공자의 '월권'에 대한 언급을 부연해놓은 것이다. 증자 문인의 전송이 수록된 것으로 짐작된다. 그러나 이 장에 나오는 증자의 해석인 '사불출위思不出位'가 『주역』 「간괘艮卦」의 괘사에 군자는 생각하는 바가 본분을 넘어서지 않는다는 뜻의 '군자이사君子以思, 불출기위不出其位'로 나오고 있는 점에 비춰 증자의 문인이 증자를 가탁해 삽입시켜 놓았을 가능성도 배제할 수 없다.

제29장

子曰, "君子恥其言而過其行."

공자가 말했다. "군자는 자신의 말이 실천보다 넘치는 것을 부끄러워한다(치언과행恥言過行)."

'치기언이과기행恥其言而過其行' 구절을 두고 주희는, "군자는 말하는 것을 조심하고, 행하는 것은 지나치리만큼 한다."라고 풀이했다. 『중용』을 인용해 '치恥'는 감히 다 말하지 못한다는 뜻이고, '과過'는 행동에 여유를 두어야 한다는 뜻이라고 설명한 이유다. 주희가 '이而'를 '그리고'의 의미로 해석한 이유다. 원래 황간본에는 '이而'가 '지之'로 되어 있다. 이 경우 말이 행동을 넘어서는 것을 부끄러워한다는 뜻이 된다. 이토 진사이는 형병의 주석을 좇아 황간본과 동일한 풀이를 했다. 오규 소라이는 이에 대한 반발로 주희의 해석을 좇았다. '위정학'에 초점을 맞춘 공학孔學의 기본 이념에 비춰볼 때 황간본 및 이토 진사이의 해석을 좇는 게 합리적이다.

제30장

子曰, "君子道者三, 我無能焉. 仁者不憂, 知者不惑, 勇者不懼."
子貢曰, "夫子自道也."

공자가 말했다. "군자의 도(군자지도君子之道)에는 3가지가 있다. 나는 이들 3가지 가운데 능한 게 하나도 없다. 인한 사람은 근심하지 않는다는 것(인자불우仁者不憂), 지혜로운 자는 의심하지 않는다는 것(지자불혹知者不惑), 용감한 자는 두려워하지 않는다는 것(용자불구勇者不懼)이다."
자공이 말했다. "공부자孔夫子가 자신에 대해 겸양해 말한 것이다."

'부자자도야夫子自道也'의 '도道'는 '언言'과 통한다. 공자가 내세운 '위정학'은 학덕學德의 겸비를 요구한다. '학'은 '지知'를 근본으로 삼고, '덕'은 '인仁'을 기본으로 삼는다. 학덕을 겸비하면 진정한 의미의 '용勇'이 발휘된다. 공자의 제자 가운데 자공子貢은 '지', 안회顔回는 '인', 자로子路는 '용'의 표상이다. 공자는 '지'와 '인' 및 '용'을 모두 구비한 만세사표萬世師表이다. 스스로 겸양해하며 '인자불우仁者不憂'와 '지자불혹知者不惑' 및 '용자불구勇者不懼'의 3가지 미덕을 제대로 실천하지 못하고 있다고 언급한 것으로 풀이하는 게 합리적이다.

제 3 1 장

子貢方人. 子曰, "賜也賢乎哉. 夫我則不暇!"

자공이 사람들을 비교하며 인물평을 가하자 공자가 말했다. "사賜야! 자네는 현명한가? 무릇 나는 늘 남을 비교하며 인물평을 가할 겨를조차 없는 (아즉불가我則不暇) 처지에 놓여 있다."

'자공방인子貢方人'의 '방方'은 비교할 '비比'의 뜻이다. 정현은 남의 과오를 말하는 것으로 풀이했다. '사야현호재賜也賢乎哉'의 '재哉'가 황간본에는 '아我'로 되어 있다. 이 경우 '사야, 너는 나보다 현명하다'의 뜻이 된다. '부아즉불가夫我則不暇'의 '가暇'는 남들을 비교하며 논할 겨를이 없다는 뜻의 동사로 사용된 것이다. 공자는 이 장에서 인물평을 즐기는 자공에게 은근한 비유로 질책한 것이다.

제 3 2 장

子曰, "不患人之不己知, 患其不能也."

공자가 말했다. "군자는 남이 자신을 알아주지 않는 것을 걱정하지 않아야
(불환인불기지不患人不己知) 하고, 자신이 유능하지 못한 것을 걱정해야(환기
불능患己不能) 한다."

　　남이 자신의 능력을 알아주는 '지우知遇'의 기본 이치를 언급하고 있다. '환기불
능患其不能'은 '기其'가 '기己'의 의미로 사용된 까닭에 '환기불능患己不能'으로 바꿔
표현할 수 있다. 이 장은 내용상 「학이」 제16장과 「이인」 제14장, 「위령공」 제19장
과 상통하고 있다. 기무라 에이이치는 동일 또는 유사한 내용의 언급이 여러 학파
의 문인들에 의해 다양하게 전송된 데 따른 것으로 분석했다.

제 3 3 장

子曰, "不逆詐, 不億不信. 抑亦先覺者是賢乎."

공자가 말했다. "군자는 남이 나를 속일까 미리 넘겨짚지 않아야(불역사不
逆詐) 하고, 남이 자신을 믿지 않을 것이라고 미리 억측臆測하지 않아야(불
억불신不億不信) 한다. 그런데도 혹여 남의 정위情僞가 어떠한지 미리 깨닫
는 것(억역선각抑亦先覺)을 두고 현명하다고 말할 수 있는 것이겠는가?"

'불역사不逆詐'의 '역逆'을 두고 주희는 일이 닥치기도 전에 그것을 맞이하는 것
즉 미리 넘겨짚는 것으로 풀이했다. '불억불신不億不信'의 '억億'을 주희는 일이 생
기기도 전에 미리 추측하는 것으로 새겼다. 억측할 '억臆'과 통한다. '억역선각抑亦
先覺'의 '억역抑亦'은 '혹여'의 뜻으로 사용되는 관용부사어이다. '선각先覺'은 상대
방이 어떤 사람인지 미리 파악하는 것을 말한다.

공자는 이 장에서 군자는 기본적으로 매사에 성실하게 임하는 까닭에 남이 나
를 속일까 넘겨짚거나 남이 나를 믿지 않을까 억측하지 않아야 한다는 점을 역설
하고 있다. 문제는 '억역선각抑亦先覺'에 대한 해석이다. 공안국은 이같이 풀이했
다. "먼저 남의 뜻을 깨닫는 것이 어찌 현명한 일이 될 수 있겠는가?" 오규 소라이
는 '불역사不逆詐'와 '불억불신不億不信'을 공자 때 널리 인용된 격언으로 간수하면
서 공안국의 주석을 전폭적으로 지지했다.

그럼에도 주희는 『논어집주』에서 이와 정반대되는 주석을 시도했다. "비록 군자가 '불역사不逆詐'와 '불억불신不億不信'의 행보를 할지라도 남의 실상과 허위 여부인 정위情僞를 자연스럽게 먼저 깨닫는 것이 보다 현명하다는 취지이다."

이를 두고 오규 소라이는 이같이 비판했다. "성인은 성실한 뜻으로 사물을 대한다. 요임금이 곤鯀에 대해 반드시 시험해본 뒤에 그의 죄를 바로잡고, 공자가 『논어』「위정」에 나오듯이 사람을 평가할 때 먼저 그가 행하는 바를 보고, 그 일을 하게 된 동기를 살펴보고, 편히 여기는 바를 헤아려 볼 필요가 있다고 언급했다. 먼저 지레짐작으로 깨닫는 것을 지혜로 여기는 것은 군자의 도가 아니다."

객관적으로 볼 때 오규 소라이의 지적이 타당하다. 그럼에도 21세기 현재 '그럼에도 남보다 먼저 알아채는 것이 현명할진저!'라고 번역한 동양고전연구회의 『논어』처럼 대다수 번역서들이 주희의 주석을 그대로 좇고 있다. 앞뒤 문맥 등에 비춰 공안국과 오규 소라이의 해석을 좇는 것이 합리적이다.

제 3 4 장

微生畝謂孔子曰, "丘, 何爲是栖栖者與. 無乃爲佞乎." 孔子曰, "非敢爲佞也, 疾固也."

미생무微生畝가 공자를 힐난했다. "공구孔丘는 왜 그리도 황급히 돌아다니는(서서栖栖) 것인가? 교묘한 말재간을 부리는(위녕爲佞) 탓이 아닌가?"

공자가 대답했다. "제가 감히 교묘히 말재간을 부리려는 게 아니라 자신의
주장만 고집하기(완고頑固)를 미워하는(질고疾固) 탓입니다."

'미생무微生畝'는 성이 '미생'인 노나라 출신 도인이다. 대부분 공자의 고향 출신
선배 은자隱者로 본다. '서서栖栖'를 두고 형병은 황급한 모습인 '황황皇皇', 즉 '황황
遑遑', 주희는 속세에 연연하는 '의의依依'로 새겼다. 공자가 국가 공동체 전체의 이
익을 위해 부심한 일면을 엿볼 수 있다. 제34장~제42장은 제35장~제36장을 제
외하고 모두 공자가 은자와 출처진퇴를 두고 다툰 내용으로 꾸며져 있다.

제35장

子曰, "驥不稱其力, 稱其德也."

공자가 말했다. "천리마는 그 힘을 칭송하지 않는(기불칭기력驥不稱其力) 존
재이자, 잘 훈련된 그 덕을 칭송하는(기칭기덕驥稱其德) 대상이다."

'기驥'는 천리마의 일종이다. '칭기덕稱其德'의 '덕德'을 두고 주희는 야생의 말이
순치馴致되어 순해진 것으로 새겼다. 공자는 천리마의 비유를 통해 재주만 있고
덕이 없는 것을 경계하고 있다. 이 장과 다음 장은 은일隱逸을 반대하는 공자의 기

본 입장을 수록한 다른 장들과 다른 내용으로 되어 있다. 제35장~제36장은 '덕德'이라는 말로 서로 연결되어 있고, 제36장~제37장은 '원怨'이라는 말로 서로 연결되어 있다. 함께 기억되어 전송된 내용이 수록된 데 따른 것으로 짐작된다.

제36장

> 或曰, "以德報怨, 何如." 子曰, "何以報德, 以直報怨, 以德報德."
>
> 혹자가 물었다. "원망을 은덕으로 보답하면(이덕보원以德報怨) 어떻겠습니까?"
> 공자가 대답했다. "무엇으로 보답할 생각인가? 원망은 은덕이 아니라 곧
> 고 바른 마음(정직貞直)으로 보답하고(이직보원以直報怨), 은덕은 은덕으로
> 보답하는(이덕보덕以德報德) 게 옳은 것이다."

'이덕보원以德報怨'은 도가적 접근이다. 『도덕경』 제63장에 '이덕보원' 표현이 나온다. 공자는 '원망怨望'와 '은덕恩德'을 구분해 원망은 정직貞直으로 보답하는 '이직보원以直報怨', 은덕은 은덕으로 보답하는 '이덕보덕以德報德'의 2가지 방안을 제시했다. 공자는 이 장에서 은덕과 원망을 구분해 대처할 것을 주문하고 있다.

이직보원以直報怨과 이덕보덕以德報德의 사례

청대의 유보남劉寶楠은 『논어정의論語正義』에서 『춘추좌전』 「노성공 3년」의 '연즉덕아호然則德我乎'를 '이직보원', 「노희공 24」년의 '왕덕적인王德狄人'을 '이덕보덕'의 사례로 들었다.

유보남이 거론한 '연즉덕아호' 사례는 기원전 588년 여름, 초나라와 중원의 진晉나라가 접전했을 때 진나라 중군中軍 부장 순수荀首의 아들 순앵荀罃이 포로로 잡혔을 때의 일화이다. 진나라가 초나라 공자 곡신穀臣 등을 초나라에 돌려주는 조건으로 순앵을 돌려받으려고 하자 초공왕이 이를 받아들이고자 했다.

초공왕이 순앵을 송별하면서 "그대는 나를 원망하고 있지 않소?"라고 묻자, 순앵이 "두 나라가 교전하는 중에 신이 못난 탓에 소임을 다하지 못해 포로인 부괵俘虢이 된 것입니다. 그런데도 신을 죽여 그 피를 북에 바르지 않고 본국으로 돌아가 주륙을 당하도록 배려해주니 이는 초나라 군주의 은혜입니다. 신이 실로 못난 탓에 이같이 된 것이니 감히 누구를 원망하겠습니까?"라고 대답했다. 그러자 초공왕이 다시 "그러면 그대는 나의 은덕에 감격해 하는 것이오?"라고 물었다.

『춘추좌전』 「노성공 3년」조에 나오는 '연즉덕아호然則德我乎' 일화를 유보남이 '이직보원'의 사례로 거론한 것은 나름 일리가 있다. 유보남이 거론한 '이덕보덕'의 사례는 기원전636년 여름, 적인狄人이 정나라를 치고 지금의 하남성 우현에 있는 정나라의 별도別都 역櫟 땅을 빼앗았다. 주양왕이 크게 기뻐하며 적군狄君의 딸을 왕후로 삼고자 했다. 『춘추좌전』 「노희공 24」조에 나오는 '왕덕적인王德狄人' 일화를 유보남이 '이덕보덕'의 사례로 언급한 것은 나름 일리가 있다.

子曰, "莫我知也夫." 子貢曰, "何爲其莫知子也." 子曰, "不怨天,
不尤人, 下學而上達, 知我者其天乎."

공자가 탄식했다. "아무도 나를 알아주지 않는구나(막아지莫我知)!"
자공이 물었다. "어찌해서 자신을 알아주지 않는다고(막지자莫知子) 말하는
것입니까?"
공자가 대답했다. "나는 하늘을 원망하지 않고(불원천不怨天) 남을 탓하지
않고(불우인不尤人), 아래로 소소한 것을 배워 위로 심오한 것까지 이르고
있다(하학상달下學上達). 그런데도 이를 알아주는 자가 없으니 나를 알아주
는 것은 아마도 저 하늘뿐인 듯하구나!"

　　자신을 알아주지 않는다는 뜻의 '막지자莫知子' 구절은 공자를 가리키는 '자子'가
부정적인 의미의 동사 '막지莫知'의 목적어로 사용되고 있는 까닭에 원래는 목적
어를 동사 앞으로 끌어낸 '막자지莫子知'로 표현하는 게 옳다. 실제로 일부 판본에
는 '막지자'가 '막자지'로 나온다. 이 장에 나오는 공자의 탄식은 은일隱逸에 안주하
는 것을 반대하는 공자의 현세주의現世主義 입장을 잘 보여주고 있다. 공자는 죽
을 때까지 현세에 자신의 이상을 펼치고자 하는 꿈을 버리지 않았다. 『맹자』, 「공
손추 하」에도 유사한 내용이 나온다.

제 3 8 장

公伯寮愬子路於季孫. 子服景伯以告曰, "夫子固有惑志於公伯
寮, 吾力猶能肆諸市朝." 子曰, "道之將行也與, 命也. 道之將廢
也與, 命也. 公伯寮其如命何."

계환자季桓子의 가신인 공백료公伯寮가 함께 가신으로 있는 자로를 계환
자에게 참소했다. 대부 자복경백子服景伯이 공자에게 이를 알렸다. "지금
계손씨는 실로 공백료에게 미혹되어 있습니다. 제가 지닌 권력이면 능히
공백료의 시신을 저자에 늘어놓을 수 있습니다."
공자가 말했다. "도가 장차 행해지는 것(도지장행道之將行)도 '천명天命'이고,
도가 장차 폐해지는 것(도지장폐道之將廢)도 '천명'이오 공백료가 그 '천명'을
어찌 하겠소?"

'공백료소자로公伯寮愬子路'의 '공백료公伯寮'는 노나라 출신의 제자로 보는 게 중
론이다. 자로와 함께 계손씨의 가신을 지낸 것으로 알려졌다. 『사기』「중니제자열
전」에는 그의 이름이 보이지 않는다. '소愬'는 하소연을 하거나 일러바친다는 뜻이
다. '자복경백子服景伯'은 노나라의 세족이다. 맹손씨孟孫氏가 도중에 중손씨仲孫와
자복씨子服氏로 갈렸다. '자복'은 성씨, '경'은 시호, '백'은 항렬이다. 원래 이름은 사
복하子服何이다. '오력유능사저시조吾力猶能肆諸市朝'의 '사肆'를 정현은 사람을 죽

인 뒤 시신을 저자에 늘어놓은 '기시棄市'로 풀이했다. '저諸'는 '지어之於'의 축약형이다. '시조市朝'는 통상 시장과 조정을 통칭하는 말로 사용된다. 북송 초기 형병은 응소應劭를 인용해 대부 이상은 조정에 그 시신을 늘어놓고, 그 이하의 관리는 저자에 늘어놓는다고 했다. 여기의 '사저시조肆諸市朝' 구절은 곧 공백료가 대부가 아니고 계환자의 가신에 불과한 만큼 그를 죽여 저자에 늘어놓겠다는 취지를 밝힌 것이다.

이 장은 공자가 천하유세를 떠나기 전 자로가 계씨의 가재로 있을 때의 일화이다. 계손씨는 계강자季康子, 즉 계손비季孫肥의 부친인 계환자季桓子, 즉 계손사季孫斯를 가리킨다. 공자는 기원전 497년 천하유세에 나섰다. 이보다 1년 앞선 기원전 497년 공자는 자로와 함께 삼환의 근거지인 3도三都를 무너뜨리려고 시도했다가 실패했다. 당시 노나라의 실권자는 계환자였다. 앞 장과 이 장은 내용상 '천天'과 '명命'으로 서로 연결되어 있다. 공자가 말한 천명은 운명론적인 천명과는 거리가 멀다. '천'은 외경의 대상일 뿐이고, '명'은 자연적인 수명을 의미한다.

공자는 본래 덕정을 천하에 펼치는 데 그 뜻을 두었다. 세무世務에서 벗어난 은일은 결코 그가 취하고자 한 바가 아니었다. 그러나 공자 역시 여의치 못할 경우 사직하고 인퇴引退하는 것을 인정하지 않을 수 없었다. 이때는 일시 은일隱逸에 가까운 모습을 취할 수밖에 없다. 그러나 공자가 생각한 '인퇴'는 도가들이 보여주는 단순한 은일과는 입장이 전혀 다른 것이다. 비록 몸은 산림山林에 있을지라도 묘당廟堂에 대한 관심을 버리지 않기 때문이다. 『논어』 전편을 통해 확인할 수 있듯이 공자는 은일에 관해 비판적인 시각을 시종 견지했다.

제39장

> 子曰, "賢者辟世, 其次辟地, 其次辟色, 其次辟言."
>
> 공자가 말했다. "현자는 어지러운 세상을 피하고(현자피세賢者辟世), 이어 어지러운 곳을 피하며(기차피지其次辟地), 이어 여색을 피하고(기차피색其次辟色), 이어 어지러운 말을 피한다(기차피언其次辟言)."

˙˙'현자피세賢者辟世'를 두고 정약용은 이름을 감추고 행적을 드러내지 않음으로써 세인들이 알지 못하게 조용히 사는 것으로 풀이했다. 여기의 '피辟'는 '피避'의 가차로 사용된 것이다. '기차, 기차'를 두고 대개 점층적인 것으로 해석하고 있다. 그러나 정이천은 "'피세辟世와 피지辟地, 피색辟色, 피언辟言' 등 4가지 일은 크고 작은 차례를 말한 것으로 이들 사이에 서로 우열이 있는 게 아니다. 당한 바가 같지 않기 때문이다."라고 풀이했다. '정치사학'의 관점에서 볼 때 이게 합리적이다. '피지辟地'는 혼란한 나라를 떠나 안정된 나라로 가는 것을 말한다. '피색辟色'의 '색色'을 대부분 안색顏色으로 해석하고 있으나 정이천의 주석을 좇아 '기차'를 '또한'으로 간주할 경우 여색女色으로 풀이하는 게 타당하다. '피언辟言'은 혼란의 조짐이 있는 말을 듣고 피하는 것을 가리킨다. 이 장과 다음 장은 은일에 대한 공자의 관심을 시사하고 있다. 그러나 이것이 곧 은일을 뜻하는 것은 아니다. 난세 속에서의 불가피한 선택에 불과할 뿐이다.

> 子曰, "作者七人矣."
>
> 공자가 말했다. "역사적으로 볼 때 현세의 자리를 버리고 은둔한 자는 모두 7명이다(작자칠인作者七人)."

'작자칠인의作者七人矣'의 '작作'은 은둔하기 위해 현세의 어떤 자리를 과감히 내던지고 은둔하는 것을 의미한다. '칠인'을 두고 포함은 『논어』 전편에 걸쳐 등장하는 도인인 장저長沮, 걸닉桀溺, 장인丈人, 석문石門, 하궤荷蕢, 의봉인儀封人, 초광접여楚狂接輿 등을 '칠인'으로 꼽았다. 이에 대해 왕필은 「미자」 제8장에 등장하는 7명의 일민逸民인 백이伯夷, 숙제叔弟, 우중虞仲, 이일夷逸, 주장朱張, 유하혜柳下惠, 소련少連 등을 들었다.

유가는 도가와 달리 혼란한 세상일지라도 현세에 발을 붙인 채 뜻을 펼치는 것을 높이 평가한다. 이 장은 후대 도가의 위문僞文 가능성을 배제할 수 없다.

子路宿於石門. 晨門曰, "奚自." 子路曰, "自孔氏." 曰, "是知其不
可而爲之者與."

자로가 석문石門에서 유숙했다. 석문을 지키는 문지기가 물었다. "어디에
서 오는 것이오?"
자로가 대답했다. "공씨孔氏 문하에서 왔습니다."
석문을 지키는 문지기가 반문했다. "불가능한 줄 알면서도 하려는 사람(지
불가이위지자知不可而爲之者)을 말하는 것이오?"

'석문石門'은 노나라 도성의 바깥문이다. 다산은 제나라 소재의 교외로 나가는
관문으로 보았다. '신문晨門'은 아침저녁으로 성문을 여닫는 사람이라는 뜻으로
석문의 문지기를 가리킨다. 대략 은자로 추정되고 있다. 호인은 석문지기의 반문
을 두고 "석문을 지키는 '신문'은 세상의 불가능을 알고 하지 않은 자이기에 이런
말로 공자를 조롱한 것이다. 그러나 그는 성인이 천하에 임해 훌륭한 일을 하지
못할 때가 없다는 것을 알지 못한 것이다."라고 했다.
    공자는 세인들의 눈에 불가능한 일을 하는 사람으로 비춰질 수밖에 없었다. 그
러나 공자는 비록 당대에는 성사시키지 못했으나 끝내 자신의 이상을 실현시킨
셈이다. 전국시대에 '위정학'을 습득한 공문의 문인들이 새로운 시대의 주역으로

등장해 '사인시대士人時代'를 열었기 때문이다. 석문지기가 공자를 두고 '불가능한 줄 알면서도 자신의 뜻을 굽히지 않은 자'라고 말한 이유가 바로 여기에 있다.

제42장

子擊磬於衛. 有荷蕢而過孔氏之門者曰, "有心哉, 擊磬乎." 旣而
曰, "鄙哉, 硜硜乎. 莫己知也, 斯己而已矣. 深則厲, 淺則揭." 子
曰, "果哉, 末之難矣."

공자가 위나라에서 경쇠를 칠 때 삼태기를 메고 공자의 문 앞을 지나던 사람이 말했다. "뜻이 담겨 있구나, 경쇠 치는 소리가!"
잠시 후 다시 말했다. "경박하구나, 갱갱硜硜 거리는 소리가! 자신을 알아주지 이가 없으면 그만둘 따름이다. 『시경』에 물이 깊으면 속옷만 입은 채 건너고 얕으면 옷을 걷고 건넌다(심려천게深厲淺揭)는 구절이 나온다."
공자가 이 말을 전해 듣고 이같이 말했다. "과연 그렇구나! 매사에 그런 자세로 접근하면 어려움이 거의 없을(말지난末之難) 것이다!"

'하궤荷蕢' 역시 앞 장에 나오는 석문의 은자와 마찬가지로 도가의 은자이다. '궤蕢'는 풀로 만든 삼태기를 뜻하며 '하궤'는 삼태기를 든 은자를 비유한 말이다. 그가 『시경』의 구절을 인용해 천하에 마음을 두고 있는 공자를 조롱한 것이다.

하궤가 인용한 '심즉려深則厲, 천즉게淺則揭' 구절은 『시경』 「위풍·포유고엽匏有苦葉」에서 인용한 것이다. '심즉려深則厲'의 '려厲'를 두고 전한 초기 모형毛亨과 모장毛萇이 편제한 현존 『시경』의 주석본인 『모시고훈전毛詩故訓傳』은 '려'를 옷을 입은 채 건너는 것으로 새긴 바 있다. 주희 역시 풀이하기를, "옷을 입은 채 건너는 '이의섭수以衣涉水'를 말한다."라고 했다. 현재는 물이 깊을 경우 옷을 걷어 올려도 아무런 도움이 안 되는 만큼 『모시고훈전』 또는 주희처럼 해석하는 게 옳다는 견해가 다수설이다.

다산은 옷을 입은 채 깊은 곳을 건너는 것은 불가능하다는 입장에서 '의衣'를 쇠코잠방이로 해석했다. 다산의 해석은 똑같은 '의'를 하나는 치마, 다른 하나는 쇠코잠방이로 해석함으로써 일관성이 결여되어 있다. 민국시대에 활약한 시경학자詩經學者 문일다聞一多는 『광아廣雅』 「석기釋器」에 '려'가 '대帶'로 해석된 것을 근거로 허리에 박을 차고 물을 건너는 것으로 풀이했다. 같은 민국시대에 활약한 법사학자法史學者 청수더程樹德는 『논어집석』에서 주희가 말한 '이의섭수以衣涉水'의 이以'를 '지持'로 해석해 겉옷은 벗어 손에 쥐고 속옷만을 입고 가는 것으로 해석했다. 청수더의 해석이 합리적이다.

'과재果哉, 말지난의末之難矣' 구절을 두고 하안과 황간 등은 풀이하기를, "과감하구나, 그리 말한 사람이 없다고 하기는 어려울 것이다!"라고 했다. 문맥이 순하게 통하지 않는다. 이밖에도 '과연, 논박할 일이 없구나!' 또는 '그러하구나, 중요할 게 없구나!' 등의 해석이 있으나 이 또한 자연스럽지 못하다. 전체 문맥에 비춰볼 때 '난지말難之末'의 도치문으로 보는 게 합리적이다. 이 경우 "과연 그렇구나! 매사에 '심려천계'의 자세로 접근하면 어려움이 거의 없을 것이다!"의 뜻이 된다.

제43장

子張曰, "書云, '高宗諒陰, 三年不言'. 何謂也." 子曰, "何必高宗. 古之人皆然. 君薨百官總己, 以聽於冢宰三年."

자장이 물었다. "『서경』에 이르기를, '은나라 고종高宗은 양음諒陰에서 3년 동안 입을 떼지 않았다(삼년불언三年不言)'고 했습니다. 이는 무엇을 뜻하는 것입니까?"
공자가 대답했다. "하필 고종뿐이겠는가? 옛 사람이 모두 그러했다. 군주가 죽으면 뒤를 잇는 사군嗣君이 너무 슬퍼한 나머지 정사를 돌볼 수 없었다. 백관들은 자신의 업무를 한데 묶어 정무를 총괄해 다스리는 총재冢宰로부터 3년 동안 결재를 받았다."

'고종高宗'은 은나라의 명군 무정武丁을 말한다. '고종양음高宗諒陰, 삼년불언三年不言' 구절은 『서경』 「주서周書·무일無逸」에 나온다. 여기의 '양음諒陰'은 곧 '양암諒闇'으로 거상을 하기 위해 만든 막사를 지칭한다. 「무일」에는 '양음亮陰'으로 나온다. 이 구절을 두고 호인은, "자장은 3년 복상服喪을 의심한 게 아니라 군주가 3년 동안 말하지 않으면 신하가 군명을 품할 곳이 없어 화란이 일어날까 의심한 것이다."라고 했다. '군홍백관총기君薨百官總己'의 '홍薨'은 제후의 죽음을 지칭하는 아어雅語이다. '총기總己'는 백관이 각자 자신의 직무를 모두 보고하는 것을 가리킨다. '이청어총재삼년以聽於冢宰三年'의 '총재冢宰'를 두고 공안국은 후대의 재상을 지칭하는 천관天官廳으로 풀이했다. 제43장~제47장은 모두 예에 관한 내용으로 묶여 있다. 『맹자』「등문공 상」에 유사한 내용이 나온다.

묘호廟號와 시호諡號

은나라는 군왕이 붕어하면 태묘太廟에 바로 봉안하지 않고 따로 사당을 만들어 제사를 지냈다. 몇 대가 지난 후 왕과 신하들이 논의해 공적이 큰 군왕은 신주를 태묘로 모셔와 제사를 받들고 새로이 칭호를 올렸다. 후대의 군왕이 묘호를 받은 선왕을 잊지 않고 세세토록 제사를 지내게 하려는 취지에서 그리한 것이다. 은나라 때 재위한 31명의 군왕 가운데 오직 3명만이 묘호를 받았다. 3대 군주인 태갑太甲이 태종太宗, 10대 군주인 태무太戊가 중종中宗, 23대 군주인 무정武丁이 고종高宗의 묘호를 받았다.

은나라 패망 이후 주나라가 들어서면서 은나라 때와는 정반대의 모습이 나타났다. 주나라 왕들이 사후에 시호만 받고, 따로 묘호를 받지 않은 게 그렇다. 사실상 묘호 제도가 폐지된 것이나 다름없었다. 주나라의 동천東遷으로 춘추전국시대가 열린 이후에도 시호만 존재했다. 진秦나라가 천하를 통일한 이후에는 묘호에 이어 시호마저 사용하지 않게 됐다. 사상 최초로 천하를 통일한 진시황은 후대의 군주와 신하들이 선대 군주의 행적을 살펴 묘호와 시호를 정하는 것을 옳지 않게 여겼다. 단순한 대수代數로 표현하기 위해 스스로 시황始皇을 칭한 뒤 자신의 후대는 차례대로 2세, 3세, 4세 등으로 칭하도록 한 게 그렇다. 그러나 이런 조치는 진시황의 급서로 진나라가 멸망하면서 곧바로 사라졌다. 사상 두 번째로 천하를 통일한 한고제漢高帝 유방劉邦의 한나라는 진나라와 정반대로 은나라의 묘호 제도와 주나라의 시호 제도를 모두 받아들였다.

제 4 4 장

子曰, "上好禮, 則民易使也."

공자가 말했다. "윗사람이 예를 좋아하면(상호례上好禮) 곧 백성들은 순순히 조정의 명을 좇는다(민이사民易使)."

'상호례上好禮'의 '례禮'는 상하가 맡은 바 직분을 다하는 것으로 공동체의 기본 질서를 구성원 전체가 지켜나가는 것을 뜻한다. 유사한 내용이 「자로」 제4장에 "윗사람이 예禮를 좋아하면(상호례上好禮) 백성들은 감히 윗사람을 공경하지 않을 리 없고(막감불경莫敢不敬), 윗사람이 의義를 좋아하면(상호의上好義) 백성들은 감히 윗사람에게 복종하지 않을 리 없고(막감불복莫敢不服), 윗사람이 신信을 좋아하면 (상호신上好信) 백성들은 감히 윗사람을 진정으로 대하지 않을 리 없는(막감부용정莫 敢不用情) 모습을 보인다."라는 내용의 구절이 나온다. 결국 『논어』는 윗사람이 예를 좋아하는 '상호례上好禮'의 자세를 취하면 백성들은 감히 윗사람을 공경하지 않을 리 없고(막감불경莫敢不敬) 순순히 조정의 명을 좇는다(민이사民易使)고 언급한 셈이다.

子路問君子. 子曰, "修己以敬." 曰, "如斯而已乎." 曰, "修己以安
人." 曰, "如斯而已乎." 曰, "修己以安百姓. 修己以安百姓, 堯舜
其猶病諸."

자로가 군자에 관해 묻자 공자가 대답했다. "자신을 닦아 공경스럽게 한다
(수기이경修己以敬)."

자로가 물었다. "그리하면 충분합니까?"

공자가 대답했다. "자신을 닦아 사람을 편안하게 한다(수기안인修己安人)."

자로가 물었다. "그리하면 충분합니까?"

공자가 대답했다. "자신을 닦아 백성을 편안하게 한다(수기안백성修己安百
姓). 자기 수양을 통하여 편안하게 해주는 것은 요순堯舜조차 어렵게 여겼
다(기유병저其猶病諸)!"

'수기이경修己以敬' 구절을 두고 정이천은, "군자가 몸을 닦아 백성을 편안히 하
고, 공경을 독실하게 해 천하가 화평해지는 것을 말한다. 오직 상하가 하나같이
공경하면 천지가 스스로 자리를 잡고 만물이 스스로 생육하게 된다."라고 풀이
했다. 그러나 여기서 '수기修己'의 효용과 관련해 공자가 점층적인 방법으로 실명
하고 있는 점에 주목할 필요가 있다. '거경居敬'에서 출발하는 '수기'는 궁극적으로

'안인安人'을 거쳐 '안백성安百姓'하는 데 있다. '수기'는 '안백성'의 충분조건이지만 필요충분조건은 아니라는 것이다. '안백성'을 이루기 위해서는 '치인治人'의 덕목을 따로 체득해야만 한다. 그것을 충족시키는 게 바로 '위정학'의 습득인 것이다. '치인'은 '수기'를 전제로 하고 있으나 '학지學知'가 더해지지 않으면 이룰 수 없는 것이다.

'덕행德行'을 목표로 하고 있는 '거경'은 '수기'의 필요충분조건이지만 '치인'의 필요충분조건이 될 수 없다. 성리학의 가장 큰 맹점이 바로 여기에 있다. 이는 지나치게 '수제修齊'를 강조한 나머지 '치평治平'의 요체가 되고 있는 '위정'을 소홀히 취급한 데 따른 것이다. 공문의 '위정학'은 '학지學知'와 '덕행德行'을 겸비한 군자를 양성해 위정자로 만드는 데 그 기본 취지가 있다. '거경궁리'의 '수기'로 '치인'을 이룰 수 있다고 강조한 성리학은 부분을 가지고 전체를 논한 셈이다.

이 장의 요체는 '수기안백성修己安百姓'에 있다. 위정자로서 모든 인민을 안정시키는 게 바로 군자의 궁극적인 책무라는 뜻이다. 공자는 요·순과 같은 전설적인 성군조차 이를 제대로 하지 못했다고 부연함으로써 '안백성'의 중요성을 역설하고 있다. 이는 인간의 임무가 기본적으로 정치에 있음을 분명히 한 것이다.

'기유병저其猶病諸'의 '병病'을 공안국은 '난難'으로 새겼다. '저諸'는 '지호之乎'의 축약형이다. '지호之乎'는 앞에 나온 '기其'와 합쳐져 '어찌 ~이 아니겠는가?'의 의미를 지닌 의문형 관용구를 만든다. 「옹야」 제28장에도 '기유병저'라는 구절이 나온다. 자공이 공자에게 백성에게 널리 베풀어 능히 많은 사람을 구제하는 '박시제중博施濟衆'을 할 수 있는 사람을 인仁하다고 할 수 있는지 묻자 공자가 이같이 대답했다. "어찌 인하다고만 말할 수 있겠는가? 반드시 성인일 것이다! 요순堯舜조차 오히려 그리 하는 것을 어렵게 여겼다(기유병저其猶病諸)!"

제46장

原壤夷俟. 子曰, "幼而不孫弟, 長而無述焉, 老而不死, 是爲賊."
以杖叩其脛.

공자의 고향 친구인 원양原壤이 두 다리를 쩍 벌리고 앉아서 공자를 기다
렸다. 공자가 원양을 질책했다. "너는 어렸을 때 불손하고 우애가 없었고
(유이부손제幼而不孫弟), 어른이 돼서는 본받을 게 없고(장이무술長而無述), 늙
어서는 빨리 죽지도 않는다(노이불사老而不死). 이는 덕을 해치는 것(적덕賊
德)이다." 그러고는 지팡이로 그의 정강이를 두드렸다(장고기경杖叩其脛).

'원양이사原壤夷俟'의 '원양原壤'은 공자의 고향 친구이다. 『예기』「단궁 하」에 원
양의 행보를 짐작하게 해주는 일화가 나온다. 이에 따르면 원양의 모친이 세상을
떠났을 때 그가 관 위에서 노래를 불렀다. 공자가 못 들은 척하며 지나가자 공자
의 종자從者들이 의아하게 생각하며 제지하지 않는 이유를 물었다. 공자가 대답
하기를, "살부해군殺父害君 등의 대고大故를 범하지 않는 한 비례非禮를 이유로 고
구故舊를 잃어서는 안 된다고 들었다."라고 했다. 이후 원양을 만났을 때 여진히
무례한 모습을 보이자 공자가 지팡이를 들어 그의 정강이를 두드린 것이다. '이사

夷俟는 두 다리를 삼태기처럼 벌리고 앉은 채 기다리는 모습이다. '이夷'는 무례한 태도를 가리킨다. 고례古禮에서 '이사'는 오만한 행동으로 간주됐다.

이 장에서는 인간 공자의 화내는 모습이 적나라하게 표현되어 있다. 성리학자들은 이 대목을 보고 적잖이 당혹해했다. 그러나 이것이 공자의 참모습이다. 공자의 인간적인 모습을 생생히 전하고 있기 때문이다. 공자는 결코 성리학의 도학자들이 미화해놓은 비인간적인 성인이 아니었다. 공자는 평생 '학덕'을 연마해 사물의 이치를 깨닫고자 쉼 없이 노력한 인물이다. 만세사표萬世師表의 진면목은 바로 이런 '너무나 인간적인' 모습에서 출발한 것이다.

제 4 7 장

闕黨童子將命. 或問之曰, "益者與." 子曰, "吾見其居於位也, 見其與先生幷行也. 非求益者也, 欲速成者也."

궐당闕黨의 한 동자童子가 공자의 명을 전달하는 일을 맡았다. 혹자가 공자에게 물었다. "그는 스스로 더 나아지는 길을 걷는 자입니까?"
공자가 대답했다. "나는 그가 어른들이 앉는 윗자리에 버젓이 앉고(기거어위其居於位) 선배들과 어깨를 나란히 해 걸어가는 것(여선생병행與先生幷行)을 보았다. 그는 스스로 더 나아지기를 구하는 자가 아니라 빠른 성취(속성速成)만을 꾀하는 자이다."

'궐당동자장명闕黨童子將命'의 '궐당闕黨'은 공자가 살았던 곡부曲阜 소재 향당의 이름이다. '동자童子'는 관례冠禮를 올리지 않은 젊은이를 말한다. '비구익자야非求益者也'의 '익益'은 '진익進益'의 뜻으로 학문의 진전을 의미한다. 당시에는 동자는 마땅히 구석에 앉고 뒤에서 수행하는 게 예법이었다. 공자는 궐당의 동자가 이런 예법을 지키지 않는 것을 보고 차분히 단계를 밟아 앞으로 더 나아가기보다는 속히 원하는 바를 이루고자 하는 자임을 읽은 것이다.

제 15 편

위령공衛靈公

Intro

위령공衛靈公

공자가 언급한 격언과 문답

「위령공」은 총 42개 장으로 구성되어 있다. 이 편은 공자가 천하유세 기간 가운데 곤경에 처했던 시기를 기록한 제1장을 수장首章으로 해서 만년에 노나라에서 태사 사면과 나눈 대화를 기록한 제42장의 말장末章까지 시대별로 이루어져 있다.

중간에 격언과 사제 간의 대화가 삽입되어 있다. 공자가 제자 또는 타인과 나눈 대화 등을 기록한 것은 모두 8개 장으로 전 편에 산재하고 있다.

나머지 34개 장은 모두 '자왈'로 시작되는 공자의 교훈으로 이루어져 있다. 이들 교훈은 매우 짤막한 문장으로 구성되어 있어 격언과 유교遺教 등의 단편을 모아놓은 것이라는 느낌을 준다.

衛靈公問陳於孔子, 孔子對曰, "俎豆之事, 則嘗聞之矣. 軍旅之事, 未之學也." 明日遂行.

위령공衛靈公이 공자에게 진을 치는 법에 관해 묻자 공자가 대답했다. "제사에 관한 사안(조두지사俎豆之事)은 일찍이 들은 바가 있습니다. 그러나 군사에 관한 사안(군려지사軍旅之事)에 대해서는 배운 바가 없습니다." 그러고는 다음날 마침내 위나라를 떠났다.

'조두지사俎豆之事'의 '조두俎豆'는 제기祭器를 지칭하는 말로 제사에 관한 일을 의미한다. 여기의 '조두지사'는 곧 예치禮治를 상징한다. '군려지사軍旅之事'의 '군려軍旅'는 12,500명으로 구성된 '군軍'과 500명 단위의 '려旅'를 통칭하는 말이다. 대오隊伍와 함께 자주 군대를 가리키는 말로 사용된다. 여기의 '군려지사'는 곧 용병用兵을 상징한다. 공자는 천하유세를 떠난 이후 위령공이 재위하는 기원전 497년부터 숨을 거두는 기원전 493년 사이에 모두 3번 위령공을 만났다. 그때마다 공자는 위령공의 행보가 마음에 들지 않아 이내 위나라를 떠났다.

기무라 에이이치의 분석에 따르면 공자가 위령공과 가진 첫 만남은 기원전 497년이다. 두 번째 만남은 광匡 땅과 포蒲 땅을 돌다가 위나라로 돌아온 기원전 496년이다. 세 번째 만남은 열국을 두루 주유한 뒤 다시 위나라에 돌아온 기원전

493년이다. 『춘추좌전』에 따르면 이보다 1년 전인 기원전 494년 여름, 재위 41년째인 위령공이 제경공과 합세해 중원 진晉나라의 한단邯鄲을 구원하고 오록五鹿 땅을 포위하는 일이 있었다. 내분에 휩싸인 진나라의 권신인 범씨范氏를 구하기 위한 조치였다. '정치사학'의 관점에서 볼 때 이 장에 나오는 일화는 공자와 위령공 사이에 빚어진 3번의 만남 가운데 마지막 만남인 기원전 493년의 일화일 가능성이 크다.

제 2 장

在陳絶糧, 從者病莫能興. 子路慍見曰, "君子亦有窮乎." 子曰, "君子固窮. 小人窮斯濫矣."

공자가 진陳나라에 머물 때 양식이 떨어지자 따르던 제자들이 병이 들어 일어나지 못했다. 자로가 성난 얼굴로 공자를 찾아와 이같이 물었다. "군자도 궁할 때가 있는 것입니까?"
공자가 대답했다. "군자는 궁할지라도 어려움을 버텨내고(군자고궁君子固窮), 소인은 궁하면 멋대로 행동하는(소인궁사람小人窮斯濫) 모습을 보인다."

'재진절량在陳絶糧'의 '절량絶糧'은 양식이 떨어졌다는 뜻으로 양식이 궁핍해진 '핍량乏糧'과 통한다. '종자從者'를 두고 형병은 제자로 해석했다. '자로온견子路慍見'

의 '온慍'은 안색을 붉히며 화를 냈다는 의미이다. 이 구절은 고지식한 자로가 공자로부터 군자는 학문을 배운 덕분에 봉록을 능히 얻을 수 있다고 믿은 사실을 시사하고 있다. '군자고궁君子固窮'을 두고 주희는 『논어집주』에서 "'고궁'은 곤궁함을 고수하는 것이다."라고 언급한 정이천의 주석을 인용했다. '소인궁사람小人窮斯濫'의 '사斯'는 우리말 '이내' 또는 '곧'의 뜻인 '내乃' 및 '즉則'과 통한다. '람濫'은 멋대로 행동하는 '남행濫行'을 의미한다. 이 장은 공자가 위나라를 떠난 이후 진나라에서 조난당했을 때 빚어진 일화이다. 기무라 에이이치는 '자왈'로 표현된 점에 주목해 공문 내에 전해진 전문傳聞으로 추정했다.

제 3 장

子曰, "賜也, 女以予爲多學而識之者與." 對曰, "然. 非與." 曰, "非也. 予一以貫之."

공자가 자공에게 물었다. "사賜야, 너는 내가 많이 배워서 그것을 기억하는 (다학이지多學而識) 인물이라고 생각하느냐?"

자공이 반문했다. "그렇습니다. 그렇지 않습니까?"

공자가 대답했다. "아니다. 나는 배운 것을 모두 하나의 이치로 꿸(일이관지 一以貫之) 뿐이다."

'다학이지多學而識'의 '지識'는 기억한다는 뜻이다. '일이관지一以貫之' 구절은 「이인」에도 나온다. 여기에서 공자는 증자에게 자신의 도가 '일이관지'의 모습을 띠고 있다고 밝히고 있다. 결국 공자는 증자에게는 자신의 도가 하나의 이치로 관통되어 있고, 자공에게는 자신의 학식이 하나의 이치로 체계화되어 있다고 언급한 셈이다.

다학이지多學而識와 일이관지一以貫之

송유들은 두 구절을 놓고 「위령공」에 나오는 자공은 공자가 말한 '일이관지'의 뜻을 헤아리지 못해 성인을 쭉정이로 배우려 한 데 반해 「이인」에 나오는 증자는 그 묘리를 깨우쳤다는 식으로 비교했다. 이는 공자가 증자에게 자신의 도를 전했다는 '도통설道統說'의 논거가 됐다. 그러나 송유들의 이런 '도통설'은 근거 없는 주장에 불과할 뿐이다. 유가에서는 원래 불가佛家와 같은 전도법傳道法이 존재한 적이 없다. 나아가 자공이 증자와 달리 공자가 말한 '일이관지'의 취지를 제대로 파악하지 못했다는 주장 역시 근거 없는 억견臆見에 지나지 않는다.

청대의 모기령毛奇齡은 『논어계구편論語稽求篇』에서 '충'과 '서'를 나눠, 증자에게 말한 '일이관지'는 '충서'를 말한 것이고, 자공에게 말한 '일이관지'는 오직 '서'만을 얘기한 것으로 풀이했다. 그러나 '충'과 '서'를 나눠보는 모기령의 분석도 타당한 게 아니다.

이를 두고 주희는, "증자에게 말한 '일이관지'는 '행行'으로써 말한 것이고, 자공에게 말한 '일이관지'는 '지知'로써 말한 것이다."라고 풀이했다. 주희의 해석은 모기령보다 객관적이기는 하나 이 또한 공자가 '서'를 여러 차례에 걸쳐 언급한 취지를 제대로 파악한 게 아니다.

오규 소라이는 『논어징』에서 주희의 해석을 이같이 지적했다. "송유들은 공자가 '일이관지'를 언급하면서 증자에게는 '행', 자공에게는 '지'로써 말했다고 해석하고 있으나 이는 잘못이다. 옛날에는 모두 사물로써 예를 들어 가르쳤을 뿐 그 이치에 관해서는 언급하지 않았다. 이는 배우는 사람들이 스스로 터득하기를 바랐기 때문이다. 일을 통해 습득하고 스스로 깨우치기는 증자와 자공 모두 같았다. '일이관지'를 '행'과 '지'로 나눠 해석하는 자는 오직 송유들뿐이다."

다산은 오규 소라이의 주장을 받아들여 '충서'를 '충'과 '서'로 나누는 기존의 통설을 배척했다. '일이관지'의 '일'은 곧 '서'이고 이를 근거로 행하는 게 바로 '충'인 까닭에 '충서'는 결코 두 개가 아니라는 논지를 폈다. 그는 『논어고금주』에서 모기령과 주희 등의 해석을 이같이 싸잡아 비판했다. "증자와 자공은 대소의 차이가 없다. 증자에게는 '충서'를 얘기하고, 자공에게는 오직 '서'만을 언급한 게 아니다. '일이관지'를 언급하면서 공자가 증자에게는 반드시 크게 말하고, 자공에게는 반드시 작게 말하지는 않았을 것이다. 나아가 증자에게 말한다고 해 반드시 갖췄다고 할 수도 없고, 자공에게 말한다고 해 반드시 생약省約하지는 않았을 것이다. 증자가 '유唯' 즉 '예!'라고 대답했다고 해 반드시 도통을 받은 것도 아니고, 자공이 대답을 하지 않았다고 해 통하지 않은 것도 아니다."

다산은 증자와 자공에게 말한 '일이관지'는 대소의 구별도 없고, '지'와 '행'의 구별이 있는 것은 더더욱 아니고, 애초부터 공자가 증자와 자공에게 우열의 차이를 두고 따로 말한 게 아니라는 것이다. 주희를 비롯한 송유들의 억지 해석에 대한 통렬한 반박이다. 다산은 나아가 『대학』과 『중용』은 모두 '서'의 뜻을 길게 풀이해놓았고, 『논어』와 『맹자』 역시 '서'로써 '인仁'을 구하는 내용이 헤아릴 수 없을 정도로 많이 나오는 까닭에 유가의 사서四書 모두 따지고 보면 결국 '서' 한 자에 대한 해석에 불과할 뿐이라고 주장했다. '정치사학'의 관점에서 볼 때 다산은 조선의 성리학자들이 주희를 맹종하면서 모든 것을 '일리一理'로 해석하는 풍조에 일격을 가한 셈이다.

제 4 장

子曰, "由, 知德者鮮矣."

공자가 자로에게 말했다. "유由야, 덕을 아는 자가 드물구나(지덕자선知德者鮮)!"

'지덕자선知德者鮮'을 두고 황간은 공자가 자로에게 덕을 아는 자가 매우 드문 사실을 언급한 것, 공영달은 자로가 덕에 대해 아는 게 많지 않은 사실을 언급한 것으로 풀이했다. 이에 대해 주희도 공영달을 좇아 추정하기를, "이 장은 대략 자로가 성난 얼굴로 공자를 배견했기 때문에 나온 듯하다."라고 했다. 오규 소라이는 황간의 해석을 좇았다. '정치사학'의 관점에서 볼 때 이 장과 다음 장은 제2장에 언급된 공자의 '일이관지' 구절에 대한 해석의 성격을 띠고 있다.

제 5 장

子曰, "無爲而治者, 其舜也與. 夫何爲哉. 恭己正南面而已矣."

공자가 말했다. "무위無爲로 세상을 다스린(무위이치無爲而治) 군주는 순임금이 아니겠는가! 당시 순임금은 어떻게 무위로 세상을 다스렸는가? 오직 몸을 공손히 하며 바르게 정사에 임했을(공기정남면恭己正南面) 뿐이다."

'무위이치無爲而治'는 『도덕경』의 기본적인 치천하治天下 이론이다. 『도덕경』 제 57장에 이를 뒷받침하는 내용이 나온다. 해당 대목이다.

"올바름을 내세우는 정책正策으로 정사에 임하면 하면 오히려 결국 기이한 술책인 기책奇策으로 대하게 된다. 무사無事를 통해서만 취천하(取天下)를 할 수 있다. 천하에 금지하고 꺼리는 것(기휘忌諱)이 많아지면 백성은 더욱 빈궁해지고, 백성에게 사리私利를 꾀하는 도구(이기利器)가 많아지면 국가는 더욱 혼란해지고, 사람에게 기교伎巧가 많아지면 비실용적인 기물奇物이 더욱 생겨나고, 법제(법물法物)가 더욱 복잡해지면 도적은 더욱 많아진다. 그래서 성인은 말하기를, '내가 무위無爲하자 백성은 저절로 교화되고(자화自化), 내가 고요함을 좋아하자(호정好靜) 백성은 저절로 바르게 되고(자정自正), 내가 무사無事하자 백성은 저절로 부유해지고(자부自富), 내가 무욕無欲하자 백성은 저절로 소박해지는(자박自樸) 데 이르게 됐다.'라고 한 것이다."

형병은 "제왕의 도는 백성의 교화가 중요하다. 그러나 후대의 왕은 이에 미칠 만한 자가 드물었다."라고 풀이했다. 주희도 "성인의 성덕盛德으로 백성이 교화되어 작위作爲가 있을 필요가 없는 경지를 뜻한다."라고 풀이했다. 모두 도가의 해석에 가깝다. 다산은 공자의 언행에 비춰볼 때 유위有爲의 '위정爲政'을 말한 적은 있어도 무위의 '무정無政'을 말한 적이 없다며 노자의 '무위지치無爲之治' 입장에서 주석하는 것에 반대했다. 그는 순임금이 우禹와 후직后稷 등 22명의 현자에게 업무를 분장시켜 천하를 다스린 『대대례大戴禮』 「주언主言」의 내용을 근거로 인재의 중요성을 극언極言한 것으로 보았다. 결코 무위통치를 언급한 게 아니라는 게 그의 지적이다. 오규 소라이도 '무위이치'의 요체를 '득인得人'으로 파악했다.

일찍이 순자는 치도治道의 단계를 논하면서 무위의 통치를 최상의 치도인 제도帝道로 평가한 바 있다. 주희 등이 순자를 좇아 이같이 해석했는지는 알 길이 없으나 순자가 언급한 치도의 단계를 염두에 둔 것만은 거의 확실하다. 중국에서는 비록 전국시대 말기 이후의 일이기는 하나 요순의 통치를 무위의 통치로 해석하는 흐름이 형성되어 수천 년 동안 지속됐다. '정치사학'의 관점에서 볼 때 주희 등의 '무위설'에 입각한 해석은 나름대로 타당하다.

이 장에는 전설적인 옛 성왕 순임금이 언급되어 있다. 『논어』 중에 순임금이 언급된 장은 많지 않다. 기무라 에이이치는 「태백」의 권말에 있는 제18장~제21장의 내용이 『서경』 「우서」 및 「하서」에 기초한 점에 주목해 맹자가 등장하는 전국시대 말기에 부가된 것으로 분석했다. 「요왈」 제1장에도 순임금이 언급되어 있다. 이 또한 『서경』의 지식을 기반으로 한 것으로 맹자 이후에 나왔다는 게 기무라 에이이치의 분석이다. 「옹야」 제28장과 「헌문」 제45장에도 요순이 언급되어 있다.

제 6 장

子張問行. 子曰, "言忠信, 行篤敬, 雖蠻貊之邦行矣. 言不忠信, 行不篤敬, 雖州里行乎哉. 立則見其參於前也, 在輿則見其倚於衡也, 夫然後行." 子張書諸紳.

자장子張이 행실에 관해 묻자 공자가 이같이 대답했다. "말이 충성스럽고 신실하며(언충신言忠信) 행실이 돈독하고 공경스러우면(행독경行篤敬) 비록 오랑캐인 만맥蠻貊의 나라일지라도 두루 통용될 것이다. 이와 정반대되는 모습(언불충신言不忠信, 행불독경行不篤敬)을 보이면 비록 주리州里(중원의 지역 단위)의 내 마을일지라도 어찌 통용될 리 있겠는가? 서 있을 때는 이러한 덕목이 마치 눈앞 수레의 말들이 빽빽이 늘어서 있는(참어전參於前) 듯해야 하고, 수레를 타고 있을 때는 이러한 덕목의 전개가 마치 여러 멍에의 가로 나무 연결 부분이 수레와 말을 연결하는(의어형倚於衡) 듯해야 한다. 그런 연후에 비로소 자신의 뜻을 펼칠 수 있다." 자장이 이를 예복의 허리띠인 신紳에 적었다.

'언충신言忠信'의 '충신忠信'과 '행독경行篤敬'의 '독경篤敬'을 두고 송유宋儒들은 4자로 나눠 해석했으나 다산은 '충신'과 '독경'으로 묶어 해석했다. '행독경'의 '행行'을 형병은 세상에 두루 통하는 이치, 주희는 통달로 새겼다. '참어전參於前'의 '참參'

은 늘어놓는다는 뜻이다. 황간은 앞에 빽빽하게 가득 찬 모습으로 새겼다. '의어형倚於衡'의 '형衡'은 원래 앉아서도 볼 수 있는 수레를 이끄는 말의 여러 멍에를 가로로 연결한 나무를 가리킨다.

기무라 에이이치는 제5장~제9장은 '중용지덕'과 '살신성인' 등 수덕修德에 관한 얘기로 구성되어 있다고 보았다.

'참어전參於前'과 '의어형倚於衡'의 해석

이 장에서 가장 문제가 되는 것은 '참어전參於前'과 '의어형倚於衡'의 해석이다. '참어전'의 '참參'은 늘어놓는다는 뜻이다. 황간은 앞에 빽빽하게 가득 찬 모습, 주희는 '참여'로 보았다. 일본의 오규 소라이도 이를 좇았다. '의어형'을 두고 포함은 '형衡'을 '액軶', 즉 멍에로 보고 "충신忠信을 생각해 서면 늘 눈앞에 나란히 있는 듯 생각하고, 수레에 있을 때는 수레 멍에에 기댄 듯이 한다."라고 해석했다. 이에 대해 다산은 충신은 유형의 물건이 아닌데 어떻게 늘 눈에 보이듯이 할 수 있냐고 반문하면서 이런 해석에 이의를 제기했다.

원래 수레 앞의 두 개의 나무가 길게 나와 말 목 위까지 이르는 것을 '주輈'라고 한다. 두 개의 '주' 끝에 굽은 나무를 연결해 말의 목에 대는 것을 '액軶'이라고 한다. 말이 네 마리면 네 개의 '액'이 필요하다. '액'에 못 미쳐 하나의 긴 나무를 가로질러 두 '주' 사이를 연결시키는 것을 '형衡'이라고 한다. 말은 '액'에 의지해 멍에를 메고, '액'은 '주'에 연결되고, '주'는 '형'에 연결된다. 이 세 가지가 모두 갖춰져야 수레가 갈 수 있다.

다산은 이런 고증을 바탕으로 '참어전'을 '액', '의어형'을 '주輈' 즉 '끌채'로 간주해 이같이 풀이했다. "수레와 말은 본래 두 가지 물건으로 반드시 끌채와 멍에로 연결된 뒤에야 비로소 앞으로 나아갈 수 있다. 이와 마찬가지로 나와 남은 본래 두 개의 몸이어서 서로 연접해 있지 않다. 이에 수레에서 일어서야만 보이는 끌채 끝의 명에를 메는 부분과 앉아서도 볼 수 있는 여러 명에의 가로 나무 연결 부분이 수레와 말을 연결하듯이 '충신'과 '독경' 또한 나와 남을 연결시키는 끌채와 명에가 되어야만 한다. 그런 뒤에야 비로소 교령教令도 시행될 수 있다."

　다산의 해석이 명쾌하다. 다만 다산은 사마駟馬에서 네 필의 말이 한 줄로 나란히 서서 수레를 끈다는 종래의 통설에 관해 가운데에 있는 두 마리의 복마服馬가 앞쪽에 나란히 서고 좌우 양쪽의 참마驂馬가 그 뒤에 서서 세 줄을 이룬다고 주장했으나 이는 설득력이 약하다. 중국의 공자연구원孔子研究院 원장 양차오밍楊朝明은 『논어전해論語詮解』에서 '참어전'과 '의어형'을 두고, "서 있을 때는 '언충신'과 '행독경'의 덕목이 눈앞에 보이는 듯이 행보하고, 수레를 타고 있을 때는 이러한 덕목이 명에에 새겨져 보이는 듯이 행보한다."라고 풀이했다.

제 7 장

子曰, "直哉, 史魚. 邦有道如矢, 邦無道如矢. 君子哉, 蘧伯玉. 邦有道則仕, 邦無道則可卷而懷之."

공자가 말했다. "정직하구나, 사어史魚여! 나라에 도가 있을 때도 화살처럼 곧았고(방유도여시邦有道如矢), 나라에 도가 없을 때도 화살처럼 곧았다

> (방무도여시邦無道如矢). 군자로구나, 거백옥蘧伯玉이여! 나라에 도가 있으면 벼슬자리에 나아가 뜻을 펼쳤고(방유도즉사邦有道則仕), 나라에 도가 없으면 재능을 감추고 은신하는 권회卷懷를 행했다(방무도즉권회邦無道則卷懷)."

'사어史魚'는 위나라의 현대부로 이름은 추鰌이다. '사史'는 관직명이 성이 된 사례이다. 『공자가어』에 따르면 그는 생전에 현자를 천거하고 죽을 때에도 불초한 자를 물리치지 못했다고 해 시신尸身으로써 간했다고 한다. '거백옥蘧伯玉' 역시 위나라의 현대부로 이름은 원瑗이다. 그는 권신 손림보孫林父와 영식甯殖이 군주를 추방하려고 모의할 때 대답도 하지 않고 나갔다. '가권이회지可卷而懷之'를 두고 형병은, "나라에 도가 없으면 총명함을 감춰 지혜가 드러나게 하면서 정사에 간여하지 않는다는 뜻이다."라고 풀이했다.

공자는 이 장에서 거백옥을 보다 높이 평가하고 있다. '방유도즉사邦有道則仕'와 '방무도즉권회邦無道則卷懷'의 행보를 보인 거백옥을 흉내 내야 난세에도 능히 화를 면할 수 있다는 기본 입장을 밝힌 셈이다.

제8장

> 子曰, "可與言而不與言, 失人. 不可與言而與之言, 失言. 知者不失人, 亦不失言."

공자가 말했다. "더불어 말할 만한데도 더불어 말하지 않으면(가여언이불여언可與言而不與言) 사람을 잃는다(실인失人). 더불어 말하지 말아야 할 만한데도 더불어 말하면(불가여언이여언不可與言而與言) 말을 잃는다(실언失言). 지혜로운 자는 사람도 잃지 않고 말도 잃지 않는다."

군자의 언동을 언급한 제7장~제8장의 내용은 『맹자』 「진심 하」와 『순자』 「권학」에도 유사한 구절이 나온다. 기무라 에이이치는 두 장 모두 맹자 이후 순자 이전에 제나라에서 만들어졌을 가능성을 시사한 것으로 파악했다.

제 9 장

子曰, "志士仁人, 無求生以害仁, 有殺身以成仁."

공자가 말했다. "뜻 있는 선비(지사志士)와 인仁한 사람(인인仁人)은 삶을 구해 인을 해치지(구생해인求生害仁) 않고, 몸을 내던져 인을 이룬다(살신성인殺身成仁)."

주희는 '지사志士'를 '유지지사有志之士', '인인仁人'을 '성덕지인成德之人'으로 보았다. 그는 풀이하기를, "의리상 마땅히 죽어야 할 때에 삶을 구한다면 그 마음에 불안한 바가 있을 것이다. 이는 마음의 덕을 해치는 것이다. 마땅히 죽어야 할 때 죽는다면 마음이 편안하고 덕이 온전할 것이다."라고 했다. 이토 진사이는 「이인」 제5장에서 '군자가 인을 버리고도 어떻게 그 이름을 이룰 수 있는가?'라고 물은 구절 '군자거인君子去仁, 오호성명惡乎成名'과 취지를 같이 하는 것으로 해석했다. 오규 소라이도 이에 동조했다.

제10장

> 子貢問爲仁. 子曰, "工欲善其事, 必先利其器. 居是邦也, 事其 大夫之賢者, 友其士之仁者."
>
> 자공이 인에 관해 묻자 공자가 이같이 대답했다. "공인工人은 자신이 맡은 일을 잘 마무리하고자 할 경우 반드시 먼저 연장부터 예리하게 다듬어놓 는다(필선리기必先利器). 마찬가지로 군자는 어느 나라에 살게 되면 먼저 그 나라 대부 가운데 현자賢者를 섬기고(사기현자事其賢者), 그 나라 선비 가운 데 인자仁者를 벗으로 삼는다(우기인자友其仁者)."

'현자賢者'와 '인자仁者'가 구분되어 표현되고 있다. '현자'는 '지자知者'의 또 다른 표현이다. '사기현자事其賢者'와 '우기인자友其仁者' 구절을 두고 오규 소라이는 "자 공은 대체로 지혜로웠으나 자신의 생각대로 일을 이끄는 모습을 보였다. 이 장은 공자가 자공에게 장차 인정人政을 행하고자 하면 반드시 인재가 나타나길 기다려야 한다는 취지로 언급한 것이다."라고 했다.

제11장

顏淵問爲邦. 子曰, "行夏之時, 乘殷之輅, 服周之冕, 樂則韶舞.
放鄭聲, 遠佞人. 鄭聲淫, 佞人殆."

안연이 나라를 다스리는(위방爲邦) 방안을 묻자 공자가 이같이 대답했다.
"하나라 때의 역법曆法을 사용하고, 은나라 때의 수수하게 꾸민 군주용 수
레인 노輅를 타고, 주나라 때의 면류관을 쓰고, 순임금의 때의 무악舞樂인
「소무韶舞」를 사용하면 된다. 또 음탕한 정나라 음악(정성鄭聲)을 내치고(방
정성放鄭聲) 아첨에 능한 자(영인佞人)를 멀리해야(원녕인遠佞人) 한다. 정나라
음악은 음탕하고, 아첨에 능한 자는 위험하기 때문이다."

'행하지시行夏之時' 구절과 관련해 예로부터 많은 논란이 있었다. 하안은, "만물
이 생기는 것을 보아 사시四時의 처음으로 삼으니 쉽게 앎을 취한 것이다."라고 풀
이했다. 주희는, "천天은 자子에서 열리고, 지地는 축丑에서 열리고, 인人은 인寅에
서 생겼다. 하나라는 '인'으로써 인정人正을 삼고, 은나라는 '축'으로써 지정地正을
삼고, 주나라는 '자'로써 천정天正을 삼았다."라고 풀이했다. 주희는 마융의 '문질
삼통설文質三統說'을 차용해 하·은·주 3대의 '삼정三正'을 일종의 '삼통'으로 해석

한 것이다. 이후 주희가 강조한 '천지인삼정설天地人三正說'이 널리 퍼지게 됐다.

'승은지로乘殷之輅'의 '로輅'는 큰 수레를 가리킨다. 청조 건륭제 때 활약한 고증학자 단옥재段玉裁는 『단씨설문해자주段氏說文解字注』에서 천자가 타는 수레인 '로路'로 해석해야 한다고 주장했다. 주나라 때 천자의 수레인 '로'를 화려하게 장식한 까닭에 공자가 은나라 때 사용된 '은지로殷之輅'의 사용을 역설한 것이다.

'악즉소무樂則韶舞'의 '소무韶舞'는 순임금 때의 무악舞樂, 즉 춤곡이다. '소무韶武'로도 표현한다. 양보쥔은 '무舞'가 '무武'와 통하는 것으로 보고, 주무왕의 덕을 칭송한 음악으로 파악했다. '복주지면服周之冕'의 '면冕'은 군왕이 정복正服에 갖추어 쓰던 관인 면류관冕旒冠을 가리킨다. '방정성放鄭聲'의 '정성鄭聲'은 정나라의 노래를 말한다. 정나라는 남녀의 사랑을 읊은 노래가 많았다. 음란한 음악으로 치부된 배경이다.

하 · 은 · 주 3대의 '삼정三正'과 '천지인삼정설天地人三正說'

원래 '삼정'은 『서경』 「감서甘誓」에 나오는 말이다. 「감서」에는 "유호씨有扈氏가 오행五行을 경멸하고 '삼정'을 태만히 해 버리자 하늘이 그들의 명命을 섬멸해 끊는 초절剿絶을 하고자 했다."라는 구절이 나온다. 「감서」의 '삼정'은 주희가 말하는 자 · 축 · 인이 아니라 원년元年 · 원월元月 · 원일元日을 말한다.

현재 우리가 쓰는 음력은 하력夏曆이다. 원래 하력은 계폐啓閉를 사시의 처음으로 삼고 춘분과 추분의 '분分'과 하지와 동지의 '지至'는 그 중간에 둔 까닭에 사시의 변화에 매우 잘 맞아떨어진다. 주력周曆은 '분'과 '지'를 사시의 처음으로 삼고, 동지가 시작되는 자월子月 즉 음력 11월을 정월로 삼은 까닭에 일구日晷 즉 해 그림자의 변화를 관측하기에는 좋으나 사시의 변화와 많이 어긋나게 된다. 하력이 지금까지 음력의 기본 책력으로 채택된 이유가 바로 여기에 있다.

주희가 말한 '천지인삼정설'은 춘추시대는 말할 것도 없고 전국시대조차 존재한 적이 없다. 주희의 말대로 '천지인삼정설'이 당시에 존재했다면 진시황의 진나라가 해월亥月, 즉 음력 10월을 정월로 삼은 것을 해석할 길이 없게 된다. 물론 주희는 진시황의 진나라 자체를 '정통'이 아닌 일과성 반란정권 정도로 치부한 까닭에 굳이 이를 설명하고자 하지도 않았다. 그러나 이는 반反역사적인 태도이다.

원래 역법을 고치는 것은 은나라 때 처음으로 시작됐다. 은나라를 세운 탕왕은 천명을 받아 하나라를 멸하고, 은나라를 세웠다는 생각에 하력보다 1달 빠른 축월丑月 즉 음력 12월을 정월로 삼았다. 주나라 역시 같은 이유로 은력殷曆보다 1달 빠른 '자월'을 정월로 삼았다. 진시황이 천하를 통일한 뒤 주력보다 1달 빠른 '해월'을 정월로 삼는 '진력秦曆'을 만든 것도 같은 이치이다.

진나라의 뒤를 이은 한나라는 초기에 진력을 그대로 쓰다가 한무제 원봉元封 7년인 기원전 104년에 새 역법인 태초력太初曆을 만들어 '건인지월建寅之月'을 정월로 삼았다. 이는 '인월'을 세수로 삼은 하력으로의 복귀를 의미했다. 이후 전한 말기의 왕망王莽과 삼국시대 위명제魏明帝 조예曹睿가 각각 한 차례씩 은력으로 고치고, 당무후唐武后 즉 측천무후와 당숙종唐肅宗이 한 차례씩 주력으로 고친 적이 있었다. 그러나 이때를 제외하고는 모두 하력을 사용해 21세기 현재까지 내려오고 있다.

본래 '자축子丑' 등의 지지地支와 '갑을甲乙' 등의 천간天干은 날짜를 기록하는 기일紀日에 사용됐다. 한문제 때 '태초력'이 만들어지면서 간지干支로 기년紀年하는 법이 생겨났다. 이후 전한 말기에 유향劉向과 유흠劉歆이 원년·원월·원일의 '삼통설'을 주창한 뒤 간지로 기월紀月하는 법이 생겨났다. 그러자『한서漢書』를 쓴 반고班固가「율력지律曆志」를 지으면서 사상 최초로 '천지인삼통설'을 주창하고 나섰다. 주희는 바로 반고의 '천지인삼통설'을 끌어들여 자신의 '정통설'을 뒷받침하고 나선 것이다.

반고는「율력지」에서 이같이 말했다. "황종黃鐘은 자子로 '천정天正'을 말하고, 임종林鐘은 축丑으로 '지정地正'을 말하고, 태주太簇는 인寅으로 '인정人正'을 말한다." 이는 원년·원월·원일을 뜻하는 하·은·주 3대의 '삼정'을 천·지·인 3재三才에 짝하는 것으로 조작한 것이다. 무슨 근거가 있는 게 아니다. 그럼에도 반고의 억측에 의해 만들어진 '천지인삼통설'이 전한 때 풍미했다. 이내 미신적인 참위설讖緯說의 연원이 된 배경이다. 주희는 바로 이 미신적인 참위설에 뿌리를 둔 '천지인삼통설'을 끌어들여 역사를 도학적으로 해석하는 '정통설'을 주창한 것이다.

『춘추좌전』을 주석한 삼국시대 위나라의 두예杜預는 '인월'을 정월로 삼은 하력을 '천정'으로 해석했다. 동중서는『춘추번로』에서 하·은·주 3대가 각각 흑색과 백색, 적색을 숭상한 점에 착안해 흑통黑統·백통白統·적통赤統의 '삼통설'을 제시하면서 흑통을 '천통'으로 해석했다. 반고와 주희 모두 주나라를 정통으로 삼기 위해 주력이 정월로 삼은 '자子'를 '인정' 또는 '인통'에서 '천정' 또는 '천통'으로 둔갑시켜 놓은 것이다. 주희와 동시대에 활약한 소강절邵康節도 '자'를 '천정'으로 삼았다. 소강절 또한『한서』「율력지」를 무비판적으로 받아들여 사변적인 '천지인삼통설'을 확산시키는 데 지대한 공헌을 한 셈이다.

우리나라에서 '천지인삼통설'의 허구를 지적한 사람은 바로 다산 정약용이다. 그는『논어고금주』에서 선진先秦시대의 문헌에 '삼정'과 '삼통'이 기록된 전례가 없고, 오히려 하력을 '천정'으로 삼았다고 고증하면서 '삼정'은 천·지·인의 '삼통'

이 아니라 바로 원년·원월·원일의 '삼원三元'이라고 주장했다. 이 장부터 제22 장까지 모두 군자의 바람직한 모습에 관한 '자왈' 형식의 단문으로 되어 있다.

제 1 2 장

> 子曰, "人無遠慮, 必有近憂."
>
> 공자가 말했다. "사람이 모든 상황을 고려하며 멀리 내다보지(원려遠慮) 못하면(인무원려人無遠慮) 반드시 가까운 곳에서 터져 나오는 근심(근우近憂)이 있게 된다(필유근우必有近憂)."

'필유근우必有近憂'의 '근우近憂'를 두고 남송 때 활약한 장식張栻은 『논어해論語解』에서, "사려가 멀리까지 미치지 못하면 우환이 곧 이르게 된다는 취지이다."라고 풀이했다. 요로饒魯는, "사려가 백년 천년까지 멀리 미치지 못하면 우환이 눈앞에 가까이 있다."라고 해석했다. 다산은, "가깝다는 것은 이미 닥친 듯이 급박하다는 의미이다."라고 주석했다. 고금을 막론하고 멀리 내다보지 못하면 스스로 밟고 있는 땅조차 발을 용납하는 것 이외에는 하등 쓸모 없는 땅이 될 수밖에 없다. 주희는 『논어집주』에서 소식蘇軾 또는 소철蘇轍의 말을 인용해 생각이 천리 밖에 미치지 못하면 환란이 궤석 밑에 있다는 뜻의 '여부재천리지외慮不在千里之外, 환재궤석지하患在几席之下' 구절을 '원려근우遠慮近憂'의 생생한 비유로 들었다.

子曰, "已矣乎. 吾未見好德如好色者也."

공자가 탄식했다. "이것으로 그만이란 말인가! 나는 아직 덕을 마치 색을 좋아하듯이 좋아하는(호덕여호색好德如好色) 사람을 보지 못했다."

'이의호已矣乎'를 두고 주희는, "공자가 끝내 그런 사람을 얻어 보지 못한 데 따른 것이다."라고 풀이했다. 그러나 오규 소라이는 공자가 군주에 의해 발탁되지 못한 것을 탄식한 것으로 해석했다. "공자가 '이의호已矣乎'를 언급한 것은 군주를 대상으로 한 말이다. 그렇지 않으면 어찌하여 '이의호'라는 세 글자가 나올 수 있겠는가? 이 장은 세상에서 공자를 써주는 자가 없음을 탄식한 것이다."

「자한」 제17장은 이 장에서 '이의호已矣乎' 세 글자를 뺀 '오미견호덕여호색자야吾未見好德如好色者也' 구절로 구성되어 있다.

子曰, "臧文仲, 其竊位者與. 知柳下惠之賢而不與立也."

공자가 말했다. "장문중臧文仲은 사구司寇의 자리를 훔친 자일 것이다. 속 관으로 있는 유하혜柳下惠의 현명함을 알고도 천거하여 함께 조정에 설 생 각을 하지 않았다(지현불거知賢不擧)!"

'장문중臧文仲'은 노나라의 대부로 원래 이름은 장손진臧孫辰이다. 장손씨臧孫氏 는 노은공의 숙부인 장희백臧僖伯을 조상으로 한 가문으로 노나라에서 대대로 사 구司寇의 벼슬을 세습했다. '문중文仲'의 '문文'은 시호이고, '중仲'은 부친인 장애백 臧哀伯, 즉 장손달臧孫達의 차자次子라는 취지에서 덧붙인 자字이다. 「공야장」 제18 장에도 그의 이름이 나온다.

'절위竊位'는 능력에 맞지 않게 높은 자리에 앉은 것을 뜻한다. 주희는, "그 지위 에 걸맞지 못해 마음에 부끄러움이 있는 까닭에 마치 도둑질해 몰래 점거한 것과 같음을 말한다."라고 풀이했다. '유하혜柳下惠'는 노효공魯孝公의 아들인 공자 전展 의 후예로 노나라의 현대부 전획展獲을 가리킨다. 자가 '금禽'인 까닭에 '전금展禽', '유하柳下'를 식읍으로 하고 시호가 '혜惠'인 까닭에 '유하혜'로도 불렸다. 그는 생전 에 사구 장문중의 휘하에서 금령禁令과 형옥刑獄을 관장하는 속관屬官인 사사士師 로 있었다.

제 1 5 장

> 子曰, "躬自厚而薄責於人, 則遠怨矣."
>
> 공자가 말했다. "자신을 크게 책망하고 남을 적게 책망하면(궁후박책躬厚薄責) 원성을 멀리할(원원遠怨) 수 있다."

'궁자후躬自厚'의 '궁躬'을 공영달은 자신을 엄하게 책망하는 것, '후厚'를 황간은 덕을 두터이 하는 것으로 풀이했다. '궁자후이박책어인躬自厚而薄責於人' 구절을 두고 주희는, "자신을 책하기를 두텁게 하면 몸이 더욱 닦여지고, 남을 책하기를 가볍게 하면 사람이 따르게 된다."라고 풀이했다.

제 1 6 장

> 子曰, "不曰'如之何, 如之何'者, 吾末如之何也已矣."
>
> 공자가 말했다. "매사에 '어찌 하는 게 좋을까?'라며 심사숙고深思熟考 하지 않는 자는 나도 어떻게 해 볼 도리가 없다(오말여지하吾末如之何)!"

'여지하如之何'를 두고 주희는, "익숙히 생각하고 살펴서 몸을 둔다는 뜻이다."라고 풀이했다. 오말여지하吾末如之何의 '말末'을 형병은 '무無'의 뜻으로 새겼다. 공자는 이 장에서 선비의 신중한 행보를 촉구하고 있다.

제17장

子曰, "群居終日, 言不及義, 好行小慧, 難矣哉."

공자가 말했다. "여럿이 종일토록 모여앉아 의로움을 언급하지 않고(언불급의言不及義), 잔재주를 즐겨 뽐내면(호행소혜好行小慧) 스스로 만족해하는 까닭에 더 이상 치도治道를 연마하는 게 어렵다!"

주희는, "말이 의리에 미치지 못하면 방벽放僻하고 사치邪侈한 마음이 불어난다. 작은 지혜를 즐겨 행하면 험한 것을 행하고 요행을 바라게 된다. 이렇게 하면 입덕入德이 불가능해져 장차 환난이 뒤따르게 된다."라고 풀이했다. '난의재難矣哉'의 탄식이 나오게 된 배경을 두고 오규 소라이는 '언불급의言不及義'와 '호행소혜好行小慧'의 행보를 보이는 사람은 스스로 만족해하는 까닭에 다시는 도를 배우지 않는 까닭에 '난의재'를 언급한 것으로 분석했다.

제16장~제17장과 유사한 내용이 「양화」의 제22장과 제26장에 나온다. 양쪽 모두 비슷한 시기에 성립된 것으로 짐작된다. 기무라 에이이치는 맹자와 가까운 시

기에 노나라에서 만들어져 제나라에서 윤색됐을 것으로 추정했다.

제18장

> 子曰, "君子義以爲質, 禮以行之, 孫以出之, 信以成之, 君子哉."
>
> 공자가 말했다. "군자는 의를 바탕으로 삼고(의이위질義以爲質), 예를 갖춰
> 행하며(예이행지禮以行之), 겸손하게 표현하고(손이출지孫以出之), 신의 있게
> 완성한다(신이성지信以成之). 이것이 군자이다!"

'손이출지孫以出之'의 '손孫'은 겸손謙遜을 말한다. 정이천은 여기의 '의義'에 '경敬'
을 덧붙여 풀이하기를, "'경'으로써 마음을 곧게 하고 '의'로써 밖을 방정하게 한다.
'의'로써 바탕을 삼으면 '예'로써 이를 행하고, '겸손'으로 이를 나타내고, '신의'로
이룰 수 있다."라고 했다. '경敬'으로 안을 바로잡고 '의義'로 밖을 방정하게 한 뒤
이를 바탕으로 삼아 '예禮·손孫·신信'으로 덕행을 완성시킬 수 있다고 풀이한 것
이다. '경·의'를 '질質'로 삼고 '예·손·신'을 '문文'으로 삼은 셈이다. 성리학자들
이 '거경居敬'을 얼마나 중시했는지 짐작하게 해주는 대목이다.

「위령공」 제18장에 대한 정이천의 해석

'정치사학'의 관점에서 볼 때 정이천의 이런 해석은 맹학孟學을 극단화한 결과

로 볼 수 있다. 원래 맹자는 공학孔學을 묵학墨學의 아류로 변질시키는 데 앞 장선 장본인이다. 공학의 적통을 자임했음에도 불구하고 공자사상을 자신의 성향에 맞게 멋대로 왜곡시킨 게 그렇다. 공학의 키워드인 인仁에 의義 개념을 덧붙여 묵자가 사상 최초로 만들어낸 인의仁義 개념을 도용한 게 대표적이다.

실제로 『논어』에는 단 한 구절도 나오지 않는 '인의' 표현이 『묵자』에 29번, 『맹자』에 27번 나온다. '인의' 개념은 『묵자』와 『맹자』를 관통하는 키워드이다. 맹자가 사상 최초로 언급한 왕도王道와 패도覇道 개념은 『묵자』에 나오는 '의정義政'과 '역정力政'을 살짝 돌려 표현한 것이다. 동서고금을 통틀어 맹자가 사상 최초로 주장한 것으로 알려진 폭군방벌론暴君放伐論 역시 묵자가 역설한 폭군천벌론暴君天罰論을 윤색한 것에 지나지 않는다. 맹자를 묵자의 사상적 후계자로 보는 이유다.

묵자의 논리에 따르면 천의天意 또는 천지天志에 부합하는 덕목은 '인의仁義'이고, '인의'에 기초한 정사는 '의정義政'이고, '의정'을 펼치는 자는 '성군聖君'이 된다. '성군'은 곧 천의 또는 천지에 부합하는 정사를 펼치는 자이다. 『묵자』에는 '의정義政' 표현이 2번, '의정義正' 표현이 2번 나온다. 고대에는 '정政'과 '정正'을 같은 뜻으로 사용했다. 반대로 '인의'에 기초하지 않은 정사는 힘으로 다스리는 '역정力政'이고, '역정'을 펼치는 자는 폭군이 되고, '폭군'은 천의 또는 천지를 거스르는 정사를 펼치는 자가 된다. 『묵자』에는 '역정力政'이 2번, '역정力正'이 2번 나온다. 맹자가 인의에 기초한 정사를 펼치는 것을 왕도王道, 무력 또는 엄격한 법치에 기초한 정사를 펼치는 것을 패도覇道로 규정한 근본 이유가 여기에 있다. 맹자는 묵자의 창견創見이자 묵자사상의 키워드인 '인의仁義'와 '의정義政' 및 '역정力政' 개념 등을 무단으로 표절한 셈이다.

이후 송대의 성리학자들은 맹학의 '인의'와 '왕도' 개념을 더욱 극단화시켜 '위정학'에 방점을 찍은 공학을 '수신학'으로 변질시키는 데 결정적인 공헌을 했다.

제19장

> 子曰, "君子病無能焉, 不病人之不己知也."
>
> 공자가 말했다. "군자는 자신의 무능을 근심할(군자병무능君子病無能) 뿐이다. 남이 자신을 알아주지 않는 것(인지불기지人之不己知)을 근심하지 않는다."

「학이」 제16장에 '불환인지불기지不患人之不己知' 구절이 나온다. 이 장에 나오는 '불병인지불기지不病人之不己知' 구절의 '불병不病'이 '불환不患'으로 바뀌어 있을 뿐이다. 「이인」 제14장에는 '불병인지부기지' 구절이 '불환막기지不患莫己知'로 표현되어 있다. 결국 똑같은 말이 '불병不病' 또는 '불환不患', '인지불기지人之不己知' 또는 '막기지莫己知'로 달리 표현되어 있는 것에 지나지 않는다.

제 20 장

子曰, "君子疾'沒世而名不稱'焉."

공자가 말했다. "군자는 종신토록 이름이 일컬어지지 않는(몰세이명불칭沒
世而名不稱) 처지에 놓이는 것을 싫어한다."

'몰세이명불칭沒世而名不稱' 구절을 두고 오규 소라이는 '몰세沒世'를 종신終身,
'명불칭名不稱'을 40~50세가 되도록 이름이 알려지지 않은 것으로 새겼다. 유사한
취지의 언급이 「자한」 제22장에 '후생가외後生可畏'로 표현되어 있다. 공자는 군자
의 학문은 자신을 위한 것으로 남이 알아주기를 바라지 않는다. 그러나 종신토록
이름이 일컬어지지 않는다면 결코 볼 만한 게 없다는 취지이다. '몰세이명불칭'은
공학의 핵심인 '위정학'이 치국평천하 리더십의 연마에 초점을 맞추고 있음을 뒷
받침하는 구절이다.

제 21 장

子曰, "君子求諸己, 小人求諸人."

공자가 말했다. "군자는 자신에게서 잘못의 원인을 찾고(군자구저기君子求諸己), 소인은 남에게서 잘못의 원인을 찾는(소인구저인小人求諸人) 모습을 보인다."

'군자구저기君子求諸己'와 '소인구저인小人求諸人'의 배경을 두고 하안은, "군자는 자신을 탓하고 소인은 남을 탓하기 때문이다."라고 풀이했다. 다산은 '구求'의 목적을 인仁으로 보고, "군자는 자신에게서 인을 구하고, 소인은 남에게 인하도록 요구한다."라고 해석했다.

이 장은 앞 장과 연결시켜 종합적으로 해석할 필요가 있다. 공자는 앞 장에서 군자는 종신토록 이름이 일컬어지지 못하는 '몰세이명불칭沒世而名不稱'의 상황을 크게 꺼려했다. 이어 다시 이 장에서는 설령 '몰세이명불칭' 상황에 몰릴지라도 자신에게서 원인을 찾는 '군자구저기'의 모습을 보여야 한다고 충고한다.

'정치사학'의 관점에서 볼지라도 공자가 활약한 '오월시대吳越時代'에 '위정학'을 연마한 사람 중에 '몰세이명불칭'의 처지에 놓인 한 사람이 그렇지 못한 사람보다 훨씬 많았을 것이다. 그렇다면 '위정학' 연마는 의미가 없는 것일까? '위정학' 연마가 부족했거나 때를 못 만났거나 여러 이유가 있을 것이다. 공자는 설령 그럴지라도 그 책임을 밖에서 찾지 말고 자신에게서 찾을 것을 권하면서 더욱더 '위정학' 연마에 매진할 것을 주문한 셈이다.

제 2 2 장

子曰, "君子矜而不爭, 群而不黨."

공자가 말했다. "군자는 긍지를 갖되 다투지는 않고(긍이부쟁矜而不爭) 무리와 어울리되 패거리(偏黨)을 만들지는 않는다(군이부당群而不黨)."

여기의 '군群'은 여러 사람과 함께 처하는 것을 말한다. 주희는, "여러 사람과 함께 처하나 아첨하는 뜻이 없으므로 편당을 만들지 않는 것이다."라고 풀이했다.

제 2 3 장

子曰, "君子不以言擧人, 不以人廢言."

공자가 말했다. "군자는 말만 듣고 사람을 천거하지 않고(불이언거인不以言擧人) 사람의 겉만 보고 좋은 말을 폐기하지 않는다(불이인폐언不以人廢言)."

'불이인폐언不以人廢言'을 두고 황간은, "그 사람이 비천하다고 하여 그의 좋은 말을 폐기해서는 안 된다."라고 풀이했다. 공자가 얼마나 실질을 숭상했는지 잘 보여준다. 성리학자들은 공자의 이런 측면을 애써 무시했다. 지나치게 이상주의적인 맹자를 맹종한 결과다. 맹자는 '왕도'가 아닌 일체의 '패도'를 업신여겼다. 공자가 그 공업을 높이 평가한 관중조차 일언지하에 폄하한 게 그렇다. '정치사학'의 관점에서 볼 때 '수신학'으로 침몰한 송대 성리학은 물론 이를 추종한 조선성리학 모두 공자가 역설한 '불이언거인不以言擧人'과 '불이인폐언不以人廢言'의 행보를 거부한 채 우물 안의 개구리가 바다를 논하는 '정와어해井蛙語海'의 우를 범해 결국 나라를 패망으로 이끌고 말았다.

제24장

子貢問曰, "有一言而可以終身行之者乎." 子曰, "其恕乎. 己所不欲, 勿施於人."

자공이 물었다. "한마디 말로써 종신토록 행할 만한 게 있습니까?"
공자가 대답했다. "그것은 결국 진심을 다해 남의 마음을 헤아리는 '서恕'가 아니겠는가? '서'를 이루기 위해서는 자신이 원하지 않는 일을 남에게 강요하지 않아야 한다(기소불욕己所不欲, 물시어인勿施於人)."

'기소불욕己所不欲, 물시어인勿施於人' 구절이 「안연」 제2장에도 나온다. 「공야장」제12장에는 이 구절이 남에게 어떤 일을 강요하지 않는 '무가저인無加諸人'으로 표현되어 있다. 공자가 말한 '서恕'는 '인仁'의 다른 표현이기도 하다. 증자는 「이인」제15장에서 '인'의 요체를 '충서忠恕'로 요약한 바 있다. '충서'는 진심을 다해 남의 마음을 헤아리는 자세를 가리킨다.

제25장

子曰, "吾之於人也, 誰毀誰譽. 如有所譽者, 其有所試矣. 斯民也, 三代之所以直道而行也."

공자가 말했다. "내가 향당鄕黨 사람들에 대해 누구를 헐뜯고 누구를 칭찬할(수훼수예誰毀誰譽) 리 있겠는가? 이들 가운데 등용될 만한 자에 대해서는 칭찬할 바가 있을 것이다. 이들 백성들은 이미 하·은·주 삼대三代 때 예악禮樂 등의 바른 도(직도直道)를 경험한 바 있다."

이 장에 대한 해석이 분분하다. '사민야斯民也' 구절을 두고 마융은 백성을 이같이 부린다는 뜻의 '용민여차用民如此', 황간은 이같이 백성을 기른다는 뜻의 '약차양민若此養民'으로 새겼다. 주희는 '사민斯民'을 공자 당시의 사람들로 간주해 이 구절 전체를, "이 사람들은 삼대 성왕들의 직도直道에 관한 교화를 받아 내려온 사람들인 까닭에 시비곡직是非曲直의 관념이 있다. 내가 어떻게 사사로이 비판하고 칭찬할 수 있겠는가?"라고 풀이했다. 다산은 공자가 이 말을 하기 전에 누군가를 제자들 앞에서 칭찬했고, 연이어 이에 대해 해명한 것으로 분석했다.

오규 소라이는 '오지어인吾之於人'의 '인人'을 고을 사람, '사민斯民'을 '이들 백성', '시試'를 '등용'으로 간주해 다음과 같이 풀이했다. "향당에 있는 호걸스런 선비 가운데 등용될 만한 자에 대해서는 공자도 칭송한 바가 있었을 것이다. 사람을 가르치는 도리는 잘하는 것을 권면해 당사자로 하여금 기쁨에 겨워 떨쳐 일어나도록 만드는 데 있다. 백성을 교화하는 도리는 습관을 가지고 풍속을 이루는 데 달려 있다. 자질구레하게 헐뜯고 칭송하면 어려움이 있을 것이다. 공자가 향당에서 헐뜯거나 칭송하는 일을 행하지 않은 이유가 여기에 있다." 문맥상 이같이 해석하는 게 자연스럽다. 이를 좇았다. 제25장~제40장은 모두 '자왈'로 시작되는 공자의 격언을 묶어놓은 것이다. 사제 간의 문답 등이 전혀 나타나지 않고 있다.

제26장

子曰, "吾猶及史之闕文也, 有馬者借人乘之, 今亡矣夫."

공자가 말했다. "나는 오히려 사관들이 의심스러운 부분을 궐문闕文으로 남겨 두는 것(급사지궐문及史之闕文)과 말을 가진 자가 남에게 빌려주어 길들이게 하는 것(유마자차인승지有馬者借人乘之)을 본 적이 있다. 지금은 그런 일도 점차 사라지게 됐다!"

'오유급사지궐문야吾猶及史之闕文也'와 '유마자차인승지有馬者借人乘之' 구절을 두고 포함은 풀이하기를, "말을 가진 사람이 직접 훈련할 수 없는 경우 남에게 빌려주어 훈련시키는 것은 곧 사관이 궐문闕文을 두어 후대인이 보완하기를 기대한 것과 같다."라고 했다. 주희는 양시楊時의 말을 인용해 사관이 궐문으로 남긴 것과 말을 남에게 빌려주는 것을 별개의 사안으로 보았다. 다산 역시 주희를 좇아 궐문을 두던 사관의 신중한 태도와 말을 가진 사람의 미풍양속에 기초한 후한 인심이 공자 때에 와서 이미 사라졌다는 취지로 분석했다.

역대 주석가들이 대부분 여기의 '궐문'을 두고 '의심스러운 부분이 있으면 해당 부분을 기록하지 않고 빼놓는 것'으로 풀이했다. 미야자키 이치사다는 이 장에서 '궐문' 구절이 등장하게 된 역사적 배경을 이같이 분석했다. "종래의 주석을 좇을 경우 지금은 그런 일도 모두 없어졌다는 취지로 언급한 '금무의부今亡矣夫' 구절이 뒤에 나오는 것은 모순이다. 실제로 훨씬 후대까지 '궐문'의 관행이 유지됐기 때문이다. 예컨대 '궐문'이 많은 것으로 유명한 한대漢代 육가陸賈의 『신어新語』는 곳곳에 '궐하자闕何字'의 주석이 붙어 있다. '궐문'은 오규 소라이가 사상 처음으로 지적했듯이 원래 『논어』의 해당 대목에 반드시 있어야 할 문장이 빠져 있는 것을 보고 '궐문'이라고 주석해놓은 것을 후대의 유자들이 잘못 알고 본문에 끼워 넣었을 가능성이 크다. 나 역시 이 설을 따른다."

나름 일리가 있으나 사관들이 의심스러운 부분을 궐문으로 남겨두는 좋은 관행이 어지러운 세상이 지속되면서 점차 사라지게 됐다는 취지로 풀이하면 아무런 모순이 없다. '망亡'을 '무無'의 의미로 간주해 '금무의부今亡矣夫'로 읽은 전래의 해석 방식과 달리 점차 사라졌다는 취지의 사라질 '망亡'으로 간주해 '금망의부今亡矣夫'로 읽으면 자연스럽게 해결될 문제이다. '금망의今亡矣'를 정태적 의미를 지닌 '금무의今無矣'로 읽지 않고, 동태적 의미인 '금망의今亡矣'로 해석하면 구태여 오류 소라이의 '궐문'에 대한 훈고적訓詁的 주석을 좇을 필요가 없게 된다. '정치사학'의 관점에서 볼 때 이 장은 공자가 고전을 정리할 때 견지한 '술이부작述而不作'의 자세와 일맥상통하고 있다. 통설을 좇는 게 합리적이다.

제 2 7 장

子曰, "巧言亂德, 小不忍則亂大謀."

공자가 말했다. "말을 교묘하게 꾸미면 덕을 어지럽히고(교언난덕巧言亂德), 작은 것을 참지 못하면 큰 계책을 어지럽힌다(소불인즉난대모小不忍則亂大謀)."

'소불인즉난대모小不忍則亂大謀'의 '소불인小不忍'을 두고 주희는, "일개 아녀자의 어진 행보인 '부인지인婦人之仁'과 일개 사내의 용기인 '필부지용匹夫之勇'이다."라고 주석했다. '부인지인'과 '필부지용'은 『사기』「회음후열전淮陰侯列傳」에 나오는 구절로, 한고조 유방에게 패한 항우項羽의 우유부단優柔不斷과 자고자대自高自大의 행보를 지적한 말이다.

子曰, "衆惡之, 必察焉. 衆好之, 必察焉."

공자가 말했다. "많은 사람들이 미워해도 정말 그런지 반드시 살펴보고(중오필찰衆惡必察), 많은 사람이 좋아해도 정말 그런지 반드시 살펴봐야 한다(중호필찰衆好必察)."

공자는 이 장에서 자세히 살펴보지 않으면 사사로움에 치우칠 우려가 있다는 점을 지적하고 있는 것이다. 이 장은 공자가 자공에게 향인鄕人 가운데 선한 자가 좋아하고, 선하지 못한 자가 미워하는 사람이 가장 낫다는 취지의 인물론을 전개한 「자로」 제24장과 상통하고 있다.

子曰, "人能弘道, 非道弘人."

공자가 말했다. "사람이 도를 넓히는 것이다(인능홍도人能弘道). 도가 사람을 넓히는 게 아니다(비도홍인非道弘人)."

'인능홍도人能弘道'와 '비도홍인非道弘人'의 대립을 두고 왕숙은, "재주가 큰 사람은 도가 크고, 작은 사람은 도 또한 작다. 사람을 넓힐 수는 없다는 취지이다."라고 풀이했다. 오규 소라이도 이에 동조하면서 이같이 덧붙였다. "전수한 말이 똑같이 선왕의 도인데도 자사는 공자에게 못 미치고, 맹자는 자사에게 못 미쳤다. 도를 더럽히거나 높이는 것은 사람이 하는 것이다. 도를 전하는 자가 모두 성대함을 다 할 수 있는 게 아니다."

'정치사학'의 관점에서 볼 때 이 장에서 역설한 '인능홍도人能弘道'는 '위정학'에 초점을 맞춘 공문孔門의 기본 교습 방침을 언급한 것이다. '위정학'은 스스로 끊임없이 학덕을 연마해 군자의 길로 접어들 것을 주문한다. 단순히 '위정학'을 배웠다고 해서 군자가 되는 것은 아니라는 취지이다.

제30장

子曰, "過而不改, 是謂過矣."

공자가 말했다. "허물을 고치지 않는 것(과이불개過而不改)이 바로 과실이다."

주희는, "허물이 있되 능히 고친다면 허물이 없는 데로 돌아갈 수 있다. 그러나 이를 고치지 않으면 마침내 그 허물이 굳어져 장차 고칠 수 없는 지경에 이르게 된다."라고 풀이했다.

제31장

子曰, "吾嘗終日不食, 終夜不寢, 以思, 無益, 不如學也."

공자가 말했다. "나는 일찍이 종일토록 먹지 않고(종일불식終日不食) 밤새도록 자지 않으며(종야불침終夜不寢) 깊이 생각에 잠긴 적이 있었으나 모두 무익無益했다. 이런 자세로 깊이 생각하는 것은 결국 잠시라도 배우는 것만도 못하다(불여학야不如學也)는 이치를 뒤늦게 깨우친 셈이다."

'종일불식終日不食'과 '종야불침이사終夜不寢以思'는 공자가 생각만 하고 배우지 않는 자를 경계한 말이다. 공자가 주창한 '위정학'의 관점에서 보면 '수신' 차원의 덕행德行 연마에 치중한 나머지 '치평' 차원의 '학지學知'를 소홀히 하는 자들에 대한 경계의 말이기도 하다. '학지'를 게을리하면 식견이 넓을 수 없어 결코 바람직한 덕행도 이룰 수 없게 된다.

이 장은 '학덕겸비'를 요구하는 '위정학'의 기본 취지를 잘 설명해주고 있다. 이 장은 배우되 생각하지 않는 '학이불사學而不思'와 생각하되 배우지 않는 '사이불학

思而不學' 모두 바람직하지 못하다고 언급한 「위정」 제15장의 내용과 취지를 같이 한다.

제 3 2 장

子曰, "君子謨道不謀食. 耕也, 餒在其中矣. 學也, 祿在其中矣. 君子憂道, 不憂貧."

공자가 말했다. "군자는 도를 도모할 뿐 먹을 것을 도모하지 않아야(모도불모식謨道不謀食) 한다. 농사를 지어도 굶주림이 그 경작 안에 있는(뇌재기중餒在其中) 위험에 처할 수 있다. 그러나 학문을 닦으면 봉록이 그 학문 안에 있는(녹재기중祿在其中) 행운을 맞는다. 군자가 도를 이루지 못할까 걱정할 뿐 가난해질까 걱정하지 않는(우도불우빈憂道不憂貧) 이유가 여기에 있다."

학문 속에 도가 있고 녹이 있는 까닭에 군자는 학문 성취의 궁극적인 목표인 득도에 이르지 못할까 염려할 뿐 먹는 것 자체를 염려하지 않는다고 지적한 것이다. 근본을 중시하며 지엽에 구애되지 않는 군자의 풍모를 밝힌 것이다.

子曰, "知及之, 仁不能守之, 雖得之, 必失之. 知及之, 仁能守之, 不莊以涖之, 則民不敬. 知及之, 仁能守之, 莊以涖之, 動之不以禮, 未善也."

공자가 말했다. "지식으로 관직을 얻는(지급지知及之) 데에 성공할지라도, 인으로 관직을 지켜내는(인능수지仁能守之) 데에 실패하면 비록 얻을지라도 반드시 이내 잃게 마련이다. 지식으로 관직을 얻고 인으로 관직을 지켜내더라도 엄숙한 자세로 위정에 임하는(장이리지莊以涖之) 데에 실패하면 백성들은 공경하지 않는다. 이것들에 모두 성공해도, 예로써 백성을 동원하는(동지이례動之以禮) 데에 실패하면 뛰어난 치도治道로 평가하기에 미흡하다."

'장이리지莊以涖之'의 '리涖'는 임한다는 뜻으로 '리莅' 또는 '리蒞' 및 '리立'와 서로 통한다. 『관자』 「이정立政」의 '리立'를 두고 에도시대의 야스이 히라나라安井衡는 군주가 자립한다는 뜻을 지닌 '입정立政'의 '립'으로 풀이했으나, 중국의 문일다聞一多 등은 정사에 임한다는 뜻의 '리정莅政', 즉 '임정臨政'으로 새겼다. 문맥상 이게 타당하다. '동지이례動之以禮'의 '동지動之'는 백성을 동원하는 '동민動民'의 뜻으로 '사민使民' 또는 '용민用民'과 통한다. '미선야未善也'는 뛰어난 치국평천하 리더십으로 평가하기에 미흡하다는 의미이다.

공자는 이 장에서 점층적인 어법으로 치민治民의 요체를 설명하고 있다. 이를 도식화하면 〈지식으로 관직을 얻는 지급관知及官 → 인으로 관직을 지키는 인수관仁守官 → 엄장한 자세로 임하는 정사에 임하는 장이리정莊以涖政 → 예로써 백성을 동원하는 동민이례動民以禮〉가 된다. 위정자의 치민 자세를 경계한 것이다.

제 3 4 장

子曰, "君子不可小知而可大受也. 小人不可大受而可小知也."

공자가 말했다. "군자는 소직小職을 맡기에는 적당하지 않으나 대임大任을 맡을 수 있다(불가소지이가대수不可小知而可大受). 소인은 대임을 맡기에는 적당하지 않으나 소직을 맡을 수 있다(불가대수이가소지不可大受而可小知)."

'소지小知'와 '대수大受'를 두고 고주古注는 대개 작은 일을 알고 큰일을 맡는 것으로 풀이했다. 황간은, "군자의 도는 심원해 범인들이 알 수 없기에 작은 일로 판단할 수 없다는 취지에서 '불가소지不可小知', 덕은 사물을 윤택하게 만들어 사람들로 하여금 깊이 받아들이도록 하는 까닭에 '가대수可大受'를 언급한 것이다."라고 풀이했다. 신주新注의 주희는 '지知'를 내가 아는 것, '수受'를 그가 받는 것으로 간주하면서 대체로 고주를 좇았다. 다산은 받는 것을 상대방이 했으면 아는 것 또한 상대방이 주체일 수밖에 없다고 이의를 제기하면서 '지'를 참여해 말한다는 뜻의 '여지與知'로 풀이했다. 원래 '지'는 '지부知府'와 '지현知縣' 등의 예를 통해 알 수 있듯이 관직을 맡는 것을 뜻한다. 다산은 이에 주목해 '소지'는 소직小職, '대수'는 대임大任으로 풀이했다. 이는 대략 오규 소라이의 주석과 유사하다.

제35장

> 子曰, "民之於仁也, 甚於水火. 水火, 吾見蹈而死者矣, 未見蹈仁而死者也."
>
> 공자가 말했다. "백성에게 인仁은 물과 불보다 더 필요하다. 나는 물과 불에 뛰어들어 죽는 사람(도이사자蹈而死者)은 본 적이 있으나, 인에 뛰어들어 죽는 사람(도인사자蹈仁死者)은 아직 보지 못했다."

공자는 이 장에서 위정자에게 인仁의 실천인 '행인行仁'을 역설하고 있다. 이를 두고 주희는, "사람이 물과 불에 의뢰해서 사는 까닭에 하루도 없어서는 안 된다. 인 또한 마찬가지이다. 다만 물과 불은 외물外物이고 인은 자기 몸에 있고, 물과 불이 없으면 몸을 해치는 것에 불과하나 인하지 못하면 본심을 잃게 되는 점에 차이가 있다."라고 풀이했다.

제 3 6 장

子曰, "當仁, 不讓於師."

공자가 말했다. "의당 인을 실천해야 할(당인當仁) 상황에서는 스승에게도 양보하려고 하지 않아야(불양어사不讓於師) 한다."

'당인當仁'은 의당 인을 실천해야 하는 '행인行仁'의 상황을 가리킨다. '불양어사 不讓於師'의 자세를 두고 주희는, "비록 스승일지라도 양보하는 바가 없다고 한 것 은 마땅히 용맹스럽게 가서 반드시 해야 하는 것을 뜻한다."라고 풀이했다. 정이 천은 선한 명칭이 있는 일을 행하는 '행선行善'의 경우에는 예외를 두어, "본래 인 을 행하는 것은 자신에게 달려 있는 것이니 양보할 대상이 아니다. 그러나 선한 명칭으로 밖에 있는 것은 스승에게 양보하지 않을 수 없다."라고 풀이했다. 정이 천의 해석이 합리적이다.

이 장은 격언의 성격이 짙다. 실제로 제36장~제41장은 각각 인仁 · 군자君子 · 교教 · 도道 · 사辭에 관한 격언으로 되어 있다.

제 3 7 장

子曰, "君子貞而不諒."

공자가 말했다. "군자는 바르되 작은 신의에 얽매이지 않는다(정이불량貞而不諒)."

'정이불량貞而不諒'의 '정貞'과 '량諒'을 두고 공안국은 각각 '바름'과 '믿음'으로 새겼다. 주희는 '정貞'을 바르고 견고한 것, '량諒'을 시비를 가리지 않은 채 형식적인 작은 신의에 고지식하게 매달리는 것으로 풀이했다. 이에 대해 오규 소라이는 『주역』, 「건괘」의 '괘사卦辭'를 토대로, "군자는 내면에 보존한 것을 변하지 않고, 남이 믿어주기를 구하지 않는다."라고 풀이했다. 오히려 주희의 해석이 합리적이다.

제 3 8 장

子曰, "事君, 敬其事而後其食."

공자가 말했다. "군자는 군주를 섬기려면(사군事君) 먼저 일을 공경히 처리하고 식록食祿을 뒤로 미뤄야(경사후식敬事後食) 한다."

'경기사이후기식敬其事而後其食'을 두고 주희는, "먼저 공경을 다해 직책을 수행할 뿐 식록을 구하는 마음을 두어서는 안 된다."라고 풀이했다. 『예기』 「왕제王制」에 유사한 구절이 나온다. "논의가 결정된 뒤 관직을 주고, 관직을 맡긴 뒤 직책을 주고, 작위가 정해진 뒤 봉록을 준다."라고 언급한 게 그렇다. '경사후식敬事後食'은 내용상 「옹야」 제20장의 '선난후획先難後獲'과 서로 통한다.

第 3 9 장

子曰, "有敎無類."

공자가 말했다. "가르칠 때는 빈부귀천의 차별을 하지 않아야(유교무류有敎無類) 한다."

'유교무류有敎無類'를 두고 주희는, "사람의 성은 선한데 그 종류에 선과 악의 다름이 있는 것은 기질과 습관의 물들임 때문이다. 군자가 가르치면 사람들은 모두 선으로 돌아올 수 있다."라고 풀이했다. 맹자의 성선설에 입각한 주석이다. '정치사학'의 관점에서 볼 때 이는 공자가 말한 취지에서 벗어난 것이다. 공자는 '성'에 관해 언급한 바가 없다. 이 장은 공자가 공문에 들어와 '위정학'을 배우려는 자를 두고 자신의 기본 입장을 밝힌 것으로 보는 게 합리적이다. 실제로 공자는 동서고금을 막론하고 사상 최초로 신분의 귀천을 가리지 않고 단지 '1속束'의 예물을 바치기만 하면 모든 사람을 제자로 받아들여 '위정학'을 가르쳤다. 이 장은 바로 공자의 이런 기본 입장을 선명히 드러낸 대목이다.

제 40 장

子曰, "道不同, 不相爲謀."

공자가 말했다. "가는 길이 다르면 서로 함께 일을 도모하지 않아야(불상위

모不相爲謀) 한다."

'도부동道不同'을 두고 주희는, "선악善惡 및 정사正邪와 같은 것이다."라고 풀이했다. 성선설에 입각한 해석이다. 오규 소라이는 '도道'를 활쏘기와 피리 연주 등의 '도술道術'로 간주해 주희의 해석을 배척했다. '정치사학'의 관점에서 볼 때 여기의 '도'는 군자로 나아가는 길인 '군자지도君子之道'로 해석하는 게 합리적이다.

이 장은 진정한 군자가 되기 위해 공문孔門에 들어와 '위정학'을 배우는 제자들사이에 널리 통용된 일종의 교훈校訓 비슷한 역할을 했을 것으로 보인다.

子曰, "辭達而已矣."

공자가 말했다. "외교문서인 사명辭命은 뜻을 전달하는 매개물에 불과하다(사달이이辭達而已)."

'사달이이辭達而已'의 '사辭'를 두고 대부분 '문사文辭' 또는 '언사言辭'로 풀이하고 있다. 주희는, "문사는 뜻을 통달함을 취할 뿐이고, 부려富麗한 수식을 요하지 않는다."라고 해석했다. 오규 소라이는 『의례儀禮』 「빙례聘禮」를 근거로 '사'를 외교문서인 '사명辭命'으로 보고, "대체로 사람을 말로써 깨우치는 것도 쉽지 않은데 하물며 말로써 다른 사람을 심복心服하게 만들 수 있을까? 그 말이 아무리 통쾌하고 유창하게 다 갖춰진 것일지라도 단지 하나의 치우친 설이 되기에 족할 뿐이다. 정자程子와 주자의 성리학설은 견백堅白의 변론에 지나지 않는다."라고 풀이했다. 여기서는 이를 좇았다.

師冕見, 及階. 子曰, "階也." 及席, 子曰, "席也." 皆坐, 子告之曰, "某在斯, 某在斯." 師冕出. 子張問曰, "與師言之道與." 子曰, "然. 固相師之道也."

악관 출신 우두머리인 노나라의 태사太師 면冕이 공자를 만나러 와 섬돌에 이르렀다. 공자가 맹인인 태사 면을 안내하며 말했다. "여기는 섬돌입니다."

자리에 이르자 공자가 말했다. "여기가 자리입니다."

모두 자리를 잡자 공자가 태사 면에게 좌중의 사람을 일일이 고했다. "아무개는 여기 있고, 아무개는 여기 있습니다."

태사 면이 나가자 자장이 물었다. "이것이 눈먼 악사와 더불어 말하는 예입니까?"

공자가 대답했다. "그렇다. 그리하는 것이 악사를 인도하는 길(상사지도相師之道)이다."

'여사언지도여與師言之道與'의 '도道'를 황간은 '예禮'로 풀이했다. 주희는 태사 면을 맹인(瞽)으로 보았다. 기무라 에이이치는 공자가 만년에 노나라로 귀국한 이후에 나온 일화로 분석했다.

'정치사학'의 관점에서 볼 때 태사 면은 당시 공문의 '위정학' 과목으로 편성되어 있는 시서예악詩書藝樂 가운데 '악'을 가르치는 전임강사였을 가능성이 크다.

제 16 편

계
씨
季氏

Intro

계씨季氏

세간의 전송을 대거 수집해놓은 공자의 교훈집

「계씨」는 총 14개 장으로 이루어져 있다. 이 편은 『논어』 22편 가운데 매우 특이한 형태를 취하고 있어 예로부터 많은 사람들의 주목을 끌었다. 14개 장 가운데 제1장은 사제 간의 문답, 제2장~제11장은 공자의 말로 구성되어 있는 게 그렇다. 여기에는 '자왈'이 하나도 없고, 모두 '공자왈'로 되어 있다. 이는 다른 편에서는 결코 볼 수 없는 모습이다.

오랫동안 많은 사람들이 공자의 제자들이 아닌 후대의 누군가에 의해 만들어 졌을 것으로 보며 위작僞作 가능성을 거론한 이유다. 객관적으로 볼 때 뒤에 나오 는 제12장~제14장의 3개 장은 앞서 나온 11개 장에 대한 부록의 성격이 짙다.

공자의 말로 나오는 '3우三友'와 '3요三樂', '3건三愆', '3계三戒', '3외三畏', '9사九思' 등은 공자가 가르침을 정리하는 조목을 거론한 것으로, 자장 후학의 학풍과 크게 닮아 있다. 이토 진사이와 기무라 에이이치 모두 「계씨」의 편제를 두고 제나라에 서 자장 문인에 의해 만들어진 『논어』의 속집續集일 가능성이 크다고 보았다.

季氏將伐顓臾. 冉有季路見於孔子曰, "季氏將有事於顓臾." 孔子曰, "求, 無乃爾是過與. 夫顓臾, 昔者先王以爲東蒙主, 且在邦域之中矣. 是社稷之臣也, 何以伐爲." 冉有曰, "夫子欲之, 吾二臣者皆不欲也." 孔子曰, "求, 周任有言曰, '陳力就列, 不能者止'. 危而不持, 顚而不扶, 則將焉用彼相矣. 且爾言過矣. 虎兕出於柙, 龜玉毁於櫝中, 是誰之過與." 冉有曰, "今夫顓臾, 固而近於費. 今不取, 後世必爲子孫憂." 孔子曰, "求, 君子疾, 夫舍曰欲之而必爲之辭. 丘也聞有國有家者, 不患寡而患不均, 不患貧而患不安. 蓋均無貧, 和無寡, 安無傾. 夫如是, 故遠人不服, 則修文德以來之. 旣來之, 則安之. 今由與求也, 相夫子, 遠人不服而不能來也, 邦分崩離析而不能守也, 而謀動干戈於邦內. 吾恐季孫之憂不在顓臾, 而在蕭牆之內也."

계씨季氏가 장차 노나라의 부용국附庸國인 전유顓臾를 치려고 했다. 이때 계씨의 가신으로 있는 염유冉有와 자로가 공자를 만나 이 사실을 알렸다.
"계씨가 전유에서 싸움을 벌이려고 합니다."
공자가 말했다. "구求야, 이는 너희들의 잘못이 아닌가? 전유는 옛날 선왕들이 동쪽 몽산蒙山의 제사를 주관하게 했고, 또한 우리 노나라 영역 안에 있으니 이는 우리의 사직지신(社稷之臣)인 셈이다. 그런데 어찌 이를 정벌할 수 있겠는가?"

염유가 변명했다. "계씨가 그리하려는 것이지 저희 두 가신이 그리하려는 게 아닙니다."

공자가 말했다. "구야, 옛날 뛰어난 사관인 주임(周任)은 '일찍이 자신의 능력을 다 밝힌 뒤 벼슬자리에 나아가고(진력취열陳力就列) 능력이 감당하지 못하면 물러나야(불능자지不能者止) 한다.'고 말했다. 나라가 위태로운데도 잡아주지 못하고(위이부지危而不持) 넘어지려 하는데도 부축하지 못한다면(전이불부顚而不扶) 그런 사람에게 어찌 보필을 기대할 수 있겠는가? 또한 너희들의 말도 잘못됐다. 호랑이와 외뿔소가 우리에서 뛰쳐나오고(호시출합虎兕出柙) 거북껍질과 옥 등의 보물이 궤 속에서 망가진다면(귀옥훼독龜玉毁櫝) 이는 과연 누구의 잘못이겠느냐?"

염유가 대답했다. "지금 저 전유는 성곽이 견고하고 계씨의 식읍인 비읍(費邑)에 가깝습니다. 지금 취하지 않으면 훗날 반드시 자손들의 우환이 될 것입니다."

공자가 말했다. "구야, 군자는 저 내심 하고자 하는 바를 말하지 않고(사왈욕지舍曰欲之) 반드시 이런저런 변명을 늘어놓는 것(필위지사必爲之辭)을 미워한다. 나는 나라를 소유한 제후(유국자有國者)와 저택을 보유한 경대부(유가자有家者)는 토지와 백성이 적은 것을 근심하지 않고 정사를 고루 펴지 못할까 근심하고(불환과이환불균不患寡而患不均), 재정이 빈약한 것을 근심하지 않고 백성을 편안하게 해주지 못할까 근심한다(불환빈이환불안不患貧而患不安)고 들었다.

대개 재정의 쓰임이 고르면 백성들이 가난하게 되는 일이 없고(개균무빈蓋均無貧), 대개 상하가 조화를 이루면 백성들이 줄어드는 일이 없으며(개화무과蓋和無寡), 대개 백성의 생업이 안정되면 나라가 기울어지는 일이 없다(개안무경蓋安無傾). 이같이 하는데도 먼 곳의 사람이 복종하지 않는다면(원인불복遠人不服) 문덕文德을 닦아 그들로 하여금 저절로 다가오게 하고(수덕이래修德以來), 이어 먼 곳의 사람이 다가오면 편하게 만들어주는(내지안지來之安之) 덕정을 베풀어야 한다. 지금 유由와 구求 너희 두 사람이 계씨를 보필하고 있는데도 먼 곳의 사람이 복종하지 않는데(원인불복遠人不服) 따라오게 하지도 못하고 있다(원인불래遠人不來). 게다가 너희 두 사람은 나라가 사방으로 쪼개져 무너져 내리는(분붕리석分崩離析) 위기에 처해 있는데도 이를 지켜내지 못하고 있을 뿐만 아니라 오히려 나라 안에서 병력을 동원할 계책을 꾸미고 있다. 나는 계씨의 근심이 장차 전유가 아니라 그 가신들이 근무하는 담장 안(소장지내蕭牆之內)에서 빚어질까 두렵기만 하다."

　'계씨장벌전유季氏將伐顓臾'의 '전유顓臾'는 노나라 경계 안에 있는 부용국附庸國(큰 나라에 딸려서 그 지배를 받는 작은 나라)이다. 지금의 산동성 기주의 몽음 소재인 몽산蒙山 아래에 있었고, 군주의 성은 풍씨風氏였던 것으로 알려졌다. 계씨가 전유를 정벌하려고 했던 이 일화는 『춘추좌전』 및 『사기』를 비롯한 그 어떠한 사서에도 전혀 나오지 않고, 오직 『논어』 「계씨」에만 나온다. 내용상 상상이 가미된 설화에 가깝다. 어디까지가 정확한 사실史實인지 확인할 길이 없다. 대략 항간에 나돈 얘기를 수록한 것으로 보인다.

'주임周任'을 두고 마융은 고대의 뛰어난 사관史官, 형병은 주나라의 대부, 서진의 두예杜預는 주나라의 태사太史로 보았다. '진력취열陳力就列, 불능자지不能者止' 구절을 두고 마융은 '진陳'을 '진술陳述'의 뜻으로 보아, "자신의 능력을 진술하고, 자신이 맡을 일을 헤아려 그 자리에 나아가고, 능력이 감당하지 못하면 곧 그만둔다는 의미이다."라고 풀이했다. 주희는 '진陳'을 펼칠 '포布'의 뜻으로 보아, "자신의 능력을 펼쳐 보이고 능력이 감당하지 못하면 그만둔다는 뜻이다."라고 풀이했다.

'언용피상焉用彼相'의 '상相'은 곁에서 보필하는 사람의 의미로 사용됐다. '귀옥 훼어독중龜玉毀於櫝中'의 '독櫝'은 '함函' 또는 '궤櫃'와 통한다. '부사왈욕지이필위지 사夫舍曰欲之而必爲之辭'의 '부夫'는 우리말의 '저'처럼 뒤에 나오는 구절을 가리키는 뜻의 지시대명사의 의미로 사용된 것이다. '무릇'이라는 의미의 부사어로 해석해도 무방하다. '사왈욕지舍曰欲之'의 '사舍'는 버려둔다는 뜻이나 다산은 '단지但只'의 의미로 풀이했다. 이 구절은 계씨가 탐욕스럽게 전유를 정벌하려고 한다고 말하지 않고, 성곽이 견고하고 비읍에 가깝다고 둘러대는 염유의 행태를 공자가 비판한 것이다.

'불환과이환불균不患寡而患不均'의 '과寡'를 공안국은 토지와 백성이 적은 것, 주희는 백성이 적은 것으로 새겼다. '분붕리석分崩離析'을 두고 공안국은 백성이 다른 마음을 품고 있는 것을 '분', 나라를 떠나고자 하는 것을 '붕', 만나서 뭉치지 않는 것을 '리석'으로 새겼다. '재소장지내야在蕭牆之內也' 구절은 장차 노나라의 우환은 정사를 돌보는 조정 내의 사람들에게 있다는 의미이다. 실제로 계씨의 가신인 양호가 변란을 일으켜 노나라를 혼란 속으로 밀어 넣었다. 여기의 '소장蕭牆'은 엄숙한 담장의 뜻이다. 이를 두고 정현은 군신이 상견할 때 신하들로 하여금 공경스럽고 엄숙한 자세를 취하도록 유도하기 위해 설치해놓은 병풍으로 풀이했다. 통상 군신들이 군주를 조회하는 자리는 '소장' 안에 있다. 황간에 따르면 상견할 때 천자는 외병外屛, 제후는 내병內屛, 경대부는 주렴珠簾, 사士는 휘장揮帳을 사용했다. '소장지내'는 담장 안의 내부에서 빚어지는 일을 가리킨다. 내부에서 빚어지는 변란을 '소장지변蕭牆之變', 내부의 우환을 '소장지우蕭牆之憂'로 표현하는 이유다.

'정치사학'의 관점에서 공자가 살아 있을 당시 노나라는 공실이 쇠약해 삼환의 세력이 강했다. 그 가운데 계씨가 특히 강력했다. 이 장의 기록에 따르면 전유는 계씨의 근거지인 비읍費邑에 가까웠고, 그 도성은 매우 견고했다. 계씨는 이를 취해 자신의 기반을 더욱 굳건히 하고자 했다. 이는 계씨로 상징되는 노나라 배신陪臣의 전횡이 부용국까지 확산되는 것을 의미했다. 그러나 계씨의 전횡을 미워하고 공실의 권력을 회복시켜 국가 질서를 바로잡고자 한 공자가 이를 반대했다.

'염유계로견어공자冉有季路見於孔子' 구절은 당시 계씨의 가신으로 있던 염유와 자로가 계씨의 전유 공벌을 간접 지원했음을 시사하고 있다. 이 구절을 두고 북경대 교수를 지낸 리링李零은 이 일화를 역사적 사실로 보아 지난 2008년에 출간한 『논어종횡독論語縱橫讀』에서 계씨가 염유 토벌을 시도한 시기를 고증학적인 방법으로 추정했다. 그의 주장에 따르면 염유가 계씨의 가재가 된 것은 기원전 492년으로 계강자가 계환자의 뒤를 이어 집권한 이후이다. 자로는 공자가 천하유세를 떠나기 전에 계환자의 가재로 있었다. 리링은 대략 기원전 498년에 계씨의 가재가 되었을 것으로 보았다. 당시 자로는 이듬해인 기원전 497년 공자를 수행해 14년간에 걸친 천하유세에 나섰다. 이후 공자가 천하유세를 거의 끝낼 즈음에는 염유가 그 자리에 있었다. 자로는 기원전 484년 스승과 함께 14년간에 걸친 천하유세를 그치고 귀국했다. 그가 계강자를 모신 것은 그 이듬해인 483년이다. 리링은 이를 토대로 계씨가 전유 공략을 꾀한 시기를 기원전 483년에서 자로가 죽는 기원전 480년 사이로 추정했다. 이 설화는 염유가 계씨의 가재로 나오고 있는 점 등에 비춰 리링의 추정처럼 대략 공자가 귀국한 이후에 나온 것으로 짐작된다.

이 장은 그 성격상 공자가 여러 제자들과 대화를 나눈 「선진」 말장末章과 매우 닮아 있다. 그러나 역사적 사실을 토대로 해 공문의 후학이 상상력을 동원해 설화 형식으로 꾸며낸 것이라는 점에서 매우 특이한 사례라고 할 수 있다. 이 장은 모두 274자에 달하는 장편이다. 계씨가 전유 토벌을 계획할 당시 계씨의 가재로 있는 염유 및 이전에 계씨의 가재로 있던 자로가 공자와 나눈 문답으로 구성된 게 특징이다.

「공야장」 제8장 & 「선진」 제23장 & 「계씨」 제1장

계씨 집안의 자제인 계자연季子然이 공자를 찾아와 염유와 자로에 대한 인물평을 요청한 「선진」 제23장의 일화는 이 사건과 관련이 있다. 여기에도 공자와 중유, 염구 등이 등장한다. 기무라 에이이치는 「선진」 제23장과 「계씨」 제1장은 상호 관련이 있는 일화로 추정했다. 계씨는 전유를 토벌하기 전에 염구 및 자로와 이 문제를 상의한 뒤 두 사람을 통해 공자의 양해를 얻고자 한 듯하다. 그 내용이 바로 「계씨」 제1장에 수록된 셈이다. 「계씨」 제1장은 공문 내의 전문傳聞, 「선진」 제23장은 세간에 알려진 공문 밖의 소문이라는 게 기무라 에이이치의 분석이다.

원래 『논어』에서 염구와 자로가 나란히 등장한 구절은 모두 4곳이다. 이들 2개 장을 비롯해 「옹야」 제6장과 「공야장」 제8장이 그것이다. 「옹야」 제6장은 계강자가 자로와 자공, 염구 가운데 누구를 하대부로 삼아 국정에 참여시키는 게 좋을지 여부를 공자에게 묻는 내용이다. 『춘추좌전』에 따르면 계강자의 부친인 계환자가 죽은 시점은 노애공 3년인 기원전 492년이다. 이는 공자가 천하유세를 다니던 시기의 중반이다. 『사기』 「중니제자열전」에는 계강자가 공자를 부르려다가 이내 염구를 부른 것으로 되어 있다.

공자가 천하유세를 끝내고 노나라로 돌아온 것은 노애공 11년인 기원전 484년이다. 이후 죽을 때까지 4년 반 동안 공자는 국로國老로 있으면서 교육문화 사업에 전념했다. 「공야장」 제8장에 따르면 당시 자로는 계씨의 가재家宰가 되어 있었고, 자공은 외교관으로서 천하에 이름을 널리 떨치고 있었다. 염구 또한 계씨의 가재로서 그 수완을 인정받고 있었다. 계강자는 이들 3인 가운데 누구를 하대부로 삼아 국정에 참여시키는 게 좋을지 공자에게 물었다. 공자는 구체적인 답변을 피하면서 3인 모두 각기 뛰어난 점이 있으니 그 장점을 취해 기용할 것을 권했다.

「공야장」 제8장에는 맹무백孟武伯, 즉 중손체仲孫彘가 나온다. 그는 맹의자孟懿子, 즉 중손하기仲孫何忌의 아들로 『춘추좌전』에 따르면 노애공 14년인 기원전 481년에 죽었다. 『춘추좌전』에는 맹무백이 「노애공 11년」조를 시작으로 「노애공 27년」조에 걸쳐 계속 나온다. 그럼에도 『사기』 「중니제자열전」에는 맹무백의 이름이 전혀 나오지 않는다. 『논어』 「위정」에 맹의자와 맹무백이 공자에게 효에 관해 질문하는 기사가 나오고 있는 점에 비춰 맹무백은 대략 공자의 제자였거나 공자의 제자처럼 수시로 공자에게 가르침을 청했던 것으로 보는 게 합리적이다.

「공야장」 제8장에는 맹무백이 자로와 염유, 공서화 등 3인에 관해 '인仁'의 수준을 묻는 대목이 나온다. 맹무백은 이들 3인을 거론하면서 '자로'에 대해서만 자를 부르고 염유와 공서화에 대해서는 '구求' 및 '적赤'과 같이 이름을 부르고 있다. 이는 맹무백과 이들 3인이 선후배 관계에 있었음을 시사한다. 자로가 위나라에서 순직한 것은 노애공 15년인 기원전 480년의 일이다. 이 일화는 대략 그보다는 약간 앞선 시기의 것으로 짐작된다.

「공야장」 제8장과 「옹야」 제8장의 내용은 「계씨」 제1장의 전유 토벌 사건과 시기상 서로 가깝기는 하나 상호 관련이 있는 것은 아니다. 「선진」 제23장은 전유 토벌 사건 이전일 가능성이 크다. 「계씨」 제1장은 세간의 전송을 기초로 한 설화로 보는 게 합리적이다. 전유 토벌 사건이 실제로 이뤄졌는지는 확인하기 어려우나 대략 공자의 반대로 인해 이뤄지지 않은 것으로 보인다.

제 2 장

孔子曰, "天下有道, 則禮樂征伐自天子出. 天下無道, 則禮樂征伐自諸侯出. 自諸侯出蓋十世希不失矣, 自大夫出五世希不失矣, 陪臣執國命三世希不失矣. 天下有道, 則政不在大夫. 天下有道, 則庶人不議."

공자가 말했다. "천하에 도가 있으면 예악정벌禮樂征伐이 천자로부터 나오고(자천자출自天子出), 천하에 도가 없으면 예악정벌이 제후로부터 나온다(지제후출自諸侯出). 예악정벌이 제후로부터 나오면 10세十世 안에 나라를 잃지 않는 경우가 드물고, 대부로부터 나오면 5세五世 안에 정권을 잃지 않는 경우가 드물고, 대부의 가신이 정권을 잡으면 3세三世 안에 가문을 잃지 않는 경우가 드물다. 천하에 도가 있으면 정권이 대부에게 있지 않고 (정부재대부政不在大夫), 천하에 도가 있으면 서민들이 정사를 사사롭게 논의하지 않는다(서인불의庶人不議)."

'배신집국명陪臣執國命'의 '배신陪臣'은 제후의 신하 또는 대부의 가신을 가리킨다. 여기서는 후자의 의미로 사용되었다. 계씨의 가신 양호 등이 대표적이다. '국명國命'은 크게 4가지 뜻이 있다. 첫째는 나라의 정권, 둘째는 나라의 명운, 셋째는 나라의 법령, 넷째는 조정에서 임명한 관원이다. 여기서는 첫 번째 의미로 사용된 것이다.

'10세희부실十世希不失'의 '10세十世'를 두고 제환공이 패업을 이루는 춘추시대 중엽부터 공자가 사망하는 춘추시대 말까지 희왕釐王, 혜왕惠王, 양왕襄王, 경왕頃王, 광왕匡王, 정왕定王, 간왕簡王, 영왕靈王, 경왕景王, 경왕敬王 등 10명의 주나라의 왕이 명멸한 점에 주목해 '10세'로 표현했다는 해석이 유력하다. '5세희부실五世希不失'의 '5세五世'는 5대에 걸쳐 노나라의 집권 대부로 군림한 계문자季文子(계손행보季孫行父), 계무자季武子(계손숙季孫宿), 계평자季平子(계손의여季孫意如), 계환자季桓子(계손사季孫斯), 계강자季康子(계손비季孫肥) 등을 지칭한다.

이 장에 대해서는 공자가 무력 동원을 적극 수긍하고 있다는 점에 이의를 제기하면서 후대의 위문僞文일 가능성을 제기하는 견해도 있다. 그러나 이는 지나친 것이다. 앞서 언급한 바와 같이 공자는 무력 동원 자체를 부인한 적은 없다. 오히려 '존왕양이'를 위한 무력 동원에는 적극 찬동하는 입장을 보였다.

제2장~제11장에는 '익자삼우益者三友'와 '익자삼요益者三樂' 등과 같이 구체적인 숫자를 제시하며 설득하는 내용이 압도적으로 많다. 기무라 에이이치는 공자의 언행을 단편적으로 기록한 것과 달리 공문의 후학이 공자의 가르침을 재구성한 언행록으로 보았다. 이 편은 『논어』 20편 가운데 비교적 나중에 나온 편이다.

제 3 장

> 孔子曰, "祿之去公室五世矣, 政逮於大夫四世矣. 故夫三桓之子孫微矣."
>
> 공자가 말했다. "녹봉을 내리는 권한이 노나라 공실을 떠난(녹거공실祿去公室) 지 5세五世, 정권이 대부 계씨의 수중으로 넘어간(정체어대부政逮於大夫) 지 4세四世의 시간이 지났다. 패망할 때가 되자 계손季孫·숙손叔孫·맹손孟孫 등 저 삼환三桓의 자손이 쇠미해진 것이다."

'녹지거공실5세의祿之去公室五世矣' 구절을 두고 정현은 노정공魯定公 초기의 일로 보았다. 당시 노나라는 대부 동문양중東門襄仲이 노문공의 아들 악惡과 시視를 죽이고 노선공魯宣公을 세웠다. 이를 계기로 노나라의 실권이 대부들의 손으로 들어가고, 작록의 수여 권한이 군주로부터 떠나게 됐다. 여기의 '5세五世'는 그 기간이 노나라의 선공宣公, 성공成公, 양공襄公, 소공昭公, 정공定公 등 5명의 군주가 지나도록 지속됐다는 의미이다. '4세四世'는 계씨가 노나라의 정사를 좌지우지한 이래 공자가 이 말을 한 시기까지 계문자, 계무자, 계평자, 계환자 등 4세가 명멸했다는 취지로 언급된 것이다. 이 장은 『춘추좌전』 「노소공 25년」조의 내용과 매우 유사하다. 서로 같은 인식 위에서 기술된 것으로 보인다. 앞 장과 이 장 모두 왕실과 공실, 세족의 흥망을 하나로 꿰어 바라보면서 역사 변천의 기본 이치를 논하고 있다는 점에서 공통점을 갖는다.

제4장

> 孔子曰, "益者三友, 損者三友. 友直, 友諒, 友多聞, 益矣. 友便辟, 友善柔, 友便佞, 損矣."
>
> 공자가 말했다. "세상에는 유익하거나 유해한 벗인 3우三友, 즉 익자3우益者三友와 손자3우損者三友가 있다. 정직한 자와 벗하고(우직友直) 성실한 자와 벗하고(우량友諒) 견문이 넓은 자와 벗하면(우다문友多聞) 유익하다. 비위를 잘 맞추는 자를 벗하고(우편벽友便辟) 겉으로만 유순한 자와 벗하고(우선유友善柔), 말만 잘하는 자와 벗하면(우편녕友便佞) 유해하다."

'우편벽友便辟'의 '편벽便辟'을 마융은 재빠름을 '첩捷'으로 보아 남이 싫어하는 것을 교묘히 피해 비위를 잘 맞추는 사람으로 풀이했다.

남의 비위를 잘 맞추며 아첨에 능하다는 뜻으로 사용되는 '편벽便辟'은 생각이 정상에서 벗어날 정도로 한쪽으로 치우친 '편벽偏辟'과 구분해야 한다. '우선유友善柔'의 '선유善柔'를 두고 마음은 겉으로는 유순한 듯이 하는 면유面柔, 황간은 면종복배面從腹背로 새겼다. '우편녕友便佞'의 '편녕便佞'을 두고 정현은 말을 잘하는 능변能辯, 황간은 말을 교묘히 둘러대는 교변巧辯으로 풀이했다. '우직友直' 등의 '우友'를 동사가 아닌 명사로 간주해 '벗이 정직하고' 등으로 번역하기도 한다. 이 장에서는 '익자3우'와 '손자3우'의 차이가 간명하게 드러나 있다.

'편便'의 발음

　'편便'은 우리말에서 편안便安, 편리便利, 편의便宜, 간편簡便, 편지便紙의 뜻으로 사용될 때는 '편'으로 읽는다. 소변小便과 변비便祕 등의 뜻으로 사용될 때는 '변'으로 읽는다. 중국어에서는 군주가 총애하는 여인을 뜻하는 편폐便嬖와 아첨을 잘하는 편벽便辟과 편녕便佞의 경우만 우리말 '편'과 같은 발음인 '피앤pián'으로 읽고, 우리말의 편안便安과 편리便利와 편의便宜와 간편簡便 및 편지便紙 등을 모두 변비와 같은 발음인 '비앤biàn'으로 읽는 것과 대비된다. 동양고전연구회가 '편벽便辟'과 '편녕便佞'을 '변벽'과 '변녕'으로 읽은 것은 잘못이다.

孔子曰, "益者三樂, 損者三樂. 樂節禮樂, 樂道人之善, 樂多賢友, 益矣. 樂驕樂, 樂佚遊, 樂宴樂, 損矣."

공자가 말했다. "세상에는 유익하거나 유해한 애호愛好인 3요三樂, 즉 익자3요益者三樂와 손자3요損者三樂가 있다. 행동을 예악에 맞게 조절하는 것을 애호하고(요절예악樂節禮樂) 남의 장점에 대한 칭송을 애호하고(요도인선樂道人善), 현명한 벗을 많이 사귀는 것을 애호하면(요다현우樂多賢友) 유익하다. 교만 방자하게 노는 것을 애호하고(요교락樂驕樂) 빈둥거리며 노는 것을 애호하고(요일유樂佚遊), 먹고 퍼마시며 노는 것을 애호하면(요연락樂宴樂) 유해하다."

'익자3요益者三樂'의 '요樂'를 두고 건륭제 때 활약한 초순焦循은 『논어통석論語通釋』에서 애호愛好를 뜻하는 '요'로 읽어야 한다고 주석했다. 그러나 '요절예악樂節禮樂'의 '악樂'은 음악을 뜻하는 까닭에 '악', '요교락樂驕樂'의 '락樂'은 오락娛樂의 뜻으로 사용된 까닭에 '락'으로 읽어야 한다. '요도인지선樂道人之善'의 '도道'가 황간본에는 이끌 '도導'로 되어 있다. 그러나 이는 문맥상 남에게 말한다는 뜻의 '도백道白'의 의미로 보는 게 합리적이다.

'익자3요'와 '손자3요'를 대비시킨 이 장은 앞 장과 수미의 관계를 이룬다. 두 장을 통합해 보아야만 그 뜻이 보다 선명히 드러나게 된다.

제6장

孔子曰, "侍於君子有三愆. 言未及之而言, 謂之躁. 言及之而不言, 謂之隱. 未見顔色而言, 謂之瞽."

공자가 말했다. "군자를 모실 때는 스스로 범하기 쉬운 3가지 잘못(시군3건侍君三愆)이 있다. 말할 때가 아닌데 말하는 것(언미급이언言未及之而言)을 조급할 '조躁', 말해야 할 때 말하지 않는 것(언급이불언言及之而不言)을 숨길 '은隱', 안색을 살피지 않고 말하는 것(미견안색이언未見顔色而言)을 눈먼 '고瞽'라고 한다."

'시어군자侍於君子'의 '군자君子'는 문맥상 군주君主의 의미로 사용된 것이다. '3건三愆'의 '건愆'은 허물 또는 과실을 말한다. '3건'은 3가지 허물로 곧 조급한 모습인 '조躁', 숨기는 모습인 '은隱', 우매한 모습인 '고瞽'를 뜻한다. 이를 통상 '시군3건侍君三愆'이라고 한다. 이 장의 내용은 『순자』 「권학」의 내용과 일치한다. 다만 『순자』는 공자의 말을 명시하지 않고 있는 게 다를 뿐이다. 「위령공」 제8장과 『맹자』 「진심 하」의 내용도 이와 크게 닮았다. 대략 전국시대 말기에 유사한 내용이 널리 회자된 데 따른 것으로 짐작된다.

제 7 장

孔子曰, "君子有三戒. 少之時, 血氣未定, 戒之在色. 及其壯也,
血氣方剛, 戒之在鬪. 及其老也, 血氣旣衰, 戒之在得."

공자가 말했다. "군자에게는 스스로 경계해야 할 3가지 대상(군자3계君子三
戒)이 있다. 젊어서는 혈기가 아직 정해지지 않아서(혈기미정血氣未定) 여색
을 경계해야 하고(계지재색戒之在色), 장성해서는 혈기가 바야흐로 한창이
므로(혈기방강血氣方剛) 싸우는 것을 경계해야 하고(계지재투戒之在鬪), 늙어
서는 혈기가 이미 쇠하기(혈기기쇠血氣旣衰) 때문에 탐내어 얻는 것을 경계
해야 한다(계지재득戒之在得)."

 '3계三戒'는 3가지 경계할 대상으로 여색과 쟁투, 이득을 들었다. 이를 '군자3계
君子三戒'라고 한다. 나이에 따라 '3계'가 바뀌는 배경과 관련해 황간은 『논어의소』
에서 "여기의 소년少年은 20세 이하, 장년壯年은 30세 이상, 노년老年은 50세 이상
이다."라고 풀이했다. 최근에는 노령화 추세를 감안해 노년을 70세 이상으로 보
아야 한다는 주장이 설득력을 얻고 있다. 이 장은 내용상 앞뒤 장과 함께 읽을 필
요가 있다.

孔子曰, "君子有三畏. 畏天命, 畏大人, 畏聖人之言. 小人不知天命而不畏也, 狎大人, 侮聖人之言."

공자가 말했다. "군자에게는 두려워해야 할 3가지 사항(군자3외君子三畏)이 있다. 천명을 두려워하고(외천명畏天命), 재덕才德과 높은 지위를 겸비한 사람을 두려워하고(외대인畏大人), 성인이 남긴 말씀을 두려워해야 한다(외성인지언畏聖人之言). 소인은 천명을 알지 못해 이를 두려워하지 않고(부지불외不知不畏) 대인을 함부로 대하며(압대인狎大人), 성인이 남긴 말씀을 업신여긴다(모성인지언侮聖人之言)."

'외대인畏大人'의 '대인大人'을 두고 정현은 제후를 가리키는 것으로 보았다. 『맹자』「진심 하」에서 제후에게 유세한다는 의미로 사용된 '세대인說大人' 구절이 그 예이다. 그러나 문맥상 재덕才德과 높은 지위를 겸비한 사람으로 보는 게 합리적이다. '소인부지천명小人不知天命'의 '소인小人'은 농공상에 종사하는 서민庶民을 가리킨다. 덕이 없거나 적은 '무덕無德' 또는 '소덕少德'을 지칭하기도 한다. 제6장~제8장의 '시군3건'과 '군자3계', '군자3외' 모두 군자의 행실과 관련된 내용으로 상호 불가분의 관계를 맺고 있다.

孔子曰, "生而知之者, 上也. 學而知之者, 次也. 困而學之, 又其
次也. 困而不學, 民斯爲下矣."

공자가 말했다. "나면서부터 아는 사람(생이지지生而知之)이 상등이고, 배워
서 아는 사람(학이지지學而知之)이 그 다음이고, 곤경을 겪고 난 뒤 배워서
아는 사람(곤이학지困而學之)이 또 그 다음이다. 곤경을 겪었는데도 배우려
들지 않는 사람(곤이불학困而不學)이 백성 가운데 하등에 속한다."

'생이지지生而知之'는 아주 특이한 경우이고, 대부분 '학이지지學而知之' 또는 '곤
이학지困而學之'의 경우에 속할 것이다. 『예기』 「학기學記」는 '학이지지'의 경우를
높이 평가하며 다음과 같이 설명한다.

"비록 좋은 안주인 가효嘉肴가 있을지라도 먹지 않으면 그 맛을 알지 못한다. 비
록 지도至道가 있을지라도 배우지 않으면 그 선善을 알 수 없다. 그래서 배운 연후
에 부족함을 알고, 가르친 연후에 학문의 어려움을 안다. 부족함을 안 연후에 능
히 스스로 반성하고, 학문의 어려움을 안 연후에 능히 스스로 힘쓰게 된다. 그래
서 가르치고 배우면서 서로 성장시키는 것을 '교학상장敎學相長'이라고 하는 것이
다.(雖有嘉肴, 弗食不知其旨也. 雖有至道, 弗學不知其善也. 是故學然後知不足, 敎然後知困. 知
不足, 然後能自反也. 知困, 然後能自强也. 故曰, '敎學相長'也.)"

지혜에 관한 천품을 네 가지로 나누다

이 장에서는 지혜에 관한 천품을 크게 넷으로 나눈 '사지四知'를 논하고 있다. 이와 관련해 주희는 "사람의 기질이 같지 않아 모두 네 등급이 있게 된 것이다."라고 풀이했다. 이에 관해 다산은 이를 모두 교육의 문제로 보면서 이같이 주장했다. "생이지지는 상上, 곤이불학은 하下이다. 그러나 학이지지를 배우지 않게 하면 또한 장차 곤困해진다. 나아가 곤이학지를 가르치면 곤해지길 기다릴 필요도 없고, 곤이불학을 발분하게 하면 또한 알게 할 수 있다."

성리학을 집대성한 주희는 인성을 '본연지성本然之性'과 '기질지성氣質之性'으로 나눠 얘기한 까닭에 모든 것을 기질지성에 관한 문제로 환원시켜 풀이했다. 그러나 이는 공론空論에 불과할 뿐이다. 공자는 기질과는 무관하게 오직 배움에 따라 크게 4가지 부류가 나타나게 된다고 언급했을 뿐이다. 대개의 사람은 '학이지지' 또는 '곤이학지'의 경우에 속할 것이다.

특이한 경우로는 태어날 때부터 명민하기 그지없어 하나를 가리키면 열을 아는 자를 들 수 있다. 여기의 '생이지지'는 「양화」에 나오는 '상지上知'일 것이다. 정반대로 아무리 가르쳐도 깨우치지 못하는 자도 있을 수 있다. 이 장에서는 이런 부류의 사람이 언급되어 있지 않으나 대략 「양화」에 나오는 '하우下愚'일 것이다. 이 장에 나오는 '곤이불학'은 '하우'와 달리 통하지 않으면서도 배우지 않는 자를 지칭한다. 배우기만 하면 깨우칠 수 있는데 배우지 못한 사람을 가리킨다. 이는 분명 '하우'와는 다른 것이다.

결국 공자는 사람이 배우려고 하는 한 '하우'와 유사한 '곤이불학'의 단계로까지는 추락하지 않을 것이라고 말한 셈이다. 이는 바꿔 말해 '상지'에 해당하는 '생이지지'를 포함해 '학이지지'와 '곤이학지'에 이르기까지 모두 정도의 차이는 있으나 배움을 통해 사물의 이치를 아는 단계로 나아갈 수 있다고 설파한 것이다. 아무리 열등한 사람일지라도 배우려는 열의를 갖고 가르침을 받는 한 '곤이불학'의 단계로 추락하지 않을 것이라는 믿음이 전제된 주장이다.

공자가 말한 4가지 부류의 인간 가운데 '생이지지'와 '학이지지', '곤이학지'는 생래적으로 명민한지 여부에 따른 분류일 뿐 똑같이 학문을 통해 사물의 이치를 습득하는 점에서는 하등 차이가 없다. 최하 단계에 분류된 '곤이불학'은 오직 배움을 받지 못했기에 그리 된 것이지 '기질지성'으로 그리 된 것은 아니다. 그도 배우기만 하면 곧 '곤이학지'의 단계로 올라갈 수 있다. '곤이학지'도 배우지 않으면 '곤이불학'으로 추락하고 만다. '학이지지'도 배우지 않으면 '곤이불학'과 유사한 '불학자不學者'가 되고 만다. 가장 명민한 '생이지지'조차 전혀 가르침을 받지 못하면 '곤이불학'과 별반 차이가 없는 '부지자不知者'가 되고 만다. 학문에 대한 공자의 확고한 믿음이 투영된 대목이다.

그럼에도 주희는 이를 '기질지성'의 4등급으로 해석해놓았다. 공자의 말을 멋대로 왜곡한 결과다. 공학의 본령인 '위정학'을 역사적으로 가장 왜곡시킨 대표적인 3인을 꼽으라면 전국시대 말기의 맹자孟子와 전한 초기의 동중서董仲舒, 남송대의 주희朱熹를 들 수 있다.

제10장

孔子曰, "君子有九思. 視思明, 聽思聰, 色思溫, 貌思恭, 言思忠, 事思敬, 疑思問, 忿思難, 見得思義."

공자가 말했다. "군자에게는 늘 생각해야 할 9가지 사항(군자9사君子九思)이 있다. 사물을 볼 때는 은미한 것까지 보는 것을 생각하고(시사명視思明), 들을 때는 멀리까지 듣는 것을 생각하고(청사총聽思聰), 얼굴을 내밀 때는 안색을 온화하게 할 것을 생각하고(색사온色思溫), 모습을 드러낼 때는 공손하게 처신할 것을 생각하고(모사공貌思恭), 말을 할 때는 충심으로 할 것을 생각하고(언사충言思忠), 일을 할 때는 경건하게 처리할 것을 생각하고(사사경事思敬), 의심이 들 때는 질문을 통해 풀 것을 생각하고(의사문疑思問), 화가 치밀 때는 후환이 있을 것을 생각하고(분사난忿思難), 이득을 얻을 때는 의로운 것인지 여부를 생각한다(견득사의見得思義)."

'시사명視思明'의 '명明'을 두고 형병은 은미한 조짐까지 내다볼 줄 아는 능력으로 풀이했다. 어떤 사안이든 그 내막을 깊이 읽을 줄 알아야 한다는 취지이다. '청사총聽思聰'의 '총聰'을 두고는 멀리 있는 소리를 들을 수 있는 능력으로 해석했다. 측근의 소리만 듣지 말고 여러 사람이 말하는 '민성民聲'을 들을 줄 알아야 한다는 것이다. '견득사의見得思義' 구절은 「자장」 제1장에도 나온다. 「헌문」 제13장의 '견리사의見利思義' 구절도 같은 취지이다. 모두 당시 널리 회자된 격언일 가능성이 크다. 이 장의 내용은 『상서』「홍범」의 '오사五事'와 매우 닮아 있다. 이 장이 후대에 삽입된 위문일 가능성을 암시한다. '9사九思'는 21세기 제4차 산업혁명시대에 이르기까지 모든 사람들이 사물을 접할 때 취해야 할 9가지 고려사항이다.

제11장

孔子曰, "見善如不及, 見不善如探湯, 吾見其人矣, 吾聞其語矣. 隱居以求其志, 行義以達其道, 吾聞其語矣, 未見其人也."

공자가 말했다. "나는 선한 것을 보면 그리하지 못할까 우려하고(견선여불급見善如不及) 선하지 못한 것을 보면 끓는 물을 만지는 듯이 멀리하는(견불선여탐탕見不善如探湯) 인물은 직접 보기도 했고, 그런 말을 듣기도 했다. 그러나 숨어 살면서 자신의 뜻을 추구하거나(은거구지隱居求志) 속세에서 의를 실천하며 도를 달성하는(행의달도行義達道) 인물은 현실에 존재한다는 얘기를 듣기는 했으나 직접 본 적은 없다."

'견선여불급見善如不及'을 두고 황간은 "선한 사람을 보면 의당 사모한 나머지 그와 같아지기를 바란다는 뜻이다."라고 풀이했다. 여기의 '여불급如不及' 구절이 「태백」 제17장에도 나온다. 군자는 학문을 배울 때 마치 따라가지 못할까 두려워한다는 취지의 '학여불급學如不及' 구절이 그것이다. 공자는 이 장에서 자신의 경험을 토대로 군자를 크게 속세를 떠나 구도求道하는 '은거구지隱居求志'와 속세 안에서 득도得道하고자 하는 '행의달도行義達道'의 인물 등 2가지 유형으로 나눠 말하고 있다. 이를 두고 주희는 "안연·증자·염백우·민자건 등이 전자에 속할 것이다. 이윤과 태공의 무리가 후자에 속할 것이다."라고 분석했다.

제12장

"齊景公有馬千駟, 死之日, 民無德而稱焉. 伯夷叔齊餓于首陽之下, 民到于今稱之. <誠不以富, 亦祇以異> 其斯之謂與."

"제경공齊景公은 생전에 말 4,000필을 소유했다. 그러나 죽는 날에 사람들이 칭송할 만한 덕이 없었다. 이에 반해 백이伯夷와 숙제叔弟는 비록 수양산首陽山 아래서 아사餓死했으나 백성들이 지금까지 그 덕을 칭송하고 있다. 덕이란 바로 이를 두고 하는 말인가?"

'제경공유마천사齊景公有馬千駟'의 '시駟'는 1대의 수레에 사용되는 말 4필을 지칭한다.

이 장은 제경공을 백이 및 숙제와 대비시키고 있다. 그러나 과연 누구의 말인지 알 길이 없다. 대략 세간의 전송을 공자의 말로 인정해 이곳에 실어놓은 것으로 짐작된다. 주희는 『논어집주』에서 정이천과 호인의 주장을 좇아 이같이 주장했다. "실로 미혹된 나머지 자신을 부유하게 만들지도 못하고 오직 기이함만 취할 뿐이라는 뜻의 『시경』 「소아·아행기야我行其野」의 '성불이부誠不以富, 역지이이亦祗以異' 구절이 이 장에 있어야 하는데도 착간錯簡으로 인해 「안연」 제10장에 삽입됐다." 그는 이 장에 '공자왈'이 없는 점에 주목해 『시경』 「아행기야」의 해당 구절은 「안연」 제10장이 아닌 이 장에 나와야 한다며, 이 장에 나올 경우 마지막 구절인 '기사지위여其斯之謂與' 앞에 놓이는 게 타당하다고 주장했다.

다산은 이를 반박하여, 착간이 아니라고 하며 다음과 같이 주장했다. "「계씨」 제11장과 제12장을 하나로 묶어 보면 '공자왈'이 존재하게 된다. 제12장에 있는 '기사지위여其斯之謂與' 구절의 '사斯'는 바로 제11장에서 공자가 인용한 옛 사람의 말을 가리키는 것이다." 다산의 반박도 나름 일리가 있다. 현재로서는 호인과 주희 등이 주장한 '착간' 여부를 검증하기가 쉽지 않다. 대략 다산의 주장을 좇아 해석하는 게 합리적일 듯하다.

'민무득이칭언民無德而稱焉' 구절은 「태백」 제1장에 '민무득이칭언民無得而稱焉'으로 나온다. 여기의 '득德'은 '득得'의 가차로 사용된 것이다. 고대에는 '득德'이 '득得'의 가차로 사용됐다. 읽을 때는 '덕'이 아닌 '득'으로 읽는 게 옳다. 주희는 이 장이 나중에 제나라에서 만들어진 『제론齊論』의 내용일 가능성을 제기했다. 그러나 그 근거를 명확히 밝힌 것은 아니다.

기무라 에이이치는 이 장을 포함해 제13장~제14장의 3개 장은 앞서 나온 11개 장에 대한 부록의 성격이 짙은 점에 비춰 볼 때 현재로서는 1차 편집이 끝나고 얼마 후에 부록의 성격으로 삽입됐을 가능성이 매우 높다고 분석했다.

『논어』의 편집과 윤색

원래 『논어』의 편집은 최초로 노나라에서 2대 제자에 의해 편집되기 시작한 뒤 3대~4대 제자들에 의해 완성되는 과정을 거쳤다. 유학이 제나라에 전해져 『논어』가 증보·윤색된 것은 부인할 수 없다. 노나라에서 진행된 『논어』 편집은 공자 만년의 공문에 모인 '직계제자'들의 견문과 전송傳誦을 자료로 삼았다. 그러나 편을 확장해나가면서 이런 자료가 곧 바닥이 나자 이내 일부 '직계제자'들의 언행과 세간에 전해진 공자 관련 일화들이 차례로 선택됐을 가능성이 크다. 『논어』의 내용 가운데 공자를 '자'로 부르고 '직계제자'들이 서로 '자'를 사용해 호칭한 내용은 공자 만년의 공문에서 '직계제자'들 사이에 전해진 것이다. 그러나 '공자왈'로 시작하는 일화는 세간에 전해진 전문傳聞일 가능성이 매우 크다.

제나라에서 이뤄진 『논어』의 증보와 윤색은 말할 것도 없이 노나라에서 진행된 편집보다 훨씬 뒤의 일이다. 유학이 제나라에 전해진 것은 아무리 빨라도 '직계제자'인 자공이 제나라에서 죽은 뒤의 일로 보는 게 합리적이다. 대략 『논어』가 제나라에서 증보·윤색될 당시 '직계제자'들로부터 나온 전송은 노나라에 전해진 것에 그쳤을 가능성이 크다. 여타의 전문은 자공과 자하, 자유, 자장 등으로부터 전해진 여타 일화 또는 세간의 전문이었을 것으로 짐작된다.

'정치사학'의 관점에서 볼 때 자공과 자하, 자유, 자장 등과 그의 문인들은, 시종 노나라에서 제자를 육성한 증자가 그랬던 것처럼 계속 제나라에 남아 제자를 양성한 것도 아니었다. 나아가 『논어』를 증보·윤색한 편집자들이 반드시 그들과 직접적인 사제 관계를 맺었던 것도 아니었다. 그렇다면 주희의 주장과 같이 반드시 후대에 나온 『제론齊論』의 일부로 볼 수도 없는 일이다.

陳亢問於伯魚曰, "子亦有異聞乎." 對曰, "未也. 嘗獨立, 鯉趨而
過庭. 曰, '學詩乎'. 對曰, '未也'. '不學詩, 無以言'. 鯉退而學詩. 他
日, 又獨立, 鯉趨而過庭. 曰, '學禮乎'. 對曰, '未也'. '不學禮, 無
以立'. 鯉退而學禮. 聞斯二者." 陳亢退而喜曰, "問一得三. 聞詩,
聞禮, 又聞君子之遠其子也."

자공의 제자인 진항陳亢이 공자의 아들 백어伯魚에게 물었다. "그대는 또한
부친으로부터 '위정'과 관련해 뭔가 달리 들은 게 있소?"

백어가 대답했다. "없습니다. 일찍이 홀로 서 계실 때 내가 종종걸음으로
뜰을 지나자 나에게 묻기를, '시詩를 배웠느냐?'라고 하여 대답하기를, '아
직 못 배웠습니다!'라고 했습니다. 이에 이르기를, '시를 배우지 않으면 말
을 할 수 없다!'고 하여 나는 물러나와 시를 배웠습니다. 다른 날에 또 홀로
서 계실 때 내가 종종걸음으로 뜰을 지나자 나에게 묻기를, '예禮를 배웠느
냐?'라고 하여 대답하기를, '아직 못 배웠습니다!'라고 했습니다. 이에 이르
기를, '예를 배우지 않으면 설 수 없다!'고 하여 나는 물러나와 예를 배웠습
니다. 이 2가지를 들었습니다."

진항이 물러나와 기쁜 표정으로 말했다. "나는 하나를 물어 셋을 얻었다
(문일득삼問一得三). 첫째는 시에 관한 얘기를 듣는 것(문시聞詩), 둘째는 예에

관한 얘기를 듣는 것(문례聞禮), 셋째는 군자는 자식을 제자보다 특별히 가까이하지는 않음을 듣는 것(문군자지원기자聞君子之遠其子)이다."

'진항문어백어陳亢問於伯魚'의 '백어伯魚'는 공자의 아들로 이름은 잉어를 뜻하는 '리鯉'이다. '진항陳亢'은 자가 자금子禽으로 공자의 제자인지 여부에 관해 논란이 있으나 자공의 제자로 보는 게 통설이다. '진항'의 이름을 부르고 있는 점에 비춰 공문의 '직계제자'들 사이에서 전송된 게 아니라 진항 자신으로부터 나온 전문일 가능성이 크다. 진항을 제나라 출신으로 볼 경우 이 일화는 제나라에 전해졌을 것으로 보는 게 합리적이다.

'불학례不學禮' 구절은 「요왈」의 마지막 장에도 나온다. 지금의 「요왈」을 구성한 각 장은 제나라에서 만들어진 것이다. 진항은 「학이」 제10장에도 나온다. 「학이」 제10장은 진항과 자공 모두 공자를 3인칭 경칭인 '부자夫子'로 칭하고 있다. 나아가 『춘추공양전』에 많이 나타나는 제나라 방언을 사용하고 있다. 이 장이 제나라에서 첨가됐을 가능성을 뒷받침하는 대목이다.

'문군자지원기자聞君子之遠其子'의 '원기자遠其子'는 직역하면 자식을 멀리한다는 뜻이 된다. 그러나 이는 공자가 자식인 백어에게 제자들에게 가르치지 않는 어떤 특별한 것을 가르쳤을 것이라고 생각했으나, 백어의 말을 듣고 비로소 그렇지 않다는 것을 알게 됐다는 취지에서 나온 말이다. 특별히 가까이 하지는 않는다는 뜻으로 풀이하는 게 합리적이다. 여기에 인용된 공자의 말은 '자왈' 또는 '공자왈'로 나타나지 않고 단지 '왈'로만 표현되어 있다. 이는 공자의 장남 백어가 부친의 말을 인용한 데 따른 것으로 보인다. 매우 드문 사례에 속한다.

제14장

邦君之妻, 君稱之曰夫人, 夫人自稱曰小童, 邦人稱之曰君夫人,
稱諸異邦曰寡小君, 異邦人稱之亦曰君夫人.

자국 군주(방군邦君)의 처를 두고 군주가 칭할 때는 부인夫人, 부인이 스스
로 칭할 때는 소동小童, 자국 백성(방인邦人)이 칭할 때는 군부인君夫人, 이방
異邦의 사람들에게 칭할 때는 과소군寡小君, 다른 나라 백성인 이방인異邦
人이 칭할 때는 방인들과 똑같이 군부인이라고 한다.

이 장은 예제의 하나인 호칭에 관한 단편적인 기록이다. 비망록의 단편이 수록
됐을 가능성이 크다. 주희는 이 장을 두고 예로부터 내려온 말인지 아니면 공자가
일찍이 언급한 것인지 여부를 상고할 길이 없다고 했다. 이 장은 공문에서 오랫동
안 전송된 것으로 짐작된다. 공자 이전의 전송을 보존하는 의미에서 「계씨」의 맨
뒤에 부기해놓았을 가능성이 높다.

이 장 역시 제12장처럼 앞 대목에 '자왈' 표현이 없다. 양보쥔은 8촌寸에 불과한
죽간竹簡의 편의상 애초부터 '자왈'을 생략했을 가능성이 높다고 추정했다. 기무
라 에이이치는 이 장을 두고 내용상 『논어』에서 매우 특이한 자료에 속한다며, 이
편 전체에 대한 부록의 성격이 짙다고 분석했다.

공자는 스물한 살에 계씨 집안의 승전직을 맡아 가축을 관리했다

양
화
陽
貨

Intro

양화陽貨

증자 문인이 편집한 공자의 격언과 사제 간의 문답

「양화」는 총 26개 장으로 이루어져 있다. 내용상 「술이」와 긴밀한 관련을 맺고 있다. 공자의 인간적인 모습이 그대로 드러나 있는 게 특징이다. 벼슬길에 나설 것을 촉구한 양화, 반란 가담을 유인한 필힐, 이들의 언급에 흔들리는 모습을 보이는 공자, 핀잔 섞인 목소리로 이를 꼬집는 자로 등의 모습이 그렇다.

이 편은 크게 세 부분으로 대별할 수 있다. 제1장~제8장과 제9장~제19장, 제20장~제26장의 장군章群이 그것이다.

첫 번째 장군의 8개 장은 '공자왈'로 시작하는 제1장과 제6장을 제외하고는 모두 '자왈'로 표현되어 있다. 공문 내의 전송으로 보인다.

두 번째 장군인 제9장~제19장은 제10장을 제외하고는 모두 '자왈'로 시작하는 공자의 교훈으로 되어 있다. 사제 간의 문답을 포함한 것은 오직 제19장뿐이다. 세 번째 장군인 제20장~제26장은 공통적으로 공자가 바람직하지 않게 생각하거나 꺼리는 내용을 기술해놓고 있다.

이 편은 『맹자』와 일치하는 내용이 많아 대략 노나라에서 성립된 뒤 제나라에서 약간의 윤색이 가해진 것으로 추정된다.

제 1 장

陽貨欲見孔子, 孔子不見, 歸孔子豚. 孔子時其亡也而往拜之, 遇諸塗. 謂孔子曰, "來. 予與爾言." 曰, "懷其寶而迷其邦, 可謂仁乎." 曰, "不可." "好從事而亟失時, 可謂知乎." 曰, "不可." "日月逝矣, 歲不我與." 孔子曰, "諾. 吾將仕矣."

양화陽貨는 주군인 계환자季桓子를 유폐한 뒤 공자를 만나고자 했다. 공자가 만나주지 않자 이내 삶은 돼지를 예물로 보냈다. 예법에 따라 사례하지 않을 수 없게 된 공자가 마침 양화가 부재한 틈을 노려 양화의 집으로 가 사례하고 돌아오다가 길에서 양화를 마주쳤다. 양화가 공자에게 청했다. "이리 와 보시오. 그대에게 할 말이 있소."

공자가 다가가자 이같이 물었다. "그 보배와 같은 학문과 도덕을 품고 나라가 어지러워지도록 내버려두는 것(회보미방懷寶迷邦)이 가히 인하다고 말할 수 있는 것이오?" 공자가 대답했다. "옳지 않소."

양화가 또 물었다. "일하기를 좋아하면서도 자주 시기를 놓치는 것(호사실시好事失時)을 가히 지혜롭다고 할 수 있는 것이오?" 공자가 대답했다. "옳지 않소."

그러자 양화가 이같이 물었다. "해와 달이 번갈아 돌아가는(일월서의日月逝矣) 상황에서 세월은 나와 더불어 흐르지는 않기(세불아여歲不我與) 마련이오!"

'양화陽貨'는 계씨의 가신으로 『춘추좌전』에는 '양호陽虎'로 나오나, 『맹자』에는 '양화'로 기록되어 있다. 공안국은 원래 이름이 '호'라고 했고, 유보남은 『논어정의』에서 '화貨'는 이름, '호虎'는 자字라고 했다. '화'를 '호'와 비슷한 음에서 유추된 또 다른 이름으로 보는 게 통설이다. 『춘추좌전』에 따르면 양호는 삼환을 제거하려다가 실패하자 제齊나라를 거쳐 진晉나라로 망명해 권신 조씨趙氏의 가신이 됐다. '귀공자돈歸孔子豚'의 '귀歸'를 두고 다산은 '양화'를 언급한 『맹자』「등문공 하」에 근거해 선물을 보낸다는 뜻의 '궤饋'로 풀이했다. '돈豚'이 「등문공 하」에는 삶은 돼지를 뜻하는 '증돈烝豚'으로 나온다. 형병은 작은 돼지로 해석했다. 다산은 양화가 돼지를 보낸 시점을 대략 공자가 처음으로 관원이 되어 중도中都를 다스렸던 노정공 6년의 기원전 501년 어간으로 추정했다. '불가不可'를 두고 명대 말기의 이탁오李卓吾는 2번에 걸쳐 이를 언급한 사람은 공자가 아닌 양화이고, 자문자답이라고 했다. 청대의 모기령과 유월도 대략 이탁오의 이런 견해에 동조했다.

'호종사이기실시好從事而亟失時'의 '기亟'는 통상 질속疾速을 뜻하는 '극'으로 읽으나 '자주' 또는 '창졸'의 의미로 사용될 때는 '기'로 읽는다. '세불아여歲不我與'는 세월이 자신을 위해 기다려 주지 않는다는 뜻이다. 지금 벼슬하지 않고 어느 시기에 벼슬할 생각인지 물은 것이다. '세불아여'는 부정문인 까닭에 함께 한다는 뜻의 동사 '여與'의 목적어 '아我'가 동사 앞으로 튀어나왔다. 통상 시간은 나를 기다려주지 않는다는 뜻으로 사용되는 '시불아대時不我待' 격언과 취지를 같이한다.

일부 주석가는 이 장을 두고 공자가 양호의 관직을 수락한 것으로 해석했다. 이에 대해 주희는 "양화는 공자를 풍자해 공자로 하여금 속히 벼슬하게 하려고 했다. 공자는 일찍이 벼슬하고자 하지 않은 것도 아니었다. 다만 양화에게 벼슬하지 않았을 뿐이다. 공자는 양화에게 이치대로만 대답하고 다시 그와 변론하지 않음으로써 그의 뜻을 깨닫지 못한 것처럼 한 것이다."라고 풀이했다. 크릴도 주희의 이런 분석에 동조했다. 『맹자』에 공자의 출사에 관한 언급이 없고, 『논어』에도 단지 공자가 장차 출사하겠다는 말만 한 것만 보일 뿐 실제 출사했다는 사실이 전혀 언급되어 있지 않고, 『춘추좌전』에 기술된 양호의 경력에 비춰볼 때 공자가 결코 좋아할 만한 인물이 아니었다는 점 등이 논거로 제시됐다. 대략 공자는 양화에게 장차 출사하겠다고 말했으나, 끝내 양화에게 나아가지는 않았다고 보는 게 합리적이다.

제 2 장

子曰, "性相近也, 習相遠也."

공자가 말했다. "사람의 성품은 서로 비슷하게 태어나지만 이후 습관에 의해 서로 멀어지기(성근습원性近習遠) 마련이다."

'성상근야性相近也'의 '성性'은 태어날 때 부여받은 '성품性稟'을 가리킨다. 이는 습관에 의해 각기 다른 모습으로 변한 '성품性品'과 구별된다. 이 장은 성리학의 이론적 토대가 되는 '성론性論'의 근거가 된 대목이다. '상지上知'와 '하우下愚'를 논한 제3장과 더불어 성리학 탄생 이래 가장 많은 논란을 야기한 대목이기도 하다.

원래 공안국은 이 장과 다음 장을 1개 장으로 보고 풀이했다. 그러나 주희는 이를 2개의 장으로 분장分章했다. 1개 장으로 간주하면 '자왈子曰'이 중복되어 연문衍文이 된다는 게 논거였다.

성품에 대한 논의

주희에 앞서 정이천은 이 장을 이같이 주석한 바 있다. "이는 기질지성氣質之性을 말한 것으로, 본연지성本然之性을 말한 게 아니다. 그 근본으로 말하면 '성性'은 곧 '리理'이고, '리'는 선하지 않은 게 없다. 맹자가 말한 성선性善이 바로 이것이다. 어찌 본연지성에 서로 비슷하다는 말이 있을 수 있겠는가?"

주희는 정이천의 주장을 그대로 좇아 이 장에 나오는 '성'을 인 · 의 · 예 · 지의 '본연지성'으로 해석하고 희喜 · 노怒 · 애哀 · 락樂 · 애愛 · 오惡 · 욕慾으로 표현되는 기질지성'과 대립시켰다. 다산은 전체적인 해석은 대체로 주희를 좇았으나 이를 설명하는 방식에서는 적잖은 차이를 보이고 있다. 그는 우선 '본연'은 불가佛家에서 무시무종無始無終을 말할 때 사용되는 것으로 '성'을 '본연지성'으로 해석하는 것은 잘못이라고 지적했다. 이어 순자의 주장을 인용해 '생生'만 있는 초목과 '지知'만 있고 '영靈'이 없는 금수와 달리, 사람은 '생 · 지 · 영'을 모두 갖추고 있으나 기질에서 청탁후박淸濁厚薄와 혜둔통색慧鈍通塞의 차이를 보이게 된다고 주장했다. 그는 '기질'의 이런 차이에도 불구하고 그 본질만큼은 어디까지나 1제一體일 뿐 2체二體가 될 수 없다며 '본연지성'과 '기질지성'의 구분을 거부했다.

당시 조선에는 사람의 인성과 금수의 물성物性이 같은 것인지를 놓고 일대 논전이 전개되고 있었다. '인물성동론人物性同論'으로 불린 이 논쟁은 원래 송유들이 인성과 물성의 이동異同을 논한 데서 촉발된 것이다. 주희를 비롯한 송유들은 본연지성은 사람과 짐승이 다 같으나 기질지성은 사람과 짐승이 다르다는 '이동기이설理同氣異說'을 주장했다. 본연지성인 '이'는 같으나 기질지성인 '기'는 다르다는 주장이다.

다산은 이와 정반대로 기질지성은 사람과 짐승이 같이 얻는 것이지만 도의지성道義之性은 오직 사람만이 보유한 것이라고 주장했다. 다산의 이런 주장을 성리학의 '이동기이설'과 반대되는 '기동이이설氣同理異說'이라고 한다. 기질지성인 '기'는 같으나 본연지성인 '이'는 다르다는 주장이다. 다산은 송유들의 '이동기이설'을 다음과 같이 통렬하게 비판했다. "기질지성은 분명히 사람과 금수인 인·물人物이 같이 얻었는데도 송유는 오히려 각기 다르다고 주장하고, 본연지성은 분명히 사람이 홀로 얻은 것인데도 송유는 같이 얻었다고 주장한다."

'이동기이설'에 대한 다산의 반박은 성리학적 세계관의 허구성을 거부하는 의미를 지니고 있다. 성리학에서 말하는 '이동理同'과 '기이氣異'는 인간에 대한 불평등질서를 선천적인 것으로 이해하게 만드는 독소를 지니고 있다. 다산이 인성과 물성의 차이를 강조하고 진물성盡物性을 자연에 대한 합리적 이용으로 해석한 것은 자연에 대한 인간의 합리적 태도를 보인 것이다.

당시 조선에서 주희의 권위는 거의 신성불가침한 성역으로 존재했다. 다산은 비록 보신의 차원에서 사문난적斯文亂賊으로 몰리지 않기 위해 성리학을 옹호하는 듯한 모습을 보였으나, 내심 공자의 권위를 빌려 성리학을 비판하고자 하는 의

도를 감추지는 않았다. '성리학의 조선'에서 다산이 탈성리학의 자세를 견지해 성리학과 혈전을 벌인 것은 높이 평가할 만한 것이었다. 그러나 다산은 '기질지성'과 '본연지성'의 허구를 파헤쳤음에도 불구하고 공자 당시의 고의古義를 찾아내 '위정학' 본연의 모습을 찾아내는 단계에까지 이르지는 못했다. 조선조 실학을 집대성한 다산조차 성리학의 한계에서 크게 벗어나지 못했던 것이다.

다산은 맹자의 성선설과 순자의 성악설, 공손추公孫丑의 무선무악설無善無惡說, 양웅揚雄의 선악혼재설善惡混在說'을 비교한 뒤 오직 맹자의 성선설만이 대체大體의 근본을 얻었다며 이같이 주장했다. "사람은 몸과 마음이 묘합妙合해 혼연히 하나가 된 자이기에 도의로 인해 발한 것을 도심道心이라고 한다. 도심에 의해 선악을 밝게 분별할 수 있고, 덕을 좋아하고 악을 부끄러워해 마침내 몸을 죽여 인을 이루는 경지에 이르게 된다. 이것이 맹자가 말한 성선性善의 근본이다."

다산 역시 맹자의 성선설에서 벗어나지 못했다. 그는 성선설에 입각해 '성'을 '본심의 호오好惡', '습'을 '견문의 관숙慣熟'으로 파악한 뒤 이 장을 이같이 풀이해놓았다. "성품이 본래 가깝다고 한 것은 갑·을 두 사람의 현賢·불초不肖가 서로 가까운 것을 말한 것이다. 사람들의 현·불초는 습관으로 인해 마침내 현격하게 차이 나게 된다. 이는 습관으로 인해 서로 멀어진다고 말한 아래 구절을 통해 분명히 알 수 있다. 성군 요·순과 폭군 걸·주는 당초 측은지성惻隱之性과 수오지성羞惡之性에서 추호의 차이도 없었다. 그러나 이들을 두고 '성'이 서로 가깝다는 얘기만 할 수는 없는 일이다. 습관으로 인해 서로 멀어지게 됐다는 것은 곧 현·불초가 더욱 현격하게 벌어진 것을 말한 것이다. 그러니 어찌 '성'이 서로 가깝다고 해 현·불초마저 서로 가까운 것이라고 말할 수 있겠는가?"

다산은 맹자가 인지단仁之端과 의지단義之端으로 언급한 '측은지심'과 '수오지심'을 각각 '측은지성'과 '수오지성'으로 해석했다. '측은지심' 등의 '심心'은 명대에 등장한 양명학陽明學에서 매우 중시한 개념으로 성리학의 '성性' 개념과 여러 면에서 대비된다. 양명학은 성리학이 '성즉리性卽理'라고 해석하는 것에 반발해 직접 맹자가 언급한 '측은지심'과 '수오지심'에서 '심즉리心卽理'의 이론을 이끌어냈다. 성리학과 양명학은 인·의·예·지의 단서가 되는 '측은지심'과 '수오지심', '사양지심辭讓之心', '시비지심是非之心'의 해석에서 각기 주희와 맹자를 좇은 셈이다.

그러나 사실 성리학과 양명학 모두 맹자가 말한 인·의·예·지의 '4단설四端說'을 불변의 진리인 양 맹목적으로 받아들였다는 점에서 똑같은 문제를 지니고 있다. 양명학이 성리학의 도학적인 해석에 이의를 제기하고 나섰음에도 불구하고, 공자 당시의 '위정학'으로 나아가지 못한 이유가 여기에 있다. 공소空疎한 사변론에 그친 나머지 19세기 말 서세동점西勢東漸 때 아무런 해답을 제시하지 못하고 이내 폐기되는 운명에 처한 게 그렇다. 이는 정유재란 당시 조선으로부터 성리학을 처음으로 접한 일본이 불과 1세기도 안 되는 17세기 중엽에 공자 당시의 고의古義를 찾아내 일본 특유의 제왕학을 만들어낸 것과 대비된다. 일본이 메이지유신 성공해 19세기 말 이래 근 1세기가 넘도록 아시아의 맹주로 군림하게 된 이유가 여기에 있다.

중국은 그나마 양명학을 통해 성리학의 한계를 벗어나고자 노력한 흔적이 역력했으나, 조선의 경우는 이런 노력마저 보이지 않았다. 오직 성리학에 매몰되어 여타의 학문을 모두 '사문난적'으로 간주했다. 다산을 빼고는 『논어』에 대한 변변한 주석서 하나 제대로 내놓지 못했다. 다산의 『논어고금주』 역시 공자가 활약할 때의 고의古義에 기초해 '위정학'의 요체를 찾아낸 차원에서 보면 오규 소라이의 『논어징』 수준에는 이르지 못했다.

제 3 장

子曰, "唯上知與下愚, 不移."

공자가 말했다. "오직 최고의 현자(상지上知)와 최하의 우인(하우下愚)만이

바뀌지 않는다(불이不移)."

'상지上知'를 황간은 성인聖人으로 새겼다. '하우下愚'를 황간은 우인愚人으로 풀이했다. '불이不移'를 다산은 이같이 해석했다. "상지上知는 악한 사람과 가까이할지라도 오염汚染되지 않고, 하우下愚는 선한 사람과 가까이할지라도 훈도薰陶되지 않는다."

주희는 이 장과 앞의 제2장을 나눠 해석했다. 내용면에서 볼 때 함께 붙여서 해석하는 게 합리적이다. 두 장 모두 똑같이 '성론'을 언급하고 있는 게 그렇다. 겹치는 '자왈'은 공자가 시간을 두고 말한 것으로 보면 주희처럼 꼭 연문衍文으로 볼 이유도 없다.

'상지' 및 '하우'와 관련해 당나라 때의 한유韓愈는 「원성原性」에서 인성을 크게 상 · 중 · 하 3품三品으로 나누었다. 상품은 선善, 중품은 가선가악可善可惡, 하품은 악惡으로 규정한 게 특징이다. 그는 맹자와 순자 모두 중품만 예로 들고 상품과 하품을 언급하지 않은 까닭에 하나만 믿고 둘을 잃었다고 주장했다. 주희는 한유의 '성삼품설'을 좇지는 않고 정이천의 다음과 같은 해석을 좇았다.

"사람의 성이 본래 선한데 변화시킬 수 없는 게 있음은 무슨 까닭인가? 그 '성'을 말한다면 모두 선하지만, 그 '재才'를 말한다면 '하우'로서 변화시킬 수 없는 자가 있다는 것이다."

다산도 대략 정자와 주희의 이론을 좇았다. 그는 한유의 '성삼품설'을 비판하면서 '상지' 및 '하우'는 선악과 전혀 무관하다고 주장했다. 요순堯舜이라고 해서 청명淸明한 기질만을 받은 것도 아니고, 걸주桀紂라고 해서 탁예濁穢한 기질만을 받은 것도 아니라는 것이다. 다산은 선악과 기질의 관계를 이같이 설명했다.

"천하의 대선大善이 반드시 총명민혜聰明敏慧한 것도 아니고, 천하의 대악大惡이 반드시 귀머거리와 장님과 같이 미련한(농고노둔聾瞽魯鈍) 것도 아니다. 천지의 청명한 기를 받은 자가 반드시 성인이 되는 것도 아니고, 천지의 탁예한 기를 받은 자가 반드시 악인이 되는 것도 아니다. 맑은 기운을 받아 '상지'가 되면 이는 부득불 그리 된 것이니 어찌 선이 되기에 족하고, 탁한 기운을 받아 '하우'가 되면 이 또한 부득불 그리 된 것이니 어찌 악이 되기에 족하겠는가? 기질은 사람으로 하여금 총명하거나 노둔하게 만들 뿐 선하거나 악하게 만드는 것은 아니다."

'불이不移'와 관련해 주희는 정이천의 주장을 그대로 좇았다. 정이천은 '불이'를 이같이 풀이했다. "'하우'에는 2가지 부류가 있다. '자포自暴'하는 자와 '자기自棄'하는 자다. 사람이 진실로 선으로써 자신을 다스린다면 변화시키지 못할 게 없다. 아무리 어리석은 자라 할지라도 모두 차츰 연마해 나아갈 수 있다. 그러나 '자포'하는 자는 선을 거부하며 믿지 않고, '자기'하는 자는 선을 끊고 행하지 않는 까닭에 이들은 성인과 함께 거처할지라도 변화하지 않는다. 이것이 바로 공자가 말한 '하우'이다. 그러나 그 기질은 반드시 어둡고 어리석지만은 않고, 왕왕 매우 억세

어서 재력才力이 남보다 뛰어난 자가 있다. 은나라 폭군 주紂가 바로 그런 사람이다. 성인은 자기 스스로 선을 거절한다고 해서 이들을 '하우'로 표현한 것이다."

'자포'와 '자기'는 본래 『맹자』에 나오는 말이다. 정이천과 주희 모두 '자포'와 '자기'를 예로 들어 '불이'의 대상을 '기질지성'으로 해석한 셈이다. 이는 인성을 쓸데없이 '기질지성'과 '본연지성'으로 나눈 데 따른 것이다. 인·의·예·지로 상정되는 '본연지성'은 서로 닮았다거나 변화시킬 수 있다고 말할 대상이 아니다.

'불이'와 관련해 다산은 '본연지성'과 '기질지성'의 구분을 거부한 까닭에 이런 논리 대신 보다 명쾌한 설명을 펼쳐나갔다.

"상지 중에도 노둔하나 덕을 이룬 자가 있고, 하우 중에도 총명하나 덕을 이루지 못한 자가 있다. 옮기지 않기 때문에 상지라고 한 것이지, 상지이기 때문에 옮기지 않는다고 말한 것은 아니고, 옮기지 않기 때문에 하우라고 하는 것이지, 하우이기 때문에 옮기지 않는다고 말한 것은 아니다. 슬기롭고 현명한 자는 비록 악인과 더불어 서로 젖게 될지라도 거기로 옮겨가지 않고, 어리석고 답답한 자는 비록 선인과 더불어 서로 젖게 될지라도 거기로 옮겨가지 않는 것이다."

그러나 큰 틀에서 보면 다산의 '불이'에 대한 해석도 정이천 및 주희와 큰 차이가 없다. 이는 근본적으로 맹자의 성선설에 입각한 데 따른 것이다. 맹자의 성선설이 무슨 논리적인 근거에 입각해 도출된 게 아님에도 불구하고 이를 맹목적으로 좇은 결과로 볼 수 있다.

성리학의 선과 악

순자는 맹자와 정반대되는 성악설을 주장한 것으로 알려져 있으나, 사실 그의 주장은 '가선가악설可善可惡說'에 가깝다. 맹자와 정반대되는 주장은 한비자의 성악설이다. 한비자의 성악설은 기독교의 '원죄설原罪說'과 매우 닮아 있다. '원죄설'은 유일신 야훼로의 귀의를 통해 면죄를 받을 수 있다는 주장을 펼치며 종교적 도덕의 우위를 강조하고 있다. 그러나 한비자의 성악설은 강력한 법치法治를 통해 인간의 악성을 교정할 수 있다는 주장을 펼치며 정치의 우위를 강조하고 있다.

원래 순자의 '가선가악설'은 성인이 심사숙고해 만든 예제禮制를 통해 모든 인간을 선으로 이끌 수 있다는 주장에 입각해 있다. 이는 불교의 '무선무악설無善無惡說'과 매우 닮아 있다. '무선무악설'은 깨달음을 통한 해탈을 주장하며 종교적 도덕의 우위를 강조한 데 반해 순자의 '가선가악설'은 예치禮治를 통해 인간을 선으로 이끌 수 있다고 주장한다.

인간의 본성은 인·의·예·지로 상징되는 '4단四端'을 지니고 있는 만큼 선하기 그지없다는 맹자의 주장은 종교적 도덕 대신 인간이 중심이 된 정치의 우위를 강조한 점에서 매우 특이하다. 맹자의 성선설에 입각한 성리학이 탄생한 이래 동양에서 인간의 선성善性에 대한 확신을 전제로 한 덕치德治가 유독 강조된 것은 필연적인 결과이기도 했다. 그러나 맹자의 성선설은 비록 종교에 대한 정치의 우위를 강조하기는 했으나 인간의 선성에 대한 맹신으로 인해 '위정학' 대신 인간의 선성을 밝게 드러내는 '수신학'으로 함몰되는 약점을 안고 있다. 맹자의 성선설에 기초한 정치의 우위는 치국治國 또는 치인治人의 논리가 전제되지 않는 한 공론空論으로 치달을 수밖에 없다.

'정치사학'의 관점에서 볼 때 성리학은 개인 차원의 득도 및 구원救援에 그쳤을 뿐 적의 침략으로부터 나라와 백성을 구하는 치국의 방략으로는 아무 쓸모가 없다는 사실을 적나라하게 드러냈다. 이는 당초 '위정학'으로 출발한 공학孔學이 시간이 지나면서 이념적인 사변론으로 전락한 데 따른 필연적인 결과였다. 공학은 맹자의 '4단설四端說'과 동중서의 '재이설災異說'로 인해 크게 왜곡된 데 이어 마침내 남송 때 주희의 '천리인욕설天理人欲說'이 등장하면서 치국 논리와 동떨어진 '수신학'으로 전락하고 말았다. 청대 말기에 캉유웨이康有爲는 패업霸業을 긍정적으로 수용하는 '공양학公羊學'과 서양의 기독교를 모방한 '공자교孔子敎'를 만들어 서양 제국주의의 침공에 대비하고자 했으나 대세를 돌리지는 못했다.

이에 반해 일본에 수입된 공학孔學은 17세기 말 오규 소라이가 일본제왕학을 제창한 이후 일본을 천하의 중심으로 삼는 모토오리 노리나가本居宣長의 '국학國學'이 등장하면서 '위정학' 본연의 모습을 드러내게 됐다. 문헌에 대한 깊은 천착을 통해 주희 등에 의해 왜곡된 공자 당시의 고의古義를 찾아낸 데 따른 것이다.

오규 소라이는 일본 최초로 문헌학의 중요성을 인식한 선각자였다. 그는 문헌에 대한 깊은 천착을 통해 공학이 성리학의 지나친 명분주의로 인해 허울뿐인 제왕학으로 전락한 사실을 통찰했다. 그의 저서 『태평책太平策』에 나오는 '성왕의 길-聖王の道'에 대한 설명이 이를 증명한다. "성왕의 길은 오로지 치국평천하에 있을 뿐이다. 그럼에도 유자들은 천리인욕설과 이기론, 음양오행론 등과 같은 주장들을 내세워 성왕의 길이 마치 격물치지格物致知와 성의정심誠意正心 등과 같이 중들에게나 어울리는 덕목에 있는 것으로 생각하고 있다. 이로 인해 시비를 가리는 논의만 번거롭게 되어 마침내 성왕의 길은 마치 치국의 도와는 완전히 다른 것처럼 여겨지게끔 되어버렸다. 이는 과연 누구의 잘못인가?"

17세기 말 당시 동아시아 3국을 통틀어 '수신학'으로 전락한 성리학에 신랄한 비판을 가하면서, 제왕학의 진수가 치국평천하의 '위정학'에 있다고 설파한 인물로는 오규 소라이가 거의 유일했다. 일본제왕학은 바로 오규 소라이의 등장을 계기로 그 진수를 찾아냈다고 해도 과언이 아니다. 『태평책』의 다음 대목이 그 증거다. "군주는 설령 도리에서 벗어나 사람들의 비웃음을 살 만한 일이라 할지라도 백성들을 편하게 할 수 있는 일이라면 그 어떤 것이라도 기꺼이 하겠다는 생각을 가져야만 한다. 그런 마음을 가진 자만이 진정한 백성의 부모가 될 수 있다."

서양의 마키아벨리가 『군주론』에서 주장한 내용과 꼭 닮아 있다. 오규 소라이가 강조한 '성왕의 길'의 요체는 곧 치국평천하이다. 오규 소라이는 이를 '작위作爲'를 통해 얻을 수 있다고 주장했다. 이는 순자가 말한 '위僞' 개념을 차용한 것이다. 일찍이 성악설을 주장한 순자는 인성의 악성惡性을 선화善化하는 구체적인 방안으로 성인의 '작위'를 강조했다. 순자와 오규 소라이 모두 인성을 선화하기 위한 도구로 작위를 상정하면서 이를 성인이 만든 예법으로 해석한 셈이다. 인성의 악성을 선화하는 게 곧 '작위'가 되는 셈이다. 『순자』 「성악」은 작위를 이같이 풀이해 놓았다. "배울 수도 도모할 수도 없는 데도 사람에게 있는 것을 '성性'이라고 한다. 배우면 할 수 있고 도모하면 이룰 수 있는 게 사람에게 있는 것을 '위僞'라고 한다. 성인은 생각을 쌓고 '위'를 익혀 그것으로써 예법을 만들었다. 그러므로 예법은 성인의 '위'에 의해 생겨나는 것이지 사람의 본성으로부터 생겨나는 게 아니다."

순자는 춘추전국시대에 나타나 제자백가의 사상을 섭렵한 뒤 성인이 오랫동안 깊은 사려와 작위의 습득 과정을 거쳐 만든 예법을 통해야만 사람들이 선하게 될 수 있다고 보았다. 예법에 따른 훈련이 가해질 경우 인성의 악성은 물론 어지러운 세상도 바로잡을 수 있다고 본 것이다. 당연히 순자는 결코 인욕을 악덕으로 간주하지 않았다. 이는 인욕과 천리를 대비시킨 성리학의 논지와 정반대되는 것이다.

'정치사학'의 관점에서 볼 때 순자는 춘추시대 첫 패자인 제환공의 패업을 이루는 데 결정적인 공헌을 한 관중의 사상적 후계자이다. 관중은 일찍이 왕도王道와 패도覇道는 물론 덕치와 법치를 동일시했다. 이는 제왕학의 정수를 언급한 것이다. 훗날 순자는 관중의 이런 사상을 이론적으로 정치精緻하게 다듬어낸 셈이다. 그럼에도 송대 이후 명분론에 치우친 성리학이 등장하면서 관중과 순자 모두 이단으로 몰리게 됐다. 두 사람 모두 중국과 조선에서는 시종 이단으로 몰렸다. 그러나 18세기 초에 들어와 가장 늦게 성리학을 접한 일본에서 오규 소라이라는 인물에 의해 두 사람의 위대한 면모가 재발견됐다. 일본제왕학이 등장하게 된 것은 바로 오규 소라이가 순자의 '작위' 개념에서 공자 당시의 고의를 찾아낸 결과로 해석할 수 있다.

순자를 기념하는 중국 우표

제 4 장

子之武城, 聞弦歌之聲. 夫子莞爾而笑曰, "割鷄焉用牛刀." 子游
對曰, "昔者, 偃也聞諸夫子曰, '君子學道則愛人, 小人學道則易
使也." 子曰, "二三子. 偃之言是也, 前言戲之耳."

공자가 하루는 자유子游가 읍재로 있는 무성武城으로 갔다. 마침 자유가
거문고와 비파 연주에 맞춰 부르는 노래(현가지성弦歌之聲)를 듣게 됐다. 이
내 빙그레 웃으며(완이이소莞爾而笑) 충고했다. "무성은 작은 고을이다. 어찌
닭 잡는 데 소 잡는 칼을 쓰려는(할계우도割鷄牛刀) 것인가?"
자유가 말했다. "전에 저는 선생님으로부터 군자가 예악을 배우면 남을 사
랑하고(군자학도즉애인君子學道則愛人) 소인이 예악을 배우면 부리기가 쉬워
진다(소인학도즉이사小人學道則易使)는 얘기를 들은 바 있습니다."
공자가 탄복조로 제자들에게 이같이 말했다. "제자들아, 언偃의 말이 옳다.
방금 내가 '할계우도' 운운한 말은 농으로 한 것이다!"

'자지무성子之武城'의 '지之'는 갈 '왕往'의 뜻으로 사용된 것이다. '현가지성弦歌之
聲'의 '현弦'을 두고 다산은 금슬琴瑟과 같은 악기, '가歌'를 두고는 시를 읊는 송시誦
詩로 새겼다. 형병은 자유子游가 '무성' 사람들을 예악으로 교화시키려고 시도한
결과로 보았다. '군자학도즉애인君子學道則愛人'과 '소인학도즉이사小人學道則易使'

구절은 지금의 산동성 곡부에 있던 소읍 무성武城이 비록 작은 고을이기는 하나 예악을 가르치지 않을 수 없다는 취지를 담고 있다.

이 장은 특이하게도 공자의 제자 자유가 무성의 가재가 된 뒤 공자의 농담을 반박하는 내용을 담고 있다. 당시 자유는 공자보다 45세나 어렸다. 이 일화에서 자유는 공자의 농담에 관해 반박하면서 정치의 근본으로서의 교육의 중요성을 강조하고 있다.

이 일화는 공자의 가르침을 받은 자유가 백성들에 대한 일반 교육을 역설했던 공자의 뜻을 제대로 헤아리고 있음을 잘 보여준다. 백성들에 대한 일반 교육을 역설했던 사람은 당시 동서를 막론하고 공자가 유일했다. 서양의 경우는 19세기에 들어와 국민국가를 만들면서 비로소 인민들에 대한 일반 교육을 생각하기 시작했다. 공자의 위대한 면모가 선명히 드러나는 대목이다.

제 5 장

公山弗擾以費畔, 召, 子欲往. 子路不說曰, "末之也已, 何必公山氏之之也." 子曰, "夫召我者, 而豈徒哉. 如有用我者, 吾其爲東周乎."

계씨의 가신 공산불요公山弗擾가 비읍을 근거로 반기를 든 뒤 공자에게 예물을 보내며 불렀다. 공자가 가려고 하자 자로가 언짢은 표정으로 만류했다. "도가 행해지지 않으니 갈 곳이 없으면 그만둘 일이지 어찌 하필이면 공산씨에게 가려는 것입니까?"

공자가 말했다. "나를 부르는 게 어찌 공연히 그러는 것이겠는가? 나를 써주는 자가 있으면 나는 주나라처럼 문물제도를 새롭게 갖춘 나라를 세우리라(오기위동주호吾其爲東周乎)!"

'공산불요이비반公山弗擾以費畔'의 '공산불요公山弗擾'는 계씨의 가신이다.

'말지야이末之也己'의 '말末'은 그칠 '지止', '지之'는 갈 '왕往'의 뜻이다. '하필공산씨지지야何必公山氏之之也'는 도치문이다. '지지之之' 가운데 앞의 '지之'는 뒤에 나오는 간다는 뜻의 동사 '지之'의 처소격 목적어 '공산씨公山氏'가 앞으로 튀어나왔음을 알리는 조사助詞이다.

마지막 구절인 '오기위동주호吾其爲東周乎'을 두고 주희는 "동방에 주나라의 치도治道를 흥하게 한다."고 풀이했다. 그러나 공자가 단순히 복고적인 의미에서 이같이 말했다고 풀이하는 것은 적잖은 문제가 있다. 크릴은 공자가 주나라를 대체할 만한 새로운 나라를 세울 생각으로 이같이 말한 것으로 파악했다. 공자를 일종의 혁명가로 본 결과다. '정치사학'의 관점에서 볼 때 크릴의 해석이 나름 타당성이 있다. 여기의 '동주東周'는 '주나라 못지않게 새로운 문물제도를 갖춘 새로운 나라'로 풀이하는 게 공자가 말하고자 한 취지에 부합한다.

'공산불요公山弗擾'는 누구인가?

황간은 '공산불요'가 원래의 이름이라고 했으나, 『춘추좌전』에서는 자가 자설子洩이다. '공산불뉴公山不狃'로 나온다. 여기의 '반畔'을 황간은 계씨를 배반背叛했다는 의미로 풀이했다.

『춘추좌전』「노정공 5년」조에 따르면 기원전 505년 6월 계평자季平子가 동야東野를 순행하고 돌아오는 도중 노나라 도성인 곡부 부근의 방房 땅에서 죽었다. 양호陽虎 휘하에 있던 계씨의 가신 공산불뉴가 비읍의 책임자가 되어 계평자의 아들 계환자季桓子를 영접하며 위로했다. 노정공 8년인 기원전 502년 계환자의 동생인 대부 계오季寤와 공서극公鉏極을 비롯해 공산불뉴 모두 계씨 밑에서 득지得志하지 못했다. 대부 숙손첩叔孫輒은 숙손씨로부터 총신寵信을 받지 못했고, 숙중지叔仲志는 노나라 조정에서 득지하지 못했다. 이들 5명 모두 양호에게 몸을 의탁했다. 양호는 3환三桓을 제거한 뒤 계오와 숙손첩으로 하여금 각각 계손씨季孫氏와 숙손씨叔孫氏를 대신하도록 하고 자신은 맹손씨孟孫氏를 대신하고자 했다. 이내 양관陽關으로 가서 반란을 꾀했다.

이듬해인 노정공 9년의 기원전 501년 양관이 공격을 받자 양호가 제나라로 달아나 노나라를 쳐줄 것을 청했다. 제나라는 후환을 우려해 오히려 양호를 체포했다. 양호가 가까스로 탈출해 송나라를 거쳐 진晉나라로 가 조씨趙氏의 가신이 됐다. 노정공 12년인 기원전 498년 자로가 계씨의 가신이 됐다. 공자가 삼환의 근거지인 비읍費邑과 후읍郈邑 및 성읍成邑 등 3도三都의 성을 헐고자 했다. 숙손씨가 먼저 후읍의 성을 자진해서 헐었다. 이어 계손씨가 비읍의 성을 헐려고 하자 공산불뉴와 숙손첩이 비읍 사람들을 이끌고 와 노나라의 도성인 곡부를 쳤다. 노정공은 삼환과 함께 계손씨의 저택으로 들어가 계무자季武子의 누대樓臺로 올라갔다.

비읍 사람들이 누대를 공격했으나 이를 공략하지 못했다.

　이때 비읍 사람들이 노정공 가까이 육박하게 되자 공자가 대부 신구수申句須와 악기樂頎에게 명해 누대 아래로 내려가 이들을 치게 했다. 비읍 사람들이 달아나자 국인國人들이 이들을 추격해 고멸姑蔑에서 격파했다. 이 일로 인해 공산불뉴와 숙손첩이 제나라로 달아나고, 비읍의 성도 곧바로 헐리게 됐다. 후읍과 비읍에 이어 마지막으로 성읍의 성을 헐려고 하자 성읍의 가재家宰 공렴처보公斂處父가 맹손씨를 사주했다. "성읍의 성을 헐게 되면 제나라 군사가 틀림없이 곧바로 도성의 북문까지 쳐들어오는 일이 생길 것입니다. 게다가 성읍은 맹손씨 가문의 보루이기도 합니다. 성읍에 성이 없는 것은 마치 맹손씨 가문이 없어지는 것과 같습니다. 그러니 모른 척하고 있으면 제가 성을 헐지 않도록 도모하겠습니다."

　결국 이해 12월, 노정공이 성읍의 성을 포위해 공격했으나 이기지 못했다. 이 일로 인해 공자는 이듬해인 노정공 13년인 497년 14년에 걸친 천하유세의 망명길에 오르게 됐고, 노정공은 3년 뒤인 노정공 15년의 495년 5월 노나라 공궁公宮의 고침高枕에서 숨을 거두게 됐다.

　'정치사학'의 관점에서 볼 때 오랫동안 중국의 유자儒者들은 '공산불요'가 공자를 초빙한 사건을 충격으로 받아들였다. 건륭제 때 활약한 최술崔術은 『수사고신록洙泗考信錄』에서 이를 해명하기 위해 노력했다. 공자는 노나라의 사구司寇로 있었기에 노나라 조정에 반기를 든 자의 초청에 응했을 리 없다는 게 그의 주장이다. 그러나 펑여우란馮友蘭은 『중국철학사』에서 이 사건을 실제 존재한 것으로 보았다. 치엔무錢穆 역시 『선진계자계년先秦諸子繫年』에서 이 사건이 기원전 502~501년 사이에 일어났을 가능성이 크다고 지적했다.

제6장

子張問仁於孔子. 孔子曰, "能行五者於天下, 爲仁矣." 請問之. 曰, "恭寬信敏惠. 恭則不侮, 寬則得衆, 信則人任焉, 敏則有功, 惠則足以使人."

자장이 공자에게 인에 관해 묻자 공자가 이같이 대답했다. "능히 5가지를 천하에 실행할 수 있다면 인하다고 이를 만하다."

자장이 그 내용을 일러 달라고 청하자 공자가 말했다. "공손, 관대, 신의, 영민, 은혜(공관신민혜恭寬信敏惠)가 바로 그것이다. 공손하면 모욕을 받지 않고(공즉불모恭則不侮), 관대하면 무리를 얻고(관즉득중寬則得衆), 신의가 있으면 사람들이 일을 맡기고(신즉인임信則人任), 영민하면 공을 세우며(민즉유공敏則有功), 은혜로우면 족히 남을 부린다(혜즉족사惠則足使)."

'자장문인어공자子張問仁於孔子'의 '자장'은 공자보다 48세가 어렸다. 그는 세상에 이름을 떨친 수재로 제나라의 유학이 흥기하는 데 지대한 공헌을 했다. 그의 후학들은 공자의 가르침을 집적한 위에 독자적인 해석을 시도한 것이 많다. '위인爲仁'의 '위爲'는 말할 만하다는 뜻의 '위謂'와 통한다. '공즉불모恭則不侮' 구절은 『맹자』 「이루離婁」에도 나온다. '관즉득중寬則得衆'의 '득중得衆'을 두고 황간과 형병은 많은 사람이 따르는 것으로 풀이했다. 이 장은 공자가 공산불요의 부름을 받았을 때 주공의 정치를 부흥시키고자 하는 열망을 보여준 앞 장의 부연설명이다.

제 7 장

佛肸召, 子欲往. 子路曰, "昔者, 由也聞諸夫子曰, '親於其身爲
不善者, 君子不入也'. 佛肸以中牟畔, 子之往也, 如之何." 子曰,
"然. 有是言也. 不曰堅乎, 磨而不磷. 不曰白乎, 涅而不緇. 吾豈
匏瓜也哉, 焉能繫而不食."

진晉나라 대부 조앙趙鞅, 즉 조간자의 가신 필힐佛肸이 부르자 공자가 가려
고 했다. 자로가 만류했다. "전에 저는 선생님으로부터 군자는 몸소 선하
지 못한 일을 실행한 사람이 있는 곳으로는 들어가지 않는다(군자불입君子
不入)는 얘기를 들었습니다. 필힐은 중모中牟에서 반기를 든 자인데 선생님
은 그가 있는 곳으로 들어가려고 하니 이는 어찌된 일입니까?"
공자가 대답했다. "그렇다. 그런 말을 한 적이 있다. 그러나 내가 전에 지극
히 단단한 것을 언급하지 않았는가? 갈아도 닳지 않는(마이불린磨而不磷) 것
을! 또 전에 지극히 흰 것을 언급하지 않았는가? 검게 물들여도 검어지지
않는(날이불치涅而不緇) 것을! 내가 어찌 조롱박(포과匏瓜)에 지나지 않겠는
가? 어찌 한곳에 매달린 채 식용으로도 쓰이지 못하는(계이불식繫而不食) 존
재일 리 있겠는가!"

'필힐佛肸'은 진晉나라 지방장관으로 황간본에 나오는 이름이다. '필佛'은 통상 부처 '불'의 의미로 사용되나 대흥大興의 의미일 때는 '필'로 읽는다. 필힐이 『한서』 「고금인표古今人表」에는 '불힐茀肸'로 나온다. 『사기』 「공자세가」에 따르면 공자가 철환천하의 유세를 펼칠 때 필힐은 지금의 하남성 정주시에 있는 중모中牟 땅의 지방장관으로 있었다. 진나라의 조간자가 범씨와 중항씨를 격파할 때 중모에서 조간자에게 불복했다. 조간자가 중모를 포위하자 필힐이 저항했다. 당시 필힐은 사람을 공자에게 보내 협조를 구했다. 공자가 크게 흔들렸으나 결국 자로의 만류 등으로 인해 당초의 생각을 접었다.

'군자불입君子不入'의 '불입不入'을 두고 공안국과 형병은 선하지 않은 나라에 들어가지 않는 것, 황간은 그 집에 들어가지 않는 것, 주희는 그 마을에 들어가지 않는 것으로 새겼다. '불왈견호不曰堅乎'와 '불왈백호不曰白乎'의 '불왈不曰'을 두고 황간과 공안국 모두 과거에 공자가 한 말을 상기시키는 것으로 보았다. '마이불린磨而不磷'의 '린磷'은 얇은 돌을 가리킨다.

'날이불치涅而不緇'의 '날涅'은 개흙을 가리키며, 통상 열반涅槃에서처럼 '열'로 읽으나, 앙금을 뜻할 때는 '날'로 읽는다. 형병은 물속의 검은 흙으로 풀이했다. 공안국은 '마이불린'과 '날이불치' 표현의 배경과 관련해 다음과 같이 풀이했다. "검게 물들일 수 있는 염료로 간주해 갈아도 얇아지지 않고 물들여도 검어지지 않는 것은 곧 혼탁한 세상에 살지라도 군자를 오염시킬 수 없다는 취지이다."

'오기포과야재吾豈匏瓜也哉'에서 '포과匏瓜'는 호리병 또는 표주박의 '호瓠' 또는 그 재료가 되는 조롱박의 '박瓟'을 가리킨다. 하안 역시 맛이 쓰기에 먹지 않고 벽에 걸어 놓는 조롱박으로 풀이했다. 이 구절을 두고 황간은 이같이 해석했다.

"포과가 한곳에 매달려 있는 것은 따로 먹을 것을 찾아다니지 않아도 저절로 성장하기 때문이다. 그러나 나는 먹을 것이 필요해 사방을 돌아다녀 그것을 구해야 한다. 사람이 재능과 지혜가 있으면 의당 시의에 맞는 책무를 이행해야 한다. 그러니 어찌 먹지 않아도 되는 사물처럼 한곳에 매달려 있기만 할 것인가?"

이에 대해 오규 소라이는 명대 말기에 활약한 초횡焦竑의 「초씨필승焦氏筆乘」에 나오는 황간의 설을 인용해 별자리 이름인 성명星名으로 간주했다. 재능과 지혜가 있으면 남에게 등용되기도 하는데 어찌 하늘의 별 '포과'처럼 한곳에 매달려 따 먹을 수조차 없는 존재가 될 수 있겠는가 하는 뜻으로 풀이한 것이다. 문맥에 비춰볼 때 조롱박으로 풀이한 전래의 해석이 합리적이다.

이 장에서는 자신을 알아주지 않는 세상에 대한 공자의 울분이 여과 없이 드러나고 있다. 철환천하의 유세에도 불구하고 뜻을 제대로 펼 길이 없었던 인간 공자의 처절한 심경이 그대로 전해지는 대목이다.

필힐佛肸 사건

예로부터 이 장의 해석과 관련해 이론이 분분했다. 먼저 형병은 필힐을 조앙의 가신으로 보았다. 주희도 이 입장에 섰다. 그러나 유공면劉恭冕은 범씨와 중항씨의 가신으로 보면서, 이 사건이 노애공 5년인 기원전 490년에 일어난 것으로 분석했다. 리링李零도 『논어종횡독論語縱橫讀』에서 기원전 490년에 있었던 일화로 파악했다. 이를 두고 다산은 필힐을 조간자의 가신으로 보아 중모를 배경으로 반란을 일으켜 범씨를 도운 것으로 해석했다.

그러나 최술은 『수사고신록』에서 필힐이 반기를 든 때를 공자가 죽은 지 5년 뒤의 일로 파악해 의문을 제기했다. 공자 사후 『논어』가 편찬되면서 공자의 직계 제자 및 재전再傳 제자들 사이에 착오가 있었을 것이라는 주장이다. 그러나 명백한 증거를 제시한 것은 아니다. 정작 가장 중요한 사료인 『춘추좌전』에는 '필힐 사건'에 대한 구체적인 기록이 나오지 않는다. 다만 『춘추좌전』 「노애공 5년」조에 이를 추정할 만한 기사가 나오기는 한다. "여름, 진나라 대부 조앙이 위나라로 쳐들어갔다. 이는 위나라가 범씨范氏를 도와준 데 따른 것이었다. 이때 조앙이 중모中牟를 포위했다."

여타 기록을 종합해볼 때 이는 노애공 5년에 일어난 실제 사건으로 보는 게 합리적이다. 필힐은 유공면의 견해를 좇아 범씨 또는 중항씨의 가신으로 보는 게 합리적이다.

당시 진晉나라는 조앙을 지지하는 세력과 이를 반대하는 범씨范氏 및 중항씨中行氏로 갈려 내분 상태에 처해 있었다. 조앙이 범씨 등을 치려고 하자 가신 필힐이 이에 반대해 반기를 든 뒤 공자의 가담을 요청했다. 공자는 크게 동요한 나머지 이내 이에 응하려고 했다. 그러나 그때는 조앙이 진나라 공실을 조정하고 있던 까닭에 필힐은 명목상 반도叛徒의 입장에 처해 있었다. 결국 공자는 자로가 강력 저지하고 나서자 필힐의 부름에 응할 생각을 거두면서 자신의 비애감을 거침없이 털어놓았다.

子曰, "由也, 女聞六言六蔽矣乎." 對曰, "未也." "居, 吾語女. 好仁不好學, 其蔽也愚. 好知不好學, 其蔽也蕩. 好信不好學, 其蔽也賊. 好直不好學, 其蔽也絞. 好勇不好學, 其蔽也亂. 好剛不好學, 其蔽也狂."

공자가 자로에게 물었다. "유由야, 너는 6가지 표현으로 6가지 폐단을 지적한(육언육폐六言六蔽) 것에 관해 들어본 적이 있느냐?'

자로가 대답했다. "아직 들어보지 못했습니다."

공자가 말했다. "앉아라. 얘기해주겠다. 인만 좋아하고 배우기를 좋아하지 않으면(호인불호학好仁不好學) 그 폐단은 어리석어지는 것이다(기폐야우其蔽也愚). 지식만 좋아하고 배우기를 좋아하지 않으면(호지불호학好知不好學) 그 폐단은 방탕해지는 것이다(기폐야탕其蔽也蕩). 신의만 좋아하고 배우기를 좋아하지 않으면(호신불호학好信不好學) 그 폐단은 남을 해치는 것이다(기폐야적其蔽也賊). 정직만 좋아하고 배우기를 좋아하지 않으면(호직불호학好直不好學) 그 폐단은 야박해지는 것이다(기폐야교其蔽也絞). 용기만 좋아하고 배우기를 좋아하지 않으면(호용불호학好勇不好學) 그 폐단은 어지러워지는 것이다(기폐야란其蔽也亂). 굳센 것만 좋아하고 배우기를 좋아하지 않으면(호강불호학好剛不好學) 그 폐단은 미치광이처럼 되는 것이다(기폐야광其蔽也狂)."

'육언육폐六言六蔽'의 '육언六言'은 인仁·지知·신信·직直·용勇·강剛을 말한다. '육폐六蔽'는 '육언'에 배움을 동반하지 않을 때 빚어지는 6가지 유형의 통폐通弊를 지적한 것이다. 우愚·탕蕩·적賊·교絞·란亂·광狂이 그것이다. '기폐야적其蔽也賊'의 '적賊'은 통상 남과 자신을 모두 해친다는 뜻으로 사용된다. 양차오밍楊朝明은 『논어전해論語詮解』에서 자신을 해친다는 의미로 풀이했다. '기폐야교其蔽也絞'의 '교絞'를 두고 황간은 찌를 '자刺', 다산은 다급하게 닥치는 '급절急切', 양보쥔은 언설이 날카롭고 자극적이어서 남의 마음을 아프게 하는 것으로 해석했다.

이 장은 필힐의 부름을 받았을 때 공자가 보여준 태도에 관한 부연설명이다. 자로와 공자의 문답에 '육언육폐'가 차례로 거론하고 있다. 이런 나열식 문장은 모두 후대에 만들어진 것이다. 공자가 자로와 대화하며 '앉아라. 내가 너에게 얘기해주겠다!'라고 말하는 형식은 은나라 때 장로들이 귀족 자제를 가르칠 때 취한 형식이다. 오래된 전통의 흔적이 남아 있는 셈이다. 전국시대 제자백가 학단學團에서도 사제 간의 문답에 자주 나타나고 있다. 공문의 전통이 제자백가에 적잖은 영향을 미쳤음을 암시한다. 기무라 에이이치는 이 장을 비교적 후대에 편집된 것으로 분석했다.

제 9 장

子曰, "小子何莫學夫詩. 詩, 可以興, 可以觀, 可以群, 可以怨.
邇之事父, 遠之事君, 多識於鳥獸草木之名."

공자가 제자들에게 말했다. "너희들은 어찌해서 저 『시』를 배우지 않는 것
이냐. 시를 배우면 뜻을 일으킬 수 있고(가이흥可以興), 풍속의 성쇠를 살필
수 있고(가이관可以觀), 무리지어 어울릴 수 있고(가이군可以群), 윗사람의 잘
못을 비판할 수 있다(가이원可以怨). 또한 가까이로는 어버이를 섬기고(이지
사부邇之事父), 멀리는 군주를 섬기고(원지사군遠之事君), 나아가 조수초목鳥
獸草木의 이름도 많이 알게(다식多識) 된다."

'소자하막학부시小子何莫學夫詩'의 '소자小子'는 제자들을 지칭한다. '부시夫詩'
의 '부夫'는 지시대명사의 의미로 사용됐다. '가이흥可以興'의 '흥興'을 공안국은 같
은 부류의 사물과 연관시켜 연상 작용을 강화하는 것, 주희는 정치 득실을 살피는
것, 다산은 시에 나타나는 권선징악을 보고 느끼는 것으로 새겼다. '가이원可以怨'
의 '원怨'을 공안국은 윗사람의 정사를 풍자하고 비판하는 '원자상정怨刺上政', 황
간은 원망하고 비판하며 간하여 풍자하는 '원자풍간怨刺諷諫'으로 풀이했다. '다식
多識'은 많이 알게 된다는 뜻이다. 많이 기억한다는 뜻의 '다지多識'로 풀이해도 틀
린 것은 아니나, 문맥상 '다식'으로 풀이하는 게 합리적이다. 이 장과 다음 장 모두
『시』의 중요성을 강조하는 내용이다.

제10장

子謂伯魚曰, "女爲周南召南矣乎. 人而不爲周南召南, 其猶正牆
面而立也與."

공자가 아들 백어伯魚에게 말했다. "너는 『시경』의 「주남周南」과 「소남召南」
을 배웠느냐? 사람이 되어서 「주남」과 「소남」을 배우지 않으면 담벼락을
마주보고 선 것(장면이립牆面而立)과 같다."

'주남소남周南召南' 구절은 『시경』의 첫 편인 「국풍國風」의 첫 번째 모음집인 「주
남周南」과 두 번째 모음집인 「소남召南」을 가리킨다. 「주남」에는 '관저關雎'를 포함
한 11개 시가詩歌, 「소남」에는 '작소鵲巢'를 비롯해 14개 시가가 수록되어 있다. 고
금동서를 막론하고 시가는 사람의 마음을 고스란히 담고 있다. 동양에서는 시를
채집하는 관원인 채시관采詩官을 두어 항간巷間에 나도는 백성의 노래인 민요民謠
를 수집했다. 그게 바로 '채시采詩'이다. 이어 관원들이 백성들의 풍속을 관찰한 것
을 시로 진술했다. 그게 바로 '진시陳詩'이다. 마지막으로 '채시'와 '진시'를 묶어 군
주에게 바치게 했다. 그게 바로 '헌시獻詩'이다.

'장면이립牆面而立' 성어의 전거가 된 '기유정장면이립야여其猶正牆面而立也與' 구
절을 두고 주희는 "아주 가까운 곳인데도 무엇 하나 제대로 살펴보지를 못해 한
걸음도 내딛을 수 없다는 의미이다."라고 풀이했다. 이에 대해 다산은 마음과 눈

이 트이지 못한 '심목불통心目不通'으로 해석했다.

시가詩歌와 정치의 관계

군왕은 헌시獻詩, 즉 '시가'를 듣고 민심을 파악해 자신의 정사가 제대로 작동하는지 여부를 판단했다. 국가를 형성할 때부터 '시가'와 정치政治를 불가분의 관계로 파악한 셈이다. '시가'를 통해 정치를 펼치는 것을 두고 '시정詩政'이라고 한다. '시정'은 공자가 역설한 것이기도 하다. 이를 뒷받침하는 공자의 언급이 「자로」 제5장에 나온다. "『시경』300편을 모두 외우는 송시삼백誦詩三百의 재능이 있을지라도 정사를 맡겼을 때 제대로 해내지 못하면 비록 많이 외운들 어디에 쓰겠는가?"

실제의 정치에 도움 되지 않는 '시가'는 쓸모가 없음을 지적한 것이다. 왕조 시대의 사대부들이 『시경』을 열심히 암기한 배경도 이런 맥락에서 이해할 수 있다. 이들은 시를 읊거나 인용하는 등의 음시吟詩 차원을 넘어 시를 짓는 작시作詩에 많은 공을 들였다. 말할 것도 없이 '시정'에 써먹기 위한 것이었다. 중국의 전 역사를 통틀어 가장 많은 '작시'를 자랑한 사람은 황제였다. 중국 역대 왕조의 치세 가운데 최고의 전성기를 구가한 청조 건륭제乾隆帝가 당사자이다. 모두 42,600여 수에 달한다. 평생에 걸쳐 밥을 먹고 자는 시간을 빼놓고는 '작시'에 모든 정성을 쏟은 셈이다.

이런 유형의 '시정'은 비단 동양의 전유물만도 아니다. 지난 2016년 10월 스웨덴 한림원은 서양의 대중가요인 포크 록의 가수 겸 작곡 작사가인 밥 딜런을 올해의 노벨문학상 수상자로 선정했다. 동서양을 통틀어 대중가요 가수 겸 작곡 작사가가 노벨문학상을 수상한 것은 지난 1901년 노벨문학상이 처음으로 수여된 이래 처음 있는 일이다. 대학을 중퇴한 후 뉴욕에서 대중가요 가수의 길을 걷기 시작한 그는 줄곧 정치와 사회 등 여러 분야를 망라한 깊이 있는 대중가요 가사로 인해 '음유시인'이라는 칭송을 들어왔다. 동양의 『시경』 관점에서 보면 그는 나름대로 일종의 '시정'을 실천한 셈이다. 스웨덴 한림원 측은 그를 수상자로 선정한 배경을 이같이 설명했다. "지난 5천 년을 되돌아볼 때 그리스시대의 호머와 사포는 연주를 위한 시적 텍스트를 쓴 바 있다. 오늘날의 밥 딜런도 그와 같다."

스웨덴 한림원 측은 호머와 사포를 거론하며 서양의 시문학만을 언급했으나, 사실 이는 동양의 '시가'에도 그대로 적용된다. 동양에도 호머와 사포가 '연주를 위한 시적 텍스트'를 쓴 것과 같은 위대한 작품이 이미 수천 년 전에 존재했다. 바로 과거 동아시아 3국의 사대부들이 신성시한 『시경詩經』의 절반 이상을 차지하고 있는 「국풍國風」이다. 이는 동서고금을 통틀어 최초의 대중가요 모음집이다.

실제로 공자가 활약할 당시 「국풍」은 여러 '시가' 형태 가운데 최고의 장르로 평가받았다. 근대로 들어와 사람들이 「국풍」의 '시가' 형태를 두고 작품을 즐기는 수요층에 초점을 맞춰 대중가요, 또는 서양의 폴카 박자와 유사한 점에 주목해 '뽕짝'이라고 바꿔 부를 뿐이다. 역사적으로 볼 때 동서를 불문하고 원래 시는 노래와 함께 시작됐다. 그게 바로 '시가'이다. 스웨덴 한림원 측이 언급한 '연주를 위한 시적 텍스트'가 바로 그것이다. 이는 대중가요 가사를 시문학의 관점에서 학술적으로 정의한 것에 지나지 않는다.

『논어』에는 이 장과 「자로」 제5장 이외에도 『시경』과 관련한 공자의 언급이 몇 곳 나온다. 노나라 태사 지摯가 처음 벼슬할 때 연주하던 『시경』 「관저關雎」의 마지막 악장 연주소리가 넘실거리며(양양洋洋) 귀에 가득하다는 내용의 「태백」 제15

장과 자로가 살벌한 소리로 『시경』의 「주남」과 「소남」의 '시가'를 연주하다가 공자의 핀잔을 받은 「선진」 제14장이 대표적이다. 그러나 이 장의 '장면이립牆面而立'과 「자로」 제5장의 '송시삼백誦詩三百'처럼 『시경』의 중요성을 절묘하게 표현한 구절도 없다.

제11장

子曰, "禮云禮云, 玉帛云乎哉. 樂云樂云, 鐘鼓云乎哉."

공자가 말했다. "예禮 운운하지만 이게 어찌 옥백玉帛 등의 예물만 말하는 것이겠는가(옥백운호재玉帛云乎哉)? 악樂 운운하지만 이게 어찌 종고鐘鼓 등의 악기만 말하겠는가(종고운호재鐘鼓云乎哉)?"

공자는 이 장에서 예악은 형식보다 내용이 중요하다는 점을 역설하고 있다. 정이천은 "예는 하나의 질서이고, 악은 하나의 조화이다. 천하에는 단 한 가지 일도 예악이 없는 게 없다. 도적에게도 예악은 있다. 반드시 우두머리와 부하가 있어 서로 명을 들어 따라야만 도적질을 할 수 있다. 그렇지 않으면 반란이 일어나 기강이 무너져 단 하루도 서로 모여 도적질을 할 수가 없게 된다."라고 풀이했다. 예악의 근원은 인仁이다. 사람으로서 어질지 않으면(인이불인人而不仁) 예禮는 배워 어디에 쓰고, 악樂은 배워 어디에 쓰겠느냐고 물은 「팔일」 제3장이 그 증거다.

제12장

子曰, "色厲而內荏, 譬諸小人, 其猶穿窬之盜也與."

공자가 말했다. "겉으로는 위엄이 있는 듯하나 내심 겁이 많고 유약한(색려
내임色厲而內荏) 사람은 소인에 비유하면 벽을 뚫고 담을 넘는 도둑(천유지도穿
窬之盜)과 같다."

'색려이내임色厲而內荏'의 '려厲'를 두고 형병은 우쭐대며 뻐기는 '긍장矜莊'으로
새겼다. '임荏'을 두고 공안국은 유약하고 아첨하는 '유녕柔佞'으로 풀이했다. '천유
지도穿窬之盜'는 『맹자』 「진심 하」에도 나오는데, 벽을 뚫고 담을 넘는 좀도둑을 가
리킨다. 이를 두고 황간은 "벽을 뚫고 담을 넘는 도둑(천유지도穿窬之盜)은 남의 집
담장을 넘어갈 때 안색은 앞으로 나아가려고 하나 마음은 늘 도망갈 길을 생각한
다. 몸은 나아가지만 마음속으로는 뒤로 물러나는 바람에 안팎이 서로 어긋나게
되는 이유다."라고 풀이했다.

子曰, "鄕原德之賊也."

공자가 말했다. "향원鄕原은 덕을 해치는 사람(덕지적德之賊)이다."

'향원덕지적야鄕原德之賊也'의 '향鄕'은 마을을 뜻하고, '원原'은 근원을 헤아린다는 뜻이다. 시골의 샌님을 뜻하는 '향원鄕愿'과 통한다. 하안은 "향은 향向이다. 옛글자는 서로 같았다. 사람이 강의剛毅하지 못해 남을 보면 번번이 그의 취향을 살피고 아첨하면서 부합하고자 한다. 이것이 덕을 해치게 된다는 뜻이다."라는 해설을 소개했다. 주희는 마을 사람 가운데 근후한 체하는 사람을 뜻한다고 보았다. 황간은 '향원'의 행보를 보인 공자의 동향 출신 원양原壤으로 주석한 장빙張憑의 주장을 인용했다. '정치사학'의 관점에서 볼 때 공자가 '향원'을 질타한 것은 사이비似而非의 덕으로 진실한 덕을 해치기 때문이다.

'향원鄕原' 및 '사이비似而非'에 대한 해석

『맹자』「진심 하」에 '향원'을 묘사한 구절이 나온다. 이에 따르면 하루는 맹자의 제자 만장萬章이 이같이 물었다. "공자가 말하기를, '내 집 문 앞을 지나면서 내 집에 들어오지 않는다 할지라도 내가 결코 유감으로 생각지 않을 자는 바로 향당에서 행세하는 선비인 향원鄕原일 것이다. 향원은 덕을 해치는 자이다.'라고 했습니다. 묻건대 어떠해야 가히 향원이라고 비난할 만한 것입니까?"

맹자가 대답했다. "이들은 말하기를, '멋대로 행하는 광자狂者들은 어찌하여 이처럼 지닌 뜻이 지나치게 큰 것인가? 말은 행실을 돌아보지 않고, 행실은 말을 돌아보지 않은 채 입만 열면 고인古人 운운하는 게 그렇다. 또 지조는 있으나 고집스럽고 소심한 견자獧者들은 어찌하여 행실은 홀로 거닐며 쓸쓸해하는(우우량량踽踽凉凉) 모습을 보이는 것인가? 이 세상에 태어났으면 이 세상에 맞춰 살아가야 한다. 남들이 선하다고 하면 그것으로 가하다.'라고 한다. 이들은 속내를 감추는 모습으로 세상에 영합한다. 이런 자들이 바로 '향원'이다."

만장이 물었다. "한 고을 사람들이 모두 근후한 인물(원인原人)이라고 칭송한다면 가는 곳마다 근후한 인물이 되지 않을 턱이 없는데 어찌하여 공자는 이들 근후한 인물을 두고 '덕을 해치는 사람(덕지적德之賊)'이라고 한 것입니까?"

맹자가 이같이 대답했다. "비난하고자 해도 지적할 게 없고, 풍자하려 해도 풍자할 게 없고, 유행과 세속에 휩쓸리고, 더러운 세상에 영합하고, 평소에는 충신忠信하게 살며 염결廉潔하게 행동하고, 중인들이 좋아하면 스스로 옳다고 여긴다. 이런 자들과는 더불어 요순지도堯舜之道에 들어갈 수 없다. 그래서 공자는 '덕을 해치는 사람(덕지적德之賊)'이라고 한 것이다. 공자가 이르기를, '나는 사이비似而非를 미워한다. 가라지를 미워하는 것은 곡식의 싹을 어지럽힐까 염려하기 때문이다. 잔재주가 있는 영인佞人을 미워하는 것은 의義를 어지럽힐까 염려하기 때문이다. 말재주가 있는 자를 미워하는 것은 신信을 어지럽힐까 염려하기 때문이다. 음란한 정나라 음악을 미워하는 것은 악樂을 어지럽힐까 염려하기 때문이다. 자색紫色을 미워하는 것은 주색朱色을 어지럽힐까 염려하기 때문이다. 향원을 미워하는 것은 덕을 어지럽힐까 염려하기 때문이다.'라고 했다. 군자는 떳떳한 도를 회복할 뿐이다. 경도經道가 바르면 서민이 흥기하고, 서민이 흥기하면 사특邪慝이 사라질 것이다."

'향원' 및 '사이비'에 대한 해석으로 『맹자』 「진심 하」의 이 구절보다 더 자세한 것은 존재하지 않는다.

제 1 4 장

> 子曰, "道聽而塗說, 德之棄也."
>
> 공자가 말했다. "깊이 궁구窮究하지 않은 채 길에서 듣고 길에서 말하는(도청도설道聽塗說) 것은 덕을 버리는 짓이다."

'도청이도설道聽而塗說'을 두고 형병은 "남의 스승이 될 사람은 옛것을 지키며 새 것을 아는 '온고지신溫故知新'과 오랜 습관을 다듬는 '연정구습硏精舊習'을 행한 뒤 에야 남에게 설명할 수 있다. 길에서 주워들은 즉시 남에게 전하면 반드시 잘못 과 거짓이 많게 된다. 심사숙고하지 않고 전한다는 뜻이다."라고 풀이했다. 주희는 "비록 좋은 말을 들었을지라도 자신의 것으로 만들지 않으면 스스로 덕을 버리는 것과 같다."라고 풀이했다. 다산은 여기서 듣고 저기서 전하는 것으로 새겼다.

제 15 장

> 子曰, "鄙夫可與事君也與哉. 其未得之也, 患得之. 旣得之, 患失
> 之. 苟患失之, 無所不至矣."
>
> 공자가 말했다. "비루하고 졸렬한 자(비부鄙夫)가 과연 가히 더불어 군주를
> 섬길 수 있는(가여사군可與事君) 인물이겠는가? 그는 관직을 얻기 전에는 얻
> 지 못할까 걱정하고(미득환득未得患得), 얻고 난 뒤에는 잃지 않을까 걱정한
> 다(기득환실旣得患失). 만일 그것을 잃지 않을까 걱정하는 상황이 되면 그는
> 못하는 짓이 없다(무소부지無所不至)."

'환득지患得之'를 두고 하안은 '환부득지患不得之'의 의미로 새겼다. '득得'이 『순
자』 「자도子道」와 왕부王符의 『잠부론潛夫論』 「애일愛日」에도 '부득不得'으로 되어
있다. 문맥상 '부득'으로 해석해야 자연스럽다. '무소부지無所不至'는 무소불위無所
不爲와 통한다. 여기의 '지至'는 극단적인 행동에 이른다는 의미이다. 공자는 이 장
에서 바라는 것을 얻지 못할까 걱정하다가 얻은 뒤에는 잃을까 우려하는 '환득환
실患得患失'의 모습을 보이는 '비부鄙夫'의 행실을 신랄하게 지적하고 있다. 자리를
지키기 위해 수단 방법을 가리지 않는 자들이 바로 '비부'의 전형이다.

子曰, "古者民有三疾, 今也或是之亡也. 古之狂也肆, 今之狂也
蕩. 古之矜也廉, 今之矜也忿戾. 古之愚也直, 今之愚也詐而已矣."

공자가 말했다. "옛날 백성들은 3가지 병폐가 있었다(민유삼질民有三疾)는 얘
기가 전해진다. 그러나 지금은 아마 그것마저 사라진 듯하다. 옛날 뜻이 큰
광인狂人은 자질구레한 예절에 구애받지 않았으나(고광야사古狂也肆) 지금의
'광인'은 방탕하기만 하다(금광야탕今狂也蕩). 옛날 소심하지만 지조를 지킨
긍인矜人은 모났지만 청렴했으나(고긍야렴古矜也廉) 지금의 '긍인'은 사납기
만 하다(금긍야분려今矜也忿戾). 옛날 생각이 어리석은 우인愚人은 정직했으나
(고우야직古愚也直) 지금의 '우인'은 사람을 속일 뿐이다(금우야사今愚也詐)."

'민유삼질民有三疾'의 '삼질三疾'은 3가지 부류의 꺼리는 인물을 말한다. '광인狂
人'은 뜻이 큰 열정적인 사람, '긍인矜人'은 자부심이 강한 사람, '우인愚人'은 생각
과 행동이 어리석은 사람을 가리킨다. '금야혹시지망야今也或是之亡也'의 '혹或'은
대략 추정한다는 의미의 부사어이다. '금야혹망시야今也或亡是也' 문장의 도치문
으로 간주해 '민유삼질'을 뜻하는 지시대명사 '시是'는 '망亡'의 목적어로 해석할 수
있다. 이 경우 문장의 주어는 '금야今也', '지之'는 도치문의 목적어가 앞으로 나올
경우 사용되는 조사助詞, '망亡'은 사멸死滅을 뜻하는 동사가 된다. 여기의 '망亡'을

'무無'의 뜻으로 새길 경우 주어는 '시是', '지之'는 주어 '시是'를 강조하는 조사, '금야今也'는 '오늘날'을 뜻하는 부사어가 된다.

'금지긍야분려今之矜也忿戾'의 '긍矜'을 마융은 마음은 좁으나 절개를 굳게 지키는 사람으로 새겼다. '분려忿戾'는 화를 내며 원한을 품는 '분한忿恨' 또는 화를 내며 욕을 하는 '분매忿詈'와 통한다. 다산은 오규 소라이와 마찬가지로 고집스럽고 소심한 '견자狷者'로 해석했다. 공자가 지금은 '삼질'마저 없어졌다고 지적한 것은 풍속이 더욱 각박해져 '삼질'이 일종의 '삼악三惡'으로 변해버린 것을 탄식한 셈이다. 춘추시대 말기의 어지러운 세태에 대한 탄식이기도 하다.

제17장

子曰, "巧言令色, 鮮矣仁."

공자가 말했다. "말을 교묘하게 하고 얼굴빛을 꾸미는(교언영색巧言令色) 자중에는 어진 사람(인인仁人)이 드문 법이다."

'교언영색巧言令色'은 말을 좋게 하고 얼굴빛을 곱게 하는 자를 지칭한다. 공자가 '교언영색'을 질타한 것은 그들이 사이비 덕을 행하기 때문이다. 단문의 격언으로 되어 있는 이 장은 「학이」 제3장과 완전히 똑같다. 노나라의 증사 문인들에 의해 편집된 「학이」와 달리 「양화」가 후대의 다른 학파 문인에 의해 편집된 사실을 보여준다.

제18장

子曰, "惡紫之奪朱也, 惡鄭聲之亂雅樂也, 惡利口之覆邦家者."

공자가 말했다. "나는 자색紫色이 주색朱色을 빼앗는 것(자지탈주紫之奪朱), 음
란한 정나라 음악이 아악雅樂을 어지럽히는 것(정성지란아악鄭聲之亂雅樂), 말
재주 있는 사람이 나라를 뒤엎는 것(이구지복방가利口之覆邦家)을 미워한다."

'오자지탈주야惡紫之奪朱也'의 '자색紫色'은 간색間色으로 사이비를 상징하고, '주
색朱色'은 5색의 정색正色으로 정본正本을 상징한다. 정색은 담담하나 간색은 곱
기 때문에 많은 사람들이 취한다. '자지탈주紫之奪朱' 성어는 이를 언급한 것이다.

'정성지란아악鄭聲之亂雅樂'의 '정성鄭聲'은 정나라 음악으로 음란한 음악을 상징
한다. '이구지복방가利口之覆邦家'의 '이구利口'는 교묘한 말로 사람을 미혹시키는
자, '방가邦家'는 국가를 뜻한다. 이 장은 앞 장과 마찬가지로 사이비가 횡행하는
것을 경계하고 있다. 공자는 이 장에서 사람들의 이목耳目을 끄는 것이 사실은 정
명正名과 덕德을 어지럽히는 사이비의 근원이 되고 있음을 지적한 것이다.

『한비자』「외저설 좌상」에 공자가 '자지탈주'을 언급하게 된 배경을 짐작하게
해주는 일화가 나온다. 이에 따르면 춘추시대 초기 제환공이 자주색 옷을 즐겨 입
자 온 나라 사람들이 모두 자주색 옷을 입었다. 당시 흰색 옷감 5필로도 자주색 옷
감 1필을 얻을 수 없었다. 제환공이 이를 걱정해 관중에게 해결 방안을 묻자 관중

은 속히 자주색 옷을 벗고 주변 사람에게 자주색 옷이 싫다고 말하도록 권했다. 그날로 궁 안에서 자주색 옷을 입은 자가 없게 되었고, 이튿날은 도성 안에서 자주색 옷을 입은 자가 없게 되었고, 사흘 뒤에는 나라 안에서 자주색 옷을 입은 자가 없게 되었다. 공자가 '자지탈주' 등을 언급한 것도 이런 맥락에서 나온 것으로 보는 게 옳다.

제19장

子曰, "予欲無言." 子貢曰, "子如不言, 則小子何述焉." 子曰, "天何言哉. 四時行焉, 百物生焉, 天何言哉."

공자가 말했다. "나는 앞으로 말을 하지 않으려고 한다."
자공이 물었다. "선생님이 아무 말씀도 하지 않으면 저희들은 무엇을 기록해 전할 수 있겠습니까?"
공자가 반문했다. "하늘이 무슨 말을 한 적이 있는가(천하언재天何言哉)? 사계절이 운행되고 만물이 태어나지만 하늘이 무슨 말을 한 적이 있는가?"

'소자하술언小子何述焉'의 '술述'을 두고 황간은 전하여 진술하는 '전술傳述'로 풀이했다. '전수傳授'의 의미로 풀이한 셈이다. 주희는 "성인의 일동일정一動一靜은 오묘한 도와 정밀한 의리인 '묘도정의妙道精義'의 발현이 아닌 게 없다. 이 또한 천리天理일 뿐이다."라고 주석했다. 지나치게 성리학적이다. 공자의 '무언無言' 선언은 제자들에게 스스로 노력해 사물의 이치를 찾아낼 것을 촉구한 것으로 보는 게 합리적이다.

제 20 장

> 孺悲欲見孔子, 孔子辭以疾. 將命者出戶, 取瑟而歌, 使之聞之.
>
> 유비孺悲가 공자를 알현謁見하고자 했으나 공자는 병을 핑계로 사절을 했다(사질辭疾). 사절의 뜻을 전달하기 위해 오가는 사람(장명재將命者)이 방문을 열고 나가자 공자가 비파를 당겨 놓고 노래를 불러(취슬이가取瑟而歌) 장명자로 하여금 이를 듣게 했다.

'유비욕현공자孺悲欲見孔子'의 '유비孺悲'는 『예기』 「잡기雜記 하下」에 노나라 출신 제자로 나온다. 노애공의 명을 받고 공자로부터 상례喪禮의 절차에 관한 '사상례士喪禮'를 배운 것으로 알려졌다. 여기의 '현見'은 윗사람을 찾아가 뵙는 '알현謁見'의 뜻이다. '공자사이질孔子辭以疾' 구절을 두고 주희는 "유비가 공자로부터 사상례를 배우면서 반드시 죄를 지은 게 있었을 것이다. 이에 병이 있다고 거절한 뒤 고의로 만나지 않았음을 알려주기 위해 노래를 부른 것이다."라고 풀이했다. 그러나 다산은 유비가 공자로부터 예를 배우기 이전의 일화로 보았다. '장명자출

호將命者出戶'의 '장명將命'은 명령을 전달하는 '전명傳命'을 의미한다. '장將'은 봉행奉行의 의미이다. 『춘추좌전』「노성공 17년」에서 일을 봉행하는 일이 불경스러웠다는 뜻의 '장사불경將事不敬' 구절이 대표적인 경우이다. '장명자'의 실체를 둘러싸고 예로부터 크게 2가지 설이 대립했다. 황간은 유비가 공자를 만나고 싶어 보낸 사람으로 추정했다. 그러나 다산은 유비가 직접 공자를 알현하고자 할 때 알현의 뜻을 전한 공자 쪽 사람으로 분석했다. 문맥상 다산의 분석이 그럴 듯하다. '취슬이가取瑟而歌'를 두고 다산은 『의례儀禮』「사상례士喪禮」에서 질병이 있으면 금슬을 치운다고 언급한 문구에 근거해 '질병이 없음을 표시한 것'으로 해석했다. 이 경우 '사지문지使之聞之' 가운데 앞의 '지之'는 장명자, 뒤의 '지之'는 비파소리에 얹어 부르는 노래인 '슬가瑟歌'를 지칭하는 게 된다. 공자는 비파 연주를 통해 자신이 집에 있음에도 의도적으로 유비를 피한다는 입장을 분명히 드러낸 셈이다.

제 2 1 장

宰我問, "三年之喪, 期已久矣. 君子三年不爲禮, 禮必壞. 三年不爲樂, 樂必崩. 舊穀旣沒, 新穀旣升, 鑽燧改火, 期可已矣." 子曰, "食夫稻, 衣夫錦, 於女安乎." 曰, "安." "女安則爲之. 夫君子之居喪, 食旨不甘, 聞樂不樂, 居處不安, 故不爲也. 今女安則爲之." 宰我出. 子曰, "予之不仁也. 子生三年, 然後免於父母之懷. 夫三年之喪, 天下之通喪也. 予也, 有三年之愛於其父母乎."

재아宰我가 공자에게 물었다. "3년간에 걸친 복상服喪 기간(삼년지상三年之喪)은 너무 깁니다. 군자가 3년 동안 예를 행하지 않으면 예가 반드시 무너지고, 3년 동안 음악을 익히지 않으면 음악이 반드시 무너집니다(예괴악붕禮壞樂崩). 한 해가 지나면 묵은 곡식이 이미 다 없어지고(구곡기몰舊穀旣沒) 새 곡식이 이미 밥상에 오르며(신곡기승新穀旣升), 집집마다 불씨를 얻을 나무를 새로 바꿔 사용합니다(찬수개화鑽燧改火). 상기喪期도 1년인 기년期年이면 그칠 만합니다."

공자가 반문했다. "쌀밥을 먹으며 비단옷을 입는 것(식도의금食稻衣錦)이 너에게 편안하냐?"

재아가 대답했다. "편합니다."

공자가 말했다. "네가 편안하면 그리 하도록 해라. 무릇 군자는 3년의 거상居喪에 처하면 맛있는 것을 먹어도 맛을 모르고(식지불감食旨不甘), 음악을 들어도 즐겁지 않고(문악불락聞樂不樂), 어느 곳에 머물러도 편하지 않기에 (거처불안居處不安) 그렇게 하지 않는 것이다. 그러나 만일 거상을 1년으로 줄이는 게 너에게 편하다면 그렇게 하도록 해라."

재아가 밖으로 나가자 공자가 말했다. "재아의 불인不仁이여! 자식은 태어나서 3년이 지난(자생삼년子生三年) 후에야 비로소 부모의 품을 벗어난다(면어부모지회免於父母之懷). '삼년지상'은 천하의 통상적인 상례이다(천하지통상天下之通喪). 재아 역시 부모로부터 3년간에 걸친 사랑(삼년지애三年之愛)을 받지 않았던가?"

'재아문宰我問'의 '재아宰我'는 이름이 재여宰予로, 자가 자아子我이다. 성과 자를 합쳐 재아宰我로 표현한 것이다. '예필괴禮必壞'와 '악필붕樂必崩'의 '괴壞'와 '붕崩'을 두고 양보쥔은 전해지지 않는 것, 주희는 '붕괴', 장보첸은 황폐로 주석했다. '찬수 개화鑽燧改火'의 '찬수鑽燧'를 두고 형병은 나무를 뚫어 불이 나게 하는 것으로 풀이했다. '개화改火'를 두고 다산은 1년에 계춘季春의 계절에 불씨를 새롭게 바꾸는 것으로 보았다. 마융은 나무에 구멍을 뚫고 비비면서 불을 얻는 것으로 풀이하면서 계절마다 사용하는 나무가 달랐다고 주장했다. 『주서周書』「월령月令」을 인용한 그의 주장에 따르면 봄에는 느릅나무나 버드나무, 여름에는 대추나무나 은행나무, 늦여름에는 뽕나무나 산뽕나무, 가을에는 자작나무나 졸참나무, 겨울에는 회나무나 박달나무를 사용했다.

이 장을 두고 성리학자들은 3년의 복상을 줄여야 한다고 주장한 재아를 질타했으나, 재아의 주장이 전혀 일리가 없는 것은 아니다. 3년의 복상은 상황에 따라 얼마든지 변용할 수 있는 것으로 반드시 형식적인 상례를 지켜야 한다는 뜻은 아니다. 비록 부모상을 당했을지라도 전쟁과 같은 국가 위기 상황에는 도중에 상복을 벗고 전쟁터로 나아가는 '기복起復' 제도 등이 그 실례이다. 보다 중요한 것은 마음으로 기리는 '심상心喪'이다. 공자가 재아의 청을 허락하면서 어질지 못함을 탓한 것은 재아가 '심상'의 취지를 드러내지 못한 채 상기의 단축만을 언급한 데 있다고 보는 게 합리적이다. 공자가 무턱대고 형식적인 3년 복상을 고집한 게 아니다.

제22장

子曰, "飽食終日, 無所用心, 難矣哉. 不有博奕者乎. 爲之猶賢乎已."

공자가 말했다. "종일토록 배부르게 먹으면서(포식종일飽食終日) 마음을 써 행하는 일이 없다면(무소용심無所用心) 곤란하다. 장기나 바둑(박혁博奕)도 있지 않은가? 그거라도 하는 편이 오히려 더 낫지 않겠는가(위지유현爲之猶賢)."

'위지유현爲之猶賢'의 '현賢'을 형병은 보다 낫다는 뜻의 '승勝'으로 풀이했다. 이 장에서 종일토록 아무 일도 하지 않는 자들을 질타하고 있다. 그가 '박혁博奕'이라도 하라고 말한 것은 이를 권장한 게 아니다. '용심用心'할 곳이 없으면 차라리 '박혁'을 두느니만 못하다고 말한 것이다. 그가 말한 '용심'은 말할 것도 없이 학문의 연마를 뜻한다.

제23장

子路曰, "君子尙勇乎." 子曰, "君子義以爲上. 君子有勇而無義爲亂, 小人有勇而無義爲盜."

자로가 물었다. "군자는 용맹을 숭상합니까?"

공자가 대답했다. "군자는 의를 으뜸으로 삼는다(의이위상義以爲上). 군자가 용맹만 있고 의가 없으면(유용무의有勇無義) 변란을 일으키고, 소인이 용맹만 있고 의가 없으면 도둑질을 하게 된다."

'군자의이위상君子義以爲上' 구절은 앞에 나온 '군자상용君子尙勇' 구절의 '상尙'과 통한다. 공자는 이 장에서 '의'가 뒷받침되지 않는 '용'은 변란과 도둑질로 이어질 수밖에 없다고 지적한다. 통상 '용'을 '의용義勇'으로 연칭連稱해 부르는 배경도 여기서 찾을 수 있다.

제 24 장

子貢曰, "君子亦有惡乎." 子曰, "有惡. 惡稱人之惡者, 惡居下流而訕上者, 惡勇而無禮者, 惡果敢而窒者." 曰, "賜也亦有惡乎." "惡徼以爲知者, 惡不孫以爲勇者, 惡訐以爲直者."

자공이 물었다. "군자에게도 미워하는 게 있습니까?"

공자가 대답했다. "미워하는 게 있다. 남의 단점을 말하고(칭인지악稱人之惡), 손아랫사람으로서 윗사람을 비방하고(거하산상居下訕上), 용맹스럽기만

하고 예의가 없으며(용이무례勇而無禮), 과감하기만 하고 꽉 막힌(과감이질果敢而窒) 사람을 미워한다." 이어 자공에게 물었다. "사賜야, 너도 미워하는 게 있느냐?"

자공이 대답했다. "저는 남의 성과를 베껴 아는 것처럼 뻐기고(요이위지徼以爲知), 공손하지 않은 것을 용맹으로 여기고(불손이위용不孫以爲勇), 남의 비밀을 들춰내는 것을 정직하다고 여기는(알이위직訐以爲直) 사람을 미워합니다."

'거하류이산상居下流而訕上'의 '하류下流'를 두고 양보쥔은 건륭제 때 활약한 혜동惠棟의 『구경고의九經古義』를 근거로 당나라 말기 이전의 판본에는 '류流'가 없었다고 주장했다. 사실 오래전부터 4자성어로는 '거하산상居下訕上' 구절이 회자됐다. '산訕'은 헐뜯거나 비방한다는 의미이다. '과감이질果敢而窒'의 '질窒'을 마융은 막힐 '색塞', 형병은 사람의 선도善道를 막는 것으로 풀이했다. '사야역유오호賜也亦有惡乎' 구절을 공자가 아닌 자공의 언급으로 보는 견해도 있으나 자연스럽지 못하다. '요이위지徼以爲知'의 '요徼'는 원래 이리저리 돌아다닌다는 뜻이다. 공안국은 다른 사람의 생각이나 공적을 베껴 자신의 것처럼 떠벌이는 것으로 풀이했다. 주희는 훔쳐보는 '사찰伺察'로 해석했다. 이 장은 앞 장과 합쳐 해석해야만 한다. 이 장에서도 '예'가 배제된 '용'의 위험이 지적되고 있다. 공자는 과감하기만 하고 융통성이 없거나 아래에 머물면서 윗사람을 비방하는 등의 행동도 이와 다를 바가 없다고 지적한다.

제25장

子曰, "唯女子與小人爲難養也. 近之則不孫, 遠之則怨."

공자가 말했다. "오직 여자와 소인만은 상대하기가 어려운(난양難養) 대상
이다. 가까이하면 불손하고(근지즉불손近之則不孫), 멀리하면 원망하기(원지
즉원遠之則怨) 때문이다."

　'여자女子'와 '소인小人'을 정현은 빈천한 남녀의 의미로 풀이했다. 주희는 '여자'
를 비첩婢妾, '소인'을 복례僕隷로 새겼다. 그는 "위정자가 남녀 하인인 신첩臣妾에
게 엄장嚴莊으로 임하고 자애로써 기르면 두 가지 병폐가 사라질 것이다."라고 풀
이했다. '난양難養'의 '양養'을 유보남은 상대할 '대待'의 의미로 해석했다.

　여기의 이 장은 흔히 공자가 여인을 비하한 근거로 원용되고 있으나 이는 잘못
이다. 공자는 여인을 비하한 적이 결코 없다. 그가 효를 강조하면서 부친에 대한
효만을 언급한 적이 결코 없다는 사실이 이를 증명한다. 그가 이 장에서 말한 '여
자'는 주희가 풀이한 바와 같이 '비첩'을 뜻한다.

제 26 장

子曰, "年四十而見惡焉, 其終也已."

공자가 말했다. "사람이 나이 40세가 되도록 남의 입에 오르내리면(사십견
오四十見惡) 악명惡名이 끝까지 따라 다닌다."

　'견오見惡'의 '견見'은 피동의 의미를 만드는 조동사, '오惡'는 혐오한다는 뜻의 동
사로 사용됐다. '기종야이其終也已'의 '야이也已'는 그칠 '지止'의 뜻이다. 『춘추좌전』
「노애공 20년」조에 사암史黯은 벼슬길에 나서 다른 사람들로부터 미움을 받지 않
았다는 취지의 '암야진불견오黯也進不見惡' 표현이 나온다. 이 장을 두고 정현은
"불혹의 나이가 되도록 사람들에게 미움을 받으면 끝내 선행善行이 없을 것이다."
라고 풀이했다. 주희는 "40세는 덕이 이뤄지는 때이다. 남에게 미움을 받는다면
그대로 끝날 뿐이다. 사람들에게 제때에 자신의 허물을 고치고 선으로 나아갈 것
을 권한 것이다."라고 주석했다.

　이에 대해 미야자키 이치사다는 문맥상 '사십견오四十見惡'의 '오惡'가 '혹惑'의 착
간錯簡일 가능성을 제기했다. 공자 자신이 나이 40세가 되어 사물에 미혹되지 않
을 자신이 생긴 덕분에 '사십견오'의 대상에서 벗어날 수 있었던 점을 논거로 들
었다. 「자로」 제24장에서 공자는 고을 사람이 모두 어떤 사람을 좋아하거나 모두
미워할 경우에는 결코 이를 그대로 받아들여서는 안 되고, 향인 가운데 선자善者

가 모두 좋아하고, 불선자不善者가 모두 미워할 경우에만 믿을 만하다고 언급한 바 있다. 40세 때 어떤 일로 인해 남의 입에 오르내리는 '사십견오'의 모습을 보인 것을 두고 주희처럼 단정적으로 '그대로 끝날 뿐이다!'의 의미로 새기는 것은 공자의 평소 언행과 맞지 않는다. 철학 전공 교수들의 모임인 동양고전연구회가 이보다 더 심한 어조로 "나이 마흔이 되어서도 사람들에게 미움을 받으면 그의 일생은 더 이상 가망이 없다!"고 풀이한 것은 큰 잘못이다. 미야자키 이치사다의 주석을 좇는 게 합리적이다. 여기서는 이를 좇았다.

제 1 8 편

미
자
微
子

-

Intro

미자微子

출사出仕에 관한 공자의 기본 입장 등

「미자」는 총 11개 장으로 되어 있다. 이 편은 군자가 난세에 몸을 두는 경우의 출처진퇴出處進退의 문제를 집중 논의하고 있다. 벼슬을 버리고 재야에 은둔해 사는 은자隱者와 일민逸民이 주인공이다. 내용상 「태백」과 상통하는 구절이 많다.

사환仕宦에 대한 미련을 버리지 못하는 공자에 대한 조롱과 비판, 이에 대한 공자의 반응 등이 숨김없이 기술되어 있는 게 특징이다.

마지막의 제10장~제11장을 제외한 나머지 9개 장이 모두 은일隱逸의 문제를 다루고 있다. 이 9개 장은 군자의 출처진퇴에 관한 내용이 주종을 이루고 있으나, 은자의 비판에 대한 공자의 반박과 은자의 생활태도에 대한 공자의 비판도 포함되어 있다.

제10장~제11장의 2개 장은 모두 주나라 초기의 일을 언급한 것이다. 군자의 출처진퇴와 은자 등을 거론한 앞의 9개 장과 확연히 구별된다. 공자는 「미자」 제8장에서 언급한 7명의 일민逸民 가운데 백이와 숙제를 가장 높이 평가했다.

제 1 장

微子去之, 箕子爲奴, 比干諫而死. 孔子曰, "殷有三仁焉."

미자微子는 은나라를 떠나가고, 기자箕子는 머슴이 되고, 비간比干은 은나라 주왕紂王에게 간하다가 죽임을 당했다. 공자가 이같이 평했다. "은나라는 말기에 이르러 3명의 인자仁者가 등장한(은유삼인殷有三仁) 역사가 있다."

'미자微子'는 은나라 마지막 왕 주紂의 서형이다. 미자의 이름은 계啓이다. 『사기』「송미자세가宋微子世家」에는 개開로 나온다. 이는 한경제漢景帝 유계劉啓의 이름을 꺼려 '계'를 '개'로 바꾼 것이다. 군주의 이름을 직접 부르지 않는 '피휘避諱'를 한 결과다. 통상 '피휘'는 글자를 바꾸는 개자改字, 획수를 줄이는 결필缺筆, 글자를 빼고 자리를 비워두는 공자空字 등의 방법을 동원했다. '기자箕子'와 '비간比干'은 주의 숙부이다. '기자'를 두고 『사기』「송미자세가」의 '주친척야紂親戚也' 구절을 근거로 주의 숙부가 아닌 친척이라고 했으나 대부분 주의 숙부로 본다. '은유삼인殷有三仁'을 두고 주희는 "세 사람의 행동은 같지 않으나 똑같이 지성스럽고 비통해하는 '측달惻怛'의 뜻에서 나왔다. 이에 사랑의 이치에 어긋나지 않아 마음의 덕을 온전히 할 수 있었다."라고 풀이했다. 내용상 세간의 전송으로 보인다.

柳下惠爲士師, 三黜. 人曰, "子未可以去乎." 曰, "直道而事人, 焉往而不三黜. 枉道而事人, 何必去父母之邦."

유하혜柳下惠가 옥송 담당 관원인 사사士師가 됐다가 3번 면직됐다(삼출三黜). 혹자가 물었다. "그대는 아직도 이 나라를 떠나지 않았는가?"
유하혜가 대답했다. "도를 곧게 지켜 남을 섬기면(직도사인直道事人) 어디를 간들 3번 면직되지 않겠는가? 또 도를 굽혀 남을 섬기면(왕도사인枉道事人) 굳이 부모의 나라(부모지방父母之邦)를 떠날 필요가 있겠는가?"

'유하혜위사사柳下惠爲士師'의 '사사士師'를 두고 공안국은 전옥典獄을 다스리는 관원으로 보았다. 정현은 『주례周禮』의 주석을 근거로 '사士'를 '찰察'로 간주해 주로 옥송獄訟을 살피는 사람으로 풀이했다. 이 장을 두고 북송 말기에서 남송 초기에 활약한 호인은 『논어상설』에서 "여기에는 반드시 공자가 단정한 말이 있었을 터인데 없어졌다."라고 풀이했다. 이 장은 노나라의 현자 유하혜를 예로 들어 출처진퇴出處進退에 대한 공자의 기본 입장을 드러낸 것이다. '은유삼인殷有三仁'과 연관시켜 바로 뒤에 이 장을 배치한 편집자의 의도가 뚜렷이 나타난다.

齊景公待孔子曰, "若季氏則吾不能, 以季孟之間待之." 曰, "吾老矣, 不能用也." 孔子行.

제경공齊景公이 공자에게 대우의 수준을 놓고 이같이 언급했다. "내가 노나라 집정인 계씨季氏와 같은 수준으로 대접할 수는 없소. 그러나 상경上卿인 계씨와 하경下卿인 맹씨孟氏의 중간 수준(계맹지간季孟之間)으로는 대접할 수 있소." 그러고는 다시 공자에게 이같이 말했다. "내가 늙어서 그대를 등용할 수가 없소." 공자가 그곳을 떠났다.

'계맹지간季孟之間'은 당시 노나라의 상경上卿으로 있던 계씨와 하경下卿으로 있던 맹씨孟氏의 중간급인 중경中卿 수준으로 대우하겠다는 의미이다. 주희를 비롯한 성리학자들은 이 장에 나오는 제경공의 말을 역사적 사실로 보았다. 이들은 제경공이 공자를 쓸 수 없다고 한 것은 제나라 신하들의 반대가 있었기 때문이고, 공자는 벼슬에 목적이 있었던 게 아니라 그곳을 떠날 수 있었다고 본 것이다. 그러나 크릴은 이 장의 일화를 후대인의 위문僞文 또는 후대에 만들어진 설화 정도로 간주했다. 그는 공자가 천하유세 가운데 제나라를 방문했다는 명백한 증거도 없고, 제경공은 이미 기원전 490년에 사망했고, 공자가 삼환과 동렬에 오른 적도 없다는 사실 등을 근거로 이 장을 역사적 사실과 동떨어진 것으로 단정했다. 「미자」의 다른 장과 마찬가지로 이 장 역시 후대 문인이 공자에 관한 설화를 삽입시켜 놓은 위문에 불과하다는 것이다. '정치사학'의 관점에서 볼 때 크릴의 견해가 옳다. 원래 공자는 노소공이 삼환의 역습을 받고 기원전 517년에 제나라로 망명한 지 얼마 안 되어 제나라로 망명 성격의 유학을 떠났다. 당시 공자는 그다지 명망이 높지 않았다. 당시 공자는 36세였고, 제경공은 60세가량이었을 것으로 추정된다. 계손씨는 상경, 맹손씨는 하경이었다. 그가 제경공으로부터 계씨 및 맹씨의 중간 수준에 달하는 예우를 제의받았을 리 없다. 이 장은 공자가 천하유세에 나설 당시 그 배경에 관련해 세간에 유포된 설화가 수록된 것으로 보는 게 합리적이다.

제 4 장

齊人歸女樂, 季桓子受之, 三日不朝, 孔子行.

제나라 사람이 여악女樂을 보내자 계환자季桓子가 이를 접수했다. 노나라의 군신君臣이 여악을 감상하느라 3일 동안 조회를 열지 않았다(삼일부조三日不朝). 마침내 공자가 노나라를 떠나 천하유세에 나섰다.

'제인귀여악齊人歸女樂'의 '귀歸'는 노나라로 귀부歸附시켰다는 의미로 사용된 것이다. '여악女樂'은 가무歌舞를 전업으로 하는 여인 악단을 가리킨다. '삼일부조三日不朝'는 계환자가 여악을 즐기느라 3일 동안 조회를 열지 못했다는 의미로 사용된 것이다. 역대 주석가들은 제경공이 여악을 보낸 이유와 관련해 공자로 인해 노나라가 너무 강대하게 될 것을 염려한 제경공이 이간책을 구사한 것으로 풀이했다. 그러나 최술은 이 내용에 관해 『맹자』에 한마디 언급도 없는 사실에 주목해 위문僞文일 가능성을 제기했다. 크릴은 보다 단정적인 어조로 「미자」의 여타 장과 마찬가지로 위문으로 보아야 한다고 주장했다. '공자행孔子行'은 공자가 노나라를 떠나 철환천하의 유세에 떠났다는 취지에서 나온 것이다. 공자의 나이 56세가 된 노정공 14년, 기원전 497년의 일이다.

이 장은 공자가 천하유세를 떠나기 직전의 상황을 전해주고 있다. 제나라가 여악을 보낸 것은 사실로 보아야 한다. 그러나 그것이 공자가 벼슬을 내놓은 뒤 천하유세를 떠난 직접적인 원인이 된 것은 아니었다. 더 주요한 원인은 은밀하게 진행시킨 삼환 제거의 계책이 끝내 수포로 돌아간 데 있었다. 직접적인 원인은 공자 자신에게 있었던 셈이다. 다만 공자는 사직의 명분을 찾고 있었던 까닭에 마침 제나라가 여악을 보내자 이를 구실로 사직한 뒤 천하유세에 나섰을 가능성이 크다. 그럼에도 당시 세간에는 그것이 사직의 가장 큰 이유로 유포됐을 가능성이 높다.

제 5 장

楚狂接輿歌而過孔子曰, "鳳兮, 鳳兮. 何德之衰. 往者不可諫, 來者猶可追. 已而, 已而. 今之從政者殆而." 孔子下, 欲與之言, 趨而辟之, 不得與之言.

초나라의 미치광이 접여接興가 다음과 같이 노래하면서 공자가 탄 수레 곁을 지나갔다. "봉황이여, 봉황이여, 어찌 덕이 그토록 쇠해졌단 말인가. 지난 일은 간할 게 없지만(왕자불가간往者不可諫) 다가올 일은 오히려 따를 수 있다(내자유가추來者猶可追). 그만두게, 그만두게, 오늘날의 종정자從政者는 위험한 사람일 뿐이니." 공자가 수레에서 내려 더불어 얘기하고자 했으나 접여가 빨리 걸어 피하는 바람에 더불어 얘기할 수 없었다.

'초광접여楚狂接興'의 '초광楚狂'은 '초나라의 미치광이'를 뜻한다. '접여接興'는 초나라의 은자로 『장자』 「인간세人間世」를 비롯해 『순자』 「요문堯問」, 『전국책』 「진책秦策」, 『초사』 「섭강」, 『한비자』 「해로解老」편 등에도 그의 이름이 나온다. 형병은 실존 인물로 보고, 성은 육陸, 이름은 통通, 자는 '접여'라고 주장했다. 그러나 양보쥔은 청나라 가경제 때 활약한 조지승曹之升의 『사서척여설四書摭餘說』을 인용해 『논어』에 나오는 은자의 이름은 모두 은자가 행한 일과 관련해 지어진 것으로 분석했다. '초광접여'는 공자의 수레에 접근한 초나라의 미치광이라는 취지에서 만들어진 이라는 것이다. 주희는 공자가 초나라로 가려고 할 때 접여가 노래를 부르며 지나갔다고 주장했으나 무슨 근거를 제시한 것은 아니다. '봉혜鳳兮'는 '봉황이여!'의 뜻이다. 원래 봉황은 천하에 도가 있으면 출현하는 상상의 길조로 알려졌다. 여기서는 공자를 상징한다.

'내자유가추來者猶可追' 구절을 두고 공안국과 주희는 "앞으로는 혼란을 피해 은거할 수 있다."라고 해석했다. 황간은 '내자來者'를 아직 이르지 않은 일로 보아, "아직 이르지 않은 이른 일은 오히려 그만두고 다시는 주류천하周流天下 행보를 그칠 수 있다는 취지이다."라고 풀이했다. '공자하孔子下'의 '하下'를 두고 형병은 하거下車, 정현은 마루에서 내려와 문을 나서는 '하당출문下堂出門'으로 해석했다.

'왕자불가간往者不可諫, 내자유가추來者猶可追' 구절이 『장자』「인간세」에는 올 세상 기다릴 수 없고 간 세상 좇을 수 없다는 취지의 '내세불가대來世不可待, 왕세불가추야往世不可追也'로 되어 있다. 『논어』와 『장자』에 접여의 노래가 동시에 실린 것은 당시 접여과 공자의 만남에 관한 일화가 매우 널리 유포되어 있었음을 시사한다. 「미자」와 「인간세」에 실린 접여의 노래는 기본적으로 난세에 처신을 신중히 해 몸을 잘 간수할 것을 당부한 점에서 기본 취지는 동일하다.

그러나 현세에 대한 기본 입장은 사뭇 다르다. 「미자」는 '지난 일은 간할 게 없고, 다가올 일 오히려 따를 수 있네!'라고 한 데 반해 「인간세」는 '올 세상 기다릴 수 없고, 간 세상 좇을 수 없네!'라고 노래했다. 「미자」는 미래에 대한 희망을 버리지 않고 있는 데 반해 「인간세」는 다가올 미래 역시 현재의 난세와 별반 다를 바가 없으리라는 비관적인 전망 위에 서 있다. 속세에 초점을 맞춘 유가의 입세入世 입장과 초속超俗을 강조한 도가의 출세出世 입장이 선명히 드러나는 대목이다. 이 장 역시 공자의 천하유세와 관련한 일화가 삽입된 것으로 보는 게 합리적이다.

제 6 장

長沮桀溺耦而耕, 孔子過之, 使子路問津焉. 長沮曰, "夫執輿者
爲誰." 子路曰, "爲孔丘." 曰, "是魯孔丘與." 曰, "是也." 曰,

"是知津矣." 問於桀溺. 桀溺曰, "子爲誰." 曰, "爲仲由." 曰, "是魯孔丘之徒與." 對曰, "然." 曰, "滔滔者天下皆是也, 而誰以易之. 且而與其從辟人之士也, 豈若從辟世之士哉. 耦而不輟." 子路行以告. 夫子憮然曰, "鳥獸不可與同群, 吾非斯人之徒與而誰與. 天下有道, 丘不與易也."

장저長沮와 걸닉桀溺이 짝을 지어 밭을 갈았다(우경耦而耕). 공자가 지나가다가 자로를 시켜 나루터를 묻게 했다. 장저가 자로에게 반문했다. "저 수레 고삐를 잡고 있는 사람(집여자執輿者)은 뉘신가?" "공구孔丘입니다." 장저가 다시 물었다. "노나라의 공구란 말인가?" "그렇습니다."

그러자 장저가 이같이 꼬집었다. "그는 나루터 위치를 알고 있을 것이네."

자로가 할 수 없이 걸닉에게 묻자 걸닉이 자로에게 되물었다.

"그대는 뉘신가?" "중유仲由입니다." 걸닉이 물었다. "그대가 노나라 공구의 제자인가?" "그렇습니다."

걸닉이 말했다. "도도하게 흐르는 물결처럼 천하가 모두 그렇게 흘러가는 법이오. 누가 이를 바꿀 수 있겠소? 그대는 사람을 피하는 선비(피인지사辟人之士)를 따르느니 차라리 세상을 피하는 선비(피세지사辟世之士)를 따르는 게 낫지 않겠소?" 그러고는 계속 장저와 함께 밭 가는 일을 멈추지 않았다. 자로가 돌아와 공자에게 이를 고하자 공자가 낙심하며(무연憮然) 말했다. "조수鳥獸와 어울려 살아갈 수는 없다(불가여동군不可與同群). 내가 이 세상 사람들과 함께하지 않고 누구와 함께하겠는가? 천하에 도가 있다면 내가 너희들과 세상을 바꾸려고 시도하지도 않았을 것이다(불여역야不與易也)!"

'장저長沮'와 '걸닉桀溺' 역시 앞 장에 나온 '초광접여'와 마찬가지로 도가의 은자이다. 주희는 공자가 천하유세 도중 초나라를 떠나 제나라로 돌아갈 때 이들과 만난 것으로 보았다. 다산은 당시 공자는 물이 넘쳐 어느 곳으로 건너야 좋을지 몰라 당황해하는 상황이었을 것으로 추정했다. '도도자천하개시야滔滔者天下皆是也' 구절을 두고 황간은 천하가 악으로 가득 찬 것을 비유한 내용으로 풀이했다. '이수이역지而誰以易之'를 두고 주희는 '이而'를 2인칭 대명사인 '여汝', '이以'를 함께한다는 뜻의 '여與'로 해석했다. '피인지사辟人之士'는 자신을 알아주지 않는 열국의 군주를 피해 천하를 주유하고 있는 공자를 지칭한 말이다. '무연憮然'을 두고 황간은 경악 또는 낙심의 모습, 형병은 실의에 찬 모습, 주희는 애석해하는 모습으로 풀이했다. '비사인지도여非斯人之徒與'의 '사인지도斯人之徒'는 이 세상의 사람을 가리킨다. 동사 '여與'의 목적어로, 부정문인 까닭에 동사 앞으로 나온 것이다.

　이 장에서 공자는 도가의 은자를 조수와 함께 무리지어 사는 사람으로 비판했다. 이상국을 세우고자 하는 공자의 의지가 선명히 드러나는 대목이다. 이를 두고 주희는 "어찌 사람을 끊고 세상을 피해 그것을 깨끗함으로 여길 수 있겠는가? 천하가 이미 편안하게 다스려졌다면 공자가 천하를 변역시키려고 할 필요가 없었을 것이다. 천하에 도가 없었기에 도로써 변역시키려고 했을 뿐이라고 말한 것이다."라고 풀이했다.

제 7 장

子路從而後, 遇丈人以杖荷蓧. 子路問曰, "子見夫子乎." 丈人
曰, "四體不勤, 五穀不分, 孰爲夫子." 植其杖而芸. 子路拱而立,
止子路宿, 殺鷄爲黍而食之, 見其二子焉. 明日, 子路行以告. 子
曰, "隱者也." 使子路反見之, 至則行矣. 子路曰, "不仕無義. 長
幼之節不可廢也, 君臣之義, 如之何其廢之. 欲潔其身而亂大倫.
君子之仕也, 行其義也. 道之不行, 已知之矣."

자로가 공자를 따라 초나라에서 채나라로 돌아오던 중 뒤처지게 됐다. 도
중에 지팡이로 김매는 기구를 메고 가는(이장하조以杖荷蓧) 노인을 만나게
됐다. 자로가 물었다. "노인장은 우리 선생님을 보셨소?"
노인이 말했다. "손발을 부지런히 움직여 일하지 않고(사체불근四體不勤) 오
곡五穀을 파종하지도 못하는(오곡불분五穀不分) 사람을 말하는 것이오? 그
대가 말한 선생님은 도대체 누구를 가리키는 것이오?" 그러고는 지팡이를
세워둔 채 김을 맸다(치장이운植杖而芸).
자로가 두 손을 공손히 마주잡은 채 서 있자(공립拱立) 노인이 이내 자로를
자신의 집에 머물러 자게 했다. 이때 닭을 잡고 기장밥을 지어(살계위서殺鷄
爲黍) 먹인 뒤 아들에게 자로를 뵙게 했다.
다음 날 자로가 그곳을 떠나 공자에게 와 자초지종을 고했다. 공자가 말했다.

"은자隱者로다!" 그러고는 곧 자로를 시켜 다시 돌아가 만나보게 했다. 자로가 도착해 보니 노인은 이미 외출한 뒤였다. 자로가 돌아와 보고하자 공자가 탄식했다. "벼슬하지 않은 것은 의롭지 못한 것(불사무의不仕無義)이다. 장유長幼 사이의 예절(장유지절長幼之節)은 폐할 수 없다. 하물며 어찌 군신 사이의 의리(군신지의羣臣之義)를 폐할 수 있겠는가? 이는 자신의 한 몸을 깨끗이 하려다가 더 큰 윤리(대륜大倫)를 어지럽히는 짓이다. 군자가 벼슬을 하는 것(군자지사君子之仕)은 바로 큰 의로움(대의大義)을 실천하기 위함이다. 장차 도가 행해지지 않으리라는 것을 이미 알고 있었다."

'이장하조以杖荷蓧'의 '조蓧'는 삼태기를 말한다. 형병은 김매는 기구로 해석했다. '오곡불분五穀不分'을 두고 황간은 파종할 때 오곡을 분별하지 못하는 것, 주희는 콩과 보리인 '숙맥菽麥'을 구별하지 못하는 것으로 새겼다. '치기장이운植其杖而芸'의 '치植'가 후한 말기 채옹蔡邕이 만든 '희평석경熹平石經'에는 '치置'로 나온다. 오규 소라이는 고대에 서로 통용됐다고 보았다. '살계위서이사지殺鷄爲黍而食之'의 '살계殺鷄'는 닭을 잡아 성찬盛饌을 차렸다는 의미이다. '위서爲黍'는 기장밥을 지었다는 취지이다. '사지食之'의 '사食'는 음식을 먹였다는 뜻의 사동사로 사용된 것으로 '사飼'와 같다. '정치사학'의 관점에서 볼 때 '불사무의不仕無義'는 『춘추좌전』「노은공 4년」조에 나오는 대의멸친大義滅親과 취지를 같이한다. 군자가 벼슬을 하는 '군자지사君子之仕'를 공자가 말한 진정한 의미의 의로움인 선왕고의先王古義로 풀이하는 이유다.

'자로왈子路曰'을 두고 정현은 "하조장인荷蓧丈人의 두 아들에게 말을 남겨 전하

도록 한 것이다."라고 풀이했다. 그러나 송대 초기에 나온 복주각본福州刻本에는
'자로반子路反, 자왈子曰'로 되어 있다. 주희는 이를 거론하면서 단정을 피한 채 자
로가 공자를 대신해 천하유세의 의미를 밝힌 것으로 보았다. 대략 자로가 공자의
언행을 한 치도 거스르지 않고 추종한 점에 비춰 자로가 한 말로 보는 해석이 주
류를 이루고 있다. 다산이 자로의 독백으로 본 게 대표적이다. 그러나 오규 소라
이는 '복주각본' 구절을 좇아 자로의 보고를 받은 뒤 공자가 탄식한 말로 보는 게
타당하다고 주장했다. 여기서는 '복주각본'의 해석을 좇았다.

이 장에 나오는 '하조장인荷篠丈人' 역시 앞서 나온 '초광접여'와 '장저', '걸닉' 등
과 마찬가지로 세상을 피해 사는 은자이다. 제5장~제7장의 3개 장에 나오는 이들
은자들은 하나같이 공자의 천하유세를 조롱하는 인물로 나오고 있다. 그러나 3개
장의 핵심은 이들 은자들의 지적에 대한 공자의 반박에 있다. 후대의 문인이 공자
의 천하유세 의미를 부각시키기 위해 세간의 여러 설화 가운데 이에 합당한 설화
를 골라 삽입시켰거나 유사한 내용을 윤색해 실어놓았을 가능성이 크다.

제 8 장

逸民, 伯夷叔齊虞仲夷逸朱張柳下惠少連. 子曰, "不降其志,
不辱其身, 伯夷叔齊與." 謂, "柳下惠少連, 降志辱身矣, 言中倫,
行中慮, 其斯而已矣." 謂, "虞仲夷逸, 隱居放言, 身中淸, 廢中
權. 我則異於是, 無可無不可."

역사상 벼슬을 하지 않은 고사高士(일민逸民)로는 백이伯夷·숙제叔齊·우중虞仲·이일夷逸·주장朱張·유하혜柳下惠·소련少連 등 7명을 꼽을 수 있다. 공자는 백이와 숙제를 이같이 평했다. "자신의 뜻을 굽히지 않고(불항기지不降其志) 그 몸을 욕되게 하지 않은(불욕기신不辱其身) 자는 백이와 숙제이다!" 유하혜와 소련에 대해서는 이같이 평했다. "유하혜와 소련은 뜻을 굽히고 몸을 욕되게 했으나(항지욕신降志辱身) 말은 윤리에 맞고(언중륜言中倫), 행실은 사려에 부합하는(행중려行中慮) 모습을 보였다. 이들은 그것뿐이었다." 우중과 이일에 대해서는 이같이 평했다. "우중과 이일은 숨어 살며 말을 자유롭게 했으나(은거방언隱居放言) 했으나 그 몸가짐이 깨끗하고(신중청身中淸), 벼슬을 하지 않고 시의에 맞춰 운신하는 권도權道에 맞았다(폐중권廢中權). 나는 이들과 다른 까닭에 반드시 가한 것도 없고 불가한 것도 없다(무가무불가無可無不可)."

'일민逸民'을 두고 황간은 절조와 품행이 뛰어나 세상에 구애받지 않는 사람으로 새겼다. '우중虞仲'은 형만荊蠻의 땅에 들어가 오나라의 시조가 된 태백泰伯의 동생 중옹仲雍을 가리킨다. '이일夷逸'과 '주장朱張'에 관해서는 알려진 바가 없다.

'언중륜言中倫'은 순서 또는 사리에 부합한다는 의미이다. 여기의 '륜倫'은 순서를 뜻한다. '은거방언隱居放言'의 '방언放言'을 두고 오규 소라이는 함부로 지껄이는 '호설胡說', 다산은 근언謹言에 반대되는 것으로 하고 싶은 말을 다하는 '종언縱言'으로 풀이했다. '신중청身中淸'을 두고 황간은 어지러운 조정에서 스스로 벼슬하지 않은 까닭에 청결하다는 의미로 풀이했다. '폐중권廢中權'을 두고 마융은 난세를 만나 스스로 버려졌으나 오히려 화를 면함으로써 권도權道에 부합하게 되었다는 의미로 파악했다.

이 장에는 7명의 일민에 대한 공자의 평이 등급별로 언급되어 있다. 여기서는 백이와 숙제가 가장 높은 평가를 받았다. 두 사람 모두 뜻과 몸을 굽히지 않은 까닭이다. 다음으로 유하혜와 소련은 비록 각각 뜻과 몸을 굽히기는 했으나 언행이 윤리와 사려에 부합했다. 마지막으로 우중과 이일은 언행이 통상의 예에 벗어나기는 했으나 처신이 권도에 부합했다. 『맹자』「만장 하」는 백이와 숙제 및 유하혜 등을 공자와 비교하며 공자를 이같이 칭송해놓았다. "속히 떠날 만하면 떠나는 것(가이속이속可以速而速), 오래 머물 만하면 오래 머무는 것(가이구이구可以久而久), 은둔할 만하면 은둔하는 것(가이처이처可以處而處), 벼슬할 만하면 벼슬하는 것(가이사이사可以仕而仕)을 자유롭게 행한 사람은 바로 공자였다."

'무가무불가無可無不可'를 두고 주희는 "공자는 『맹자』「만장 하」에서 언급했듯이 상황에 맞춰 자유자재로 속구처사速久處仕의 노선을 취했다. '무가무불가'를 언급한 이유다."라고 풀이했다. 기무라 에이이치는 이 장이 내용상 미자와 기자 등을 칭송한 제1장과 상응하는 것으로 분석했다.

이일夷逸은 누구일까?

'이일'을 두고 다산은 명대 말기의 학자 설방산薛方山의 주장을 인용해 홀로 은거하며 벼슬을 살지 않은 '이궤지족夷詭之族'이라고 분석했다. '주장朱張'을 두고 왕필은 자가 자궁子弓이라고 했다. 형병은 순자가 자궁子弓을 공자에 비유한 바 있다고 주장했으나 오규 소라이는 순자가 공자에 비유한 인불은 중궁仲弓이지 '지궁'이 아니라고 반박했다. '소련少連'을 주희는 동이인東夷人이라고 했다. 『예기』

「잡기 하」에는 부모의 거상居喪을 성실히 치른 인물로 나온다.

제 9 장

大師摯適齊, 亞飯干適楚, 三飯繚適蔡, 四飯缺適秦, 鼓方叔入
於河, 播鼗도武入於漢, 少師陽擊磬襄入於海.

주왕실의 태사太師 지摯는 제나라, 아반亞飯 간干은 초나라, 삼반三飯 요繚
는 채나라, 사반四飯 결缺은 진秦나라, 큰 북인 고鼓를 치던 방숙方叔은 하
내河內, 작은 북인 도鼗를 흔들던 무武는 한중漢中, 소사少師 양陽과 경쇠인
경磬을 치던 양襄은 바다의 섬으로 들어갔다.

'태사太師'는 악사의 총책임자를 말한다. 공안국과 주희는 태사를 노나라 공실
의 악관으로 보았다. 그러나 이들은 오히려 주왕실의 악관들이었을 가능성이 크
다. 원래 태사는 궁정음악을 관장하는 최고의 장관이고 '소사少師'는 차관이다.

주희는 '아반亞飯'과 '삼반三飯' 및 '사반四飯'을 음식을 먹을 때 음악을 연주하는
관원으로 보았다. 고대에는 천자와 제후가 식사를 할 때 음악을 연주했다. 서민은
두 끼만 먹었으나 천자는 네 끼를 먹었다. '아반'과 '삼반' 및 '사반'은 각각 주식晝
食과 포식餔食 및 모식暮食의 음악 연주를 주관한 관원들이다. 사반까지 등장하고
있는 것은 이들이 주왕실의 악관이었음을 보여준다. '입어해入於海'를 두고 황간

은 소사少師 양陽과 경쇠인 경磬을 치던 양襄이 각각 바다 안의 섬으로 달아나 은 둔한 것으로 풀이했다. 주희는 바다 안의 섬, 양보쥔은 바닷가로 해석했다.

이 장을 두고 공안국은 노애공 때 예악의 제도가 무너지자 노나라에서 활약한 악사들이 모두 떠난 사실을 언급한 것으로 풀이했다. '정치사학'의 관점에서 볼 때 이 장은 공자가 30대 후반일 때 주왕실의 악단이 왕실의 내분으로 인해 분산한 사실을 전하고 있다. 다만 이 기사는 누가 전한 것인지 알 길이 없다. 공자의 제자 (문도門徒) 사이에 전해진 전문傳聞이 수록된 것으로 짐작된다. 기무라 에이이치는 공자가 견문한 사실이 수록된 내용이라면, 편집자가 이를 공자의 일민逸民에 대한 비평 뒤에 부록으로 삽입시켜 보존하고자 했을 가능성이 크다고 분석했다.

제10장

> 周公謂魯公曰, "君子不施其親, 不使大臣怨乎不以, 故舊無大故則不棄也. 無求備於一人."
>
> 주공周公 단旦이 아들인 노공魯公 백금伯禽에게 말했다. "군자는 가까운 사람을 편애하지 않고(불시기친不施其親), 대신들로 하여금 써주지 않는 것을 원망하지 않게 하며(불사원호불이不使怨乎不以), 옛 친구들은 큰 잘못이 없는 한 버리지 않고(무내고불기無大故不棄), 한 사람에게 모든 것을 다 갖출 것을 요구하지 않는다(무구비어일인無求備於一人)."

'불시기친不施其親'의 '시施'를 두고 해석이 분분하다. 황간은 편애할 '편偏', 공안국은 타인의 어버이로 자신의 어버이를 바꾸는 '역易', 주희는 내버려 두는 '유기遺棄', 장보첸은 자신의 친척을 등용하는 '용用'으로 새겼다. 오규 소라이는 한유韓愈의 주석을 좇아 소홀히 하는 '이만弛慢'으로 새겼다. 다산도 무관심한 태도를 뜻하는 '이해弛解'로 해석했다. '원호불이怨乎不以'의 '이以'를 공안국은 동사인 쓰일 '용用'의 의미로 사용됐다고 보았다. 이 장을 두고 호인은 "이 장은 주공 단이 아들 백금伯禽이 노공魯公이 되어 봉국인 노나라로 가게 됐을 때 훈계한 말이다. 노나라 사람이 전송해 오래도록 잊지 않은 것으로 보인다. 아니면 공자가 일찍이 제자들과 한 말이지도 모른다."라고 추정했다.

제11장

周有八士. 伯達伯适仲突仲忽叔夜叔夏季隨季騧.

옛날 주나라에 한 어미가 4번에 걸쳐 쌍둥이를 해산해 8사八士가 나타났다는(주유팔사周有八士) 일화가 전해온다. 백달伯達 · 백괄伯适과 중돌仲突 · 중홀仲忽, 숙야叔夜 · 숙하叔夏, 계수季隨 · 계왜季騧가 바로 그들이다.

이 장의 '주유팔사周有八士' 구절은 제1장의 '은유삼은殷有三隱' 구절과 호응한다. 모두 뛰어난 인물을 가리키고 있다. '팔사'의 행적에 대해서는 잘 알려져 있지 않다. 고주古注는 이를 4쌍의 쌍둥이로 해석했다. 백伯·중仲·숙叔·계季로 시작되는 이름에 착안한 것이다. '팔사'를 두고 정현은 『소疏』에서 주성왕 때의 일로 보았으나, 유향과 마융은 주선왕, 오규 소라이의 제자인 다자이 슌다이太宰純臺는 주문왕 때의 일로 보았다. '팔사'는 「태백」의 '순유신오인舜有臣五人' 구절 및 「헌문」의 '작자칠인作者七人' 일화와 상통한다.

「미자」 제10장~제11장과 다른 장의 구분

제10장~제11장의 2개 장은 군자의 출처진퇴와 은자 등을 거론한 앞의 9개 장과 구별된다. 이들 2개 장은 내용상 제1장과 대응한다. 제1장과 제10장~제11장 모두 은나라 말기에서 주나라 초기의 역사적 사실을 전하고 있다. 그 내용은 모두 『상서』에 기초한 것이다. 그렇다면 이 2개 장은 어떻게 해 「미자」의 끝에 첨부된 것일까? 이를 두고 착간錯簡으로 보는 견해도 있으나 이는 잘못이다.

『맹자』 「공손추 상」에는 백이와 숙제, 이윤, 공자 등이 대비되어 기술되어 있다. 『맹자』 「만장 하」에도 백이와 이윤, 유하혜, 공자가 비교되어 있다. 「미자」의 일민 7인 가운데 5인은 『맹자』에 전혀 나타나지 않고, 『맹자』에 거론된 이윤은 『논어』에 나타나지 않고 있는 점에 주목할 필요가 있다. 이는 「미자」가 맹자의 학통과 연결되는 증자 문인의 손에 의해 만들어진 게 아님을 시사한다. 「미자」에 증자 후학이 개입한 흔적이 전혀 보이지 않는 게 그 증거다.

「미자」에 등장하는 공자의 제자는 오직 자로뿐이다. 『논어』에는 공자의 천하유력 가운데 은자와의 대결에 등장하는 제자로는 오직 자로만 있을 뿐이다. 사실 자로는 공자의 제자 가운데 『논어』에 가장 많이 등장하는 인물이기도 하다. 그에 관한 얘기는 모두 40개 장에 달한다. 그는 제자들 가운데 나이도 가장 많았고 의용

義勇도 가장 뛰어났다. 비록 '자로학파'가 나타나지 않았으나 공문의 '직계제자'들 사이에서 대선배로서 존경의 대상이 됐을 것으로 보는 게 합리적이다.

3~4대 제자시대에 노나라에서 세력을 떨친 학파는 '증자학파'였다. 『논어』는 그들의 손에 의해 원형이 만들어졌다. 『논어』에 대한 보유補遺 차원의 편집이 이뤄질 때 「미자」가 만들어졌을 가능성이 크다. 자로가 「미자」에 유일하게 등장하는 것도 이런 맥락에서 이해할 수 있다. 기무라 에이이치는 「미자」에 '자왈'로 표현된 장이 제7장~제8장의 2개 장에 불과한 점에 주목해, 비슷한 내용을 다룬 「태백」과 달리 이 장은 노나라가 아닌 제나라에서 편집됐을 가능성을 제기했다.

공자의 부모가 니산에서 치성기도를 올렸고 그 다음해에 공자를 낳았다

자장子張

–

Intro

자장子張

자장 · 자하 · 자유 · 증자 · 자공의 어록

「자장」은 총 25개 장으로 이루어져 있다. 이 편에는 공자의 말과 사제 간의 문답이 단 한 장도 나오지 않는다. 매우 특이한 경우다. 모두 자장과 자하, 자유, 증자, 자공 등 '직계제자' 5명의 말과 문답뿐이다. 이들 5명 제자의 언행을 수집한 게 바로 「자장」의 가장 큰 특징이라고 할 수 있다. 「자장」에 나오는 공자의 '직계제자' 5명 중 가장 많이 언급되는 사람은 자하이다. 모두 11개 장에 달한다. 다음으로 자공이 6개 장, 증자가 4개 장, 자장과 자유가 각각 3개 장이다.

「자장」은 여러 대목에서 『맹자』의 내용과 겹친다. 제나라의 객경客卿으로 있던 맹자가 제나라에 유포되어 있던 여러 전송을 접한 데 따른 것으로 보인다. 「자장」에 나오는 증자의 어록은 맹자가 제나라에 전한 게 수록됐을 가능성이 크다.

원래 자하와 자유, 자장 등 '삼자三子'는 모두 공문의 젊은 수재인 동시에 서로 경쟁 관계에 있었다. 서로 접촉하면서 비판을 서슴지 않았다. 일찍이 순자는 『순자』「비십이자非十二子」에서 이들 세 학파를 '천유賤儒'로 깎아내린 적이 있다. 이는 세 학파의 이전투구泥田鬪狗 양상을 지적한 것이다. 실제로 「자장」에는 자장학파와 자하학파를 비롯해 자유학파와 자하학파 사이의 논전이 가감 없이 수록되어 있다. 공자 사후에 전개된 '직계제자'들 사이의 정통성 논란이 간단하지 않았음을 짐작할 수 있다.

　원래 자하는 위魏나라에 뿌리를 내리고 제자들을 대거 육성했다. 그를 추종하는 '자하학파'의 이론은 '자유학파' 및 '자장학파'와 적통嫡統을 다투면서 제나라로 전래됐다고 보는 게 합리적이다. '정치사학'의 관점에서 볼 때 자장의 어록과 자유의 어록은 일단 자하의 어록과 연관되어 제나라에 전파된 뒤, 「자장」이 편집될 때 자하의 어록과 함께 수록된 것으로 짐작된다. 기무라 에이이치는 「자장」이 맹자 이후, 순자 이전에 제나라에서 편집됐을 가능성이 높은 것으로 추정했다.

제 1 장

子張曰, "士見危致命, 見得思義, 祭思敬, 喪思哀, 其可已矣."

자장子張이 말했다. "선비가 나라의 위기를 보면 몸을 바치고(견위치명見危致命), 이득을 보면 의를 생각하고(견득사의見得思義), 제사를 지낼 때 공경을 생각하고(제사경祭思敬), 상사에 임해 슬픔을 생각하면(상사애喪思哀) 가히 인정할 만하다."

'견득사의見得思義'의 '득得'은 목전의 이익을 가리킨다. 이 구절은 후대에 많은 논란을 일으킨 '의리지변義利之辨'의 근거로 자주 인용됐다. 「계씨」 제10장에도 똑같은 구절이 나온다. 「헌문」 제13장의 '견리사의見利思義' 구절도 같은 취지로 언급된 것이다. 제1장~제3장 모두 자장의 말을 모아놓은 것이다.

제 2 장

子張曰, "執德不弘, 信道不篤, 焉能爲有, 焉能爲亡."

자장이 말했다. "사람이 덕을 베풀면서 크게 넓히지 못하고(집덕불홍執德不弘), 도를 믿으면서 독실하지 못하면(신도부독信道不篤), 어찌 그런 사람이 있는지 여부를 묻거나(언능위유焉能爲有) 어찌 그런 사람이 없는지 여부를 물을(언능위무焉能爲亡) 필요가 있겠는가?"

'언능위유焉能爲有'와 '언능위무焉能爲亡' 구절을 두고 공안국은 경중輕重을 따질 필요가 없다는 의미로 풀이했다. 황간은 "세상에 이런 사람이 없어도 가볍다고 할 일이 없고, 있어도 무겁다고 할 일이 없다는 의미이다."라고 주석했다. 다산은 도덕道德의 유무有無를 논할 만한 가치가 없다는 의미로 해석했다. 주희는 "얻은 바가 있되 너무 좁으면 덕이 고립되고, 들은 게 있으나 믿음이 독실하지 못하면 도가 폐해진다. 유무를 논할 필요가 없다고 한 것은 족히 경중을 논할 대상이 될 수 없다는 취지이다."라고 풀이했다.

제 3 장

子夏之門人問交於子張. 子張曰, "子夏云何." 對曰, "子夏曰, '可者與之, 其不可者拒之.'" 子張曰, "異乎吾所聞. 君子尊賢而容衆, 嘉善而矜不能. 我之大賢與, 於人何所不容. 我之不賢與, 人將拒我, 如之何其拒人也."

자하子夏의 문인門人이 자장子張에게 사람 사귀는 법을 묻자 자장이 반문했다. "자하는 뭐라고 하던가?"

자하의 문인이 대답했다. "용납할 만한 자와는 함께하고(가자여지可者與之) 그렇지 못한 자는 거절한다(불가자거지不可者拒之)고 얘기했습니다."

자장이 반박했다. "내가 들은 바와 다르다. 군자는 현자를 존경하면서 뭇사람을 포용하고(존현용중尊賢容衆) 선한 사람을 칭찬하고 그렇지 못한 사람을 가엾게 여긴다(가선긍불능嘉善矜不能). 내가 크게 현명하면 남에게 어찌 받아들여지지 않을 리 있겠는가? 또 내가 현명하지 못하면 남이 곧 나를 멀리할 터인데 어느 겨를에 남을 멀리할 수 있겠는가?"

『논어』를 통틀어 이 장에서 자하의 문인이 처음으로 등장한다. 제4장~제13장의 10개 장 모두 자하에 관한 얘기인 점을 감안할 때 이를 자연스럽게 연결시키기 위한 편집자의 배려가 있었던 것으로 보인다.

「자장」을 편집한 자하학파의 세력

자하는 공자 사후 서하西河에 머물며 위문후魏文侯를 섬기는 와중에 많은 제자를 양성했다. 자하가 생존해 있을 당시 위나라가 노나라와 더불어 천하의 학술 중심지가 된 이유다. 위나라는 자하의 학풍에 영향을 받아 능력 위주의 정사를 펼쳤다. '수신학'이 아닌 '위정학'을 중시한 결과다. 노나라에서 '수신'을 중시한 증자학파가 위세를 세력을 떨친 것과 대조된다.

그러나 자하 사후 '위정학'을 발전시켜 천하의 학술 중심지가 된 곳은 제나라였다. 제나라는 도성인 임치臨淄에 학술전문기관인 '직하학당稷下學堂'을 세워 천하의 인재를 끌어 모았다. '직하학당'에는 위나라 자하의 학풍이 유입되는 동시에 맹자에 의해 노나라 증자의 학풍이 접목됐다. 「자장」에 자하의 얘기가 비교적 많이 실리게 된 것은 「자장」을 편집한 제나라에서의 자하학파의 세력을 반영한 것이기도 하다.

제 4 장

> 子夏曰, "雖小道必有可觀者焉, 致遠恐泥, 是以君子不爲也."
>
> 자하가 말했다. "비록 작은 재주(소도小道)일지라도 나름 반드시 볼 만한 내용(가관자可觀者)이 있게 마련이다. 군자는 소인의 행보를 추종할 경우 원대한 일을 이루는 데 방해가 될까 두려워하는(치원공니致遠恐泥) 모습을 보인다. 이 때문에 군자가 작은 재주를 배우지 않는 것이다(군자불위君子不爲)."

'소도필유가관자小道必有可觀者'의 '소도小道'를 두고 주희는 농사와 원예 및 의술과 복술 등의 기술, 형병은 제자백가 이론, 다산은 군사와 농경 및 의술 등으로 풀이했다. 전통적으로 의술醫術은 다른 잡술雜術과 달리 '유술儒術'에 준하는 대우를 받았다. 궁중의 여관女官 가운데 의녀醫女가 높은 대우를 받은 게 그 실례이다. 이는 '의술'이 충효를 실천하는 실용적인 학문으로 인식된 데 따른 것이었다. 왕조시대 때 많은 유자들이 나름 '의술'에 관해 뛰어난 식견을 지니게 된 이유다.

'치원공니致遠恐泥'의 '치원致遠'을 『대학』에서 말하는 '지선至善'과 유사한 '상달 上達'의 의미로 풀이했다. 문맥상 나라를 운영하는 '치국治國'의 의미로 풀이하는 게 합리적이다. '니泥'를 황간은 어려울 '난難', 주희는 '불통不通'으로 새겼다. '군자 불위君子不爲'의 '위爲'를 황간과 형병은 배울 '학學'의 의미로 풀이했다.

이 장은 『한서』 「예문지」에 나오는 '소설가小說家'의 서문에 '공자왈'로 시작되는 문장으로 인용되어 있다. 한나라 때 자하의 어록을 전송하는 과정에 와전訛傳된 결과로 보인다.

제 5 장

> 子夏曰, "日知其所亡, 月無忘其所能, 可謂好學也已矣."
>
> 자하가 말했다. "날마다 자신이 모르던 것을 알고(일지소무日知所亡) 달마다 배운 바를 복습해 잊지 않으면(월무망소능月無忘所能) 가히 학문을 좋아한다 고 말할 수 있다(가위호학可謂好學)."

자하는 이 장에서 '호학'을 논하고 있다. 이 장은 다음 장과 함께 해석해야만 그 뜻이 제대로 드러난다. 이는 자하학파의 학풍을 보여주는 것이기도 하다.

제 6 장

子夏曰, "博學而篤志. 切問而近思. 仁在其中矣."

자하가 말했다. "널리 배우고 뜻을 돈독히 하고(박학독지博學篤志) 간절하게 묻고 가까운 것에서 생각해나가면(절문근사切問近思) 인仁이 그 안에 있게 된다."

'박학이독지博學而篤志'의 '박학博學'은 배우기를 널리 하는 것, '독지篤志'는 뜻을 돈독히 하는 것을 말한다. '절문근사切問近思'의 '절문切問'은 의문 나는 바를 절실하게 묻는 것, '근사近思'는 가까이 있는 비슷한 것으로 미루어 그 이치를 짐작하는 것을 의미한다.

'독지'의 '지志'를 두고 공안국과 황간 및 형병 등은 '지식知識', 소동파와 정이천 및 주희는 '지향志向'으로 풀이했다. 다산은 후자를 좇았다. '근사近思'와 관련해 황간은 절실하게 물을 때 실질로써 대답하는 경우로 나아가는 것, 주희는 유추類推, 다산은 생각을 자신으로부터 시작하는 것으로 풀이했다. '근사'는 주희의 해석이 합리적이다. 주희가 여조겸呂祖謙과『근사록近思錄』14권을 지은 것도 '근사'의 뜻을 정밀히 파악한 데 따른 것으로 볼 수 있다.

다산은 '박학'과 '독지', '절문', '근사'에 따른 효과를 각각 고루함에 빠지지 않는 '불체어루不滯於陋'와 세속에 흐르지 않는 '불류어속不流於俗', 아는 게 정밀해지는 '소지자정所知者精', 깨닫는 게 실질에 가까워지는 '소오자실所悟者實'로 풀이했다.

이 장을 두고 오규 소라이는 이같이 풀이했다. "인仁과 학學은 다르다. '인'의 실행은 반드시 '학'이 전제돼야만 가능하다. 공자가 '인재기중의仁在其中矣'를 언급한 이유다. '박학독지博學篤志'는 선왕의 도를 실천하고자 하는 취지이고, '절문근사切問近思'는 가까이 있는 것을 토대로 깊이 생각해야 한다는 취지이다. '인재기중의'는 바로 이를 말한 것이다."

제 7 장

> 子夏曰, "百工居肆以成其事, 君子學以致其道."
>
> 자하가 말했다. "백공百工으로 상징되는 소인은 일터를 지킴으로써 일을 이루고(거사이성사居肆以成事), 군자는 배움을 통해 도를 이룬다(학이치도學以致道)."

'백공거사이성기사百工居肆以成其事' 구절의 '백공百工'은 먹고 입고 유통하는 것을 생업으로 삼는 농공상農工商의 생산계층, 즉 『논어』의 소인을 상징하는 말이다. '거사居肆'는 관청 소속의 공방工房에서 물건을 만든다는 의미이다. '치기도致其道'를 두고 황간과 형병은 '그 도에 이르다', 주희는 끝까지 추구하는 '구극究極'으로 해석했다. 이 장을 두고 주희는 "공인工人이 공장에 머물지 않으면 다른 일에 마음이 옮겨져 하는 일이 정밀하지 못하고, 군자가 배우지 않으면 외물의 유혹에 마음을 빼앗겨 뜻이 독실하지 못하게 된다."라고 풀이했다.

제 8 장

子夏曰, "小人之過也必文."

자하가 말했다. "소인은 허물이 있으면 반드시 둘러댄다(과야필문過也必文)."

'소인지과야필문小人之過也必文'의 '지之'는 주어 소인小人의 주격을 표시하는 조사助詞이다. '과야필문過也必文' 구절은 『장자』「도척盜跖」에서 언변이 족히 자신의 잘못을 꾸며댈 정도라는 의미로 언급한 '변족이식비辯足以飾非' 및 당나라 때 역사가 유지기劉知機가 쓴 『사통史通』「혹경惑經」에서 과실이나 비리가 있을 때 오히려 숨기며 꾸미는 행태를 지적한 '문과식비文過飾非'와 취지를 같이한다. 소인의 '과야필문' 행보를 두고 오규 소라이는 『논어징』에서 이같이 풀이했다. "소인은 세민細民을 말한다. 세민이 허물이 있을 경우 둘러댈 수 있는 것은 향당鄕黨이나 여항閭巷에 소속되어 있어 남들이 쉽게 찾아낼 수 없기 때문이다. 군자는 관직에 있는 자를 가리킨다. 공무집행을 훤히 드러내는 현현군자顯顯君子는 일식이나 월식과 같아 잘못이 있으면 사람들이 모두 그것을 안다. 허물을 둘러댈 수 없는 이유다."

이 장을 두고 기무라 에이이치는 제나라에 전해지고 있던 자공의 말을 제나라 객경客卿으로 있던 맹자가 표절한 결과로 추정했다. '정치사학'의 관점에서 볼 때 자공은 비록 다른 제자들과 같이 제나라에서 '자공학파'를 두는 데까지 이르시는 못했으나 공자 사후 제나라에 유학을 전한 최초의 인물이다.

제 9 장

子夏曰, "君子有三變, 望之儼然, 卽之也溫, 聽其言也厲."

자하가 이같이 말했다. "군자에게는 3가지 달리 보이는 모습(군자삼변君子三變)이 있다. 멀리서 바라보면 엄숙하고(망지엄연望之儼然), 가까이 다가가서 보면 온화하며(즉지야온卽之也溫), 그 말을 들어보면 엄격하다(청기언야려聽其言也厲)."

'군자삼변君子三變'의 '삼변三變'은 3가지 유형의 달리 보이는 모습을 가리킨다. '청기언야려聽其言也厲'의 '려厲'를 정현과 황간은 엄정嚴正, 주희는 언정言正으로 풀이했다. 취지 면에서 '군자삼계君子三戒'와 '군자삼외君子三畏' 등을 논한 「위령공」과 상통한다.

제 1 0 장

子夏曰, "君子信而後勞其民, 未信則以爲厲己也. 信而後諫, 未信則以爲謗己也."

자하가 이같이 말했다. "군자는 백성을 동원할 때는 신뢰를 얻은 이후에 노역勞役에 동원해야 한다(신후로민信後勞民). 신뢰받지 못한 채 동원하면 백성들은 자신들을 학대한다고 여긴다(이위려기以爲厲己). 군주에게 간할 때는 신뢰받은 이후에 간언을 올려야 한다(신이후간信而後諫). 신뢰받지 못한 채 간하면 군주는 자신을 비방한다고 여긴다(이위방기以爲謗己)."

'군자신이후로기민君子信而後勞其民'의 '군자君子'를 황간은 군주로 보았다. '로勞'는 수고로운 일에 종사하도록 만드는 사역使役 의미의 동사로 사용되었다. '미신즉이위방기야未信則以爲謗己也' 구절은 『한비자』 「세난說難」의 다음 구절과 상통한다. "유세하는 자 가운데 군주와 친하지도 않고 은총이 두텁지도 않은 주택미악周澤未渥의 상황에서 무모하게 간하는 자가 있다. 그 경우 원로대신을 평하면 군신 사이를 이간하려는 것으로 여기고, 하급 관원을 평하면 군주의 권력을 팔아 아랫사람에게 사적인 은혜를 베풀려는 것으로 여기고, 총애하는 자를 평하면 그들의 힘을 빌리려 하는 것으로 여기고, 미워하는 자를 평하면 군주의 속마음을 떠보려는 것으로 여기고, 유세할 때 거두절미하고 요점만 말하면 지혜가 없고 졸렬하다고 여기고, 장광설長廣舌을 늘어놓으면 말이 많으며 잡다하다고 여기고, 사실을 생략한 채 취지만 언급하면 겁이 많아 할 말도 제대로 못한다고 말하고, 일을 충분히 헤아려 거침없이 진술하면 야비한 자가 오만한 모습을 보인다고 말할 것이다. 이것이 유세의 어려움이다. 잘 알지 않으면 안 된다."

이 장 역시 앞 장과 같이 군주 또는 신하로 있는 위정자의 기본자세를 논한 것이다. '신후로민信後勞民'은 군도君道, '신이후간信而後諫'은 신도臣道에 관한 것이다.

제 1 1 장

子夏曰, "大德不踰閑, 小德出入可也."

자하가 말했다. "큰 예절에서 한계를 넘지 않으면(대덕불유한大德不踰閑) 세세한 절목에서는 약간의 차이가 있을지라도 괜찮다(소덕출입가小德出入可)."

'대덕불유한大德不踰閑'과 '소덕출입가小德出入可' 구절의 '대덕大德'은 윤리강상 등과 같은 큰 예절 또는 기본 원칙을 말한다. 양보쥔은 입신하는 데 필요한 절조節操 등으로 새겼다. '소덕小德'은 일상의 세세한 예절 또는 규칙을 가리킨다. 여기의 '유한踰閑'은 문지방을 넘는다는 뜻으로 넘어서는 안 될 한계를 의미한다. '한閑'이 '한限'의 의미로 사용됐다. '출입出入'은 사소한 과오 또는 적은 예절을 뜻한다. '가可'는 용납될 '가용可容'의 뜻으로 사용됐다.

주희는 『논어집주』에서 '대덕'과 '소덕'을 각각 '대절大節'과 '소절小節'로 풀이했다. 공자는 일찍이 첫 패업을 이룬 관중을 두고 그의 '비례非禮'를 비난하기는 했으나, 그가 이룬 '존왕양이'의 공업에 대해서는 극찬을 아끼지 않았다. 관중 역시 '대절'을 지키기 위해 '소절'에 출입이 있는 것을 괘념치 않았다고 술회한 바 있다. '대덕'과 '소덕'에 대한 자하의 관점은 공학孔學과 일맥상통하는 것이다.

자하子夏에 대한 오해

공자는 『논어』 「옹야」 제11장에서 자하에게 '소인유小人儒'가 되지 말고 '군자유君子儒'가 될 것을 당부했다. 아직까지 적잖은 사람들이 이 대목에 주목해 자하를 '소인유'의 인물로 곡해하고 있다. 이는 맹자를 비판한 순자를 이단으로 몰아 문묘에서 몰아낸 송유宋儒들의 폭거와 하등 다름없는 것이다. 송유들이 자하에 관해 비판적인 입장을 취하게 된 데에는 『한비자』 「외저설 우상右上」의 다음 대목이 적잖은 영향을 미친 게 사실이다. "자하가 화근을 뿌리 뽑는 좋은 방법과 관련해 『춘추』를 들어 설명하기를, '권세를 교묘히 잘 장악해 활용하는 사람은 간사한 싹을 미리 잘라내 후환을 없앤다!'고 했다."

송유들은 자하의 학통을 이은 순자의 제자가 한비자였던 점에 주목해 자하가 법가사상의 길을 열어주었다고 생각했다. 그러나 공자의 가르침을 전수하고 체계화한 사람 가운데 자하만큼 중요한 역할을 수행한 인물은 거의 없었다. 자하의 가장 큰 공적은 공자에 의해 일차적으로 정비된 유가의 여러 경전을 재정비하고, '위정학'의 본령인 '치평治平'을 강조한 데 있었다. 그러나 그의 이런 업적이 과거 송유들에 의해 애써 축소 또는 무시됐다. 이는 오직 증자와 맹자로 이어지는 '수제修齊'의 이론만이 존숭된 데 따른 왜곡이었다. 이는 후대에 공학을 왜곡하는 데 결정적인 배경이 됐다.

'정치사학'의 관점에서 볼 때 자하의 학통을 이어받은 전국시대 말기의 순자는 춘추전국시대에 모두 그 모습을 드러낸 제자백가의 사상을 유가의 관점에서 총망라한 대유大儒이다. 난세에 대한 그의 해박하고도 깊은 통찰은 제자인 한비자에 의해 더욱 심화되어 진시황의 천하통일에 결정적인 도움을 주었다. 한비사는 비록 스승인 순자가 강조한 예치禮治를 버리고, 난세에 부응하는 법치法治 일변도의 치국평천하 리더십을 주장하기는 했으나, 사상적 뿌리만큼은 어디까지나 공학의 적통을 이은 자하 또는 순자의 사상에 두고 있었다.

제 1 2 장

子游曰, "子夏之門人小子, 當灑掃應對進退則可矣, 抑末也. 本之則無, 如之何." 子夏聞之曰, "噫, 言游過矣. 君子之道, 孰先傳焉, 孰後倦焉. 譬諸草木, 區以別矣, 君子之道, 焉可誣也. 有始有卒者, 其惟聖人乎."

자유子游가 말했다. "자하의 젊은 제자들은 쇄소灑掃와 응대應對, 진퇴進退에 임해서는 괜찮다. 그러나 이는 어디까지나 지엽적인 일(억말抑末)에 불과할 뿐이다. 치국평천하의 근본적인 일에 대해서는 별것이 없다. 이를 어찌할 것인가?'
자하가 이를 전해듣고 이같이 말했다. "아, 자유의 말이 지나치다. 군자지도君子之道 가운데 어느 것은 먼저 전해야 하고(전언先傳), 어느 것은 나중에 게을러진다(후권後倦). 이를 초목에 비유하면 구역별로 자연스럽게 구별되는 것과 같다. '군자지도'를 어찌 속일 수 있겠는가? 처음과 끝을 다 갖춘(유시유졸有始有卒) 주인공은 오직 성인뿐이다!'

'자하지문인소자子夏之門人小子'의 '문인소자門人小子'는 문인 가운데 젊은이를 가리킨다. '쇄소응대진퇴灑掃應對進退'의 '쇄소灑掃'는 물 뿌리고 청소하는 것, '응대진퇴應對進退'는 사자와 빈객을 맞이하고 응대하면서 나아가고 물러나는 외교 예절을 지칭한다. '억말抑末'을 두고 하안은 『논어집해』에서 포함의 말을 인용해 '인지말사人之末事'로 새겼다. 근본根本을 중시하고 지엽枝葉을 억제한다는 뜻의 '중본억말重本抑末'에서 지엽적인 일을 뜻하는 말로 전화됐다. '본지즉무本之則無'의 '본本'을 황간은 선왕지도先王之道, 주희는 성의정심誠意正心의 대상이 되는 일, 다산은 성명性命에 관한 학문, 오규 소라이는 치국평천하의 위정爲政으로 풀이했다. '희噫, 언유과의言游過矣' 구절에서 '희噫'는 탄식을 뜻하는 의성어로 '희譆'와 통한다. '언유言游'는 자유子游 또는 숙씨叔氏와 마찬가지로 공자의 제자 언언言偃의 자이다. '과過'를 과오過誤로 풀이하기도 하나 문맥상 과도過度의 뜻으로 새기는 게 자연스럽다.

　'숙후권언孰後倦焉'의 '숙孰'을 두고 황간은 '누구', 주희는 '어느 것'으로 해석했다. 여기의 '권倦'을 '전傳'의 오자로 보는 견해도 있으나, 오규 소라이는 주희와 마찬가지로 '권倦'으로 간주한 채 '숙후권언'과 '비저초목譬諸草木' 구절 등을 포함시켜 이같이 풀이했다. "'군자지도君子之道'는 어떤 것은 의당 먼저 전해야 하고, 어떤 것은 의당 나중에 전해야 한다. 어떤 것은 저들이 먼저 싫증을 내고, 어떤 것은 저들이 뒤에 싫증을 낸다. 이는 저들이 감당할 수 있는지 여부에 따른 것이다. 감당할 수 있는 것은 뒤에 게을러지고, 감당할 수 없는 것은 먼저 게을러진다. 반드시 감당할 수 있는 것을 헤아려 가르칠 필요가 있다. 명민한 사람과 그렇지 못한 사람이 있는 것과 같다. '비저초목譬諸草木' 구절은 이런 이치를 초목에 비유한 것이다. '구이별의區以別矣'의 '구區'를 두고 주희는 '류類'로 풀이했으나 구별할 '구區'의 의미로 해석하는 게 옳다."

이 장에서 자유의 말이 처음으로 나온다. 자유의 말은 제13장을 뛰어넘어 제14
장~제15장으로 연결되고 있다. 이 장에서 자유는 자하를 '소인유'로 몰아붙이면
서 스스로 '군자유君子儒'를 자처한다. 그러나 자하가 견지한 교육 방법의 특징은
점진적인 방안을 추구한 데 있었다. '소절'에 얽매여 '대절'을 잃는 우를 범한 게 아
니다. 이는 앞 장에 나온 자하의 언급을 통해 쉽게 확인할 수 있다. 이 장은 자하가
공자 사후 '소인유'에서 벗어나 '군자유'로 변모한 사실을 확인시켜준다.

제 1 3 장

子夏曰, "仕而優則學, 學而優則仕."

자하가 말했다. "군자는 벼슬을 하면서 여유가 있으면 학문을 하고(사이우
즉학仕而優則學), 학문을 하면서 여유가 있으면 벼슬을 한다(학이우즉사學而
優則仕)."

'사이우즉학仕而優則學'과 '학이우즉사學而優則仕'를 두고 오규 소라이는 기본적
으로 '우優'를 여력餘力 또는 여유餘裕로 본 주희의 주석을 좇았다. 주희는 "벼슬을
하면서 학문을 하면 벼슬하는 데 이용되는 것이 더욱 깊어지고, 학문을 하면서 벼
슬을 하면 배운 것을 실험하는 것이 더욱 넓어진다."라고 풀이했다. 벼슬을 하는

'사仕'와 학문을 하는 '학優'의 상호 관계에 관한 자하의 언급은 공자가 주창한 '위정학'의 본령이 치국평천하에 있다는 사실을 방증하고 있다. '정치사학'의 관점에서 볼 때 '위정학'은 기본적으로 배움을 전제로 한 것이다. 증자와 맹자 등은 공학을 '수신학'으로 몰락시킨 장본인이다. 이 때문에 후대인들이 공학의 본령이 '위정학'이 아닌 '수신학'에 있는 것으로 착각하게 되었다.

제 1 4 장

> 子游曰, "喪致乎哀而止."
>
> 자유가 말했다. "상례喪禮는 애도를 극진히 하는 것으로 그치는(치애이지致哀而止) 수준이 타당하다."

'상치호애이지喪致乎哀而止'의 '애이지哀而止'를 두고 공안국은 『논어주소』에서 "슬픔이 지나쳐 몸이 수척해지되 목숨을 잃게 하지 않는 것을 말한다."라고 풀이했다. 오규 소라이는 "성인의 마음은 그 슬픔을 다하는 데 이르면 그쳐야 하고, 굳이 지나치게 그 이외의 것을 구해서는 안 된다는 취지이다."라고 풀이했다.

위정학을 수신학으로 축소하려고 했던 사건들
자유는 이 장에서 관혼상제冠婚喪祭 가운데 가장 중시된 상례喪禮의 요체가 '심

상心喪'에 있음을 역설하고 있다. 이는 공자의 기본 입장이다. 그러나 후대의 성리
학자들은 『주자가례朱子禮』에 얽매인 나머지 '위정학' 차원의 예제마저 '수신학'
차원의 예제로 축소해 해결하고자 하는 무모한 모습을 보여주었다. 조선조 중엽
현종 때 극렬한 당쟁을 야기한 2차례의 예송禮訟 논쟁이 대표적이다. 성리학이 등
장한 이래 소모적인 전례 논쟁이 빈발한 것은 이미 예상된 일이었다.

대표적인 사례로 북송의 제5대 황제 송영종宋英宗 조서趙曙 때 빚어진 '복의濮
議' 논쟁을 들 수 있다. 원래 송영종은 송인종宋仁宗 조정趙禎의 양자로 들어간 덕
분에 즉위할 수 있었다. 즉위 후 자신의 친부인 복왕濮王 조윤양趙允讓을 황제로
추숭하는 과정에서 커다란 논란이 빚어졌다. 치평治平 2년인 1065년, 송영종 조서
는 재상 한기韓琦 등을 동원해 자신의 친부이자 송영종 조정의 사촌형인 복왕 조
윤양을 '황고皇考'로 추숭하고자 했다. '황제의 선친'이라는 뜻이다. 그 경우 황통
皇統은 양부養父인 송인종 조정이 아니라 송영종 조서의 친부인 복왕 조윤양에게
돌아가게 된다. 조태후가 이를 비판하는 조명詔命을 내리자 사마광司馬光과 여대
방呂大防 등의 신하들이 의논 끝에 복왕 조윤양을 '황고'로 칭하는 것은 불가하다
는 쪽으로 결론을 냈다. 송영종이 강력 반발했다. 이 문제를 둘러싸고 송나라 조
정이 오랫동안 소모적인 논쟁을 벌였다. 이것이 바로 '복의濮議' 논쟁이다.

당시 송나라 조정은 18개월 동안 이어진 '복의' 논쟁으로 인해 정무를 제대로
볼 수 없었다. 재상 한기와 구양수 등은 송영종의 뜻에 부합하는 조치를 취하고자
했으나, 시어사侍御史 여대방을 비롯해 사마광 등이 이에 강력 반대하고 나섰다.
객관적으로 볼 때 양부인 송인종 조정을 '황고皇考', 친부인 복왕 조윤양을 '황백고
皇伯考'로 칭하는 게 예법에 부합했다.

명나라 가정제嘉靖帝 때도 유사한 논쟁이 빚어졌다. 가정제의 생부에 대한 전례를 둘러싸고 빚어진 논쟁이 그것이다. 바로 '대례지의大禮之議' 논쟁이다. 10대 황제 정덕제正德帝 주후조朱厚照가 후사 없이 죽자 그의 사촌동생인 흥왕興王 주후총朱厚熜이 정덕제의 동생으로 편입되어 보위에 올랐다. 가정제 주후총은 즉위 직후 자신의 친부인 흥헌왕興獻王 주우원朱祐杬을 황제로 추숭하고자 했다.

가정제는 정덕제의 동생 자격으로 즉위한 만큼 정덕제의 부친이자 자신의 백부인 홍치제弘治帝 주우탱朱祐樘을 '황고', 친부인 흥헌황 주우원을 '황숙고皇叔考'로 모시는 게 예법에 맞았다. 그럼에도 가정제 주우총은 자신의 주장을 굽히지 않았다. 결국 그는 자신의 뜻을 관철해 친부인 흥헌왕 주우원을 흥헌제興獻帝로 추숭한 뒤 예종睿宗의 묘호까지 올리는 데 성공했다. 그러나 이 과정에서 극심한 국론 분열이 일어났다. 이 논쟁은 이후 명나라 패망의 단초로 작용했다.

주목할 것은 '복의'와 '대례지의' 모두 성리학을 극도로 존숭한 송나라와 명나라 때 빚어진 점이다. 송나라와 명나라보다 더욱 극심한 명분론에 함몰된 조선에서 이런 일이 빚어지지 않을 리 만무했다. 실제로 효종과 현종 때 2차례에 걸쳐 그런 일이 빚어졌다. '예송禮訟' 논쟁이다. 논쟁의 성격 및 파장 등이 '복의' 및 '대의지례' 논쟁의 복사판이었다. 그러나 내용 면에서 보면 훨씬 악성이었다.

조선조는 현종 때 인조의 계비인 조대비의 상례喪禮 문제를 둘러싸고 남인과 서인이 정면으로 대립했다. 효종이 재위 10년인 1659년에 죽자 효종의 모친 조대비의 복상服喪을 서인의 주장에 따라 만 1년의 기년朞年으로 정했다. 이때 남인 허목許穆과 윤휴尹鑴 등이 강력히 반대하고 나섰다. 효종은 비록 인조의 차남이기는 하나 보위를 이은 까닭에 장자로 격상된 것이나 다름없고, 응당 복상을 만 2년의

3년 상복으로 해야 한다는 주장이었다. 송시열을 비롯한 서인은 어디까지나 차남으로 있다가 즉위한 까닭에 장자의 상례를 적용할 수 없다고 반박했다. 결국 서인의 주장이 받아들여졌다.

현종 15년인 1674년에 빚어진 제2차 예송 논쟁은 효종의 비가 죽었을 때 조대비의 복상 문제로 표면화했다. 당시 집권 세력인 남인이 기년으로 정하자 서인은 9개월의 대공大功 복상을 주장했다. 이번에는 남인의 주장이 받아들여졌다. 이로 인한 정국 혼란이 극심했다.

'정치사학'의 관점에서 볼 때 이들 논쟁은 성리학과 같은 화석화化石化된 정치철학에 함몰되었기 때문에 일어났다. 사상의 화석화는 죽음을 의미한다. 성리학을 맹종했던 남송의 명나라, 조선조의 패망이 그 실례이다. '성리학'에 빠져 '정치사학'이 극도로 중시하는 임기응변臨機應變의 변역變易 이치를 스스로 내팽개친데 따른 것으로, 자업자득의 성격이 짙다.

제 1 5 장

子游曰, "吾友張也, 爲難能也, 然而未仁."

자유가 말했다. "나의 벗 자장子張은 남들이 흉내 내기 힘든 풍채를 지녔음에도 아직 인하지는 못하다(난능미인難能未仁)."

'위난능야爲難能也'의 '난능難能'을 두고 포함은 "자장의 용의容儀는 따르기 어렵다는 뜻이다."라고 주석했다. 주희는 "자장은 행동은 고상한 듯했으나 성실하고 간곡한 뜻은 부족했다."라고 풀이했다. 주희의 이런 인물평은 다음 장에 나오는 증자의 자장에 대한 비판에 근거한 것이다. 이에 대해 다산은 "자장은 남들이 수행하기 어려운 일을 했다는 의미이다."라고 해석했다.

제16장

曾子曰, "堂堂乎張也. 難與竝爲仁矣."

증자가 자장을 이같이 평했다. "당당堂堂하구나, 자장이여! 그러나 그는 함께 인을 실현하기 어렵다(난여위인難與爲仁)!"

증자가 자장을 비판하는 내용인 이 장은 앞 장에 나온 자유의 자장에 대한 비판과 연결된다. 기무라 에이이치는 「자장」에 나오는 '증자어록'은 맹자가 제나라에 증자의 언행을 전한 데 따른 것으로 추정했다.

제 1 7 장

曾子曰, "吾聞諸夫子, '人未有自致者也, 必也親喪乎.'"

증자가 이같이 말했다. "나는 선생님으로부터 사람은 스스로 극진히 하는
게 없는(미유자치未有自致) 존재이지만 부모의 친상親喪만큼은 반드시 마음
을 다해야 한다(필야친상必也親喪)고 들었다."

'필야친상必也親喪'의 '필必'을 두고 황간은 '의당宜當', 마융과 오규 소라이는 애
정哀情이 절로 다가오는 '자연래지自然來至'로 풀이했다. 다산은 부모의 친상에는
효심孝心을 다해야 한다는 『맹자』 「등문공 상」의 구절을 인용해 "친상을 당하면
절로 슬픔을 극진히 표현할 수밖에 없다."라고 풀이했다.

이 장은 효를 강조한 증자학파의 학풍이 그대로 드러나는 대목이다. 기무라 에
이이치는 증자의 언행이 제나라에 전해진 뒤 「자장」의 편집 때 삽입된 것으로 추
정했다. '정치사학'의 관점에서 볼 때 대략 제선왕 때 객경客卿으로 있던 맹자가 평
소 존경하던 증자의 언행을 주변에 널리 전파한 결과로 보인다.

曾子曰, "吾聞諸夫子, '孟莊子之孝也, 其他可能也, 其不改父之臣與父之政, 是難能也.'"

증자가 말했다. "나는 선생님으로부터 맹장자孟莊子 중손속仲孫速의 효행 가운데 나머지는 남들도 할 수 있으나 선친의 가신을 바꾸지 않고(불개부지신不改父之臣), 선친의 정책을 바꾸지 않은 것(불개부지정不改父之政)은 흉내 내기 힘들다고 들었다."

'맹장자지효孟莊子之孝'를 두고 황간은 "오직 애경哀敬 외에는 다른 일이 없었다는 뜻이다."라고 풀이했다. '맹장자孟莊子'는 노나라 권신 맹헌자孟獻子의 아들로 이름은 중손속仲孫速이다. 맹헌자의 뒤를 이었으나 부친 사후 4년 만에 죽었다. 그는 부친의 가신과 정책을 바꾸지 않는 등 뛰어난 효행으로 명성을 떨쳤다. 이 장은 내용 면에서 사후에 적어도 3년 동안 부친이 일하던 방식을 고치지 않으면 가히 효자라고 이를 만하다고 언급한 「학이」 제11장과 취지를 같이한다. 이 장에 나오는 증자의 말은 증자가 공자로부터 들은 것에 토대한 것이다. 기무라 에이이치는 이 장의 내용 또한 맹자를 통해 제나라에 전해진 결과로 분석했다.

孟氏使陽膚爲士師, 問於曾子. 曾子曰, "上失其道, 民散久矣. 如
得其情, 則哀矜而勿喜."

노나라 대부 맹경자孟敬子가 가신 양부陽膚를 옥송 담당 관원인 사사士師
에 임명했다. 양부가 스승인 증자에게 옥사獄事에 관해 묻자 증자가 이같
이 대답했다. "윗사람이 치도의 기본 이치를 잃자 백성들이 사방으로 흩어
진 지(실도민산失道民散) 이미 오래 됐다. 그런 정황을 안다면 그들을 불쌍히
여기고 기뻐하지 않아야 한다(애긍물희哀矜勿喜)."

'맹씨사양부위사사孟氏使陽膚爲士師'의 '맹씨孟氏'는 맹무백孟武伯 중손체仲孫彘의
아들인 맹경자孟敬子 중손첩仲孫捷을 가리킨다. 맹손씨孟孫氏의 11대 종주宗主이
다. '양부陽膚'를 주희는 증자의 제자로 보았다. 증자의 7명의 제자 가운데 하나로
알려졌다. '사사士師'는 금령禁令과 형옥刑獄을 관장하는 사구司寇의 속관屬官을 말
한다. 이 장에서 증자는 백성들이 사방으로 흩어지게 된 이유를 윗사람들이 도를
잃은 데서 찾고 있다. '정치사학'의 관점에서 볼 때 '실도민산失道民散'은 춘추시대
말기의 어지러운 난세 상황, '애긍물희哀矜勿喜'는 난세에 군신君臣이 취해야 할 기
본자세를 상징한다.

子貢曰, "紂之不善, 不如是之甚也. 是以君子惡居下流, 天下之
惡皆歸焉."

자공이 말했다. "은나라 마지막 왕 주紂의 불선不善이 애초부터 그토록 심
했던 것은 아니다. 군자는 하류下流에 머무는 것을 싫어한다(오거하류惡居下
流). 천하의 모든 악이 그곳으로 흘러들어와 쌓이기 때문이다."

'주지불선紂之不善'은 주紂가 보여준 포학무도暴虐無道한 악행惡行을 가리킨다.
'불여시지심야不如是之甚也'는 원래 그리 심했던 것은 아니었다는 뜻으로 시간이
갈수록 심해졌다는 것을 의미한다. '오거하류惡居下流'의 '하류下流'를 주희는 지형
이 낮아 물줄기가 모이는 곳으로 새겼다. 비천鄙賤한 자의 비루鄙陋한 행실이 누
적되는 것을 상징한다. '천하지악개귀天下之惡皆歸'는 그 결과를 표현한 것이다.

제20장~제25장의 5개 장은 모두 자공의 말과 문답으로 이루어져 있다. 제20장
~제21장은 '자공왈'로 시작하는 데 반해, 제22장~제25장은 공자 관련 세평世評에
대한 자공의 변명 또는 반박으로 꾸며져 있다. 모두 공자의 위대한 면모를 부각시
키는 내용이다. 사공은 제나라에 유학儒學을 최초로 전한 인물이다. 공자 사후 자
공에 관한 얘기가 제나라에 널리 유포됐을 가능성이 크다. 기무라 에이이지는 당
시 제나라에 유포된 자공 관련 일화가 「자장」에 대거 실리게 된 것으로 분석했다.

제 2 1 장

子貢曰, "君子之過也, 如日月之食焉. 過也, 人皆見之. 更也, 人皆
仰之."

자공이 말했다. "군자가 저지르는 잘못(군자지과君子之過)은 마치 해와 달이
가려지는 것(일월지식日月之食)과 같다. 잘못을 저지르면 사람들이 모두 이
를 쳐다보고(인개견지人皆見之), 잘못을 고치면 사람들이 모두 우러러보기
(인개앙지人皆仰之) 때문이다."

이 장의 내용은 『맹자』「공손추 하」의 기록과 일치하고 있다. 제나라에 객경으
로 있던 맹자가 자공에 관한 제나라의 전송을 수록한 것으로 짐작된다.

제 2 2 장

衛公孫朝問於子貢曰, "仲尼焉學." 子貢曰, "文武之道, 未墜於
地, 在人. 賢者識其大者, 不賢者識其小者, 莫不有文武之道焉.
夫子焉不學. 而亦何常師之有."

위나라 대부인 공손 조朝가 자공에게 물었다. "중니는 어떻게 학문을 익힌 것이오?"

자공이 대답했다. "본래 주문왕과 주무왕이 보여준 치국평천하의 치도治道(문무지도文武之道)가 아직 땅에 완전히 떨어지지 않았을 때 사람들은 용케 그것을 기억해냈소. 현명한 자는 치도의 핵심인 큰 줄기를 기억하고(현자지대賢者識大), 현명하지 못한 자는 세세한 것을 기억했소(불현자지소不賢者識小). 덕분에 후대에도 '문무지도'가 빠짐없이 전해질 수 있었소. 그러니 공부자孔夫子가 어디선들 배우지 못할 리 있고, 어찌 일정한 스승을 두고 배웠을(상사지유常師之有) 리 있겠소?"

'위공손조衛公孫朝'에서 '공손조公孫朝'는 위나라 대부 공손 조朝를 말한다. 『춘추좌전』 「노소공 20년」조에 산동성 영양현 동북쪽인 맹씨의 봉읍 성成 땅의 대부로 나온다. '공손 조'가 『사기』 「중니제자열전」에는 자공의 제자 진자금陳子禽으로 되어 있다. 그는 「학이」 제10장 「계씨」 제13장에 나오는 진항陳亢과 동일 인물이다.

'중니언학仲尼焉學'의 '언학焉學'은 학습의 방법을 물은 것이다. '문무지도文武之道'는 주문왕과 주무왕이 이룩한 공업과 예악 등을 지칭한다. '현자지대賢者識大'의 '지識'는 기억한다는 뜻의 '기記'와 같은 의미이다. '언불학焉不學'은 "어떻게 공부했는가?"의 뜻을 지닌 '언학焉學'과 달리 반문反問의 의미를 지닌 "어찌 배우지 못할 리 있겠는가?"의 뜻으로 사용된 것이다. '하상사지유何常師之有'의 '하何'는 의문부사, '상사지유常師之有'는 '유상사有常師'의 도치문이다. 정식 문장으로 바꾸면 '하유상사何有常師'가 된다.

자공은 이 장에서 공자가 젊었을 때 일정한 스승을 두지 않고 배운 적이 없음을 전해주고 있다. 이는 공자의 생전 언급과 부합한다. '기대자其大者'와 '기소자其小者'의 용어는 『맹자』 「고자告子 상上」과 「진심 상」에도 그대로 나온다. 『맹자』가 제나라에 유포된 자공의 말을 그대로 이어받은 데 따른 것으로 보아야 한다.

제 2 3 장

叔孫武叔語大夫於朝曰, "子貢賢於仲尼." 子服景伯以告子貢. 子貢曰, "譬之宮牆, 賜之牆也及肩, 窺見室家之好. 夫子之牆數仞, 不得其門而入, 不見宗廟之美百官之富. 得其門者或寡矣, 夫子之云, 不亦宜乎."

노나라 대부 숙손무숙叔孫武叔이 조정에서 대부들에게 말했다. "자공이 오히려 스승인 중니보다 현명하다."

대부 자복경백子服景伯이 이를 자공에게 전하자 자공이 말했다. "나와 공부자孔夫子는 궁궐의 담장(궁장宮牆)에 비유할 수 있소. 나의 담장은 어깨 높이만 하여 사람들이 궁 안의 좋은 물건(실가지호室家之好)을 마음껏 엿볼 수 있소(규견窺見). 그러나 공부자의 담장은 높이가 몇 인仞에 달해 그 궁문을 찾아내 안으로 들어가지 않으면 궁내 종묘의 아름다움(종묘지미宗廟之美)과 백관들이 풍성하게 늘어선 모습(백관지부百官之富)을 볼 수 없소.

> 지금까지 공부자의 궁문 안으로 들어간 자는 아마도 얼마 안 될 것이오. 그러니 숙손부자叔孫夫子가 그같이 말하는 것도 당연하지 않겠소?"

'숙손무숙叔孫武叔'은 삼환의 일족인 숙손씨叔孫氏의 8대 종주宗主이다. 이름이 주구州仇이다. 시호를 덧붙여 무숙의자武叔懿子로 부르기도 한다. '자복경백子服景伯'은 중손씨仲孫氏에서 갈려져 나온 노나라 세족인 자복씨子服氏의 종주로 이름은 하何이다. 자복백자子服伯子, 자경백子景伯 등으로도 불렸다. 「헌문」 제38장은 계환자季桓子의 가신인 공백료公伯寮가 함께 가신으로 있는 자로를 계환자에게 참소했을 때 이를 공자에게 알린 인물로 기록해놓았다.

'1인仞'은 7척의 길이를 말한다. 이 장은 자공의 스승 공자에 대한 존경심이 어느 정도였는지 짐작하게 해준다. '정치사학'의 관점에서 볼 때 이 일화는 공자가 철환천하의 유세를 마치고 귀국한 뒤에 나온 것으로 보는 게 합리적이다. 『춘추좌전』 「노애공 11년」조에 계강자가 염구의 건의를 좇아 맹손씨孟孫氏의 종주인 맹의자孟懿子와 숙손씨叔孫氏의 종주인 숙손무숙에게 제나라 침공에 대비한 방어책을 제시한 사실 등이 이를 뒷받침한다.

제 2 4 장

> 叔孫武叔毁仲尼. 子貢曰, "無以爲也. 仲尼不可毁也.

他人之賢者丘陵也, 猶可踰也. 仲尼日月也, 無得而踰焉. 人雖欲自絶, 其何傷於日月乎. 多見其不知量也."

숙손무숙이 공자를 이름인 중니仲尼로 부르며 헐뜯었다. 이를 전해들은 자공이 말했다. "그러지 마십시오. 중니仲尼는 결코 헐뜯을 수 없습니다. 여타 현자들은 구릉丘陵과 같아 다른 사람들이 마음만 먹으면 능히 뛰어넘을 수 있습니다(유가유猶可踰). 그러나 중니는 마치 일월日月과 같아 뛰어넘는 것 자체가 불가능합니다(무득이유無得而踰). 사람들이 비록 스스로 일월과 절연할 생각을 가질지라도 이게 어찌 일월에 조그마한 손상이라도 입힐 수 있겠습니까? 단지 성인의 도량을 몰라보는 무지한 안목만 드러낼(지현기부지량多見其不知量) 뿐입니다."

'지현기부지량多見其不知量'의 '지多'는 부사어 '단지'를 뜻하는 '지祇'의 가차로 사용된 것이다. 고대에는 통상 많을 '다多'의 뜻으로 사용되는 '지多'가 '지祇'와 통용됐다. '현見'은 드러내거나 엿보인다는 뜻이다. '지현多見'은 '지현祇見'과 같다. 『춘추좌전』 「노양공 29년」조에서 나를 소원疏遠하게 만들려는 의도만 엿보일 뿐이라는 뜻의 '지현소야多見疏也' 구절이 나온다. '지祇'는 '지신地神' 또는 '대안大安'의 의미로 사용될 때는 '기'로 읽으나, '단지但只' 또는 마침 '적適'의 뜻으로 사용될 때는 '지'로 읽는다. '지祇'와 같다. '기부지량其不知量'은 '성인의 도량을 모르는 것'이라는 의미이다.

이 장에서 자공은 특이하게도 공자를 '중니'로 지칭한다. 다음 장에서도 자공의 제자인 진자금陳子禽, 즉 진항陳亢이 공자를 '중니'로 부른다. 제자가 스승을 지칭하는 용어가 아니다. 이는 제24장~제25장이 공자 만년의 공문에서 나온 전송이 아니라는 사실을 암시한다. 기무라 에이이치는 『공자와 논어』에서 세간의 전송을 채택해 수록하는 과정에서 부주의하게 그대로 삽입시킨 것으로 추정했다.

제25장

陳子禽謂子貢曰, "子爲恭也, 仲尼豈賢於子乎." 子貢曰, "君子一言以爲知, 一言以爲不知, 言不可不愼也. 夫子之不可及也, 猶天之不可階而升也. 夫子之得邦家者, 所謂立之斯立, 道之斯行, 綏之斯來, 動之斯和, 其生也榮, 其死也哀, 如之何其可及也."

진자금陳子禽이 스승 자공에게 물었다. "선생님이 공손해서 그렇지 중니가 어찌 선생님보다 현명하겠습니까?"

자공이 말했다. "군자는 말 한마디로 지혜로운 자로 여겨지고(일언이위지一言以爲知), 말 한마디로 지혜롭지 못한 자로 여겨진다(일언이위부지一言以爲不知). 말에는 신중을 기하지 않을 수 없다(불가불신불가신不可不愼). 나는 공부자를 도저히 따를 수 없다(불가급부자불가급不可及夫子). 마치 계단을 밟고 하늘로 올라가는 것(계이승천階而升天)이 불가능한 것과 같다. 공부자가 제후나 경대부의 입장에서 치국평천하에 임할 때(득방가자得邦家者)를 상상할 필요가 있다.

정사를 바르게 펴고자 하면 곧바로 정사가 바로 펴지고(입지사립立之斯立), 백성을 바른 길로 인도하고자 하면 곧바로 백성들이 실천에 옮기고(도지사행道之斯行), 백성을 다독이고자 하면 곧바로 백성들이 먼 곳에서까지 모여들고(수지사래綏之斯來), 백성을 격려하고자 하면 곧바로 백성들이 하나로 화합할 것이다(동지사화動之斯和). 생전에는 영예로웠고, 사후에는 모든 사람이 애도哀悼한 사실이 그 증거다. 내가 어찌 감히 공부자에게 미칠 수 있겠는가?"

'득방가자得邦家者'의 '득방得邦'은 나라를 얻어 제후가 되는 것, '득가得家'는 큰 가솔을 이끄는 경대부가 되는 것을 의미한다. '입지사립立之斯立'의 '입立'을 입교立教, 입례立禮, 입정立政 등으로 번역하고 있다. 문맥상 '입정'으로 보는 게 합리적이다. '之'는 정사政事를 가리킨다. '사斯'는 결과절을 이끄는 부사어로 영어의 'if then'에 해당한다. '동지사화動之斯和'의 '동動'을 주희는 고무鼓舞, 황간은 사역使役으로 풀이했다.

이 장을 두고 정이천은 "이것은 성인의 신묘한 교화가 상하에 천지와 더불어 유행하는 것이다."라고 풀이했다. 주목할 것은 전한 말기 양웅揚雄이 편찬한 『법언의소法言義疏』의 자공에 대한 인물평이다. "공자 사후 여러 제자가 부지런히 공부해 각자 학문적 성과를 이뤘다. 당시 성인에 준하는 인물이 있었다. 자하는 공자를 의심했고, 숙손무자와 진자금은 자공이 공자보다 현명하다고 했다. 그러나 자공은 말년에 덕을 수양하고, 지식을 쌓는 일이 거의 현인을 넘어 성인의 경지에 들어가는 초현입성超賢入聖의 경지에 들어섰다."

학문적 완성과 인격적 수양 등에서 공자에 준하는 성인, 즉 사성인似聖人이라고 평한 것이다. 이는 21세기까지 존재한 자공에 대한 역대의 모든 평가 가운데 최상의 평가이다.

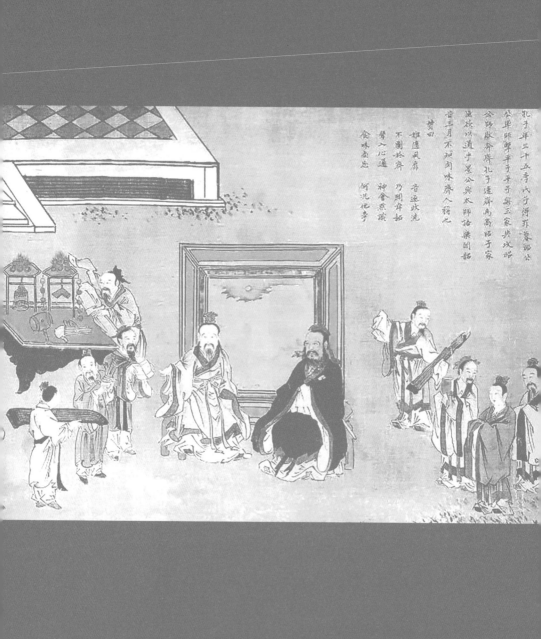

孔子年三十五季以于僖玉簒部公
公弟師鄉辛于平于第三家共攻昭
公路致奔珠孔子遂辭尚高詒于家
温懷以道于堂公與太師冶樂開記
晋三月不垅阅味齊人稍之

赞曰

揖遜風府　　音逸欧光
不闗於府　　乃明舁抑
賛人心通　神會熙澈
食咏商应　　何况化幸

요
왈
堯
曰

Intro

요왈堯日

한나라 때까지 지속된 자장 문인의 편집

『논어』의 최종편인 「요왈」은 오직 3개 장으로 이루어져 있다. 『한서』 「예문지」에 따르면 전한 초기 『논어』의 텍스트로 『고론古論』·『제론齊論』·『노론魯論』 등 '삼론三論'이 있었다. 『고론』은 총 21편으로 편제됐다. 이는 사실상 2개의 「자장」이 존재한 데 따른 것이었다.

현재의 「요왈」 제2장에 나오는 '자장문어공자왈子張問於孔子曰' 구절 이하의 문장이 별도로 편제되어 「종정從政」으로 불렸다. 지금의 「요왈」 제2장~제3장이 『고론』에서는 「종정」으로 편제되어 있었던 셈이다. 옛 사람들이 「종정」을 '「자장」 제2편'으로 불렀던 이유다. 당연한 결과로 『고론』의 「요왈」은 원래 1개 장밖에 없었다.

그러나 『제론』과 『노론』은 『고론』과 달리 「요왈」이 제1장~제2장의 2개 장으로 구성되어 있었다. 정현의 『경전석문經典釋文』에 따르면 『노론』에는 지금의 「요왈」 제3장의 글이 없었다. 당시만 하더라도 「요왈」은 아직 확정되지 않았던 셈이다.

기무라 에이이치는 '삼론'을 종합한 지금의 「요왈」은 처음부터 수기치인修己治人으로 상징되는 '위정학'의 취지를 분명히 할 의도로 제1편 「학이」와 수미상응首尾相應의 차원에서 편제됐다고 분석했다. 사실 전설적인 제왕인 요순堯舜을 언급한 제20편 「요왈」은 공문孔門의 학규學規로 구성된 제1편 「학이」와 조응照應한다.

『논어』를 509개 장으로 분류한 청수더程樹德는 『논어집석』에서 『장자』도 맨 마지막에 「천하」가 편제되어 있고, 『사기』 역시 최종편인 130편에 「태사공자서太史公自序」가 편제된 점에 주목해 「요왈」을 맨 나중에 배치되는 서문인 '후서後序'로 보았다. 일리 있는 분석이다.

제1장

堯曰, "咨, 爾舜. 天之曆數在爾躬, 允執其中. 四海困窮, 天祿永
終." 舜亦以命禹. 曰, "予小子履, 敢用玄牡, 敢昭告于皇皇后帝.
'有罪不敢赦, 帝臣不蔽, 簡在帝心. 朕躬有罪, 無以萬方. 萬方有
罪, 罪在朕躬.'" 周有大賚, 善人是富. "雖有周親, 不如仁人. 百
姓有過, 在予一人." 謹權量, 審法度, 修廢官, 四方之政行焉. 興
滅國繼絶世, 擧逸民, 天下之民歸心焉. 所重民食喪祭. 寬則得
衆, 信則民任焉, 敏則有功, 公則說."

요堯임금이 말했다. "아, 순이여! 하늘의 역수曆數가 그대 몸에 있으니 실로
중정한 도를 잡아서 지키도록(윤집기중允執其中) 하라. 사해四海가 곤궁해
지면 하늘이 내려준 녹위祿位(천록天祿)도 영원히 그칠 것이다." 순舜임금도
우왕禹王에게 이 말을 전해주었다. 이후 은나라를 세운 탕왕湯王이 하나라
마지막 군주인 걸桀을 치기 위해 하늘을 향해 고했다. "저 소자小子 이履는
검은 황소인 현모玄牡의 희생을 바치며 감히 빛나고 빛나는 상제(황황후제
皇皇后帝)에게 고합니다. 죄 있는 자는 용서하지 않을 것입니다. 상제의 신
하(제신帝臣) 걸의 죄를 더 이상 가릴 수가 없게 됐으니 선택은 오직 상제의
마음에 달려 있습니다. 제 몸(짐궁朕躬)에 죄가 있다면 이는 만방萬方의 백
성들로 인한 게 아닙니다. 만방의 백성에게 죄가 있다면 그 죄는 제 몸에서
비롯된 것입니다."

주무왕 때에 이르러 하늘이 주나라에 은나라 정벌의 큰 상을 내렸다(대뢰大賚). 착한 성품의 선인善人들이 모두 부유해졌다. 『서경』「주서周書‧태서泰誓」에 이런 구절이 나온다. "비록 은나라 군주 주에게 여러 지친至親이 있을지라도 내 곁에 있는 소수의 인인仁人만 못하다. 모든 책임은 보위에 있는 나 한 사람(여일인予一人)에게 있다."

주나라가 저울과 도량형을 신중히 하고(근권량謹權量), 법도를 세밀히 살피고(심법도審法度), 관직을 정비하거나 폐하자(수폐관修廢官) 사방의 정사(사방지정四方之政)가 제대로 행해졌다. 또 패망한 나라를 일으켜 세우고(흥멸국興滅國) 끊어진 후사後嗣를 이어주고(계절세繼絶世), 세상을 등지고 사는 인재를 등용하자(거일민擧逸民) 천하의 백성 모두 마음을 돌렸다(천하귀심天下歸心). 당시 중시된 것은 백성들이 먹고사는 양식(민식民食)과 상사喪事 및 제사祭祀였다. 정사가 관후하면 많은 백성을 얻고(관즉득중寬則得衆), 신의가 있으면 백성들이 믿고(신즉민임信則民任), 군신이 부지런히 정사를 펴면 백성이 공을 세우고(민즉유공敏則有功), 정사가 공정하면 백성들이 기뻐하는(공즉열公則說) 태평한 세상이 펼쳐지게 된다.

'역수曆數'는 천명을 받은 왕조 변혁의 순서를 말한다. '윤집기중允執其中'은 믿음을 갖고 그 가운데를 잡으라는 뜻으로 매사에 중용을 취하라는 취지이다.

'사해곤궁四海困窮'의 '곤困'은 '극極'과 통한다. '곤궁'은 '궁핍'의 뜻이 아닌 '궁극'의 의미이다. '천록天祿'은 하늘이 천명을 받은 해당 왕조에 내린 복록을 말한다. '여소자리予小子履'의 '소자小子'는 천자가 하늘에 대해 자신을 겸손하게 일컫는 칭호이다. '리履'는 탕왕의 속명俗名이다. '현모玄牡'는 검은 황소를 뜻한다. 은나라는 백색을 숭상했으나 흑색을 숭상한 하나라 때의 제례를 그대로 이어받은 까닭에 검은 황소를 희생으로 사용했다. '황황후제皇皇后帝'의 '황皇'은 크다는 뜻의 '태大', '후后'는 '군君'과 통한다. 하늘의 상제를 높인 것이다. '짐궁朕躬'은 '나의 몸'을 뜻하는 말로 진시황 이전의 '짐朕'은 단순한 1인칭이다.

'주유대뢰周有大賚'는 주무왕의 은나라 정벌을 하늘이 큰 은혜를 베푼 결과로 해석한 것이다. 『서경』「주서周書 · 무성武成」에 유사한 구절이 나온다. 황간은 '뢰賚'를 하사下賜 또는 사은賜恩으로 풀이했다.

'제신불폐帝臣不蔽, 간재제심簡在帝心'은 『서경』「상서商書 · 탕고湯誥」에 나오는 "그대들이 착하면 나는 감히 덮어두지 않을 것이고, 죄가 내게 있으면 스스로를 용서하지 않을 것이다. 살펴 판별하는 것은 오직 상제의 마음에 달려 있다."라는 구절에서 따온 것이다. 「탕고」의 '이유선爾有善, 짐불감폐朕弗敢蔽' 구절이 '제신불폐帝臣不蔽' 구절로 바뀐 셈이다. '제신帝臣'을 황간은 『논어의소』에서 하나라 마지막 군주인 걸桀로 보았다. '불폐不蔽'를 포함은 하나라 군주 걸의 죄를 덮어주지 않겠다는 의미로 해석했다. 주희는 죄 있는 자를 감히 용서하지 않고, 천하의 현인의 등용을 가리지 않겠다는 뜻으로 풀이했다.

'수유주친雖有周親, 불여인인不如仁人' 구절은 『서경』「주서 · 태서」에 나온다. 주희는 "비록 은나라 군주 주紂의 지친至親으로 기자와 미자, 비간 등이 있었으나 주나라에 인인仁人이 많아 등용된 것만 못하다."라고 풀이했다. 형병과 양보쥔은 "주무왕이 '내게 관숙과 채숙 등의 지친이 있을지라도 기자와 미자 등의 인인仁人에는 미치지 못한다.'고 말했다."라고 풀이했다. 문맥상 『서경』「주서 · 태서」 구절의 해석을 좇아 "비록 은나라 군주 주에게 여러 지친이 있을지라도 내 곁에 있는 소수의 인인仁人만 못하다."는 의미로 해석하는 게 합리적이다. 여기의 '주친周親'을 공안국은 지극히 친한 사람으로 풀이했다. '지친至親'과 같다.

'근권량謹權量'의 '권량權量'과 '심법도審法度'의 '법도法度'를 두고 주희는 예악과 제도, 장보쥔은 길이와 무게 및 부치 등을 재는 도량형度量衡으로 풀이했다. '수폐관修廢官'은 관직을 정비하는 '수관修官'과 폐지하는 '폐관廢官'을 통칭한 말이다.

'흥멸국興滅國'과 '계절세繼絶世'는 패망한 중원의 제후국을 일으켜 세우고 끊어진 후사를 잇는다는 뜻이다. '흥멸국, 계절세'가『예기』「중용」에는 '계절세, 거폐국擧廢國',『한서』「공신표서功臣表序」에는 '계절세, 입망국立亡國' 등으로 표현되어 있다. 모두 같은 뜻이다. 이를 통상 '존망계절存亡繼絶'로 요약해 표현한다. '존망계절'은 주왕실을 받들고 사방의 오랑캐를 물리치는 '존왕양이尊王攘夷'와 불가분의 관계를 맺는다. 사가들이 패자를 평가하는 잣대로 '존왕양이'와 더불어 '존망계절'을 거론한 이유다. 양자는 춘추시대 중엽 제환공을 사상 첫 패자霸者로 우뚝 세운 관중의 패업霸業 행보에서 나왔다. 제자백가의 치국평천하 사상을 하나로 꿰는 '황금률'이기도 하다.

'신칙민임언信則民任焉'이 황간본에는 빠져 있다. 양보쥔은 '신信'을 신실信實, 즉 성실誠實로 새겼다. '소중민식상제所重民食喪祭'의 '민식상제民食喪祭'를 두고 통상 '민民, 식食, 상喪, 제祭'로 나눠 해석한다. 그러나 '정치사학'의 관점에서 볼 때 '민'과 '식'은 하나로 합쳐 백성들이 먹고사는 '민식民食'으로 주석하는 게 합리적이다.

이 장의 내용은 대부분『서경』의 「우서·대우모」와 「상서·탕고」, 「주서·무성」, 「주서·태서」에서 인용한 것이다. 「대우모」와 「탕고」, 「무성」, 「태서」에서 인용한 구절은 원래『위고문상서僞古文尙書』에 근거를 두고 있다. 통설은 공자시대 때 활용된 『서書』의 내용을 토대로 후대인들이 이 장을 만들어낸 것으로 보고 있다. 기무라 에이이치는 여러 격언과 명언을 하나로 그러모아 숫자로 정리하는 데 능했던 자장학파의 작품으로 추정했다.

'윤집기중允執厥中'에 대하여

'윤집기중允執厥中'이 『서경』 「우서·대우모」에는 '윤집궐중允執厥中'으로 되어 있다. 여기에 "인심人心은 욕심으로 인해 늘 흔들리기 쉽고, 도를 향하는 도심道心은 미약하고, 오직 정신을 하나로 모은 뒤 성실한 마음으로 중정中正의 도리를 지켜야만 한다."는 내용이 나온다. 원문은 '인심유위人心惟危, 도심유미道心惟微, 유정유일惟精惟一, 윤집궐중允執厥中'이다. 통설은 이 문장을 『위고문상서』에서 나온 것으로 보고 있다. 송대와 명대의 유학자들은 16자로 이뤄진 이 글을 '16자심결十六字心訣'로 호칭하며 치국평천하 리더십의 황금률로 여겼다. 특히 지나친 명분론에 함몰된 조선의 성리학자들은 이를 사단칠정四端七情 또는 인심도심人心道心 논쟁의 근거로 삼기도 했다.

제 2 장

> 子張問於孔子曰, "何如斯可以從政矣." 子曰, "尊五美, 屛四惡, 斯可以從政矣." 子張曰, "何謂五美." 子曰, "君子惠而不費, 勞而不怨, 欲而不貪, 泰而不驕, 威而不猛." 子張曰, "何謂惠而不費."

子曰, "因民之所利而利之, 斯不亦惠而不費乎. 擇可勞而勞之,
又誰怨. 欲仁而得仁, 又焉貪. 君子無衆寡, 無小大, 無敢慢, 斯
不亦泰而不驕乎. 君子正其衣冠, 尊其瞻視, 儼然人望而畏之,
斯不亦威而不猛乎." 子張曰, "何謂四惡." 子曰, "不敎而殺謂之
虐. 不戒視成謂之暴. 慢令致期謂之賊. 猶之與人也, 出納之吝
謂之有司."

자장이 공자에게 물었다. "어찌해야 정치에 종사함(종정從政)에 성공할 수
있습니까?"

공자가 대답했다. "5미五美를 높이고 4악四惡을 물리치면 가히 정치에 종
사할 수 있을 것이다."

자장이 물었다. "무엇을 '5미'라고 하는 것입니까?"

공자가 대답했다. "군자는 백성에게 은혜로우면서도 자신은 허비하지 않
고(혜이불비惠而不費), 백성들을 수고롭게 하면서도 원망하지 않게 하며(노이
불원勞而不怨), 얻고자 하면서도 탐욕을 부리지 않고(욕이불탐欲而不貪), 너그
러우면서도 교만하지 않으며(태이불교泰而不驕), 위엄스러우면서도 사납지
않은(위이불맹威而不猛) '5미'를 실천한다."

자장이 물었다. "그렇다면 '은혜로우면서도 자신은 허비하지 않음'은 구체
적으로 무엇을 말하는 것입니까?"

공사가 말했다. "백성이 이롭게 여기는 바에 따라 백성을 이롭게 하는(인리
이리因利而利) 정책을 펴면 그것이 바로 '은혜로우면서도 자신은 허비하지
않음'이 아니겠는가? 백성들 가운데 일할 만한 사람을 가려 일을 시키는

(택로이로擇勞而勞) 정책을 펴면 또 '누가 원망을 할 것인가?' 인을 이루고자 하여 인을 얻는(욕인득인欲仁得仁) 정책을 펴면 또 '어찌 탐욕스럽다고 하겠는가?' 군자는 재물이 많고 적은 것을 상관하지 않고(무중과無衆寡), 권력이 크고 작은 것을 상관하지 않으며(무소대無小大), 감히 태만하게 대하는 일이 없다(무감만無敢慢). 이것이 '너그러우면서도 교만하지 않음'이 아니겠는가? 또 의관을 바르게 하고(정기의관正其衣冠), 시선을 높게 고정하면서(존기첨시尊其瞻視) 의젓하고 점잖은(엄연儼然) 자세를 보이면 사람들이 우러러보며 두려워한다. 이것이 '위엄스러우면서도 사납지 않음'이 아니겠는가?"

자장이 물었다. "무엇을 '4악'이라고 하는 것입니까?"

공자가 대답했다. "가르치지 않다가 문득 죽이는 것(불교이살不敎而殺)을 학대虐待, 경계하지 않다가 성공을 보고자 하는 것(불계시성不戒視成)을 포악暴惡, 명령을 게을리하다가 기한 안에 이루고자 하는 것(만령치기慢令致期)을 적해賊害, 오히려 남에게 내주어야 하는데도 출납에 인색하게 구는 것(출납지린出納之吝)을 유사有司의 악행이라고 한다."

'혜이불비惠而不費'의 '비費'를 황간은 낭비하여 손실을 입히는 '비손費損'으로 풀이했다. '불계시성위지폭不戒視成謂之暴'의 '불계시성不戒視成'을 두고 마융은 미리 경계하지 않고 목적이 이뤄진 것을 보는 것, 오규 소라이는 다른 것을 보지 않고 오직 성공만을 보는 것으로 새겼다. '폭暴'을 주희는 갑작스럽고 급박해 잠시도 틈이 없는 것으로 풀이했다. '만령치기慢令致期'를 두고 공안국은 백성에게 신뢰를 받지 못하면서 쓸데없이 기일을 각박하게 하는 것, 주희는 앞서 느슨하게 해놓고 뒤에는 급하게 다그쳐 백성을 그르치게 하는 것, 오규 소라이는 『사기』 「손자오기열전孫子吳起列傳」의 3번 명령하고 5번 거듭 일러준다는 '삼령오신三令五申' 구절을 인용해 이같이 풀이했다. "명령하고 거듭 일러줘야 하는 사람이 부지런하지 않고 백성들로 하여금 그 일에 태만하게 하여 기한이 닥쳐오는 것을 깨닫지 못하게 한 뒤 기한을 재촉하면 이는 고의로 백성들을 형벌에 빠지게 하는 것이다."

'출납지린위지유사出納之吝謂之有司'의 '유사有司'는 하급 담당 관원을 가리킨다. 조선조의 아전衙前과 유사하다.

이 장은 자장과 자공의 문답으로 이루어져 있다. 군자로서의 위정자가 되기 위한 조건을 상세히 체계적으로 기술해놓은 게 특징이다. 이 장에서 공자의 가르침은 '5미五美'와 '4악四惡' 등으로 요약된다. '5미'와 '4악'의 내용은 「이인」 제18장과 「자로」 제26장과 제30장, 「술이」 제37장 등에도 나타난다. 기무라 에이이치는 이 장의 편성 배경을 두고 자장의 문인이 『논어』의 다른 편을 참조해 만들어낸 것이거나 세간에 회자된 공자의 격언을 토대로 만들어낸 것으로 파악했다.

제 3 장

子曰, "不知命, 無以爲君子也. 不知禮, 無以立也. 不知言, 無以知人也."

공자가 말했다. "명命을 모르는(부지명不知命) 자는 군자가 될 수 없다. 예禮를 모르는(부지례不知禮) 자도 자립할 수 없다. 모든 판단의 근거가 되는 언言을 모르는(부지언不知言) 자 역시 사람을 아는 지인知人의 경지에 이를 수 없다."

'부지명不知命'의 '명命'을 두고 공안국은 성패가 갈리는 계기인 '궁달지분窮達之分', 동중서는 '천령天令', 정이천과 주희는 '천명天命'으로 보았다. 다산은 공안국의 견해를 좇으면서 '궁달지분' 이외에 하늘의 위엄을 두려워하는 '외천지위畏天之威'를 포함시켰다.

'부지언不知言의 '언言'을 두고 주희는 사정邪正을 판단하는 근거인 '언지득실言之得失'로 풀이했다. 사정뿐만 아니라 현우賢愚, 진가眞假, 충역忠逆 등의 판단 근거가 되는 모든 언어적 득실로 보는 게 합리적이다.

'무이지인야無以知人也'의 '지인知人'은 『맹자』 「공손추 상」에서 맹자가 부동심不動心을 설명하는 도중에 언급한 '지언知言'과 상통한다. 맹자는 '지언'을 사람이 하는 말의 진의를 제대로 파악하는 것으로 풀이했다. 이 장의 '지인'과 같다. 정현은 『경전석문』을 인용해 당시의 『노론』에는 이런 문장이 없었고, 오직 『고론』에만 나온다고 언급했다.

『논어』의 대미인 「요왈」 제3장은 내용상 「학이」 제1장과 절묘하게 조응한다. 『논어』를 편제할 때 후대의 유자儒者들이 의도적으로 끼워 넣은 결과다.

공자는 열아홉에 결혼을 하고 이듬해에 아들을 낳으니 사람들이 잉어를 선물했다

나가는 글 : 『논어』와 제4차 산업혁명시대

-

『논어』와 민부民富

공자가 생전에 총애했던 애제자로 안회顏回와 자로子路 및 자공子貢을 들 수 있다. 불행하게도 안회와 자로는 스승인 공자에 앞서 요절했다. 공자가 안회를 총애한 것은 자신의 사상을 집약한 인仁을 능히 실천한 사람으로 평가했기 때문이다. 자로는 의義를 상징했다. 천하유세 이전의 '전기제자'인 안회 및 자로에 비해 상대적으로 덜 알려지기는 했어도 공자가 천하유세를 끝낸 후 육성한 '후기제자' 가운데 자하子夏는 예禮를 집대성한 인물에 해당한다. 자공은 스승 공자가 죽은 뒤 무려 6년 동안 시묘侍墓살이를 한 뒤 유학의 전파에 큰 공헌을 했다.

주목할 것은 유가에서 역설하는 '인 · 의 · 예'의 덕목이 지덕知德 가운데 '덕德'의 항목에 해당한다는 점이다. '지知'는 '인 · 의 · 예'로 상징되는 덕목과 구별되는 수학修學을 뜻한다. 많은 사람들이 이를 간과한 채 유학의 기본취지가 덕을 닦고 함양하는 수덕修德 즉 '수신학修身學'에 있는 것으로 생각하고 있으나 이는 잘못이다. 맹자와 주희가 '수학'을 멀리한 채 '수덕'을 강조한 데서 이런 오해가 만들어졌다. 학문을 닦는 '수학'은 치국평천하 리더십 함양을 꾀한 '위정학爲政學'을 의미한다. '위정학'이 결여된 '수덕'은 반쪽짜리 수양에 지나지 않는다. '반쪽짜리 수양 즉 수신학의 폐해는 심대했다. 동아시아 역대 왕조의 역사를 개관할 때 난세의 시기에 '수덕'을 강조한 성리학이 제대로 작동하지 못한 것은 물론 오히려 패망을 재촉하는 독소로 작용한 게 그렇다. '수학'의 의미를 무시 내지 축소한 후과로 볼 수 있다.

난세의 시기에 '지'는 부국강병의 전제조건에 해당한다. 상황에 따른 임기응변이 그 요체이다. 공자의 제자 가운데 이를 실현한 인물이 바로 자공이다. 그는 열국의 제후에 버금하는 예우를 받을 정도로 많은 재산을 모았고, 공자가 더불어 『시』를 얘기할 만하다고 칭송할 정도로 '지'가 뛰어난 인물이었다. 자공은 원래 주나라 도성인 낙양 인근의 위衛나라 사람으로 이름은 단목사端沐賜이다. 나이는 공자보다 31년이나 아래였다. 공자의 제자 가운데 가장 머리가 명석했고 특히 언변에 출중한 재능이 있었다. 사서에는 그의 화려한 행보가 대거 실려 있다. 자공의 재지才智를 짐작하게 해주는 일화가 『논어』 「공야장」에도 나온다.

공학孔學의 요체는 한마디로 요약하면 인仁이다. '인'에 관해 수천 년 동안 많은 사람들이 다양한 해석을 시도했음에도 '인즉인仁則人'보다 더 절묘한 해석은 없다. 인학仁學은 사람에 관한 인학人學인 동시에 사람 사이의 관계에 관한 인간학人間學이다. 공자 사상을 하나로 뭉뚱그려 표현한 '인학'이 사람을 제대로 아는 지인知人에서 시작해 사람을 두루 사랑하는 애인愛人에서 끝나는 이유가 여기에 있다. 자공은 실물 정치 및 경제에 '인학'을 실천한 상징적인 인물에 해당한다.

그럼에도 후대의 성리학자들은 인仁의 표상인 안회를 지나치게 숭상한 나머지 지知의 화신인 자공을 상대적으로 낮게 평가했다. 여기에는 자공의 종횡가적 행보와 이재 행보를 탐탁지 않게 여기는 심리적 반발이 적잖이 작용했을 것이다. 그러나 난세의 시기에 '지'는 '덕'보다 중시될 수밖에 없다. '지'는 변화무쌍한 시변時變을 슬기롭게 헤쳐 나갈 수 있는 지혜를 뜻한다. 공자의 제자 가운데 현실에 뿌리를 내리고 난세의 해법을 슬기롭게 찾아나간 인물은 존재하지 않았다. 변화무쌍한 21세기 동북아시대를 맞아 자공에 대한 재해석이 절실히 요구되는 이유다.

사마천은 『사기』 「중니제자열전」에서 자공의 삶을 이같이 평했다. "자공은 인재의 천거와 무능한 인물의 퇴출에 능했다. 때에 맞춰 재화를 잘 굴렸다. 남의 장점을 즐겨 칭찬하면서 동시에 남의 잘못을 그냥 지나치지 못했다. 늘 노나라를 위해 보위에 앞장섰다. 집에는 천금의 재산을 모아놓았다. 제나라에서 숨을 거뒀다."

자공은 공자의 제자 가운데 가장 부유했다. 공자의 제자 가운데 원헌 같은 이는 비자나 쌀겨도 제대로 먹지 못하고 뒷골목에서 숨어 살았다. 자공은 사두마차를 타고 호위병들을 거느리며 제후들과 교제했다. 『사기』 「화식열전貨殖列傳」에 나오듯이 제후들은 몸소 뜰로 내려와 제후의 예로 그를 맞이했다. 공자의 이름이 천하에 알려진 것도 그가 스승을 모시고 다닌 덕분이다. 그를 유상儒商의 효시로 보는 이유다.

『사기』 「화식열전」에는 다양한 사업으로 거만의 재산을 모은 총 52명의 인물이 소개돼 있다. 이들 모두 각 시기별로 다양한 방법으로 부를 쌓았다. 총 71가지의 사업과 활동이 소개돼 있다. 이들 가운데 태공망 여상呂尙과 관중管仲, 계연計然, 범리范蠡, 백규白圭 등 5명은 경제이론가인 동시에 뛰어난 사업가에 해당한다. 「화식열전」에는 이밖에도 목장 주인, 하층 장사꾼, 부녀자 등 다양한 인물이 등장한다. 주목할 점은 「화식열전」이 21세기에 그대로 적용해도 좋은 매우 진보적인 경제사상을 담고 있는 점이다. 사마천은 제환공이 사상 첫 패업을 이룬 것은 경제력 때문이고, 진시황이 천하를 통일한 것도 경제가 밑거름이 됐기에 가능했다고 보았다. 중농 대신 중상에 방점을 찍은 관중의 상가 이론을 그대로 수용한 결과이다. 공자의 수제자 자공을 대서특필한 게 그렇다. 『한서』를 쓴 반고는 '유가'의 관점에서 상가를 비판적으로 보았다. 이에 반해 사마천은 오히려 입만 열면 인의를 떠벌이는 '유가'를 질시했다. 「화식열전」에서 상가 이론을 집대성한 취지가 극명하게 드러나는 대목이다.

상가의 치국평천하 입장은 노자의 무위지치 사상과 한비자의 법치사상을 하나로 버무려놓은 데서 그 진수를 드러내고 있다. 19세기 말 겉으로는 도가, 안으로는 법가를 추종하는 '외도내법外道內法'의 이치를 찾아낸 인물이 있다. 후흑학厚黑學을 제창한 이종오李宗吾이다. 그는 이를 도가와 법가를 결합한 '외도내법外道內法' 내지 달빛 속에서 은밀히 칼을 갈며 실력을 기르는 '도광양회韜光養晦'로 표현하면서 이와 정반대되는 성리학의 치국평천하 방식을 박백薄白으로 표현했다. 그가 말한 '박백'은 맹자가 역설한 왕도에 입각한 치국평천하 방식을 가리킨다. 치세에는 '박백'의 왕도를 구사할지라도 큰 문제가 없다. 그러나 난세에는 얘기가 달라진다. 난세에 왕도를 역설하는 것은 전쟁 때 붓을 들어 칼에 대적하고자 하는 무모한 짓이나 다름없다. 버마재비가 수레바퀴에 대항하는 '당랑거철螳螂拒轍' 성어가 비로 이런 경우를 비유한 것이다. 스스로를 높이며 자만하는 자고자대自高自大의 극치에 해당한다.

사마천이 빈궁한 삶을 살면서도 일할 생각도 하지 않은 채 입만 열면 '인의仁義'를 떠드는 유가를 질타한 이유가 여기에 있다. 외양상 빈궁한 모습은 닮은 듯해도 청고한 삶을 사는 도인은 이와 차원이 다르다. 사마천도 이들 도인에 대해서는 나름 존경을 표했다. 「화식열전」의 해당 구절이다. "도인道人처럼 세상을 등지고 깊은 산 속에 사는 것도 아니면서 오랫동안 빈천한 처지에 놓여 있는데도 입만 열면 '인의'를 떠벌이는 자들이 있다. 이 역시 부끄럽기 짝이 없는 일이다."

도인은 깊은 산 속에서 청고한 삶을 살기에 아예 비판의 대상에서 제외한 것이다. 사마천의 이런 입장 표명은 부와 이익을 중시하는 중부重富 내지 중리重利가

상가의 기본 입장임을 천명한 것이나 다름없다. 덕치를 기치로 왕도를 역설하는 맹자 내지 성리학자의 입장에서 볼 때 천박한 중상주의 입장을 취했다는 비판을 받기 십상이다. 확실히 사마천의 주장은 맹자의 왕도 입장에서 볼 때 수용키 어려운 주장이다. 그러나 사마천은 이익을 좋아하고 부를 추구하는 인간의 호리지성 好利之性을 냉철하게 파악했다. 욕망의 절제를 미덕으로 삼던 당시 상황에서 사마천은 인간이 부를 추구하는 것은 전혀 사악한 게 아니고, 오히려 인간의 자연스런 본성에 해당한다고 주장한 이유다. 호리지성을 성악설이나 성선설처럼 선악의 시비 대상으로 삼아서는 안 된다는 입장을 피력한 것이다. 당시의 기준에서 볼 때 가히 파격에 해당했다. 호리지성을 인간의 본성으로 간주한 것은 탁견이다.

　'정치사학'의 관점에서 볼 때 사마천의 입장은 『장자』가 역설한 '외왕내성外王內聖'의 입장과 취지를 같이하는 것이다. 이를 뒷받침하는 『장자』 「거협胠篋」의 해당 구절이다. "됫박을 만들어 곡식의 양을 헤아리면 도둑은 됫박까지 훔치고, 저울을 만들어 무게를 재면 도둑은 저울까지 훔치고, 부절과 옥새를 만들어 신표로 삼으면 도둑은 부절과 옥새까지 훔치고, 인의를 만들어 바로잡으려 들면 인의까지 훔친다. 어떻게 그럴 줄 알 수 있는가? 혁대 고리를 훔친 자는 죽임을 당하나 나라를 훔친 자는 제후가 된다. 일단 제후가 되면 사람들은 그의 가문을 온통 인의로 포장한다. 이게 곧 도적놈이 인의와 성인의 지혜를 훔친 게 아니고 무엇인가?"

　사마천이 도가를 전면에 내세우는 '외도내법'의 상술을 제시한 배경이 여기에 있다. 장자가 입만 열면 '인의'를 떠드는 위정자들을 극도로 혐오한 것처럼 사마천 역시 왕조의 창업은 나라를 훔친 자들이 자신들의 찬역 행위를 인의로 포장하는 것에 지나지 않는다고 본 것이다. 때문에 사마천은 호리지성을 인간의 본성으로 보았다. 그는 세인들에게 새 왕조의 창업도 찬역을 인의로 포장한 것에 지나지 않으니 그런 일에 부화뇌동하지 말고 본성인 호리지성에 충실할 것을 적극 권했다. 제왕 못지않은 풍요로운 삶을 사는 '소봉素封'의 길이 그것이다. '소봉'은 사마천이 독창적으로 만들어낸 용어이다. 관직이나 봉록 혹은 작위와 봉지封地 등의 수입이 없으면서도 그것을 지닌 사람들과 비견될 만한 즐거움을 누리는 경우를 말한다. 통상 '무관의 제왕'으로 해석하고 있다. 사농공상의 차별이 엄연하던 시절 최하층의 상인을 두고 '소봉'이라고 언급한 이유는 무엇일까?

이는 크게 2가지 기본 전제 위에서 출발하고 있다. 첫째, 거만의 재산을 지니면 제왕과 다를 바 없는 즐거움을 누릴 수 있다는 점이다. 이는 기본적으로 부에서 비롯된 금력金力이 제왕의 권력權力 못지않은 위력임을 통찰한 결과이다. 둘째, 사람이 부유해지면 인의가 저절로 따라온다는 점이다. 이는 제왕의 자리도 당초에는 찬탈에 지나지 않았다는 사실을 통찰한 결과이다. 파격적인 발상이다. 그가 『사기』에서 「화식열전」에 이어 「자객열전刺客列傳」과 「유협열전游俠列傳」 등을 잇달아 편제한 것도 결코 우연으로 볼 수 없다.

「유협열전」의 다음 대목은 '소봉'의 신조어가 나오게 된 배경을 잘 설명해주고 있다. "세인들이 흔히 말하기를, '무엇으로 인의를 알 수 있는가? 나에게 이익을 준 자가 곧 유덕자有德者다'라고 한다. 백이伯夷와 숙제叔弟는 주나라의 은나라 찬탈에 반발해 수양산에서 굶어 죽었지만 후대인은 이를 이유로 주문왕과 주무왕을 비난하지 않았다. 도척盜跖은 흉포한 자였지만 그 무리는 그의 의리가 무궁하다고 칭송했나. 이로써 보건대 '갈고리를 훔치는 절구자竊鉤者는 주륙을 당하지만 나라를 훔치는 절국자竊國者는 왕후장상이 된다. 왕후장상이 되는 자의 집에 곧 인의가 존재한다.'는 얘기가 결코 허언이 아니다."

'절구자' 운운은 『장자』「거협」에 나오는 구절을 약간 돌려 표현한 것이다. 『사기』「유협열전」의 이 대목은 위정자들의 위선적인 '인의'를 폭로한 천구의 경구에 해당한다. 왕조 교체의 난세에는 군웅들 모두 겉으로는 '인의'를 내걸고 구세제민救世濟民을 떠벌인다. 그러나 그 내막을 보면 '인의'는 양두구육에 지나지 않는다. 이기면 모든 게 미화돼 '만세의 구세주'가 되고, 패하면 모든 게 폄하돼 '만고의 역적'이 된다.

장자와 사마천은 난세의 시기를 사는 해법이 달랐을 뿐 모두 권력의 흑막을 통찰한 셈이다. 장자는 세속의 명리를 초월한 가운데 천지자연과 더불어 청고한 도인의 삶을 사는 무위자연無爲自然을 주장했다. 이에 반해 사마천은 '절국자'에게 머리를 숙일 필요 없이 부를 쌓아 '소봉'의 삶을 살 것을 권했다. 도가와 상가가 나뉘는 갈림길이 여기에 있다. 장자와 사마천 및 『후흑학』의 저자 이종오 모두 '인의'의 가면 뒤에 숨어 있는 역사의 실체와 권력의 흑막을 통찰한 셈이다.

『논어』와 선부先富

원래 공자 역시 사마천 못지않게 정당하게 부를 쌓는 것을 높이 평가했다. 『논어』 전편을 통해 백성을 부유하게 만드는 부민富民을 백성을 바르게 가르치는 교민教民만큼 중시한 게 그렇다. 공자가 후대인에게 '만세사表萬世師表'로 칭송받는 것은 '교민'을 역설한 데 있다. 그러나 '교민'에는 전제조건이 있다. 바로 백성을 부유하게 만드는 '부민'이 그것이다. 『논어』「자로」에 해당 일화가 나온다. 이에 따르면 공자가 처음으로 철환천하轍環天下의 유세에 나서기 위해 위나라로 향할 때였다. 염구冉求 즉 염유冉有가 수레를 몰았다.

공자가 감탄했다. "백성들이 많기도 하구나!" 염유가 물었다. "이미 백성들이 많으면 또 무엇을 더해야 합니까?" 공자가 대답했다. "부유하게 해주어야 한다." 염유가 다시 물었다. "이미 부유해졌으면 또 무엇을 더해야 합니까?" 공자가 대답했다. "가르쳐야 한다!"

공자는 이 일화에서 먼저 백성들이 부유해야 능히 가르칠 수 있다고 언급했다. 공학孔學을 관통하는 키워드 선부후교先富後敎가 나온 배경이다. 21세기 제4차 산업혁명시대의 관점에서 볼 때 '공자경영학'의 알파 오메가가 바로 '선부후교'에 있다고 해도 과언이 아니다. 대다수 사람들이 공학孔學을 논하면서 '선부후교' 이치를 간과하고 있으나 이는 큰 잘못이다. '수제'에 초점을 맞춰 수신학修身學으로 전락한 성리학의 유폐遺弊로 볼 수 있다.

공자는 기본적으로 백성들을 부유하게 만드는 '부민'이 전제되지 않는 한 '교민' 또한 실효를 거둘 수 없다고 보았다. 이는 정치의 기본 이치를 민생에서 찾은 『관자』「목민」의 다음 대목과 취지를 같이하는 것이다. "나라에 재물이 많고 풍성하면 먼 곳에 사는 사람도 찾아오고, 땅이 모두 개간되면 백성이 안정된 생업에 종사하며 머무는 곳을 찾게 된다. 창름倉廩이 풍족하면 백성들이 예절禮節을 알게 되고, 입고 먹는 의식衣食이 족하면 영욕榮辱을 알게 된다."

창고가 가득차고 먹고 입는 의식이 족해야 예절과 영욕을 알게 된다는 것은 곧 공자가 『논어』「자로」에서 역설한 '선부후교'의 기본 취지를 설명한 것이나 다름없다. 이는 곧 『관자』「목민」이 언급했듯이 군주와 신민 모두 예의염치를 아는 문화대국의 건설을 뜻한다. '선부후교'의 궁극적인 목표가 『관자』「목민」과 일치하고 있음을 알 수 있다.

역사상 '선부후교'의 대표적인 성공사례로 지난 세기 말 중국을 미국과 어깨를 나란히 하는 G2로 만드는데 결정적인 공헌을 한 덩샤오핑의 개혁개방改革開放 정책을 들 수 있다. 당시 덩샤오핑이 내건 구호가 '선부론先富論'이다. 비록 '후교後教'를 구체적으로 언급하지는 않았으나 시행한 정책 내용을 보면 '후교'까지 포함한 것으로 보아야 한다. 시급한 과제가 '선부'인 만큼 이를 강조하기 위해 '선부론'만 언급한 것으로 보는 게 옳다.

객관적으로 볼 때 '신 중화제국'이 21세기에 들어와 G2의 일원이 된 것은 전적으로 덩샤오핑의 공이다. 그는 '마오쩌둥 사상'을 온존시킨 가운데 문호를 개방하는 절묘한 선택을 했다. 중국이 소련 및 동구와 달리 체제의 연속성을 지키면서 초강대국의 반열에 오르게 된 배경이다. 덩샤오핑이 정의한 '사회주의 시장경제'는 중도 내지 중용을 역설한 공학孔學의 진수를 보여준다. 공자는 생전에 신분세습의 봉건체제를 혐오해 학덕을 연마한 군자들이 다스리는 새로운 세상이 속히 도래할 것을 고대했다. 그럼에도 결코 혁명적인 방법을 택하지 않았다. 덩샤오핑이 택한 개혁개방 노선도 이와 닮았다. 『중용』이 역설하는 중화中和가 그것이다. 덩샤오핑이 혁명이 아닌 개혁을 택한 이유다.

덩샤오핑은 개혁개방의 기치로 '흑묘백묘' 구호를 내걸었다. 쥐를 잡는 과정에서 고양이 털 색깔은 하등 상관이 없다는 주장이다. '모로 가도 서울만 가면 된다.'는 우리 속담과 취지를 같이 한다. 그는 마오쩌둥이 문화대혁명 때 이념을 뜻하는 홍紅을 역설하며 실용을 뜻하는 전專을 비판한 것과 정반대되는 입장을 취했다. 그게 주효했다. '신 중화제국'을 G2의 일원으로 만드는 데 성공한 비결이다.

실제로 '사회주의 시장경제'를 기치로 내세우고 있는 중국은 현재도 어떤 면에서는 한국을 비롯한 여타 '자본주의 시장경제' 국가보다 훨씬 자본주의적인 모습을 띠고 있다. 장차 '공부론'에 보다 충실한 '유가주의 시장경제'로 진행할 경우 애덤 스미스와 막스 베버 등의 이론에 기초한 '자본주의 시장경제'를 뛰어넘는 제3의 '시장경제' 모델이 등장할 공산이 매우 크다. '유가주의 시장경제'는 공부하며 부를 쌓아 유상儒商의 효시가 된 자공을 '롤 모델'로 삼은 까닭에 일명 '유상주의儒商主義'로 표현할 수도 있다.

이는 결국 수천 년에 달하는 중국의 전 역사를 통틀어 사상 처음으로 '중농주의'가 아닌 '중상주의'를 통치이념으로 내세운 제4차 산업혁명시대에 부흥하는 새로운 G1의 등장을 의미하는 것이다. 현재 시진핑 정부가 종신집권의 과욕을 부리고 있어 과연 덩샤오핑이 당부한 대로 전 인민의 균부均富를 달성하는 이상국을 실현할 수 있을지 여부는 매우 불투명하다. 일단 외양상 기치로 내세운 '공부론'이 『관자』에서 역설한 '균부론均富論'과 상통하고 있는 만큼 이론적으로는 전 인민의 '유상화儒商化'도 전혀 불가능한 것은 아니다. 세계시장으로 부상한 중국의 시장을 석권하고자 하는 기업 CEO들은 중국 수뇌부의 동향 및 변동을 예의 주시하면서 만반의 대비책을 강구할 필요가 있다. 이는 중국의 앞날이 인례仁禮와 성신誠信, 온고지신溫故知新, 자강불식自彊不息 등의 유가 덕목을 얼마나 잘 실행했는지 여부에 달렸다는 것을 의미한다.

『논어』와 유상주의儒商主義

현재 학계에서는 '유상주의'가 중국에도 널리 전파되고 있는 것으로 진단하고 있다. 전 세계를 무대로 정신없이 움직이는 중국 출신 글로벌 비즈니스맨을 두고 '한 손에 주판, 한 손에 『논어』를 들고 있다.'고 평하는 게 그렇다. 중국의 앞날이 '유상주의'의 성패에 달려 있다고 평할 수 있다. 공자의 고향인 중국이 아편전쟁

이후 근 2세기 만에 바야흐로 '유상주의'의 본거지를 자처하는 형국이다.

현재 세계의 경제경영 학계에서는 중국을 설명할 때 '사회주의 시장경제' 용어를 자주 사용한다. '정치사학'의 관점에서 볼 때 이는 '유가주의 시장경제' 즉 '유상주의'의 직전 단계를 언급한 것으로 볼 수 있다. '유상주의'는 스스로를 채찍질하며 부단히 노력하는 유가의 '수기치인修己治人' 덕목이 경제활동에도 그대로 반영된 것을 말한다. 막스 베버가 역설한 '청교도자본주의'를 뛰어넘는 자본주의의 궁극에 해당한다.

G1 미국과 무역전쟁을 벌이고 있는 G2 중국을 제대로 이해하기 위해서는 서구의 역사문화 전통에 기초한 기존의 시각에서 벗어날 필요가 있다. 이는 '자본주의 대 사회주의' 내지 '정치 대 경제'의 대립을 전제로 한 마르크스와 베버의 분석틀을 내던져야만 가능하다. 실제로 중국의 G2 부상은 기존의 학설로는 제대로 된 설명이 쉽지 않다.

흔히 말하는 '유가주의 시장경제'는 아직 학술적으로 정립된 용어는 아니다. 한국과 중국 등의 급격한 자본주의적 경제성장을 보고 서구 학자들이 그 배경을 유교문화에서 찾은 데서 비롯된 일종의 저널리즘 용어에 해당한다. 논리적으로 볼 때 '유가주의 시장경제'는 공자가 『논어』「자로」에서 먼저 백성들을 부유하게 만든 뒤 가르쳐야 한다고 주장한 선부후교先富後教 사상과 맥을 같이하고 있다. 그런 점에서 학계에서 이를 '사회주의 시장경제'와 '유가주의 시장경제'와 유사한 경제체제로 해석하는 것은 나름 타당하다.

현재 중국 학계에서는 '사회주의 시장경제'를 설명할 때 '유가주의 시장경제 대신 '유교사회주의儒教社會主義' 용어를 사용하고 있다. 중국 당국이 21세기에 들어와 세계 각지에 '공자학원'을 설립하며 공자를 중국문화의 아이콘으로 내세우고 있는 것도 이런 입장에서 나온 것이다. 사실 공자사상이 마르크시즘과 정면으로 배치되는 것이라면 공산주의를 통치이데올로기로 내세우고 있는 중국 당국이 공자를 그토록 떠받들 리 없다. 21세기에 들어와 G2의 일원으로 우뚝 선 중국의 '사회주의 시장경제'를 제대로 파악하기 위해서라도 공학孔學에 대한 심도 있는 이해가 필요한 이유다.

아담 스미스가 『국부론』에서 시장 참여자의 이기적인 행동이 '보이지 않는 손'에 의해 국부를 축적하는 계기로 작용한다고 주장한 것은 관청이 시장 교란자들을 솎아내는 역할을 수행한 건륭제 치하의 청나라를 모델로 삼은 데서 나온 것이다. 중국의 학자들은 이를 '관독상판官督商辦'으로 표현하고 있다. 중국이 수천 년간에 걸쳐 '관독상판'의 전통을 이어온 것은 진시황 때 이미 상비군과 관료조직을 확립한 사실과 무관하지 않다.

중국의 역대 왕조 모두 비록 중농주의 경제정책을 관철했음에도 유통경제를 담당하는 상인의 역할과 비중을 결코 과소평가하지 않았다. 청조 말기까지 염상鹽商에게 소금 전매의 특권을 부여하면서 그들로부터 수령한 염세로 재정을 충실히 한 사실이 이를 뒷받침한다. 조선조가 육의전六矣廛에 해당 물품에 대한 전매권을 부여하고 세금을 부과한 것도 같은 맥락이다. 큰 틀에서 볼 때 중국의 '사회주의 시장경제'는 전래의 '관독상판'을 재현한 것으로 볼 수 있다.

아담 스미스는 『국부론』에서 국토가 광활하고 인구가 많은 중국을 특별히 거론하며 내수 위주의 경제체제를 높이 평가한 바 있다. 이런 통찰은 오늘날에도 그대로 적용된다. 중국은 이미 자체적으로 거대한 규모의 생산 및 유통, 소비시상이 가동되고 있다. 자본 축적이 상당 규모로 이뤄진 덕분이다. 현재 중국은 전 세계를 통틀어 외수外需와 내수內需를 동시에 추구할 수 있는 거의 유일한 시장을 형성하고 있다. 인도와 브라질, 러시아 등도 넓은 땅과 풍부한 자원 및 많은 인구를 보유하고 있으나 여러 면에서 중국에 미치지 못한다. 21세기 제4차 산업혁명시대에 2018년을 기점으로 문득 현실화한 '미중 무역전쟁'도 미국의 견제 심리가 강하게 작동한 결과로 해석할 수 있다.

『논어』와 정치경제학

필자의 한학漢學 연마는 고등학교 시절 학교 근처의 서울 파고다 공원 옆에 학숙學塾을 차린 한학의 대가 임창순 선생의 '태동고전연구소'를 찾아가 『춘추좌전』과 『맹자』 및 『중종실록』을 배운 데서 시작됐다. 이 작업은 60세가 넘은 21세기 현재까지 지속되고 있다. 『논어』와 『맹자』 등의 경서經書를 비롯해 『춘추좌전』과 『조선왕조실록』 등의 사서史書 관련 서적을 잇달아 펴내고 있는 게 그렇다.

필자의 경사서經史書에 대한 애착은 청나라 건륭제 때 활약한 고증학자 장학성章學誠이 『문사통의文史通义』 「역교易教 상上」에서 역설한 '육경개사설六經皆史說'에 크게 공감한데 따른 것이다. 원래 북송 때 활약한 사마광司馬光이 이미 『자치통감資治通鑑』과 쌍벽을 이루는 『역설易说』에서 그런 주장을 펼친 바 있다. 사마광은 『자치통감』과 『역설』 이외에도 전한 말기의 유학자 양웅揚雄이 쓴 『태현경』을 주석한 『주태현경注太玄经』과 『주양자注扬子』 등 많은 사상서를 펴낸 바 있다. 『한림시초翰林詩草』와 『유산행기游山行记』 및 『속시치续詩治』 등의 문학서도 여러 권 펴냈다. 문사철文史哲을 하나로 꿴 셈이다. 그 결정판이 바로 『자치통감』이다.

실제로 사마광은 『자치통감』에 나오는 중요 사건마다 '신광臣光 왈터'로 시작되는 사평史評을 달아 놓았다. '문사철'을 하나로 꿴 높은 식견과 고금古今 및 경사經

史를 하나로 녹이는 정치사학의 통찰이 없다면 불가능한 일이다. '신광 왈'은 『춘추좌전』에 나오는 '군자君子 왈티'의 사평을 흉내 낸 것이다.

사상사적으로 볼 때 사마광은 개혁의 방법론을 놓고 신법당新法黨의 영수로 활약한 왕안석王安石과 치열한 논전을 벌였다. 후대의 사가들에게 신법당과 대립하는 구법당舊法黨의 대표로 꼽힌 이유다. 당시 왕안석 역시 사학과 문학에 나름 깊은 조예를 과시했으나 상대적으로 유가경전 등의 철학서를 극히 중시했다. 사마광 역시 문학과 철학에도 조예가 깊었으나 평생에 걸쳐 『자치통감』의 완성에 모든 노력을 기울였다. 많은 사람들이 『자치통감』에 지나치게 주목하는 바람에 그가 얼마나 문학과 철학에 깊은 소양을 지녔는지 제대로 알지 못한다. 이는 『자치통감』에 나오는 그의 뛰어난 사평史評을 보면 쉽게 알 수 있다.

필자가 본서를 펴낸 것은 기본적으로 한반도의 위기가 최고조로 치닫고 있는 상황에서 그 어느 때보다 국민들의 각성이 절실하다고 판단한 데 따른 것이다. 실제로 북핵 문제가 전 세계적 이슈로 등장한 이후 남북 간의 표면적인 '평화무드'와는 정반대로 한반도 주변 4강국의 움직임은 '긴장무드'로 치닫고 있다.

중간에 낀 한국만 이러지도 저러지도 못한 채 위험천만한 줄타기 외교를 계속하고 있다. 그 와중에 죽어나는 것은 서민밖에 없다. '세계10대 무역대국'의 허명虛名 속에 날로 심각해지고 있는 경제 침체가 북핵 못지않은 현안으로 급부상한 현실이 그렇다. 실제로 OECD 가입국 가운데 유독 한국경제만 모든 경제지표가 바닥을 모르고 추락하고 있다.

필자가 이번에 '정치사학'의 관점에서 동아시아 4국에서 수천 년 동안 필수 인문교양서로 전해져온 『논어』를 집중 분석한 이유다. 독자들로 하여금 미중 무역전쟁과 21세기 제4차 산업혁명시대 속에서 안팎으로 맞닥뜨리는 여러 난관을 슬기롭게 타개하는 데 도움을 주고자 한 것이다.

장학성과 사마광으로 대표되는 '정치사학' 관점은 춘추시대 초기 사상 최초의 패업霸業을 이루며 예의염치禮義廉恥의 문화대국 건설을 주창한 관자管子의 정치경제학政治經濟學 이론과 상통한다. 동양 전래의 사농공상士農工商 가운데 '사'는 정치, '농공상'은 경제를 의미한다. '농공상' 가운데 실물경제는 '농공', 금융경제는 '상'에 해당한다. 실물경제인 '농공'은 '농'에서 출발한다. 농사의 성패는 얼마나 때 맞춰 씨를 뿌리고, 김을 매고, 곡식을 거두는가 하는 데 달려 있다. 먹는 문제의 성패가 근면에 달려 있는 셈이다.

실제로 열심히 일하면 백성이 배불리 먹지는 못해도 최소한 굶는 것을 걱정하지 않을 수 있고 일부는 소부少富을 이룰 수 있다. 동양은 배불리 먹으면 도를 깨우치는 데 해가 된다고 생각해 대식大食을 천시했다. 서양이 그리스시대부터 척박한 농지로 인해 불가불 상업을 중시하며 중상주의로 나아간 데 반해 동양이 소식小食을 기치로 내걸고 농업을 중시하는 중농주의로 나아간 이유가 여기에 있다. 제갈량이 죽기 직전에 유비의 아들 유선에게 표문을 올려 뽕나무 800그루와 척박한 밭이 약간 있어 여유가 있다며 자식들의 뒤를 당부한 것도 이런 맥락에서 이해할 수 있다. 선비가 먹고살기 위해 농사를 짓는 것만은 인정해도 상공업에 종사하는 것만은 꺼리는 전통이 오랫동안 유지된 배경이다.

성리학을 완성한 남송대의 주희는 여기서 한 발 더 나아가 '천리인욕설天理人欲說'에 입각해 '대식'을 '천리'에 어긋나는 '인욕'으로 간주하며 죄악시했다. '대식'을 가장 빠른 방법으로 이룰 수 있는 상업을 극도로 천시한 게 그렇다. 실제로 남송대의 사대부와 조선조의 선비들은 '돈'이라는 명칭을 거론하는 것 자체도 비루하게 여겼다.

그러나 아무리 농업을 중시하고 상업을 천시하는 중농천상重農賤商의 기조를 견지할지라도 궁궐의 조영과 도로의 개설, 전차 및 무기의 개량, 관복의 정비, 서책의 간행 등을 소홀히 할 수는 없는 일이다. 이는 공업 즉 산업의 발전을 전제로 한 것이다. 시간이 지나면서 각종 수공업의 발달을 토대로 고부가가치의 제품 생산이 이뤄진 배경이 여기에 있다.

대표적인 상품이 바로 비단과 도자기이다. 비약적인 기술 혁신과 공장제 수공업 등의 분업으로 대량 생산이 가능해지면서 사람들은 이전보다 훨씬 풍요한 삶을 영위할 수 있게 됐다. '농공'으로 상징되는 실물경제의 발달은 곧 먹고 사는 문제가 거의 해결됐음을 뜻한다. 기술 혁신에 따른 산업의 발달은 곧 상당 수준의 풍요를 뜻하는 중부中富를 가능하게 했다.

산업의 발전은 전방 효과로 농업기술의 향상을 통한 농산물의 증산을 가능하게 했고, 후방 효과로 생산된 공산품의 유통을 매개하는 상업의 발전을 가능하게 했다. '농공'에 이어 '공상'이 점차 강조된 배경이 여기에 있다. 농공산품의 지속적인 증산을 보장하고 필요한 물품의 적시 입수를 가능하게 만들려면 원활한 물류가 전제되어야 한다. 수양제가 남북을 관통하는 대운하를 개착한 이유이다. 러시아가 차관을 들여와 시베리아 횡단철도를 부설하고, 미국이 중국의 쿠리苦力를 들여와 대륙횡단철도를 깔고, 한국의 박정희 전 대통령이 야당 및 여론의 반대에도 불구하고 경부고속도로를 뚫은 이유가 여기에 있다.

운하와 도로, 철도의 개설은 시장의 확대를 의미한다. 시장의 확대는 각지에서 산출되는 특산품의 대량 수집과 신속한 유통을 자극해 천문학적인 재산 축적을 가능하게 했다. 동양에서는 전쟁이 일상화한 전국시대에 들어와 밀무역을 포함한 각국 간 교역이 활발히 전개되면서 최상의 풍요를 뜻하는 상부上富가 가능해졌다. 이 때문에 '상부'가 곧 상인을 뜻하게 되었다.

전국시대 말기에 전쟁 특수로 치부한 여불위呂不韋가 막대한 규모의 정치자금 기부를 배경으로 최강국인 진秦나라의 재상이 된 것은 이제 상업이 국가의 흥망을 좌우하는 상황에 이르게 됐음을 뜻했다. 『맹자』「공손추 하」에는 전시특수를 틈타 거만의 재산을 모은 상인을 질타하는 대목이 나온다. "옛날에 시장에서 교역하는 것은 자신이 갖고 있는 물건을 갖고 와 자신이 갖고 있지 않은 물건과 바꾸기 위한 것이었다. 당시 시장을 관할하는 유사有司는 그것을 감독만 했을 뿐이다. 그런데 한 천장부賤丈夫가 나타난 뒤 농단壟斷에 올라가 좌우를 둘러보며 시장의 이익을 그물질 하듯 거둬가 버리기 시작했다. 상행위에 세금을 징수하는 것은 바로 이 천장부로부터 시작된 것이다."

자신이 원하는 바대로 일을 처리한다는 뜻을 지닌 '농단'의 성어는 여기서 나왔다. 여기의 '천장부'는 시기 및 지역 간 차이를 틈탄 매점매석 행위로 치부한 상인을 뜻한다. 맹자가 이런 감정적인 표현을 쓴 것은 바로 수단 방법을 가리지 않고 이윤을 극대화한 중상주의자들에 대한 중농주의자들의 비판의식을 대변한 것이다. 현실에 존재한 적도 없는 정전법井田法을 최상의 경제정책으로 간주한 맹자는 대표적인 중농주의자였다.

이 일화는 전국시대 당시 각국의 상인들이 자국의 특산품을 이용해 교역으로 막대한 재산을 축적했고, 각국은 이들에게 무거운 세금을 매겨 전비戰費를 충당한 역사적 사실을 담고 있다. 주목할 것은 '농단'의 행위가 본래의 상업인 '직접상업'만을 의미하고 있다는 점이다. 금융업과 보험업 등의 '간접상업'은 훨씬 후대인 송대에 이르러서야 비로소 꽃을 피우게 된다.

동양에서 발달한 금융은 어디까지나 실물경제를 뒷받침하기 위한 보조적인 역할에 그친 까닭에 1997년의 IMF환란과 2008년의 미국 발 금융대란과 같은 위기가 빚어질 여지가 없었다. 2008년의 금융위기 사태와 2018년에 불거지기 시작한 미중 무역전쟁을 계기로 사농공상士農工商의 맨 위쪽을 차지했던 '사인士人'의 존재 의미가 새삼 부각된 것은 하나의 소득으로 볼 수 있다.

원래 '사인'은 문사文士와 무사武士로 구성된 위정자를 뜻했다. 그러나 기업이 국가경제 및 세계경제의 근간을 이루고 있는 21세기 제4차 산업혁명시대에는 기업 CEO까지 포함하는 개념으로 확대 해석하는 게 합리적이다. 삼성과 같은 글로벌 기업의 흥망이 나라의 존망과 직결되는 '상사商士의 시대'에 살고 있는 게 그렇다. '상사'가 전통적인 '문사'와 '무사'를 대신해 나라의 존망을 좌우하게 되는 현상을 제4차 산업혁명시대의 또 다른 특징으로 거론하는 이유가 여기에 있다.

기업의 존재 의미를 이윤의 극대화에서 찾은 과거와 달리 국가 발전 및 인류 공영을 뜻하는 산업보국産業報國 및 흥국제세興國濟世에서 찾을 경우 기업과 국가경영의 리더십은 별반 다를 바가 없게 된다. 실제로 21세기에 들어와 선도적인 기업들은 윤리경영 등을 기치로 이런 방향으로 나아가고 있다. 바야흐로 제4차 산업혁명시대를 사는 현대인들은 '사인'의 대종이 문사 및 무사에서 기업인 즉 '상사'로 바뀌는 세기사적 전환점에 서 있는 셈이다.

역사적으로 보면 조선조 후기에 이미 이런 생각을 지는 사람들이 다수 존재했다. 조선조 후기의 실학자 가운데 북학파北學派로 불린 중상주의자들이 바로 그들이다. 북학파의 대표주자인 연암燕巖 박지원朴趾源은 〈사인=농인=공인=상인〉의 사민평등四民平等의 입장에 서서 사인들로 하여금 적극 상업에 종사해 재부를 쌓을 것을 촉구했다. 조선이 궁색을 면치 못하고 백성의 삶이 누추한 것은 이용후생利用厚生을 천시하는 조정 관료와 사대부들의 무식함에서 비롯됐다고 질타한 게 그렇다.

연암 박지원이 역설한 '이용후생'은 상공商工을 잘 다스려 나라를 부유하게 하고 백성의 삶을 풍요롭게 만드는 게 통치의 요체라는 취지에서 나온 것이다. 이들 북학파들은 상행위의 자유와 상공업의 진흥을 앞장서 역설한 점에서 토지개혁에 무게를 두면서 상업을 천시한 정약용 등의 중농학파와 차이가 있다. 중상주의자인 박지원은 이익과 정약용 등으로 대표되는 중농주의자들의 이런 주장을 시대에 뒤떨어진 것으로 보았다. 박지원은 그의 둘째 아들 박종채朴宗采가 펴낸 『과정록過庭錄』의 기록에 따르면 생전에 이같이 역설한 바 있다. "상인을 관청에서 조정하려 들면 안 된다. 그들을 조정하면 물건 값이 묶이고, 물건 값이 묶이면 이익을 얻을 수 없고, 이익을 얻지 못하면 거래가 마비되는 폐단이 발생한다. 그러면 농민과 수공업자가 모두 곤란을 겪어 궁색해지고 백성은 생계수단을 잃게 된다. 상인들이 값이 싼 곳에서 물건을 사다가 비싼 곳에서 파는 상업 활동은 풍족한 것을 덜어내어 부족한 곳에 더해주는 이치이다. 물밑의 가벼운 모래가 출렁이는 물결에 따라 고루 퍼져 저절로 평탄해지는 이치와 같은 것이다."

그는 백성이 풍요를 누리고 나라가 부강해지기 위해서는 무엇보다 먼저 자유로운 상행위가 보장되어야 하고, 그러기 위해서는 운송 등의 유통경제가 뒷받침되어야 한다고 주장했다. 『열하일기熱河日記』에 따르면 그가 북경에 사신으로 가는 길에 가장 인상 깊게 본 풍경은 선박과 수레를 이용한 운송이었다. 청국과 조선의 빈부는 바로 유통경제의 차이에서 비롯됐다는 게 그의 주장이다. 이는 해외무역을 전제로 한 것이었다. 『열하일기』「허생전許生傳」에 나오는 관련 대목이다. "우리 조선은 배가 외국과 통하지 못하고 수레가 국내에 두루 다니지 못하는 까닭으로 온갖 재물이 이내 안에서 생겨났다가 안에서 사라지는 처지에 놓여 있다."

그가 국제교역의 활성화가 국가경제와 민생을 풍요롭게 만드는 가장 바람직한 방략이라고 주장한 이유다. 자유로운 상행위의 보장은 선박과 수레를 이용한 재화의 유통을 활성화하고, 이는 다시 국내 농공업의 발전을 자극해 해외통상을 촉진하고, 마침내 국부의 증진도 자연스럽게 도모할 수 있다는 게 그의 확고한 생각이었다.

학자들의 연구 결과에 따르면 원래 프랑스혁명을 전후로 문득 등장한 서양의 계몽주의 사상은 중국에서 활동한 선교사들이 『논어』와 『맹자』를 비롯한 동양의 수많은 고전을 라틴어로 번역해 서양에 소개한 이후에 나타난 현상이다. 「경제표」를 만든 중농학파의 시조인 케네가 사람들에게 자신을 '유럽의 공자'로 불러달라고 주문한 사실이 이를 뒷받침한다.

계몽사상의 대표 주자에 해당하는 볼테르는 중국의 제도와 문물을 참고로 '주권主權' 개념을 만들어 냄으로써 미국의 독립운동과 프랑스 시민혁명의 사상적 기반을 제공한 바 있다. 맹자의 민본民本 사상을 서구사상의 새로운 패러다임으로 삼은 덕분이다. '자유'와 '민주', '인권' 등 서양이 자랑하는 근대사상 모두 동양에서 건너간 것임을 뒷받침하는 대목이다.

21세기 제4차 산업혁명시대의 관점에서 볼 때 『국부론』의 저자 아담 스미스와 비슷한 시기를 산 박지원이 『열하일기』 등에서 조선조 최초로 '상사商士'의 역할을 역설한 것은 암시하는 바가 매우 크다. 상업을 통한 부민부국 방안을 제시한 그의 주장은 사상 최초로 자본주의 이론을 정립한 아담 스미스 못지않게 뛰어나다. 이를 뒷받침하는 그의 주장이다. "조선의 백성 가운데 상인이 가장 천한 직업이기는 하나 그들이 없으면 온갖 재화가 통할 수 없다. 상업을 폐지할 수 없는 이유이다. 재물이 백성에게 축적된 뒤에야 비로소 국가 재정도 풍족해질 수 있다."

아담 스미스의 『국부론』을 방불케 한다. 필자가 이번에 '정치사학'의 잣대를 적용해 치국평천하 리더십 연마의 기본 텍스트에 해당하는 『논어』를 집중 분석한 것도 같은 맥락이다. 공문孔門의 사제 사이에 이뤄진 다양한 유형의 일화와 언행 등을 통해 21세기 제4차 산업혁명시대에 널리 적용할 수 있는 이치 등을 찾아내고자 한 것이다. 부민부국富民富國의 최전선에서 활약하는 기업 CEO를 비롯한 각계의 오피니언 리더들이 공자가 언급한 부국강병의 기본 취지를 널리 알리는 데 앞장서 주었으면 하는 바람이다.

『논어』의 편제와 주석

—

『논어』의 편제

원래 수천 년에 걸쳐 제왕학의 기본 텍스트로 통용돼 온 『논어』는 유가경전 가운데 가장 오래된 경전에 속한다. 『논어』가 얼마나 오래된 경전인지는 『논어』에 사용된 구문을 보면 쉽게 알 수 있다. 일찍이 음운학자 카알그렌은 『논어』와 『맹자』의 문법 체계를 비교해 양자가 완전히 동일하다는 사실을 밝혀냈다. 약간의 사소한 차이가 나는 것은 『논어』가 『맹자』보다 더 오래된 데 따른 것이다. 『논어』의 형성 시기가 공자의 서거 직후인 전국시대 초기까지 소급한다는 사서의 기록이 언어학적으로 증명된 셈이다.

『논어』에는 후대의 유가가 내세운 논지와 어울리지 않는 내용이 다수 포함돼 있다. 그러나 이 또한 『논어』가 매우 이른 시기에 만들어진 것임을 뒷받침하는 하나의 증거에 지나지 않는다. 『논어』의 내용 대부분은 공자를 중심으로 한 공자학당 즉 공문孔門의 언행록이다. 이는 스승인 공자가 '자子'로 불리고 그의 '직계제자'들이 '자子'로 불린 사실을 통해 쉽게 확인할 수 있다. 공자 만년의 사숙私塾에 모인 '직계제자'들로부터 나온 전문傳聞이 원형 그대로 기술된 것임을 의미한다.

현존 『논어』는 총 20편으로 구성돼 있다. 각 편의 편제는 적게는 1개 장章에서 많게는 47개 장에 이르기까지 들쭉날쭉하다. 총 500개 장에 달하는 각 장은 불과 몇 자로 된 것부터 수백 자에 달하는 것까지 매우 다양하다. 「선진」의 말장末章처럼 300자가 넘는 경우도 있다. 그러나 대부분은 50-60자 이내로 돼 있다. 통상

20-30자에서 10여 자 안팎이다.

어느 경우든 의미 깊고 간결한 표현으로 고매한 교훈을 포함하고 있어 시공을 뛰어넘어 모든 사람에게 깊은 감명을 주고 있다. 각 장의 구분은 주석가에 따라 약간의 출입이 있으나 대략 500개 장에 가깝다. 현존 『논어』는 이 500개 장을 20편으로 정리해놓은 것이다. 이들 각 장은 전후의 장과 어떤 관계를 맺고 해당 위치에 놓인 것도 있고 완전히 고립적으로 존재하는 것도 있다.

앞뒤의 장과 어떤 관계를 맺고 배치된 장들의 모임을 통상 '장군章群'이라고 한다. 『논어』의 모든 편은 하나 또는 수개의 '장군'으로 구성돼 있다. 기무라 에이이치는 각 편의 장군들이 상호 어떤 관련을 맺고 있고 그 편제 시기는 언제였는지에 관해 정밀한 분석을 시도해 나름 괄목할 만한 성과를 거뒀다. 그의 주장에 따르면 총 20편으로 구성된 『논어』를 두고 주희의 『논어집주論語集注』는 482개 장, 청나라 건륭제 때 완원阮元이 주도적으로 편제한 『13경주소十三經注疏』는 481개 장, 당나라 때 육덕명陸德明이 편찬한 『경전석문經典釋文』은 492개 장, 청나라 도광제 때 유보남劉寶楠이 쓴 『논어정의論語正義』는 483개 장, 민국 때 청수더程樹德가 저술한 『논어집석論語集釋』은 509개 장으로 나눴다.

기무라 에이이치의 주장에 따르면 주희의 분류 방식은 적잖은 문제가 있다. 전후의 장을 합쳐서 해석해야 하는 부분이 적잖이 존재하고 있고, 나눠서 볼 필요가 있는 장들을 하나로 묶어놓았기 때문이다. 그럼에도 성리학을 숭배한 중국과 조선조에서는 이에 대한 반론 자체를 불경스런 일로 여겼다. 그러나 주희의 분류방식에 반기를 든 인물이 전혀 없었던 것은 아니다. 대표적인 인물이 다산 정약용이다. 그는 『논어고금주』에서 주희보다 6개 장이 많은 488개 장으로 분장分章했다.

객관적으로 볼 때 『논어』에 보이는 공자의 제자들 가운데 공자가 40대일 때 입문한 사람으로는 안무요顔無繇, 중유仲由 즉 자로, 칠조계漆雕啓, 유약有若, 민자건閔子騫 즉 민손閔損, 중궁仲弓 즉 염옹冉雍, 자유子有 즉 염구冉求 내지 염유冉有, 안연顔淵 즉 안회顔回, 단목사端木賜 즉 자공 등 소수에 지나지 않았다. 이후 50대 전반에 출사出仕한 공자는 14년간 천하를 주유했으나 이때는 결코 제자 교육에 전념할 시기가 아니었다. 69세 때 천하유세를 그치고 노나라로 돌아온 이후 죽을 때까지 약 4년 반의 기간이야말로 공자가 비상한 열의로 교육에 헌신한 시기에 해당한다.

당시 공문에는 새로이 입문한 젊은 제자들이 매우 많았다. 이들을 흔히 공자가 천하유세를 떠나기 전에 입문한 '전기제자'와 구분해 통상 '후기제자'로 부른다. 『논어』에 나오는 사제 간의 문답과 공자에 관한 견문, 제자들 간의 대화가 대부분 이때 나왔다. 선배격인 전기제자들 가운데 자공과 같은 인물은 당시에 이미 공자의 입장에서 볼 때 2대 제자에 해당하는 제자를 두기도 했다. 당시의 얘기가 공자 사후 차례로 각 학파의 문인들에게 전송傳誦된 것은 극히 자연스러운 일이었다.

『논어』에는 공자를 '자子'로 부르고, 제자를 안연과 자공 및 자하 등처럼 '자字'로 부른 사례가 압도적으로 많다. 이는 공자를 공통의 스승으로 삼은 전기와 후기의 '직계제자直系弟子' 사이에 떠돌던 공자에 관한 전문傳聞 사실이 수록됐음을 의미한다. 『논어』에는 '직계제자'를 '증자'와 '유자' 등과 같이 '자子'로 호칭한 경우가 총 20개 장에 달한다. 이들은 증삼과 유약, 염옹, 염구, 민손 등의 문인으로부터 나온 것일 공산이 크다. 그런 면에서 기무라 에이이치의 주장처럼 노나라에 머문 제자들, 특히 증자의 제자들에 의해 최초의 『논어』 편집이 이뤄졌을 공산이 크다.

현재 중국 학계에서는 황건적이 일어나기 직전인 후한 말기에 이미 현존 『논어』의 원형이 완전히 갖춰진 것으로 보는 게 통설이다. 석경의 발견은 당시 『논어』가 민간 차원까지 널리 유포됐음을 시사한다. 『논어』는 편집 차원에서 볼 때 일견 20편 모두 두서없이 배치된 느낌을 주고 있다. 기무라 에이이치는 공자의 2~3대 제자시대에서 편집이 시작돼 이후 4~5대 제자에 이르기까지 거듭 증보增補 작업이 이뤄진 것으로 보았다.

『논어』의 증보 및 속집續集은 제나라에서 이뤄졌다는 게 학계의 통설이다. 기원전 4세기 중엽 제나라 수도 임치에 '직하학당稷下學堂'으로 불린 학술연구소가 등장했다. 이를 계기로 문득 천하 학술의 중심지로 번영했다. 자공이 제나라에 유학을 전파한 이후 자장과 자하, 자유의 제자들이 대거 유입하면서 유학의 중심지로 부상했다는 게 통설이다.

학자들은 『논어』 명칭이 최초로 등장한 것은 공자가 죽은 후 훨씬 뒤의 일로 보고 있다. 그 전에는 『전傳』, 『기記』, 『공자왈孔子曰』, 『논論』, 『어語』 등으로 표현됐다. 실제로 맹자와 순자가 활약하는 전국시대 말기까지만 하더라도 『논어』 명칭은 등장하지 않았다. 대다수 학자들은 대략 한경제漢景帝 말기에서 한무제漢武帝 초기 사이에 『논어』 명칭이 나온 것으로 보고 있다. 『논어』의 '논'과 '어'의 의미 등에 관해 『전한서』 즉 『한서漢書』의 「예문지藝文志」는 이같이 기록해놓았다.

"『논어』는 공자가 제자와 당시 사람들에게 응답한 말과 제자가 서로 더불어 말하거나 또는 스승에게서 직접 들은 말들을 모아놓은 것이다. 당시 제자들은 스승의 말을 저마다 따로 기록했다. 선생이 서거하자 문인門人들이 서로 기록한 말을 모아 의논해 편찬했다. 『논어』 명칭이 나오게 된 배경이다."

남북조시대 양나라의 황간皇侃은 『논어의소論語議疏』에서 '논'의 의미를 크게 '륜倫'과 '륜輪', '륜綸', '론論' 등 4가지로 나눠 풀이했다. 북송 초기 형병邢昺은 『논어주소論語注疏』에서 황간의 해석을 보다 심화시켜 세무世務를 경륜할 수 있다는 의미의 '륜綸', 원전무궁圓轉無窮하다는 의미의 '륜輪', 거리 단위인 1만리萬理를 포함하고 있다는 의미의 '리理', 편장에 차례가 있다는 의미의 '차次', 군현群賢이 집성했다는 의미의 '찬撰'으로 풀이했다. 『논어』의 '논'에 대한 풀이가 더 이상 의미부여가 필요 없을 정도로 널리 전파됐음을 시사한다. 『논어』의 '어'와 관련해 후한 말기의 정현鄭玄은 『논어』에 실린 내용이 대부분 공자가 제자 및 여타 사람들과 나눈 얘기라는 의미에서 '어'라는 말이 붙여지게 됐다고 풀이했다.

『논어』의 편제 과정 및 출간 시기 등은 21세기 현재까지 합의된 견해가 없다. 유일하게 확실한 사실은 『논어』라는 책이 현존하고 있다는 사실뿐이다. 현존 『논어』를 '정치사학'의 관점에서 정밀하게 탐사해 보면 대략 그 원인과 배경을 찾아낼 수 있을 것이다. 전한 초기에 나온 환담桓譚의 『신론新論』은 「정경正經」은 현존 『논어』가 만들어진 과정을 이같이 수록해놓았다. "『고론古論』과 『노론魯論』, 『제론齊論』은 서로 다른 글자가 모두 640여 자에 달했다." 전한 초기에 현존 『논어』의 원형으로 『고론』과 『제론』, 『노론』 등 이미 3종의 『논어』 텍스트가 별개로 존재한 사실을 증언하고 있다. 전국시대 말기에 완성된 '삼론' 가운데 『노론』은 모두 20편으로 노나라에서 유행했고, 『제론』은 모두 22편으로 제나라에서 유행했다. 훗날 전한 때 공자의 고택에서 발견된 『고론』은 모두 21편으로 구성돼 있었다.

원래 『노론』은 제나라와 노나라에 전송된 공자의 언행을 노나라 유자가 정리해 만든 것이다. 『제론』 역시 제나라 유자가 제나라와 노나라에 전송된 기록을 토대로 만든 것이다. 『노론』과 『제론』은 한나라 공용 문자인 예서隸書로 기록됐다. 이에 반해 『고론』은 공자의 후손 공안국孔安國이 찾아낸 초기의 『논어』를 말한다.

한무제 때 박사로 있던 그는 진시황 당시의 분서갱유를 피해 잔존해 있던 판본을 찾아냈다. 이때 노공왕魯恭王이 공자의 고택을 헐어 궁실을 지으려다가 우연히 벽을 헐던 가운데 『고문상서』를 손에 넣는 일이 빚어졌다. 공안국이 이를 입수한 뒤 내용을 정리하고 주해를 달아 제자들을 가르쳤다.

원래 『고론』은 같은 제나라와 노나라의 기록을 그러모아 편제한 것이다. 선진先秦시대에 사용된 대전大篆으로 기록돼 있어 일반인들이 접근키가 어려웠다. 당시 『노론』과 『제론』은 '금문今文'으로 통칭된 데 반해 『고론』은 '고문古文'으로 칭해졌다. 『고론』과 『제론』, 『노론』을 흔히 '삼론'이라고 한다. 후한 초기의 반고班固는 『한서』 「예문지」에 이같이 기록해놓았다.

"한나라가 일어날 당시 『제론』과 『노론』이 있었다. 『제론』을 전한 자로는 창읍중위昌邑中尉 왕길王吉과 소부少府 송기宋畸, 어사대부 공우貢禹, 상서령 오록충종五鹿充宗, 교동膠東 용생庸生이 있었다. 이들 가운데 오직 왕길만이 명가였다. 『노론』을 전한 자로는 상산도위常山都尉 공분龔奮과 장신소부長信少府 하후승夏候勝, 승상 위현韋賢, 노나라의 부경扶卿, 전장군 소망지蕭望之, 안창후安昌侯 장우張禹가 있었다. 이들 모두 명가였다."

전한 말기 유흠劉歆의 『칠략七略』에 나오는 내용과 부합하는 대목이다. 반고는 『한서』 「예문지」에서 '금문'으로 통칭되는 『제론』과 『노론』의 '2론'이 전국시대에 만들어져 한나라 초기까지 전승된 과정을 밝히고자 했다. 그러나 여기에 등장하는 인물 모두 한무제 이후의 사람들이다. 한나라가 등장하기 이전에 과연 어떻게 만들어져 전승됐는지 도무지 알 길이 없다.

『고론』은 전한 초기에 발견된 이후 전승 과정에서 '2론'과 달리 한나라 유자들이 이를 베껴 전승하는 과정을 거치지 않았다. 전승이 불분명한 이유다. 그러나

『고론』과 '2론'의 차이는 『노론』과 『제론』 사이에 나타난 이동異同과 비교할 수 없을 정도로 많다. '삼론' 가운데 가장 문제가 되는 것은 『제론』과 『고론』이다.

『제론』은 『노론』보다 「문왕問王」과 「지도知道」의 2개 편이 더 많고, 나머지 20편 가운데서도 장구가 『노론』보다 긴 게 많다. 총 21편으로 구성된 『고론』은 「문왕」과 「지도」의 2편이 없고, 「요왈」의 '자장문하여가이종정子張問何如可以從政' 이하 구절을 또 다른 「자장」 1편으로 삼은 게 특이하다. 편차도 『제론』 및 『노론』과 같지 않고, 글이 다른 것도 400여 자에 이른다.

전한 말기에 안창후 장우는 『노론』을 전수받은 뒤 『제론』과 합쳐 일부 겹치거나 번잡한 내용을 깎아내고 『제론』의 「문왕」과 「지도」 2편을 삭제함으로써 『노론』 20편을 정본으로 삼았다. 이후 다시 후한 말기에 정현이 장우가 정리한 『노론』을 저본으로 삼고 『제론』과 『고론』을 참고로 해 새로운 주석서를 펴냈다. 오늘날 우리가 사용하는 『논어』는 바로 정현의 『논어주論語注』가 전해져 온 것이다.

객관적으로 볼 때 『논어』는 공자가 자신의 사상을 체계적으로 저술한 책이 아니다. 공자의 제자들이 기억하고 있던 공자의 언행을 나중에 수집한 것이다. 편찬 연대 등에 관한 논란이 계속돼 온 것도 사료적 가치에 관한 이견 때문이라고 할 수 있다. 이는 『논어』의 사서로서의 가치에 대한 논란이기도 하다.

그러나 『논어』는 엄연한 사료라는 점을 분명히 인식할 필요가 있다. 오랫동안 이 사실이 간과 내지 무시돼 왔다. 서울대에서 『논어』를 정치학과 또는 철학과에서 가르치지 않고 중문학과에서만 정규 과목으로 편성해 가르치고 있는 현실이 그 증거이다. 『논어』를 문학적으로만 접근해 온 기존의 관행은 큰 잘못이다. 나아가 조선조처럼 『논어』를 경서經書로만 보는 것 또한 잘못이다.

앞서 언급한 바와 같이 『논어』는 '문사철'의 성격을 공유하고 있다. 사료로서의 기본적인 천착이 배제된 문학 내지 철학적인 접근은 공허할 수밖에 없다. 수천 년 동안 수많은 묵객들이 자신들의 글에 『논어』의 구절을 인용해 왔지만 단장취의斷章取義의 한계를 벗어나지 못했다. 주희 등과 같은 도학자들이 『논어』를 경전으로 보아 성리학적인 주석을 가했지만 오히려 공자사상을 왜곡하는 데 공헌했을 뿐이다. 주희의 『논어』에 대한 견강부회牽强附會의 해석은 기본적으로 『논어』의 사료로서의 가치에 대한 이해가 결여된 데 따른 것이다.

『논어』의 각 편장에 대한 엄격하고도 과학적인 사료 검증이 필요한 이유다. 이것이 전제되지 않는 한 그 어떤 문학 내지 철학적 접근도 결국은 '단장취의'와 '견강부회'의 왜곡을 벗어날 수 없다. 『논어』에 대한 '정치사학'의 접근이 절실히 요구되는 이유가 여기에 있다.

객관적으로 볼 때 『논어』는 총 20편을 통틀어 공자의 언행을 가장 정확히 기록해놓은 유일무이한 사서로 보아도 무방하다. 『논어』에 보이는 구절들이 한나라 이전의 문헌에도 나타나는 점 등이 그렇다. 공자의 언설이 특정한 명칭이 붙여지지 않은 채 오랫동안 각 학파의 문인들 사이에 전수된 것으로 보는 게 합리적이다. 다만 자료의 미흡으로 인해 현재로서는 공자와 그의 제자들의 언행이 한 권의 책으로 처음 편찬된 시기를 정확히 추정하는 게 불가능할 뿐이다.

'정치사학'의 관점에서 볼 때 공자사상을 집약해 놓은 『논어』의 내용을 제대로 이해하기 위해서는 먼저 공자의 삶에 대한 심도 있는 탐구가 전제돼야 한다. 공자가 태어나고 활동한 춘추시대 말기의 시대 배경을 정확히 파악할 필요가 있다. 그럼에도 21세기 현재까지 『사기』 「공자세가」의 내용을 이리저리 베낀 진부한 내용의 공자 전기傳記만 횡행하고 있다. 공자 및 『논어』에 관한 연구의 가장 큰 걸림돌이 바로 여기에 있다. 이는 오히려 공자 및 『논어』에 대한 제대로 된 이해를 방해할 뿐이다.

『논어』를 통해 거듭 확인할 수 있듯이 공자는 제자들에게 신분세습의 낡은 봉건질서가 무너지는 새로운 세상을 얘기하며 새 세상의 주역이 될 진정한 위정자의 '롤 모델'로 군자君子 개념을 새롭게 정립했다. 공자가 제시한 군자의 인물 형상은 실현 불가능한 게 아니다. 각자 학문과 덕행을 열심히 닦기만 하면 얼마든지 이룰 수 있는 것이었다. 공자는 신분세습의 봉건질서 하에서 위정자인 군자가 되기 위한 문사철의 학문 연마를 역설하며 새로운 세상을 대비했던 게 분명하다.

실제로 공자가 죽은 지 얼마 안 돼 공자의 이런 노력은 곧 현실로 나타났다. 전국시대에 이르러 사인士人들이 역사의 주역으로 급부상한 게 그렇다. 이후 진시황의 진나라를 거쳐 유방이 세운 한나라 때에 이르러서는 학덕을 지닌 군자가 위정자가 되는 것을 당연시하게 됐다. 공자 이전의 시대까지만 해도 천자를 비롯한 공경대부의 자리에 오를 수 있는 유일한 자격요건은 신분세습밖에 없었다. 전국시대에 들어와 그런 관행이 점차 사라지자 학업을 연마한 선비들이 치국평천하의 주인이 되는 것을 당연시하는 풍조가 조성됐다. 많은 사람들이 전국시대를 '사인시대士人時代'로 부르는 이유다.

『논어』의 역대 주석

『사기』는 공자의 제자 가운데 뛰어난 인물이 70여 명에 달했다고 기록해놓았다. 그러나 이는 액면 그대로 믿기 어렵다. 『논어』에 나오는 제자 가운데 그 존재를 확인할 수 있는 인물은 겨우 22명에 불과하기 때문이다. 공자의 제자 가운데 사마우司馬牛는 송나라 귀족의 후예로, 공자의 제자들 가운데 최고의 명족 출신이다. 그가 제자가 됐을 때 공자가 그에게 특별히 배려한 증거는 없다. 나머지 21명 가운데 9명은 상당히 높은 지위를 가졌다. 당시 안회는 출사出仕도 하지 않았을 뿐만 아니라 제자들 가운데 가장 빈한했다. 안회를 비롯한 일부 제자들은 현실적인 출사보다는 학덕의 연마에 치중했다.

이후 좋은 지위를 얻을 생각으로 공문에 입문하는 자들이 점차 많아지면서 공자의 가르침을 배우는 게 관직을 얻는 데 매우 유리하다는 사실이 널리 알려졌다. 전국시대에 들어가 수많은 제자백가들이 공문을 흉내 내 사학을 개설한 배경이다. 이는 교양을 지닌 수많은 사인들의 출현을 가능하게 했다. 학덕 위주의 새로운 중앙집권적 관료정치의 출현이 등장한 근본 배경이 여기에 있다.

'정치사학'의 관점에서 볼 때 무수히 많은 중국의 역대 주석서 가운데 후한 말기 정현이 종합적인 주석서인 『논어주』를 펴낸 이래 시기별로 한 획을 그은 대표적인 주석서로 크게 5권을 꼽을 수 있다. 삼국시대 하안의 『논어집해』, 남북조시대 황간의 『논어의소』, 북송 형병의 『논어주소』, 남송 주희의 『논어집주』, 청대 유보남의 『논어정의』 등이 그것이다. 이 가운데 하안의 『논어집해』는 가장 오래된 주석서로 관심을 모으고 있고, 주희의 『논어집주』는 가장 정심精深한 것으로 유명하고, 유보남의 『논어정의』는 가장 광박廣博한 것으로 이름이 높다.

일본은 비록 왜란 이후 우리나라로부터 성리학을 뒤늦게 전수받았으나 근 1세기 만에 『논어』 주석에서 괄목할 만한 성과를 나타냈다. '고학古學'을 제창한 이토 진사이의 『논어고의論語古義』, 일본제왕학의 비조이자 '고문사학古文辭學'을 창도한 오규 소라이의 『논어징論語徵』, 그의 제자인 다자이 슌다이太宰純臺의 『논어고

훈외전論語古訓外傳』 등이 그것이다. 에도시대에 나온 이들 3대 주석서는 조선조
가 주희의 『논어집주』 해석에서 벗어나지 못하고 있을 때 공자 당시의 고의古義
를 찾아내는 놀라운 성과를 얻어냈다.

우리나라의 『논어』에 대한 주석은 동아시아 3국 가운데 이웃한 중국 및 일본에
비해서도 상대적으로 빈약한 편이다. 원래 『논어』가 우리나라에 전래된 시기는
명확하지 않다.

『삼국사기』를 보면 신라 신문왕神文王 2년인 682년 여름 6월에 국학國學을 설치
한 뒤 『논어』를 필수과목으로 두고, 설총이 방언으로 '구경九經'을 읽어 후생을 가
르쳤다는 기록이 나온다. 대략 7세기경에는 『논어』가 널리 읽힌 것으로 추정되고
있다. 원성왕元聖王 4년인 788년에는 '독서삼품과讀書三品科'를 설치하면서 상품과
중품에 『논어』를 필수 과목으로 지정했다는 기록이 나온다. 『논어』를 중시하는
흐름이 날로 강화됐음을 알 수 있다.

고려조에 들어오자 유가경전 가운데 『논어』를 중시하는 풍조가 더욱 강화됐다.
『문헌비고文獻備考』에 따르면 고려 문종 10년인 1056년에 서경유수西京留守의 상
주를 좇아 각 지역의 학교에 『논어』를 비롯한 유가경전을 각각 한 부씩 인쇄해 배
포한 기록이 나온다. 『고려사』 「열전」에는 고려 예종이 동궁으로 있을 때 『논어』
를 강독했고, 문성공文成公 김인존金仁存이 『논어신의論語新義』를 찬술해 올렸고,
안향安珦이 성리학을 도입한 뒤 그의 제자인 권부權溥가 주희의 『사서집주』 간행
을 긴의한 대목이 나온다. 고려 말기에는 『논어』가 사대부들의 필독서가 됐음을
대략 짐작할 수 있다. 그밖에도 고려 문종 12년인 1135년에 『효경』과 『논어』를 여
항의 어린아이들에게까지 나눠주도록 했다는 기록도 나온다. 『논어』가 사대부는

물론 일반 백성에게까지 널리 보급됐음을 알 수 있다.

조선조에 들어와 성리학이 유일무이한 통치이념으로 채택되면서 오직 주희의 『논어집주』만이 널리 읽히게 됐다. 태조 원년인 1392년에는 과거제도를 확정하면서 『논어』를 초장初場 시험에 부과한 것은 물론 소과小科와 대과大科에서도 『논어』를 필수로 삼게 했다. 『논어집주대전』이 조선조 말까지 가장 기본적이고 보편적인 교과서 겸 참고서로 유행하게 된 배경이다.

조선조에서는 주희의 『논어집주』에 반하는 주석은 일체 사문난적斯文亂賊으로 간주된 까닭에 사실상 학문적 연구가 봉쇄된 것이나 다름없었다. 조선조 500여 년 동안 수많은 선비들이 『논어』를 읽고 연구했지만 『논어』에 관한 괄목할 만한 저서가 거의 없다는 게 오히려 놀라운 일이다.

정약용은 『논어고금주』를 편제하면서 한학의 '고주파'와 송학의 '신주파' 주석에 관해 나름 공평한 태도를 갖고 모두 참고하는 열정을 보여주었다.

정약용의 『논어고금주』는 한중일 등 동아시아 3국에서 나온 고금의 모든 주석을 집대성한 역작이다. 단순한 집대성이 아니라 모든 해석을 비판적으로 취사선택한 뒤 자신의 독창적인 해석을 가미한 점에서 당대 최고의 주석서에 해당한다. 당시 중국과 일본을 통틀어 이만한 작품은 존재하지 않았다. 『논어고금주』에 나오는 그의 독창적인 해석은 무려 100여 곳에 달한다.

정약용의 『논어고금주』는 나름 당대 최고의 주석서로 꼽을 만한 노작이다. 그럼에도 불구하고 일정한 한계를 노정하고 있다. 성리학의 굴레에서 완전히 벗어나지 못한 게 그렇다. 필자가 이번에 '정치사학'의 관점에서 『논어』를 새롭게 해석한 본서를 펴내게 된 근본 배경이 여기에 있다. 본서는 주희와 정약용 등 한중 두

나라의 역대 주석을 포함해 '일본제왕학'의 비조인 오규 소라이와 기무라 에이이치 및 미야자키 이치사다 등 동아시아 3국을 대표하는 역대 주석을 총망라했다. 21세기 제4차 산업혁명시대에 부응하는 치국평천하 리더십을 찾는데 도움을 주고자 한 것이다.

　말할 것도 없이 나라가 처한 위기가 심각하다고 판단한 결과다. 실제로 북핵 문제 해결 방안을 놓고 미중을 비롯한 주변 4강국이 촉각을 곤두세우고 있어 자칫 잘못 대처했다가는 남북이 공멸하는 천 길 낭떠러지로 떨어질 수 있다. 현명한 대응이 절실히 요구되는 이유다. 본서의 출간을 서두른 것도 바로 이 때문이다.

공자의 제자들

—

『사기史記』 「중니제자열전仲尼弟子列傳」은 공문10철을 비롯해 77제자에 대한 소개가 간략하게 기재돼 있으나 그 가운데 48명은 겨우 이름만 나열했을 뿐 그 행적은 찾아볼 수 없다. 최소한 간략하게나마 약력이 소개된 나머지 29명 중에도 『논어』에 이름이 보이지 않는 사람이 두 명이나 된다. 제자들의 나이와 출생지도 문헌에 따라 적잖은 차이가 나고 있어 단정적으로 말하기가 쉽지 않다.

공문십철孔門十哲

공자가 진나라와 채나라 사이의 들판에서 어려움에 처했을 때 함께 있었던 제자 10명을 말한다. 공자는 제자들 중 이들이 가장 뛰어나다고 평했다. 덕행德行에 능한 안연顔淵·민자건閔子騫·염백우冉伯牛·중궁仲弓, 언어言語에 능해 응대사령應對辭令의 외교에 뛰어난 재아宰我·자공子貢, 재주가 많아 정사政事에 능한 염유冉有·계로季路, 문학文學 즉 고전에 능한 자유子游·자하子夏 등이 그들이다. 덕행, 언어, 정사, 문학을 사과四科라고 하며, 이들을 사과십철四科十哲이라고도 한다.

1. 안회顔回

자가 자연子淵으로, 노나라 출신이다. 그는 공자보다 30년 연하로 부친 안무요와 함께 부자가 모두 공자의 제자였다. 공자는 항상 안연을 칭할 때 '안씨의 아들'이라고 했다. 안회는 공자가 가장 총애하고 기대했던 제자로 알려져 있다. 그는 지려志慮가 충순하고 신심信心이 견고하면서도 스승인 공자의 속마음을 훤히 꿰뚫어 알고 있었다. 이로 인해 공자는 그의 죽음을 누구보다도 안타까워했다.

안연이 죽자 공자가 이같이 탄식했다. "아, 하늘이 나를 버렸구나, 하늘이 나를 버렸구나!" -『논어』, 「선진」 제8장

『공자가어孔子家語』는 31세, 『열자列子』는 32세에 죽었다고 기록해 놓았으나 공자의 30세 연하인 점을 감안할 때 40대 초에 죽은 것으로 짐작된다. 『논어』 전편을 통해 공자로부터 칭찬 일변도의 극찬을 받은 제자는 오직 안회 한 사람뿐이다.

2. 민손閔損

자가 자건子騫으로, 노나라 출신이다. 『사기』는 공자보다 15세 연하로 기록해 놓았으나 『공자가어』는 50세 연하로 기록해놓았다. 만일 『공자가어』의 기록이 맞는다면 그는 제자들 가운데 최연소에 해당한다. 그는 증자와 더불어 효행으로 이름이 높았다. 그는 전횡을 일삼는 삼환 세력에 관해 매우 비판적이었다. 그가 어지러운 난세에 벼슬길에 나서지 않은 것도 바로 이 때문이었을 것이다. 공자는 그의 이런 태도를 높이 평가했다.

계씨가 민자건閔子騫, 즉 민손閔損을 비읍費邑의 읍재邑宰로 삼으려고 하자 민자건이 계씨의 사자에게 말했다. "나는 사양하고자 하니 그대가 부디 나를 위해 잘 말해주시오. 만일 나를 다시 부르면 나는 반드시 제나라로 건너가기 위해 저 문수汶水 가에 서 있는 자세를 취할 것이오." -『논어』, 「옹야」 제9장

3. 염경冉耕

자가 백우伯牛로, 노나라 출신이다. 그는 덕행이 뛰어난 인물로 알려졌다. 『논어』는 「옹야」에 그가 이른 나이에 병에 걸려 죽게 된 일화 하나만을 실어놓고 있다. 그는 안연 및 자로와 더불어 공자보다 먼저 죽은 몇 안 되는 제자들 가운데 한 사람이었다.

덕행이 뛰어난 염백우, 즉 염경이 병에 걸리자 공자가 문병하면서 창문을 통해 그의 손을 잡고 이같이 말했다. "살아날 가망이 없으니 이는 운명인가! 이처럼 뛰어난 인재가 이런 병에 걸리다니, 이처럼 뛰어난 인재가 이런 병에 걸리는 상황이라니!" - 『논어』, 「옹야」제8장

4. 염옹冉雍

자가 중궁仲弓으로, 노나라 출신이다. 염옹은 미천한 출신이었음에도 불구하고 덕행이 뛰어났던 인물로 알려져 있다. 「옹야」의 기록에 따르면 그는 너그럽고 도량이 커 공자로부터 남면南面을 하는 일국의 군주가 될 만하다는 극찬을 받았다.

공자가 말했다. "염옹 즉 중궁은 가히 군주 노릇을 시킬 만한 인재이다." - 『논어』, 「옹야」제1장

「자로」에도 계씨의 가재가 된 뒤 공자에게 위정爲政에 관해 물은 대목이 나온다. 대부분 계씨가 그의 과묵하면서도 성실한 성품을 높이 산 결과로 해석한다.

5. 재여宰予

노나라 출신으로 성은 재宰, 이름은 여予이다. 자가 자아子我인 까닭에 재아宰我로 불리기도 했다. 변설에 능했던 그는 스승인 공자를 은근히 시험 대상으로 삼는 특이한 모습을 보이기도 했다. 『논어』 「선진」은 그를 자공과 더불어 언변에 능해 응대사령에 뛰어난 '공문10철'의 일원으로 기록해놓았다. 그는 논변 자체를 즐긴 나머지 공자로부터 커다란 질책을 받기도 했다. 그 또한 재주가 많은 자들이 흔히 보이는 나태한 모습을 보인 것이다. 공자는 그가 자신의 재주만을 믿고 학행을 게을리하다가 꾸준히 노력하는 범재凡才만도 못한 결과를 초래할까 우려했다.

재여宰予가 낮잠을 잤다. 공자가 탄식했다. "썩은 나무에는 조각할 수 없고, 거름흙으로 쌓은 담장에는 흙손질을 할 수 없는 이치가 있다. 내가 재여에게 무엇을 책망하겠는가?" – 『논어』, 「공야장」 제10장

6. 단목사端沐賜

자가 자공子貢으로, 위나라 출신이다. 공자보다 31년 연하이다. 『춘추좌전』과 『논어』를 보면 자공이 얼마나 뛰어난 인물이었는지를 쉽게 알 수 있다. 그는 공자의 제자들 가운데 자타가 공인하는 가장 총명한 인물이었다. 외향적인 성격과 내성적인 성격을 겸비한 그는 난세에 가장 잘 적응할 수 있는 사람이기도 했다. 그는 특히 유창한 언변으로 열국을 종횡무진으로 뛰어다니며 협상을 이끌어낸 탁월한 외교관으로 명성을 떨쳤다. 그가 공자 사후 상례를 주재한 것은 제자들 가운데 나이도 많고 능력도 뛰어난 점도 있었지만 공자와 매우 가까웠던 점이 크게 작용했다. 노나라에서 처음으로 편제된 『논어』인 이른바 『노론魯論』에 뒤이어 제나

라에서 이에 대응하는 『제론齊論』이 편제된 데에는 제나라에 처음으로 공학을 전한 자공의 역할이 매우 컸을 것으로 짐작된다.

"공자 사후 여러 제자가 부지런히 공부해 각자 학문적 성과를 이뤘다. 당시 성인에 준하는 인물이 있었다. 자하는 공자를 의심했고, 숙손무자와 진자금은 자공이 공자보다 현명하다고 했다. 그러나 자공은 말년에 덕을 수양하고 지식을 쌓는 일이 거의 현인을 넘어 성인의 경지에 들어가는 초현입성超賢入聖의 경지에 들어섰다." - 『법언의소法言義疏』

7. 염구冉求

자가 자유子有로, 노나라 출신이다. 「팔일」과 「옹야장」 등에는 염유冉有로 나온다. 공자보다 29년 연하로 정치에 재능이 있었다. 계강자가 그를 불러들여 가재로 삼은 사실이 이를 뒷받침한다. 염구는 어떤 길을 택하기 전에 항시 예상되는 이익을 냉정히 저울질한 까닭에 승산 없는 싸움에서 기꺼이 순직을 선택한 자로와 자주 대비된다. 그는 공문에서의 파문을 무릅쓰고 자신의 출세를 위해 기꺼이 모든 비난을 감수하는 현실적인 모습을 보여주었다. 그러나 그는 부국강병의 계책에 관한 한 매우 유능한 인물이었음에 틀림없다.

염구가 말했다. "선생님의 도를 좋아하지 않는 것은 아니나 저는 힘이 부족한 상황입니다!" 공자가 말했다. "'역부족'을 말하는 사람은 중도에 그만둔다. 지금 너 또한 시도해보지도 않은 채 미리 선을 긋고 중도에 포기하려는 것이다." - 『논어』, 「옹야」 제10장

8. 중유仲由

자가 자로子路 또는 계로季路이다. 지금의 산동성 사수현인 노나라의 변卞 땅 출신이었다. 공자보다 9년 연하로 제자들 가운데 나이가 가장 많았다. 그는 공자에게 일종의 반면교사의 역할을 수행함으로써 공학孔學의 정립에 지대한 공헌을 한 인물이었다. 그는 공자의 제자가 된 후 공자의 가장 친한 친구인 동시에 가장 엄격한 비판자로서의 역할을 수행했다. 그는 자신이 확신하는 원칙에 관해 스스로 엄격했을 뿐만 아니라 스승인 공자에게도 거리낌 없이 엄하게 추궁하는 모습을 보였다. 공자의 제자 가운데 의義의 덕목을 가장 많이 지닌 사람을 들라면 단연 자로를 꼽을 수 있다. 이는 그가 타고난 무골武骨이었다는 사실과 무관하지 않았을 것이다.

공자가 말했다. "도가 행해지지 않으니 뗏목을 타고 바다에 뜨려고 한다. 아마도 나를 따라올 사람은 자로일 것이다!" 자로가 이 말을 듣고 기뻐했다. 공자가 말했다. "유由는 용맹을 좋아하는 게 나를 능가하는 모습을 보인다. 오직 용맹만을 자랑하니 결코 취할 만한 재주가 별로 없는 인물이다." – 『논어』, 「공야장」 제7장

9. 언언言偃

자가 자유子遊로, 오나라 출신이다. 공자보다 45년 연하로 자하와 함께 문학에 뛰어났다. 『공자세가孔子世家』「72제자해七十二弟子解」의 기록에 따르면 예법에도 밝았던 것으로 짐작된다. 『예기禮記』「단궁檀弓」은 자유의 문도들이 편찬한 것이다. 「옹야」와 「양화」에 무성武城의 읍재로 있을 당시의 일화가 연속해 실려 있는 점에 비춰 노나라의 실권자인 계강자로부터 신임을 받은 것으로 짐작된다.

공자가 하루는 자유가 읍재로 있는 무성으로 갔다. 마침 자유가 거문고와 비파 연주에 맞춰 부르는 노래를 듣게 됐다. 이내 빙그레 웃으며 이같이 충고했다. "무성은 작은 고을이다. 어찌 닭 잡는 데 소 잡는 칼을 쓰려는 것인가?" 자유가 말했다. "전에 저는 선생님으로부터 군자가 예악을 배우면 남을 사랑하고 소인이 예악을 배우면 부리기가 쉬워진다는 얘기를 들은 바 있습니다." 공자가 탄복조로 제자들에게 이같이 말했다. "제자들아, 언의 말이 옳다. 방금 내가 '할계우도' 운운한 말은 농으로 한 것이다!" – 『논어』, 「양화」 제4장

10. 복상卜商

자가 자하子夏로 지금의 하남성 온현 서남쪽인 진晉나라 온溫 땅 출신이다. 일설에는 위衛나라 사람이라고도 한다. 공자보다 44년 연하로 자유와 함께 문학과 예에 명망이 높았다. 성품은 넓지 못했으나 정미한 논의에는 당시 사람들 가운데 아무도 그를 따르지 못했다. 공자가 죽은 뒤 서하에서 선생 노릇을 했다. 전국시대 초기에 위문후魏文侯는 자하의 문도들을 대거 등용해 천하를 호령했다. 『논어』를 편찬할 무렵 학문뿐만 아니라 모든 면에서 자하는 공자 제자들 가운데 가장 뛰어난 인물의 하나로 받들어졌음에 틀림없다. 그는 아들이 죽은 뒤 비통해 한 나머지 너무 많이 울어 이내 실명하게 됐다 하나 이는 후대인들이 오기吳起와 이극李克 등을 제자로 둔 자하를 폄하하기 위해 만들어낸 것일 가능성이 크다.

자하가 말했다. "널리 배우고 뜻을 돈독히 하고 간절하게 묻고 가까운 것에서 생각해나가면 인仁이 그 안에 있게 된다." – 『논어』, 「자장」 제6장

그밖의 제자들

11. 증삼曾參

자가 자여子輿로 노나라의 무성武城 출신이다. 그는 공자보다 46년 연하로 부친 증석과 함께 부자 모두 공자의 제자로 있었다. 그는 평생을 노나라에 머물며 수많을 제자들을 길러내 공학을 세상에 전파하는데 결정적인 공헌을 했다. 그는 공자의 덕행 측면을 크게 부각시켜 이른바 '제가파齊家派'를 형성하면서 뛰어난 효행을 실천했다. 사실 공자는 증자를 그다지 높게 평가하지도 않았음에도 불구하고 송유宋儒들은 그를 공문의 문도들 중에서 안연 다음으로 뛰어난 인물로 숭배했다. 이는 '안연-증자- 자사- 맹자-주희'로 이어진다는 이른바 도통설道統說이 횡행한 데 따른 것이다. 증자에 대비되는 자하가 폄하되고, 맹자에 대비되는 순자가 문묘에서 축출된 것도 이와 무관하지 않았다.

12. 전손사顓孫師

자가 자장子張으로, 진陳나라 출신이다. 그는 공자보다 48년 연하로 공문의 문도들 가운데 가장 어렸다. 그는 성격이 활달해 매사에 적극적이기는 했으나 그다지 좋은 평을 받지는 못했다. 그는 성격이 너무 활달해 정연整然한 면이 부족했다는 지적을 받았다. 『한비자韓非子』「현학顯學」의 기록에 따르면 자장학파는 한비자가 활약한 전국시대 말기까지 면면히 이어졌다. 원래 공자의 제자 가운데 '자장子張'의 자를 가진 사람은 모두 3명이다. 첫째, 전손사顓孫師이다. 『사기』「중니제자열전」에 공자와 대책을 논의한 사람으로 나온다. 자가 자장子張이다. 둘째, 금뢰琴牢이다. 금뢰의 자는 자개子開 또는 자장子張이다. '금뢰'의 이름은 「중니제자열전」에 나오지 않고, 오직 『공자가어』 「제자해弟子解」에만 나온다. 셋째, 공자의 사위인 공야장公冶長이다. 그의 자 역시 자장子張이다.

13. 담대멸명澹臺滅明

자가 자우子羽로, 노나라 무성武城 출신이다. 일설에는 초나라 사람이라고도 한다. 『사기』는 공자보다 39년 연하로 기록해놓았으나 『공자가어』는 49세 연하로 기록해놓았다. 그는 특이하게도 용모가 심히 추해 주목을 받지 못했다. 그러나 그는 비록 용모는 추했으나 풍절風節이 고고하고 심성이 너그러웠다. 「옹야」에 나오는 일화에 비춰 그는 자유가 무성의 가재로 있을 때 공자에게 천거한 것으로 짐작된다.

14. 복부제宓不齊

자가 자천子賤으로, 노나라 출신이다. 『사기』는 공자보다 30년 연하라고 했으나 『공자가어』는 49세 연하로 기록해놓았다. 재주가 뛰어나고 어질어 그가 지금의 산동성 선현인 선보單父의 읍재가 됐을 때 백성들이 그를 성심으로 추종했다. 그와 관련해서는 「공야장」에 공자가 그를 칭송한 대목이 유일하게 실려 있다.

15. 원헌原憲

자가 자사子思로, 송나라 출신이다. 『중용中庸』을 저술한 공자의 손자 공급孔伋도 자가 자사子思인 까닭에 구분의 편의상 원사原思로 칭하기도 한다. 『공자가어』는 그가 공자보다 36세 연하라고 기록해놓았다. 그는 공자가 노나라에서 사구로 있을 때 공자의 가신으로 있다가 공자 사후에 은둔에 들어갔다. 후대인들은 안빈낙도를 행하다가 스승이 죽자 속세와 두절한 채 몸을 숨긴 원헌의 절조節操를 높이 평가해 '공문10철' 가운데 덕행에 뛰어났던 안연 및 민자건 등에 비유했다.

16. 공야장公冶長

자가 전손사와 마찬가지로 자장子張으로, 제나라 출신이다. 그는 공자의 사위였다. 『논어』에는 공자가 그를 사위로 삼게 된 대목이 「공야장」에 유일하게 하나 나온다. 그는 인내심이 있으면서도 강직했던 인물이었다. 그러나 덕행이나 재능 면에서 그다지 뛰어난 인물은 아니었던 것으로 짐작된다. 그를 두고 '은군자隱君子'로 평하는 견해도 있으나 이는 그가 공자의 사위라는 사실에 지나치게 무게를 둔 억측에 불과하다.

17. 남궁괄南宮括

자가 자용子容으로, 노나라 출신이다. 『공자가어』는 그의 이름을 남궁도南宮韜로 기록해놓았다. 그는 공자의 조카사위였다. 나이는 자세히 알 길이 없으나 그의 아내가 공자의 조카딸인 점에 비춰 대략 공자의 아들 이鯉와 비슷했을 것으로 짐작된다. 공자는 언행을 삼가는 군자의 풍도를 읽고 그를 조카사위로 삼았다.

18. 증점曾點

자가 자석子晳으로, 노나라 출신이다. 『사기』는 그의 이름을 점蒧으로 기록해놓았다. 나이는 미상이나 증자의 부친인 점으로 보아 대략 자로보다는 약간 아래였던 것으로 짐작된다. 『공자가어』에 따르면 당시 증점은 예교禮敎가 제대로 행해지지 않는 것을 미워해 근면히 덕행을 닦자 공자가 매우 착하게 여겼다고 한다.

19. 안무요顏無繇

자가 로路로, 노나라 출신이다. 『공자가어』는 그의 이름을 안유顏由, 자를 계로季路로 기록해놓았다. 그는 안회의 부친이다. 공자보다 6세 연하로 『공자가어』에 따르면 공자가 처음 시골에서 글을 가르칠 때 공문에 입문했다. 「선진」에 자식인 안회가 죽자 공자에게 수레를 팔아 곽을 만들어줄 것을 청했다가 거절당한 일화가 실려 있다. 이 일화에 비춰 그는 그다지 현명하지 못했던 듯하다.

20. 고시高柴

자가 자고子羔로, 위衛나라 출신이다. 일각에서는 제나라 출신으로 보았다. 『사기』는 공자보다 30년 연하라고 했으나 『공자가어』는 40년 연하로 기록해놓았다. 그는 신장이 5척에도 못 미치는 단신에 용색이 매우 추했으나 효성이 뛰어나고 행동에 법도가 있었다. 「선진」에는 그를 우직한 인물로 평가한 공자의 언급이 실려 있다. 고시는 자로와 함께 위나라 세족 공회를 섬기다가 홀로 노나라로 도주해 후대인들로부터 비난을 받았다.

21. 칠조개漆雕啓

자가 자개子開로, 노魯나라 출신이다. 채나라 출신이라는 주장도 있다. 사마천이 한경제의 이름을 기휘忌諱해 '계'를 '개開'로 고쳐놓은 이래 오랫동안 '칠조개'로 통용됐다. 『공자가어』에는 자가 '자약子若'으로 돼 있다. 공자보다 11세 연하로 『서書』를 익히고 벼슬을 즐기지 않았다. 『한비자』 「현학」은 그를 추종하는 학파가 한비자가 활약하는 전국시대 말기까지 존속했다고 기록해놓았으나 신빙성이 약하다. 『한서漢書』 「예문지藝文志」는 그가 「칠조」 12편을 저술했다고 기록했다.

22. 공백료公伯寮

자가 자주子周로, 노나라 출신이다. 『사기』는 공백료公伯繚로 기록해놓았다. 그가 계강자에게 자로를 참소한 내용이 실려 있는 「헌문」의 기록을 근거로 공자의 제자가 아니라는 주장도 있으나 확실한 근거가 있는 것은 아니다.

23. 사마경司馬耕

자가 자우子牛로, 송나라 출신이다. 『공자가어』에는 그의 이름이 사마려경司馬黎耕으로 돼 있다. 그는 공자의 천하유세 가운데 핍박을 가했던 송나라 사마 환퇴桓魋의 동생이다. 환퇴가 송나라의 사마에 임명되자 그 역시 사마를 성씨로 삼게 된 것이다. 그는 말이 많고 성질이 급했다. 『공자가어』에 따르면 그는 늘 친형인 사마 환퇴의 나쁜 행실을 보고 근심을 떨치지 못했다고 한다.

24. 번수樊須

자가 자지子遲로 제齊나라 출신이다. 일설에는 노나라 사람이라고도 한다. 『사기』는 공자보다 36세 연하라고 했으나 『공자가어』는 46세 연하로 기록해 놓았다. 그는 비록 총명하지는 못했으나 배우기를 좋아해 스승에게 물은 것을 벗에게도 반복해 물어보는 열성적인 인물이었다. 『공자가어』에 따르면 훗날 그는 계씨 밑에서 일했다고 한다.

25. 유약有若

자가 자유子有로, 노나라 출신이다. 공자보다 43년 연하로 『공자가어』에 따르면 사람이 강직한데다 아는 게 많고 옛 도를 좋아했다고 한다. 공자가 죽은 뒤 제자들은 유약의 모습이 공자와 비슷해 제자들은 그를 선생으로 세우고 공자를 섬길 때처럼 했다. 그는 『논어』에 모두 4번 나온다. 「학이」에 보이는 3개 장은 모두 그를 '유자有子'로 칭해놓았다. 그의 제자들이 『논어』를 편제하는 데 적극 참여한 결과로 보인다.

26. 공서적公西赤

자가 자화子華로, 노나라 출신이다. 공자보다 42년 연하로 용모가 준수하고 응대사령에 능했다. 「옹야」에 살찐 말을 타고 경구輕裘를 입은 채 제나라에 사자로 간 대목이 나온다. 기상이 고아하고 절조가 있었던 인물로 전해지고 있다.

27. 무마시巫馬施

자가 자기子旗로, 노나라 출신이다. 진陳나라 사람이라는 설도 있다. 공자보다 30년 연하로 『논어』에는 그에 관한 일화가 「술이」에 단 하나 실려 있다. 『공자가어』에 그가 공자와 나눈 대화가 실려 있으나 무마기의 인품 및 행적 등에 대해서는 자세히 알 길이 없다.

28. 진항陳亢

자는 자항子亢 또는 자금子禽으로, 진陳나라 출신이다. 공자보다 40세나 연하였다. 사마천은 그를 공자의 제자가 아닌 것으로 간주해 「중니제자열전」에서 그 명단을 빼버렸다. 그러나 『공자가어』는 진항은 공자보다 40세 연하의 진陳나라 출신 직계제자로 간주해 72명의 명단에 삽입시켜놓았다.

공자 연표

–

BC	주周	노魯	나이	공자의 행적과 관련 주요 사항
563	영왕靈王	양공襄公	0	공자의 부친 숙량흘叔梁紇이 위기에 처한 노나라 군사들을 탈출시킴.
552	20	21	1	곡부 교외 창평향 추읍에서 숙량흘과 모친 안씨顔氏 사이에서 출생. 성은 공孔, 이름은 구丘, 자는 중니仲尼. 구라는 이름은 머리 윗부분이 불룩 솟은 모양이라서 그렇게 불렀다고 함.
550	22	23	3	장무중臧武仲이 삼환에게 패해 주邾나라로 망명. 부친 숙량흘 사망. 모친과 함께 곡부성 궐리로 이사함.
548	24	25	5	제나라 권신 최저崔杼가 제장공을 시해함.
547	25	26	6	공자가 놀이를 할 때 제기를 빚고 절을 하며 놀았다고 함.
546	26	27	7	진·초가 송나라에서 평화회의를 열고 정전협정을 체결함.
543	2	31	10	공자가 존경하는 정나라 대부 자산子産이 정경이 됨. 자로 출생.
541	4	소공昭公	12	초나라 공자 위圍가 주군을 시해하고 초영왕으로 등극함.
538	7	4	15	공자가 학문에 뜻을 둠(지학志學). 초영왕이 정전협정을 파기하고 제후들을 호령함.
537	8	5	16	삼환이 군사를 3분해 독점. 민자건 출생.
536	9	6	17	정나라 자산이 형정刑鼎을 주조함. 공자의 모친 안씨 사망한 듯함.
534	11	8	19	공자가 송나라 견관씨幵官氏의 딸과 결혼함.
533	12	9	20	아들 공리孔鯉 출생. 자를 백어伯魚라고 함. 잠시 계손씨 밑에서 창고 관리 및 가축 사육에 종사함.
529	16	13	24	진나라가 초나라 내란에 편승해 제후들을 규합함. 제나라도 국력신장을 도모함.

525	20	17	28	공자가 노나라에 온 담자郯子로부터 고대의 관제를 배움.
523	22	19	30	공자가 박학한 선비로 인정받아 학문으로 입신출세를 결심함(이립而立). 행단강학을 시작함. 노나라에 온 제나라 경공과 안영을 만남. 염구 출생.
522	23	20	31	정나라 자산이 사망함. 안회 출생.
520	25	22	33	주왕실에 왕위 계승 내분이 일어나 경왕敬王이 즉위함.
519	경왕敬王	23	34	공자가 낙읍으로 가 노자에게 예를 물었다고 함.
518	2	24	35	맹희자가 아들 맹의자와 남궁경숙에게 공자의 제자가 될 것을 유언함.
517	3	25	36	제나라로 망명 성격의 유학을 감. 노소공 망명으로 공위空位시대가 전개됨.
513	7	29	40	미혹되지 않음(불혹不惑). 공자가 망명 5년 만에 독자적인 사상을 확립함. 진나라가 형정을 주조함. 진나라 멸망을 예언함.
510	10	32	43	노소공의 객사로 동생 노정공魯定公이 즉위함.
509	11	정공定公 44		제나라에서 귀국해 사숙私塾을 개설함. 유약 출생.
508	12	2	45	자하 출생.
507	13	3	46	자유 출생.
506	14	4	47	증삼 출생. 오나라가 초나라 도성 영郢을 함락함.
505	15	5	48	계평자 사망. 양호가 실권을 장악하고 공자에게 관직을 제의하나 거절함.
504	16	6	49	자장 출생.
503	17	7	50	공자가 천명을 앎(지천명知天命).
502	18	8	51	양호가 삼환에게 패배하자 공산불뉴가 난을 일으켜 공자를 부름.
501	19	9	52	처음으로 관원이 돼 중도中都를 다스림. 양호가 제나라로 망명함.
500	20	10	53	공실의 사구司寇가 돼 노정공과 제경공의 회맹을 보좌하여 노나라를 구제함. 안영 사망.
498	22	12	55	소사공小司空이 됨. 자로와 함께 3도三都를 무너뜨리려고 하나 실패함.

497	23	13	56	노나라 사구司寇가 되어 정사를 맡아 다스림. 14년간에 걸친 철환천하 유세의 길에 올라 위나라에서 10개월간 머물고 떠나 광 땅에서 곤경을 겪음.
496	24	14	57	오왕 합려가 월왕 구천에게 패사함. 위나라 태자가 국외로 망명함.
494	26	애공哀公	59	오왕 부차가 월왕 구천을 회계에서 격파함.
493	27	2	60	공자가 남의 말을 들으면 그 본뜻을 알게 됨(이순耳順). 위나라에서 위령 공 사망으로 내분이 발발함. 공자가 진陳나라로 감.
492	28	3	61	공자가 송나라로 가던 가운데 사마 환퇴의 핍박을 받음. 진나라로 가 3년 간 머묾. 공자 손자 급伋 출생.
491	29	4	62	계강자가 계환자의 뒤를 이어 노나라를 장악함.
490	30	5	63	진晉나라 조간자의 가신 불힐이 중모에서 거사해 공자를 부름.
489	31	6	64	공자가 진·채 사이에서 곤경을 겪은 뒤 섭공을 만나고 위나라로 돌아옴.
487	33	8	66	노나라가 오나라의 침공을 받고 화약을 체결함.
486	34	9	67	부인 견관씨 사망. 오나라가 노나라와 합세해 제나라를 침.
484	36	11	69	철환천하의 유세를 끝내고 노나라로 귀국함. 고전을 정리하고 제자 양성 에 힘씀. 아들 공리孔鯉가 50세로 사망.
483	37	12	70	공자가 무슨 일이든 법도를 지나치지 않음(종심從心). 노애공이 오왕 부 차와 회견함. 자공이 오나라 태재 백비와 교섭에 나섬.
482	38	13	71	오왕 부차가 황지黃池에서 패자가 됨. 안회가 41세로 사망.
481	39	14	72	획린獲麟을 목도하고 『춘추』를 지음. 제나라 권신 진항이 제간공을 시해 함. 노나라에서 기린이 잡힘.
480	401	5	73	위나라 정변으로 자로가 분사.
479	41	16	74	4월 기축일에 와병 7일 만에 사망함. 사수泗水 언덕에 안장.
473	원왕元王	22	+6	자공이 6년 복상을 마침. 오왕 부차의 자결로 월나라가 패자가 됨.

참고문헌

–

1. 기본서

『논어』, 『맹자』, 『관자』, 『순자』, 『한비자』, 『노자』, 『장자』, 『묵자』, 『상군서』, 『안자춘추』, 『춘추좌전』, 『춘추공양전』, 『춘추곡량전』, 『여씨춘추』, 『회남자』, 『춘추번로』, 『오월춘추』, 『신어』, 『세설신어』, 『잠부론』, 『염철론』, 『국어』, 『설원』, 『전국책』, 『논형』, 『공자가어』, 『정관정요』, 『자치통감』, 『독통감론』, 『일지록』, 『명이대방록』, 『근사록』, 『송명신언행록』, 『설문해자』, 『사기』, 『한서』, 『후한서』, 『삼국지』.

2. 저서 및 논문

1) 한국

가네타니 사다무 외, 『중국사상사』(조성을 역, 이론과 실천, 1988).

가리노 나오키, 『중국철학사』(오이환 역, 을유문화사, 1995).

강재언, 『선비의 나라 한국유학 2천년』(하우봉 역, 한길사, 2003).

궈모뤄, 『중국고대사상사』(조성을 역, 도서출판 까치, 1991).

권용립, 『미국의 정치문명』(삼인, 2003).

김길환, 「공자의 정치철학에 대한 해석」 『문화비평』3-1(1971).

김승혜, 『원시유교』(민음사, 1990).

김용덕, 「조선시대 군주제도론」 『창작과 비평』11-2(1976).

김운태, 『조선왕조 행정사』(박영사, 1981).

김정진, 「공자의 이상정치론과 그 철학」『동양문화연구』5(1978).

김충렬 외, 『공자사상과 21세기』(동아일보사, 1994).

김학주, 『공자의 생애와 사상』(태양문화사, 1978).

김한식, 『실학의 정치사상』(일지사, 1979).

김형찬, 『논어』(홍익출판사, 2003).

김형효, 『맹자와 순자의 철학사상-철학적 사유의 두 원천』(삼지원, 1990).

동양고전연구회 역주, 『논어』(민음사, 2016).

두웨이밍, 『문명들의 대화』(김태성 역, 휴머니스트, 2006).

라이샤워 외, 『동양문화사』(고병익 외 역, 을유문화사, 1973).

량치차오, 『중국문화사상사』(이민수 역, 정음사, 1980).

렁청진 편저, 『변경』(김태성 역, 더난출판, 2003).

리링, 『논어, 세 번 찢다』(황종원 역, 글항아리, 2011).

리쭝우, 『후흑학』(신동준 역, 효형, 2003).

린유탕, 『공자의 사상』(민병산 역, 현암사, 1984).

마루야마 마사오, 『일본정치사상사연구』(김석근 역, 한국사상사연구소, 1995).

마르티나 도이힐러, 『조상의 눈 아래에서』(문옥표 외 역, 너머북스, 2018).

마츠시마 다카히로 외, 『동아시아사상사』(조성을 역, 한울아카데미, 1991).

마오쩌둥, 『실천론·모순론』(이승연 역, 두레, 1989).

마키아벨리, 『군주론』(신동준 역, 인간사랑, 2014).

모리모토 준이치로, 『동양정치사상사 연구』(김수길 역, 동녘, 1985).

모리야 히로시, 『중국고전의 인간학』(이찬도 역, 을지서적, 1991).

미야자키 이치사다, 『현대어역 논어』(박영철 역, 이산, 2013).

박영진, 『공자에서 노신까지』(삼경, 1999).

박찬욱 외, 『미래한국의 정치적 리더십』(미래인력연구센터, 1997)

박충석, 『한국정치사상사』(삼영사, 1982).

박한제, 『중국역사기행』1-3(사계절, 2003).

북경대중국철학사연구실 편, 『중국철학사』(박원재 역, 자작아카데미, 1994).

사이드, 『오리엔탈리즘』(박홍규 역, 교보문고, 1997).

샤오꿍취안, 『중국정치사상사』(최명 역, 서울대출판부, 2004).

서울대동양사학연구실 편, 『강좌 중국사』1-7(지식산업사, 1989).

성백효, 『논어집주』(전통문화연구회, 2011).

송영배, 『제자백가의 사상』(현암사, 1994).

송인창, 「공자의 덕치사상」『현대사상연구』4(1987).

슈월츠, 『중국고대사상의 세계』(나성 역, 살림출판사, 1996).

신동준, 『한권으로 읽는 통중국사』(미다스북스, 2018).

안확, 『조선정치사』(회동서관, 1923).

양차오밍, 『논어전해』(이윤화 역, 학고방, 2016).

옌리에산 외, 『이탁오평전』(홍승직 역, 돌베개, 2005).

오규 소라이, 『논어징』(이기동 외 역, 소명출판, 2010).

오동환, 『공자처럼 읽고 소크라테스처럼 생각하라』(세시, 2000).

우간린, 『어떻게 원하는 삶을 살 것인가』(임대근 역, 위즈덤하우스, 2014).

윤사순, 『공자사상의 발견』(민음사, 1992).

이기동, 『공자』(성균관대 출판부, 1999).

이병도, 『한국유학사』(아세아연구소, 1987).

이성규 외, 『동아사상의 왕권』(한울아카데미, 1993).

이성무, 『조선왕조사』(수막새, 2011).

이수윤, 『정치철학』(법문사, 1995).

이을호, 『논어고금주연구』(박영사, 2015).

이재권, 「순자의 명학사상-'정명편'을 중심으로」『동서철학연구』8(1991).

이춘식, 「유가정치사상의 이념적 제국주의」『인문논집』27(1982).

이탁오, 『분서』(김혜경 역, 한길사, 2004).

이태진 편, 『조선시대 정치사의 재조명』(범조사, 1986).

장기근, 「예와 예교의 본질」『동아문화』9(1970).

장치쥔 외, 『중국철학사』(송하경 외 역, 일지사, 1995).

전락희, 「동양정치사상의 윤리와 이상-유가를 중심으로」『한국정치학회보』24(1990).

전성흥, 「중국 정치체제 변화의 회고와 전망」『한국정치학회보』35-4(2001).

전세영, 『공자의 정치사상』(인간사랑, 1992).

전해종 외, 『중국의 천하사상』(민음사, 1988).

정동국, 『공자와 양명학』(태학사, 1999).

정약용, 『논어고금주』(이지형 역, 사암, 2010).

조광수, 「노자 무위의 정치사상」『중국어문논집』4(1988).

조윤수, 「유가의 법치사상」『중국연구』10(1987).

진현종, 『공자의 열정』(들녘, 2001).

차주환, 『공자』(솔, 1998).

체스타 탄, 『중국현대정치사상사』(민두기 역, 지식산업사, 1979).

최명, 『춘추전국의 정치사상』(박영사, 2004).

최성철, 「선진유가의 정치사상 연구」『한국학논집』11(1987).

최승희, 『조선초기 정치사연구』(지식산업사, 2002).

최종덕, 『인문학 어떻게 할 것인가』(휴머니스트, 2003).

치엔무, 『중국사의 새로운 이해』(권중달 역, 집문당, 1990).

캉유웨이, 『대동서』(이성애 역, 민음사, 1994).

카이즈카 시게키, 『공자의 생애와 사상』(박연호 역, 서광사, 1991).

크레인 브린튼 외, 『세계문화사』(민석홍 외 역, 을유문화사, 1972).

크릴, 『공자, 인간과 신화』(이성규 역, 지식산업사, 1989).

펑유, 『천인관계론』(김갑수 역, 신지서원, 1993).

펑여우란, 『중국철학사』(정인재 역, 형설출판사, 1995).

플라톤, 『국가론』(천병희 역, 숲, 2013).

한국공자학회 편, 『공자사상과 현대』(사사연, 1986).

한국동양철학회 편, 『동양철학의 본체론과 인성론』(연세대출판부, 1990).

허우와이루, 『중국철학사』(양재혁 역, 일월서각, 1995).

홍태영, 「토크빌과 민주주의의 패러독스」『한국정치학회보』35-3(2001).

황원구, 『중국사상의 원류』(연세대출판부, 1988).

2) 중국

高懷民, 「中國先秦道德哲學之發展」『華岡文科學報』14(1982).

顧頡剛, "聖" "賢" 觀念和字義的演變」『中國哲學』(1979).

郭志坤, 『荀學論稿』(上海, 三聯書店, 1991).

匡亞明, 『孔子評傳』(濟南, 齊魯出版社, 1985).

喬木靑, 「荀況'法後王'考辨」『社會科學戰線』2(1978).

金德建, 『先秦諸子雜考』(北京, 中州書畵社, 1982).

童書業, 『先秦七子思想硏究』(濟南, 齊魯書社, 1982).

鄧小平, 『鄧小平文選』(北京, 人民出版社, 1993).

羅世烈, 「先秦諸子的義利觀」『四川大學學報(哲學社會科學)』1988-1(1988).

勞思光, 「法家與秦之統一」『大學生活』153-155(1963).

劉寶楠, 『論語正義』(北京, 中華書局, 1990).

李零, 『論語縱橫讀』(北京, 生活·讀書·新知三聯書店, 2008).

毛澤東, 「新民主主義論」『毛澤東選集』2(北京, 人民出版社, 1991).

潘富恩·甌群, 『中國古代兩種認識論的鬪爭』(上海, 上海人民出版社, 1973).

方立天, 「中國古代哲學問題發展史(上,下)」(北京, 中華書局, 1990).

傅樂成, 「漢法與漢儒」『食貨月刊』復刊5-10(1976).

史尙輝, 「韓非-戰國末期的反孔主將」『學習與批判』1974-9(1974).

徐復觀, 『中國思想史論集』(臺中, 臺中印刷社, 1951).

聶文淵, 「孟子政治觀中的民本思想」『貴州社會科學』1993-1(1993).

蕭公權, 『中國政治思想史』(蕭公權先生全集4)(臺北, 臺北聯經出版事業公司, 1980).

蘇誠鑑, 「漢武帝"獨尊儒術"考實」『中國哲學史硏究』1(1985).

蘇新鋈, 「孟子仁政首重經濟建設的意義」『中國哲學史硏究』1(1988).

蘇俊良, 「論戰國時期儒家理想君王構想的産生」『首都師範大學學報(社會科學)』2(1993).

孫謙, 「儒法法理學異同論」『人文雜誌』6(1989).

孫家洲, 「先秦儒家與法家"忠孝"倫理思想述評」『貴州社會科學』4(1987).

孫開太, 「試論孟子的"仁政"學說」『思想戰線』1979-4(1979).

孫立平, 「集權·民主·政治現代化」『政治學研究』5-15(1989).

岳國先, 「試論孟子的"民本君末"思想」『遼寧大學學報(哲學社會科學)』1990-3(1990).

楊繼繩, 『鄧小平時代』(香港, 三聯書店, 1983).

梁啓超, 『先秦政治思想史』(上海, 商務印書館, 1926).

楊力, 『千古孔子』(北京, 中國文聯出版社, 2003).

楊立著, 「對法家"法治主義"的再認識」『遼寧大學學報(哲學社會科學)』2(1989).

楊伯峻, 『論語譯注』(北京, 中華書局, 2009).

楊善群, 「論孟荀思想的階級屬性」『史林』1993-2(1993).

楊雅婷, 「荀子論道」『中國文學研究』2(1988).

楊榮國 編, 『簡明中國思想史』(北京, 中國青年出版社, 1962).

楊幼炯, 『中國政治思想史』(上海, 商務印書館, 1937).

楊佐仁, 『孔子傳』(濟南, 齊魯書社, 2002).

楊鴻烈, 『中國法律思想史』上, 下(上海, 商務印書館, 1937).

呂凱, 「韓非融儒道法三家成學考」『東方雜誌』23-3(1989).

呂思勉, 『秦學術概論』(上海, 中國大百科全書, 1985).

吳康, 「荀子論王覇」『孔孟學報』22(1973).

吳乃恭, 『儒家思想研究』(長春, 東北師範大學出版社, 1988).

吳辰佰, 『皇權與紳權』(臺北, 儲安平, 1997).

王德敏, 「管子思想對老子道德論的影響」『中國社會科學』1991-2(1991).

王德昭, 「馬基雅弗里與韓非思想的異同」『新亞書院學術年刊』9(1967).

王道淵, 「儒家的法治思想」『中華文史論叢』19(1989).

王冬珍,「韓非子的政治思想」『逢甲學報』24(1991).

王文亮,『中國聖人論』(北京, 中國社會科學院出版社, 1993).

王文治,「荀子的富民思想」『經濟學集刊』1(1980).

王錫三,「淺析韓非的極端專制獨裁論」『天津師大學報』1982-6(1982).

王亞南,『中國官僚政治研究』(北京, 中國社會科學出版社, 1990).

王威宣,「論荀子的法律思想」『山西大學學報(哲學社會科學)』2(1992).

王曉波,「先秦法家之發展及韓非的政治哲學」『大陸雜誌』65-1(1982).

于孔寶,「論孔子對管仲的評價」『社會科學輯刊』4(1990).

熊十力,『新唯識論-原儒』(山東友誼書社, 1989).

劉奉光,「孔孟政治思想比較」『南開學報(哲學社會科學)』6(1986).

劉如瑛,「略論韓非的先王觀」『江淮論壇』1(1982).

劉澤華,『先秦政治思想史』(天津, 南開大學出版社, 1984).

游喚民,『先秦民本思想』(長沙, 湖南師範大學出版社, 1991).

李侃,「中國近代'儒法鬪爭'駁議」『歷史研究』3(1977).

李錦全 外,『春秋戰國時期的儒法鬪爭』(北京, 人民出版社, 1974).

李德永,「荀子的思想」『中國古代哲學論叢』1(1957).

李宗吾,『厚黑學』(求實出版社, 1990).

李澤厚,『中國古代思想史論』(北京, 人民出版社, 1985).

林聿時·關峰,『春秋哲學史論集』(北京, 人民出版社, 1963).

張豈之,『中國儒學思想史』(西安, 陝西人民出版社, 1990).

張國華,「略論春秋戰國時期的"法治"與"人治"」『法學研究』2(1980).

張君勱,『中國專制君主政制之評議』(臺北, 弘文館出版社, 1984).

張岱年,『中華的智慧-中國古代哲學思想精髓』(上海, 上海人民出版社, 1989).

張志坤,「荀子的法律思想簡論」『遼寧師範大學學報(社會科學)』6(1986).

張天祥,「怎樣正確評價孔子及儒家學說」『社會科學(上海)』10(1990).

錢穆,『論語新解』(三聯書店, 2002).

鄭良樹,『商鞅及其學派』(上海, 上海古籍出版社, 1989).

鄭樹德,『論語集釋』(北京, 中華書局, 2011).

趙光賢,「什麼是儒家? 什麼是法家?」『歷史教學』1(1980).

趙紀彬,「"人""仁"古義辨證-〈論語新探·釋人民〉續篇」『歷史論叢』1(1964).

曹思峰,『儒法鬪爭史話』(上海, 上海人民出版社, 1975).

趙守正,『管子經濟思想研究』(上海, 上海古籍出版社, 1989).

趙如河,「韓非不是性惡論者」『湖南師範大學社會科學學報』22-4(1993).

曹旭華,「〈管子〉論富國與富民的關係」『學術月刊』6(1988).

趙忠文,「論孟子'仁政'與孔子'仁'及'德政'說的關係」『中國哲學史研究』3(1987).

鍾肇鵬,『孔子研究(增訂版)』(北京, 中國社會科學出版社, 1990).

周立升 編,『春秋哲學』(山東, 山東大學出版社, 1988).

周雙利,「略論儒法在'名實'問題上的論爭」『考古』4(1974).

周燕謀 編,『治學通鑑』(臺北, 精益書局, 1976).

朱熹,『論語集註』(北京, 中華書局, 1983).

曾小華,『中國政治制度史論簡編』(北京, 中國廣播電視出版社, 1991).

陳大絡,「儒家民主法治思想的闡述」『福建論壇(文史哲)』6(1989).

陳飛龍,『荀子禮學之研究』(臺北, 文史哲出版社, 1979).

陳進坤,「論儒家的"人治"與法家的"法治"」『廈門大學學報(哲學社會科學)』2(1980).

鄒華玉,「試論管子的"富國安民"之道」『北京師範學院學報(社會科學)』6(1992).

湯新,「法家對黃老之學的吸收和改造-讀馬王堆帛書〈經法〉等篇」『文物』8(1975).

何晏,「論語注疏」『十三經注疏』(北京, 中華書局, 1980).

夏子賢,「儒法鬪爭的歷史眞相」『安徽師大學報(哲學社會科學)』3(1978).

郝鐵川,「韓非子論法與君權」『法學研究』4(1987).

韓學宏,「荀子'法後王'思想研究」『中華學苑』40(1990).

向仍旦,『荀子通論』(福州, 福建人民出版社, 1987).

許世瑛,『論語二十篇句法研究』(臺北, 開明書店, 1982).

邢昺,『論語義疏』(北京, 中華書局, 1980).

黃公偉,『法家哲學體系指歸』(臺北, 臺灣商務印書館, 1983).

黃偉合,「儒法墨三家義利觀的比較研究」『江淮論壇』6(1987).

黃俊傑,「孟子王覇三章集釋新詮」『文史哲學報』37(1989).

曉東,「政治學和政治體制改革」『瞭望』20-21(1988).

3) 일본

加藤常賢,『中國古代倫理學の發達』(東京, 二松學舍大學出版部, 1992).

角田幸吉,「儒家と法家」『東洋法學』12-1(1968).

岡田武彦,『中國思想における理想と現實』(東京, 木耳社, 1983).

鎌田正,『左傳の成立と其の展開』(東京, 大修館書店, 1972).

高文堂出版社 編,『中國思想史(上,下)』(東京, 高文堂出版社, 1986).

高須芳次郎,『東洋思想十六講』(東京, 新潮社, 1924).

高田眞治,「孔子的管仲評-華夷論の一端として」『東洋研究』6(1963).

顧頡剛 著 小倉芳彦 等 譯, 『中國古代の學術と政治』(東京, 大修館書店, 1978).

菅本大二, 「荀子の禮思想における法思想の影響について」『筑波哲學』2(1990).

館野正美, 『中國古代思想管見』(東京, 汲古書院, 1993).

溝口雄三, 『中國の公と私』(東京, 硏文出版, 1995).

宮崎市定, 『現代語訳 論語』(東京, 岩波現代文庫, 2000).

金谷治, 『論語』(東京, 岩波書店, 1999).

內山俊彦, 『荀子-古代思想家の肖像』(東京, 評論社, 1976).

大久保隆郎也, 『中國思想史(上)-古代·中世-』(東京, 高文堂出版社, 1985).

大濱晧, 『中國古代思想論』(東京, 勁草書房, 1977).

渡邊信一郎, 『中國古代國家の思想構造』(東京, 校倉書房, 1994).

木村英一, 『孔子と論語』(創文社, 1984).

茂澤方尙, 「韓非子の聖人について(上)」『駒澤史學』38(1988).

白川靜, 『孔子論』(東京, 中央公論新社, 1991).

服部武, 『論語の人間學』(東京, 富山房, 1986).

福澤諭吉, 『福澤諭吉選集』(東京, 岩波書店, 1989).

山口義勇, 『列子研究』(東京, 風間書房, 1976).

森秀樹, 「韓非と荀況-思想の繼蹤と繼絶」『關西大學文學論集』28-4(1979).

上野直明, 『中國古代思想史論』(東京, 成文堂, 1980).

相原俊二, 「孟子の五覇について」『池田末利博士古稀記念東洋學論集』(1980).

上田榮吉郎, 「韓非の法治思想」『中國の文化と社會』13(1968).

小林多加士, 「法家の社會體系理論」『東洋學研究』4(1970).

小野勝也, 「韓非帝王思想の一側面」『東洋學學術研究』10-4(1971).

小此木政夫 外,『東アジア危機の構圖創出』(東京, 東洋經濟新聞社, 1997).

小倉芳彦,『中國古代政治思想研究』(東京, 靑木書店, 1975).

守本順一郎,『東洋政治思想史研究』(東京, 未來社, 1967).

狩野直禎,『韓非子の知慧』(東京, 講談社, 1987).

守屋洋,『韓非子の人間學』(東京, プレジデント社, 1991).

信夫淳平,『荀子の新研究』(東京, 研文社, 1959).

安岡正篤,『東洋學發掘』(東京, 明德出版社, 1986).

安居香山 編,『讖緯思想の綜合的研究』(東京, 國書刊行會, 1993).

栗田直躬,『中國古代思想の研究』(東京, 岩波書店, 1986).

伊藤道治,『中國古代王朝の形成』(東京, 創文社, 1985).

日原利國,『中國思想史(上,下)』(東京, ペリカン社, 1987).

町田三郎 外,『中國哲學史研究論集』(東京, 葦書房, 1990).

中村哲,「韓非子の專制君主論」『法學志林』74-4(1977).

紙屋敦之,『大君外交と東アジア』(東京, 吉川弘文館, 1997).

津田左右吉,『左傳の思想史的研究』(東京, 岩波書店, 1987).

淺間敏太,「孟荀における孔子」『中國哲學』3(1965).

淺井茂紀他,『孟子の禮知と王道論』(東京, 高文堂出版社, 1982).

村瀨裕也,『荀子の世界』(東京, 日中出版社, 1986).

貝塚茂樹 編,『諸子百家』(東京, 筑摩書房, 1982).

幣原坦,『韓國政爭志』(東京, 三省堂書店, 1907).

布施彌平治,「申不害の政治說」『政經研究』4-2(1967).

戶山芳郎,『古代中國の思想』(東京, 放送大敎育振興會, 1994).

丸山松幸, 『異端と正統』(東京, 每日新聞社, 1975).

丸山眞男, 『日本政治思想史研究』(東京, 東京大出版會, 1993).

荒木見悟, 『中國思想史の諸相』(福岡, 中國書店, 1989).

4) 서양

Ahern, E. M., Chinese Ritual and Politics (London: Cambridge Univ. Press, 1981).

Allinson, R.(ed.), Understanding the Chinese Mind: The Philosophical Roots (Hong Kong: Oxford Univ. Press, 1989).

Ames, R. T., The Art of Rulership - A Study in Ancient Chinese Political Thought (Honolulu: Univ. Press of Hawaii, 1983).

Aristotle, The Politics (London: Oxford Univ. Press, 1969).

Barker, E., The Political Thought of Plato and Aristotle (New York: Dover Publications, 1959).

Bell, D. A., 「Democracy in Confucian Societies: The Challenge of Justification」 in Daniel Bell et. al., Towards Illiberal Democracy in Pacific Asia (Oxford: St. Martin's Press, 1995).

Carr, E. H., What is History (London: Macmillan Co., 1961).

Cohen, P. A., Between Tradition and Modernity: Wang T'ao and Reform in Late Ch'ing China (Cambridge: Harvard Univ. Press, 1974).

Creel, H. G., Shen Pu-hai: A Chinese Political Philosopher of The Fourth Century B.C. (Chicago: Univ. of Chicago Press, 1975).

Cua, A. S., Ethical Argumentation- A study in Hsün Tzu's Moral Epistemology

(Honolulu: Univ. Press of Hawaii, 1985).

De Bary, W. T., The Trouble with Confucianism (Cambridge, Mass./London: Harvard Univ. Press, 1991).

Fingarette, H., Confucius: The Secular as Sacred (New York: Harper and Row, 1972).

Fukuyama, F., The End of History and the Last Man (London: Hamish Hamilton, 1993).

Hegel, F., Lectures on the Philosophy of World History(Cambridge: Cambridge Univ. Press, 1975).

Held, D., Models of Democracy (Cambridge: Polity Press, 1987).

Hsü, L. S., Political Philosophy of Confucianism (London: George Routledge & Sons, 1932).

Huntington, S. P., "The Clash of civilization." Foreign Affairs 7, no.3(summer).

Johnson, C., MITI and the Japanese Miracle (Stanford: Stanford University Press, 1996).

Machiavelli, N., The Prince (Harmondsworth: Penguin, 1975).

Macpherson, C. B., The Life and Times of Liberal Democracy (Oxford: Oxford Univ. Press, 1977).

Mannheim, K., Ideology and Utopia (London: Routledge, 1963).

Marx, K., Oeuvres Philosophie et Économie 1-5 (Paris: Gallimard, 1982).

Mills, C. W., The Power Elite (New York: Oxford Univ. Press, 1956).

Moritz, R., Die Philosophie im alten China (Berlin: Deutscher Verl. der Wissenschaften, 1990).

Munro, D. J., The Concept of Man in Early China (Stanford: Stanford Univ. Press,

1969).

Peerenboom, R. P., Law and Morality in Ancient China - The Silk Manuscripts of Huang-Lao (Albany, New York: State Univ. of New York Press, 1993).

Plato, The Republic (London: Oxford Univ. Press, 1964).

Pott, W. S., A Chinese Political Philosophy (New York: Alfred A. Knopf, 1925).

Qu Chunli, The Life of Confucius (Beijing: Foreign Language Press, 1996).

Rawls, J., A Theory of Justice (Cambridge, MA: Harvard Univ. Press, 1971).

Rubin, V. A., Individual and State in Ancient China - Essays on Four Chinese Philosophers (New York: Columbia Univ. Press, 1976).

Sabine, G., A History of Political Theory (New York: Holt, Rinehart and Winston, 1961).

Sartori, G., The Theory of Democracy Revisited (Chatham: Catham House Publisher, Inc., 1987).

Schumpeter, J. A., Capitalism, Socialism and Democracy (London: George Allen & Unwin, 1952).

Schwartz, B. I., The World of Thought in Ancient China (Cambridge: Harvard Univ. Press, 1985).

Strauss, L., Natural Right and History (Chicago: Univ. of Chicago Press, 1953).

Taylor, R. L., The Religious Dimensions of Confucianism (Albany, New York: State Univ. of New York Press, 1990).

Tocqueville, Alexis de, Democracy in America (Garden City, N.Y.: Anchor Books, 1969).

Tomas, E. D., Chinese Political Thought (New York: Prentice-Hall, 1927).

Tu, Wei-ming, Way, Learning and Politics- Essays on the Confucian Intellectual (Albany,

New York: State Univ. of New York Press, 1993).

Waley, A., Three Ways of Thought in Ancient China (New York: doubleday & company, 1956).

Weber, M., The Protestant Ethics and the Spirit of Capitalism (London: Allen and Unwin, 1971).

Wu, Geng, Die Staatslehre des Han Fei - Ein Beitrag zur chinesischen Idee der Staatsräson (Wien & New York: Springer-Verl., 1978).

Wu, Kang, Trois Theories Politiques du Tch'ouen Ts'ieou (Paris: Librairie Ernest Leroux, 1932).

Zenker, E. V., Geschichte der Chinesischen Philosophie (Reichenberg: Verlag Gebrüder Stiepel Ges. M. B. H., 1926).

Быков, ф. С., Зарождение Общественно-Политической и Философской Мысли в Китае (М осква: Издателство Наука, 1966).

Переломов, Л. С., Конфуцианство и Легализм в Политической Истории Китая (Москва: Наука, 1981).

인류의 스승 공자의 모든 것

교양인의 논어

초 판 1쇄   2020년 03월 25일

지은이 신동준
펴낸이 류종렬

펴낸곳 미다스북스
총괄실장 명상완
책임편집 이다경
책임진행 박새연 김가영 신은서
본문교정 정은희

등록 2001년 3월 21일 제2001-000040호
주소 서울시 마포구 양화로 133 서교타워 711호
전화 02) 322-7802~3
팩스 02) 6007-1845
블로그 http://blog.naver.com/midasbooks
전자주소 midasbooks@hanmail.net
페이스북 https://www.facebook.com/midasbooks425

© 신동준, 미다스북스 2020, *Printed in Korea*.

ISBN 978-89-6637-777-0 93140

값 54,000원

미다스북스는 다음세대에게 필요한 지혜와 교양을 생각합니다.